Mark Pieth

Schweizerisches Strafprozessrecht

Mark Pieth

Schweizerisches Strafprozessrecht

3., überarbeitete Auflage

Helbing Lichtenhahn Verlag

Bibliographische Information der Deutschen Nationalbibliothek

Die Deutsche Nationalbibliothek verzeichnet diese Publikation in der Deutschen Nationalbibliographie; detaillierte bibliographische Daten sind im Internet unter http://dnb.d-nb.de abrufbar.

ISBN 978-3-7190-3778-9

www.helbing.ch

Vorwort

Die vereinheitlichte schweizerische Strafprozessordnung führt zu einer erfreulichen Vielfalt an Literatur und Entscheidungen. Allerdings weist nicht alles, was geschrieben wird, den gleichen Originalitätsgrad auf. Das Anliegen dieses Buches ist es, eine konzise und zugleich prononcierte Ergänzung zum vielfach unkritisch Dargestellten zu präsentieren. Sie ist sowohl für Studierende wie für Praktiker von Interesse. In der dritten Auflage sind sowohl die wichtigsten Passagen der Kommentierungen, Lehrbücher und Aufsätze sowie die inzwischen zahlreichen leading cases eingearbeitet.

Für Ihre Arbeit an der dritten Auflage schulde ich insbesondere Frau Rebekka Gigon sowie Frau Sahra Fend, Herrn Stefan Mbiyavanga und Frau Marlen Schultze Dank.

Bedanken möchte ich mich auch bei Frau Livia Willi vom Helbing Lichtenhahn Verlag für die umsichtige Betreuung des Publikationsprogrammes.

Mark Pieth
Basel, Mai 2016

Inhaltsübersicht

Inhaltsverzeichnis

Literaturverzeichnis

ALBERTINI, G./FEHR, B./VOSER, B. (Hrsg.), Polizeiliche Ermittlung, Zürich 2008 (zit. Albertini/Fehr/Voser 2008)

ALBRECHT, P., Vorlesungsskript Strafprozessrecht Vertiefung, Frühjahrsemester 2008 (zit. Albrecht 2008)

DONATSCH, A./HANSJAKOB, T./LIEBER, V., Kommentar zur Schweizerischen Strafprozessordnung (StPO), 2. Aufl., Zürich 2014 (zit. Donatsch/Hansjakob/Lieber, Kommentar-Bearbeiter 2014)

DONATSCH, A./SCHWARZENEGGER, C./WOHLERS, W., Strafprozessrecht, 2. Aufl., Zürich et al. 2014 (zit. Donatsch/Schwarzenegger/Wohlers 2014)

EICKER, A./HUBER, R., Grundriss des Strafprozessrechts, Bern 2014 (zit. Eicker/Huber 2014)

GOLDSCHMID, P./MAURER, T./SOLLBERGER, J. (Hrsg.), Kommentierte Textausgabe zur Schweizerischen Strafprozessordnung, Bern 2008 (zit. Goldschmid/Maurer/Sollberger 2008)

HASSEMER, W., Einführung in die Grundlagen des Strafrechts, 2. Aufl., München 1990 (zit. Hassemer 1990)

HAUSER, R./SCHWERI, E./HARTMANN, K., Schweizerisches Strafprozessrecht, 6. Aufl., Basel 2005 (zit. Hauser/Schweri/Hartmann 2005)

JEANNERET, Y./KUHN, A., Précis de procédure pénale, Berne 2013 (zit. Jeanneret/Kuhn 2013)

JOSITSCH, D., Grundriss des schweizerischen Strafprozessrechts, 2. Aufl., Zürich/St. Gallen 2013 (zit. Jositsch 2013)

JOSITSCH, D./RIESEN-KUPPER, M./BRUNNER, C./MURER MIKOLASEK, A., Schweizerische Jugendstrafprozessordnung: Kommentar, Zürich et al. 2010 (zit. Jositsch/Riesen-Kupper/Brunner/Murer)

KUHN, A./JEANNERET, Y. (eds), Commentaire romand, Code de procédure pénale suisse, Bâle 2011 (zit. CR CPP-Bearbeiter 2011)

Müller, J.P./Schefer, M., Grundrechte in der Schweiz, 4. Aufl., Bern 2008 (zit. Müller/Schefer 2008)

Niggli, M.A./Heer, M./Wiprächtiger, H. (Hrsg.), Basler Kommentar Schweizerische Strafprozessordnung, Jugendstrafprozessordung, 2. Aufl., Basel 2014 (zit. BSK StPO-Bearbeiter 2014)

Niggli, M.A./Uebersax, P./Wiprächtiger, H. (Hrsg.), Basler Kommentar Bundesgerichtsgesetz, 2. Aufl., Basel 2011 (zit. BSK BGG-Bearbeiter 2011)

Niggli, M.A./Wiprächtiger, H. (Hrsg.), Basler Kommentar Strafrecht I und II, 3. Aufl., Basel 2013 (zit. BSK StGB-Bearbeiter 2013)

Noll, P., Strafprozessrecht, Zürich 1977 (zit. Noll 1977)

Oberholzer, N., Grundzüge des Strafprozessrechts dargestellt am Beispiel des Kantons St. Gallen, 2. Aufl., Bern 2005 (zit. Oberholzer 2005)

Ders., Grundzüge des Strafprozessrechts, 3. Aufl., Bern 2012 (zit. Oberholzer 2012)

Peters, K., Strafprozess, 4. Aufl., Heidelberg 1985 (zit. Peters 1985)

Pieth, M., Wirtschaftsstrafrecht, Basel 2016 (zit. Pieth 2016)

Ders., Strafrechtsgeschichte, Basel 2015 (zit. Pieth 2015)

Ders., Strafrecht Besonderer Teil, Basel 2014 (zit. Pieth 2014)

Piquerez, G./Macaluso, A., Procédure pénale suisse, 3ème édition, Genève et al. 2011 (zit. Piquerez/Macaluso 2011)

Pitteloud, J., Code de procédure pénale suisse, Commentaire à l'usage des practiciens, Zürich/St. Gallen 2012 (zit. CPP Commentaire à l'usage des praticiens-Pitteloud 2012)

Riedo, C./Fiolka, G./Niggli, M.A., Strafprozessrecht sowie Rechtshilfe in Strafsachen, Basel 2011 (zit. Riedo/Fiolka/Niggli 2011)

Riklin, F., Schweizerische Strafprozessordnung, Kommentar, 2. Aufl., Zürich/Freiburg 2014 (zit. Riklin StPO Kommentar 2014)

Ders., Vorlesung Strafprozessrecht, Arbeitsunterlage, 2007 (zit. Riklin 2007)

Ruckstuhl, N., Strafprozessrecht Vorlesungsskript, HS 2007 (zit. Ruckstuhl 2007)

Ders., Ratgeber Strafverfahren Basel-Stadt, Verein Neustart (Hrsg.), Basel 1998 (zit. Ruckstuhl 1998)

RUCKSTUHL, N./DITTMANN, V./ARNOLD, J., Strafprozessrecht, unter Einschluss der forensischen Psychiatrie und Rechtsmedizin sowie des kriminaltechnischen und naturwissenschaftlichen Gutachtens, Zürich 2011 (zit. Ruckstuhl/Dittmann/Arnold 2011)

SCHMID, N., Handbuch des Schweizerischen Strafprozessrechts, 2. Aufl., Zürich/St. Gallen 2013 (zit. Schmid Handbuch 2013)

DERS., Schweizerische Strafprozessordnung, Praxiskommentar, 2. Aufl., Zürich/St. Gallen 2013 (zit. Schmid StPO Praxiskommentar 2013)

DERS., Strafprozessrecht – Eine Einführung auf der Grundlage des Strafprozessrechtes des Kantons Zürich und des Bundes, 4. Aufl., 2004 Zürich et al. (zit. Schmid 2004)

SEELMANN, K./GETH, C., Strafrecht Allgemeiner Teil, 6. Aufl., Basel 2016 (zit. Seelmann/Geth 2016)

TAG, B./HAURI, M. (Hrsg.), Schweizerische Strafprozessordnung, Ausgewählte Aspekte aus Zürcher Sicht, Zürich 2010 (zit. Tag/Hauri 2010)

TRECHSEL, S./PIETH, M. (Hrsg.), Schweizerisches Strafgesetzbuch, Praxiskommentar, 2. Aufl., Zürich/St. Gallen 2013 (zit. PK-Bearbeiter 2013)

RUCKSTUHL, N./DITTMANN, V./ARNOLD, J., Strafprozessrecht, unter Einschluss der forensischen Psychiatrie und Rechtsmedizin sowie des kriminaltechnischen und naturwissenschaftlichen Gutachtens, Zürich 2011 (zit. Ruckstuhl/Dittmann/Arnold 2011)

SCHMID, N., Handbuch des Schweizerischen Strafprozessrechts, 2. Aufl., Zürich/St. Gallen 2013 (zit. Schmid Handbuch 2013)

DERS., Schweizerische Strafprozessordnung, Praxiskommentar, 2. Aufl., Zürich/St. Gallen 2013 (zit. Schmid StPO Praxiskommentar 2013)

DERS., Strafprozessrecht – Eine Einführung auf der Grundlage des Strafprozessrechtes des Kantons Zürich und des Bundes, 4. Aufl., 2004 Zürich et al. (zit. Schmid 2004)

SEELMANN, K./GETH, C., Strafrecht Allgemeiner Teil, 6. Aufl., Basel 2016 (zit. Seelmann/Geth 2016)

TAG, B./HAURI, M. (Hrsg.), Schweizerische Strafprozessordnung, Ausgewählte Aspekte aus Zürcher Sicht, Zürich 2010 (zit. Tag/Hauri 2010)

TRECHSEL, S./PIETH, M. (Hrsg.), Schweizerisches Strafgesetzbuch, Praxiskommentar, 2. Aufl., Zürich/St. Gallen 2013 (zit. PK-Bearbeiter 2013)

Materialien

Aus 29 mach 1, Konzept einer eidgenössischen Strafprozessordnung, Bericht der Expertenkommission «Vereinheitlichung des Strafprozessrechts», Eidgenössisches Justiz- und Polizeidepartement, Bern 1997 (zit. «Aus 29 mach 1»)

Vorentwurf für eine Schweizerische Strafprozessordnung, Eidgenössisches Justiz- und Polizeidepartement, Bundesamt für Justiz, Bern 2001 (zit. VE StPO)

Begleitbericht zum Vorentwurf für eine Schweizerische Strafprozessordnung, Eidgenössisches Justiz- und Polizeidepartement, Bundesamt für Justiz, Bern 2001 (zit. Begleitbericht)

Zusammenfassung der Ergebnisse des Vernehmlassungsverfahrens über die Vorentwürfe zu einer Schweizerischen Strafprozessordnung und zu einem Bundesgesetz über das Schweizerische Jugendstrafverfahren, Bundesamt für Justiz, Bern 2003

Botschaft zur Vereinheitlichung des Strafprozessrechts vom 21.12.2005, BBl 2006 1085 (05.092) (zit. Botschaft des Bundesrates, BBl 2006 1085)

Schweizerische Strafprozessordnung (Entwurf), BBl 2006 1389 (zit. E StPO)

Schweizerische Strafprozessordnung (Strafprozessordnung, StPO) vom 5.10.2007, BBl 2007 6977

Botschaft zur Totalrevision der Bundesrechtspflege vom 28.2.2001, BBl 2001 4202 (01.023) (zit. Botschaft des Bundesrates, BBl 2001 4202)

Bundesgesetz über das Bundesgericht vom 17.6.2005 (Bundesgerichtsgesetz, BGG), (SR 173.110)

Botschaft zum Bundesgesetz über die Organisation der Strafbehörden des Bundes (Strafbehördenorganisationsgesetz, StBOG) vom 10.9.2008, BBl 2008 8125 (08.066) (zit. Botschaft des Bundesrates, BBl 2008 8125)

Bundesgesetz über die Organisation der Strafbehörden des Bundes vom 19.3.2010 (Strafbehördenorganisationsgesetz, StBOG), (SR 173.71)

Botschaft zur Änderung des Bundesgesetzes über das Bundesgericht (Erweiterung der Kognition bei Beschwerden in Strafsachen) vom 4.9.2013, BBl 2013 7109 (13.075) (zit. Botschaft des Bundesrates, BBl 2013 7109)

Botschaft zum Bundesgesetz betreffend die Überwachung des Post- und Fernmeldeverkehrs (BÜPF) vom 27.2.2013, BBl 2013 2683 (13.025) (zit. Botschaft des Bundesrates, BBl 2013 2683)

Bundesgesetz betreffend die Überwachung des Post- und Fernmeldeverkehrs vom 18.3.2016 (BÜPF) (SR 780.1)

Alle Hinweise auf Gesetzesartikel ohne Nennung des Gesetzes beziehen sich auf Artikel der Schweizerischen Strafprozessordnung vom 5.10.2007 (Stand am 1.1.2016).

Abkürzungsverzeichnis

a.A.	andere/r Ansicht
Abs.	Absatz
AI	Kanton Appenzell Innerrhoden
AJP	Aktuelle Juristische Praxis
alt StPO	Alte Strafprozessordnung
Anm.	Anmerkung
AR	Kanton Appenzell Ausserrhoden
ArbR	Mitteilungen des Instituts für Schweizerisches Arbeitsrecht
Art.	Artikel
AS	Amtliche Sammlung
AT	Allgemeiner Teil
Aufl.	Auflage
BankG	Bundesgesetz vom 8.11.1934 über die Banken und Sparkassen (SR 952.0)
BAZ	Basler Zeitung
BBl	Bundesblatt
Bd.	Band
BE	Kanton Bern
betr.	betreffend
BezGer	Bezirksgericht
BG	Bundesgesetz
BGE	Entscheidungen des Schweizerischen Bundesgerichts
BGer	Bundesgericht/unveröffentlichter Entscheid des Bundesgerichts
BGFA	Bundesgesetz über die Freizügigkeit der Anwältinnen und Anwälte (Anwaltsgesetz) vom 23.6.2000 (SR 935.61)
BGG	Bundesgesetz über das Bundesgericht (Bundesgerichtsgesetz) vom 17.6.2005 (SR 173.110)
BGHSt	Entscheidungen des Bundesgerichtshofs in Strafsachen
BJM	Basler Juristische Mitteilungen
BL	Kanton Basel-Landschaft/Baselland
BS	Kanton Basel-Stadt
Bsp.	Beispiel
bspw.	beispielsweise

BStGer	Bundesstrafgericht
BStP	Bundesgesetz vom 15.6.1934 über die Bundesstrafrechtspflege (aufgehoben per 1.1.2011 mit dem Inkrafttreten der StPO)
BT	Besonderer Teil
BÜPF	Bundesgesetz betreffend die Überwachung des Post- und Fernmeldeverkehrs vom 6.10.2000 (SR 780.1)
BV	Bundesverfassung
BVE	Bundesgesetz über die verdeckte Ermittlung vom 20.6.2003 (AS 2004 1409, aufgehoben per 1.1.2011 mit dem Inkrafttreten der StPO)
BVerfG	(deutsches) Bundesverfassungsgericht
bzw.	beziehungsweise
ca.	circa
CCC	Constitutio Criminalis Carolinae
d.h.	das heisst
ders.	derselbe
dies.	dieselbe/n
DNA-Profil-Gesetz	Bundesgesetz über die Verwendung von DNA-Profilen im Strafverfahren und zur Identifizierung von unbekannten oder vermissten Personen vom 20.6.2003 (SR 363)
D StPO	Deutsche Strafprozessordnung
E	Entwurf
Ebd.	ebenda
EGMR	Europäischer Gerichtshof für Menschenrechte
EJPD	Eidgenössisches Justiz- und Polizeidepartement
EJLR	European Journal of Law Reform
EMRK	Konvention zum Schutze der Menschenrechte und Grundfreiheiten (Europäische Menschenrechtskonvention) vom 4.11.1950 (SR 0.101)
etc.	et cetera
EuGRZ	Europäische Grundrechte (Zeitschrift)
f.	folgende
FAG	Freiwillige Akademische Gesellschaft
ff.	fortfolgende
FINMAG	Bundesgesetz über die Eidgenössicher Finanzmarktaufsicht (Finanzmarktaufsichtsgesetz) vom 22.6.2007 (SR 956.1)
FN	Fussnote
fp	forumpoenale
FS	Festschrift
FZR	Freiburger Zeitschrift für Rechtsprechung

GA	Goltdammer's Archiv für Strafrecht
gl.M.	gleiche Meinung
GovWare	Government-Ware
h.L.	herrschende Lehre
h.M.	herrschende Meinung
Hrsg.	Herausgeber
i.d.R.	in der Regel
i.e.S.	im engeren Sinn
i.Kr.	in Kraft
IMSI	International Mobile Subscriber Identity
insb.	insbesondere/s
i.S.	in Sachen
i.S.v.	im Sinne von
i.w.S.	im weiteren Sinn
JuS	Juristische Schulung (Zeitschrift)
JICJ	Journal of International Criminal Justice
JZ	Juristenzeitung
krit.	kritisch
KTA	Kriminaltechnische Abteilung
lit.	litera
m.A.n.	meiner Ansicht nach
m.a.W.	mit anderen Worten
m.w.H.	mit weiteren Hinweisen
NE	Kanton Neuenburg
NJW	Neue Juristische Wochenschrift
no.	number (= Nummer)
Nr.	Nummer
NStZ	Neue Zeitschrift für Strafrecht
NZZ	Neue Zürcher Zeitung
OGer	Obergericht
OG	Bundesrechtspflegegesetz (Organisationsgesetz), (AS 2006 1205; aufgehoben per 1.1.2007 mit dem Inkrafttreten der ZPO)
OHG	Bundesgesetz über die Hilfe an Opfer von Straftaten (Opferhilfegesetz) vom 23.3.2007 (SR 312.5)
Ö StGB	österreichisches Bundesgesetz über die mit gerichtlicher Strafe bedrohten Handlungen (Strafgesetzbuch) vom 23.1.1974
OWiG	(deutsches) Gesetz über Ordnungswidrigkeiten
resp.	respektive
S.	Seite
SDÜ	Schengener Durchführungsübereinkommen

SG	Kanton St. Gallen
SJZ	Schweizerische Juristenzeitung
sog.	sogenannt
SO	Kanton Solothurn
SOG	Solothurnische Gerichtspraxis
s.o.	siehe oben
SR	Systematische Sammlung des Bundesrechts
StBOG	Bundesgesetz über die Organisation der Strafbehörden des Bundes (Strafbehördenorganisationsgesetz) vom 19.3.2010 (SR 173.71)
StGB	Schweizerisches Strafgesetzbuch vom 21.12.1937 (SR 311.0)
StPO	Schweizerische Strafprozessordnung vom 5.10.2007 (SR 312.0)
StV	Strafverteidiger (Zeitschrift)
TEVG	Bundesgesetz über die Teilung eingezogener Vermögenswerte vom 19.3.2004 (SR 312.4)
TI	Kanton Tessin
TK	Telefonkontrolle
u.	unten
u.a.	und andere
u.s.w.	und so weiter
u.U.	unter Umständen
u.V.a.	unter Verweis auf
v.a.	vor allem
VE	Vorentwurf
vgl.	vergleiche
vol.	volume
Vor/Vorbem.	Vorbemerkung/en
vs	versus
VS	Kanton Wallis
WOZ	Die Wochenzeitung
WSA	Wangenschleimhautabstrich
z.B.	zum Beispiel
z.T.	zum Teil
ZBJV	Zeitschrift des Bernischen Juristenvereins
ZG	Kanton Zug
ZGRG	Zeitschrift für Gesetzgebung und Rechtsprechung in Graubünden
ZH	Kanton Zürich
Ziff.	Ziffer

zit.	zitiert
ZR	Zürcherische Rechtsprechung
ZSR	Zeitschrift für Schweizerisches Recht
ZStrR	Schweizerische Zeitschrift für Strafrecht
ZStW	Zeitschrift für die gesamte Strafrechtswissenschaft

I Einleitung

Literatur *Albrecht, P.*, Die Strafjustiz wird immer autoritärer, plädoyer 2014, 15 ff.; *ders.*, Die Strafbestimmungen des Betäubungsmittelgesetzes (Art. 19–28 BetmG), Bern 2007; *Albrecht, P.A.*, Die vergessene Freiheit: Strafrechtsprinzipien in der europäischen Sicherheitsdebatte, 2. Aufl., Berlin 2006; *Arzt, G.*, Zum Verhältnis von Strengbeweis und freier Beweiswürdigung, in: Einheit und Vielfalt des Strafrechts, FS Peters, Tübingen 1974, 223 ff.; *Besozzi, C.*, Organisierte Kriminalität: Synthese der Forschungsprojekte, in: Pieth et al. (Hrsg.), Gewalt im Alltag und organisierte Kriminalität, Bern 2002, 71 ff.; *Cesoni, M.L.*, Criminalitée Organisée, des représentations sociales aux définitions juridiques, Paris et al. 2004; *Egli, I.*, Protokollierungsvorschriften der Schweizerischen Strafprozessordnung – ein Plädoyer für die Revision, AJP 2012, 627 ff.; *Erni, L.*, Die Verteidigungsrechte in der Eidgenössischen Strafprozessordnung, insbesondere zum «Anwalt der ersten Stunde», ZStrR 2007, 219 ff.; *Estermann, J.*, Organisierte Kriminalität in der Schweiz mit Beiträgen von Rahel Zschokke [et al.], Luzern 2002; *Falcone, G./Padovani, M.*, Inside Mafia, 3. Aufl., München 1992; *Godenzi, G.*, Strafbare Beteiligung am kriminellen Kollektiv. Eine Explikation von Zurechnungsstrukturen der Banden-, Organisations- und Vereinigungsdelikte, Bern 2015; *Hassemer, W.*, Innere Sicherheit im Rechtsstaat, StV 1993, 664 ff.; *ders.* 1990, 115 ff.; *Hauser/Schweri/Hartmann* 2005, 1 ff.; *Hess, H.*, Mafia, Zentrale Herrschaft und lokale Gegenmacht, 3. Aufl., Tübingen 1988; *Hettinger, M.*, Entwicklungen im Strafrecht und Strafverfahrensrecht der Gegenwart: Versuch einer kritischen Bestandesaufnahme, Heidelberg 1997; *Jäger, H.*, Makrokriminalität – Studien zur Kriminologie kollektiver Gewalt, Frankfurt a.M. 1989; *Jakobs, G.*, Bürgerstrafrecht und Feindstrafrecht, HRRS 2004; *Kinzig, J.*, Die rechtliche Bewältigung von Erscheinungsformen organisierter Kriminalität, Berlin 2004; *Krauß, D.*, Vom Bürgerstrafrecht zum Feindstrafrecht?, in: Uwer, T. (Hrsg.), Bitte bewahren Sie Ruhe, Leben im Feindrechtsstaat, Berlin 2006, 79 ff. (zit. Krauß 2006); *ders.*, Strafverteidigung – wohin?, recht 1999, 117 ff.; *ders.*, Die Unmittelbarkeit der Hauptverhandlung im schweizerischen Strafverfahren, recht 1986, 73 ff.; *ders.*, Rechtsstaat und Strafprozess im Vergleich, in: Privatrecht, Öffentliches Recht, Strafrecht, Grenzen und Grenzüberschreitungen, Festgabe zum Schweizerischen Juristentag 1985, Basel 1985; *ders.*, Zur Reform der Baselstädtischen Strafprozessordnung, in: Staatsorganisation und Staatsfunktionen im Wandel, FS Eichenberger, Basel 1982, 757 ff.; *Meyer, J./Ruckstuhl, N.*, Bemerkungen zu ausgewählten Problempunkten im Entwurf zu einer eidgenössischen Strafprozessordnung vom Juni 2001, Anwaltsrevue 9/2002, 6 ff.; *Müller, P.*, Die politische Macht der Mafia, Frankfurt a.M. 1991; *Naucke, W.*, Die strafjuristische Privilegierung staatsverstärkter Kriminalität, Frankfurt a.M. 1996; *Noll* 1977, 1 ff.; *Niggli, M.A.*, Strafrecht: Von der Repression zur Prävention, plädoyer 2014, 28 ff.; *Oberholzer, N.*, Die Wahl des Verfahrens und das gerechte Urteil, plädoyer 2015, 13 ff.; *ders.* 2012, 3 ff.; *Passas, N.*, Globalization, Criminogenic Asymmetries and Economic Crime, EJLR 1998/99, 399 ff.; *Peters* 1985, 21; *Pieth, M.*, Strafrechtsgeschichte, Basel 2015; *ders.*, Spart die Schweiz im Strafprozessrecht den Richter ein?, in: Strafprozessrecht im Wandel, FS Miklau, Innsbruck et al. 2006, 383 ff. (zit. Pieth 2006a); *ders.*, Criminalizing the Financing of

Terrorism, JICJ 2006, 1072 ff. (zit. Pieth 2006b); *ders.*, Von der Inquisition zum Sicherheitsstaat: ketzerische Gedanken zur aktuellen Strafprozessreform, AJP 2002, 626 ff. (zit. Pieth 2002a); *ders.*, Vom Inquisitionsprozess direkt zum postmodernen Kontrollmodell?, in: FS Trechsel, Zürich 2002, 415 ff. (zit. Pieth 2002b); *ders.*, Bedingte Freiheit, Basel 2001; *ders.*, Situationsbericht für die Schweiz, in: Meyerhofer, C./Jehle, J.M. (Hrsg.), Organisierte Kriminalität, Lagebilder und Erscheinungsformen; Bekämpfung und rechtliche Bewältigung, Heidelberg 1996, 33 ff.; *ders.*, Strafverteidigung – wozu?, Standpunkte Kontrovers, Heft 4, Basel 1986; *ders.*, Der Beweisantrag des Beschuldigten im Schweizer Strafprozessrecht, Basel/Frankfurt a.M. 1984; *Piguet, C./Dyens, A.*, Konnte mit der Einführung der Schweizerischen Strafprozessordnung tatsächlich eine Stärkung der Verteidigungsrechte bewirkt werden?, Anwaltsrevue 2015, 365 ff.; *Piquerez/Macaluso* 2011, 2 ff.; *Ruckstuhl* 2007, 2 ff.; *ders.*, Das Strafverfahren nach dem Vorentwurf zu einer eidgenössischen Strafprozessordnung vom Juni 2001, Anwaltsrevue 5/2002, 6 ff.; *Ruckstuhl/Dittmann/Arnold* 2011, 3 ff.; *Schmid* Handbuch 2013, 1 ff.; *ders.* 2004, 1 ff.; *ders.*, «Anwalt der ersten Stunde», in: FS Trechsel, Zürich 2002, 745 ff.; *Thommen, M.*, Kurzer Prozess – fairer Prozess? Strafbefehls- und abgekürzte Verfahren zwischen Effizienz und Gerechtigkeit, Bern 2013; BSK StPO-*Straub/Weltert* 2014, Art. 2; *Trepp, G.*, Swiss Connection, Zürich 1996; *Vest, H.*, «Organisierte Kriminalität» – Überlegungen zur kriminalpolitischen Institutionalisierung eines Begriffs, ZStrR 1994, 121 ff.; *Wolter, J.*, Zur Theorie und Systematik des Strafprozessrechts, Wolter, J. (Hrsg.), Neuwied et al. 1995, 267 ff.; *Zerbes, I.*, Spitzeln, Spähen, Spionieren. Sprengung strafprozessualer Grenzen durch geheime Zugriffe auf Kommunikation, Wien 2010.

1. Justizgewährleistungspflicht und justizförmiges Verfahren

Im Strafprozessrecht geht es um die Durchsetzung des materiellen Strafrechts unter Respektierung der Menschenwürde der Betroffenen. Hinter dieser und ähnlichen Formulierungen[1] verbirgt sich ein anspruchsvolles Programm: Mit der Entstehung der Nationalstaaten in Europa ging die Verstaatlichung der Justiz einher. Im **staatlichen Justizmonopol** kommt die Verantwortungsübernahme für die Rechtssicherheit zum Ausdruck: Der Bürger hat Anspruch darauf, dass dem Verdacht auf Straftaten nachgegangen wird (auf Ausnahmen im Bagatellbereich ist zurückzukommen[2]), dass allfällige Schuld festgestellt sowie die Strafziele verwirklicht werden und dass der Rechtsfriede (wieder)hergestellt wird[3]. Wie sehr der Ausfall der **Justizgewährleistungsfunktion** die öffentliche Ordnung in Frage stellt, illustrieren in unserem Alltag Fälle, in denen etwa Verfahren gegen Sexualdelinquenten oder Autoraser nicht mit der erwarteten Energie verfolgt werden. Aber auch die Vorstellung, dass Wirtschaftsdelinquenten, wenn sie nur raffiniert genug vorgehen, die Justiz überfordern[4], stellt

1 Vgl. etwa Hassemer 1990, 119; Hauser/Schweri/Hartmann 2005, 2; Oberholzer 2012, 3; Piquerez/Macaluso 2011, 2 ff.; Riklin StPO Kommentar 2014, Art. 2 N 1; Ruckstuhl/Dittmann/Arnold 2011, 3; Schmid Handbuch 2013, 1; BSK StPO-Straub/Weltert 2014, Art. 2 N 1.

2 Siehe unten S. 41 f.

3 Schmid 2004, 1.

4 Pieth 2016.

die Befriedungsfunktion von Strafrecht schnell in Frage. Schliesslich illustriert die Hoffnungslosigkeit der Bevölkerung, insbesondere in Staaten der Dritten Welt, angesichts der verbreiteten Straflosigkeit von Tätern, die sich bei einer korrupten Justiz von Strafverfolgung freikaufen können («*impunidád*»[5]), die Bedeutung der Justizgewährleistungspflicht für die Stabilität einer Gesellschaft.

Allerdings ist es für das Verständnis des modernen Strafprozesses fundamental, dass das Verfahren regelgeleitet, das heisst **«justizförmig»**[6] abläuft. Zu Recht wird darauf hingewiesen, dass sich im Strafprozess staatliche Macht manifestiere, und dass ihr eine Missbrauchsgefahr inhärent sei. Justizförmigkeit dient daher nicht nur dem Schutz des Individuums, in ihr kommt auch das rechtsstaatliche Gemeininteresse an der Begrenzung staatlicher Macht zum Ausdruck[7].

Wie aber ist mit dem ambivalenten Auftrag umzugehen, Schuld abzuklären und Unschuldige (und bis zur rechtskräftigen Verurteilung auch möglicherweise Schuldige) zu schützen? Wie soll man zugleich zügig und seriös verfahren? Dieses Dilemma kann gar nicht ernst genug genommen werden. Eine schlichte Aufforderung, die Interessen doch auszugleichen[8], ist jedenfalls dann ungenügend, wenn diese Aufgabe den Behörden im Einzelfall übertragen wird: Strafprozessrecht muss abstrakte, gesetzlich[9] «*prästabilisierte*»[10] Lösungen bereitstellen. Dabei versteht sich, dass «*die Verwirklichung von Strafrecht nicht die einzige Aufgabe des Staates*» ist[11].

2. Tatverdacht und Korrektive

Traditionellerweise dient das Strafrecht der Aufarbeitung vergangenen Unrechts. Ausgangspunkt des Strafprozesses ist der Tatverdacht (wir werden sehen, dass diese scheinbare Selbstverständlichkeit in neuerer Zeit in Frage gestellt worden ist, etwa durch den Haftgrund der Ausführungsgefahr[12], die Massen-DNA-Untersuchung[13] oder auch die Verwertung von Zufallsfunden[14]).

Auch der klassischen Verdachtsklärung wohnt aber eine Tendenz inne, die Hypothese allzu bald zum Endergebnis zu erheben. Solange das kommunikative Element im Prozess nicht sichergestellt wird, führt der «*hermeneutische Zirkel*» zu einer

5 Z.B. Mexiko: La Vanguardia vom 22.8.2008, 3: «*Cumbre national contra la impunidad.*»
6 Gless 2007, 408; Peters 1985, 21; Riklin StPO Kommentar 2014, Vorbem. Art. 1–11 N 5.
7 Albrecht, P.A. 2006, 112.
8 Piquerez/Macaluso 2011, 7 f.
9 Krauß 1985, 174.
10 Pieth 1984, 349 ff.
11 Noll 1977, 12; Seelmann/Geth 2016, 20, Rz. 46.
12 Siehe unten S. 144 f.; Art. 221 Abs. 2.
13 Siehe unten S. 153 ff., 155; Art. 256.
14 Siehe unten S. 167 f.; Art. 278.

laufenden Festigung der Behördenperspektive und unter Umständen zu einem **«kurzen Prozess»**[15].

Über die Jahrhunderte sind daher eine Reihe von Sicherungsmassnahmen entwickelt worden, die als **Korrektive** einen allzu kurzen Prozess verhindern sollen.

Bereits das ausgehende Mittelalter hat mit der staatlichen Verantwortungsübernahme für die Strafjustiz zwei wichtige Beiträge geleistet: Damit Justiz nicht länger Privatsache oder Sache der Sippe war, wurde den Behörden die Verantwortung zur Findung der **materiellen Wahrheit** übertragen. Es entspricht aber derselben Idee, dass sie prinzipiell nur auf Verdacht hin tätig wurden. Wie wir sehen werden, ist diese Fokussierung auf das «göttliche Interesse» an der Findung der wirklichen Wahrheit für das Verständnis des Prozesses der frühen Neuzeit fundamental. Die Vorstellungen der Wahrheit um 1500 waren dabei noch recht schlicht: Als Wahrheit galt, was man als Behördenmitglied zu sehen glaubte, was wir heute als die *«Korrespondenztheorie der Wahrheit»* bezeichnen[16]. Erst allmählich wurde erkannt, dass die intersubjektive Überprüfbarkeit *(«Konkordanztheorie der Wahrheit»)* und damit auch die Herstellungsbedingungen von Wahrheit von Bedeutung waren[17].

In einem nächsten historischen Schritt wurde die Unterteilung des Verfahrens in Phasen und damit die **Gewaltenteilung** als entscheidender Schutzmechanismus eingeführt. Die Geschichte im Einzelnen ist recht wechselhaft[18]. Hier geht es vorerst darum festzuhalten, dass die Trennung des Vorverfahrens vom Hauptverfahren und die Einführung des Staatsanwalts und des unabhängigen Richters eine zentrale Bedeutung als Korrektive des allzu schnellen Verfahrens darstellten. Weiter wurden innerhalb des Vorverfahrens die polizeiliche Ermittlung und die juristische Analysefunktion unterschieden (Staatsanwalt respektive Untersuchungsrichter). Später trat eine richterliche Anordnungskompetenz für schwere Zwangsmassnahmen hinzu. Entscheidend für die Einführung der Gewaltenteilung ist das Prinzip, dass das unabhängige Gericht den Fall nicht von sich aus an die Hand nehmen darf. Eine Anklageschrift legt den Prozessgegenstand fest und befasst den Richter (analog dazu wird im französisch-rechtlichen Verfahren bereits der Untersuchungsrichter vom Staatsanwalt mit der sogenannten «*saisine*» befasst; die «*saisine*» begrenzt zugleich seine Zuständigkeit[19]).

Zum Schutz der Menschenwürde, aber auch zur Sicherung der Entscheidungsfindung nahm man allmählich Abstand von besonders invasiven Verhörmethoden. Das **Verbot der Folter, der Drohung und der Täuschung** markierte einen ent-

15 Im Detail dazu Krauß 1999, 119 ff.; ders. 1982, 758 f.; Pieth 1986, 33 ff.; ders. 1984, 12 ff.; vgl. auch Thommen 2013, passim.

16 Hassemer 1990, 131.

17 Ebd.; Pieth 2015, 26, 66 f.

18 Siehe unten S. 21 ff.

19 Siehe unten S. 29 ff.

scheidenden Schritt in Richtung auf ein modernes Verfahren hin, selbst wenn diese Grundregeln auch heute noch nicht völlig ausser Anfechtung stehen[20]. Weiter wurde die Anordnung von **Beweis- und Zwangsmassnahmen** an Regeln gebunden und jedenfalls die gröbsten Verletzungen wurden mit Unverwertbarkeit sanktioniert.

Fundamental für die Entstehung des Prozesses, wie wir ihn heute kennen, war sodann die Ergänzung der Schutzrechte durch aktive Mitwirkungsrechte der Parteien. Prozess setzt *«szenisches Verstehen»*[21], **Kommunikation** und Partizipation voraus. Für die beschuldigte Person ist elementar, dass sie mit Hilfe aktiver Mitwirkung (unterstützt durch professionelle Verteidigung) die reale Chance hat, eine unter Umständen beweisgestützte Gegenhypothese zum Verdacht zu präsentieren[22]. Zur Mitwirkung ist sie nicht verpflichtet *(«nemo tenetur se ipsum accusare»)*, den Staat trifft die Beweislast, Mitwirkung ist aber eine wichtige Option. Das hat man erst vor Kurzem auch für den Geschädigten erneut erkannt und seine Partei- und Schutzrechte ausgebaut[23].

Alle diese Elemente (Verdacht als Stimulus des Verfahrens und die erwähnten Korrektive) können nicht darüber hinwegtäuschen, dass der Prozess mit grossen Unsicherheiten behaftet ist. Letztlich müssen die Richter auf Grund ihrer inneren Überzeugung entscheiden, auch wenn sie das Urteil zu begründen haben (freie Beweiswürdigung). Als weiterer Schutzmechanismus wurde daher ein ausgeklügeltes System von **Rechtsmitteln** geschaffen. Auf der ersten Ebene (Berufung) lässt es noch eine vollständige Kontrolle des richterlichen Ermessens zu; je weiter man sich aber von der ersten Instanz entfernt, desto stärker werden die Rechtsmittel auf eine reine Rechtskontrolle beschränkt[24].

Eine zusätzliche Sicherung versprach sich der aufgeklärte Staat von der **Transparenz** (Öffentlichkeit) und damit von der Kontrolle durch die Medien und die Öffentlichkeit (die «vierte Gewalt»). Es wird noch die Rede davon sein, dass die Schutzwirkung der (Medien-)Öffentlichkeit, durchaus zu Recht als ambivalent empfunden wird.

In ein *Diagramm* übertragen ergibt sich folgendes Bild der Kräfte und Gegenkräfte:

20 Vgl. die Praxis der USA in Guantanamo *(Waterboarding)* oder im Gefängnis von Abu Ghraib im Irak, die Erlaubnis von Israels Oberstem Gericht, Verdächtige zu «schütteln», oder den Fall Gäfgen in Deutschland (Androhung von Schmerzzufügung durch die Polizei).

21 Hassemer 1990 passim.

22 Siehe dazu im Detail unten S. 51 ff., 85 f. und 89 ff.

23 Siehe unten S. 112 ff.

24 Hassemer 1990, 166; siehe unten im Detail S. 298 ff. und 310 ff.

Tatverdacht und «natürliche Tendenz» der Ermittlung zum schnellen Urteil				
Materielle Wahrheit als Staatsaufgabe	Gewaltenteilung – Vorverfahren – Hauptverfahren – Ermittlung – Untersuchung	– Verbot unerlaubter Verhörmethoden – Rechtliche Regelung von Zwangsmassnahmen und Beweisvorgang	Aktive Partizipationsrechte der Parteien (Beschuldigte und Geschädigte)	– Rechtsmittel – Transparenzvorschriften

3. Ein Verfahren für den Alltag?

In der neuen Schweizerischen StPO treffen eigentlich zwei unterschiedliche Bedürfnisse aufeinander, die einerseits einen ordentlichen Prozesstypus für den Alltag und andererseits einen Prozess für besonders problematische Fälle nötig machen. Das neue Recht lässt sich durchaus den beiden Prozesstypen zuordnen.

Das Normalverfahren ist stark «effizienzorientiert»[25]. Es spricht sich dafür aus, «*die Rolle der Polizei im Strafverfahren so klar wie möglich zu umschreiben, statt sich der Illusion hinzugeben, die Kriminalpolizei sei ausschliesslich ein Organ zur Ausführung untersuchungsrichterlicher Aufträge*»[26]. Davon hat sich in Art. 306 die Anweisung an die Polizei erhalten, «*den für eine Straftat relevanten Sachverhalt*» schlechthin festzustellen. In der grossen Mehrzahl der Alltagsfälle wird die Polizei die Fälle wohl «pfannenfertig» der Staatsanwaltschaft abliefern, die im Rahmen ihrer Kompetenz erwägen wird, ob ein Strafbefehl in Frage kommt (in weit über 90 % der nicht-eingestellten Fälle wird sie einen Strafbefehl erlassen[27]). Zu Recht moniert Oberholzer, dass die StPO «nur noch bis in 1 bis 2 % der Fälle ein Verfahren unter Einhaltung aller rechtsstaatlichen Grundsätze» vorsehe[28].

Demgegenüber bemüht sich die Prozessordnung, den Aufwand der Gerichte auf ein Minimum zu reduzieren. Soweit nicht das «abgekürzte Verfahren» gewählt wird, das auf Beweiserhebungen weitestgehend verzichtet, findet eine «ordentliche» fakultativ-unmittelbare Hauptverhandlung statt. Art. 343 Abs. 3, der davon spricht, im Vorverfahren ordnungsgemäss erhobene Beweise könnten im Hauptverfahren «*nochmals*» erhoben werden, «*sofern die unmittelbare Kenntnis des Beweismittels für die Urteilsfällung notwendig erscheint*», geht offensichtlich davon aus, dass die unmittelbare Beweiserhebung die Ausnahme sein soll. Anders als in den umliegenden Ländern entscheidet damit der Schweizer Richter nicht aus dem «*Inbegriff der Hauptver-*

25 Vgl. etwa Botschaft des Bundesrates, BBl 2006 1085 (1106, zum Staatsanwaltschaftsmodell).

26 «Aus 29 mach 1», 121.

27 Siehe unten S. 251 ff.

28 Oberholzer 2015, 13.

handlung»[29]. Der Richter überprüft vielmehr aufgrund der Akten die Arbeit der Instanzen des Vorverfahrens. Dadurch wird allerdings das Gewaltenteilungsprinzip in Frage gestellt[30].

Gesamthaft betrachtet, führt die neue Prozessordnung zu einem raschen, behördenlastigen Verfahren, dem ein insgesamt eher mildes materielles Strafrecht entspricht, solange sich der Beschuldigte dem Schuldvorwurf unterwirft[31]. Zwar wurden als Korrektiv zur Reduktion der Beweisführung in der Hauptverhandlung die Verteidigungsrechte im Vorverfahren, namentlich die «Verteidigung der ersten Stunde» ausgebaut. Allerdings verfügt die Verteidigung in dieser Phase noch nicht über die volle Akteneinsicht und kann daher lediglich als Beistand bezeichnet werden[32]. Insgesamt sieht die StPO für den Alltag ein polizeilastiges stark präventiv orientiertes Verfahren vor[33].

4. Ein Ausnahmeverfahren für «Makrokriminalität»?

Neben dem ordentlichen Verfahren war erklärtes Ziel der Verfahrensrevision, ein ausserordentliches Verfahren für komplexe und konfliktträchtige Fälle vorzusehen.

Mit zunehmender Globalisierung und der fortschreitenden «technologischen Revolution» haben sich die Gelegenheiten zu sogenannter «Makrokriminalität»[34] vervielfacht.

Der Begriff **Makrokriminalität** ist erst für «besonders gravierende und gefährliche Grossformen kollektiver Gewalt»[35], für staatliche oder «staatsverstärkte»[36] (para-staatliche) Delinquenzformen, insbesondere schwere Menschenrechtsverletzungen (Völkermord und Kriegsverbrechen) durch Staatsorgane, Söldnertruppen oder Bürgerkriegsparteien geprägt worden. Ursprünglich verwendet in der Aufarbeitung des «Dritten Reiches», ist dieser Kriminalitätsbegriff auch in der neuesten Zeit leider hoch aktuell: Mit der Desintegration des Blocksystems nach dem «Kalten Krieg» ist auch eine ganze Reihe von regionalen Konflikten und Bürgerkriegen losgetreten worden, in denen es zu schwersten Menschenrechtsverletzungen gekommen ist (vgl. etwa Ex-Jugoslawien, Kambodscha, Kongo, Ruanda, Sierra Leone, Sudan)[37].

---

29 Vgl. aber § 261 D StPO; vgl. dazu Arzt 1974, 223; Krauß 1986.

30 Krit. Pieth 2002a, 629; ders. 2002b, 426; ders. 2006, 391 ff.; siehe unten S. 233 ff. und 239 ff.

31 Pieth 2001, 260.

32 Ruckstuhl 2002, 9; Meyer/Ruckstuhl 2002, 9.

33 Albrecht 2014, 15 ff.; Niggli 2014, 28 ff.; Piguet/Dyens 2015, 365 ff.; Piquerez/Macaluso 2011, 217.

34 Jäger 1989, 11 ff.

35 Jäger 1989, 11.

36 Naucke 1996.

37 Passas 1998/99, 399 ff.; zum Teil handelt es sich um alte Konflikte, die erneut aufgeflammt sind.

Die grenzüberschreitende **Wirtschaftskriminalität** hat mit der Staatskriminalität gemein, dass es sich häufig um Straftaten von «Mächtigen» handelt[38]. Es gelingt Tätern immer wieder, mit Veruntreuungen, Grossbetrügereien, Kursmanipulationen usw. eine Vielzahl von Opfern über die Landesgrenze hinweg zu schädigen (man denke beispielsweise an den Zusammenbruch des Schneeballsystems im Fall Madoff mit vermuteten Schäden in der Höhe von 50 Mia. Dollar[39]). Eine Makrodimension nimmt die Wirtschaftsdelinquenz vor allem aber dann an, wenn es Managern und Unternehmen gelingt, die staatliche Justiz auszuschalten (man denke an die illegale Abfallverklappung in Drittweltstaaten[40] oder an grosse Bestechungsfälle[41]).
Weiter wird zur Makrokriminalität gemeinhin das **«organisierte Verbrechen»** gezählt. Sowohl der Begriff wie die Vorstellungen über die realen Erscheinungsformen sind ausserordentlich umstritten[42]. Das «organisierte Verbrechen» ist von den Medien und in Literatur und Film vielfach mythisch verklärt worden («Der Pate»). Die Realität, beispielsweise in Süditalien, mag banaler erscheinen als im Film (man denke an den «Alltag» der Schutzgelderpressung, des *«Loansharking»* oder der systematischen Submissionserschleichung, gepaart mit der entsprechenden Gewaltbereitschaft). Auf internationaler Ebene rücken die Drogenmärkte und der Menschenhandel immer stärker in den Vordergrund. Dabei werden ganz erhebliche Summen umgesetzt. Umstritten ist, ab wann eine kriminelle Gruppe oder Bande zur «Organisation» wird[43]. Literatur und Praxis sind sich indessen einig, dass das eigentliche Bedrohungspotenzial solcher Gruppierungen – jenseits ihrer Gewaltbereitschaft – in ihrer Fähigkeit besteht, durch ihre Vernetzung mit Politik und Wirtschaft, als «Staat im Staat», das Funktionieren von Justiz und anderen Staatsfunktionen in Frage zu stellen[44]. Wenn in der Schweiz in diesem Sinne definierte kriminelle Organisationen zweifellos nicht den Alltag bestimmen, ist dennoch damit zu rechnen, dass Teile des Finanzplatzes (Banken, Geschäftsanwälte oder Treuhänder) sich gelegentlich zur Geldwäsche für ausländische kriminelle Organisationen missbrauchen lassen[45].

---

38 Pieth 2016, 21.

39 BAZ vom 13.12.2008, 15; Financial Times vom 21./22.2.2009, 8; vgl. auch den Fall Stanford, NZZ vom 18.2.2009, 17.

40 Vgl. den Fall Trafigura und Côte d'Ivoire; NZZ vom 20.2.2008; NZZ am Sonntag vom 24.6.2007; NZZ vom 15.2.2007.

41 Vgl. etwa den Fall BAE-Saudi Arabien (Al-Yamamah) in dem der britische Premierminister dem Serious Fraud Office (SFO) nahe gelegt hatte, die Strafuntersuchungen aus Sicherheitsgründen und auch ökonomischen Erwägungen einzustellen.

42 Darstellungen von «Mafiakämpfern» wie Giovanni Falcone (Falcone/Padovani) kontrastieren mit kritischen Analysen von Lebensläufen von Mafiosi, die die Phänomene als wesentlich desorganisierter und personalisierter erscheinen lassen: zum Ganzen vgl. Besozzi 2002, 71 ff.; Cesoni 2004; Estermann 2002; Vest 1994, 125 ff.

43 Vgl. Cesoni 2004, 47 u.V.a. Besozzi 2002.

44 Vgl. Hassemer 1993, 664 ff.; vgl. auch Hess 1988; Kinzig 2004, 61; Müller 1991.

45 Botschaft des Bundesrates, BBl 1993 III 277 (282 ff.); Godenzi 2015, 269 ff.; Pieth 1996, 36 ff.; Trepp 1996.

Während es sich bei den bisher referierten Formen der Makrokriminalität um Delinquenz von «Mächtigen» handelt, steht beim Terrorismus die Ausnutzung von Fanatismus und Verzweiflung im Vordergrund. Vielfach mag das ungeschickte Verhalten der Industrienationen den Nährboden des Terrorismus erst bereiten (etwa dadurch, dass Konflikte in Palästina, in Afghanistan, im Irak oder in Sri Lanka nicht friedlich beigelegt werden können). Terrorismus wird gemeinhin als die systematische Gewaltanwendung auch gegenüber unbeteiligten Zivilpersonen zur politischen Einflussnahme definiert[46]. Typischerweise gehen terroristische Handlungen von Gruppen aus, auch wenn Einzeltäter vorkommen mögen (vgl. Timothy McVeigh und die Bombe von Oklahoma City). Abermals stellt sich natürlich die Frage, ab wann eine terroristische Organisation vorliegt.

Diese Kriminalitätsformen haben gemein, dass sie typischerweise international von Gruppen ausgeübt werden, die die Macht haben, sich gegen staatliche Interventionen zur Wehr zu setzen und somit das Justizmonopol des Staates in Frage zu stellen. Von ihnen geht regelmässig ein erhebliches Gefährdungspotenzial aus. Es wäre widersinnig, wenn das Strafrecht gerade vor solchen Phänomenen die Segel streichen müsste, während es sich bisher vor allem der Elends- und Alltagskriminalität zugewandt hat.

Von einem prozessrechtlichen Standpunkt aus sind die Unternehmen oder Gruppen typischerweise schwer durchdringbar. Daher wurde in neuerer Zeit das Arsenal der geheimen Zwangsmassnahmen stark ausgebaut (Telefonkontrolle, Observation, verdeckte Ermittlung, Kontoüberwachung usw.) und die entsprechenden Sonderregelungen in die neue StPO übernommen.

Problematisch bleibt aber, dass die entsprechenden Tatbestände (vgl. Art. 260ter und Art. 260^{quinquies} sowie Art. 305bis StGB) so diffus formuliert sind, dass sie Fälle und Personen erfassen, die zweifelsfrei die erwähnte Gefährlichkeit nicht erreichen (blosse Mitläufer und Sympathisanten). Die unscharfen Formeln des materiellen Rechts lassen die Sicherungen des Prozessrechts gegen Missbräuche (Tatverdacht und richterliche Kontrolle) ins Leere laufen[47]. In der Strafrechtslehre werden die Missbrauchsgefahren in kritischer Absicht unter dem Stichwort «Feindstrafrecht» (im Gegensatz zum solidarischen, sozialstaatlichen Alltagsstrafrecht) abgehandelt[48]. Vor allem im Betäubungsmittelrecht besteht die Gefahr, dass bei der ausufernden Verwendung des «OK»-Begriffs auch blosse Strassenverkäufer und sogenannte «Fixer-Dealer» erfasst werden[49]. Man muss sich davor in Acht nehmen, aus der Existenz von kriminellen Organisationen irgendwo auf der Welt einerseits und dem Vor-

46 Vgl. etwa Art. 2 des UN Übereinkommens über die Unterdrückung der Finanzierung des Terrorismus vom 9.12.1999 und Art. 260^{quinquies} StGB; dazu Pieth 2014, 249 ff.; ders. 2006b, 1079 ff.

47 Zerbes 2010, 324 ff.

48 Vgl. zur Auseinandersetzung mit Jakobs: Krauß 2006, 79 ff.

49 Albrecht 2007, 152.

handensein konkreter Betäubungsmittelmärkte in der Schweiz andererseits automatisch darauf zu schliessen, dass einzelne Strassenverkäufer «Soldaten» einer kriminellen Organisation seien: Von Rechts wegen sind wir verpflichtet, den Nachweis der Beziehung zu einer kriminellen Organisation zu erbringen. Und Zwangsmassnahmen sind dementsprechend an konkrete Verdachtsmomente zu binden.

Im Rahmen dieses Lehrbuchs müssen daher die Aspekte des «Alltagsverfahrens» und des «ausserordentlichen Verfahrens» auseinandergehalten werden. Sodann müssen die Tatbestände der Makrokriminalität in «teleologischer Reduktion» auf die eigentlich gefährlichen Fälle eingeschränkt werden, auf den Kern, der das Verdachtskriterium und die richterliche Kontrolle bei Telefonüberwachung, elektronischer Überwachung, verdeckten Ermittlungen und Kontoüberwachung wieder relevant macht. Die Details sind natürlich weiter unten abzuhandeln[50].

50 Siehe vor allem unten S. 160 ff.

Fragen zu Kapitel I

- Weshalb ist das staatliche Strafmonopol so wichtig?
- Was verstehen Sie unter «Justizgewährleistungspflicht des Staates»?
- Was bedeutet «Justizförmigkeit des Verfahrens»?
- Wozu bedarf es aktiver Mitwirkungsrechte der Parteien?
- Vor welchem Dilemma stehen die Strafbehörden im Kampf gegen das organisierte Verbrechen?

Die Auflösung der Fragen ergibt sich jeweils aus dem vorangegangenen Kapitel.

II Wie entsteht ein Straffall?

Literatur *Donatsch/Schwarzenegger/Wohlers* 2014, 16 f.; *Erni, L.*, Die Verteidigungsrechte in der eidgenössischen Strafprozessordnung, insbesondere zum «Anwalt der ersten Stunde», ZStrR 2007, 219 ff.; *Jositsch* 2013, 5 ff.; *Kühne, H.H.*, Multimediales Lehrprojekt Strafprozess, «Strafsache gegen F.», Drehbuch mit Erläuterungen, Kehl a.R./Strassburg 1978; *Piquerez/Macaluso* 2011, 57 ff.; *Riedo/Fiolka/Niggli* 2011, 5 ff.; *Ruckstuhl/Dittmann/Arnold* 2011, 3 ff.; *Schmid* Handbuch 2013, 6 ff.; *ders.*, «Anwalt der ersten Stunde», in: FS Trechsel, Zürich 2002, 745 ff.; *Wicki, F.*, Einleitung StPO, in: Niggli, M.A./Heer, M./Wiprächtiger, H. (Hrsg.), Basler Kommentar Schweizerische Strafprozessordnung, Jugendstrafprozessordnung, Basel 2011 (zit. BSK StPO-Wicki 2011, Einleitung).

Im Folgenden wird erst anhand einer hypothetischen Fallgeschichte dargestellt, wie ein Straffall entsteht. Dabei können wir die Entwicklung des Falls über die entscheidenden Phasen verfolgen. Es wird erkennbar, dass der Fall je nach Wendung der Beweisaufnahme als Bagatelle (zum Beispiel als Verletzung von Verkehrsregeln) enden oder sich aber zur Schwerkriminalität auswachsen könnte (Tötung oder Aussetzung).

1. Eine hypothetische Fallgeschichte

a) Sachverhalt

Man stelle sich die folgende Fallschilderung als eine Art Filmdrehbuch vor[1]*. Der Fall wird über Szenen und Einstellungen aufgebaut:*

aa) Nach Arbeitsschluss

Hans Meier (37), verheiratet, Vater zweier kleiner Kinder, von Beruf Baupolier, sitzt nach einem anstrengenden Arbeitstag noch mit seiner Equipe bei einem Bier zusammen. Aus dem einen werden mehrere Biere, nicht übermässig viele, doch ausreichend, um den im Strassenverkehr erlaubten Promillegrenzwert klar zu überschreiten.

Hans Meier fährt auf dem Nachhauseweg mit seinem Opel Manta durch eine düstere Waldpartie, es regnet heftig, die Sicht ist schlecht. Er übersieht vollkommen, dass ein stark alkoholisierter Waldarbeiter mit seinem grünen Mofa auf den nassen Blättern ausgerutscht war und bewusstlos auf der rechten Fahrbahnhälfte liegt. Das Motorrad ist ohne Licht, der Landarbeiter ist in einen dunklen Mantel gehüllt, er liegt überdies nach einer unübersicht-

1 **Einstiegsfall** in Anlehnung an das Filmprojekt von Kühne 1978.

lichen Kurve am Boden. Soweit im Film erkennbar, überfährt Meier jedenfalls das ebenfalls am Boden liegende Motorrad. Er hält, steigt aus, blickt unter seinen Wagen, sieht ausser dem schrottreifen Motorrad im Dunkeln gar nichts. Meier zieht das Motorrad fluchend unter dem Wagen hervor und murmelt etwas über die verantwortungslosen Personen, die Schrott auf der Strasse liegen liessen. Er wirft das Mofa an den Strassenrand und schaut nochmals unter seinen Wagen. Auch jetzt sieht er in der Dunkelheit nichts.
Ein entgegenkommendes Auto reduziert die Fahrt, der Fahrer ruft Meier zu, ob er Hilfe brauche. Meier verneint dankend, es sei alles in Ordnung.

bb) Die Spurensicherung

Die zweite Szene unseres Films lässt uns am folgenden Tag ein Absperrband quer über einen Waldweg erkennen, auf dem drei Autos stehen: ein Streifenwagen, ein Wagen der kriminaltechnischen Abteilung (KTA) der Kantonspolizei und ein Wagen mit der Pikettstaatsanwältin. Nahaufnahme: Die Leiche eines Mannes mit stark zerfetzten Kleidern und aufgeschürfter Haut, die auf der Wölbung des Waldwegs liegt. Vor sieben Uhr war die Leiche von einem Jogger entdeckt und gemeldet worden. Die Leute von der KTA fotografieren die Lage der Leiche und nehmen Abgüsse von in der Nähe gefundenen frischen Reifenspuren ab.

Schnitt

300 Meter weit weg, unweit der Abzweigung des Waldwegs von der Hauptstrasse, bei einer Fahrverbotstafel, liegt am Strassenrand ein stark zerbeultes grünes Mofa. Man findet Spuren von Autolack am Mofa. Eine Umfrage bei Garagisten über neue Reparaturaufträge wird zwei Tage später ergeben, dass ein weisser Opel Manta mit grünen Kratzspuren vorne und unter dem Wagen in Reparatur gegeben wurde. Rasch wird Hans Meier als Fahrzeughalter ermittelt.
Noch bevor Hans Meier befragt werden kann, meldet sich auf eine Pressemitteilung hin ein Automobilist bei der Polizei und gibt zu Protokoll, er habe am fraglichen Abend einen Mantafahrer an der betreffenden Stelle auf der Hauptstrasse unter seinen Wagen blicken sehen, jener habe aber sein Hilfsangebot abgelehnt. Die Polizei nimmt einen entsprechenden Rapport auf.
Noch am Tag des Leichenfunds eröffnet die Staatsanwaltschaft eine Strafuntersuchung gegen Unbekannt und erteilt der Polizei den Auftrag, die Ermittlungen einstweilen fortzusetzen.

b) Die ersten Einvernahmen

Abends nach der Arbeit wird Hans Meier vor der Baubaracke von zwei Detektiven, Mitarbeitern der Kriminalpolizei, angesprochen und gefragt, ob er am fraglichen Abend Auto gefahren sei, und ob er den Waldweg benutzt habe. Als Hans Meier ausweichend reagiert, bittet man ihn, zur Kripo mitzukommen.
Nach und nach, vor allem nachdem er mit der Aussage des vorbeifahrenden Automobilisten konfrontiert worden ist, gibt er zu, dass er auf ein im Dunkeln am Boden liegendes Motorrad aufgefahren sei. Er ereifert sich wiederum darüber, dass jemand einfach nachts

so ein Schrottvehikel an unbeleuchteter, unübersichtlicher Stelle im strömenden Regen liegen lassen könne. Meier wird daraufhin gefragt, ob er den Waldweg benutzt habe, was er weit von sich weist, mit dem Hinweis, da sei ja Fahrverbot, da sei er sicher nicht durchgefahren.

c) Die ersten Untersuchungshandlungen

Die Obduktion der Leiche ergibt, dass das Opfer noch gelebt hat, als es an den Kleidern erfasst und über den Waldweg geschleift wurde. Als auch die Ergebnisse der Spurenuntersuchungen der Autoreifen und Lackspuren vorliegen – und ein übereinstimmendes Bild ergeben – wird Meier von der Arbeit abgeholt und erneut von der Polizei einvernommen. Als er wiederum anerkennt, auf das Töffli aufgefahren zu sein, aber verneint, den Waldweg benutzt zu haben, wird er zur Staatsanwaltschaft verbracht.

Die Staatsanwältin klärt ihn über sein Schweigerecht und seine Verteidigungsrechte auf und macht ihm klar, dass er Beschuldigter in einem Strafverfahren sei. Als ihm die Bilder des toten Mannes vorgelegt werden, erschrickt Meier zutiefst. Es wird ihm klar, dass er sich in einer ganz heiklen Situation befindet, er schweigt und verlangt, einen Anwalt zu sprechen. Man schlägt ihm den Pikettanwalt der Anwaltskammer vor; im Übrigen eröffnet man ihm, dass man einen Antrag auf Untersuchungshaft stellen werde.

d) Das Haftverfahren

Der Pikettanwalt nimmt Einblick in die Haftakte, die unter anderem die wichtigsten der bisher vorliegenden Beweise zur Sache enthält. Im Gespräch, das der Pikettanwalt kurze Zeit vor der Verhandlung vor dem Zwangsmassnahmengericht mit dem Beschuldigten führen kann, erkundigt er sich, weshalb er gelogen habe, als man ihn fragte, ob er den Waldweg benutzt habe. Er interessiert sich natürlich auch dafür, ob der Beschuldigte tatsächlich nicht bemerkt hatte, dass sein Wagen den Landarbeiter mitschleppte, bis er auf der Wölbung des Waldwegs abgestreift wurde. Allerdings betrachtet er es in dieser Verfahrensphase (noch) nicht als seine Aufgabe, die Sache selbst *in extenso* zu erörtern, jedenfalls nicht, bevor er nicht die gesamte Akte gesehen hat. Überdies ist ihm bewusst, dass der Beschuldigte ihn bei allzu eindringlichen Fragen leicht als Agenten der Gegenseite betrachten könnte.

In der kontradiktorischen Verhandlung vor dem Zwangsmassnahmengericht argumentiert die Staatsanwältin, es handle sich um einen gravierenden Fall, es lägen handfeste Verdachtsmomente dafür vor, dass der Beschuldigte nicht nur in fahruntüchtiger Verfassung gefahren sei, die Verkehrsregeln verletzt und Fahrerflucht, sondern mindestens fahrlässige Tötung, eventuell Aussetzung begangen habe. Zudem liege Kollusionsgefahr (Vertuschungsgefahr) vor, da er bereits in der ersten polizeilichen Einvernahme nachweislich gelogen habe.

Der Verteidiger macht demgegenüber geltend, dass zwar Indizien für Strassenverkehrsverstösse vorlägen, alles andere sei aber in keiner Weise im Sinne eines «dringenden Tatverdachts» erhärtet. Schliesslich fehle es an jedem Haftgrund. Herr Meier sei gut integriert, werde sicher nicht flüchten, und seine Schwindelei bezüglich des Waldwegs sei verständ-

lich; die Polizei habe sie sich selbst durch ihr unfaires Verhalten zuzuschreiben: Sie hätte in der ersten Verfahrensphase bewusst den Beschuldigten darüber im Unklaren gelassen, in welcher Prozessrolle er sich befinde, und was man ihm wirklich vorwerfe. Die ersten Aussagen seien daher unverwertbar.
Das Zwangsmassnahmengericht bejaht den dringenden Tatverdacht allerdings und sieht ein gewisses Risiko der Kollusion. Immerhin mutet es der Staatsanwaltschaft zu, relativ schnell mit der Untersuchung voranzukommen. Es bewilligt daher vorerst lediglich eine Untersuchungshaft für den Zeitraum von einem Monat. Ob die ersten Aussagen verwertbar seien, sei hier nicht von Belang und sei vom Sachgericht zu beurteilen.

e) Die Durchführung der Untersuchung

Der Verteidiger bewirkt bei der Staatsanwaltschaft eine erneute Einvernahme des Beschuldigten in voller Aktenkenntnis in seiner Anwesenheit. Das Verfahren scheint für den Beschuldigten zunächst recht gut zu laufen, bis die KTA im Wagen auf dem Autoboden vorne und hinten Blutspuren der Blutgruppe des Opfers entdeckt. Nunmehr lädt die Staatsanwaltschaft zur Schlusseinvernahme ein und erklärt, dass sie davon ausgehe, dass der Beschuldigte das Opfer ins Auto eingeladen und im Wald ausgesetzt habe. Damit werde die Variante Aussetzung oder gar vorsätzliche Tötung immer realer. Der Verteidiger stellt daraufhin den Beweisantrag, ein Sachverständiger habe zu begutachten, ob das Bild der Blutspuren mit dieser Hypothese übereinstimmen könne, und ob nicht alternative Geschehensverläufe genauso wahrscheinlich seien. Weiter beantragt die Verteidigung eine vertiefte forensisch-medizinische Abklärung, ob die Leiche eventuell bereits von anderen Autos erfasst worden war. Die Staatsanwaltschaft, die den Beschuldigten für einen ausgemachten Lügner hält, ist nicht geneigt, diese Verfahrensverzögerung hinzunehmen. Sie lehnt beide Beweisanträge ab. Sie befasst mit ihrer Anklageschrift, wie bereits zum Schluss der Untersuchung angekündigt, das Gericht.
Der Verteidiger erwägt erst, gegen die Ablehnung der Beweisanträge Beschwerde an die kantonale Beschwerdeinstanz zu erheben. Er sieht allerdings mit Blick auf Art. 394 lit. b, der die Beschwerde für unzulässig erklärt, wenn die abgelehnten Beweisanträge ohne Rechtsnachteil vor dem erstinstanzlichen Gericht wiederholt werden können, davon ab. Aus denselben Gründen lässt Art. 93 Abs. 3 BGG eine Strafrechtsbeschwerde ans Bundesgericht erst recht als aussichtslos erscheinen.
Die Anklageerhebung selbst ist nicht anfechtbar, die Anklageschrift wird aber vom Instruktionsrichter während der Vorbereitung der Hauptverhandlung überprüft.

f) Das Hauptverfahren

Die Verteidigung erneuert die Beweisanträge gegenüber dem Vorsitzenden des Gerichts erster Instanz, der zur Vorbereitung der Hauptverhandlung berufen ist. Der Instruktionsrichter verweist indessen die Beweisanträge in die Hauptverhandlung. Die Anklageschrift passiert die Vorprüfung des Vorsitzenden unbeanstandet.
Im Rahmen der eigentlichen Hauptverhandlung wird erst die Zusammensetzung des Gerichts bekanntgegeben und die Anwesenheit der vorgeladenen Personen (Beschuldigter und

allfälligen Zeugen) festgestellt und den Parteien Gelegenheit zur Stellung von Vorfragen gegeben. Der Verteidiger wiederholt sogleich einen seiner Beweisanträge. Diesmal hat er seinen Beweisantrag mit Hilfe des Privatgutachtens eines forensischen Experten (dem früheren Leiter einer kriminaltechnischen Abteilung eines benachbarten Kantons) untermauert: Er behauptet, dass naheliegende Alternativen zur Version der Staatsanwaltschaft nicht ausgeschlossen werden könnten: Der Beschuldigte könnte, als er neben dem Wagen stand, ohne es gemerkt zu haben, in eine Blutspur getreten sein und sie anschliessend auf dem Wagenboden verteilt haben, zumal die Menge des Bluts im Wagen auch relativ bescheiden war. Getreu schweizerisch-pragmatischer Tradition lehnt das Gericht den Beweisantrag zwar ab, unterstellt die Beweisbehauptung aber als wahr. Nun verläuft die Hauptverhandlung zügig: Die Anklageschrift wird nicht verlesen, die Beweise sind grösstenteils bereits im Vorverfahren erhoben worden. Es wird vom Gerichtspräsidenten auf die Akten verwiesen.

g) Das Urteil

Nach Anhörung der Parteireferate, die weiter nicht hätten auseinandergehen können – die Staatsanwaltschaft verlangt Bestrafung wegen Aussetzung, die Verteidigung wegen Verletzung von Verkehrsregeln – verurteilt das Gericht, im Zweifel für den Angeklagten, wegen fahrlässiger Tötung: Es glaubt, die mit dem Beweisantrag vertretene Alternative nicht völlig ausschliessen zu können, allerdings wirft es dem Beschuldigten vor, zu weltfremd und unvorsichtig darauf vertraut zu haben, dass das Mofa einfach so auf der Strasse lag. Er hätte die Hilfe des entgegenkommenden Wagens annehmen müssen und unter Umständen mit einer Taschenlampe unter dem Auto Nachschau halten müssen, andernfalls hätte der Fahrer die Polizei zu Hilfe rufen sollen.

Dieser Fall erlaubt es uns, den Verlauf eines typischen Verfahrens schematisch zusammenzufassen:

2. Der Prozessverlauf

a) Das Vorverfahren

Der klassische Strafprozess beginnt mit der **Eröffnung**, sei es auf Grund einer privaten Strafanzeige, der Anzeige einer Behörde oder der selbständigen Einleitung durch die Strafverfolgungsbehörden. Wie wir sehen werden[2], ist bereits die Einleitungsphase unter Umständen nicht unproblematisch, weil eine zögerliche Klärung der Prozessrollen die Beteiligten in ihren Rechten einschränkt (Aussageverweigerungsrecht des Beschuldigten respektive Zeugnisverweigerungsrecht).

Das **Vorverfahren** beginnt als **Ermittlungsverfahren** in den Händen der **Polizei**. Während das klassische Prozessrecht[3] die Polizei auf den «ersten Zugriff» (das heisst dringende Beweis- und Zwangsmassnahmen) beschränkte, erlaubt die Schwei-

2 Erni 2007, 232 f.; Schmid 2002, 762; und siehe unten S. 86 ff.
3 Vgl. z.B. § 3 alt StPO BS.

zerische Prozessordnung bei Alltagsfällen (schätzungsweise 80–90% aller Fälle) eine weitgehend selbständige Ermittlung durch die Polizei (Art. 306). Lediglich bei schweren Verbrechen und Vergehen sowie sogenannten «Brandtourfällen» muss die Polizei die Staatsanwaltschaft sofort informieren (Art. 307 Abs. 1) und ihr regelmässig Bericht erstatten (Abs. 3). Dies ist nur ausnahmsweise der Fall, etwa bei so gravierenden Vorkommnissen wie in unserem hypothetischen Fall oder wenn Zwangsmassnahmen notwendig sind. Die Polizei erlangt mit der neuen Prozessordnung auch rechtlich jene überragende Stellung, die sie in vielen Kantonen bereits früher faktisch innehatte. Wir werden prüfen müssen, ob die Parteirechte der Beschuldigten in dieser ersten Phase die institutionelle Übermacht der Polizei aufzuwiegen vermögen[4].

Die **Staatsanwaltschaft** erfüllt diverse Funktionen: Im ersten Stadium hat sie die Aufsicht über die Polizei, im weiteren Verfahren (zumal bei Verdacht auf schwere Delikte) ist sie selbst für die **Untersuchung** zuständig (und übernimmt damit die Funktion des nunmehr abgeschafften Untersuchungsrichters), sodann entscheidet sie über Einstellung, Anklageerhebung, eventuell auch über den Erlass eines Strafbefehls, und auf Antrag des Beschuldigten, auch über die Durchführung des abgekürzten Verfahrens. Schliesslich ist sie Partei, falls es zur Hauptverhandlung kommt[5].

b) Das Haupt- und das Rechtsmittelverfahren

Das im klassisch französisch-rechtlichen (und auch in alt BStP) enthaltene Zwischenverfahren (Anklagezulassungsverfahren) vor einer besonderen richterlichen Instanz ist mit der neuen Prozessordnung abgeschafft worden. Das Sachgericht prüft selbst, ob die Anklageschrift den rechtlichen Anforderungen genügt. Im sogenannten **Instruktionsverfahren** (der Vorbereitung der Hauptverhandlung) stellt das Gerichtspräsidium die Beweisliste zusammen und entscheidet über Beweisanträge, die bei Ablehnung vor dem Gesamtgericht wiederholt werden können.

Soweit nicht ein Einzelrichter über die Sache befindet[6], obliegt es dem **Gesamtgericht in der Hauptverhandlung**, die Beweise zu erheben. Dabei haben die Autoren der Schweizerischen StPO allerdings eine der restriktivsten Varianten des mittelbaren Hauptverfahrens gewählt, die im parlamentarischen Verfahren nur noch marginal in Richtung fakultativer Unmittelbarkeit hin korrigiert wurde. Das Problem wird noch zur Sprache kommen müssen. Nach Anhörung der Parteivorträge fällt das Gesamtgericht in einer geheimen Beratung das Urteil. Es hat sich streng an die Anklageschrift zu halten und allein noch zwischen Freispruch und Verurteilung zu entscheiden. Das Urteil wird mündlich oder schriftlich begründet eröffnet. Dem

---

4 Siehe unten S. 96 ff.

5 Siehe unten S. 217 ff. und 231 ff.

6 Vgl. Art. 19 Abs. 2.

Beschuldigten stehen **Rechtsmittel** zur Verfügung[7]: Auf kantonaler Ebene sind das die Berufung, die Beschwerde und die Revision. Mit Strafrechtsbeschwerde kann der Entscheid allenfalls an das Bundesgericht weitergezogen werden[8]. Besondere Regeln gelten im Rahmen der erstinstanzlichen Bundeszuständigkeiten.

Vorverfahren	Polizeiliches Ermittlungsverfahren
	Staatsanwaltliches Untersuchungsverfahren
Hauptverfahren	Instruktionsverfahren
	Hauptverhandlung

Rechtsmittelverfahren	Rechtsmittel gemäss StPO – Berufung – Beschwerde – Revision
	Strafrechtsbeschwerde ans Bundesgericht (gemäss BGG)
	(EMRK-Beschwerde an den EGMR)

3. Rechtsquellen

Das formelle Strafrecht dient der Durchsetzung des materiellen Strafrechts. Zum formellen Strafrecht wird neben der StPO das Gerichtsverfassungsrecht[9] und das Rechtshilferecht[10] gezählt. Eine Reihe von Spezialgesetzen[11] enthalten Gerichtsverfassungsrecht des Bundes (StBOG, BGG) oder Regeln für Verfahren gegen Personen in einem besonderen Status (JStPO und MStP). Das VStrR und das OBG befassen sich mit Verwaltungs- und Übertretungsstrafrecht. Verfahrensrechtlich ist aber das ordentliche Strafverfahren auch auf das Übertretungsstrafrecht anwendbar (Strafbefehlsverfahren)[12]. Eine weitere Gruppe von Sondergesetzen befasst sich mit der Stellung des Opfers im Verfahren (OHG) oder mit bestimmten Zwangsmassnahmen (das BÜPF, das Bundesgesetz über die polizeilichen Informationssysteme und das DNA-Profil-Gesetz)[13].

7 Siehe unten S. 298 und 303.

8 Siehe unten S. 310.

9 Das unter Vorbehalt abweichender gesetzlicher Regeln gemäss Art. 123 Abs. 2 BV nach wie vor Sache der Kantone ist.

10 Vgl. vor allem das IRSG sowie die multilateralen und bilateralen Vereinbarungen.

11 Vgl. die Zusammenstellung bei Riklin StPO Kommentar 2014, Einleitung N 26 ff.; vgl. auch Donatsch/Schwarzenegger/Wohlers 2014, 16 f.; Jositsch 2013, 5 ff.; Piquerez/Macaluso 2011, 57 ff.; Riedo/Fiolka/Niggli 2011, 5; Ruckstuhl/Dittmann/Arnold 2011, 3; Schmid Handbuch 2013, 6 ff.

12 BSK StPO-Wicki 2011, Einleitung N 56.

13 Zur Frage, wie weit diese Gesetze noch gelten, wird im Kapitel über die Zwangsmassnahmen eingegangen.

Fragen zu Kapitel II

- Wie beurteilen Sie das Verhalten der Detektive in der ersten Verfahrensphase[14]?
- Ist die Belehrung durch die Staatsanwältin korrekt erfolgt[15]?
- Hat der Beschuldigte im Haftanordnungsverfahren bei Mittellosigkeit Anspruch auf einen Offizialverteidiger[16]?
- Ist die Ablehnung der Beweisanträge in den verschiedenen Phasen korrekt erfolgt? Was halten Sie von der «Wahrunterstellung» durch das Gericht[17]?
- Ist das Urteil im Ergebnis vertretbar?

Die Auflösung der Fragen ergibt sich jeweils aus den nachfolgenden Kapiteln.

14 Für Details siehe unten S. 86 ff.

15 Für Details vgl. Art. 158; und siehe unten S. 89.

16 Für Details vgl. Art. 130 und Art. 132; und siehe unten S. 102.

17 Für Details siehe unten S. 108 f., 237 f. und 239 ff.

III Geschichte

Literatur *Albrecht, P.A.*, Die vergessene Freiheit: Strafrechtsprinzipien in der europäischen Sicherheitsdebatte, 2. Aufl., Berlin 2006; *Beccaria, C.*, Über Verbrechen und Strafen, Nach der Ausgabe von 1766 übersetzt und herausgegeben von Wilhelm Alff, Frankfurt a.M. und Leipzig 1998 (zit. Beccaria/Alff 1766/1998); *Bloch, E.*, Naturrecht und menschliche Würde, Frankfurt a.M. 1975; *Carlen, L.*, Rechtsgeschichte der Schweiz, 3. Aufl., Bern 1988; *Carpzov, B.*, Practica nova imperialis Saxonica rerum criminalium, Nachdruck von Wittenberg 1635, Frankfurt a.M. 1996; *Hafner, F.*, Rechtsgeschichtliche Einblicke, UNI NOVA, Basel 124/2014, 36 f.; *Hattenhauer, H.*, Europäische Rechtsgeschichte, 3. Aufl., Heidelberg 1999; *Heinsohn, G./Steiger, O.*, Die Vernichtung der weisen Frauen: Hexenverfolgung, Kinderwelten, Bevölkerungswissenschaft, Menschenproduktion. Beiträge zur Theorie und Geschichte von Bevölkerung und Kindheit, 5. Aufl., München 1985; *Hermann, J.*, Neuere Entwicklungen in der amerikanischen Strafrechtspflege, JZ 1985, 608 ff.; *Heusler, A.*, Basels Gerichtswesen im Mittelalter, 100. Neujahrsblatt, herausgegeben von der Gesellschaft zur Förderung des Guten und Gemeinnützigen. In Kommission bei Helbing & Lichtenhahn, Basel 1922; *His, R.*, Geschichte des Deutschen Strafrechts bis zur Karolina, München 1967; *Ignor, A.*, Geschichte des Strafprozesses in Deutschland 1532–1846, Paderborn u.a. 2002; *Institoris, H.*, Malleus maleficarum (Der Hexenhammer), neu aus dem Lateinischen übertragen von Wolfgang Behringer, München 2000; *Kley, A.*, Geschichte des öffentlichen Rechts der Schweiz, Zürich/St. Gallen 2011; *Krauß, D.*, Die Unmittelbarkeit der Hauptverhandlung im schweizerischen Strafverfahren, recht 1986, 73 ff.; *Kunz, K.-L.*, Kriminologie: Eine Grundlegung, 6. Aufl., Bern 2011; *Laingui, A./Lebigre, A.*, Histoire du droit pénal II. La procédure criminelle, Paris 1979; *Mittermaier, C.J.*, Das deutsche Strafverfahren in der Fortbildung durch Gerichts-Gebrauch und Particular-Gesetzbücher und in genauer Vergleichung mit dem englischen und französischen Strafprozess, 1. Abt., Heidelberg 1827; *Montesquieu, C.-L.*, Vom Geist der Gesetze (1748), übersetzt und herausgegeben von Ernst Forsthoff, Tübingen 1992; *Noll* 1977, 3 ff., 23 f.; *ders.*, Zur Frage der Vereinheitlichung des Strafprozessrechts in der Schweiz, in: FS Guldener, Zürich 1973, 231 ff.; *Opitz, C.*, Hexen und Zauberer, in: Begleitpublikation zur Ausstellung «Magie! Die geheime Macht der Zeichen» in der Basler Papiermühle, 1.11.2002–30.6.2003, 52 ff.; *Pahud de Mortanges, R.*, Schweizerische Rechtsgeschichte, Zürich/St. Gallen 2007; *Pfenninger, H.F.*, Probleme des schweizerischen Strafprozessrechts: Ausgewählte Aufsätze, Zürich 1966, 5 ff.; *Pieth, M.*, Strafrechtsgeschichte, Basel 2015; *ders.*, Bedingte Freiheit: Disziplinierung zwischen Gnade und Kontrolle, Basel 2001; *ders.*, Strafverteidigung – wozu? Standpunkte Kontrovers, Heft 4, Basel 1986; *ders.*, Der Beweisantrag des Beschuldigten im Schweizer Strafprozessrecht, Basel/Frankfurt a.M. 1984; *Piquerez/Macaluso* 2011, 40 ff.; *Poncet, D.*, L'instruction contradictoire dans le système de la procedure penale genevoise, Genève 1967; *Radzinovicz, L.*, A history of English criminal law and its administration from 1750, London 1948–1968; Riklin StPO Kommentar 2014 (Einleitung); *Ruckstuhl* 2007, 13 ff.; *Ruckstuhl/Dittmann/Arnold* 2011, 6 ff.; *Rüping, H./Jerouschek, G.*, Grundriss der Strafrechtsgeschichte, 6. Aufl., München 2011; *Schmidt, Eb.*, Einführung in die Geschichte der deutschen Strafrechtspflege, 3. Aufl., Göttingen 1983 (zit. Schmidt, Eb. 1983); *Schultz, H.*, Rechtsübernahme, Rechtsvergleichung und Rechtsreform in der Entwicklung des Schweizerischen Strafrechts, ZStrW 1988, 189 ff.; *Schulz, W.*, Geheime Inquisition, Zensur und Kabinettsjustiz im verderblichen Bunde, 1845; *Seelmann, K./Demko, D.*, Rechtsphilosophie, 6. Aufl., München 2014; *Senn, M.*, Rechtsgeschichte – ein kulturhistorischer Grundriss, 4. Aufl., Zürich et al. 2007; *Suter, S.*, Die Gutachten der Basler Juristenfakultät in Straffällen vom angehenden 16. bis zum Beginn des 19. Jahrhunderts, Basel 1990; *Thomasius, C.*, Vom Laster der Zauberei: Über die Hexenprozesse, 2. Aufl., München 1987; *Voltaire, F.M.*, Von der Gewissheit, in: Mensching, G. (Hrsg.), Republikanische Ideen, Schriften 2, dt. Übersetzung, Frankfurt a.M. 1979; *Von Spee, F.*, Cautio Criminalis, (Frankfurt 1631/32), moderne Ausgabe: 2. Aufl., Tübingen 2005; *Vormbaum, T.*, Einführung in die moderne Strafrechtsgeschichte, Berlin Heidelberg 2011; *Waiblinger, M.*, Zur Frage der Vereinheitlichung des schweizerischen Strafprozessrechts, ZStrR 1952, 217 ff.; *Wesel, U.*, Geschichte des Rechts in Europa, München 2010; *Zachariae, H.A.*, Handbuch des deutschen Strafprozesses: Systematische Darstellung des auf den Quellen des gemeinen Rechts und der neuern deutschen Gesetzgebung beruhenden Criminal-Verfahrens, in wissenschaftlicher Begründung und Verbindung, Göttingen 1861; *ders.*, Die Gebrechen und die Reform des deutschen Strafverfahrens, dargestellt auf der Basis einer consequenten Entwicklung des inquisitorischen und des accusatorischen Prinzips, Göttingen 1846.

1. Vorstaatliches Strafrecht

Die Geschichte der Schweizer Strafrechtspflege von der Zeit der Völkerwanderung bis zur Entstehung der alten Eidgenossenschaft ist komplex, weil sie geprägt ist von der Entwicklung der jeweiligen Stammesrechte (dem Alemannischen Recht in der heutigen Deutschschweiz, dem Burgundischen Recht in der Westschweiz und dem Langobardischen Recht in der Südschweiz, nebst einem Sonderrecht für das romanische Rätien ab 850)[1]. Ab 1200 erlangten die verschiedenen deutschen Rechtssammlungen (zum Beispiel der Schwabenspiegel von 1275) erheblichen Einfluss in weiten Teilen der heutigen Schweiz.

Das Strafrecht jener Zeit war zunächst ein Sippenstrafrecht, beherrscht von der Fehde (oder in einer späteren Terminologie Blutrache), unter Umständen ablösbar durch Geldleistung («Compositionen») oder durch Ausschluss des «Frevlers» aus der Stammesgemeinschaft[2]. Die Festlegung der Ablösesumme geschah in einem **Anklageprozess**[3]. Dabei bediente sich der Spruchkörper archaischer «Beweisverfahren», die aus heutiger Sicht wenig mit Wahrheitsgewinnung zu tun haben: Zum einen wurde ein Gottesurteil (insbesondere durch Feuer-, Heisswasser-, Kaltwasser- und Bahrproben) angerufen oder ein gerichtlicher Zweikampf angeordnet, zum andern wurde der Beschuldigte zum Leumundsbeweis mit Hilfe von Eideshelfern (Zeugen zur Person) zugelassen. Erst 1215 wurde dem Gottesbeweis von Papst Inno-

1 Carlen 1988, 9 f.

2 Rüping/Jerouschek 2011, 4.

3 Piquerez/Macaluso 2011, 43 ff.

zenz III. die kirchliche Legitimation entzogen. Der Reinigungseid stand Tätern, die auf frischer Tat ertappt wurden, nicht zur Verfügung. Sie riskierten im «*Handhaftverfahren*» entweder in einem Schnellprozess abgeurteilt oder gar unter Beizug von Zeugen vom Geschädigten auf der Stelle getötet zu werden[4].

Angesichts des hohen Schädigungspotenzials der Fehde setzten sich sowohl die Kirche (Gottesfrieden) als auch die weltlichen Autoritäten (Landfrieden) für eine staatliche Ordnung der Justiz ein[5]. In der Schweiz müssen die Bundesbriefe von 1291 und von 1315 als Landfriedensbündnisse gesehen werden, die jedenfalls den Umgang mit elementarer Schwerkriminalität regelten[6]. Die Bündnisse der Eidgenossen bezweckten zugleich, im weiteren Sinne staatliche Autorität an sich zu ziehen und sich zunächst innerhalb des (schwachen) deutschen Reichs gegen landesfürstliche Ambitionen zur Wehr zu setzen. Die Eidgenossen erlangten bald die Blutgerichtsbarkeit (je nach Stand ab 1400), noch bevor sie sich 1499 faktisch vom Reich lösten[7] und die Anrufung fremder Richter überhaupt untersagten[8]. Die Landfriedensbewegung steht zugleich für eine sehr raue und willkürliche Justiz: Auf die erhebliche Zahl der entwurzelten landlosen Personen, Landsknechte, Zigeuner usw. wurde als «*landschädliche Leute*» regelrecht Jagd gemacht (die Eidgenossen sprachen von «*Landjegi*»). Sie wurden gefoltert oder mit dem «*Handhaftverfahren*» ohne wirklichen Prozess «*vom Leben zum Tode gebracht*»[9].

Damit war der Übergang zu einem staatlich betriebenen Prozess vorbereitet. Der aufkommende Inquisitionsprozess hat allerdings noch weitere historische Ursachen.

2. Das Inquisitionsverfahren

a) Die historische Entwicklung

aa) Die Rezeptionsgeschichte

Im ausgehenden Mittelalter verfügte die **kirchliche Justiz** über weite Zuständigkeiten[10]. Vor allem aber im Kontext kircheninterner Reformen und Prozesse gegen delinquente Kleriker wurde im materiellen Strafrecht an die Stelle des Erfolgsstraf-

---

4 His 1967, 51; Rüping/Jerouschek 2011, 10.

5 Pahud de Mortanges 2007, 52 ff.; Pieth 2015, 13 f.; Rüping/Jerouschek 2011, 21 ff.

6 Carlen 1988, 38 (Mord, Raub, Brandschatzung).

7 Carlen 1988, 27.

8 Carlen 1988, 29; Suter 1990, 4.

9 Carlen 1988, 31; Pieth 2015, 24; Rüping/Jerouschek 2011, 31, 41 ff. (z.T. wurde das alte «Übersiebnungsverfahren» verwendet, mittels dem der Kläger mit Hilfe von sieben Eideshelfern den schlechten Ruf des Beklagten beschwor).

10 Hafner 2014, 36 f.; Pieth 2015, 14; Pahud de Mortanges 2007, 32 ff.; Rüping/Jerouschek 2011, 14 ff.; Senn 2007, 181 f.; Wesel 2010, 237 f.

rechts das Verschuldensprinzip gesetzt. Im Prozessrecht gilt Papst Innozenz III. als Wegbereiter einer neuen Prozessform: Durch seine Diskreditierung des Gottesbeweises und die Einführung des Prinzips der «materiellen Wahrheit» im kirchlichen Disziplinarverfahren (um 1200) hat er den Inquisitionsprozess vorbereitet[11]. Als Geburtsstunde des Inquisitionsprozesses gilt die Durchsetzung des Offizialprinzips und des Untersuchungsgrundsatzes, wonach die Justizbehörden Verantwortung für die Einleitung und Durchführung des Verfahrens übernehmen und nach der «objektiven Wahrheit» suchen[12].

Die Kirche bediente sich der an **norditalienischen Universitäten** (insbesondere in Bologna) ab dem 13. Jahrhundert ausgebildeten kanonischen Juristen[13]. Bald entstand auch für deutsche Landesfürsten und beim Reichsgericht das Bedürfnis, rechtlich gebildete «Legisten» anzustellen. Mit ihnen hielt das in Norditalien gelehrte römische Recht ab 1300 Einzug in **Deutschland**[14]. Die Eidgenossen konnten sich demgegenüber vorerst nicht für «*Barteli*» und «*Baldeli*» erwärmen[15], doch kam die Rezeption bald über die hiesigen Rechtsfakultäten auch in die Gegend der heutigen Schweiz (insbesondere von Basel aus, wo ab 1537 nach dem «*mos italicus*» römisches Recht gelehrt wurde[16]).

bb) Die Carolina (1532)

Angesichts der verwilderten lokalen Justizpraxis und häufiger «Justizmorde»[17] lag es nahe, das Straf- und Strafprozessrecht durch die «*Doctores*» kodifizieren zu lassen. Johann von Schwarzenberg, fürstbischöflicher Beamter in Bamberg, organisierte[18] ein erstes entscheidendes Gesetzeswerk, das die «*inquisitio*» neben den Akkusationsprozess stellte und zugleich die Folter an bestimmte Voraussetzungen band (die «*Bambergische Halsgerichtsordnung*» von 1507). In enger Anlehnung an dieses Werk erliess Kaiser Karl der V. 1532 die «*Constitutio Criminalis Carolinae*» (CCC). Obwohl sie lediglich subsidiär zum Landesrecht galt (salvatorische Klausel), setzte sie sich bald auf Grund ihrer überlegenen Methode durch. Die CCC sollte das Strafrechtsleben im deutschen Sprachraum bis 1800 bestimmen, auch wenn die zeitgebundene Härte der Strafen durch entsprechende Auslegung allmählich abgedämpft werden

11 Ignor 2002, 47 ff.

12 Zu den Prinzipien siehe unten S. 37 f.

13 Hafner 2014, 36 f.; Pieth 2015, 15 ff.; Rüping/Jerouschek 2011, 14.

14 Zur Rezeptionsgeschichte Schmidt, Eb. 1983, 107 ff.; vgl. auch Hattenhauer 1999, 55; Pieth 2015, 16.

15 Eine populäre Anspielung auf die berühmten italienischen Juristen Bartolus de Saxoferrato und Baldus de Ubaldis.

16 Carlen 1988, 71; Suter 1990, 5; zum Begriff: Senn 2007, 185 ff.

17 Pieth 2015, 24 ff.; Rüping/Jerouschek 2011, 41; Senn 2007, 99 f.

18 Schmidt, Eb. 1983, 108 ff.

musste[19]. Die CCC entfaltete auch in der Schweiz Wirkung, obwohl sie erst nach dem faktischen Ausscheiden der Eidgenossenschaft aus dem deutschen Reich erlassen wurde[20]. Gleichzeitig wurde die französische Schweiz von einer parallelen Entwicklung in Frankreich mitbeeinflusst[21].

Auch wenn der Text der CCC noch ein Nebeneinander des «ordentlichen» Anklageprozesses und des «ausserordentlichen» Inquisitionsprozesses vorsah, setzte sich in der Praxis bald die Inquisitionsvariante durch[22].

Die entscheidenden Neuerungen des Verfahrens waren die Festschreibung der staatlichen **Justizgewährleistungspflicht** (Art. 6 CCC) und der staatlichen Verantwortlichkeit für die Findung der **materiellen Wahrheit** (Art. 8 CCC). Der Prozess wurde von Amtes wegen eingeleitet. Allerdings bestand Personalunion zwischen der Untersuchungs- und der Entscheidungsinstanz[23]. Allenfalls hatten die – meist rechtsunkundigen – lokalen Richter ein Gutachten bei einer Rechtsfakultät einzuholen (insbesondere bei todeswürdigen Verbrechen und zur Frage der Zulässigkeit der Folter)[24]. Anschliessend fand eine «öffentliche Gerichtsverhandlung», der *«endliche Rechtstag»*[25] statt, an dem aber lediglich noch das Urteil verlesen und gleich auch vollstreckt wurde. Durch die Regelung der Aktenversendung konnten die Landesfürsten, respektive die städtischen Behörden unter Umständen Einfluss auf den Inhalt des Urteils nehmen, indem sie die zu befragende Instanz bestimmten.

Ein ganz entscheidender Fortschritt gegenüber der willkürlichen Hinrichtung von *«landschädlichen Leuten»* stellte das **Beweisrecht** der CCC dar. Aus unserer heutigen Sicht war es zwar starr, indem es formelle Beweisregeln vorsah (ein gültiger Beweis wird im Wesentlichen durch zwei vollwertige Zeugen oder ein Geständnis erbracht).

Das Geständnis wurde als die *«regina probationum»*[26] angesehen, und die **Folter** galt als unverzichtbar[27]. Allerdings wurde sie von bestimmten objektiven **Indizien** abhängig gemacht. Wurde korrekt nach CCC verfahren, musste vor Anordnung der Folter ein *«Folterinterlokut»*, ein Zwischenverfahren, stattfinden, in dem die Indizien erörtert wurden[28]. Interessanterweise verfügte der Beschuldigte durchaus über Ver-

19 Vielfach wurden zu diesem Zweck Gutachten von Rechtsfakultäten beigezogen; Suter 1990, 4.

20 Carlen 1988, 41; Suter 1990, 104.

21 Vgl. die *«Ordonnance de Blois»* von 1498, die später von der *«Ordonnance de St Germain»* von 1670 abgelöst werden sollte, für Details vgl. Laingui/Lebigre 1979, 81 f.; Riklin StPO Kommentar 2014, Einleitung N 7.

22 Ignor 2002, 41 ff.; Rüping/Jerouschek 2011, 45, 53 f.; Schmidt, Eb. 1983, 198 ff.

23 Schmidt, Eb. 1983, 99 f. (Befragung vor beauftragten Schöffen).

24 Zur Aktenversendung und der Rolle der Universitäten vgl. Suter 1990.

25 Ignor 2002, 61; Rüping/Jerouschek 2011, 43, 47; Schmidt, Eb. 1983, 100 f.

26 Heusler 1922, 10 ff.; Rüping/Jerouschek 2011, 45.

27 Wesel 2010, 282 ff., 347 ff.

28 Pieth 2015, 26 f.; Rüping/Jerouschek 2011, 45.

teidigungsmöglichkeiten, unter Umständen auch über das Recht auf Beizug eines Beistands[29], allerdings war es an ihm, seine Unschuld zu beweisen[30].

Aufschlussreich ist ein Gutachten der Basler Juristischen Fakultät von 1650 in einem Fall, in dem der lothringische Rat Basel darum ersuchte, einen Basler Bürger der Folter zu unterwerfen, weil eine in Lothringen (illegal) gefolterte Komplizin ausgesagt hatte, er habe geholfen, in Lothringen ein Einhorn zu entwenden. Die Juristische Fakultät stellte nicht etwa die Frage, ob es denn Einhörner überhaupt gäbe, vielmehr wurde ausführlich, unter Bezugnahme auf Benedikt Carpzov (unten cc)), hin und her erwogen: Die Folter sei zwar nötig, aber gefährlich und müsse mit grosser Zurückhaltung und Vorsicht angeordnet werden. Die Professores gingen sogar so weit zu sagen, es sei besser *«dass ein Schuldiger von der tortur loss gesagt werde, als dass ein Unschuldiger durch die tortur also misshandelt werde»*[31].

cc) Die Praxis zur Carolina

Entscheidend geprägt hat die Praxis zur CCC, jedenfalls in der frühen Zeit ihrer Geltung, Benedikt Carpzov, der langjährige Vorsitzende des Leipziger Schöffenstuhls[32]. Er gilt manchen als Begründer der deutschen Strafrechtswissenschaft: Er hat den ersten Kommentar zur Carolina verfasst, die *Practica nova Imperialis Saxonica rerum criminialium*[33]. Andere haben ihn als religiösen Fanatiker und Hexenverfolger dargestellt. Fest steht, dass Carpzov die Folter – wenn auch im Normalfall gebunden an die Indizienlehre – für riskant, aber notwendig erachtete: In moderner Interpretation waren Carpzov und seine Zeitgenossen gefangen in einem religiös motivierten Konflikt zwischen der Notwendigkeit, die absolute «göttliche» Wahrheit zu finden und dem Verbot, einen Unschuldigen hinzurichten. Zugleich hielten sie das **Geständnis** auch eines bereits Überführten für notwendig, weil der Sünder vor seiner Hinrichtung zur Versöhnung mit Gott gezwungen werden musste. Im Übrigen deuten Quellen auch darauf hin, dass von der Delinquenz eine Destabilisierung der göttlichen Ordnung (Gottes Zorn) befürchtet wurde[34], die auch im Kollektivinteresse auszugleichen war.

Carpzov gilt zwar nicht als Begründer, aber als einer der wichtigsten Multiplikatoren der Lehre vom **«crimen exceptum»**: So schreibt er in seinem Standardwerk,

---

29 Die «Defensio» galt als «Naturrecht, das man nicht einmal dem Teufel versagen durfte», Verweise bei Ignor 2002, 115 ff. auf Carpzov und andere.

30 Ignor 2002, 79.

31 Suter 1990, 87.

32 Ignor 2002, 101 ff.; Pieth 2015, 28 ff.; Rüping/Jerouschek 2011, 49 ff.

33 Nachdruck der Ausgabe Wittenberg 1653 mit einem Vorwort von Dietrich Oehler, Goldbach 1996.

34 Das Geständnis wird geradezu als «Busssakrament» bezeichnet; vgl. im Detail Ignor 2002, 67 ff.

das noch über Jahrhunderte als Kommentar zur CCC verwendet wird: «*notissimum est, quod in delictis atrocissimis propter criminis enormitatem iura transgredi liceat*»[35] (Es ist allgemein bekannt, dass bei den schlimmsten Delikten wegen der Schwere der Tat die rechtlichen Grenzen überschritten werden dürfen). Der Grundsatz galt bei Carpzov nicht nur bezüglich der Sanktion, sondern auch für Verfahrensnormen. Die Regel, die ursprünglich in der Ketzerverfolgung entwickelt wurde, wurde nun insbesondere auf die **Hexenverfolgung** übertragen. Sie führte nachweislich zu einer «Senkung der Indizienschwelle» in der Praxis[36]. «Hexen» wurden auch ohne Indizien gefoltert[37]. Die Theorie hat es der Praxis leicht gemacht, die schützenden Formen der CCC in einem besonders problematischen Bereich zu übergehen. Zwischen 1300 und 1780 fielen in Europa wohl gegen 100 000 Personen dem Hexenwahn zum Opfer[38]. Einer der letzten Hexenprozesse wurde noch kurz vor der französischen Revolution (1782) in der Schweiz, in Glarus, durchgeführt und die Angeklagte, Anna Göldin, hingerichtet[39].

b) Der «inquisitorische» Prozess

Es sollte mehrere Jahrhunderte dauern, bis der Inquisitionsprozess durch den nachfolgenden «reformierten Anklage-» oder «Parteienprozess» ersetzt wurde. Inzwischen hat man die historische Entwicklung in der Prozessdiskussion in einem **Modell** typisiert. Dabei sollten zwar die grössten Auswüchse, insbesondere die Folter, in den Hintergrund treten. Trotzdem werden noch mindestens zwei Begriffe des «inquisitorischen Prozesses» verwendet. Zum einen ein rechtspolitischer Kampfbegriff, wie ihn vor allem der deutsche Rechtshistoriker Eberhard Schmidt geprägt hat[40], sowie ein neutraler Begriff für ein Prinzip, das auch heute noch seinen Platz in unserem Strafverfahren hat.

---

35 Carpzov 1635, Qu. 41 Nr. 5–8, Qu. 102 Nr. 67 f., Qu. 122 Nr. 60; dazu Ignor 2002, 102 ff.

36 Ignor 2002, 103 u.V.a. Jerouschek; Pieth 2015, 30, 33; Rüping/Jerouschek 2011, 55, 71 ff.

37 Das entsprach den Vorstellungen der Autoren des «Hexenhammers» (des «*maleus maleficarum*»): Institoris 1491. Vgl. Pieth 2015, 30 ff.; Ignor 2002, 103 f.; Pahud de Mortanges 2007, 131 f.; Opitz 2002, 52 ff.; Rüping/Jerouschek 2011, 58 ff.

38 Vgl. die zeitgenössische Kritik des Mönchs Friedrich von Spee, Cautio Criminalis, Frankfurt 1631/32; im Übrigen Rüping/Jerouschek 2011, 61; Heinsohn/Steiger 1985.

39 Vgl. die literarische Verarbeitung des Stoffs durch Eveline Hasler, Anna Göldin – letzte Hexe, Roman, Zürich 1982; NZZ vom 7.11.2007: «Steckbrief der Anna Göldi(n) in der Ausgabe vom 9. Februar 1782. Die «letzte Hexe» in der NZZ»; Pieth 2015, 32 f.

40 Schmidt, Eb. 1983, 327 ff.

aa) *Der rechtspolitische Inquisitionsbegriff*

Von einem «inquisitorischen Prozess» in diesem Sinne spricht man, wenn

- eine Exekutivbehörde, weitgehend ohne Parteirechte im Vorverfahren, die «materielle Wahrheit» ermittelt, ohne dass der Beschuldigte erfährt, dass ein Verfahren geführt wird, oder was ihm genau vorgeworfen wird[41];
- der Beschuldigte zwar nicht durch Folter, aber durch Druck, List und Versprechungen zu einem Geständnis veranlasst wird, allenfalls bei Schweigen oder Falschaussagen Ungehorsams- und Lügenstrafen riskiert[42];
- die Anklageschrift nicht präzise und abschliessend den Prozessgegenstand festlegt;
- Personalunion zwischen Untersuchungs- und Entscheidungsinstanz möglich ist (zum Beispiel der Untersuchungsrichter auch das Urteil fällt)[43], einer Entscheidungsinstanz, die zudem regelmässig nicht demokratisch legitimiert ist,
- das Gericht nicht auf Grund einer prinzipiell unmittelbaren Hauptverhandlung über den Sachverhalt entscheidet, sondern ein Aktenprozess stattfindet, auf den die Urteilsverkündung in einer Art Straftheater folgt (vgl. Aktenversendung und endlicher Rechtstag);
- das Gericht nicht zu einer klaren Alternative von Verurteilung oder Freispruch verpflichtet ist, sondern bei fortbestehendem Verdacht eine «*poena extraordinaria*» oder eine Verdachtsstrafe aussprechen kann[44] beziehungsweise die «*absolutio ab instantia*» anordnen kann, eine Art Einstellung, die leicht zur Wiederaufnahme führen kann.

Schon eine kursorische Betrachtung zeigt, dass viele dieser Elemente noch bis vor Kurzem im Schweizer Strafverfahren sehr präsent waren[45].

bb) *Der neutrale Begriff des «Inquisitionsprinzips»*

Das Inquisitionsprinzip steht für staatliche Verantwortungsübernahme, für die Prozesseinleitung und die Durchführung der Strafuntersuchung sowie für die Verfahrensleitung (einschliesslich Befragung) durch das Gerichtspräsidium im Hauptverfahren. Es wird als Gegenprinzip zum «akkusatorischen» Prozess hingestellt, insbesondere zum Anklageprozess nach angelsächsischem Muster, in dem die Wahr-

41 Noch bis 1997 hatte der Beschuldigte (etwa in BS) im Vorverfahren nur unter ganz eingeschränkten Voraussetzungen (zusätzliche Rechte in komplexen Fällen) Verteidigungsrechte zu erwarten.

42 Vgl. die Regelung im Kanton AR, nach der bis 1978 Schweigen als Schuldindiz gewertet wurde (Art. 74 Abs. 2 alt StPO AR vom 26.04.1914).

43 Krit. bereits Mittermaier 1827, 1. Abt., 110.

44 Dazu Ignor 2002, 106; Schmidt, Eb. 1983, 166 ff.

45 Krauß 1986, 73 ff.; Pieth 1986, 33 ff.

heitsfindung im Wesentlichen in der Hauptverhandlung durch Parteibefragung stattfindet.

Längst (das heisst seit dem französischen Code d'instruction criminelle) ist unser Verfahren eine Mischung von inquisitorischen und akkusatorischen Elementen[46].

3. Naturrecht und Aufklärung

a) Die Entwicklung

aa) Hintergrund

Die theokratische Weltsicht des Mittelalters wurde unter dem Eindruck der naturwissenschaftlichen und geografischen Entdeckungen, vor allem aber der aufkommenden Industrialisierung, durch eine Begründung des Rechts aus der «Natur des Menschen» abgelöst[47]. Die von Geburt frei und gleich vorgestellten Menschen schliessen sich zum Gesellschaftsvertrag zusammen und verzichten zu Gunsten des Gemeinwohls auf einen Teil ihrer Privatwillkür. Die frühen Theorien des Gesellschaftsvertrags arrangierten sich noch mit dem Absolutismus dadurch, dass sie den Gesellschaftsvertrag mit einem Unterwerfungsvertrag unter den Souverän, der für Ordnung und Sicherheit in einer chaotischen Welt zu sorgen hatte[48], kombinierten. War die Unterwerfung erst bedingungslos, postulierten spätere Autoren ein Widerstandsrecht gegen ungerechte Herrscher und bereiteten damit den Boden für die bürgerliche Revolution gegen den Adel. Vollends zum Durchbruch sollte die Aufklärung mit den amerikanischen Unabhängigkeitserklärungen[49] und der französischen Revolution[50] kommen[51].

Dem selbstbewussten Bürgertum, das sich einerseits vor der Willkür einer von absolutistischen Herrschern instrumentalisierten «Kabinettsjustiz»[52] schützen, andererseits aber das errungene Eigentum vor Übergriffen bewahren wollte, entsprach ein neuer Prozesstyp, der erst theoretisch begründet wurde und dann fast 200 Jahre brauchte, um Wirklichkeit zu werden: der «reformierte Parteienprozess»[53]. Er sollte

46 Vgl. Ignor 2002, 231 ff.

47 Bloch 1975; Hattenhauer 1999, 406 ff.; Pahud de Mortanges 2007, 147; Rüping/Jerouschek 2011, 66; Seelmann/Demko 2014, 155.

48 Zum Wandel der Gesellschaftsvertragstheorien von Hobbes über Grotius und Pufendorff bis hin zu Montesquieu und Rousseau vgl. Pieth 2015, 48 ff. (50); Hattenhauer 1999, 412 ff.; Rüping/Jerouschek 2011, 66; Senn 2007, 237 ff., 273; Wesel 2010, 313.

49 Vgl. etwa die Virginia Bill of Rights von 1776.

50 Vgl. die französische Erklärung der Menschen- und Bürgerrechte von 1789.

51 Albrecht, P.A. 2006, 24 ff.

52 Zum Begriff der Kabinettsjustiz vgl. die Kampfschrift von Wilhelm Schulz, Geheime Inquisition, Zensur und Kabinettsjustiz im verderblichen Bunde, 1845.

53 Schmidt, Eb. 1983, 324 ff.

nach Meinung der Reformer ein Gleichgewicht von Sicherheit und Freiheit schaffen. Dabei diente der Prozess gerade so sehr der Humanisierung wie der Effizienzsteigerung[54].

bb) Die Reformbewegung

Die Vordenker der französischen Revolution, insbesondere Voltaire und Montesquieu[55], hatten bereits bestimmte Eckwerte für die Prozessreform gesetzt. Sie propagierten vor allem die Gewaltenteilung und die **Unabhängigkeit des Gerichts**: Ein öffentlicher Ankläger sollte das Verfahren im Auftrag des Staats vorbereiten und ein aus dem Volk rekrutiertes Schwurgericht befassen (Anklagegrundsatz)[56]. Das Verfahren vor Gericht sollte prinzipiell **öffentlich, mündlich und unmittelbar** ablaufen[57].

> «Öffentlich soll die Gerichtsverhandlung und öffentlich die Beweiserhebung sein, damit die öffentliche Meinung, die vielleicht das einzige Bindemittel der Gesellschaft ist, der Gewalt und den Leidenschaften einen Zügel anlege und damit das Volk sagen könne: wir sind keine Sklaven, wir haben eine Verteidigung – ein ermutigendes Gefühl, das dem Tribut an einen Fürsten gleichkommt, der sein wahres Interesse erkannt hat.»[58]

Die Richter hätten nicht nach Beweisregeln, sondern allein auf Grund ihres Ermessens zu entscheiden (der Grundsatz der **freien Beweiswürdigung** findet sich im französischen Code d'instruction criminelle von 1808 in Art. 342 verankert, der von der *«intime conviction»* spricht)[59]. Entscheidend für die Abkehr von der Inquisition war auch für die deutschen Hochschullehrer und Justizkritiker jener Zeit vor allem die Einführung des **kontradiktorischen Prinzips in der Hauptverhandlung**[60]:

> «Das Wesen des akkusatorischen Prinzips finden wir (…) in der geordneten Verhandlung einer Sache zwischen zwei in freier, gleichberechtigter Stellung sich gegenüberstehenden Subjekten vor einer unparteiischen, das Verfahren dirigierenden dritten Person, zu dem Zwecke, eine auf vollständige und klare Anschauung der concreten Verhältnisse begründete, richterliche Entscheidung derselben über die in der Sache kollidierenden Rechte zu erhalten.»[61]

---

54 Zu Beccaria und später Mittermaier und Zachariae vgl. Ignor 2002, 33, 217 und 290.
55 Voltaire, Von der Gewissheit, in: Republikanische Ideen, Schriften 2, 282 ff.; Montesquieu, Vom Geist der Gesetze (1748); Pieth 2015, 51 ff.
56 Ignor 2002, 211 ff.
57 Ignor 2002, 180; Pieth 2015, 51 ff.
58 Beccaria/Alff 1766/1998, 86 ff.
59 Hattenhauer 1999, 174 ff.
60 Ignor 2002, 183.
61 Zachariae 1846, 41 f.

Ob das kontradiktorische Prinzip **bereits im Vorverfahren** zu verwirklichen sei, war umstritten. Das französische Revolutionsprozessrecht von 1791 wurde nach den schlechten Erfahrungen der aus dem Ruder gehenden Revolution bereits 1808 von Napoleon durch einen Kompromiss ersetzt: Auf ein prinzipiell inquisitorisches Vorverfahren, das Anleihen bei der «Ordonnance» von 1670 aufnahm[62], aber den staatlichen Ankläger und einen unabhängigen Untersuchungsrichter beibehielt, folgte erst ein Überweisungsverfahren vor der Anklagekammer und dann ein prinzipiell akkusatorisches Parteiverfahren vor dem Sachgericht. Mittermaier befürwortete dieses Modell für Deutschland in seinem Lehrbuch von 1827[63]. Es sollte für die Schweiz infolge der napoleonischen Besetzung Wirklichkeit werden und sich bis gegen Ende des 20. Jahrhunderts halten! Demgegenüber hatte Zachariae 1861 bereits festgestellt:

> «Es liegt aber an sich kein Grund vor, das Vorverfahren nach einem anderen Prinzip zu gestalten als das Hauptverfahren und es lässt sich ohne Zweifel auch eine dem Zwecke des Strafprozesses entsprechende Gestaltung des Vorverfahrens denken, welche den Forderungen des akkusatorischen Prinzips vollständig Rechnung trägt.»[64]

Erst mehr als 100 Jahre später sollte auch dieser Schritt, unter dem Eindruck der EMRK, bei uns vollzogen werden, und die Parteirechte des Beschuldigten sollten auch im Vorverfahren, vorerst in der Voruntersuchung, später (mindestens teilweise) auch im Ermittlungsverfahren, ausgebaut werden[65].

cc) Die Entwicklung in der Schweiz

Vorerst hatte das französische Recht während der napoleonischen Ära in der Schweiz sehr direkten Einfluss, allerdings trat der Code d'instruction criminelle erst in der Phase der Mediation (1803–1814) in Kraft und beeinflusste die kantonale Gesetzgebung nur noch indirekt. Während der Restaurationsphase (1814–1830) wurden dann viele der Neuerungen wieder rückgängig gemacht[66] oder in einer Weise verändert, die ihrem Sinn nicht entsprach (zum Beispiel der Untersuchungsrichter dem Staatsanwalt untergeordnet). So wurde nach 1815 manchenorts die Folter wieder eingeführt (endgültig abgeschafft wurde sie in der Schweiz erst 1851)[67]. Erst allmählich wurde die öffentliche Hauptverhandlung wieder eingeführt. Die volle Unmittelbarkeit wurde im Schweizer Recht – mit Unterschieden im Einzelnen – kaum irgendwo verwirklicht.

62 Laingui/Lebigre 1979, 143 ff.
63 Mittermaier 1827, 111.
64 Zachariae 1861, 46.
65 Details siehe unten S. 89 ff.
66 Piquerez/Macaluso 2011, 49.
67 Wesel 2010, 349.

Seit dem 2. Weltkrieg hat das Schweizer Prozessrecht aber eine entscheidende Ergänzung dadurch erfahren, dass das Sozialstaatsprinzip im Verfahren umgesetzt wurde: Verteidigungsrechte sollten nicht abstrakte Möglichkeiten bleiben, sie sollten auch dem mittellosen Beschuldigten effektiv zur Verfügung stehen (Einführung der Offizialverteidigung[68] und Reform des Kosten- und Entschädigungsrechts[69]).

b) Der «reformierte Parteienprozess»

Aus der historischen Entwicklung ist, wie beim Inquisitionsprozess, ein Prozesstypus hervorgegangen, der in der Prozesslehre abermals losgelöst vom historischen Kontext verwendet wird:

- Idealtypisch baut er auf einem parteiöffentlichen Vorverfahren auf (in extremis gar einem kontradiktorischen Vorverfahren[70]), die Parteien verfügen über Informations- und Mitwirkungsrechte und die Möglichkeit, sich – notfalls auf Kosten des Staats – professionell vertreten zu lassen.
- Untersuchungs- und Entscheidungsinstanz sind streng getrennt, das Gericht wird vom Staatsanwalt befasst.
- An das Vorverfahren schliesst sich eine öffentliche Hauptverhandlung vor einem unabhängigen, demokratisch legitimierten Gericht an, das auf Grund einer mündlichen und unmittelbaren Beweiserhebung in freier Beweiswürdigung auf Grund eigener Überzeugung über Sachverhalt und Recht entscheidet. Das Urteil ist indessen zu begründen.

Auch dieses Modell stellt noch eine Mischung zwischen inquisitorischen und akkusatorischen Elementen dar. Lediglich das angelsächsische Verfahren geht noch einen Schritt weiter in Richtung Parteienprozess und überträgt die Beweisführung in der Hauptverhandlung den Parteien selbst, während der Richter vor allem die Fairness im Schlagabtausch der Parteien überwacht (System des Kreuzverhörs)[71].

4. Die Vereinheitlichung des Schweizer Prozessrechts

a) Gesetzgebungsgeschichte

Die Vereinheitlichung des Schweizer Prozessrechts wurde bereits geraume Zeit gefordert. Sie wurde ein erstes Mal bereits 1874 abgelehnt. Es wurde aber immer wieder die sachliche und örtliche Rechtszersplitterung kritisiert[72]. Man war sich auch darüber

68 Siehe unten S. 102.

69 Siehe unten S. 277.

70 So etwa bereits seit geraumer Zeit nach französischem Vorbild in Genf, vgl. Poncet 1967.

71 Zum angelsächsischen Prozess siehe Hermann 1985, 608 ff.

72 «Aus 29 mach 1», 21 ff.; Noll 1977, 23; ders. 1973, 231 ff.; Pfenninger 1966, 5 ff.; Riklin StPO Kommentar 2014, Einleitung N 14 f.; Waiblinger 1952, 217 ff.

einig, dass die 26 kantonalen oder 29 Schweizer Prozessordnungen insgesamt nicht wirklich alle originelle Neuschöpfungen waren. Die historischen Modelle waren vielfach variiert und adaptiert worden. Dabei wurde immer wieder die historische Bedeutung einzelner Institutionen verkannt. Beispielsweise sollte der basellandschaftliche Statthalter zwar die Kompetenzen eines Untersuchungsrichters wahrnehmen, dabei hatte man ihn aber (versehentlich?) dem Staatsanwalt weisungsunterstellt – eine grobe Regelverletzung im Vergleich zum französischen Vorbild, das grössten Wert auf die Unabhängigkeit des Untersuchungsrichters legt. Auch nach einer EMRK-bedingten Gesetzesanpassung befasste sich der Statthalter nach wie vor selbst[73].

Es ist denn auch nicht verwunderlich, dass bislang der Widerstand gegen die Vereinheitlichung vor allem von der französischsprachigen Schweiz ausging, die vom deutschrechtlichen Einfluss wenig Positives erwartete[74].

Ab den 1990er Jahren wendete sich aber das Blatt: Zum einen bereitete die Praxis zur EMRK den Boden für eine Vereinheitlichung[75]. Weiter wurden Effizienz und Rechtsgleichheitsgründe für die Vereinigung angeführt[76]. Wegbereiter für die Vereinheitlichung waren zum einen das Konkordat über die Rechtshilfe und die interkantonale Zusammenarbeit in Strafsachen vom 5.11.1992[77] und zum anderen die sog. «Effizienzvorlage», mit der die Bundeskompetenzen im Bereich des organisierten Verbrechens und der Wirtschaftskriminalität ausgeweitet wurden[78].

Mit Art. 123 Abs. 1 BV erhielt der Bund schliesslich die Kompetenz zur Vereinheitlichung des Strafprozessrechts. Danach ging die Entwicklung zügig voran[79].

- Die vom Bundesrat beauftragte Expertenkommission hatte bereits zwischen 1994 und 1997 ein Leitmodell («Aus 29 mach 1») ausgearbeitet, das 1998 publiziert wurde.
- 1999 fanden erste Expertenhearings statt.
- 1999 erhielten mit Prof. Schmid und Prof. Zermatten zwei Experten den Auftrag, Vorentwürfe zum Erwachsenenstrafprozess beziehungsweise zum Jugend-

73 Vgl. Ruckstuhl 2007, 22.

74 Schweizerischer Juristentag 1946, ZSR 1946, 1a ff., 61a ff., 367a ff.

75 «Aus 29 mach 1», 25; Begleitbericht 2001, 5; weitere Verweise bei Pieth 2015, 101 ff.; Piquerez/Macaluso 2011, 52 ff.

76 Begleitbericht 2001, 5.

77 Konkordat über die Rechtshilfe und die interkantonale Zusammenarbeit in Strafsachen vom 5.11.1992 (ausser Kraft); Pieth 2015, 133 f.; Riklin StPO Kommentar 2014, Einleitung N 14.

78 Die sog. «Effizienzvorlage»: Bundesgesetz betr. Änderung des Schweizerischen Strafgesetzbuches betr. Schaffung neuer Verfahrenskompetenzen des Bundes in den Bereichen organisiertes Verbrechen und Wirtschaftskriminalität vom 22.12.1999 (BBl 2000 70); «Aus 29 mach 1», 13 f., 22 f.; dazu Riklin StPO Kommentar 2014, Einleitung N 16.

79 Volksabstimmung im Frühjahr 2000.

strafprozess zu verfassen. Der Vorentwurf wurde 2001 mit einem Begleitbericht veröffentlicht.

- 2002 fand das Vernehmlassungsverfahren statt (Publikation der Zusammenfassung 2003).
- Die Botschaft des Bundesrats wurde am 21.12.2005 verabschiedet.
- Die Eidgenössischen Räte befassten sich 2006 und 2007 mit der Vorlage und beendeten die Beratungen in der Herbstsession 2007 mit der Schlussabstimmung.

Das neue Gesetz wurde auf den 1.1.2011 in Kraft gesetzt. Die späte Inkraftsetzung ist auf einen doch erheblichen Anpassungsbedarf der kantonalen Gerichtsorganisation zurückzuführen.

b) Rechtspolitischer Kontext der Reformvorlage

Die neue Vorlage lässt sich nicht eindeutig in das oben entwickelte historische Raster einordnen: Es ist nicht ein «inquisitorisches» Verfahren, aber es ist auch kein eindeutig modernes Verfahren im Sinne des «reformierten Parteienprozesses». Am ehesten müsste man es als **«post-modern»** bezeichnen[80].

Es entspricht einem Strafrecht, das den eindeutigen Bezug zur Aufarbeitung vergangenen Unrechts zu Gunsten der *«Crime Control»* aufgibt[81]: Am **«sanften Ende»** eines gespaltenen Systems (*«bifurcation»*[82]) geht es nicht mehr primär um den gelassenen Umgang der Gesellschaft mit Delinquenten[83], vielmehr werden Bürger überhaupt als Sicherheitsrisiko wahrgenommen. Aufgabe der Polizei und privater Sicherheitsdienste (unterstützt durch elektronische Überwachung des öffentlichen Raums usw.) ist in erster Linie das **Risikomanagement**. Präventive und repressive Funktionen verschwimmen zunehmend. Dabei werden zwar auf der einen Seite Feindbilder aufgebaut (Taschendiebe, Hooligans, Rechtsextreme, «Drögeler» usw.), auf der anderen Seite aber spart das System durch Entkriminalisierung und Privatisierung bestimmter Bereiche (Abtretung von Ladendiebstahl und Übertretungen in Verkehrsmitteln an private Sicherheitsdienste) Kosten ein.

Das präventive Denken färbt zunehmend auch den Strafprozess ein, in dem es traditionellerweise um die rechtliche Aufarbeitung vergangenen Unrechts ging. Die Akzentverlagerung im Strafprozess auf die erste Verfahrensphase und die Polizei, allenfalls noch die Staatsanwaltschaft, widerspiegelt diese Tendenz. Die Bedeutung der Richter tritt im Alltagsverfahren deutlich zurück.

80 Pieth 2015, 135 f.

81 Kunz 2011, 123 ff.; Pieth 2001, 434 ff.

82 Hinweise bei Pieth 2001, 282 f. (unter Verweis auf Bottoms).

83 Zum «Prinzip der Gelassenheit» im Strafrecht vgl. Schultz 1988, 189 ff.; dazu Pieth 2015, 106 f.

Um das Primat der Ermittlungs- und Untersuchungsbehörden auszugleichen, bemüht sich die neue Prozessordnung, den Standard der Parteirechte im Sinne der EMRK anzuheben und die Einseitigkeit durch eine Stärkung der Verteidigung bereits im Vorverfahren etwas abzudämpfen.

Nach wie vor aber funktioniert das Schweizer Strafsystem auf einem relativ niedrigen Sanktionsniveau besonders kostengünstig[84]. Weshalb angesichts dieser Realität für die ganz überwiegende Mehrheit aller Straffälle ein derart prononciertes Effizienzdenken im neuen Strafprozess notwendig erschien, ist nur schwer nachzuvollziehen.

Am «**harten Ende**» des postmodernen Strafsystems werden Räume und Beziehungsgeflechte vermuteter Schwerverbrecher (Betäubungsmittelhändler, Geldwäscher etc.) mit geheimdienstlichen Mitteln beobachtet. Ob es je zu einem Strafverfahren kommt, ist vielfach weniger eine Frage der Qualität des gefundenen Beweismaterials als eine Frage polizeitaktischer Überlegungen. Gelegentlich hält man es für klüger, die Beobachtung vorerst weitergehen zu lassen, selbst wenn Straftaten begangen werden. Da allerdings die Tatbestände im Bereich der Makrokriminalität wenig präzise formuliert sind, da typischerweise die Unterlagen solcher Verfahren ganz erhebliche Ausmasse annehmen und da, schliesslich, die beschuldigte Person oft über eine beachtliche Verteidigungsmacht verfügt, sind die Strafverfolgungsbehörden versucht, durch einen «Deal» (ein abgekürztes Verfahren im gegenseitigen Einverständnis) zu einem raschen Ende zu kommen. Im Ausland werden Makrodelinquenten im Rahmen dieses Verfahrenstypus auch als «Kronzeugen» verwendet oder «umgedreht» und zu «Doppelagenten» gemacht[85]. Das Kontrollmodell ist betont utilitaristisch[86].

84 Vgl. Pieth 2001, 353 f.

85 Albrecht, P.A. 2006, 102, 155.

86 Pieth 2001, 428.

Fragen zu Kapitel III

- Wie muss man sich die Strafjustiz vor Herausbildung des Nationalstaats vorstellen?
- Charakterisieren Sie den «inquisitorischen» Prozess.
- Was bedeutet «reformierter Parteienprozess»?
- Weshalb wurde das Schweizer Strafprozessrecht nicht bereits viel früher vereinheitlicht?
- Beschreiben Sie den kriminalpolitischen Hintergrund der neuen eidgenössischen StPO von 2007.

Die Auflösung der Fragen ergibt sich jeweils aus dem vorangegangenen Kapitel.

IV Prozessmaximen

Literatur *Albrecht, P.*, Was bleibt von der Unmittelbarkeit?, ZStrR 2010, 180 ff.; *ders.*, Brauchen wir einen «Schnellrichter» in der Strafjustiz?, AJP 2004, 899 ff.; *Albrecht, P.A.*, Die vergessene Freiheit: Strafrechtsprinzipien in der europäischen Sicherheitsdebatte, 2. Aufl., Berlin 2006 (zit. Albrecht, P.A. 2006); CR CPP-*Arn/Steiner* 2011, Art. 1–2; *Arquint, S./Summers, S.*, Al-Khawaja and Tahery v. UK (GC), fp 2012, 112 ff.; *Arzt, G.*, In dubio contra, ZStrR 1997, 196 ff.; *Bänziger, F.*, Das gemässigte Opportunitätsprinzip in der Praxis des Kt. Appenzell ARh, ZStrR 1982, 287 ff.; *Bauer, A.*, Auf dem Weg zur Kabinettsjustiz, plädoyer 2013, 12 ff.; CR CPP-*Bendani* 2011, Art. 104–110; *Bernard, S.*, In dubio pro reo?, fp 2013, 112 ff.; *Bommer, F.*, Öffentlichkeit der Hauptverhandlung zwischen Individualgrundrecht und rechtsstaatlich-demokratischem Strukturprinzip, in: Strafrecht, Strafprozessrecht und Menschenrechte, FS Trechsel, Zürich 2002, 671 ff.; *Bommer, F./Kaufmann, A.*, Die strafrechtliche Rechtsprechung des Bundesgerichts im Jahr 2011, ZBJV 2015, 873 ff.; BSK StPO-*Boog* 2014, Art. 56–60; *Braun, R.*, Strafprozessuale Absprachen im abgekürzten Verfahren, «Plea bargaining» im Kanton Basel-Landschaft?, Recht und Politik des Kantons Basel-Landschaft, Bd. 20, 2003, 286 f.; *ders.*, Das abgekürzte Verfahren nach der StPO des Kantons Basel-Landschaft vor dem Hintergrund der Diskussion um informelle Absprachen im Strafprozess, AJP 2001, 147 ff.; Donatsch/Hansjakob/Lieber, Kommentar-*Brüschweiler* 2014, Art. 61–103; *Capus, N.*, Schriftprotokolle im Strafverfahren: «der todte Buchstabe ist noch immer nicht das lebendige Wort selbst», BJM 4/2012, 173 ff.; *Capus, N./Hohl Zürcher, F.*, Einvernahmeprotokolle: Der Stil beeinflusst die Richter, plädoyer 2014, 6, 3 ff.; *Capus, N./Stoll, M.*, Lesen und Unterzeichnen von Einvernahmeprotokollen im Vor- und im Hauptverfahren, ZStrR 2013, 195 ff.; *Cottier, T.*, Der Anspruch auf rechtliches Gehör (Art. 4 BV), 1. Teil, recht 1984, 1 ff. (zit. Cottier 1. Teil 1984); *ders.*, Der Anspruch auf rechtliches Gehör (Art. 4 BV), 2. Teil, recht 1984, 122 ff. (zit. Cottier 2. Teil 1984); *Del Giudice Balás, L.*, Wann beginnt das polizeiliche Ermittlungsverfahren? Wann beginnt das staatsanwaltliche Untersuchungsverfahren?, ZStrR 2010, 116 ff.; *dies.*, Der Gehörsanspruch der angeschuldigten Person im Vorverfahren nach der Strafprozessordnung des Kantons Basel-Landschaft vom 3.6.1999, Liestal 2004; *Delnon, V./Bernhard, R.*, Untersuchungsführung und Strafverteidigung, ZStrR 1989, 43 ff.; *Demko, D.*, «Menschenrecht auf Verteidigung» und Fairness des Strafverfahrens auf nationaler, europäischer und internationaler Ebene, Berlin 2014; *Dencker, F.*, Verwertungsverbote im Strafprozess: ein Beitrag zur Lehre von den Beweisverboten, Köln 1977; *Donatsch, A.*, Vereinbarungen im Strafprozess, in: Aktuelle Probleme der Kriminalitätsbekämpfung (FS zum 50jährigen Bestehen der Schweizerischen Kriminalistischen Gesellschaft), ZStrR 1992, 159 ff.; *Egli, I.*, Protokollierungsvorschriften der Schweizerischen Strafprozessordnung – ein Plädoyer für die Revision, AJP 2012, 627 ff.; *Eicker, A.*, Zum Grundsatz «ne bis in idem» – eine internationale menschenrechtliche Garantie?, in: Sutter, P./Zelger, U. (Hrsg.), 30 Jahre EMRK-Beitritt der Schweiz: Erfahrungen und Perspektiven, Bern 2005, 105 ff.; *Eicker/Huber* 2014, 41 f., 65; BSK StPO-*Engler* 2014, Art. 111–114; *Felber, M.*, Das Recht zu schweigen verschwiegen, in: Jusletter vom 14.6.2004; *Forster, M.*, Grenzen der Zulässigkeit von Prozessvereinbarungen im Strafverfahren, ZBJV 2004, 288 ff. (zit. Forster 2004); *ders.*, «Kurzer Prozess» – Die Unschuldsvermutung bei Kostenauflagen an Nichtverurteilte, Rechtsstaatliche Fallstricke in der Bundesgerichtspraxis zur Vermutung der Schuldlosigkeit, in: Strafrecht, Strafprozessrecht und Menschenrechte, FS Trechsel, Zürich 2002, 691 ff.; *ders.*, Kettentheorie der Strafprozessualen Beweiswürdigung, ZStrR 1997, 61 ff.; *ders.*, Die Bundesgerichtspraxis zur strafrechtlichen Unschuldsvermutung – Marschhalt oder Ende einer Odyssee?, ZBJV 1993, 428 ff.; *Frei, P.*, Mitwirkungsrechte im Strafprozess, dargestellt am Beispiel des Kantons Zug und mit Ausblick auf eine eidgenössische StPO, Bern 2001; *Frister, H.*, Schuldprinzip, Verbot der Verdachtsstrafe und Unschuldsvermutung als materielle Grundprinzipien des Strafrechts, Berlin 1988; *Germann, O.A.*, Zum strafprozessrechtlichen Legalitätsprinzip, ZStrR 1961, 1 ff.; *Gless, S.*, Nemo tenetur se ipsum accusare und verwaltungsrechtliche Auskunftspflichten: Konflikt und Lösungsansätze am Beispiel der Schweizer Finanzmarktaufsicht, in: Fahl, C. et al. (Hrsg.), Ein menschengerechtes Strafrecht als Lebensaufgabe, FS Beulke, Heidelberg 2015, 723 ff.; *Greiner, G.*, Akkusationsprinzip und Wirtschaftsstrafsachen, ZStrR 2005, 98 ff.; Donatsch/Hansjakob/Lieber, Kommentar-*Griesser* 2014, Art. 328–334; *Guidon, P.*, «Die Weisheit von oben her ist ... unparteiisch» (Jak, 13, 17) – Gedanken zur Ausstandsproblematik aus rechtlicher Sicht, fp 2013, 153 ff.; *Guidon, P./Sutter, P.*, Die Anzahl Biere ist ein gutes Mass, plädoyer 2014, 8 ff.; Donatsch/Hansjakob/Lieber, Kommentar-*Gut/Fingerhuth* 2014, Art. 335–351; *Hassemer* 1990, 115 ff.; *Hauenstein, R.*, Die Ermächtigung in Beamtenstrafsachen des Bundes, Bern 1995; BSK StPO-*Hauri/Venetz* 2014, Art. 339–347; *Hauser, R.*, Zum Prinzip der Unmittelbarkeit, ZStrR 1981, 168 ff.; *Hauser/Schweri/Hartmann* 2005, 213 ff.; *Hecker, B.*, Schliesst Art. 54 SDÜ die Strafverfolgung in einem anderen Vertragsstaat aus, wenn die Verfahrenserledigung im Aburteilungsstaat nur eine beschränkte materielle Rechtskraft enfaltet? – Zugleich Besprechung von EuGH Urt. v. 5.6.2014 – C-398/12, NJW 2014, 3010, in: Bockemühl, J. et al. (Hrsg.), FS von Heintschel-Heinegg, München 2015, 175 ff.; CR CPP-*Hottelier* 2011, Art. 3–5; *Jeanneret/Kuhn* 2013, 35 ff.; *Josi, C.*, «Kurz und klar, träf und wahr» – die Ausgestaltung des Anklageprinzips in der Schweizerischen Strafprozessordnung, ZStrR 2009, 73 ff.; *Jositsch, D.*, Strafbefreiung gemäss Art. 52 ff. StGB und prozessrechtliche Umsetzung, SJZ 2004, 2 ff. (zit. Jositsch 2004a); *ders.*, Medienarbeit als Bestandteil der Strafverteidigung, ZStrR 2004, 115 ff. (zit. Jositsch 2004b); *Kaufmann, A.*, Das Unmittelbarkeitsprinzip und die Folgen seiner Einschränkung in der Schweizerischen Strafprozessordnung, Zürich et al. 2013; *Kayser, M.*, Die öffentliche Urteilsverkündung in der künftigen Schweizer Zivil- beziehungsweise Strafprozessordnung, in: Schindler, B./Schlauri, R. (Hrsg.), Auf dem Weg zu einem einheitlichen Verfahren, Zürich 2001, 47 ff.; Donatsch/Hansjakob/Lieber, Kommentar-*Keller* 2014, Art. 56–60; *Kneubühler, L.*, Gehörsverletzung und Heilung, ZBl 1998, 97 ff.; *Krauß, D.*, Die Unmittelbarkeit der Hauptverhandlung im schweizerischen Strafverfahren, recht 1987, 42 ff.; *ders.*, Die Unmittelbarkeit der Hauptverhandlung im schweizerischen Strafverfahren, recht 1986, 2. Teil, 73 ff.; *ders.*, Der Grundsatz der Unschuldsvermutung im Strafverfahren, in: Müller-Dietz, H. (Hrsg.), Strafrechtsdogmatik und Kriminalpolitik, Berlin 1971, 153 ff.; *Lagodny, O.*, Videovernehmung im Strafverfahren: nur Risiken und Nebenwirkungen?, in: Lagodny, O. (Hrsg.), Der Strafprozess vor neuen Herausforderungen?, Über den Sinn oder Unsinn von Unmittelbarkeit und Mündlichkeit im Strafverfahren, Beiträge zur 12. Alsberg-Tagung 1999 in Berlin, Baden-Baden 2000, 167 ff.; *Lelieur, J.*, La règle ne bis in idem, Du principe de l'autorité de la chose jugée au principe d'unicité d'action répressive, Paris 2005; Donatsch/Hansjakob/Lieber, Kommentar-*Lieber* 2014, Art. 104–138; CR CPP-*Macaluso* 2011, Art. 111–114; *Macula, L.*, Mitwirkungspflichten nach Art. 29 FINMAG – zulässige Grenze strafprozessualer Selbstbelastungsfreiheit?, recht 2016, 30 ff. (zit. Macula 2016a); *dies.*, «Alles, was Sie schreiben, kann gegen Sie verwendet werden.» – Verwaltungs(aufsichts)rechtliche Mitwirkungspflichten und strafprozessuale Selbstbelastungsfreiheit, Zürich 2016 (zit. Macula 2016b); CR CPP-*Mahon* 2011,

Art. 66–72; *Meyer, F.*, Anfechtbarkeit einer Einstellungsbegründung wegen Verstosses gegen die Unschuldsvermutung. Zugleich Besprechung von EGMR v. 28. Oktober 2014, Nr. 60101/09, Peltereau-Villeneuve v. Switzerland, fp 2015, 116 ff.; *Müller, P.*, Effektivität und Effizienz in der Strafverfolgung, ZStrR 1998, 273 ff.; BSK StPO-*Näpfli* 2014, Art. 76–79; BSK StPO-*Niggli/Heimgartner* 2014, Art. 9; *Njiboer, H.*, Zeugenschutz durch weniger «klassische» Unmittelbarkeit – Erfahrungen in Holland, in: Lagodny, O. (Hrsg.), Der Strafprozess vor neuen Herausforderungen?, Über den Sinn oder Unsinn von Unmittelbarkeit und Mündlichkeit im Strafverfahren, Beiträge zur 12. Alsberg-Tagung 1999 in Berlin, Baden-Baden 2000, 157 ff.; *Noll* 1977, 13 ff.; *Oberholzer* 2012, 211 ff.; *ders.*, Absprachen im Strafverfahren – pragmatische Entlastungsstrategie oder Abkehr vom strafprozessualen Modell?, ZStrR 1993, 157 ff.; *Pieth, M.*, Strafverteidigung – wozu? Standpunkte kontrovers, Basel/Frankfurt a.M. 1986; *ders.* Der Beweisantrag des Beschuldigten im Schweizer Strafprozessrecht, Basel/Frankfurt a.M. 1984; *Piguet, C./Dyens, A.*, Konnte mit der Einführung der Schweizerischen Strafprozessordnung tatsächlich eine Stärkung der Verteidigungsrechte bewirkt werden?, Anwaltsrevue 2015, 365 ff.; *Piquerez/Macaluso* 2011, 140 ff.; CPP Commentaire à l'usage des praticiens-*Pitteloud* 2012, 73; *Poncet, D.*, L'instruction contradictoire dans le système de la procédure pénale genevoise et en droit français, Genf 1977; *Raselli, N./Dold, B.*, Erste Erfahrungen mit der Schhweizerischen Strafprozessordnung, AJP 2012, 442 ff.; *Rehberg, J.*, Der Anklagegrundsatz und das Fahrlässigkeitsdelikt, FS 125 Jahre Kassationsgericht des Kantons Zürich, Zürich 2000, 407 ff.; *Riedo, C.*, Der Strafantrag, Freiburg i.Ue. 2004; BSK StPO-*Riedo/Fiolka* 2014, Art. 6–8; *dies.*, Trudi-Gerster-Praxis bei der Beweisverwertung zementiert, plädoyer 2/2011, 36 ff.; CR CPP-*Roth* 2011, Art. 6–8; *Ruckstuhl* 2007, 28 ff.; *ders.*, Das Strafverfahren nach dem Vorentwurf zu einer eidgenössischen Strafprozessordnung vom Juni 2001, Anwaltsrevue 5/2002, 6 ff.; *Ruckstuhl/Dittmann/Arnold* 2011, 41 ff.; BSK StPO-*Saxer* 2014, Art. 72; BSK StPO-*Saxer/Thurnheer* 2014, Art. 69–71; *Schlauri, R.*, Das Verbot des Selbstbelastungszwangs im Strafverfahren: Konkretisierung eines Grundrechts durch Rechtsvergleichung, Zürich 2003; *Schmid* Handbuch 2013, 25 ff.; *ders.* 2004, 24 ff.; *Schober, F.*, Der Anspruch der Öffentlichkeit auf Informationen während des Vorverfahrens, ZStrR 2015, 318 ff.; BSK StPO-*Schmutz* 2014, Art. 100–103; *Schubarth, M.*, Praktische Probleme der Konkretisierung des Akkusationsprinzipes, ZStrR 2010, 173 ff.; *ders.*, Zur Tragweite des Grundsatzes der Unschuldsvermutung, in: Basler Studien zur Rechtswissenschaft, Heft 120, Basel/Stuttgart 1978, 1 ff.; *Schultz, H.*, Der Grundsatz der Öffentlichkeit im Strafprozess, SJZ 1973, 129 ff.; *Seiler, H.*, Das (Miss-)Verhältnis zwischen strafprozessualem Schweigerecht und verwaltungsrechtlicher Mitwirkungs- und Auskunftspflicht, recht 2005, 11 ff.; *ders.*, Abschied von der formellen Natur des rechtlichen Gehörs, SJZ 2004, 377 ff.; *Sollberger, J.*, Das Opportunitätsprinzip im Strafrecht: Ein tauglicher Versuch zur Bewältigung des Bagatelldelikts?, Basel 1989, 17 ff.; *Spühler, K.*, Grundsatz der Öffentlichkeit in der Rechtsprechung des schweizerischen Bundesgerichts, in: Strafrecht und Öffentlichkeit, FS Rehberg, Zürich 1996, 315 ff.; BSK StPO-*Straub/Weltert* 2014, Art. 1–2; *Strebel, D.*, Die Verteidigung kommt nicht zu Wort, plädoyer 1996, 6 ff.; BSK StPO-*Summers* 2014, Art. 5; *Summers, S./Studer, D.*, Fairness im Strafverfahren? Eine empirische Untersuchung, ZStrR 2016, 45 ff.; BSK StPO-*Tag* 2014, Art. 11; BSK StPO-*Thommen* 2014, Art. 3; *ders.*, Unerhörte Strafbefehle, ZStrR 2010, 373 ff.; BSK StPO-*Tophinke* 2014, Art. 10 Abs. 1 und 3; *Trechsel, S.*, Unmittelbarkeit und Konfrontation als Ausfluss von Art. 6 EMRK, AJP 2000, 1366 ff.; *Tschudin, M.*, Mitwirkungspflichten an der eigenen Sanktionierung, AJP 2016, 323 ff.; BSK StPO-*Urwyler* 2014, Art. 66–68; CR CPP-*Verniory* 2011, Art. 10; *Vest, H.*, Art. 31–32, in: Ehrenzeller, B./Mastronardi, P./Schweizer, R./Vallender, K.A. (Hrsg.), Die schweizerische Bundesverfassung, Kommentar, 2. Aufl., Zürich/St. Gallen 2008; BSK StPO-*Vest/Horber* 2014, Art. 107–108; *Weigend, T.*, Das «Opportunitätsprinzip» zwischen Einzelfallgerechtigkeit und

Systemeffizienz, ZStW 1997, 103 ff.; *Wieser, C.*, Kritische Anmerkungen zum abgekürzten Verfahren gemäss Art. 385 ff. VE StPO, BJM 2003, 1 ff.; *Wiprächtiger, H.*, Verzicht auf Weiterverfolgung und Strafbefreiung nach Art. 66bis StGB – ein Weg zu mehr Einzelfallgerechtigkeit, ZStrR 2003, 141 ff.; Donatsch/Hansjakob/Lieber, Kommentar-*Wohlers* 2014, Art. 1–11; *ders.* 2014, Die Unmittelbarkeit der Beweiserhebung im Strafprozess, ZStrR 2014, 424 ff.

Moderne Strafprozessordnungen beginnen regelmässig mit einem Abschnitt zu allgemeinen Grundsätzen, die Verfassungsprinzipien entweder in Erinnerung rufen oder konkretisieren sollen. Typischerweise wollen die Maximen die Balance zwischen der Justizgewährleistungspflicht und der Justizförmigkeit des Verfahrens herstellen. Die im Schweizer Strafprozessrecht gültigen Grundsätze lassen sich – in Übereinstimmung mit den in der Einleitung und den im geschichtlichen Teil dargestellten Kräften – in drei Gruppen einteilen: Eine erste befasst sich mit den Konsequenzen des **staatlichen Strafmonopols**, eine zweite mit den Ausprägungen der **Gewaltenteilung** und eine dritte mit der Verankerung der **Parteirechte** im Verfahren.

1. Konsequenzen des staatlichen Strafmonopols

a) Die Offizialmaxime (Art. 2 und Art. 7 StPO)

Art. 2 Abs. 1 hält fest, dass die Strafrechtspflege einzig den vom Gesetz bestimmten Behörden zusteht. Eine Delegation von Strafkompetenzen an Private wäre unzulässig[1]. Hilfsfunktionen (z.B. forensische Abklärungen) aber können an Private delegiert werden[2].

Nach Art. 2 wäre die amerikanische Unsitte, in Abrede mit den Strafverfolgungsorganen eine «interne Untersuchung» im Unternehmen in Auftrag zu geben, deren Ergebnisse der Justiz ausgeliefert werden sollen, problematisch, da hier zumindest teilweise die Strafuntersuchung an Private ausgegliedert wird. Falls die «interne Untersuchung» im Auftrag einer fremden Behörde erfolgt, haben sich die Schweizer Behörden schon aus souveränitätsrechtlichen Überlegungen mit der Auslieferung der Beweismittel ans Ausland zu beschäftigen (Art. 271 StGB).

Weiter sagt Abs. 2, dass eine informelle Verfahrenserledigung nicht zulässig ist, es bedarf einer anfechtbaren Verfügung, wenn das Verfahren nicht weiter verfolgt wird (sei es eine Nichtanhandnahme- oder Einstellungsverfügung)[3]. Problematisch ist die von Art. 307 Abs. 4 scheinbar tolerierte formlose Erledigung durch die Polizei[4].

1 CR CPP-Arn/Steiner 2011, Art. 2 N 4; Schmid StPO Praxiskommentar 2013, Art. 2 N 2; BSK StPO-Straub/Weltert 2014, Art. 2 N 1.

2 Donatsch/Hansjakob/Lieber, Kommentar-Wohlers 2014, Art. 2 N 4.

3 Botschaft des Bundesrates, BBl 2006 1085 (1128).

4 Vgl. dazu krit. Del Giudice 2010, 125; Riklin StPO Kommentar 2014, Art. 2 N 5, Art. 8 N 9, Art. 307 N 6 ff.; siehe dazu unten S. 222 f.

Dementsprechend obliegt es dem Staat grundsätzlich von Amtes wegen, Straftaten zu verfolgen (Art. 7 Abs. 1)[5]. Ausnahmen von dieser Regel sind zum einen die sogenannten **Ermächtigungsdelikte** gemäss Art. 7 Abs. 2 (vgl. Verantwortlichkeits- und Garantiegesetze sowie politische Delikte[6]) und zum anderen die **Antragsdelikte**. Eine weitere mögliche Ausnahme, die Privatklagedelikte, ist mit der Abschaffung des Privatklageverfahrens in der neuen Prozessordnung obsolet geworden.

b) Das Legalitäts- und das Opportunitätsprinzip (Art. 7 und Art. 8 StPO)

Während die Justizgewährleistungspflicht und die Offizialmaxime die prinzipielle Verantwortlichkeit des Staates verankern, Unrecht aufzuarbeiten, geht es beim Legalitätsprinzip um die Frage, wann die Behörden konkret aktiv werden müssen: Im Sinne des Rechtsgleichheitsgebots und des Willkürverbots sind die Strafverfolgungsbehörden grundsätzlich dazu verpflichtet, hinreichenden Verdachtsgründen auf Tat und Täter nachzugehen (Art. 7 Abs. 1, Verfolgungspflicht bei konkretem Anfangsverdacht[7]). Während in der deutschrechtlichen Tradition an diesem Prinzip lange festgehalten wurde, haben französischrechtliche und angelsächsische Strafverfahrensordnungen den Strafverfolgungsbehörden bereits früh einen erheblichen Ermessensspielraum eingeräumt (in der Schweiz hat er sich vor allem in Gesetz und Praxis der welschen Kantone erhalten). Die Unterschiede haben sich allerdings im Laufe der letzten zwanzig Jahre einnivelliert. Die neue Prozessordnung reflektiert diesen Konsens in ihrem **«gemässigten Opportunitätsprinzip»** (Art. 8)[8].

Prinzipiell ist man sich einig, dass Einstellungen nicht willkürlich und nur mit sachlicher Begründung erfolgen dürfen. Einzelne Fallgruppen der Opportunität haben sich sodann im **«Randbereich»**[9] des Strafbedürftigen herauskristallisiert:

- Gemäss Art. 8 Abs. 1 lassen Art. 52 und 53 StGB die Einstellung von **Bagatellfällen** zu. Dabei kann man sich mit Sollberger[10] fragen, ob es die Strafverfol-

5 Albrecht, P.A. 2006, 93; Donatsch/Schwarzenegger/Wohlers 2014, 20 ff.; Riedo/Fiolka 2011, 36 ff.; Noll 1977, 14; Oberholzer 2012, 213; Ruckstuhl/Dittmann/Arnold 2011, 45 f.; Schmid Handbuch 2013, 27 ff., 64 ff.; ders. 2004, 27 ff.

6 Vgl. insbesondere zu Art. 105 alt BStP: Hauenstein 1995; bei den Ermächtigungsdelikten hat sich die Anfechtbarkeit des Ermächtigungsentscheides mit Beschwerde ans Bundesgericht gestellt. In BGE 137 IV 269 hält das Bundesgericht fest, dass der Beschwerdeausschluss nach Art. 83 lit. e BGG sich ausschliesslich auf oberste Behördenmitglieder bezieht, bei denen politische Erwägungen mitschwingen. Demgegenüber ist die Ermächtigungsentscheidung bei subalternen Beamten beschwerdefähig; vgl. Raselli/Dold 2012, 443.

7 Botschaft des Bundesrates, BBl 2006 1085 (1130).

8 «Aus 29 mach 1», 46 ff.; Begleitbericht 2001, 35; Botschaft des Bundesrates, BBl 2006 1085 (1131); BSK StPO-Fiolka/Riedo 2014, Art. 8 N 1 ff.; Piquerez/Macaluso 2011, 178 ff.

9 Schmid 2004, 32.

10 Sollberger 1989, 143.

gungsbehörde in der Hand haben soll, Strafwürdiges und Nichtstrafbedürftiges zu unterscheiden, wo es der Gesetzgeber nicht bereits getan hat. Es ist richtig, dass bei polizeilichen Entscheiden (faktische Opportunität[11]) das Risiko besteht, dass sich sachfremde Motive, insbesondere ermittlungstaktische Erwägungen durchsetzen[12]. Daher hat sich die Meinung durchgesetzt, dass die Staatsanwaltschaft und nicht die Polizei Verfahren aus Opportunitätserwägungen einstellen darf[13].

In Art. 53 StGB in Kombination mit Art. 8 Abs. 1 setzt sich nunmehr auch in der Schweiz das Prinzip durch, dass die **Wiedergutmachung** unter Umständen eine frühzeitige Einstellung des Verfahrens erlaubt. Begründet wird dies damit, dass ein an sich vorhandenes öffentliches Interesse infolge der Leistung des Beschuldigten wieder beseitigt wird[14]. Dabei fällt auf, dass in der Praxis sowohl Alltagsfälle und persönliche Konflikte[15] wie auch grosse Wirtschaftsfälle[16] mit Hilfe von Art. 53 StGB i.V.m. Art. 8 Abs. 1 eingestellt werden (dazu Art. 319 Abs. 1 lit. e).

In Frage kommt die Einstellung auch gestützt auf Art. 54 und 55a StGB. Im Übrigen sieht das StGB in einer ganzen Reihe von Fällen das Absehen von Strafe vor. Auch hier ist bereits die Einstellung sinnvoll[17].

- In Art. 8 Abs. 2 lit. a bis c kommt das sogenannte **relative Bagatellprinzip** zum Ausdruck: Was neben den in der Hauptsache zu beurteilenden Taten nicht ins Gewicht fällt, kann ausser Betracht bleiben (Ideal- und Realkonkurrenz, retrospektive Konkurrenz, Anrechnungsprinzip[18]). Bei Fällen nach lit. a ist aber auf entgegenstehende Interessen der Privatklägerschaft zu achten[19].
- Als weiteren Grund nennt Art. 8 Abs. 3, dass eine Straftat bereits von **einer ausländischen Behörde verfolgt oder** die Verfolgung an eine solche **abgetreten** wird (sofern nicht überwiegende Interessen der Privatklägerschaft entgegenste-

11 Schmid 2004, 33.

12 Oberholzer 2012, 218 ff.

13 Vgl. Botschaft des Bundesrates, BBl 2006 1085 (1132); Riklin StPO Kommentar 2014, Art. 8 N 5; CR CPP-Roth 2011, Art. 8 N 39; Schmid StPO Praxiskommentar 2013, Art. 8 N 2; Donatsch/Hansjakob/Lieber, Kommentar-Wohlers 2014, Art 8 N 6.

14 Für Deutschland vgl. § 153a D-StPO; Sowohl in Deutschland wie in der Schweiz wird von diesem Prinzip immer häufiger auch bei erheblichen Wirtschaftsdelikten Gebrauch gemacht. Für die Schweiz vgl. den Fall Alstom NZZ vom 23.11.2011, 33; NZZ am Sonntag vom 27.11.2011, 21.

15 Vgl. die *causes célèbres* «Nef» (BGE 137 I 16) und «Zuppiger», in: plädoyer 2013, 12 ff.

16 Einstellungsverfügung der Bundesanwaltschaft vom 22.11.2011 betreffend Alstom SA und Alstom Network Schweiz AG, para 2.10.

17 BSK StPO-Fiolka/Riedo 2014, Art. 8 N 10 ff.

18 Schmid StPO Praxiskommentar 2013, Art 8 N 9–11.

19 BGer 6B_282/2013 vom 10.5.2013 in: fp 2014, 3.

hen). Dieser Grund dürfte allerdings nicht angerufen werden in Fällen, in denen die Schweizer Strafbarkeit gerade wegen der notorischen Schwäche der ausländischen Strafverfolgung geschaffen worden ist (vgl. die Kompetenzen in Sexualdelikten nach Art. 5 StGB oder Art. 322^{septies} StGB für die transnationale Bestechung). Im Übrigen besteht bei verschieden grossen Wirtschaftsstraffällen mit Auslandsbezug das Risiko, dass die Bundesanwaltschaft diese Norm nutzen könnte, um sich Arbeit zu ersparen[20].

In der neuen Kommentarliteratur wird, gestützt auf die Formulierung im Gesetz (Art. 8 Abs. 1 und 2 spricht von «*sehen sie ab*», während Abs. 3 von «*können*» spricht) behauptet, bei Abs. 1 und 2 bestehe ein Anspruch auf Einstellung[21]. Angesichts des erheblichen Ermessensspielraums ist die Unterscheidung aber wohl eher theoretischer Natur.

c) Der Untersuchungsgrundsatz (Art. 6 StPO)

Nach Art. 6 klären die Behörden «*von Amtes wegen alle für die Beurteilung der Tat und der beschuldigten Person bedeutsamen Tatsachen ab*». Nach dem Grundsatz der «**materiellen Wahrheit**» (auch «**Instruktionsmaxime**») sind sie zur Ermittlung der Wahrheit verpflichtet, sie dürfen sich dabei nicht mit Parteierklärungen zufrieden geben. Sie haben belastenden wie entlastenden Umständen mit der gleichen Sorgfalt nachzugehen (Abs. 2). Dieses Prinzip ist eine der ersten Sicherungen, die der verstaatlichte Strafprozess der frühen Neuzeit einführte[22]. Es ist eine direkte Konsequenz des Strafmonopols und des Verfolgungszwangs[23]. In der Praxis fällt es allerdings bisweilen nicht leicht, dem Grundsatz nachzuleben[24].

Eine Reihe von Ergänzungen und Einschränkungen sind notwendig: Vorab ist bereits darauf hingewiesen worden, dass die prozessuale Wahrheit komplexer ist als die schlichte «*adaequatio rei et intellectus*»: Sie stellt sich erst unter den Bedingungen der Kommunikation ein[25]. Sodann dient der Strafprozess nicht der Wahrheitsfindung um jeden Preis, insbesondere müssen verbotene Verhörmethoden[26] ausgeschlossen werden.

---

20 Vgl. zum Fall KB&P: NZZ vom 3.4.2012, 12; zum Fall Hyposwiss/Norilsk Nickel: Tages-Anzeiger vom 27.10.2011, 43; in beiden Fällen hat die Bundesanwaltschaft ihr Nichteintreten auch unter Hinweis auf das Opportunitätsprinzip begründet.

21 BSK StPO-Fiolka/Riedo 2014, Art. 8 N 26; Schmid StPO Praxiskommentar 2013, Art. 8 N 2 und N 4; BGE 139 IV 220 (223 ff.); Riklin StPO Kommentar 2014, Art. 8 N 2 und N 6; Donatsch/Hansjakob/Lieber, Kommentar-Wohlers 2014, Art. 8 N 4.

22 Vgl. CR CPP-Roth 2011, Art. 6 N 1 ff.; Pieth 2015, 25 ff.

23 BSK StPO-Riedo/Fiolka 2014, Art. 6 N 10; Piquerez/Macaluso 2011, 140, 173.

24 Schmid Handbuch 2013, 56 ff.

25 Vgl. Hassemer 1990, 131; Pieth 1984, 5; sowie oben S. 4 und unten S. 53 ff.

26 Vgl. Art. 140; Albrecht, P.A. 2006, 110 zu § 136a D-StPO; dazu unten S. 56 f.

Angesichts der Machtkonzentration bei der Staatsanwaltschaft (Abschaffung des Untersuchungsrichters) ist das erhebliche Ermessen bei der Auswahl der Beweismittel problematisch, zumal das Bundesgericht sowohl für das Vor- als auch für das Hauptverfahren die «**willkürfreie antizipierte Beweiswürdigung**»[27] als zulässig erachtet. Wir werden im Rahmen der Behandlung des Beweisrechts[28] und auch des Beweisantragsrechts[29] auf die Problematik einer Konstruktion zurückkommen, die es erlaubt, Beweismittel ohne Erhebung auszuscheiden und den Beweisvorgang (eventuell vorschnell) abzubrechen. Wie sich das «**abgekürzte Verfahren**» mit dem Untersuchungsgrundsatz verträgt, ist ebenfalls an anderer Stelle zu erörtern[30].

2. Maximen zur Sicherung der Gewaltenteilung

Weitere Prozessmaximen dienen der Sicherung der Gewaltenteilung: Zentral ist in der Abgrenzung zum Inquisitionsprozess zunächst die Trennung der Untersuchungs- und Anklagefunktion von der Richterfunktion: Richter sollen unabhängig sein, sich nicht selbst befassen und den Prozessstoff nicht selbst festlegen. Allerdings soll im Hauptverfahren über wirklich Relevantes befunden werden, wenn die Richteraufgabe ernst zu nehmen ist. Die hier erörterten Prinzipien dienen sowohl der Wahrheitsfindung als auch dem Schutz des Beschuldigten.

a) Der Akkusations- und der Immutabilitätsgrundsatz (Art. 9 StPO)

Nach Art. 9 kann «*eine Straftat nur gerichtlich beurteilt werden, wenn die Staatsanwaltschaft gegen eine bestimmte Person wegen eines genau umschriebenen Sachverhalts beim zuständigen Gericht Anklage erhoben hat*»[31]. Aus diesem Grundsatz ergibt sich der elementare Ausgangspunkt: die Unterscheidung von Ankläger und Richter[32]. Sodann darf das Gericht nicht von sich aus tätig werden. Es muss mit der Anklageschrift durch den Staatsanwalt befasst werden[33]. Die Anklageschrift legt den Prozessgegenstand fest (Art. 325). Damit sie die «doppelte Funktion»[34] der **Umgrenzung** des Prozessgegenstandes und der **Information** der Parteien wahrnehmen kann,

27 BGer 6B_1251/2014 vom 1.6.2015; 6B_564/2011 vom 27.1.2012; 6P.34/2004 vom 21.5.2004; 1P.573/2001 vom 16.11.2001; BGE 124 I 274; 122 II 464 (469); 121 I 306; 115 Ia 97 (100); 115 Ia 8; krit. dazu CR CPP-Roth 2011, Art. 6 N 11; Schmid Handbuch 2013, 58, 83; ders. 2004, 97 f.; siehe unten S. 44, 49 f., 108 f., 188 f., 226.

28 Siehe unten S. 183 ff.

29 Siehe unten S. 108 f.

30 Siehe unten S. 255 ff.

31 Vgl. bereits Art. 6 Abs. 3 lit. a EMRK, Art. 29 Abs. 2 und Art. 32 Abs. 2 BV.

32 BSK StPO-Niggli/Heimgartner 2014, Art. 9 N 22 ff.

33 Donatsch/Hansjakob/Lieber, Kommentar-Wohlers 2014, Art. 9 N 5 f.

34 Donatsch/Schwarzenegger/Wohlers 2014, 36 ff.; Hauser/Schweri/Hartmann 2005, 223 f.; Jeanneret/Kuhn 2013, 49; Oberholzer 2012, 226; Piquerez/Macaluso 2011, 180; Schmid

muss die Anklageschrift hinreichend präzise formuliert werden: Nach konstanter Praxis des Bundesgerichts muss sie «mindestens erlauben, in objektiver und subjektiver Hinsicht zu bestimmen, welche konkreten strafbaren Tatbeiträge dem einzelnen Angeklagten zur Last gelegt werden»[35].

Mit der Abfassung der Anklage geht die Fixierung des Verfahrensthemas einher: Das Gericht **prüft** (zwar) zu Beginn des Hauptverfahrens die **Rechtmässigkeit** der Anklageschrift und gibt der Staatsanwaltschaft allenfalls eine Nachfrist zur Verbesserung (Art. 333 Abs. 1). Zudem besteht die Möglichkeit einer förmlichen **Nachtragsanklage** während der Hauptverhandlung, doch ist sie an strikte Regeln gebunden (Art. 333 Abs. 2 und 3); insbesondere ist dem Beschuldigten Gelegenheit zu geben, seine Verteidigung an neue Entwicklungen anzupassen (Art. 333 Abs. 4)[36]. Die Staatsanwaltschaft kann mit Eröffnung der Hauptverhandlung die Anklageschrift nicht mehr zurückziehen, sie hat die Verfahrensherrschaft verloren[37]. Weder das Gericht noch die Parteien dürfen auf Grund des sogenannten **«Immutabilitätsprinzips»**[38] den eingeklagten Sachverhalt noch verändern. Das Gericht hat prinzipiell nur noch die Möglichkeit, zu **verurteilen** oder **freizusprechen.** Dass das Gericht den angeklagten Sachverhalt in eigenen Worten paraphrasiert, verstösst nicht gegen den Anklagegrundsatz[39]. Die klassische Alternative gilt indessen nicht, wo Prozessvoraussetzungen fehlen oder Prozesshindernisse bestehen (Verjährung, Tod des Angeklagten). Hier tritt das Gericht nicht auf die Anklage ein und stellt insoweit ein[40]. Unzulässig sind damit die Verdachtsstrafen des Inquisitionsprozesses[41]. Die Kostenauflage bei Freispruch und Einstellung ist an enge Voraussetzungen des «prozessualen Verschuldens» gebunden[42].

Gemäss Art. 350 ist das Gericht zwar an den in der Anklageschrift umschriebenen Sachverhalt, nicht aber an die darin vorgenommene rechtliche Würdigung gebunden. Immerhin hat der Beschuldigte nach konstanter Praxis Anspruch darauf, zu einer abweichenden rechtlichen Würdigung durch das Gericht rechtzeitig Stellung zu nehmen[43] (Art. 344). In der Praxis bereitet die adäquate Festlegung der Kon-

---

Handbuch 2013, 75 f.; Donatsch/Hansjakob/Lieber, Kommentar-Wohlers 2014, Art. 9 N 8 ff.

35 Schubarth 2010, 173 ff.; im Detail dazu siehe unten S. 228 f.; EGMR Entscheid vom 5.3.2013 i.S. *Varela Geis* v. *Spain*; dazu Meyer/Wickowska 2014, 371.

36 BGer 6S.150/2006 vom 21.12.2006.

37 Hauser/Schweri/Hartmann 2005, 225.

38 Art. 9 und 350; Botschaft des Bundesrates, BBl 2006 1085 (1132, 1280); Josi 2009, 79.

39 BGer 6B_799/2014 vom 11.12.2014.

40 BSK StPO-Niggli/Heimgartner 2014, Art. 9 N 41; Schmid Handbuch 2013, 590 f. u.V.a. Art. 329 Abs. 4.

41 Hauser/Schweri/Hartmann 2005, 226; siehe oben S. 23 ff.

42 Siehe unten S. 281 ff.

43 BGE 129 IV 262; 126 I 19; Hauser/Schweri/Hartmann 2005, 223 ff.; Oberholzer 2012, 501 ff.; Donatsch/Hansjakob/Lieber, Kommentar-Wohlers 2014, Art. 9 N 22.

kretheit und Detailliertheit des Sachverhaltes in der Anklageschrift erhebliche Probleme[44].

b) Die richterliche Unabhängigkeit (Art. 4 StPO)

Klassisch geworden ist die Passage eines BGE, in dem Art. 6 Abs. 1 EMRK und Art. 30 Abs. 1 BV (vgl. alt Art. 58 BV) konkretisiert werden:

> «Als Gericht im Sinne der Menschenrechtskonvention beziehungsweise von Art. 30 Abs. 1 BV gilt eine Behörde, die nach Gesetz und Recht in einem justizförmigen, fairen Verfahren begründete und bindende Entscheidungen über Streitfragen trifft. Sie braucht nicht in die ordentliche Gerichtsstruktur eines Staates eingegliedert zu sein; sie muss jedoch organisatorisch und personell, nach der Art ihrer Ernennung, der Amtsdauer, dem Schutz vor äusseren Beeinflussungen und nach ihrem Erscheinungsbild sowohl gegenüber anderen Behörden als auch gegenüber den anderen Parteien unabhängig und unparteiisch sein.»[45]

aa) Der gesetzliche Richter

Die staatsrechtliche Lehre zum verfassungsmässigen Richter befasst sich zum einen mit dem **Verbot von Ausnahmegerichten.** Damit sind Gerichte gemeint, die *«ausserhalb der verfassungsmässigen Gerichtsorganisation und nur für einen oder mehrere konkrete Fälle gebildet werden»*[46]. Nicht dazu gezählt werden Sondergerichte, die im Wesentlichen auf besondere Kenntnisse der Richter abstellen (Handelsgerichte, Wirtschaftsstrafkammern, Militärstrafgerichte, usw.). Als problematisch empfunden werden müssen indessen einzelne Gerichtsentscheide, in denen im Rahmen politisch sensibler Rechtshilfe- oder Auslieferungssachen ausländische Gerichte (wohl allzu leicht) als zulässige Spezialgerichte eingestuft werden (zum Beispiel der irische «*Special Criminal Court*» oder ein ausserordentliches Gericht der Republik Zaire[47]).

Zum andern bedeutet der «gesetzliche Richter» die **rechtmässige Besetzung** der konkreten Spruchkammer. Es soll ausgeschlossen sein, das Gericht unter Berücksichtigung des Einzelfalles oder der Person des Angeklagten zu besetzen (Pflicht zur festen **Geschäftsverteilung**)[48].

44 BSK StPO-Niggli/Heimgartner 2014, Art. 9 N 42; Schubarth 2010, 173 ff. und unten S. 229.

45 BGE 126 I 228 (230 f.).

46 BGE 110 Ib 280; Jeanneret/Kuhn 2013, 41 ff.; Müller/Schefer 2008, 932 f.; Piquerez/Macaluso 2011, 221 ff.; CPP Commentaire à l'usage des praticiens-Pitteloud 2012, 73; Ruckstuhl/Dittmann/Arnold 2011, 53; Schmid Handbuch 2013, 46 f.

47 Müller/Schefer 2008, 932 f.

48 Müller/Schefer 2008, 927, 933 ff.; Oberholzer 2012, 44 ff.; zu wenig deutlich Schmid Handbuch 2013, 45 f.; krit. zur Zürcher Praxis: NZZ vom 7. 10. 2009, 17: «Welcher Fall zu welchem Richter?».

Nach Art. 4 sind die Strafbehörden in der Rechtsanwendung unabhängig und allein dem Recht verpflichtet[49].

bb) Der unabhängige Richter

Fundamental ist vorab die Unabhängigkeit der Justiz von der Exekutive (**Gewaltenteilung**). Art. 4 gilt für sämtliche Strafbehörden[50]. Sodann hält Art. 56 lit. b fest, dass ein Mitglied einer Strafbehörde (die Ausstandsregeln gelten für alle Strafbehörden) in den Ausstand zu treten hat, wenn es bereits in einer anderen Funktion in der gleichen Sache tätig war[51]. Zum einen ist die **Vorbefassung** als Rechtsbeistand oder als Aussageperson[52] gemeint, zum andern aber auch als Mitglied einer anderen Behörde. Damit wird ein Grundsatz angesprochen, der noch bis vor Kurzem hart umkämpft war. Erst allmählich, unter dem Einfluss der EMRK, setzte sich in der Schweiz das Prinzip durch, dass *Personalunion* von vorbereitender und entscheidender Instanz sowie generell Vorbefassung zu institutioneller Befangenheit führen: so etwa die Personalunion von Untersuchungs- und Sachrichter[53], von Überweisungs- und Entscheidungsorganen[54], von Haft- und Instanzrichtern[55].

Die Personalunion zwischen untersuchender und anklagender Funktion innerhalb der Staatsanwaltschaft (Art. 16 Abs. 2) wird demgegenüber vom Bundesgericht nicht in Frage gestellt[56]. Problematisch ist aber der Rollenwechsel des Staatsanwalts als Strafbefehls-«Richter» zur Partei[57]. Die Rückweisung einer Sache an die untere Instanz wegen Verfahrensfehlern macht praxisgemäss die untere Instanz nicht automatisch befangen[58]. Ebenfalls wenig Sensibilität bekundet das Bundesgericht gegen-

49 Schmid Handbuch 2013, 44; BSK StPO-Wiprächtiger 2014, Art. 4 N 1 ff.; Donatsch/Hansjakob/Lieber, Kommentar-Wohlers 2014, Art. 4 N 1 ff.

50 BSK StPO-Wiprächtiger 2014, Art. 4 N 32 ff; Donatsch/Hansjakob/Lieber, Kommentar-Keller 2014, Art. 56 N 5.

51 Donatsch/Hansjakob/Lieber, Kommentar-Keller 2014, Art. 56 N 15 ff., N 31; Guidon 2013, 154 ff.

52 Während Sachverständige und Zeugen im Gesetz explizit genannt werden, fehlen die Auskunftspersonen. Sie sind aber schon aufgrund von lit. a befangen (so zutreffend Donatsch/Hansjakob/Lieber, Kommentar-Keller 2014, Art. 56 N 20).

53 Zum Kanton VS BGE 112 Ia 290; vgl. aber früher noch für Bern BGE 104 Ia 271; vgl. für Details im Übrigen Müller/Schefer 2008, 942 ff.; Oberholzer 2012, 49 ff.

54 BGE 114 Ia 50.

55 Unklar noch BGE 115 Ia 180.

56 BGE 127 I 196; Schmid 2004, 45; ders. differenzierend aber in: StPO Praxiskommentar 2013, Art. 56 N 16; BSK StPO-Schmutz 2014, Art. 100 N 11.

57 Krit. Piguet/Dyens 2015, 366.

58 Guidon 2013, 156; Riklin StPO Kommentar 2014, Art. 56 N 4.

über dem Anwalt als nebenamtlichem Richter[59], der bald als Parteivertreter agiert und kurz darauf wieder auf der Richterbank Platz nimmt.

cc) Der unparteiische Richter

Bei den Ausstandsgründen kommt es nicht auf reale Befangenheit an. Der **Eindruck** der Parteilichkeit reicht aus, um eine Ausstandspflicht zu begründen[60]. Daher stellen **Verwandtschaftsverhältnisse**, Schwägerschaft, Ehe- und Lebensgemeinschaft mit einer Partei oder dem Mitglied einer Vorinstanz nach den in Art. 56 festgelegten Regeln Ausstandsgründe dar. Art. 56 lit. f enthält eine Generalklausel, die weitere Fälle erfasst, aufgrund der ein Behördenmitglied befangen sein könnte, «insbesondere Freundschaft oder Feindschaft» mit einer Partei oder deren Rechtsbeistand[61]. Darunter fallen auch persönliche oder wirtschaftliche Interessenkonflikte[62]. Allerdings bedarf es einer gewissen Intensität der Interessenkonflikte bzw. der Freundschaft oder Feindschaft: Dazu gehören etwa vor Kurzem ausgetragene Streitigkeiten in den Medien[63]. Die Mitgliedschaft im selben Verein genügt nicht[64]. Schliesslich verpflichtet auch die (Befürchtung der) **Befangenheit** zu Ausstand. Ein Indiz dafür sind zum Beispiel öffentliche oder private Vorverurteilungen[65] sowie die unsachliche Verhandlungsführung[66] nicht dagegen für eine Partei ungünstige Prozessverfügungen[67]. Selbst Fehlentscheide als solche sollen keine Befangenheit begründen[68].

dd) Das Ausstandsverfahren

Mitglieder von Behörden müssen Ausstandsgründe selbständig der Verfahrensleitung melden (Art. 57). Die Ausstandsgründe sind allerdings von Amtes wegen zu berücksichtigen[69]. Die Gerichtsorganisationsgesetze verlangen von den Strafbehörden bei Amtsantritt (und sinnvollerweise in regelmässigen Abständen) die Offenlegung von Interessenbindungen (berufliche Nebenbeschäftigungen, Organschaften und

59 Krit. BSK StPO-Boog 2014, Art. 56 N 44 ff. zu BGer 4A_62/2014 (E. 4.3) vom 20.5.2014 (BGE 140 III 221).

60 BGer 1B_664/2012 vom 19.4.2013; Donatsch/Hansjakob/Lieber, Kommentar-Keller 2014, Art. 56 N 9.

61 Müller/Schefer 2008, 939 ff.; Schmid Handbuch 2013, 188.

62 Donatsch/Hansjakob/Lieber, Kommentar-Keller 2014, Art. 56 N 11.

63 BGer 1B_664/2012 vom 19.4.2013.

64 Plädoyer 2014, 8 ff.

65 BGE 137 I 227; 134 I 238; 127 I 196.

66 BSK StPO-Boog 2014, Art. 58 N 54 ff.; Donatsch/Hansjakob/Lieber, Kommentar-Keller 2014, Art. 56 N 42.

67 BGer 1P.473/2000 vom 20.10.2000.

68 Donatsch/Hansjakob/Lieber, Kommentar-Keller 2014, Art. 56 N 40.

69 BSK StPO-Boog 2014, Art. 58 N 8.

Kommissionsmitgliedschaften)[70]. Die Parteien können ihrerseits den Ausstand eines Behördenmitglieds verlangen. Sie müssen das Gesuch allerdings in allen Phasen «ohne Verzug», das heisst sobald sie Kenntnis vom Ausstandsgrund erlangt haben, stellen (Art. 58) und glaubhaft machen[71]. Allerdings ist ein vorschneller Befangenheitsantrag zu vermeiden: Es ist zulässig, sich ein Gesamtbild zu machen[72]. Art. 58 und 59 regeln das Ausstandsverfahren und die zuständigen Entscheidungsinstanzen. Deren Entscheid ist auf kantonaler Ebene endgültig[73], es steht allerdings unter Umständen eine Strafrechtsbeschwerde an das Bundesgericht zur Verfügung[74].

c) Das unmittelbare, mündliche und öffentliche Hauptverfahren

Eine Reihe weiterer Prinzipien soll einerseits Kommunikation unter den Beteiligten und Transparenz des Verfahrens sicherstellen, andererseits aber garantieren, dass im gerichtlichen Verfahrensabschnitt wirklich entschieden wird. Daher werden sie hier im Abschnitt zur Gewaltenteilung ein erstes Mal angesprochen[75]. Diese Prinzipien gehören zum Kern des reformierten Parteienprozesses, der das Inquisitionsverfahren abgelöst hat[76].

aa) Unmittelbarkeit (Art. 343 StPO)

Unmittelbarkeit bedeutet zweierlei: Nach der **formellen Unmittelbarkeit** soll die Beweisführung vor dem erkennenden Gericht stattfinden[77]. Nach der **materiellen Unmittelbarkeit**[78] soll sich das Urteil möglichst auf die tatnächsten Beweismittel stützen. Vor allem die formelle Unmittelbarkeit bereitet in der Schweizer Ablösung vom Inquisitionsprozess erhebliche Schwierigkeiten. Zwar hatten sich einzelne kantonale Prozessordnungen, dem deutschrechtlichen Vorbild folgend, zu einem unmittelbaren Hauptverfahren entschlossen. Entsprechend hat es denn auch das Bundesgericht als willkürliche Anwendung des damaligen baselstädtischen Prozessrechts bezeichnet, dass die Richter schon vor der Hauptverhandlung einzelne Akten zur Einsicht erhielten[79]. Andererseits sind die Minimalanforderungen an die Unmittelbarkeit vom Bundesgericht denkbar tief angesetzt worden. Auf Grund der EMRK (Art. 6

70 Bsp. § 57 GOG BS.

71 BGer 6B_596/2012 vom 25.4.2013 («im frühestmöglichen Zeitpunkt»); Donatsch/Hansjakob/Lieber, Kommentar-Keller 2014, Art. 58 N 9; Guidon 2013, 158.

72 BSK StPO-Boog 2014, Art. 58 N 7.

73 Art. 59 Abs. 1 *in fine*.

74 Art. 92 Abs. 1 BGG.

75 Siehe dazu weiter unten S. 231 ff.

76 Siehe oben S. 23 ff.

77 Krauß 1986, 73 ff.; Oberholzer 2012, 228 ff; Wohlers 2014, 424.

78 Kaufmann 2013, passim; Wohlers 2014, 424; Eicker/Huber 2014, 41 f., 65.

79 BGE 116 Ia 305.

Abs. 3 lit. d) kommt es nicht umhin, dem Beschuldigten das Recht zuzugestehen, mit Belastungszeugen mindestens einmal im Verfahren konfrontiert zu werden[80]. Immer wieder hat das Bundesgericht aber festgestellt, «*dass weder Bundesverfassung noch Menschenrechtskonvention einen Anspruch auf schrankenlose Geltung des Unmittelbarkeitsprinzips im Beweisverfahren einräumten und daher kein Anspruch auf Einvernahme von Zeugen vor dem Richter in der Hauptverhandlung bestehe*»[81]. Der Richter habe nur solche Beweisbegehren zu berücksichtigen, die nach seiner Würdigung rechts- und entscheidungserheblich seien. Das Bundesgericht gestattet dem Richter dabei durchaus, Beweise in «antizipierter Beweiswürdigung» aus der Hauptverhandlung zu verbannen, weil er – ohne Erhebung – bereits vom Gegenteil überzeugt sei[82].

Diese Praxis ist Ausdruck der in der Schweiz vorherrschenden **«fakultativen Unmittelbarkeit»** nach Ermessen des Instruktionsrichters, respektive der Mittelbarkeit des Normalverfahrens[83]. Der vereinheitlichte Schweizerische Strafprozess orientierte sich in seinen Entwürfen zunächst an einer der eingeschränktesten Varianten der Unmittelbarkeit (an der StPO des Kantons ZH)[84], um in letzter Minute in den Räten noch eine Wende zurück zur «fakultativen Unmittelbarkeit» nach Ermessen des Gerichts zu nehmen[85].

80 BGE 116 Ia 289; Piquerez/Macaluso 2011, 214 ff.; in der neuen EGMR-Praxis ist allerdings dieses Prinzip stark relativiert worden: Entscheid der EGMR Grand Chamber vom 15.12.2011 i.S. *Al-Khawaja and Tahery* v. *The United Kingdom* (Nr. 26766105, 22228/06) = fp 2012, 72 ff.; dazu Arquint/Summers 2012, 112 ff. und Meyer/Wickowska 2014, 372 f.; EGMR Entscheid vom 6.12.2012 i.S. *Pesukic* v. *Switzerland* (Nr. 25088/07) mit Anmerkungen von Wohlers in: fp 2013, 84 ff.

81 BGE 125 I 127 (134); 113 Ia 412; krit. Pieth 1984, 221 ff.

82 BGE 122 II 464 (469); 115 Ia 97 (101); BGer 6B_1251/2014 vom 1.6.2015; 6B_564/2011 vom 27.1.2012; siehe oben S. 44, 49 f. und unten S. 108 f., 188 f., 226.

83 Vgl. auch Albrecht 2010, 187 f.; Donatsch/Hansjakob/Lieber, Kommentar-Gut/Fingerhuth 2014, Art. 343 N 3 und BSK StPO-Hauri/Venetz 2014, Art. 343 N 12; Piquerez/Macaluso 2011, 217.

84 Für das erstinstanzliche Verfahren vor BezGer und OGer sowie die Rechtsmittelverfahren in Zürich vgl. Schmid 2004, 66; zur aktuellen Praxis in Zürich und weiteren Kantonen, die die alte Praxis weiterführt: Wohlers 2014, 431 f.; für die eidgenössische Prozessordnung vgl. «Aus 29 mach 1», 143; VE 2001 Art. 374 ff.; Begleitbericht 2001, 223 ff.; VE 2005 Art. 344 f.; Botschaft des Bundesrates, BBl 2006 1085 (1285 f.).

85 Art. 343 Abs. 3; Ständerat (05.092) 11.12.06, S. 9 ff.; Nationalrat (05.092) 20.6.07, S. 8 ff.; die genaue Bedeutung des pflichtgemässen Ermessens bei der richterlichen Beweisaufnahme muss sich erst noch einpendeln, vgl. etwa BGer 1P.538/2001 vom 5.11.2001 und Albrecht 2010, 186 und 196; BSK StPO-Hauri/Venetz 2014, Art. 343 N 11 f.; siehe im Übrigen unten S. 233 ff.

bb) Mündlichkeit – Schriftlichkeit (Art. 66 ff., Art. 100 StPO)

Während im rein unmittelbaren Verfahren, vor allem nach der angelsächsischen Variante des Kreuzverhörs, die Mündlichkeit ganz im Vordergrund steht, haben sich in der Schweiz Zwischenformen herausgebildet (Art. 66). Akten werden beigezogen, zum Teil verlesen oder in Zirkulation gesetzt. Wichtig ist dabei allerdings das Prinzip, dass sämtliche Verfahrensschritte protokolliert werden müssen (**Prinzip der Aktenkundigkeit**[86]). Akten sind zu ordnen und mit einem Inhaltsverzeichnis zu versehen, um allfälliger Aktenunterdrückung zu begegnen. Art. 100 Abs. 1 ist insofern nicht klar genug abgefasst, da das fundamentale Prinzip der fortlaufenden Paginierung (mehr als ein Verzeichnis) explizite Erwähnung verdiente[87].

Noch vor Inkrafttreten der neuen Prozessordnung wurde Art. 78 Abs. 7 revidiert und ein neuer Absatz 5bis eingefügt[88]. Auf die ursprünglich vorgesehene Kontrolle und Unterzeichnung der Protokolle durch die Aussageperson im Hauptverfahren, kann vom Gericht verzichtet werden, falls die Einvernahme mit technischen Hilfsmitteln aufgezeichnet wird. Capus kritisiert, dass die scheinbar bloss technische Vereinfachung darüber hinwegtäuscht, dass die Aussageperson Einfluss darauf verliere, wie ihre Aussage im Protokoll wiedergegeben werde[89] und dass sie selektiv verkürzt wird[90].

Unerlaubte Aktenvernichtung ist unter Umständen als Urkundenunterdrückung strafbar (Art. 254 StGB). In einem Fall der Vernichtung von Akten der Bundesanwaltschaft geriet der Bundesrat in Begründungsnotstand[91].

Die **Mündlichkeit der Hauptverhandlung**, die in einzelnen kantonalen Prozessordnungen noch zwingend vorgeschrieben war, ist durch die in der Schweizerischen Prozessordnung vorgesehene routinemässige **Aktenzirkulation** unter den Gerichtsmitgliedern stark in Frage gestellt worden[92]. Sowohl mit der Einschränkung der Unmittelbarkeit wie der Mündlichkeit der Hauptverhandlung sind mühsam er-

---

86 Art. 76 ff.; Botschaft des Bundesrates, BBl 2006 1085 (1155, «Dokumentationspflicht»); Müller/Schefer 2008, 877 f.; Noll 1977, 18; Capus 2012, 174 ff.

87 Vgl. Botschaft des Bundesrates, BBl 2006 1085 (1161); Oberholzer 2012, 447 ff. (Verbot der Geheimakten); gemäss Schmutz (BSK StPO-Schmutz 2014, Art. 100 N 27) meint «fortlaufende Erfassung» auch Paginierung.

88 Egli 2012, 627 ff.

89 Capus/Stoll 2013, 195 ff., 315; vgl. auch BSK StPO-Näpfli 2014, Art. 76 N 10.

90 Capus/Hohl Zürcher 2014, 30 ff.

91 In einem Verfahren wegen Verstössen gegen das Atomgesetz (Fall Tinner) hat der Bundesrat auf Ersuchen der US Behörden einen wesentlichen Teil der offiziellen Verfahrensakten unter Verweis auf die Staatssicherheit vernichten lassen. Geheimhaltung und Aktenvernichtung dürfen nicht vermengt werden: Aktenvernichtung ist nicht vorgesehen. (NZZ vom 16.7.2009, 13 und vom 24./25.5.2008; BAZ vom 24. und vom 29.5.2008, WOZ vom 29.1.2009).

92 Art. 330 Abs. 2; Goldschmid/Maurer/Sollberger 2008, 322 f.

kämpfte Errungenschaften der Aufklärung zu Gunsten eines «effizienten» Verfahrens geopfert worden[93].

cc) Öffentlichkeit (Art. 69 ff. StPO)

Die Öffentlichkeit des Hauptverfahrens war eine der Hauptforderungen der französischen Revolution gegen die absolutistische «Kabinettsjustiz»[94]. Die Publikumsöffentlichkeit von Strafverfahren dient zur Transparenz, zur Kontrolle der Öffentlichkeit über die Justiz, aber auch dem generalpräventiven Interesse an sichtbarer Justiz[95]. Dabei darf nicht übersehen werden, dass die Öffentlichkeit zwar im Interesse des Angeschuldigten liegen kann, aber beileibe nicht muss[96]. Der Angeklagte verfügt denn auch nicht über ein Recht auf Ausschluss der Öffentlichkeit[97].

Im **Vorverfahren** ist die Publikumsöffentlichkeit noch sehr eingeschränkt. Zum Schutz der Unschuldsvermutung des Beschuldigten, aber auch der Strafverfolgungsinteressen, bleibt das Vorverfahren prinzipiell geheim. Art. 69 Abs. 3 lit. a und Art. 74 Abs. 1 sehen indessen vier Ausnahmen vor[98]: die Aufforderung der Bevölkerung zur Mitwirkung an der Fahndung, die Orientierung der Bevölkerung zur Warnung oder Beruhigung, zur Richtigstellung unzutreffender Meldungen oder Gerüchten und die Orientierung über Fälle von besonderer Bedeutung[99]. Insbesondere die Veröffentlichung von Videoaufnahmen von Schlägern hat schwierige Fragen aufgeworfen[100]. Die Medien dürfen nur ausnahmsweise und in den Grundzügen informiert werden, und dabei ist Zurückhaltung zu üben[101]. Die gleiche Zurückhaltung auferlegt das Standesrecht der Verteidigung[102].

Das **Hauptverfahren erster Instanz** ist (mit Ausnahme der Beratung) demgegenüber prinzipiell **publikumsöffentlich**[103]; auch wenn der Beschuldigte darum ersucht, wird die Öffentlichkeit nur ausnahmsweise ausgeschlossen[104].

93 Zum reformierten Parteienprozess siehe oben S. 32.

94 Pieth 2015, 41, 51, 66; vgl. auch Ignor 2002, 180, 242 ff. und Vormbaum 2011, 99 ff.

95 BSK StPO-Saxer/Thurnheer 2014, Art. 69 N 6 ff.; Wohlers 2014, 427 ff.

96 Zur «Prangerwirkung»: BSK StPO-Saxer/Thurnheer 2014, Art. 69 N 26.

97 Vgl. aber Art. 6 Abs. 1 EMRK und Art. 30 Abs. 3 BV.

98 BSK StPO-Saxer/Thurnheer 2014, Art. 69 N 6.

99 Vgl. Schober 2015, 318 ff.

100 Dazu im Detail unten S. 137.

101 Art. 69 Abs. 3 lit. a; Oberholzer 2012, 237.

102 Delnon/Bernhard 1989, 43 ff.

103 Art. 69; BGE 111 Ia 239 (als verfassungswidrig wurde das generell geheime Strafverfahren des Kantons AI eingestuft); Müller/Schefer 2008, 964 ff. zu Art. 30 Abs. 3 BV; Schmid Handbuch 2013, 90 ff.

104 BGE 119 Ia 99; a.A. mit Blick auf die aktuelle Praxis: Baur 2013, 12 ff.

Ausnahmen und Einschränkungen sind gemäss Art. 70 im Interesse der öffentlichen Sicherheit, der schutzwürdigen Interessen des Opfers[105] und bei grossem Andrang zulässig. Bild- und Tonaufnahmen sind nach Art. 71 – anders als etwa in den USA – nicht zulässig[106]. Die Urteilseröffnung ist generell öffentlich. In Ausnahmefällen kann sie durch ein Surrogat ersetzt werden[107]. Für die **Medien** können von den Kantonen besondere Regeln erlassen werden[108]. Sie betreffen primär die Akkreditierung. Den Gerichtsberichterstattern kann aber (bei Ausschluss der Öffentlichkeit) auch im Einzelfall die Zusage abverlangt werden, die persönlichen Daten von Beschuldigten und Opfern geheim zu halten. Sind sie dazu nicht bereit, können sie von der Verhandlung ausgeschlossen werden[109].

3. Die Subjektstellung der Prozessparteien

Die dritte Gruppe von Prozessmaximen greift auf allgemeine Verfassungsgrundsätze zurück und konkretisiert diese. Sie gelten prinzipiell für alle Beteiligten, einzelne sind auf die Parteien (Art. 104), einzelne aber besonders auf die beschuldigte Person als zentrales Prozesssubjekt zugeschnitten.

Die neue Prozessordnung wiederholt in Art. 3 vorweg die verfassungsrechtlichen Grundsätze der **Menschenwürde** (Art. 7 BV), der **Gleichheit** und der **Gerechtigkeit** (Art. 28 Abs. 1 BV und Art. 3 Abs. 1 und 2 lit. c StPO)[110].

Konkretisiert werden die Prinzipien durch den Grundsatz des **fairen Verfahrens**[111], der wiederum in verschiedener Hinsicht präzisiert wird (Art. 6 Ziff. 1 EMRK, Art. 29 Abs. 1 BV und Art. 3 Abs. 1 StPO). Die Behörden sind zu **Treu und Glauben** verpflichtet (Art. 3 Abs. 2 lit. a)[112], sie unterliegen dem Verbot des Rechtsmissbrauchs (Art. 3 Abs. 2 lit. b) und dem Verbot widersprüchlichen Verhaltens[113].

---

105 Geschäftsinteressen (BGE 102 Ia 211), Schutz der sexuellen Integrität (Botschaft des Bundesrates, BBl 2006 1085 [1153]) und Schutz Minderjähriger (BGE 108 Ia 90).

106 Krit. Donatsch/Hansjakob/Lieber, Kommentar-Brüschweiler 2014, Art. 71 N 3; CR CPP-Mahon 2011, Art. 71 N 6 und N 9; vgl. auch Schmid Handbuch 2013, 93 f.

107 Art. 70 Abs. 4; Botschaft des Bundesrates, BBl 2006 1085 (1153); Schmid Handbuch 2013, 104 f.; laut Müller/Schefer 2008, 977, aber problematisch: Gerade wo das Verfahren unter Ausschluss der Öffentlichkeit durchgeführt wurde, bedarf es wenigstens der öffentlichen Urteilsverkündung; im Übrigen siehe unten S. 243.

108 Vgl. Art. 72; BGE 129 III 529; zu den Akkreditierungsvorschriften: BSK StPO-Saxer 2014, Art. 72 N 3, 9 ff.

109 BGE 137 I 209.

110 «Aus 29 mach 1», 79; Müller/Schefer 2008, 821 ff.; Oberholzer 2012, 211 ff.; BSK StPO-Thommen 2014, Art. 3 N 10 ff.; Eicker/Huber 2014, 19.

111 Art. 6 Abs. 1 EMRK; BGE 122 I 153; Demko 2014; Jeanneret/Kuhn 2013, 36; Piquerez/Macaluso 2011, 143; differenzierend Donatsch/Hansjakob/Lieber, Kommentar-Wohlers 2014, Art. 3 N 2.

112 BSK StPO-Thommen 2014, Art. 3 N 43 ff.

113 BSK StPO-Thommen 2014, Art. 3 N 67 ff.

Aktuell geworden sind diese Grundsätze im Kontext harter Auseinandersetzungen insbesondere im Bereich der Drogenkriminalität. Als unzulässig wurde es beispielsweise angesehen, den Beschuldigten über einen Zellengenossen zu inkriminierenden Aussagen zu veranlassen[114] oder einen Auslieferungshäftling in eine Falle zu locken[115]. Ebenfalls als unzulässig gilt auf Grund von Art. 293, jemanden über einen V-Mann zur Tat anzustiften. Demgegenüber wurde die Verwertung eines unerlaubt privat aufgenommenen Telefongesprächs des Angeklagten in einer Untersuchung wegen Mordes mit Blick auf das überwiegende Strafverfolgungsinteresse zugelassen[116]. Umstritten ist, wie weitgehend das Rechtsmissbrauchsverbot auch für private Parteien gilt[117].

Im Täuschungsverbot klingt einerseits bereits der Anspruch des Beschuldigten auf Respektierung seiner **Autonomie** an. Andererseits soll der faire Prozess die **Teilhabe** der Parteien garantieren. Problematisch ist angesichts der traditionellen Natur der Grundrechte als Abwehrrechte die Ausdehnung des Rechtsmissbrauchsverbots auf die Parteien (etwa auf späte Kritik an der Unverwertbarkeit von Beweismitteln[118]). «Rechtsgebrauch» kann kaum «Rechtsmissbrauch» sein[119].

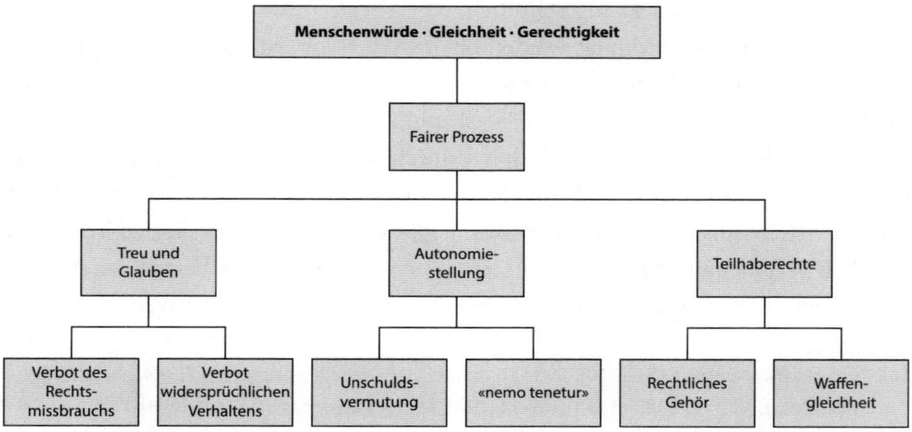

114 Schmid 2004, 80.

115 Schmid 2004, 81.

116 Vgl. BGE 109 Ia 244 (Fall Schenk); Hauser/Schweri/Hartmann 2005, 264; BSK StPO-Gless 2014, Art. 141 N 40 ff. Die Rechtsfolgen widersprüchlichen staatlichen Verhaltens müssen weiter unten im Detail erörtert werden, siehe unten S. 190 ff.

117 Zum Missbrauch von Verfahrensrechten: vgl. Schmid StPO Praxiskommentar 2013, Art. 3 N 4; Donatsch/Hansjakob/Lieber, Kommentar-Wohlers 2014, Art. 3 N 12; krit. aber BSK StPO-Thommen 2014, Art. 3 N 43 ff.

118 Trotz später Rüge verwirken solche Einwände aber nicht, da sie von Amtes wegen zu berücksichtigen sind; vgl. auch Chen 2012, 163 ff.

119 A.A. aber BSK StPO-Thommen 2014, Art. 3 N 67 ff.

a) Der Autonomieanspruch

aa) Die Unschuldsvermutung (Art. 10 StPO)

Die Unschuldsvermutung gehörte zu den Kernforderungen der französischen Revolution. In der Erklärung der Menschen- und Bürgerrechte vom 27.8.1789 hiess es in Art. 9: «*Tout homme étant présumé innocent jusqu'à ce qu'il ait été déclaré coupable.*» Das Thema wird von der EMRK in Art. 6 Abs. 2 und der BV in Art. 32 Abs. 1 aufgenommen[120]. Art. 10 reflektiert die Bundesgerichtsrechtsprechung und die zum kantonalen Recht entwickelten Grundsätze[121].

Zum einen enthält die Unschuldsvermutung eine «**Beweiswürdigungsregel**»: Zwar entscheidet der Richter nach freiem Ermessen (freie Beweiswürdigung: Art. 10 Abs. 2), allerdings muss er sein Urteil auf nachvollziehbare Weise begründen können. Bei unüberwindlichen Zweifeln muss er freisprechen, respektive von dem für den Angeklagten günstigeren Sachverhalt ausgehen[122]. Die Rechtsprechung hat in ihrer Praxis zur Willkür versucht, diesen Grundsatz zu objektivieren: Erhebliche, nicht unterdrückbare Zweifel dürfen nicht einfach beiseitegeschoben werden. Ausnahmsweise wurden Urteile auch aufgehoben, weil die Richter Zweifel an der Schuld des Angeklagten hätten haben sollen[123]. Art. 10 Abs. 3 stellt allerdings klar, dass die Regel nur für Zweifel in Tatfragen gilt[124].

Die Praxis leitet aus der Unschuldsvermutung sodann eine «**Beweislastregel**» ab. Es ist Sache der Anklagebehörde, die Schuld des Angeklagten nachzuweisen[125]. Das Bundesgericht hat in konstanter Praxis eingegriffen, wenn vom Beschuldigten erwartet wurde, seine Unschuld zu beweisen. Eine bundesgesetzlich vorgesehene Ausnahme enthält die «Beweislastverschiebung» zu Gunsten der Einziehung von Vermögenswerten unter der Kontrolle einer kriminellen Organisation (Art. 72 StGB[126]).

Weiter verbietet die Unschuldsvermutung alle Formen von Vorverurteilung[127], wobei allerdings die in einer prozessleitenden Verfügung zum Ausdruck kommende

---

120 Vest 2008, Art. 32 (BV) N 5 ff.

121 Vgl. etwa Arzt 1997, 196 ff.; Jeanneret/Kuhn 2013, 71 ff.; Forster 1997, 61 ff.; generell Müller/Schefer 2008, 981 ff.; Piquerez/Macaluso 2011, 182 ff.

122 Botschaft des Bundesrates, BBl 2006 1085 (1132); «Aus 29 mach 1», 81; BSK StPO-Hofer 2014, Art. 10 (Abs. 2) N 41 ff.; Donatsch/Hansjakob/Lieber, Kommentar-Wohlers 2014, Art. 10 N 11 ff.

123 BGE 127 I 38 (40 f.); 124 IV 86; 120 Ia 31 (37); BGer 1P.247/2005 vom 9.6.2005; 1P.85/2001 vom 24.8.2001.

124 Donatsch/Hansjakob/Lieber, Kommentar-Wohlers 2014, Art. 10 N 14.

125 Art. 10 Abs. 1; Botschaft des Bundesrates, BBl 2006 1085 (1132); Piquerez/Macaluso 2011, 182 ff.; BSK StPO-Tophinke 2014, Art. 10 N 19 ff.

126 Vgl. Schmid Handbuch 2013, 79.

127 BSK StPO-Tophinke 2014, Art. 10 N 26 ff.

vorläufige Einschätzung des Sachverhalts nicht als Verletzung des Grundsatzes gilt, weil der Entscheid für den Prozessverlauf zwingend vorgeschrieben ist. Das Verbot der Vorverurteilung gilt im Übrigen auch für Private (insbesondere die Presse, die sich gegenüber Nichtverurteilten in ihrer Berichterstattung Zurückhaltung auferlegen muss)[128].

Besonders heikel ist schliesslich die Kostenauflage bei Verzicht auf Verurteilung (durch Einstellung oder Freispruch). Wie ein «Verdachtsurteil» vermieden werden kann, soll allerdings weiter unten zur Sprache kommen[129].

Ins Zentrum der **dogmatischen Bedeutung der Unschuldsvermutung** trifft sodann die Frage, wie eigentlich Zwangsmassnahmen gegenüber prinzipiell als unschuldig geltenden «Verdächtigen» zu begründen sind. Der Verdacht darf gerade nicht als Vorwegnahme des Schuldurteils gelten[130]. Krauß hat ihn unabhängig vom Verfahrensausgang in Analogie zum polizeirechtlichen Störerprinzip zu begründen versucht[131]. Daher dürfen Eingriffe nicht weiter gehen als sie gegenüber einem Unschuldigen gerechtfertigt wären. Erweist sich der Verdacht *ex post* als unberechtigt, ist der zu Unrecht Verdächtigte für sein Sonderopfer zu entschädigen[132]. Offen lassen die Autoren aber, weshalb bei einer Verurteilung rückwirkend der einst als unschuldig Geltende auf eine Entschädigung verzichten muss[133].

bb) Das Aussageverweigerungsrecht (Art. 113 Abs. 1 StPO)

In der Parömie «*nemo tenetur se ipsum prodere vel accusare*» (niemand ist verpflichtet, sich selbst zu überliefern oder anzuklagen), kommt der Kern des Autonomieprinzips zum Ausdruck[134]. In seiner aktuellen Bedeutung geht der in Art. 113 Abs. 1 enthaltene Grundsatz wesentlich weiter: Die beschuldigte Person muss sich überhaupt nicht einlassen, weder zur Be- noch zur Entlastung[135]. Sie kann dazu weder direkt noch indirekt gezwungen werden. Verboten sind **Folter, Drohung** oder **Täuschung** sowie alle anderen Manipulationen, um eine Aussage zu erwirken. Entsprechende Aussagen sind unverwertbar[136].

---

128 BGE 116 IV 31; Oberholzer 2012, 246; differenzierend Donatsch/Hansjakob/Lieber, Kommentar-Wohlers 2014, Art. 10 N 19.

129 Siehe unten S. 281 ff.; BGer 1P.59/2003 vom 14.8.2003; Felber 2004; Forster 2002, 691 ff.

130 Frister 1988, 84 ff.

131 Krauß 1971, 175 ff; vgl. auch Donatsch/Hansjakob/Lieber, Kommentar-Wohlers 2014, Art 10 N 2.

132 Frister 1988, 120.

133 Krit. Dencker 1971, 627 ff.; ablehnend Frister 1988, 127.

134 BSK StPO-Engler 2014, Art. 113 N 3; Donatsch/Hansjakob/Lieber, Kommentar-Engler 2014, Art 113 N 1.

135 BGE 109 Ia 166; vgl. auch Schubarth 1978, 8 ff.

136 Art. 3 Abs. 2 lit. d und 140; Botschaft des Bundesrates, BBl 2006 1085 (1129); grundsätzlich Albrecht, P.A. 2006, 127 ff.

Auch die **Androhung negativer Konsequenzen** für den Fall der **Aussageverweigerung** ist unzulässig[137]. Durch falsche Aussagen kann der Beschuldigte allenfalls Kostenfolgen erleiden und sich in Ausnahmefällen, etwa durch falsche Anschuldigungen, strafbar machen (vgl. Art. 303–305 StGB). Problematisch ist aber auch die nach wie vor bestehende Praxis, den Beschuldigten für *«hartnäckiges Bestreiten»* besonders scharf zu bestrafen[138].

Die Behörden haben den Beschuldigten auf das Recht, die Aussage zu verweigern, hinzuweisen, sonst ist die Aussage unverwertbar und das Urteil unter Umständen nichtig[139]. Problematisch ist allerdings – angesichts der Schwere des Verstosses – die von der Praxis geforderte frühzeitige Rüge[140].

b) Das rechtliche Gehör und die Waffengleichheit

aa) Das rechtliche Gehör (Art. 3 Abs. 2 lit. c und Art. 107 StPO)

Neben dem Prinzip der Autonomie enthält der faire Prozess auch den Grundsatz der **Teilhabe.** Er hat zunächst eine Konkretisierung im Prinzip des rechtlichen Gehörs gefunden[141]. Das rechtliche Gehör steht sämtlichen Verfahrensbeteiligten, soweit sie vom Geschehen betroffen sind, zu.

Das Prinzip hat eine Reihe von weiteren Konkretisierungen erfahren, die im Detail noch zu erörtern sind[142]:

- Aus dem rechtlichen Gehör werden zunächst die sogenannten «Informationsrechte» abgeleitet[143], insbesondere das Recht auf
  - Information des Beschuldigten über die Anschuldigung,

---

137 So aber noch bis 1978 in AR: Art. 74 Abs. 2 alt StPO AR, ablehnend BGE 109 Ia 166.

138 Krit. Müller/Schefer 2008, 986; BSK StPO-Engler 2014, Art. 113 N 7; Donatsch/Hansjakob/Lieber, Kommentar-Lieber 2014, Art. 113 N 32; CR CPP-Macaluso 2011, Art. 113 N 8; aber BGE 113 IV 56.

139 Siehe unten im Detail S. 190 ff.; sowie Hauser/Schweri/Hartmann 2005, 155; Oberholzer 2012, 123 f.; Schmid 2004, 171 zu ZR 2001, 53; a.A. aber Donatsch/Schwarzenegger/Wohlers 2014, 144.

140 BGE 135 III 334 (E. 2.2); vgl. BSK StPO-Engler 2014, Art. 113 N 76 ff.

141 Art. 6 Abs. 3 EMRK; Art. 29 Abs. 2 BV und Art. 3 Abs. 2 lit. c, 107 und 108 StPO; Botschaft des Bundesrates, BBl 2006 1085 (1164 f.); «Aus 29 mach 1», 144; BSK StPO-Thommen 2014, Art. 3 N 97 ff.; Del Giudice Balás 2004; Frei 2001, 64 ff.; Hauser/Schweri/Hartmann 2005, 152 ff.; Jeanneret/Kuhn 2013, 51 ff.; Donatsch/Hansjakob/Lieber, Kommentar-Lieber 2014, Art. 107 N 10; Oberholzer 2012, 121 ff.; BSK StPO-Vest/Horber 2014, Art. 107 N 3 und 7 und Vor Art. 107/108 N 1 f.; Donatsch/Hansjakob/Lieber, Kommentar-Wohlers 2014, Art. 3 N 30; BGE 127 I 54 und 124 I 241.

142 Siehe unten S. 89 ff.

143 Jeanneret/Kuhn 2013, 56 ff.; Donatsch/Hansjakob/Lieber, Kommentar-Wohlers 2014, Art. 3 N 36.

- Information über die Beschuldigtenrechte und
- Akteneinsicht[144].

- Als Reaktion auf die Information muss den Parteien ausreichend Zeit zur Vorbereitung des Verfahrens gewährt werden[145].
- Zentral ist sowohl für den Beschuldigten, den Geschädigten und unter Umständen auch für weitere Aussagepersonen die **rechtliche Vertretung**, bei Mittellosigkeit die **unentgeltliche Vertretung**[146]. Verteidiger müssen sich mit inhaftierten Beschuldigten unbeaufsichtigt besprechen können. Die EMRK legt zudem besonderen Wert auf die Übersetzung zu Gunsten von Personen, die der Gerichtssprache nicht mächtig sind[147].
- Sodann müssen die Parteien in den Phasen des Verfahrens, in denen sich die Hypothesen über Sachverhalt, Recht und Rechtsfolge festigen sowie dort, wo über elementare Zwangsmassnahmen entschieden wird, über **aktive Mitwirkungsrechte** verfügen. Zu denken ist insbesondere an
  - die Mitwirkung des Verteidigers an der Einvernahme des Beschuldigten,
  - die Teilnahme der Parteien an Beweisaufnahmen und das Konfrontationsrecht[148],
  - das Frage- und Äusserungsrecht[149]; sowie
  - das Recht, Beweisanträge zu stellen[150].

Während Art. 107 die Gewährung dieser Rechte ins Zentrum rückt, äussert sich Art. 108 zu allfälligen Einschränkungen: Insbesondere das Missbrauchsrisiko und der Schutz von überwiegenden öffentlichen und privaten Interessen rechtfertigen die Beschränkung. Entscheidend für die Geltung des rechtlichen Gehörs ist sodann der **Zeitpunkt** im Verfahren, ab dem die Rechte gewährt werden. Es hat sich nach jahrzehntelangen Auseinandersetzungen die Erkenntnis auch im Schweizer Prozessrecht durchgesetzt, dass eine «Nachgewährung des rechtlichen Gehörs» unzureichend und mit der EMRK nicht in Einklang zu bringen ist[151]. Die neue Prozessordnung macht mit der Einführung des «**Anwalts der ersten Stunde**», der Zulassung der Verteidi-

144 Art. 101, 107 Abs. 1 lit. a, Art. 225 Abs. 2; BSK StPO-Vest/Horber 2014, Art. 107 N 10 ff.

145 Hauser/Schweri/Hartmann 2005, 251.

146 Art. 107 Abs. 1 lit. c; Art. 127 ff.; BSK StPO-Vest/Horber 2014, Art. 107 N 24 ff.

147 Vgl. Art. 6 Abs. 3 lit. c und e EMRK.

148 Vgl. Art. 6 Abs. 3 lit. d EMRK; Art. 107 Abs. 1 lit. b; Art. 147; Art. 312 Abs. 2; BSK StPO-Vest/Horber 2014, Art. 107 N 19 ff.

149 Zum Recht auf persönliche Anhörung: BSK StPO-Thommen 2014, Art. 3 N 103; BSK StPO-Vest/Horber 2014, Art. 107 N 27 ff.

150 Art. 107 Abs. 1 lit. e; Art. 318 Abs. 1; Art. 331 Abs. 2; Art. 345; Art. 399 Abs. 3; BSK StPO-Vest/Horber 2014, Art. 107 N 33 ff.

151 Zur bisherigen Praxis BGE 120 IV 242; 101 Ia 17; krit. Piquerez/Macaluso 2011, 160 ff.; Ruckstuhl 2007, 60; Pieth 1986.

gung bereits bei polizeilichen Einvernahmen (Art. 159 Abs. 1) und dem unbeaufsichtigten Kontakt mit dem Beschuldigten[152], einen wichtigen Schritt in Richtung «**Waffengleichheit**». Sie gleicht damit ein Stück weit die institutionelle Übermacht der Behörde aus und erlaubt dem Verteidiger, eine «Gegenmachtsposition» aufzubauen. Nach Art. 108 Abs. 1 lit. a kann etwa die Akteneinsicht nicht länger mit dem vagen Hinweis auf die «Gefährdung des Untersuchungszwecks»[153] vorenthalten werden, es bedürfte dazu des **begründeten Verdachts**, dass eine *«Partei ihre Rechte missbraucht»*[154]. Allerdings wird sie nicht von Anfang an in vollem Umfang gewährt[155].

Der Anspruch auf rechtliches Gehör ist **formeller Natur**, die Verletzung führt zur Nichtigkeit des Entscheids[156]. Allerdings hat das Bundesgericht mehrfach eine Heilung durch die Rechtsmittelinstanz zugelassen. Es scheint dabei zu übersehen, dass damit den Parteien eine Instanz verloren geht[157].

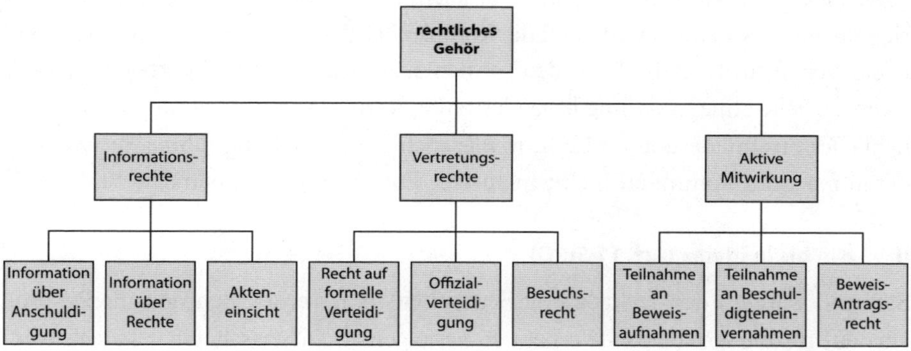

bb) Die Waffengleichheit (Art. 3 Abs. 2 lit. a StPO)

Wie bereits angeführt, ist Kerngedanke der (aus Art. 6 Abs. 2 EMRK und Art. 29 Abs. 1 BV abgeleiteten) in Art. 3 Abs. 2 lit. a statuierten «Waffengleichheit», dass die beschuldigte Partei die gleichen Ausgangschancen haben soll wie die Strafverfolgungsbehörden[158]. Es geht im kontinentaleuropäischen Prozess nicht darum, den

152 Art. 159, 223 und 225 Abs. 2; dazu die Debatte zwischen Ruckstuhl und Weder in: plädoyer 2007, 7 f.; Popp 2007, 266 ff.

153 Früher aber ZH, vgl. Schmid 2004, 89.

154 Botschaft des Bundesrates, BBl 2006 1085 (1164 f.).

155 Bedenken äussert Ruckstuhl 2002, 9.

156 Piquerez/Macaluso 2011, 156; BGE 126 I 19; 124 V 180; StPO-Vest/Horber 2014, Art. 107 N 6.

157 Vgl. etwa BGE 116 V 182; 110 Ia 81 (82); zu Recht krit. Schmid Handbuch 2013, 38 f., 41 f.; ders. 2004, 84 f., 86; vgl. auch BSK StPO-Vest/Horber 2014, Art. 107 N 6 m.w.H.

158 «Aus 29 mach 1», 3 f.; BGE 134 IV 36; Albrecht, P.A. 2006, 133 ff.; CR CPP-Hottelier 2011, Art. 3 N 21; Müller 1998, 171 ff.; Poncet 1977, 52 ff.; Donatsch/Hansjakob/Lieber, Kommentar-Wohlers 2014, Art. 3 N 23.

Satz wörtlich zu nehmen[159], vielmehr ist nach funktionalen Äquivalenten für die institutionelle Übermacht der Behörden zu suchen: Zum einen ergibt sich aus der Waffengleichheit das Recht auf Zugang zu effektiver Verteidigung (zum richtigen Zeitpunkt, nötigenfalls auf Kosten des Staates)[160], zum andern die Möglichkeit, sie zu nutzen (so z.B. ausreichende Zeit zur Vorbereitung der Verteidigung zu gewähren).

c) Das Beschleunigungsgebot (Art. 5 StPO)

Die sogenannte «Konzentrationsmaxime»[161] dient ebenfalls der Sicherung eines fairen Prozesses[162]: Die Strafbehörden nehmen, so schreibt es Art. 5 vor[163], das Strafverfahren unverzüglich an die Hand und bringen es ohne unbegründete Verzögerung zum Abschluss. Gemeint ist nicht ein Schnellverfahren[164]. Der Grundsatz möchte aber unnötiger und belastender Rechtsverzögerung oder -verweigerung entgegentreten. Das gilt nicht nur, aber vor allem für Haftfälle (Art. 5 Abs. 2)[165]. Kriterien der angemessenen Dauer sind die Komplexität des Falles, das Verhalten der Parteien. Vor allem aber die Behörden werden sich in Zukunft rechtfertigen müssen, wenn sie Fälle ohne Erklärung liegen lassen[166]. Allzu grosse Verzögerung kann zu erheblicher Strafmilderung und *in extremis* auch zur Einstellung führen[167]. Als Wiedergutmachung kommt auch eine finanzielle Entschädigung in Betracht[168].

d) «Ne bis in idem» (Art. 11 StPO)

Stossend wäre es, den rechtskräftig Beurteilten (d.h. Verurteilten oder Freigesprochenen) für die gleiche Sache erneut zu verfolgen[169]. Dieser scheinbar so selbstverständliche Satz ist in Art. 11 mit vielen Vorbehalten versehen[170]: Zunächst gilt er na-

---

159 Eicker/Huber 2014, 5.

160 Pieth 1984, 210 ff.

161 Hassemer 1990, 157.

162 BSK StPO-Summers 2014, Art. 5 N 1.

163 Vgl. auch die Praxis zu Art. 6 Abs. 1 EMRK und Art. 29 Abs. 1 BV; Jeanneret/Kuhn 2013, 81 f.; Oberholzer 2012, 230 ff.; Piquerez/Macaluso 2011, 169 f.; Poncet 1977, 64 ff.

164 Siehe dazu unten S. 248 ff.

165 EGMR Entscheid vom 26.9.1997 i.S. *R.M.D.* v. *Switzerland*, Application no. 19800/92.

166 Donatsch/Hansjakob/Lieber, Kommentar-Wohlers 2014, Art. 5 N 8 ff.

167 BGE 117 IV 124; CR CPP-Hottelier 2011, Art. 5 N 24; Müller/Schefer 2008, 844; Riklin StPO Kommentar 2014, Art. 5 N 5; BSK StPO-Summers 2014, Art. 5 N 20; Donatsch/Hansjakob/Lieber, Kommentar-Wohlers 2014, Art. 5 N 12.

168 CR CPP-Hottelier 2011, Art. 5 N 23; BSK StPO-Summers 2014, Art. 5 N 21.

169 Zum Doppelbestrafungs- und -verfolgungsverbot: Jeanneret/Kuhn 2013, 85 f.; Eicker 2005, 105 ff.; Eicker/Huber 2014, 43; Piquerez/Macaluso 2011, 199; Riklin StPO Kommentar 2014, Art. 11 N 12; Donatsch/Hansjakob/Lieber, Kommentar-Wohlers 2014, Art. 11 N 1.

170 Zur Bundesgerichtspraxis vgl. BGE 121 II 273 und 121 II 257; fehlt auch in Art. 29 ff. der BV.

türlich nur bei **Identität** von Tat, respektive Täter[171]. Daher ist es gerade auch beim Strafbefehl und beim «abgekürzten Verfahren» (dem «Deal») wesentlich, dass die Anklageschrift (bzw. der Einstellungsbeschluss) die Fakten ganz genau bestimmt, damit der rechtskräftige Sachverhalt feststeht.

Nach der Theorie der «einfachen Identität», die gemäss Rechtsprechung des EGMR und des EuGH massgebend sein soll, ist der «gleiche Lebenssachverhalt» massgebend[172]. Demgegenüber hatte die bisherige Schweizer landesrechtliche Praxis «doppelte Identität» – nach der sowohl der Lebenssachverhalt wie der betreffende Tatbestand Thema der *res iudicata* gewesen sein sollen – abgestellt[173]. Folge der zweiten Theorie wäre es, dass ein erneutes Verfahren wegen eines bisher nicht angeklagten Tatbestandes geführt werden dürfte. Diese Theorie verkennt offensichtlich die Schutzfunktion von Art. 11. Das Verbot der Doppelbestrafung ist im Übrigen als Verfahrenshindernis in jedem Verfahrensstadium zu berücksichtigen[174].

Sodann gilt der Grundsatz nur gegenüber **Strafverfahren**. Ein Bankmanager, dem Geldwäscherei vorgeworfen wird, könnte zusätzlich zum Strafverfahren Gegenstand eines aufsichtsrechtlichen Verfahrens, die Bank selbst unter Umständen auch noch Gegenstand eines privatrechtlichen Schiedsverfahrens werden.

Schliesslich gilt der Grundsatz nach StPO nur für in der **Schweiz** ergangene Urteile. Allenfalls kann er staatsvertraglich ausgeweitet werden[175], wie dies die EU-Staaten untereinander getan haben[176]. Mit der Assoziierung der Schweiz zum Schengener Durchführungsübereinkommen (SDÜ) ist sie nun aber auch an das in Art. 54 SDÜ enthaltene internationale *«ne bis in idem»*-Prinzip gebunden: Die rechtskräftige Beurteilung durch eine Vertragspartei im Schengen Raum bewirkt den Strafklageverbrauch[177].

171 Für Details vgl. BSK StPO-Tag 2014, Art. 11 N 14 ff.; Donatsch/Hansjakob/Lieber, Kommentar-Wohlers 2014, Art. 11 N 13 ff.

172 Ruckstuhl/Dittmann/Arnold 2011, 70 f.; BSK StPO-Tag 2014, Art. 11 N 17; Donatsch/Hansjakob/Lieber, Kommentar-Wohlers 2014, Art. 11 N 13 ff.

173 Donatsch/Hansjakob/Lieber, Kommentar-Wohlers 2014, Art. 11 N 16.

174 Schmid StPO Praxiskommentar 2013, Art. 11 N 3.

175 Zum Grundsatz auf gewohnheitsrechtlicher Basis vgl. Eicker 2005, 105 ff.

176 Amtsblatt der EU Nr. L. 239 vom 22.9.2000, S. 0091–0062; dazu Lelieur 2005, 43 ff; BSK StPO-Tag 2014, Art. 11 N 5 ff.; Donatsch/Hansjakob/Lieber, Kommentar-Wohlers 2014, Art. 11 N 6 f.

177 Eicker/Huber 2014, 43; BSK StPO-Tag 2014, Art. 11 N 8.

Fragen zu Kapitel IV

- Welche Ausnahmen vom Legalitätsprinzip sieht die Strafprozessordnung vor?
- Was besagt der Untersuchungsgrundsatz?
- Was ist Gegenstand des Anklagegrundsatzes?
- Welche Teilgehalte unterscheiden Lehre und Praxis bei der richterlichen Unabhängigkeit?
- Mit welchen Rechtsbehelfen kann eine Partei die Befangenheit eines Behördenmitglieds geltend machen? Sind Fristen zu beachten?
- Was bedeutet, die beschuldigte Person sei «Subjekt des Verfahrens»?
- Beschreiben Sie den Gehalt der «Unschuldsvermutung».
- Wie konkretisiert die Strafprozessordnung den «Grundsatz des rechtlichen Gehörs»?
- Was heisst «ne bis in idem»?

Die Auflösung der Fragen ergibt sich jeweils aus dem vorangegangenen Kapitel.

V Die Behördenorganisation

Literatur *Albrecht, P.*, Was bleibt von der Unmittelbarkeit?, ZStrR 2010, 180 ff.; *ders.* 2008, 16 ff.; *ders.*, Richter als (politische) Parteivertreter?, Justice – Justiz – Giustizia 2006, Nr. 3; *Albrecht, P.A.*, Die vergessene Freiheit: Strafrechtsprinzipien in der europäischen Sicherheitsdebatte, 2. Aufl., Berlin 2006 (zit. Albrecht, P.A. 2006); *Bertossa, B.*, Projet d'unification: quelques raisons de se réjouir et quelques autres de s'inquiéter, in: Unification de la procédure pénale, fédéralisme et organisation judiciaire, Actes du Colloque organisé le 4 avril 2003 à Neuchâtel en collaboration avec l'Institut de Science politique et les pénalistes de l'Université de Neuchâtel, Basel et al. 2003, 15 ff.; CR CPP-*Bichovsky* 2011, Art. 61–65; *Blättler, S.*, Die Stellung der Polizei im neuen schweizerischen Strafverfahren, ZStrR 2007, 242 ff.; Donatsch/Hansjakob/Lieber, Kommentar-*Brüschweiler* 2014, Art. 61–103; *Brun, M.*, Gefahr der Verpolizeilichung des Vorverfahrens, recht 2014, 92 ff.; Donatsch/Hansjakob/Lieber, Kommentar-*Brüschweiler* 2014, Art. 61–103; CR CPP-*Cornu* 2011, Art. 308–315; *Del Giudice Balás, L.*, Wann beginnt das polizeiliche Ermittlungsverfahren? Wann beginnt das staatsanwaltschaftliche Untersuchungsverfahren?, ZStrR 2010, 116 ff.; *dies.*, Der Gehörsanspruch der angeschuldigten Person im Vorverfahren, nach der Strafprozessordnung des Kantons Basel-Landschaft vom 3.6.1999, Liestal 2004; *Eicker, A.*, Zum Vorentwurf für eine gesamtschweizerische Strafprozessordnung. Staatsanwaltliche Kompetenz-Konzentration und ihre Kompensationsmöglichkeiten im Ermittlungsverfahren, AJP 2003, 13 ff.; *Frei, P.*, Mitwirkungsrechte im Strafprozess, dargestellt am Beispiel des Kantons Zug und mit Ausblick auf eine eidgenössische StPO, Bern 2001; *Gasser, F.*, Le Procureur, homme fort du nouveau Code de procédure pénale: vraiment?, fp 2012, 312 ff.; BSK BGG-*Häner* 2011, Art. 34–38; BSK BGG-*Härri* 2011, Art. 32–33; *Hauser/Schweri/Hartmann* 2005, 83 ff., 122 ff.; CR CPP-*Henzelin/Maeder 2011*, Art. 12–21; BSK StPO-*Jent* 2014, Art. 61–65; Donatsch/Hansjakob/Lieber, Kommentar-*Keller* 2014, Art. 12–21; *ders.*, Welche staatliche Gewalt soll die Aufsicht über die Bundesanwaltschaft ausüben und wie soll diese ausgestaltet werden?, Schweizerische Richterzeitung 2006/3; BSK BGG-*Kiener* 2011, Art. 5–7; BSK StPO-*Kipfer* 2014, Art. 18–22, Art. 25–28; BSK StPO-*Kipfer/Nay/Thommen* 2014, Art. 23–24; BSK BGG-*Kley* 2011, Art. 9–12; BSK BGG-*Koller* 2011, Art. 1–4; *Kuhn, A.*, Procédure pénale unifiée: reformatio in pejus aut in melius?, Charmey 2008; *ders.*, L'Avant-projet de Code de procédure pénale unifiée balaie-t-il véritablement les diversités socioculturelles?, in: Unification de la procédure pénale, fédéralisme et organisation judiciaire, Actes du Colloque organisé le 4 avril 2003 à Neuchâtel en collaboration avec l'Institut de Science politique et les pénalistes de l'Université de Neuchâtel, Basel et al. 2003, 31 ff.; *Kuhn, A./Perrier, C.*, Le projet de Code de procédure pénale unifiée et son incidence sur les organisations cantonales, ZStrR 2007, 250 ff.; Donatsch/Hansjakob/Lieber, Kommentar-*Landshut/Bosshard* 2014, Art. 299–327; *Leuba, J.*, Procédure pénale et organisation judiciaire – un couple indissociable, in: Unification de la procédure pénale, fédéralisme et organisation judiciaire, Actes du Colloque organisé le 4 avril 2003 à Neuchâtel en collaboration avec l'Institut de Science politique et les pénalistes de l'Université de Neuchâtel; Basel et al. 2003, 21 ff.; *Marti, A.*, Einzelrichter an Obergerichten: fragwürdige Rationalisierungsmassnahme zu Lasten der demokratischen Justizkultur, in: Jusletter vom 16.6.2008; *Noll, P.*, 1977, 25 ff.; *Oberholzer*, 2012, 27 ff.;

BSK StPO-*Omlin* 2014, Art. 308–315; *Pieth, M.*, Zur Bedeutung der Laiengerichtsbarkeit in der Schweiz, in: Jung, H. (Hrsg.), Alternativen zur Strafjustiz und die Garantie individueller Rechte der Betroffenen (participatory models and individual rights), Bonn 1989, 199 ff.; *Piguet, C./ Dyens, A.*, Konnte mit der Einführung der Schweizerischen Strafprozessordnung tatsächlich eine Stärkung der Verteidigungsrechte bewirkt werden?, Anwaltsrevue 2015, 365 ff.; *Piquerez/ Macaluso* 2011, 40 ff., 121 ff., 219 ff., 404 ff., 460 ff., 563 ff.; BSK StPO-*Rhyner* 2014, *Riedo, Ch.*, Jugendstrafrecht und Jugendstrafprozessrecht, Basel 2013; BSK BGG-*Riedo* 2011, Art. 8; Art. 306; *Ruckstuhl* 2007, 4 ff., 105 ff.; *Ruckstuhl/Dittman/Arnold* 2011, 74 ff.; BSK StPO-*Rüegger* 2014, Art. 307; *Schleiminger, D.*, Nr. 2 OGer AG vom 2.7.2014: Teilnahmerechte bei ergänzenden Ermittlungen, fp 2015, 7 ff.; *Schmid* Handbuch 2013, 117 ff.; *ders.*, Übergangsrecht der Schweizerischen Strafprozessordnung (StPO), Zürich et al. 2012; *ders.*, Möglichkeiten und Grenzen der Kantone bei der Organisation ihrer Strafbehörden nach der künftigen Schweizerischen Strafprozessordnung, AJP 2007, 699 ff.; *ders.* 2004, 102 ff.; *Seelmann/Geth* 2016; *Stöckli, C.*, Grosser Machtzuwachs für Staatsanwälte, plädoyer 3/2012, 8 ff.; BSK StPO-*Uster* 2014, Art. 12–17; *Vest, H.*, Art. 123–123a, in: Ehrenzeller, B./Mastronardi, P./Schweizer, R./ Vallender, K.A. (Hrsg.), Die schweizerische Bundesverfassung, Kommentar, 2. Aufl., Zürich/ St. Gallen 2008; *Weder, U.*, Die Teilnahmerechte in der delegierten Einvernahme einer Auskunftsperson, fp 2012, 228 ff.; *Wicki, F.*, Die Schweizerische Strafprozessordnung aus der Sicht des Gesetzgebers, ZStrR 2007, 219 ff.

1. Grundsatzfragen

a) Die Kompetenzverteilung zwischen Bund und Kantonen (Art. 14 StPO)

Nach Art. 123 Abs. 1 BV[1] ist das Strafprozessrecht nunmehr Bundessache, während die Kantone nach Abs. 2 nach wie vor Regeln zur Gerichtsorganisation erlassen sollen. Gemäss Art. 14 Abs. 2 betrifft dies Vorschriften über die **Wahl**, die **Zusammensetzung**, die **Organisation** und die **Befugnisse** der Behörden, soweit dafür von der StPO und anderen Bundesgesetzen Raum gelassen wird[2]. Nach Art. 14 Abs. 5 regeln Bund und Kantone auch die **Aufsicht** über ihre Strafbehörden[3]. Es versteht sich allerdings, dass eine nationale Rechtsvereinheitlichung des Prozessrechts nicht ohne Eingriffe in die Behördenorganisation zu erreichen ist.

1 Zum Ganzen vgl. Vest 2008, Art. 123 (BV) N 1 ff.

2 Bundesgesetz über die Organisation der Strafbehörden des Bundes (Strafbehördenorganisationsgesetz, StBOG) vom 19.3.2010 (SR 173.71).

3 Kuhn 2008, 73 f.; ders. 2003, 43 f.; Kuhn/Perrier 2007, 250 ff.; Schmid 2007, 699 ff.; Wicki 2007, 219 ff.; für BS: Gesetz betreffend die Organisation der Gerichte und der Staatsanwaltschaft (Gerichtsorganisationsgesetz, GOG) vom 3.6.2015 (Stand 1.7.2016) (Anhang 3, 154.100), Gesetz über die Einführung der Schweizerischen Strafprozessordnung (EG StPO) vom 13.10.2010 (257.100); für BL: Gesetz über die Organisation der Gerichte (Gerichtsorganisationsgesetz, GOG) vom 22.2.2001 (Stand 1.1.2015) (170), Einführungsgesetz zur Schweizerischen Strafprozessordnung (EG StPO) vom 12.3.2009 (250); für den Bund Art. 23–31 StBOG.

b) Die Strafverfolgungsbehörden im Überblick (Art. 12 StPO)

Art. 12 zählt denn auch die Strafverfolgungsbehörden abschliessend auf:

- die Polizei
- die Staatsanwaltschaft
- die Übertretungsstrafbehörden (die im Rahmen dieser Einführung ins Strafprozessrecht nicht weiter berücksichtigt werden).

Art. 12 stellt damit klar, dass für den Untersuchungsrichter traditioneller französisch-rechtlicher Ausprägung im neuen Strafprozess kein Platz mehr ist. Andererseits haben es die Kantone weiterhin in der Hand, wie sie die Polizei organisieren wollen. Sie können die Kriminalpolizei ganz in die Staatsanwaltschaft eingliedern (Basler Modell) oder als separate Behörde bestehen lassen[4]. Sowohl auf Polizei- wie auf Staatsanwaltschaftsebene sind zentralisierte oder dezentralisierte Lösungen denkbar[5]. Spezialisierungen funktionaler und regionaler Ausprägung sind zulässig[6]. Umstritten ist die Zuständigkeit einer regelrechten Trennung von untersuchender und anklageführender Funktion innerhalb der Staatsanwaltschaft, obwohl sie den Bedürfnissen der Praxis durchaus entsprechen könnte[7].

c) Das «Staatsanwaltschaftsmodell»

Bundesrechtlich vorgegeben ist somit die Abschaffung des Untersuchungsrichters[8]. Der ursprünglich autonome Untersuchungsrichter, der sich nach dem Modell des «Code d'instruction criminelle» nicht selber befassen durfte, war ohnedies in einigen Kantonen zu einem Untersuchungsbeamten unter der Aufsicht der Staatsanwaltschaft verkommen[9]. Das Staatsanwaltschaftsmodell soll, so die Materialien, effizienter und kostengünstiger sein[10]. Es stimmt, dass das Modell ehrlicher ist, allerdings muss die Machtkonzentration in den Händen des Staatsanwalts – der nunmehr die Untersuchung leitet, selbst ermitteln kann, über die Anklageerhebung entscheidet, eventuell einen Strafbefehl erlässt oder die Anklage vor Gericht vertritt – ausgegli-

4 Für Details vgl. Albertini/Fehr/Voser 2008, 37 ff.; Schmid 2007, 702 f.

5 Donatsch/Hansjakob/Lieber, Kommentar-Keller 2014, Art. 14 N 15 ff.; BSK StPO-Uster 2014, Art. 14 N 8 ff.

6 Botschaft des Bundesrates, BBl 2006 1085 (1134 f.).

7 Vgl. Riklin StPO Kommentar 2014, Art. 12 N 5; BSK StPO-Uster 2014, Art. 14 N 4 (ablehnend).

8 Begleitbericht 2001, 18 ff.; Botschaft des Bundesrates, BBl 2006 1085 (1106 ff.); Albrecht 2010, 187 ff.; Donatsch/Hansjakob/Lieber, Kommentar-Keller 2014, Art. 12 N 8 f.; Kuhn/Perrier 2007, 255; Riedo/Fiolka/Niggli 2011, 43 f.; Ruckstuhl/Dittmann/Arnold 2011, 74 ff.; BSK StPO-Uster 2014, Art. 14 N 4.

9 Bsp. BL oder LU (altes Recht); siehe oben S. 31 f.

10 Begleitbericht 2001, 18 f.; Zusammenfassung der Vernehmlassungsergebnisse 2003, 20 ff.; Botschaft des Bundesrates, BBl 2006 1085 (1106 f.).

chen werden[11]. Den Ausgleich sieht die Botschaft[12] zum einen im nunmehr notwendig gewordenen Zwangsmassnahmengericht[13], das zumindest schwerste Grundrechtseingriffe anordnen, respektive überprüfen soll, zum anderen im «Verteidiger der ersten Stunde» (der bereits bei polizeilichen Einvernahmen des Beschuldigten, nicht aber bei anderen Beweisaufnahmen dabei sein darf). Anders als die Prozessordnungen, die dem Staatsanwaltschaftsmodell Pate gestanden sind (insbesondere die deutsche) hielt es der Schweizer Gesetzgeber nicht für nötig, auch ein prinzipiell unmittelbares Hauptverfahren vorzusehen[14].

d) Die Gerichte im Überblick (Art. 13 StPO)

Art. 13 zählt die zwingend vorzusehenden Gerichtsinstanzen auf:

- das Zwangsmassnahmengericht
- die erstinstanzlichen Gerichte
- die Beschwerdeinstanz
- das Berufungsgericht.

Während bereits die Wortwahl klarstellt, dass nur **eine** Beschwerdeinstanz, respektive **ein** Berufungsgericht pro Gebietskörperschaft (Bund, respektive Kanton) vorzusehen ist, besteht auf erstinstanzlicher Ebene ein grösserer Spielraum für regionale Dezentralisierung, für die Wahl zwischen Kollektiv- und Einzelgerichten sowie für eine gewisse Spezialisierung (zum Beispiel die Einführung von Wirtschaftsstrafkammern)[15]. Immerhin ergibt sich aus der Strafprozessordnung, dass die in Art. 13 genannten Behörden zwingend vorzusehen sind[16].

2. Die Strafverfolgungsbehörden im Detail

a) Die Polizei

aa) Prävention und Repression

Die Funktionen der Kriminalpolizei sind vorab klar von der (präventiven) Sicherheitspolizei[17] und denjenigen der Geheimdienste zu unterscheiden: Im Strafverfah-

11 Stöckli 2012, 8 ff.

12 Botschaft des Bundesrates, BBl 2006 1085 (1106).

13 Vgl. EGMR Entscheid vom 23.10.1990 i.S. *Jutta Huber* v. *Switzerland*, Application no. 12794/87; EGMR Entscheid vom 5.4.2001 i.S. *H.B.* v. *Switzerland*, Application no. 26899/95 und die nachfolgende Schweizer Praxis, insbesondere BGE 131 I 36 (66).

14 Siehe dazu unten detailliert S. 233 ff.; krit. zur Übermacht von Polizei und Staatsanwaltschaft: Eicker 2003, 13 ff.

15 Art. 19; zum Freiraum vgl. Schmid Handbuch 2013, 120 f.

16 Vorher kannten weder TI, NE noch der Bund eine Berufungsinstanz.

17 Piquerez/Macaluso 2011, 236 ff.

ren geht es um die Abklärung und Aufarbeitung vergangenen Unrechts und nur indirekt um die Verhinderung möglicher künftiger Delikte[18]. So klar dieser Grundsatz theoretisch ist, so schwierig ist er in der Praxis umzusetzen[19]: So hält sich der Gesetzgeber bei der Abfassung der Straftatbestände nicht immer an die Regel, Prävention und Repression zu trennen[20]. Diese Unsicherheit färbt, zumal im Bereich der geheimen Zwangsmassnahmen, auf die Praxis ab (so etwa beim Scheinkauf von Betäubungsmitteln, der als Aufklärungsmassnahme vergangenen Unrechts kaum zu legitimieren ist[21]). Schliesslich ist auch in der Frühphase des Strafverfahrens oft ein fliessender Übergang von sicherheitspolizeilicher zu kriminalpolizeilicher Tätigkeit unvermeidlich (beispielsweise steht bei einer Geiselnahme der Schutz der Geisel gegenüber den Verfolgungsinteressen vorerst ganz im Vordergrund).

bb) Selbständige Polizeitätigkeit

Klassisch ist sodann im Bereich eindeutig kriminalpolizeilicher Aktivität die Frage, wie lange die Polizei von sich aus tätig sein darf. Traditionelle Verfahrensgesetze hatten die selbständige Polizeitätigkeit auf den **«ersten Zugriff»** beschränkt. Gemeint waren damit erste Erhebungen, die Feststellung und Sicherung von Spuren und die Ergreifung von Massnahmen, die nicht ohne Gefahr verschoben werden können. Sobald sich der Verdacht gegen eine bestimmte Person verdichtete (Übergang von der *«inquisitio generalis»* zur *«inquisitio specialis»*), musste die Untersuchungsbehörde benachrichtigt werden[22].

Demgegenüber betont etwa der Bericht «Aus 29 mach 1» die faktischen Schwierigkeiten, die Grenzen der selbständigen Ermittlung abzustecken und anerkennt, dass die Kriminalpolizei in der Praxis weit mehr als den ersten Angriff führt: *«Im Grunde genommen können nur wenige Konstellationen genannt werden, in denen der Untersuchungsrichter klarerweise die Verantwortung zu übernehmen hat»*. Der Bericht optiert für eine *«pragmatische Grenzziehung»*[23] und möchte die faktische Übermacht

18 Zu den Strafzwecken der Generalprävention und der Spezialprävention vgl. Seelmann/Geth 2016, 22, Rz. 55 ff.

19 Vgl. Blättler 2007, 245; problematisch allerdings seine Forderung, die Protokollpflicht hinauszuschieben; zur Problematik der polizeilichen *«Vorermittlung»*: Del Giudice 2010, 121 f.; BSK StPO-Rhyner 2014, Art. 306 N 6 ff.; BSK StPO-Uster 2014, Art. 15 N 7 und unten S. 191 ff.

20 So enthalten die Tatbestände des Betäubungsmittelrechts, der kriminellen Organisation (Art. 260ter StGB) oder auch jene im Bereich des Terrorismus (Art. 260^{quinquies} StGB) stark präventiv geprägte Elemente.

21 Siehe unten S. 171 ff.

22 Vgl. etwa § 3 alt StPO BS; vgl. auch noch § 6 Abs. 1 EG StPO BS (257.100) zu den Befugnissen der Kantons(Sicherheits-)polizei; dazu Noll 1977, 25; aber auch noch den Begleitbericht 2001, 40; Goldschmid/Maurer/Sollberger 2008, 15.

23 «Aus 29 mach 1», 123 (vom Untersuchungsrichter ist die Rede, weil dieser Begleitbericht ihn beibehalten wollte).

der professionellen und hierarchisch durchstrukturierten Polizei gar rechtlich verankert sehen[24]. Dieser Trend hat sich schliesslich auch in der Strafprozessordnung niedergeschlagen, angedeutet bereits in Art. 15 und dann verdeutlicht in Art. 306 Abs. 1: «Die Polizei **stellt** im Ermittlungsverfahren (auf der Grundlage von Anzeigen, Anweisungen der Staatsanwaltschaft oder eigenen Feststellungen) **den** für eine Straftat relevanten **Sachverhalt fest.**» Gemäss Abs. 2 hat sie namentlich

«a. Spuren und Beweise sicherzustellen und auszuwerten;
b. geschädigte und tatverdächtige Personen zu ermitteln und zu befragen;
c. tatverdächtige Personen nötigenfalls anzuhalten und festzunehmen oder nach ihnen zu fahnden.»

Die Zusammenarbeit mit der Staatsanwaltschaft wird in Art. 307 näher spezifiziert. Dort heisst es in Abs. 1, dass die Polizei die Staatsanwaltschaft «*unverzüglich über schwere Straftaten*[25] *sowie über andere schwerwiegende Ereignisse*» (sogenannte «Brandtourfälle») informiert. Als Beispiel ist auf den in Kapitel II referierten Fall eines ungeklärten Todesfalles zu verweisen.

Abgesehen von den Fällen, in denen die Staatsanwaltschaft zur Anordnung einer Zwangsmassnahme eingeschaltet werden muss (Art. 309 Abs. 1 lit. b), ist es durchaus möglich (wie es in einzelnen Kantonen bis heute schon üblich war[26]), dass die Polizei einen Grossteil der Alltagsfälle selbständig «pfannenfertig» zubereitet und sie der Staatsanwaltschaft in einem Stadium übergibt, in dem Eröffnung und Abschluss der förmlichen Untersuchung praktisch zusammenfallen (Art. 309 Abs. 1 lit. a und 317 f.)[27].

Problematisch ist die **«Verpolizeilichung des Vorverfahrens»**[28] auch deshalb, weil Entscheide über Prozessrollen (wer ist Beschuldigter, wer ist Zeuge? etc.) hinausgeschoben werden und damit die Verfahrensrechte unter Umständen unterlaufen werden[29]. Der in Kapitel II geschilderte **Einstiegsfall** macht die Gefahren einer

24 «Aus 29 mach 1», 128; vgl. Oberholzer 2012, 28 ff., 475 f.

25 Gemäss Bericht «Aus 29 mach 1», 129 fällt darunter ein «*Verbrechen, das mit einer Zuchthausstrafe von bestimmter Dauer bedroht ist*»; demgegenüber allerdings weiter die Botschaft des Bundesrates, BBl 2006 1085 (1261); zur Praxis: Del Giudice 2010, 125; Donatsch/Hansjakob/Lieber, Kommentar-Landshut/Bosshard 2014, Art. 307 N 7; BSK StPO-Rüegger 2014, Art. 307 N 2.

26 So etwa im Kanton ZG: Frei 2001, 75, 220; siehe oben S. 17 ff. und unten S. 224.

27 Krit. Eicker 2003, 15f; Rhyner (BSK StPO-*Rhyner* 2014, Art. 306 N 2) ist der Meinung, dass Strafbefehle auch ohne Eröffnung einer Untersuchung erlassen werden können. Vgl. auch BSK StPO-Uster 2014, Art. 15 N 8.

28 Albrecht, P.A. 2006, 101, 155; Brun 2014, 92 ff.; Piguet/Dyens 2015, 365 ff.; Ruckstuhl/Dittmann/Arnold 2011, 81; a.A. BSK StPO-Rhyner 2014, Art. 306 N 14 ff.; BSK StPO-Rüegger 2014, Art. 307 N 9; vermittelnd Riklin StPO Kommentar 2014, Art. 306 N 5.

29 Diese Gefahr wird auch vom Bericht «Aus 29 mach 1» anerkannt (S. 128); vgl. auch die Zusammenfassung der Vernehmlassungsergebnisse 2003, 62 f.; zu Recht krit. CR CPP-

zu grossen Selbständigkeit einer nicht-juristisch ausgerichteten Behörde deutlich[30]. Immerhin stellt Art. 159 nun aber klar, dass an polizeilichen Einvernahmen des Beschuldigten (wenn er denn als solcher definiert ist) der Verteidiger zugezogen werden kann[31].

cc) Unselbständige Polizeitätigkeit

Die Staatsanwaltschaft leitet das Vorverfahren (Art. 16 Abs. 2). Sie kann die Polizei nach Eröffnung der Untersuchung mit ergänzenden Ermittlungen beauftragen (Art. 312 Abs. 1). Die Polizei ist nunmehr Hilfsorgan der Verfahrensleitung (im Vorverfahren der Staatsanwaltschaft, später des Gerichtspräsidiums). Je nach kantonaler oder bundesrechtlicher Regelung[32] dürfen bestimmte Polizeikräfte von der Staatsanwaltschaft mit der delegierten Zeugenbefragung (Art. 142 Abs. 2) betraut werden[33]. Bei delegierten Einvernahmen gelten dieselben Verfahrensrechte der Parteien wie bei Einvernahmen durch die Staatsanwaltschaft (Art. 312 Abs. 2)[34]. Allerdings vertreten Praktiker die Ansicht, bei der delegierten Einvernahme von Auskunftspersonen könne auf die Gewährung der Teilnahmerechte verzichtet werden. Zumal ein Grossteil der Auskunftspersonen zwar (noch) nicht beschuldigt ist, aber doch unter Tatverdacht steht (siehe Art. 178), kann diese Praxis leicht zu einer Umgehung der Verteidigungsrechte führen[35]. Bei Zwangsmassnahmen ist die Polizei **Vollstreckungsorgan.**

dd) Die Aufgaben der Kriminalpolizei im Detail

Ohne nun nach selbständiger und unselbständiger Tätigkeit zu unterscheiden, wird die Kriminalpolizei vor allem in drei Feldern tätig. Erstens ist sie für allgemeine **Ermittlungs- und Fahndungshandlungen** (sei es nach Tatverdächtigen, nach Auskunftspersonen oder auch nach Vermissten) zuständig. In diesen Bereich gehört zweitens auch die schlichte Form der traditionellen Observation. Im Bereich der Zwangsmassnahmen verfügt die Kriminalpolizei zum einen über vorläufige **Anhal-**

Cornu 2011, Art. 309 N 21; Del Giudice Balás 1999, 211, 220; Donatsch/Hansjakob/Lieber, Kommentar-Landshut/Bosshard 2014, Art. 309 N 40; siehe unten S. 86 ff.

30 Zum **Einstiegsfall:** siehe oben S. 13 ff.

31 Botschaft des Bundesrates, BBl 2006 1085 (1194).

32 Art. 70 StBOG.

33 Gemäss § 20b EG StPO BL (250) beauftragt die Staatsanwaltschaft «im Einzelfall namentlich bezeichnete Angehörige der Polizei» mit der Durchführung der Einvernahmen, während nach § 28 EG StPO BS (257.100) der Regierungsrat die Befragungskompetenz von Mitarbeitern der Staatsanwaltschaft in einer Verordnung regelt (Verordnung über die Durchführung des polizeilichen Ermittlungsverfahrens bei Vergehen und Übertretungen vom 21.12.2010 (257.110).

34 Eicker/Huber 2014, 53.

35 A.A. Weder 2012, 228 ff.

tungs- und Festnahmekompetenzen[36]. Sie kann bei Gefahr im Verzug ausnahmsweise aus eigenem Antrieb eine Hausdurchsuchung, eine Personendurchsuchung oder eine Beschlagnahme vornehmen. Allerdings ist das Erfordernis der Notlage ernst zu nehmen (und im Zeitalter des Handys immer schlechter zu begründen). Zudem ist die Bewilligung durch die Verfahrensleiter schnellstmöglich nachzuholen. Intensive Formen der Observation erfordern spätestens nach einem Monat eine Bewilligung durch die Verfahrensleitung. Die Kriminalpolizei ist drittens grundsätzlich nur zur **Einvernahme** von beschuldigten Personen und von Auskunftspersonen befugt. Ausnahmsweise dürfen – wie festgehalten – bestimmte qualifizierte Polizeibeamte von der Staatsanwaltschaft delegierte Zeugeneinvernahmen vornehmen (Art. 142 Abs. 2). Nach Eröffnung der Untersuchung darf die Polizei aber keine selbständigen Ermittlungen mehr vornehmen[37].

Gemäss Art. 43 Abs. 3 können Polizeieinheiten unterschiedlicher Gebietskörperschaften vor Eröffnung der Untersuchung **direkt** miteinander verkehren.

b) Die Staatsanwaltschaft

aa) Die Aufgaben

Durch die Zusammenlegung der Funktionen von Staatsanwaltschaft und Untersuchungsrichter hat die Staatsanwaltschaft eine Fülle von Aufgaben zugewiesen erhalten[38]. Gemäss Art. 16 Abs. 2 *«leitet sie das Vorverfahren, verfolgt Straftaten im Rahmen der Untersuchung, erhebt gegebenenfalls Anklage und vertritt die Anklage»*. Zu ergänzen wäre, dass sie auch bei alternativen Prozesserledigungen eine entscheidende Rolle spielt: Sie verfügt die «Nichtanhandnahme» (Art. 310), sie stellt das Verfahren ein (Art. 319 ff.), sie kann ein Mediationsverfahren nach Art. 316 einleiten, einen Strafbefehl erlassen (Art. 352 ff.) oder (auf Antrag des Beschuldigten) über die Durchführung des abgekürzten Verfahrens entscheiden (Art. 359 Abs. 1). Als problematisch wird empfunden[39], dass bei Ablehnung des Strafbefehls durch den Beschuldigten der Staatsanwalt in aller Regel selbst die Anklage vor Gericht vertritt. Das Bundesgericht und einzelne Autoren[40] waren indessen der Meinung, dass der Strafbefehl lediglich ein Vorschlag sei, der den Staatsanwalt nicht «befangen» mache[41]. Dabei wird übersehen, dass die Funktionskumulation (Ermittlungsleiter, Untersuchungsführer, eventuell Ankläger) eigentlich einen unabhängigen Strafbefehlsrichter

36 Siehe unten S. 138 ff.; der staatsanwaltliche Vorführungsbefehl enthält das Recht, Häuser etc. zu durchsuchen (Art. 208 Abs. 2).

37 Donatsch/Hansjakob/Lieber, Kommentar-Landshut/Bosshard 2014, Art. 312 N 1; Schleiminger 2015, 9; a.A. Schmid Handbuch 2013, 553 f. (N 1233 FN 81).

38 BSK StPO-Uster 2014, Art. 16 N 3; Gasser 2012, 312 ff.

39 Bertossa 2003, 15 ff.

40 BGE 124 I 76, unter Verweis auf Piquerez und Hottelier.

41 Zur Diskussion der «Offertentheorie» siehe unten S. 252.

voraussetzen würde[42]. Einmal mehr wird hier um einer fragwürdigen Ersparnis willen der Grundgedanke der unabhängigen Justiz strapaziert. Immerhin liesse es Art. 56 lit. b zu, von dieser problematischen Praxis abzuweichen und die Anklagevertretung im Falle der Einsprache auf eine Kollegin oder einen Kollegen innerhalb der Staatsanwaltschaft zu übertragen.

bb) Fragen der Untersuchungseröffnung

Die Hauptaufgaben der Staatsanwaltschaft während des Vorverfahrens bestehen darin, die Untersuchung zu **eröffnen**, sie **durchzuführen** und sie **abzuschliessen**. Die förmliche Eröffnung erfolgt, sobald ein «hinreichender Tatverdacht» besteht, beziehungsweise wenn Zwangsmassnahmen nötig werden oder die Polizei einen schweren Fall im Sinne von Art. 307 Abs. 1 meldet (Art. 309 Abs. 1). Kryptisch ist Art. 309 Abs. 2, der der Staatsanwaltschaft gestattet, die Polizei um ergänzende Ermittlungen zu ersuchen. Erst aus dem kleinen Wort «auch» in Art. 312 Abs. 1 *(«die Staatsanwaltschaft kann die Polizei auch nach Eröffnung der Untersuchung mit ergänzenden Ermittlungen beauftragen»)* und aus der Gesetzgebungsgeschichte[43] geht hervor, dass Art. 309 Abs. 2 ein informelles staatsanwaltliches «**Vorermittlungsverfahren**» zulässt. Die Regelung ist wenig verständlich, es sei denn, es gehe dem Gesetzgeber darum, den Behörden die Möglichkeit zu geben, die förmliche Eröffnung und damit die Verbesserung der Rechtsstellung der Parteien hinauszuzögern[44].

Nach Eröffnung der Untersuchung verfügen die Parteien jedenfalls über weitergehende **Mitwirkungsrechte** (Art. 147)[45]. So verleiht die EMRK dem Beschuldigten (Art. 6 Abs. 3 lit. d) das Recht, mindestens einmal im Verfahren Zeugen direkt mit Fragen zu konfrontieren (Sonderfälle besonderer Schutzbedürftigkeit der Zeugen vorbehalten, Art. 149 ff.). Allerdings geht die neue Strafprozessordnung nicht soweit, die eigentliche kontradiktorische Voruntersuchung im Sinne der Kantone Genf oder Jura einzuführen[46].

cc) Die Aufsicht

Auf Grund unterschiedlicher geschichtlicher Entwicklungsstränge ist die Aufsicht über die Staatsanwaltschaft verschieden geregelt. Der französische Staatsanwalt ist von der Exekutive abhängig (die Abhängigkeit wird durch das Bestehen eines unabhängigen Untersuchungsrichters ausgeglichen). Andere Modelle haben die Aufsicht einem Gericht oder einem gänzlich unabhängigen Gremium (*«Consiglio de la ma-*

42 So z.B. im Kanton BS (§ 136 alt StPO BS).

43 Art. 309 E 2005; Botschaft des Bundesrates, BBl 2006 1085 (1264); Del Giudice 2010, 128 f.

44 Krit. auch CR CPP-Cornu 2011, Art. 309 N 21; Donatsch/Hansjakob/Lieber, Kommentar-Landshut/Bosshard 2014, Art. 309 N 40 sowie unten S. 220 f.

45 Del Giudice Balás 1999, 38 f.; Ruckstuhl/Dittmann/Arnold 2011, 124.

46 Krit. Piquerez/Macaluso 2011, 163 f.

gistratura» in Italien bzw. der westschweizer «*Conseil de la Magistrature*») übertragen. Typisch für die Deutschschweiz ist die Aufsicht durch den Regierungsrat[47]. Allerdings wird bei der konkreten Aufsicht zumeist eine «Aufsichtskommission»[48] oder eine «Fachkommission»[49] beigezogen. Zudem wird gelegentlich explizit festgehalten, dass der Regierung im Einzelfall keine Interventionskompetenz zusteht[50].

Wie der Fall «Roschacher» deutlich gemacht hat, war die für die **Bundesanwaltschaft** neu vorgesehene Regelung (als Aufsichtsinstanz war der Bundesrat vorgesehen[51]) äusserst problematisch. Sie war mit der schweizerischen Tradition der Unabhängigkeit der Staatsanwaltschaft schlecht vereinbar[52], und sie musste angesichts der Abschaffung des eidgenössischen Untersuchungsrichters als besonders fragwürdig erscheinen, zumal die Bundesanwaltschaft oft mit politisch brisanten Fragen betraut ist. Dies gilt umso mehr, als die Bundesanwaltschaft nun in einem viel weiteren Mass für Wirtschaftskriminalität, organisiertes Verbrechen und Terrorismus zuständig ist.[53] Zu begrüssen ist daher der mutige Schritt des Parlamentes, im StBOG eine von der Vereinigten Bundesversammlung gewählte unabhängige Aufsichtsbehörde einzusetzen, die sich aus 7 Mitgliedern zusammensetzt[54]:

> «a. je einem Richter oder einer Richterin des Bundesgerichts und des Bundesstrafgerichts;
> b. zwei in einem kantonalen Anwaltsregister eingetragenen Anwälten oder Anwältinnen;
> c. drei Fachpersonen, die weder einem eidgenössischen Gericht angehören noch in einem kantonalen Anwaltsregister eingetragen sein dürfen.»[55]

Gemäss Art. 29 Abs. 2 StBOG kann die Aufsichtsbehörde der Bundesanwaltschaft zwar generelle Weisungen über die Wahrnehmung ihrer Aufgaben erteilen, Weisungen über die Führung eines Einzelfalles sind dagegen ausgeschlossen. Damit distanziert sich das Schweizer Aufsichtsmodell von den konkreten Interventionsmöglich-

47 § 96 GOG BS (154.100).

48 § 97 GOG BS (154.100) (hier mit der Funktion als Richter, Parlamentarier und Advokat unvereinbar).

49 § 5 EG StPO BL (250) (vom Landrat gewählt, 2 von 3 Mitgliedern sind Gerichtspräsidenten).

50 § 4 Abs. 3 EG StPO BL (250); § 96 Abs. 5 GOG BS (154.100).

51 Art. 20 Abs. 1 E StBOG vom 21.9.2007; Botschaft des Bundesrates, BBl 2008 8125 (8139, 8157 f.); zur Gesetzgebungsgeschichte CR CPP-Henzelin/Maeder 2011, Art. 14 N 14 ff.; Keller 2006; Riedo/Fiolka/Niggli 2011, 55 f.

52 Piquerez/Macaluso 2011, 243.

53 Art. 23 f.

54 Art. 23–31 StBOG; Donatsch/Hansjakob/Lieber, Kommentar-Keller 2014, Art. 14 N 30; BSK StPO-Wiprächtiger 2014, Art. 4 N 40.

55 Art. 23 Abs. 2 StBOG; vgl. auch die Verordnung der Bundesversammlung über die Organisation und die Aufgaben der Aufsichtsbehörde über die Bundesanwaltschaft vom 1.10.2010 (SR 173.712.24).

keiten der Justizministerien im Ausland (vgl. Frankreich, Grossbritannien und Österreich).

c) Weitere Strafverfolgungsbehörden

In diesem Kurzlehrbuch wird auf weitere Strafverfolgungsbehörden, insbesondere die Übertretungsstrafbehörden[56] *und die Jugendanwaltschaften*[57] *nicht weiter eingegangen.*

3. Die Gerichte

a) Das Zwangsmassnahmengericht (Art. 18 StPO)

In einem Jahrzehnte dauernden schwierigen Anpassungsprozess an die EMRK sind vor allem zwei Dinge besonders deutlich geworden:

Art. 5 Abs. 3 EMRK stellt hohe Ansprüche an die Unabhängigkeit des «Richters» oder der «richterlichen Behörde»: Weder der klassische Staatsanwalt, der weisungsabhängige Untersuchungsbeamte noch der Schweizer Untersuchungsrichter erfüllen diese Anforderung[58]. Da hat die neue BV den Schritt nach vorne unternommen und in aller Deutlichkeit festgehalten, dass nur noch eine eigentliche Richterin oder ein Richter die Haft anordnen dürfen (Art. 31 Abs. 3 BV).

Zum andern hat der EGMR ebenso klar gemacht, dass die in der Schweiz bis vor Kurzem häufige Personalunion von Untersuchungsrichter und Sachrichter gegen Art. 6 EMRK verstösst[59].

Die neue Strafprozessordnung hat auf die andauernden Auseinandersetzungen mit einer klaren Lösung reagiert: Zumindest die am schwersten in die Persönlichkeit eingreifenden Zwangsmassnahmen müssen vom Zwangsmassnahmengericht angeordnet (Untersuchungs- und Sicherheitshaft, Überwachung von Bankbeziehungen) beziehungsweise genehmigt werden (DNA-Massenuntersuchungen, Überwachung des Post- und Fernmeldeverkehrs, Überwachung mit technischen Geräten und verdeckte Ermittlung)[60]. Auf die Frage, ob es nicht noch andere Zwangsmassnahmen verdienten, vom Zwangsmassnahmengericht angeordnet oder überprüft zu werden, ist zurückzukommen[61].

---

56 BSK StPO-Uster 2014, zu Art. 17; Eicker/Huber 2014, 4, 68 ff.

57 Riedo 2013, 218.

58 Vgl. zu Jutta Huber und der folgenden Bundesgerichtspraxis oben S. 66 FN 13; Hauser/Schweri/Hartmann 2005, 334; CR CPP-Henzelin/Maeder 2011, Art. 18 N 11 ff.; Oberholzer 2012, 343; Schmid 2004, 97, 102 ff.

59 Siehe oben S. 47 f.

60 Art. 18, 225 ff., 256 f., 272 ff., 281 Abs. 4, 284, 289, 298 sowie die weiteren Kompetenzen gemäss Art. 150, 186, 373; vgl. auch Riedo/Fiolka/Niggli 2011, 48.

61 Siehe unten S. 151 ff. und 160 ff.

Die organisatorischen Details zum Zwangsmassnahmengericht sind wiederum in die Kompetenz der Gebietskörperschaften gestellt[62]. Die Kantone können einen Einzelrichter oder ein Kollektivgericht einsetzen (Art. 14). Sie müssen allerdings darauf achten, die Personalunion von Zwangsmassnahmenrichter und Sachrichter zu vermeiden (Art. 18 Abs. 2)[63]. Der Bund erklärt, im Rahmen seiner Zuständigkeit, die kantonalen Zwangsmassnahmengerichte am Hauptsitz beziehungsweise am Sitz der Zweigstellen der Bundesanwaltschaft als Zwangsmassnahmengericht für zuständig[64].

Das Zwangsmassnahmengericht entscheidet in der Regel endgültig, es sei denn, das Gesetz enthalte eine andere Regelung.

b) Das erstinstanzliche Gericht (Art. 19 StPO)

Abermals verfügen Bund und Kantone über ein hohes Mass an Organisationsautonomie (Art. 14). Allerdings hat die Kompetenzgrenze für Einzelrichter im Gesetzgebungsverfahren viel zu reden gegeben. Die ursprünglich vorgesehenen drei Jahre wurden auf maximal zwei Jahre reduziert[65]. Die Kantone können aber geringere Maxima vorsehen[66]. Zu Recht kritisiert Marti[67] die Zurückdrängung des Kollegialprinzips im Bereiche mittelschwerer Kriminalität als fragwürdige Rationalisierung.

c) Die Rechtsmittelinstanzen (Art. 20 und Art. 21 StPO; BGG)

Die Strafprozessordnung schreibt zwingend die Schaffung einer Beschwerdeinstanz und eines Berufungsgerichts, das für Berufungen und Revisionsgesuche zuständig ist, vor. Bund und Kantone können die Funktion der Beschwerdeinstanz dem Berufungsgericht übertragen (Art. 20 Abs. 2). Allerdings dürfen Mitglieder des Beru-

62 BSK StPO-Kipfer 2014, Art. 18 N 3; gemäss § 15 EG StPO BS wird die Aufgabe im Turnus von einem Strafgerichtspräsidenten als Einzelrichter übernommen.

63 Obwohl es im Gesetz nicht explizit gesagt wird, muss auch eine Unvereinbarkeit zwischen Richtern des Zwangsmassnahmengerichts und der Beschwerdeinstanz (im gleichen Fall) gelten: Donatsch/Hansjakob/Lieber, Kommentar-Keller 2014, Art. 18 N 5 f.; BSK StPO-Kipfer 2014, Art. 18 N 3; a.A. Schmid StPO Praxiskommentar 2013, Art. 18 N 7.

64 Art. 65 StBOG.

65 Vgl. die Zusammenfassung des Vernehmlassungsverfahrens 2003, 25 f.; Art. 19 Abs. 2.

66 Dafür: Donatsch/Schwarzenegger/Wohlers 2014, 74 ff.; Goldschmid/Maurer/Sollberger 2008, 18; Donatsch/Hansjakob/Lieber, Kommentar-Keller 2014, Art. 19 N 6; BSK StPO-Kipfer 2014, Art. 19 N 4; dagegen: CR CPP-Henzelin/Maeder 2011, Art. 19 N 10; Schmid Handbuch 2013, 135 f. Typisch ist eine Maximalspruchkompetenz von einem Jahr Freiheitsstrafe (oder deren Äquivalent) für Einzelrichter, vgl. § 14 Abs. 1 lit. a EG StPO BL; § 79 Abs. 3 GOG BS; § 27 GOG ZH.

67 Marti 2008, Rz. 6, allerdings v.a. bezogen auf den Einsatz von Einzelrichtern im Rechtsmittelverfahren; vgl. auch Donatsch/Hansjakob/Lieber, Kommentar-Keller 2014, Art. 19 N 3; BSK StPO-Kipfer 2014, Art. 19 N 5.

fungsgerichts, die Beschwerden behandelt haben, in derselben Sache nicht als Berufungsrichter tätig werden (Art. 21 Abs. 2). Eine Unvereinbarkeit ist auch zwischen Berufungsrichter- und Revisionsrichtertätigkeit in der gleichen Sache vorgesehen (Art. 21 Abs. 3)[68]. Allgemein als problematisch empfunden wird, dass der Bund den Kantonen zwar ein zweistufiges Verfahren verordnet, die Berufungsinstanz aber in Bundesstrafsachen einspart. Zwar hatten die Räte – als Notlösung – erst die Motion Janiak überwiesen[69]. Der vom Bundesrat in seiner Botschaft von 2013 präsentierte Entwurf[70] wurde aber zurückgewiesen mit dem Auftrag, die Einrichtung einer Beschwerdeinstanz beim Bundesstrafgericht einzurichten[71].

4. Wahl- und Ausstandsfragen

a) Volkswahl der Richter?

Noch bis vor Kurzem galt: Das Schweizer Gerichtswesen stellte klassischerweise das Demokratieprinzip vor die Sachkunde: Nur wenige Kantone verlangten eine juristische Ausbildung als Voraussetzung für das Richteramt[72]. Nach wie vor kann jede Schweizer Bürgerin oder jeder Schweizer Bürger Bundesrichter werden (Art. 5 BGG). Selbst bei komplexesten Zivilverfahren bestand bis vor Kurzem kein Anspruch auf einen juristisch gebildeten Richter[73]. Allerdings haben sich die faktischen Verhältnisse in den letzten 30 Jahren stark verändert. War es auf dem Lande durchaus üblich von «Berufslaienrichtern» beurteilt zu werden, werden heute vor allem in Agglomerationsgegenden mehr und mehr Juristen zum Richter gewählt[74]. Allerdings gab es zum Beispiel im Kanton Aargau vor Kurzem noch Untersuchungsrichter ohne juristische Ausbildung, die als Haftinstanz entscheiden mussten. Nunmehr sind diverse Kantone dazu übergegangen, zumindest für Gerichtspräsidentinnen und Ge-

68 Die Rechtsmittel des Bundes nach BGG werden weiter unten im Detail dargestellt, siehe unten S. 310 ff.

69 Motion Janiak vom 17.3.2010 (StR 10.3138).

70 Botschaft des Bundesrates, BBl 2013 7109.

71 Botschaft des Bundesrates, BBl 2008 8125 (8144 ff.); Donatsch/Hansjakob/Lieber, Kommentar-Keller 2014, Art. 21 N 2; BSK StPO-Kipfer 2014, Art. 19 N 5 und Art. 21 N 3 u.V. a.; vgl. auch Botschaft des Bundesrates, BBl 2013 7109; AB 2014, S. 1288 ff.; AB 2015 N 651 ff.; dazu Piguet/Dyens 2015, 373; Riedo/Fiolka/Niggli 2011, 59 f.; Schmid Handbuch 2013, 141 f.; vgl. unten S. 303.

72 Z.B. § 12 GOG BS.

73 BGE 134 I 16.

74 Pieth 1989, 199 ff.; zur Abstimmungsvorlage im Kanton ZH vom 5.6.2016 (über die Abschaffung der Laienrichter: NZZ vom 24.5.2016, 18: «Wer gehört auf den Richterstuhl?» und NZZ vom 12.5.2016, 19: «Wegen uns muss das Laienrichtertum nicht abgeschafft werden»; NZZ vom 21.4.2016, 17: «Das Volk bestimmt seine Richter». Inzwischen haben sich 66 % der Stimmen für die Abschaffung des Laienrichtertums ausgesprochen.

richtspräsidenten eine juristische Ausbildung zu verlangen (Lizentiat oder Master of Law)[75]. Wahlbehörde der Richter erster Instanz ist in vielen Kantonen das Volk[76]. Richter zweiter Instanz werden immer noch häufig vom Volk gewählt, Bundesrichter werden von der Vereinigten Bundesversammlung gewählt. Wo nicht das Volk Wahlbehörde ist, ist es entweder das Parlament oder ausnahmsweise das kantonale Obergericht. Die Wahlperioden variieren von Kanton zu Kanton stark, zwischen drei bis zu zehn Jahren! Der Bundesanwalt und die stellvertretenden Bundesanwälte werden von der Vereinigten Bundesversammlung gewählt, die Staatsanwälte des Bundes wählt der Bundesanwalt (Art. 20 StBOG). Die Staatsanwälte werden entweder vom kantonalen Parlament, von der Kantonsregierung oder der Staatsanwaltschaft selbst gewählt. Wie viel von dieser Vielfalt sich auch nach der Vereinheitlichung erhalten wird, ist offen. Eine Veranlassung, davon abzurücken, besteht nur sehr beschränkt (Art. 14 Abs. 2).

Dem ausländischen Beobachter bereitet gelegentlich die Volkswahl der Richter in der Schweiz Schwierigkeiten. Wie ist die richterliche Unabhängigkeit angesichts des Wiederwahl-Erfordernisses zu sichern? Führt die Volkswahl nicht zu einer aggressiven «*law and order*»-Einstellung und entsprechend populistischen Wahlkämpfen? Im Vergleich zu den Verhältnissen in den USA ist die Lage in der Schweiz erstaunlich entspannt: Gewählt wird typischerweise in freiwilligem Proporz. «Wahlkämpfe» werden betont sachlich geführt, und politische Gerichtsentscheide «zur Sicherung der Wiederwahl» kommen bei der Bevölkerung typischerweise schlecht an[77].

Die Aufsicht über die kantonalen Gerichte erster Instanz obliegt zumeist dem Kantons- oder Obergericht[78]. Gelegentlich ist auch hier der «Conseil de la Magistrature» zuständig[79]. Die Aufsicht über das Bundesstrafgericht obliegt dem Bundesgericht. Die Parlamente üben sowohl auf kantonaler wie auf eidgenössischer Ebene[80] die Oberaufsicht über die Justiz aus.

75 Bsp. § 20 GOG BS; zur Volksabstimmung in ZH: NZZ vom 21.4.2016.

76 BSK StPO-Wiprächtiger 2014, Art. 4 N 24 ff.; vgl. GOG BS: Gerichtspräsidentinnen und -Präsidenten werden vom Volk gewählt, während Richterinnen und Richter vom Grossen Rat gewählt werden. Demgegenüber werden in BL die Präsidenten des Kantons- und des Strafgerichts vom Landrat gewählt (§ 31 GOG BL).

77 Albrecht 2006.

78 Bsp. § 117 Abs. 4 KV BS.

79 Z.B. FR, GE, TI.

80 Art. 169 Abs. 1 BV; Art. 26 Abs. 1 ParlG; Art. 31 BGG; Art. 34 Abs. 2 StBOG.

b) Ausstand und Ablehnung

Vgl. dazu die Ausführungen oben zum verfassungsmässigen Richter S. 46 ff.

5. Zuständigkeit

Die Prozesslehre unterscheidet drei Formen der Zuständigkeit[81]:

- die örtliche Zuständigkeit
- die sachliche Zuständigkeit
- die funktionelle Zuständigkeit.

a) Die örtliche Zuständigkeit (Gerichtsstand, Forum)

Art. 3 ff. StGB umschreiben die räumliche Geltung des Schweizer Strafrechts (auf welche Straftaten das Strafrecht Anwendung findet). Demgegenüber legen die Gerichtsstandsbestimmungen fest, welche Schweizer Strafbehörden für welche Fälle zuständig sind[82]. **Prinzipieller Gerichtsstand** ist nach Art. 31 Abs. 1 der Tatort (allenfalls der Erfolgsort)[83]. Sodann sind **subsidiäre** Regeln für die Tatbegehung an mehreren Orten, für Auslandstaten sowie bei ungewissem Tatort vorgesehen (vgl. Art. 31 Abs. 2 und 3, Art. 32). «**Besondere**» Gerichtsstände kennt das Gesetz bei einer Mehrzahl von Beteiligten (Art. 33), bei Begehung einer Mehrheit von Straftaten an verschiedenen Orten (Art. 34)[84], bei Mediendelikten (Art. 35), bei SchKG-Delikten und für Unternehmensstrafverfahren (Art. 36)[85] sowie für die selbständige Einziehung (Art. 37)[86]. Schliesslich gestattet Art. 38 – ausnahmsweise[87] – abweichende Vereinbarungen unter Staatsanwaltschaften.

---

81 Botschaft des Bundesrates, BBl 2006 1085 (1141 ff.); Hauser/Schweri/Hartmann 2005, 121 ff.; Jeanneret/Kuhn 2013, 17 ff.; Jositsch 2013, 47 ff.; Noll 1977, 36 f.; Piquerez/Macaluso 2011, 121 ff.; CPP Commentaire à l'usage des praticiens-Pitteloud 2012, 49 ff.; Schmid Handbuch 2013, 145 ff.

82 Jositsch 2013, 47 ff.; Schmid Handbuch 2013, 159.

83 Donatsch/Hansjakob/Lieber, Kommentar-Fingerhuth/Lieber 2014, Art. 31 N 12 ff.

84 Vereinigung der Verfahren nur bis zur Anklageerhebung möglich: BSK StPO-Moser/Schlapbach 2014, Art. 34 N 13 f.; Donatsch/Hansjakob/Lieber, Kommentar-Fingerhuth/Lieber 2014, Art. 34 N 11.

85 Am Sitz des Unternehmens, Handelsregistereintragung: BSK StPO-Moser/Schlapbach 2014, Art. 36 N 3; Donatsch/Hansjakob/Lieber, Kommentar-Fingerhuth/Lieber 2014, Art. 36 N 2.

86 *Locus rei sitae* (Ort der gelegenen Sache): BSK StPO-Moser/Schlapbach 2014, Art. 37 N 44; Donatsch/Hansjakob/Lieber, Kommentar-Fingerhuth/Lieber 2014, Art. 37 N 1.

87 Goldschmid/Maurer/Sollberger 2008, 32 f.; Gründe: BSK StPO-Moser/Schlapbach 2014, Art. 38 N 7 ff.

Die Gerichtsstandsfrage ist von den Strafbehörden von Amtes wegen zu prüfen (Art. 39 Abs. 1). Das Gesetz regelt zudem das Vorgehen im Konfliktfall (Art. 40–42)[88].

b) Die sachliche Zuständigkeit

Die sachliche Zuständigkeit befasst sich mit der materiellen Kompetenz der einzelnen Behörden: Zunächst im Verhältnis Bund-Kantone und dann im innerkantonalen Bereich mit den regionalen Zuständigkeiten oder eventuell spezialisierten Staatsanwaltschaften oder Gerichten.

Die Zuständigkeit der Bundesbehörden im Verhältnis zu den Kantonen wird in den Artikeln 22–28 geregelt[89]: Abgesehen von gesetzlichen Ausnahmen sind die kantonalen Strafbehörden zur Verfolgung und Beurteilung von Straftaten zuständig (Art. 22). Die **Bundeskompetenzen** ergeben sich aus Art. 23 (der die traditionelle Liste von Art. 336 StGB repliziert)[90]. Hinzu tritt die Liste der «neuen» Tatbestände gemäss Art. 337 StGB in Art. 24 (seit der «Effizienzvorlage» von 1999): Organisiertes Verbrechen, Terrorismusfinanzierung, Geldwäscherei, Korruption sowie Verbrechen, die von einer kriminellen Organisation ausgehen, sind prinzipiell in der Zuständigkeit des Bundes. Voraussetzung ist allerdings, dass sie zu einem wesentlichen Teil im Ausland[91] oder in mehreren Kantonen ohne eindeutigen Schwerpunkt begangen worden sind[92]. Die Zuweisung ist obligatorisch und von Amtes wegen zu prüfen. Allerdings hat das Bundesgericht die Überprüfungsbefugnis des Bundesstrafgerichts auf Willkür eingeschränkt[93]. Sie gilt auch für Verfahren, die vor Inkrafttreten der Normen über die Bundeszuständigkeit bereits pendent waren. Auf Zuständigkeitsvorschriften ist das Rückwirkungsverbot (Art. 2 StGB) nach einhelliger Lehre und Rechtsprechung nicht anwendbar[94]. Die Überweisung erfolgt im Hinblick auf die nächste Instanz[95], ein Wechsel im laufenden Verfahrensstadium ist aber aus Effizienzüberlegungen abzulehnen[96]. Art. 25 regelt die Delegation von Bundeskompetenzen an die Kantone. Art. 27 gibt den kantonalen Behörden eine Dringlichkeits-

88 Details bei Donatsch/Hansjakob/Lieber, Kommentar-Kuhn 2014, Art. 40–42.

89 Botschaft des Bundesrates, BBl 2006 1085 (1140 f.); Donatsch/Hansjakob/Lieber, Kommentar-Fingerhuth/Lieber 2014, Art. 23 und 24; Jositsch 2013, 44 ff.; Schmid Handbuch 2013, 147 ff.

90 Insbesondere Magistratspersonen; neu auch Römer Statut (Art. 23 Abs. 1 lit. g); dazu BSK StPO-Kipfer/Nay/Thommen 2014, Art. 23 N 12.

91 Zur Auslegung der deutschen und französischen Fassung: BGE 130 IV 68 (E. 2.2).

92 BSK StPO-Kipfer/Nay/Thommen 2014, Art. 24 N 3.

93 BGE 133 IV 235 ff.; krit. BSK StPO-Kipfer 2014, Vor Art. 22–28 N 6.

94 Vgl. etwa PK-Trechsel/Vest 2013, Art. 2 N 3; Entscheid der Strafkammer des Bundesstrafgerichts vom 26.1.2006 (E. 1.1.2), (SK.2005.8).

95 BGE 109 IV 156 (158, E. 2) mit Verweis auf 101 Ib 245 (249) und 98 IV 73 (74, E. 2).

96 Entscheid der Strafkammer des Bundesstrafgerichts vom 26.1.2006 (E. 1.1.2), (SK.2005.8); BGE 128 IV 225 (229, E. 3); Schmid 2010, 21.

kompetenz, auch im Bereich der Bundeszuständigkeiten aktiv zu werden. Dasselbe gilt umgekehrt. Zur Konfliktregelung wird das Bundesstrafgericht für zuständig erklärt.

Innerhalb der Gebietskörperschaft sind Bund und Kantone aufgerufen, ihre Behörden selber zu organisieren (Art. 14).

c) Die funktionelle Zuständigkeit[97]

Die funktionelle Zuständigkeit stellt sicher, dass die Prozessphasen, die Gewaltenteilung und auch der Anklagegrundsatz respektiert werden: Das Gesetz legt fest, wer im Vorverfahren, im Hauptverfahren und im Rechtsmittelverfahren jeweils die **Verfahrensleitung** inne hat (Art. 61 f.). Der Verfahrensleitung steht auch die Sitzungspolizei und die Kompetenz, Ordnungsbussen auszusprechen, zu (Art. 63 f.)[98].

d) Nationale und internationale Rechtshilfe

Die internationale Rechtshilfe ist Gegenstand gesonderter Bundesnormen (insbesondere des IRSG, des BG-RVUS und multi- sowie bilateraler Übereinkommen)[99].

Die nationale Rechtshilfe sowie direkte Verfahrenshandlungen in einem anderen Kanton orientieren sich am Konkordat von 1996[100], das inhaltlich in die StPO übernommen worden ist (Art. 43–53).

97 Der Gesetzgeber hat den Titel von Art. 61 von «Zuständigkeit» zu «Verfahrensleitung» korrigiert: BSK StPO-Jent 2014, Vor Art. 61–65 N 1.

98 Bsp. § 43 f. GOG BL; § 54 GOG BS; CR CPP-Bichovsky 2011, Art. 63 N 3 ff.; Donatsch/Hansjakob/Lieber, Kommentar-Brüschweiler 2014, zu Art. 61–65; BSK StPO-Jent 2014, zu Art. 61–65.

99 Vgl. Art. 54 f.

100 Konkordat über die Rechtshilfe und die interkantonale Zusammenarbeit in Strafsachen vom 5.11.1992 (ausser Kraft).

Fragen zu Kapitel V

- Was bedeutet im neuen Schweizerischen Strafprozessrecht das «Staatsanwaltsmodell»?
- Welches sind die Aufgaben der Kriminalpolizei?
- Wie grenzt man die Aufgaben der Kriminal- von jenen der Sicherheitspolizei ab?
- Welche Aufgaben übernimmt die Staatsanwaltschaft?
- Wozu braucht es ein Zwangsmassnahmengericht?
- Darf ein Kanton eine zentralisierte Wirtschaftsstrafkammer einrichten?
- Können Sie sich vorstellen, dass Nicht-Juristen zum Richter gewählt werden?
- In welchen Fällen sind die Strafbehörden des Bundes (Polizei, Staatsanwaltschaft und erstinstanzliches Gericht) zuständig?

Die Auflösung der Fragen ergibt sich jeweils aus dem vorangegangenen Kapitel.

VI Die beschuldigte Partei

Literatur *Ackermann, J.-B.*, Tatverdacht und Cicero – in dubio contra suspicionem maleficii, in: Niggli, M.A./Hurtado Pozo, J./Queloz, N. (Hrsg.), FS Riklin, Zürich et al. 2007, 319 ff.; *Albrecht* 2008, 33 ff., 46 ff.; *ders.*, Die Funktion und Rechtsstellung des Verteidigers im Strafverfahren, in: Niggli, M.A./Weissenberger, P. (Hrsg.), Strafverteidigung, Basel et al. 2002, 7 ff.; *Alsberg, M. et al.*, Der Beweisantrag im Strafprozess, 6. Aufl., Köln 2013; *Arquint, S./Summers, S.*, Wichtigste Konfrontationen nur vor dem Gericht, plädoyer 2008, 38 ff.; *Arzt, G.*, Zum Verhältnis von Strengbeweis und freier Beweiswürdigung, in: Einheit und Vielfalt des Strafrechts, FS Peters, Tübingen 1974, 201, 205 f.; *Bauer, P.*, Position de l'avocat dans la procédure unifiée, in: Jeanneret Y./Kuhn A. (Hrsg.), Procédure pénale suisse, Approche théoretique et mise en œuvre cantonal, Neuchâtel 2010; *Bernard, S.*, Take Care – Fürsorge als Basis der Verteidigung, fp 2015, 231 ff.; *ders.*, Wechsel der amtlichen Verteidigung: Gesetzeswidrige Rechtsprechung, ZStrR 2013, 87 ff. (zit. Bernard 2013a); *ders.*, Amtliche Verteidigung darf nicht zweitklassig sein, plädoyer 2013, 72 ff. (zit. Bernard 2013b); *Bischhoff, P.*, Die Anonymisierung gefährdeter Zeugen im Strafprozess, Zürich 2010; *Bommer, F.*, Zur Einschränkung des Teilnahmerechts des Beschuldigten an der Einvernahme Mitbeschuldigter, recht 2012, 143 ff.; *ders.*, Parteirechte der beschuldigten Person bei Beweiserhebungen in der Untersuchung, recht 2010, 196 ff.; *Bottke, W.*, Wahrheitspflicht des Verteidigers, ZStrR 1984, 726 ff.; Donatsch/Hansjakob/Lieber, Kommentar-*Brüschweiler* 2014, Art. 61–103; *Burger-Mittner, N./Burger, S.*, Das Primat der Staatsanwaltschaft auf dem Prüfstand, Die Durchsetzung der Verfahrensherrschaft als wesentliches Recht des Beschuldigten, fp 2011, 165 ff.; *Capus, N.*, Das Recht auf Verdolmetschung in der Strafjustiz, ZStrR 2015, 399 ff.; *Capus, N./Studer, D.*, Stärkung der Verteidigungsrechte durch die Schweizerische Strafprozessordnung? – Eine Analyse von Einvernahmeprotokollen, fp 2016, 103 ff.; CR CPP-*Chapuis* 2011, Art. 100–103; *Del Giudice Balás, L.*, Wann beginnt das polizeiliche Ermittlungsverfahren? Wann beginnt das staatsanwaltschaftliche Untersuchungsverfahren?, ZStrR 2010, 116 ff.; *dies.*, Der Gehörsanspruch der angeschuldigten Person im Vorverfahren, nach der Strafprozessordnung des Kantons Basel-Landschaft vom 3.6.1999, Liestal 2004; *Delnon, V./Bernhard, R.*, Untersuchungsführung und Strafverteidigung, ZStrR 1989, 43 ff.; *Delnon, V./Rüdi, B.*, Strafbare Beweisführung?, ZStrR 1998, 320 ff.; Donatsch/Hansjakob/Lieber, Kommentar-*Donatsch* 2014, Art. 178; *ders.*, Das Beschleunigungsgebot im Strafprozess gemäss Art. 6 Ziff. 1 EMRK in der Rechtsprechung der Konventionsorgane, in: Thürer, D./Weber, R.H./Zäch, R. (Hrsg.), Aktuelle Fragen zur Europäischen Menschenrechtskonvention, Zürich 1994, 69 ff.; *Donatsch, A./Cavegn, C.*, Beweisrecht, insbesondere Zeugen, Auskunftspersonen und Sachverständige, in: Tag, B./Hauri, M. (Hrsg.), Schweizerische Strafprozessordnung, Ausgewählte Aspekte aus Zürcher Sicht, Zürich 2010, 51 ff.; *dies.*, Der Anspruch auf einen Anwalt zu Beginn der Strafuntersuchung, fp 2009, 104 ff. (zit. Donatsch/Cavegn 2009a); *dies.*, Entwicklungen im Strafprozessrecht, SJZ 2009, 397 ff. (zit. Donatsch/Cavegn 2009b); *Donatsch/Schwarzenegger/Wohlers* 2014, 92 ff.; *Eicker, A.*, Zum Vorentwurf für eine gesamtschweizerische Strafprozessordnung. Staatsanwaltliche Kompetenz-Konzentration und ihre Kompensationsmöglichkeiten im Ermittlungsverfahren, AJP 2003, 13 ff.; BSK StPO-*Engler* 2014, Art. 111–114; *Erni, L.*, Die Verteidigungsrechte in der Eidg. Strafprozessordnung, insbesondere zum «Anwalt der ersten Stunde», ZStrR 2007, 229 ff.; *Felber, M.*, Gleich lange Spiesse für die Staatsanwälte, Bemerkungen zu 6B_89/2007 vom 24.10.2007, in: Jusletter vom 12.11.2007; *ders.*, Das Recht zu schweigen verschwiegen, Aussagen als Beweismittel grundsätzlich unzulässig, Bemerkungen zu 1P.635/2003 vom 18.5.2004, in: Jusletter vom 14.6.2004; *ders.*, Unschuldsvermutung verletzt, Peter Aliesch muss keine Verfahrenskosten zahlen, Bemerkungen zu 1P.59/2003 vom 14.8.2003, in: Jusletter vom 25.8.2003; *Forster, M.*, «Kurzer Prozess» – die Unschuldsvermutung bei Kostenauflagen an Nichtverurteilte, in: Strafrecht, Strafprozessrecht und Menschenrechte, FS Trechsel, Zürich 2002, 691 ff.; *Frei, P.*, Mitwirkungsrechte im Strafprozess, dargestellt am Beispiel des Kantons Zug und mit Ausblick auf eine eidgenössische StPO, Bern 2001; *Gless, S.*, Nr. 42 OGer BE vom 24.04.2013: Frage der Verwertbarkeit früherer Aussagen bei einem Wechsel der Parteirolle (Zeuge/Beschuldigter); Übergangsrecht, fp 2013, 343 ff.; *Godenzi, G.*, Teilnahmeberechtigte «Parteien» bei getrennt geführten Strafverfahren, fp 2015, 109 ff.; Donatsch/Hansjakob/Lieber, Kommentar-*Godenzi* 2014, Art. 142–146, 157–161; *Greter, J.-P./Gisler, F.*, Le moment de la consultation du dossier pénal et les retrictions temporaires à son accès, fp 2013, 301 ff.; *Haefelin, W.*, Die amtliche Verteidigung im schweizerischen Strafprozess, Zürich 2010; BSK StPO-*Hafner/Fischer* 2014, Art. 109–110; *Hans, M.*, Einsicht der Parteien in die Akten eines hängigen Strafverfahrens, fp 2014, 233 ff.; *Häring, D.*, Verwertbarkeit rechtswidrig erlangter Beweise gemäss Schweizerischer Strafprozessordnung – alte Zöpfe oder substanzielle Neuerungen?, ZStrR 2009, 226 ff.; BSK StPO-*Härri* 2014, Art. 234–236; *Hansjakob, T.*, Sonderfragen zum Anspruch auf Amtliche Verteidigung, ZStrR 1989, 422 ff.; *Harari, M.*, Quelques réflexions autour du droit du prévenu à la présence de son conseil, in: Pfister-Liechti, R., La procedure pénale fédérale, Bern 2010; CR CPP-*Harari/Aliberti* 2011, Art. 127–135; *Hassemer* 1990, 115 ff.; *Hauri, M.*, Parteien und andere Verfahrensbeteiligte, in: Tag, B./Hauri, M. (Hrsg.), Schweizerische Strafprozessordnung, Ausgewählte Aspekte aus Zürcher Sicht, Zürich 2010; *Hauser/Schweri/Hartmann* 2005, 150 ff., 286 ff., 319; *Hobbes, T.*, De Cive: the Latin version, entitled in the first edition «Elementorum philosophiae sectio tertia de cive» and in later editions «Elementa philosophica de cive», a critical ed. by Warrender, H., Oxford 1983; *Hohler, C.*, Grenzen der Verteidigung, fp 2009, 296 ff.; Donatsch/Hansjakob/Lieber, Kommentar-*Hug* 2014, Art. 196–200, 220–240; *Ill, C.*, Konfrontationsanspruch: Einschränkung und Kompensation, fp 2010, 162 ff.; *Jeanneret, Y.*, Le défenseur et l'autorité pénale: confiance ou méfiance?, fp 2015, 333 ff.; *ders.*, L'avocat de la première heure dans le CPP: une innovation déja dépassée?, fp 2011, 44 ff.; *Jeanneret/Kuhn* 2013, 17 ff.; *Joset, A.*, Anwalt der ersten Stunde: Fazit eines Verteidigers, Anwaltsrevue 5/2011, 203 ff.; *Jositsch* 2013, 71 ff.; BSK StPO-*Kerner* 2014, Art. 177–181; *Kettiger, D.*, Akteneinsichts- und Auskunftsrecht der Anwältinnen und Anwälte unter der neuen StPO, Anwaltsrevue 6–7/2010, 257 ff.; *Krauß, D.*, Die Unmittelbarkeit der Hauptverhandlung im schweizerischen Strafverfahren, recht 1986, 73 ff.; *ders.*, Rechtsstaat und Strafprozess im Vergleich, in: Privatrecht, Öffentliches Recht, Strafrecht, Grenzen und Grenzüberschreitungen, Festgabe zum Schweizerischen Juristentag 1985, Basel 1985, 49 ff.; *ders.*, Zur Reform der Baselstädtischen Strafprozessordnung, in: Staatsorganisation und Staatsfunktionen im Wandel, FS Eichenberger, Basel 1982, 757 ff.; BSK StPO-*Küffer* 2014, Art. 104–106; *Leu, H.*, L'intervention de l'avocat de la première heure dans le cadre de la justice des mineurs, ZStrR 2011, 44 ff.; Donatsch/Hansjakob/Lieber, Kommentar-*Lieber* 2014, Art. 104–138; *ders.*, Parteien und andere Verfahrensbeteiligte nach der neuen schweizerischen Strafprozessordnung, ZStrR 2008, 175 ff.; *Mangeat, H./Peter, O./Villard, K.*, Droits de la première heure contre les mauvais traitements, ZStrR 2014, 18 ff.; *Meyer, F./Wickowska, M.*, Die Rechtsprechung des EGMR in Strafsachen im Jahr 2013 (Teil 1), fp 2014, 369 ff.; *Michod, J.*, Avocat de la première heure et drouts de la défense, Anwaltsrevue 8/2010, 322 ff.; *Mühlemann, D.*, Nr. 41 BGer vom 24.3.2015: Verwertbarkeit rechtswidrig erhobener Beweise (Rollenzuweisung; Konfrontationsanspruch; rechtshilfeweise Einvernahme etc.), fp 2015, 277 ff.; *Müller, H.*, Der Verteidiger in der zürcherischen Strafuntersuchung, Zur Frage der Waffengleichheit, ZStrR 1979, 167 ff.; *Noll* 1977, 40 ff.; *Oberholzer* 2012, 153 ff.; *ders.*, Zwischen «Kopf ab» und «Händchen Halten»– von den neueren Entwicklungen im Strafrecht und Strafprozessrecht, fp 2008, 46 ff.; *ders.*, Absprachen im Strafverfahren – pragmatische Entlastungsstrategie oder Abkehr vom strafprozessualen Modell?, ZStrR 1993, 157 ff.; CR CPP-*Perrin* 2011, Art. 149–151; *Petermann, F. Th.*, Auskunftsperson oder Beschuldigter?, AJP 2012, 1053 ff.; *Pieth, M.*, Besondere Strafverfahrensarten: das abgekürzte Verfahren, ZStrR 2010, 161 ff.; *ders.*, Spart die Schweiz im Strafprozessrecht den Richter ein?, in: Strafprozessrecht im Wandel, FS Miklau, Innsbruck et al. 2006, 383 ff.; *ders.*, Strafprozess im Spannungsfeld von Sicherheit und Freiheit, in: Mehr Sicherheit – weniger Freiheit?, Schweizerische Arbeitsgruppe für Kriminologie, Bd. 21, Zürich et al. 2003, 15 ff.; *ders.*, Von der Inquisition zum Sicherheitsstaat: ketzerische Gedanken zur aktuellen Strafprozessreform, AJP 2002, 626 ff. (zit. Pieth 2002a); *ders.*, Vom Inquisitionsprozess direkt zum postmodernen Kontrollmodell?, in: Strafrecht, Strafprozessrecht und Menschenrechte, FS Trechsel, Zürich 2002, 415 ff. (zit. Pieth 2002b); *ders.*, Braucht das Bernische Strafverfahren ein Beweisantragsrecht des Beschuldigten?, ZBJV 1988, 579 ff.; *ders.*, Strafverteidigung – wozu? Standpunkte Kontrovers, Heft 4, Basel 1986; *ders.*, Der Beweisantrag des Beschuldigten im Schweizer Strafprozessrecht, Basel/Frankfurt a.M. 1984; *Pieth, M./Seelmann, K.*, Prozessuales Denken als Innovationsanreiz für das materielle Strafrecht, Kolloquium zum 70. Geburtstag von Detlef Krauß, Basel et al. 2006; *Piguet, C./Dyens, A.*, Konnte mit der Einführung der Schweizerischen Strafprozessordnung tatsächlich eine Stärkung der Verteidigungsrechte bewirkt werden?, Anwaltsrevue 2015, 365 ff.; *Piquerez, G.*, Les droits de la défense dans le procès pénal suisse, in: Procédure pénale, Droit pénal international, Entraide pénale, Etudes en l'honeur de D. Poncet, Chêne-Bourg 1997, 71 ff.; *Piquerez/Macaluso* 2011, 253 ff., 286; CPP Commentaire à l'usage des praticiens-*Pitteloud* 2012, 158 ff.; *Poncet, D.*, Le nouveau code de procédure pénale genevois annoté, Genf 1978; *ders.*, La protection de l'accusé par la Convention Européenne des droits de l'homme, Genf 1977; *Postizzi, M.*, Diritto e strategia della difesa durante la navigazione dalla promozione dell'accusa al dibattimento, ZStrR 2012, 373 ff.; *Prittwitz, C.*, Der Mitbeschuldigte im Strafprozess, Frankfurt 1984; *ders.*, Urteilsanmerkung, StV 1982, 344 ff.; *Riedo, C./Beydoun, K.*, Rechtskräftige Nichtigkeit – *in dubio pro reo* zum Nachteil des Beschuldigten, AJP 2012, 289 ff.; *Riklin* StPO Kommentar 2014; CR CPP-*Robert-Nicoud* 2011, Art. 234–236; BSK StPO-*Ruckstuhl* 2014, Art. 127–135, 157–161; *ders.*, Die Praxis der Verteidigung der ersten Stunde, ZStrR 2010, 142 ff.; *ders.*, Die Verteidigungsrechte sind zu wenig ausgebaut, Niklaus Ruckstuhl zum neuen Strafprozess, plädoyer 2007, 6 ff.; *ders.*, Vertretung von Tatverdächtigen im Vorverfahren, in: Niggli, M.A./Weissenberger, P. (Hrsg.), Strafverteidigung, Basel et al. 2002, 55 ff.; *Rudolf, U./Vetterli, L.*, Erste Erfahrungen mit der neuen StPO am Beispiel des Kantons Luzern, fp 2011, 103 ff.; *Rüping, H./Jerouschek, G.*, Grundriss der Strafrechtsgeschichte, 6. Aufl., München 2011; *Schäfer, M.*, Die Teilnahme an Einvernahmen von Mittätern – Theorie und Praxis, fp 2013, 39 ff.; *Schlegel, S.*, Anwalt der ersten Stunde: Entscheidend ist die Umsetzung, plädoyer 2011, 36 ff.; *ders.*, Die Verwirklichung des Rechts auf Wahlverteidigung, Eine Rechtsvergleichende Untersuchung zum schweizerischen und deutschen Recht, Zürich, 2010; BSK StPO-*Schleiminger Mettler* 2014, Art. 147–148; *dies.*, Konfrontation im Strafprozess, Art. 6 Ziff. 3 lit. d EMRK mit besonderer Berücksichtigung des Verhältnisses zum Opferschutz im Bereich von Sexualdelikten gegen Minderjährige, Basel 2001, 315; *Schmid* Handbuch 2013, 235 ff.; *ders.*, StPO Praxiskommentar 2013, 166 ff.; *ders.* 2004; *ders.*, Verwertung von Zufallsfunden und Verwertungsverbote nach dem neuen Bundesgesetz über die Überwachung des Post- und Fernmeldeverkehrs (BÜPF), ZStrR 2002, 284 ff. (zit. Schmid 2002a); *ders.*, «Anwalt der ersten Stunde», zu den Lösungsvorschlägen des Vorentwurfs für eine schweizerische Strafprozessordnung vom Juni 2001, in: Strafrecht, Strafprozessrecht und Menschenrechte, FS Trechsel, Zürich 2002, 745 ff. (zit. Schmid 2002b); *ders.*, Zur Stellung der Strafverteidigung im Vorentwurf zu einer Schweizerischen Strafprozessordnung vom Juni 2001, vor allem im Vorverfahren, AJP 2002, 622 ff. (zit. Schmid 2002c); BSK StPO-*Schmutz* 2014, Art. 100–103; *Schubarth, M.*, Die Rechte des Beschuldigten im Untersuchungsverfahren, besonders bei Untersuchungshaft, Bern 1973; *Trechsel, S.*, Die Verteidigungsrechte in der Praxis der Europäischen MRK, ZStrR 1979, 337 ff.; *Utz, H.*, Die Kommunikation zwischen inhaftiertem Beschuldigten und Verteidiger, Basel/Frankfurt a.M. 1984; CR CPP-*Verniory* 2011, Art. 157–161; *Vest, H.*, Das Beweisantragsrecht des Beschuldigten oder der langwierige Abschied vom Inquisitionsmodell, in: Strafrecht, Strafprozessrecht und Menschenrechte, FS Trechsel, Zürich 2002, 781 ff.; BSK StPO-*Vest/Horber* 2014, Art. 107–108; *Von Castelberg, G.*, Zum Bereich notwendiger Verteidigung im Zürcher Strafprozess, in: Strafrecht und Öffentlichkeit, FS Rehberg, Zürich 1996, 85 ff.; *Voser, B./Sprenger, T.*, «Strafverfolger gehen an und über die Grenze», plädoyer 2014, 8 ff.; *Walder, H.*, Die Vernehmung des Beschuldigten (dargestellt am Beispiel des zürcherischen und deutschen Strafprozessrechts), Hamburg 1965, 118; *Weder, U.*, Die Teilnahmerechte in der delegierten Einvernahme einer Auskunftsperson, fp 2012, 228 ff.; *ders.*, Zum Postulat der Teilnahme der Verteidigung im polizeilichen Ermittlungsverfahren des Kantons Zürich, in: 125 Jahre Kassationsgericht des Kantons Zürich, Zürich 2000, 445 ff.; *ders.*, Was die Verteidiger meinen, interessiert nicht, plädoyer 2007, 6 ff.; BSK StPO-*Wehrenberg* 2014, Vor Art. 149 ff., Art. 149–156; *Wieser, H.*, Das Ermittlungsverfahren und die Untersuchung ergänzen sich – auch bei der Personalbeweiserhebung, fp 2014, 340 ff.; Donatsch/Hansjakob/Lieber, Kommentar-*Wohlers* 2014, Art. 139–141; *ders.*, Das Anwesenheits- und Fragerecht der Verfahrensparteien bei Einvernahmen im Vorverfahren, fp 2013, 160 ff.; *ders.*, Die Pflicht der Verteidigung zur Wahrung der Interessen der beschuldigten Person, ZStrR 2012, 55 ff.; *ders.*, Bemerkungen zu 6S. 46/2005, AJP 2006, 633 ff. (zit. Wohlers 2006a); *ders.*, Bemerkungen zu BGE 131 I 185, AJP 2006, 621 ff. (zit. Wohlers 2006b); *ders.*, Art. 6 Ziff. 3 lit. d) EMRK als Grenze der Einführung des Wissens anonym bleibender Zeugen, in: Strafrecht, Strafprozessrecht und Menschenrechte, FS Trechsel, Zürich 2002; *Wohlers, W./Schlegel, S.*, Bemerkungen zu: Nr. 13 EGMR v. 27.11.2008, *Salduz* v. *Turkey*: Anwalt der ersten Stunde, fp 2009, 71 ff.; *Zachariae, Z.H.*, Die Gebrechen und die Reform des deutschen Strafverfahrens, Göttingen 1846, 144; *Zalunardo, R.*, Ansicht eines Praktikers, zu «Teilnahmerecht der Verteidigung im polizeilichen Ermittlungsverfahren», plädoyer 1995, 2 ff.; *Zimmerlin, S.*, Der Verzicht des Beschuldigten auf Verfahrensrechte im Strafprozess, Zugleich ein Beitrag zum Grundrechtsverzicht, Zürich 2008, 210 ff.; *Züger, M.*, Privater Zeugenkontakt der Verteidigung in der Praxis, ZStrR 2013, 247 ff.

Art. 104 zählt die eigentlichen **Parteien** des Strafprozesses auf:

- die beschuldigte Person,
- die Privatklägerschaft und
- im Haupt- und im Rechtsmittelverfahren: die Staatsanwaltschaft

Art. 105 fügt eine Liste von **«anderen Verfahrensbeteiligten»** hinzu, insbesondere Beweispersonen und betroffene Dritte, deren Rechte und Pflichten von ihrer Rolle im Prozess und ihrer Beschwer abhängen. Auch sie haben – wenn auch abgeschwächt – Rechte (insb. das Recht, sich verbeiständen zu lassen)[1].

Im Zentrum des Prozesses steht die beschuldigte Person, auch wenn in jüngster Zeit die geschädigte Partei wieder etwas mehr an Bedeutung erlangt hat (Art. 115–126).

1. Die Emanzipation des Beschuldigten

Der Inquisitionsprozess entstand zu einer Zeit, in der sich Staatlichkeit erst allmählich herausbildete und das vordringliche Interesse darin bestand, die Fehde zurückzudrängen, aber auch die «*landschädlichen Leute*» zu bekämpfen. Aus jener Perspektive des «Kriegs aller gegen alle»[2] war der Straftäter ein «Feind» der Gesellschaft. Der Beschuldigte war primär Objekt der Wahrheitserforschung, auch wenn man ihm durchaus eine Chance zur Verteidigung liess (vgl. oben zur Ambivalenz der inquisitorischen Wahrheitssuche: Man fühlte sich vor Gott zur Findung der objektiven Wahrheit um jeden Preis verpflichtet[3], die Hinrichtung eines Unschuldigen galt allerdings als schwere Sünde). Mit der Aufklärung wurde das schon früh postulierte «Naturrecht auf Verteidigung» auf eine rationale Basis gestellt. Der Mensch wurde als Person mit Rechten wahrgenommen, zumal zu viele Personen den Exzessen absolutistischer Justiz zum Opfer gefallen waren. Mit dem Menschenbild wandelten sich der Wahrheitsbegriff und das Prozessmodell. Wie schon erwähnt, trat an die Stelle der schlichten «Abbildtheorie» der Wahrheit ein Diskursmodell: In einem Prozess, der nicht ewig dauern konnte, war es wichtig, dass die Argumente für oder gegen die Schuld des Angeklagten möglichst bald präsentiert wurden. Damit war eine einzelne Person eindeutig überfordert. Zu Recht geisselte Zachariae 1846 die naive Vorstellung vom «*Inquirenten*», dem als «*dreyfacher Person*» zugemutet werden könne, «*bald auf die eine, bald auf die andere Seite zu springen und mit beiden Waffen, respektive gegen sich selbst zu fechten, zugleich aber auch als Kampfrichter den Streit zu leiten*»[4]. Das Arrangement der Inquisition musste die Befragungsperson überfordern, auch wenn sie zur Wahrheitssuche verpflichtet war. Die Funktionen mussten dringend auf verschiedene Personen verlagert werden (Ankläger, Verteidiger und Richter). Prozess ist Diskurs, wenn auch nicht herrschaftsfreier, sondern «institutioneller», d.h. rechtlich geregelter Diskurs[5]. Das neue Prozessmodell der Aufklärung setzte daher notwendigerweise das Recht der aktiven Beteiligung des Beschuldigten,

1 Allerdings nicht uneingeschränkt BGer 1B_26/2014 vom 12.12.2014.

2 Pieth 2015, 40; Rüping/Jerouschek 2011, 61 ff. zu Hobbes; Seelmann/Demko 2014, 159; Wesel 2010, 393.

3 Siehe oben S. 26 f.

4 Zachariae 1846, 144.

5 Hassemer 1990, 131.

nunmehr als Prozesssubjekt, voraus. Zudem musste fehlende Handlungskompetenz durch professionelle Verteidigung kompensiert werden. Echter Diskurs schliesslich erforderte die Teilnahme in den entscheidenden Prozessphasen, in einem stark polizeilastigen Verfahren also bereits von Anfang an.

Die Verteidigung nimmt der Staatsanwaltschaft ein Stück weit die Last ab, den Beschuldigten über seine Situation aufzuklären[6]. Die Verteidigung ist zwar nicht «*Organ der Rechtspflege*», sie ist nicht zur Wahrheit, sondern zur Einseitigkeit verpflichtet. Die Verteidiger sind allerdings an das Standesrecht gebunden und dürfen keine Beweise manipulieren. In Umsetzung des Waffengleichheitsgebots wird der Verteidiger (nicht im formellen, aber im materiellen Sinn) zur «*Gegenmacht*» der Strafverfolgungsbehörden[7]. Daran besteht ein öffentliches Interesse. Fehlen dem Beschuldigten die Mittel zur Finanzierung der Verteidigung, springt der Staat ein (Sozialstaatsgebot kombiniert mit dem rechtlichen Gehör).

Die beschuldigte Person ist im modernen Prozess Objekt und Subjekt zugleich. Die heikle Balance wird einerseits durch das Verdachtsprinzip und andererseits die Prozessmaximen hergestellt[8]. Bereits an anderer Stelle ist die Bedeutung der Wahrung der Menschenwürde aller Beteiligter, der Grundsätze von Treu und Glauben, des fairen Prozesses, insbesondere der Waffengleichheit und des rechtlichen Gehörs, dargestellt worden[9]. Sie werden hier nicht mehr als abstrakte Konzepte diskutiert, vielmehr steht ihre Konkretisierung im Vordergrund.

2. Die beschuldigte Person als Beweismittel

a) Der Begriff der beschuldigten Person

Gemäss Art. 111 gilt als «beschuldigte Person» die Person, «*die in einer Strafanzeige, einem Strafantrag oder vor einer Strafbehörde in einer Verfahrenshandlung einer Straftat verdächtigt, beschuldigt oder angeklagt wird*»[10].

Der Beschuldigtenbegriff wirft zu seinem Beginn und zu seinem Ende Fragen auf. Bezüglich des Beginns geht Art. 111 von einem «*formell-materiellen*» Begriff aus[11]: Im Zentrum steht der **Tatverdacht**, das heisst die auf Indizien gestützte vorläufige Hypothese der Schuld. Der Tatverdacht ist zugleich Voraussetzung für die Zwangsmassnahmen gegen den Beschuldigten, wie Ausgangspunkt der aktiven Mit-

6 Bernard 2015, 231 ff.

7 Generell zu den verschiedenen Verteidigungskonzeptionen: Wohlers 2012, 55 ff.

8 Siehe oben S. 5.

9 Siehe oben S. 53 ff.

10 BSK StPO-Küffer 2014, Art. 104 N 5.

11 Prittwitz 1984, 62 f.; ders. 1982, 345; vgl. auch Donatsch/Hansjakob/Lieber, Kommentar-Lieber 2014, Art. 111 N 4 ff.; Schlegel 2010, 72; Schmid StPO Praxiskommentar 2013, Art. 111 N 2.

wirkungsrechte[12], insoweit ist der Begriff «*materiell*». «*Formell*» ist der Beschuldigtenbegriff, weil er in einer Verfahrenshandlung zum Ausdruck kommt[13]. Das ist an sich auch richtig so.

Problematisch ist demgegenüber, dass Art. 178 lit. d die Tür aufmacht für «Quasi-Verdächtige»[14], die aber nicht formell als solche behandelt werden *(«ohne selber beschuldigt zu sein, als Täterin, Täter, Teilnehmerin oder Teilnehmer der abzuklärenden Straftat […] nicht ausgeschlossen werden kann»)*. Sie werden zu «Auskunftspersonen» erklärt. Diese Form der Aussageperson ist in mehrfacher Hinsicht fragwürdig: Sie segnet zum einen die Praxis ab, in den ersten Verfahrensphasen potenzielle Täter und Zeugen vorerst «unsortiert» «zu den Akten» oder **«zu Protokoll»** einzuvernehmen[15]. Vertretbar ist das Vorgehen nur in einem ganz engen zeitlichen Rahmen, zum Beispiel am Tatort (Ort des Verkehrsunfalls oder Ort der Razzia). Die Festlegung der Prozessrollen verträgt aber keinen Aufschub, weil an sie unterschiedliche Rechte und Pflichten geknüpft sind (Verteidigungsrechte, Aussageverweigerungsrechte, Zeugnispflichten, Zeugnisverweigerungsrechte und entsprechende Informationspflichten der Behörden). Wird die Rollenfestlegung über Gebühr verzögert, sind die Einvernahmen unverwertbar, zumal gegen den Beschuldigten, der um seine Vertretung und sein Fragerecht gebracht wird[16].

Sollte sich die ursprüngliche Rollenzuweisung nachträglich als unrichtig erweisen, muss sie **korrigiert** werden. Insbesondere der vermeintliche «Zeuge», der sich nachträglich als Tatverdächtiger erweist, bereitet Probleme: Seine Aussagen als Zeuge sind nicht verwertbar[17], es sei denn, er wiederholt die Aussage in der neuen Rolle nach Aufklärung über seine Situation und seine Rechte. Zur Verwertbarkeit von Aussagen von Auskunftspersonen, die nachträglich zu Beschuldigten werden, gingen die Meinungen auseinander. Die einen Autoren wollten, je nach Kategorie von Aus-

---

12 Ackermann 2007, 319 ff.; BSK StPO-Engler 2014, Art. 111 N 3; Hassemer 1990, 20; Jeanneret/Kuhn 2013, 157 ff.; Piquerez/Macaluso 2011, 253 ff.; CPP Commentaire à l'usage des praticiens-Pitteloud 2012, 158 ff.; Riklin StPO Kommentar 2014, Art. 111 N 2; Schmid Handbuch 2013, 253.

13 BGer 6B_814/2009 vom 23.11.2009 (E. 2.3).

14 BSK StPO-Küffer 2014, Art. 104 N 8 ff.; Petermann 2012, 1053 ff.

15 Zu dieser Problematik siehe den **Einstiegsfall** oben S. 13 ff.; krit. Eicker/Huber 2014, 108; Donatsch/Hansjakob/Lieber, Kommentar-Godenzi 2014, Art. 143 N 3 ff.; BSK StPO-Ruckstuhl 2014, Art. 158 N 7 ff.

16 Donatsch/Hansjakob/Lieber, Kommentar-Donatsch 2014, Art. 178 N 19; Erni 2007, 232; Petermann 2012, 1058 f.; Schmid 2002a, 762; unklar aber BSK StPO-Kerner 2014, Art. 178 N 17.

17 Gless zu OGer BE vom 24.4.2013 in: fp 2013, 343 ff.; Erni 2007, 233; Donatsch/Hansjakob/Lieber, Kommentar-Godenzi 2014, Art. 158 N 42; BSK StPO-Ruckstuhl 2014, Art. 158 N 4; Donatsch/Hansjakob/Lieber, Kommentar-Lieber 2014, Art. 111 N 12; Ruckstuhl/Dittmann/Arnold 2011, 98; Schmid Handbuch 2013, 254 f., 382 f.; ders. 2004, 148.

kunftspersonen, unterschiedliche Schlussfolgerungen ziehen: Da die tatverdächtige Auskunftsperson wie ein Beschuldigter behandelt werde, sei die Verwertung der Aussage gegen den späteren Beschuldigten unproblematisch[18]. Die andere Gruppe von Autoren führte gegen diese Auffassung an, dass die Auskunftsperson typischerweise anders – und für die Beschuldigtenstellung ungenügend – über ihre Rechte aufgeklärt worden sei[19]. Inzwischen hat der EGMR klargestellt, dass Aussagen, die ohne die notwendige Belehrung gemacht worden sind, nicht in einer anderen Rolle verwertet werden können[20]. Einig ist man sich indessen, dass umgekehrt die Aussagen der früheren Auskunftsperson bei einem Rollenwechsel zum Zeugen nicht einfach zu «Zeugenaussagen» mutieren, da sie unter anderen formellen Voraussetzungen zustande gekommen sind[21].

Schliesslich kann der zu Unrecht Beschuldigte zum Zeugen werden. Allerdings ist sein Verfahren erst einzustellen und die Einvernahme in der neuen Rolle mit der entsprechend korrekten Belehrung zu wiederholen[22].

Der «*formell-materielle*» Beschuldigtenbegriff entfaltet auch zum Ende des Verfahrens seine Wirkung: Wer rechtskräftig beurteilt ist (verurteilt oder freigesprochen), ist nicht mehr «Beschuldigter»[23], könnte aber unter Umständen gegen frühere Komplizen als Zeuge eingesetzt werden[24]. Die Rollenvertauschung ist nicht unproblematisch[25]. Das Bundesgericht geht daher davon aus, dass der frühere Beschuldigte nach rechtskräftigem Abschluss des Verfahrens «materieller Beschuldigter» bleibt: Im späteren Verfahren gegen Mitbeteiligte wird er nicht als Zeuge, sondern als Auskunftsperson nach Art. 178 lit. f befragt[26].

b) Pflichten der beschuldigten Person

Als «Verfahrensobjekt» ist der Beschuldigte Beweisperson. Die beschuldigte Person trifft eine Anwesenheitspflicht im Verfahren und eine Duldungspflicht gegenüber Zwangsmassnahmen[27]. Allerdings ist sie weder zur Aussage noch zur Mitwirkung

18 BSK StPO-Kerner 2014, Art. 178 N 17.

19 Donatsch/Hansjakob/Lieber, Kommentar-Donatsch 2014, Art. 178 N 19; Petermann 2012, 1058 f.

20 EGMR vom 16.6.2015, Nr. 41269/08, *Schmid-Laffer* v. *Schweiz* vgl. Wickowska 2016, 54 ff.

21 BSK StPO-Kerner 2014, Art. 178 N 15.

22 Schmid Handbuch 2013, 254 f.

23 CR CPP-Macaluso 2011, Art. 111 N 12; Schmid StPO Praxiskommentar 2013, Art. 111 N 3.

24 Schmid Handbuch 2013, 255.

25 Prittwitz 1984, 43 ff.

26 BGer 6B_1039/2014 vom 24.3.2015 mit Bemerkungen von Mühlemann in: fp 2015, 277 ff.

27 BGE 121 II 273; Arzt 1974, 201, 205 f.; BSK StPO-Küffer 2014, Art. 104 N 13; Donatsch/Hansjakob/Lieber, Kommentar-Lieber 2014, Art. 113 N 42; Oberholzer 2012, 154; Schmid StPO Praxiskommentar 2013, Art. 113 N 2; Wohlers 2006b, 621 ff.

verpflichtet (auch nicht zur Edition von Dokumenten). Sie muss sich schon gar nicht selber belasten (Art. 113 Abs. 1). Die Verweigerung der Kooperation verhindert aber das Fortschreiten des Verfahrens nicht (Abs. 2)[28]. Entsprechende Beweise können gegen den Willen des Beschuldigten mit Hilfe von Zwangsmassnahmen beschafft werden (Art. 196 ff.). Der Grundsatz *«nemo tenetur»* vermag die Strafbehörden daran nicht zu hindern[29].

3. Die beschuldigte Person als Prozessbeteiligte

Die beschuldigte Person ist nicht nur «Objekt», sondern auch «Subjekt» des Verfahrens, ihre Anhörung nicht nur *«Verhör»*, sondern ebenso sehr *«Gehör»*. Die Strafbehörden **müssen** den Beschuldigten **einvernehmen**, vor allem auch, um ihm dadurch Gelegenheit zur Verteidigung zu gewähren. Was allgemein anerkannt ist (Art. 157[30]), ist allerdings beim Strafbefehl nicht garantiert[31]. Der Grundsatz des «rechtlichen Gehörs» (Art. 3 Abs. 2 lit. c und Art. 107[32]) erfährt in der StPO eine Reihe von Konkretisierungen: Die Lehre teilt die Verteidigungsrechte gemeinhin in drei Gruppen ein:

- die Informationsrechte (unten a)
- den Anspruch auf formelle Verteidigung (unten b)
- die aktiven Mitwirkungsrechte (unten c).

a) Die Informationsrechte

Die beschuldigte Person ist zu Beginn der Einvernahmen über ihre Rechte aufzuklären (Art. 143 Abs. 1 lit. e, Art. 158[33])[34]. Die Belehrung ist zu dokumentieren[35]. Unterlassung der Aufklärung hat Unverwertbarkeit der Aussagen zur Folge (Art. 141 Abs. 1 in Verbindung mit Art. 158 Abs. 2)[36]. Es wird dabei eine weitere Unterteilung vorgenommen:

- in die Information über die Anschuldigung
- die Rechtsbelehrung
- die Akteneinsicht

---

28 Siehe oben S. 56 f.

29 Siehe unten S. 201.

30 Donatsch/Hansjakob/Lieber, Kommentar-Godenzi 2014, Art. 157 N 2 ff.

31 Siehe unten S. 253 f.

32 Vgl. generell Bommer 2010, 198 ff.; BSK StPO-Vest/Horber 2014, Art. 107 N 1.

33 Donatsch/Hansjakob/Lieber, Kommentar-Godenzi 2014, Art. 143 N 19 und N 26 ff.

34 Siehe oben S. 57 ff.

35 BSK StPO-Ruckstuhl 2014, Art. 158 N 18 ff.

36 Hauser/Schweri/Hartmann 2005, 155; Donatsch/Hansjakob/Lieber, Kommentar-Godenzi 2014, Art. 143 N 34 und Art. 158 N 33 ff.; Oberholzer 2012, 123 f.; Schmid 2004, 171.

aa) Die Information über die Anschuldigung (Art. 158 Abs. 1 lit. a StPO)

Die Information über die Anschuldigung ist eine elementare Voraussetzung des Vertrauensprinzips, das in Art. 6 Abs. 3 lit. a EMRK und in Art. 32 Abs. 2 BV seinen Ausdruck findet und nun in Art. 143 Abs. 1 lit. b und Art. 158 Abs. 1 lit. a konkretisiert wird. Die beschuldigte Person ist bereits zu Beginn der ersten und bei neuen Entwicklungen auch jeder weiteren Einvernahme[37] über den Gegenstand des Strafverfahrens zu informieren. Die Information hat unverzüglich, umfassend und in einer dem Beschuldigten verständlichen Sprache (eventuell mit Hilfe eines Dolmetschers) zu erfolgen[38]. Es geht im Strafverfahren, wie es bereits der ehemalige Bundesanwalt Walder betonte, nicht darum, mit dem Beschuldigten «*Katz und Maus*» zu spielen[39].

Unsicherheit herrscht darüber, was genau die EMRK meint, wenn sie von einer Information über «*Art und Grund*» des Verfahrens spricht[40]. Wie vollständig ist bereits zu Verfahrensbeginn über Tatdetails und Beweismittel zu informieren? Del Giudice vertritt die Ansicht, dass mit Rücksicht auf eine mögliche Kollusionsgefahr nicht gleich alle belastenden Tatsachen preisgegeben werden müssen[41]. Wenn indessen eine qualifizierte Verteidigung möglich sein soll, müssen Beschuldigter und Verteidiger über **Ort, Zeit** und **Umstände der behaupteten Tat** aufgeklärt werden: Die Information muss mit Blick auf die Aufklärung möglicher Missverständnisse[42] oder in Bezug auf allfällig vorhandene Alibibeweise möglichst präzise sein[43]. Das verhindert nicht, dass im Laufe der Untersuchung eventuell noch weitere Vorwürfe hinzukommen. Es geht allerdings nicht an, sie vorerst in der Hinterhand zu halten[44]. Daher verlangt das Bundesgericht in konstanter Praxis, dass jeder Angeklagte das Recht habe, «*in allen Einzelheiten über die Art und den Grund der gegen ihn erhobenen Beschuldigung in Kenntnis gesetzt zu werden*»[45].

---

37 Donatsch/Hansjakob/Lieber, Kommentar-Godenzi 2014, Art. 158 N 14; BSK StPO-Ruckstuhl 2014, Art. 158 N 10.

38 Zum Aufklärungsanspruch nach Art. 29 Abs. 2 und Art. 32 Abs. 2 BV: Müller/Schefer 2008, 860 f.

39 Walder 1965, 118; zur Illustration siehe den **Einstiegsfall** oben S. 13 ff., insbesondere S. 14 f.

40 Trechsel 1979, 345.

41 Del Giudice 2004, 55 u.V.a. BGE 119 Ib 12 (19); vgl. auch Schmid StPO Praxiskommentar 2013, Art. 158 N 8; ders. Handbuch 2013, 351 f.

42 Vgl. den bei Trechsel 1979, 345 referierten Gynäkologen Fall.

43 BSK StPO-Ruckstuhl 2014, Art. 158 N 22; es müssen aber nicht alle Beweise vorgelegt werden (ebda. N 23).

44 Zum Präzisionsgebot vgl. Erni 2007, 233.

45 BGE 120 IV 348; vgl. auch BGer 1P.42/2005 vom 10.2.2005; 1P.182/2004 vom 8.4.2004; 1P.321/2004 vom 23.6.2004 (E. 2.2); dazu Bommer 2010, 200 f.; Riklin StPO Kommentar 2014, Art. 158 N 1.

bb) *Die Rechtsbelehrung (Art. 143 Abs. 1 lit. c und Art. 158 Abs. 1 lit. b–d StPO)*

Art. 143 Abs. 1 lit. c hält fest, dass die einvernommene Person zu Beginn der Einvernahme «*umfassend über ihre Rechte und Pflichten belehrt*» werden soll. Bereits lit. b hat dazu verpflichtet, die Aussageperson über ihre **Prozessrolle** aufzuklären[46]. Art. 158 Abs. 1 lit. b präzisiert für die Einvernahme der beschuldigten Person, dass sie über ein **Aussage- und Mitwirkungsverweigerungsrecht**[47], über das Recht, **sich** (eventuell amtlich) **verteidigen zu lassen** (Abs. 1 lit. c[48]) und einen **Übersetzer** beizuziehen (Abs. 1 lit. d[49]), aufgeklärt werden muss. Diese Vorschriften gelten sowohl bei Einvernahmen durch die Staatsanwaltschaft als auch durch die Polizei[50].

Geklärt wird hier auch die alte Streitfrage, welche Folgen die Unterlassung der Aufklärung hat. Das Bundesgericht hat bis zum BGE 130 I 126 mit sich gerungen; es hat sich in diesem Entscheid zwar für die prinzipielle Unverwertbarkeit, jedenfalls bei Verletzung der Belehrung über das Aussageverweigerungsrecht, entschieden. In einem Rückzieher relativiert es dann allerdings am Schluss des Entscheids dahingehend, dass in Abwägung der gegenläufigen Interessen, Einvernahmen (bei überwiegenden öffentlichen oder privaten Interessen) ausnahmsweise verwertet werden können[51]. Demgegenüber geht Art. 158 Abs. 2 in den genannten Fällen von der prinzipiellen Unverwertbarkeit aus[52]. Für eine Anwendbarkeit des bloss relativen Ausschlusses nach Art. 141 Abs. 2, wie sie noch die Botschaft[53] in Betracht gezogen hatte, ist kein Raum mehr. Im Übrigen erstreckt sich das Beweisverbot in Anwendung von Art. 141 Abs. 4 auch auf Folgebeweise[54].

---

46 Es ist unsicher, ob im **Einstiegsfall** die Staatsanwältin diesen Anforderungen wirklich genügt: siehe oben S. 14 f.; vgl. zum Problem der ungenügenden Belehrung von Auskunftspersonen: Petermann 2012, 1058.

47 BSK StPO-Ruckstuhl 2014, Art. 158 N 23 ff.

48 BSK StPO-Ruckstuhl 2014, Art. 158 N 26 ff.

49 BSK StPO-Ruckstuhl 2014, Art. 158 N 30 ff.; vgl. auch Capus 2015, 399 ff. (zu Art. 6 Abs. 3 lit. e EMRK).

50 Unter Umständen gelten sie auch bei der Gutachtenserstellung durch Sachverständige: siehe unten S. 212 ff.

51 BGE 130 I 126 (132 f.); vgl. aber 133 IV 329.

52 Bommer 2010, 198 ff.; Donatsch/Cavegn 2009, 106; dies. 2010, 59; Donatsch/Schwarzenegger/Wohlers 2014, 144; BSK StPO-Häring 2014; Art. 143 N 23; Hauri 2010, 40; Riklin StPO Kommentar 2014, Art. 158 N 1; Ruckstuhl 2014, Art. 158 N 33 ff.; Schmid StPO Praxiskommentar 2013, Art. 158 N 16; CR CPP-Verniory 2011, Art. 158 N 26.

53 Botschaft des Bundesrates, BBl 2006 1085 (1193 zu Art. 155 E StPO); im Übrigen siehe unten S. 190 ff.

54 Donatsch/Hansjakob/Lieber, Kommentar-Godenzi 2014, Art. 158 N 33; BSK StPO-Häring 2014; Art. 141 N 15.

cc) Das Recht auf Akteneinsicht

Das Recht auf Akteneinsicht gehört unbestreitbar zu den Kerngehalten des rechtlichen Gehörs (Art. 107 Abs. 1 lit. a), indessen kommen in der konkreten Ausgestaltung die inhärenten Widersprüche des Strafprozessrechts besonders deutlich zum Ausdruck.

Zunächst ist wesentlich, dass sämtliche Prozessschritte aktenkundig gemacht werden[55]. Nur was aktenkundig ist, kann zur Urteilsbegründung verwendet werden. **Geheimakten soll es nicht geben**[56]. Dieser Grundsatz wirft allerdings eine Reihe von Fragen auf. Im Bereich, in dem sich präventive und repressive Polizeitätigkeit berühren, ist nicht ohne Weiteres zu bestimmen, welche Akten zum Fall selbst und welche als Umfeldakten oder als rein ermittlungstaktische Dokumente ausserhalb der Akte bleiben[57]: Zumal gehen, wo eine (Drogen-)Szene observiert wird, nicht sämtliche Daten auch in die Akte des Einzelfalls ein. Wenn die Verteidigung trotzdem sicheren Zugang zu entlastendem Material erhalten soll, oder wenn die Zwangsmassnahmen- oder Sachrichter sich vor Manipulation durch die Polizei schützen wollen, müsste eigentlich eine neutrale Instanz, zum Beispiel ein Rechtsschutzbeauftragter, analog zum Datenschutzbeauftragten, die polizeiliche Aktenführung insgesamt und die Zuweisung zur Fallakte überprüfen[58]. Im Übrigen ist auch nach der neuen Prozessordnung (Art. 77) noch nicht garantiert, dass die Akten im Sinne eines Journals sämtliche Prozessschritte chronologisch aufzeichnen[59].

Weitere Schwierigkeiten können durch **Verfahrenstrennungen** entstehen, durch die Verfahren gegen Komplizen verselbständigt werden. Auch wenn die Unterlagen damit nicht mehr Gegenstand desselben Verfahrens sind, müssen sie aber aufgrund ihrer inhaltlichen Zusammengehörigkeit beigezogen werden können[60].

Sodann hat der Beschuldigte nicht in jedem Fall sofort Zugang zur gesamten Akte. Prüft man anhand der neuen eidgenössischen Prozessordnung konkret nach, wie ernst es mit der Akteneinsicht bereits zu Verfahrensbeginn gemeint ist[61], stösst man auf Art. 101 Abs. 1: In **zeitlicher** Hinsicht können die Parteien spätestens **nach** der Einvernahme der beschuldigten Person **und** der Erhebung der **übrigen wich-**

55 Capus 2012, 173 ff.; Dokumentationspflicht nach Art. 76 ff., insbesondere 100; siehe bereits oben S. 51 f.

56 Donatsch/Hansjakob/Lieber, Kommentar-Brüschweiler 2014, Art. 100 N 2; Del Giudice Balás 2004, 196; Oberholzer 2012, 122 f., 447, 450 ff.

57 Zur Problematik des Umfangs der Strafakte: Krauß 1985, 49 ff.

58 Del Giudice Balás 2004, 197 (Fahndungs- und Spurenakten).

59 Krit. Piguet/Dyens 2015, 370 f.

60 Diesbezüglich zu wenig klar Del Giudice Balás 2004, 198 f.; für Details zur Behandlung von Aussagen von Komplizen, siehe unten S. 200 ff.

61 Zum grundsätzlichen Anspruch auf Akteneinsicht aus Art. 29 Abs. 2 BV in den frühen Verfahrensstadien vgl. Müller/Schefer 2008, 872.

tigsten Beweise durch die **Staatsanwaltschaft** die Akten einsehen[62]. Daraus ergibt sich, dass das Gesetz den in der Botschaft signalisierten Ausgangspunkt in Frage stellt: Eine «Verteidigung der ersten Stunde» ohne umfassende Akteneinsicht bleibt äusserst prekär[63]. Indirekt kann bei inhaftierten Beschuldigten das Haftverfahren – zumal «die Haftakte» sich notwendigerweise zum Tatverdacht äussern muss – der Verteidigung zu Hilfe kommen (Art. 225 Abs. 2)[64]. **Inhaltlich** umfasst die volle Akteneinsicht alle Bestandteile der Strafakte, die zur Urteilsfindung von Bedeutung sind[65].

Art. 108 Abs. 1 lit. a gestattet es den Strafverfolgungsbehörden, die Akteneinsicht bei **begründetem Verdacht des Missbrauchs** weiter **aufzuschieben**[66]. Darin kommt ein alter Grundsatz des Schweizer Prozessrechts zum Ausdruck: Lange Zeit haben die kantonalen Prozessordnungen volle Akteneinsicht erst nach Abschluss der Untersuchung oder zum Ende des Vorverfahrens (im Zusammenhang mit dem Schlussverhör) zwingend vorgesehen[67]. Diese Regelung entstammt einer inquisitorischen, geheimen Vorverfahrenskonzeption[68]. Zu Recht weist die Botschaft[69] darauf hin, dass eine Verteidigerbeteiligung im Vorverfahren ohne Akteneinsicht problematisch ist. Es könnte geradezu standeswidrig sein, Fragen zu stellen, und die Beweiserhebung ohne qualifiziertes Fragerecht müsste zu Wiederholungen und damit zum Verlust der erhofften Effizienz führen. Anders als die kantonalen Prozessordnungen und die Bundesgerichtspraxis verlangt daher die eidgenössische Prozessordnung zum andauernden Aufschub der vollen Akteneinsicht mehr als bloss einen vagen Hinweis auf die *«Gefährdung der Ermittlungsinte-*

62 Donatsch/Hansjakob/Lieber, Kommentar-Brüschweiler 2014, Art. 101 N 2 ff.; Schmid StPO Praxiskommentar 2013, Art. 101 N 2; BSK StPO-Schmutz 2014, Art. 101 N 14 f.; BSK StPO-Vest/Horber 2014, Art. 107 N 15.

63 Krit.: Bommer 2010, 206; CR CPP-Chapuis 2011, Art. 101 N 4; Frei 2001, 87; Donatsch/Hansjakob/Lieber, Kommentar-Godenzi 2014, Art. 159 N 12; Harari 2010, 82; Haefelin 2010, 198; Joset 2011, 203; Kettinger 2010, 257 f.; Pieth 2010b, 163 f.; Piguet/Dyens 2015, 368 f. (Kritik an BGE 137 IV 172); BSK StPO-Ruckstuhl 2014, Art. 159 N 7, N 35; ders. 2010a, 73; ders. 2010b, 142; Ruckstuhl/Dittmann/Arnold 2011, 105; Schlegel 2010, 40; ders. 2011, 24; Wohlers 2012, 60; a.A. aber Schmid StPO Praxiskommentar 2013, Art. 159 N 7; BSK StPO-Schmutz 2014, Art. 101 N 14; siehe dazu unten S. 96 ff.

64 BGE 115 Ia 293; BSK StPO-Schmutz 2014, Art. 101 N 17.

65 Donatsch/Hansjakob/Lieber, Kommentar-Brüschweiler 2014, Art. 101 N 9 ff.; Krauß 1985 (zum Umfang der Strafakte); BSK StPO-Schmutz 2014, Art. 101 N 8 ff.; BSK StPO-Vest/Horber 2014, Art. 107 N 16.

66 Zu den Schranken der Akteneinsicht: Greter/Gisler 2013, 301 ff.; Hans 2014, 233 ff.; BSK StPO-Vest/Horber 2014, Art. 107 N 5.

67 Oberholzer 2005, 174; ders. 2012, 125 ff.; Poncet 1977, 143; Schubarth 1973, 231.

68 Siehe oben S. 27 ff. und Bommer 2010, 206.

69 Botschaft des Bundesrates, BBl 2006 1085 (1161).

ressen» – nämlich eben den *«begründeten Verdacht»*, dass *«eine Partei ihre Rechte missbraucht»*[70].

In Art. 108 Abs. 1 lit. b kommt ein anderer Gedanke zum Ausdruck: Hier geht es um die Zurückstellung der vollen Akteneinsicht zum **Schutze der Sicherheit** von Personen oder von öffentlichen und privaten **Geheimhaltungsinteressen**[71]. Entscheidend ist aber auch hier, dass der Ausschluss nicht permanent und nicht vollständig sein darf: Allenfalls sind die Akten dem Rechtsbeistand offenzulegen, es sei denn, er biete in seiner Person selbst Anlass zur Beschränkung (Abs. 2)[72]. Sodann ist die Beschränkung zu befristen und zu begrenzen (Abs. 3). *In extremis* darf die fragliche Akte nur zur Urteilsgrundlage dienen, wenn dem Beschuldigten zumindest in der Form eines **Surrogats** vom wesentlichen Inhalt Kenntnis gegeben wurde (Abs. 4). Diese Lösung ist zweifellos ganz unbefriedigend, weil sie eine professionelle Verteidigung wesentlich erschwert. Sie bedarf einer qualifizierten Begründung[73]. Konsequenterweise müsste auf die Verwertung verzichtet werden.

Eine Reihe von Entscheiden befasst sich mit dem Recht «anderer Verfahrensbeteiligter» (nach Art. 105) und Dritter auf Akteneinsicht (sei es nach Abschluss des Verfahrens oder gar noch während laufenden Verfahren). Generell bedarf es eines schützenswerten Interesses Dritter, das den privaten und öffentlichen Interessen an der Geheimhaltungspflicht vorgeht[74].

b) Der Anspruch auf formelle Verteidigung

aa) Die Funktion der Verteidigung

Die EMRK (Art. 6 Abs. 3 lit. b, c), die BV (Art. 29 Abs. 3, Art. 32 Abs. 2) sowie die StPO (Art. 107 Abs. 1 lit. c, Art. 127, Art. 129) anerkennen das **prinzipielle Recht** des Beschuldigten, in jedem Verfahrensstadium einen **Verteidiger beizuziehen**[75]. Auch wenn die Selbstverteidigung (abgesehen von den Fällen der notwendigen Verteidigung) im Schweizer Strafverfahren grundsätzlich möglich ist, besteht ein öffentliches Interesse daran, dass der Beschuldigte von einer juristisch gebildeten Person,

70 Vgl. BGE 119 Ib 12; Botschaft des Bundesrates, BBl 2006 1085 (1164); Frei 2001, 113; BSK StPO-Schmutz 2014, Art. 101 N 16; strenger bereits BL, Beschluss des Verfahrensgerichts vom 18.4.2001 i.S. R.S./BuR.

71 BSK StPO-Schmutz 2014, Art. 101 N 19 ff.; BSK StPO-Vest/Horber 2014, Art. 108 N 6.

72 BSK StPO-Vest/Horber 2014, Art. 108 N 7.

73 Zu Recht hat das Bundesgericht eine bloss indirekte Kenntnisnahme durch mündliche Auskunft als ungenügend bezeichnet: BGE 101 Ia 309; vgl. auch Botschaft des Bundesrates, BBl 2006 1085 (1165).

74 BGer 1B_306/2014 vom 12.1.2015; 1B_33/2014 vom 13.3.2014.

75 Müller/Schefer 2008, 991 ff., 994 ff.; BSK StPO-Ruckstuhl 2014, Art. 127 N 12; BSK StPO-Vest/Horber 2014, Art. 108 N 24 ff.

die ein Gegengewicht zu den professionellen Strafverfolgungsbehörden sein kann[76], unterstützt wird.

Entgegen der gelegentlich anzutreffenden, aus Deutschland stammenden Formel[77] vom **«Organ der Rechtspflege»** (oder auch «Diener des Rechts» oder «Mitarbeiter der Rechtspflege» in der Diktion des Bundesgerichts[78]) ist in aller Deutlichkeit festzuhalten, dass der Verteidiger **Interessenvertreter**, allerdings nicht blosses Sprachrohr des Beschuldigten ist. Diese Positionierung, die jedenfalls im Schweizer Recht nun als gesichert gilt[79], ist aus heftigen Konflikten hervorgegangen, da die Rede vom *Organ der Rechtspflege* an die Verbeamtung der Anwaltschaft im absolutistischen Preussen und an die erneute staatliche Indienstnahme während der NS-Zeit in Deutschland erinnert[80].

Der Verteidiger ist vorab Beistand, Fürsorger und Berater für den Unerfahrenen, der, zumal in den ersten Stunden einer Ermittlung, emotional besonders belastet wird[81]. Er interveniert mit Hilfe der Verteidigungsrechte des Beschuldigten sowie seinen «eigenen Rechten»[82] einzig im Interesse des Beschuldigten. Seine Tätigkeit ist einseitig auf Entlastung ausgerichtet[83]. Im Übrigen hat er die Funktion der rechtsstaatlichen Kontrolle[84], allerdings über ein Verfahren, über dessen Verlauf er die Herrschaft nicht hat.

Die Grenze findet die Einseitigkeit an strafbarem Verhalten und an Standeswidrigkeiten: Es ist der Verteidigung untersagt, die Wahrheitsfindung durch Zeugenmanipulation, durch Unterdrücken von Beweisen usw. zu untergraben[85]. Viel Diskussion hat die Frage ausgelöst, ob der Verteidiger dem Mandanten nicht nur raten

---

76 Bernard 2015, 231 ff.; Hauser/Schweri/Hartmann 2005, 159 ff.; Oberholzer 2012, 157 ff.; Riklin StPO Kommentar 2014, Art. 128 N 2; Schmid 2004, 153 ff.; Wohlers 2012, 55 ff.

77 Vgl. § 1 Bundesrechtsanwaltsordnung (BRAO); dazu Bottke 1984, 726 ff.

78 BGE 103 Ia 426 (431); 98 Ia 56 (58); krit. Eicker/Huber 2014, 117 f.

79 Art. 128; Bauer 2010, 182 ff.; Haefelin 2010, 52 f., 56 f.; Hohler 2009, 296 f.; Riedo/Fiolka/Niggli 2011, 153; Riklin StPO Kommentar 2014, Art. 128 N 2; Ruckstuhl/Dittmann/Arnold 2011, 110 f.; Schmid Handbuch 2013, 300 f.; Wohlers 2012, 55 ff. (stellt dabei einer «paternalistischen» eine «partnerschaftliche» Konzeption gegenüber); vgl. zu früheren Diskussionen Müller 1979, 174; BGE 106 Ia 100 (105) und 103 Ia 426; krit. dazu Ruckstuhl 2002, 57.

80 Vgl. Bottke 1984, 740; dazu Pieth 2015, 81.

81 Albrecht 2002, 29 f., 34; Bernard 2015, 231 ff.; Müller 1979, 177 ff.; Pieth 2002b, 419; Ruckstuhl 2002, 82 ff.; Wohlers 2012, 70 ff.

82 Albrecht 2002, 31 ff.; Ruckstuhl 2002, 98 ff.

83 Hauser/Schweri/Hartmann 2005, 160; Hohler 2009, 296; Oberholzer 2012, 159; 178; BSK StPO-Ruckstuhl 2014, Art. 128 N 5; Schmid 2004, 164 f.

84 Albrecht 2002, 27; Erni 2007, 239; Poncet 1977, 107 ff.

85 Albrecht 2002, 24, 26; Oberholzer 2012, 182 ff.; Ruckstuhl 2002, 57 f.; Züger 2013, 247 ff., 260 ff. (speziell zu den Grenzen der privaten Zeugeneinvernahmen durch Anwälte).

darf, zu schweigen, sondern gar zu lügen[86]. Nach Schweizer Rechtsauffassung darf der Verteidiger zwar nicht explizit zum Lügen oder zum Fliehen auffordern, er darf aber informieren, welches die rechtlichen Konsequenzen solcher Handlungen wären[87]. Ihre Grenze findet die erlaubte Verteidigertätigkeit an den Rechtspflegedelikten[88].

bb) Der «Verteidiger der ersten Stunde»

Unter dem Stichwort des «Verteidigers der ersten Stunde» wurden im Rahmen des Gesetzgebungsverfahrens, das zur Schweizerischen Prozessordnung führte[89], vor allem zwei klassische Verteidigungsrechte diskutiert: das Recht des verhafteten Beschuldigten auf sofortigen unbeaufsichtigten Kontakt mit seinem Verteidiger und das Recht des Verteidigers, an Beschuldigteneinvernahmen teilzunehmen. Abermals steht die Frage im Zentrum, ab wann diese Rechte gewährt werden.

Das Schweizer Prozessrecht brachte noch bis vor Kurzem bei beiden Rechten Vorbehalte an: Die kantonalen Prozessordnungen sahen die Teilnahme des Verteidigers an Beweisaufnahmen prinzipiell erst zu Ende der Voruntersuchung oder vorher allenfalls nach Ermessen des Untersuchungsrichters vor[90]. Im polizeilichen Verfahren waren Verteidiger typischerweise nicht zugelassen[91]. Einen verfassungsmässigen Anspruch auf den «Verteidiger der ersten Stunde» mochte das Bundesgericht auch vor Kurzem noch nicht aus Art. 31 Abs. 2 BV ableiten[92]. Umso radikaler erscheint der Schritt, den die Schweizerische Prozessordnung – nach einigen Geburtswehen[93] – vollzieht: Die Verteidigung darf die beschuldigte Person nach Art. 159 prinzipiell bereits vor der ersten Einvernahme durch die Polizei unbeaufsichtigt sprechen[94], und sie darf der ersten Einvernahme beiwohnen. Allerdings steckt – wie die aktuellen Kontroversen der Lehre beweisen – auch hier der Teufel im Detail. Im Grunde kann

86 In Deutschland gilt dies als klarer Standesverstoss, vgl. Bottke 1984, 726 ff.

87 Albrecht 2002, 17 f.; Ruckstuhl 2002, 86 f.

88 BSK StPO-Ruckstuhl 2014, Art. 128 N 6 ff.

89 Albrecht 2002, 33 ff.; Erni 2007, 229 ff.; Ruckstuhl 2007, 325 ff.; Schmid 2002b, 747.

90 Albrecht 2002, 33; Krauß 1982, 763; Oberholzer 2005, 190 f.; Poncet 1977, 161 ff.; Schmid 2004, 161; Schubarth 1973, 232.

91 Frei 2001, 88.

92 BGE 126 I 153; abweichende Meinungen auf Grund der EMRK aber gestützt auf EGMR Entscheid vom 8.2.1996 i.S. *John Murray* v. *UK*, Application no. 18731/91 und EGMR Entscheid vom 24.11.1993 i.S. *Imbrioscia* v. *Switzerland*, Application no. 13972/88; vgl. Schmid 2002b, 751 f.

93 Krit. ursprünglich «Aus 29 mach 1», 110 sowie eine Gruppe von Strafverfolgungspraktikern: BSK StPO-Ruckstuhl 2014, Art. 159 N 1; Weder 2000, 445 ff. (461); ders. 2007, 7 f.; Zalunardo 1995, 2 f.

94 Donatsch/Hansjakob/Lieber, Kommentar-Godenzi 2014, Art. 159 N 16 ff.; BSK StPO-Ruckstuhl 2014, Art. 159 N 32 ff., N 42 ff.

der Wert der neuen Regelung nur anhand der Antworten auf folgende vier Fragen bestimmt werden:

- Wird der Beschuldigte rechtzeitig und umfassend über sein Recht auf Verteidigerbeizug aufgeklärt?
- Wird ihm bei Bedarf bei der Wahl des Verteidigers beratend zur Seite gestanden?
- Wird die Befragung zur Sicherstellung des unbeaufsichtigten Verteidigergesprächs unterbrochen?
- Wie umfassend erhält der Verteidiger Akteneinsicht?

Verschiedene Entscheide des EGMR haben die Rechtslage geklärt und z.T. auch noch vor Inkrafttreten der neuen Schweizerischen Prozessordnung verändert[95].

- Es besteht kein Zweifel, dass der Beschuldigte zum frühest möglichen Zeitpunkt (zu Beginn der ersten Einvernahme als Beschuldigter) über sein Recht, einen Verteidiger beizuziehen, aufgeklärt werden muss (Art. 158 Abs. 1 lit. c)[96].
- Dem Beschuldigten ist bei der Wahl eines Verteidigers beizustehen. Auch dieser Grundsatz ergibt sich aus der neueren EGMR-Rechtsprechung[97].
- Die grössten Schwierigkeiten bereitet Art. 159 Abs. 3. Wörtlich verstanden, sind die Strafverfolgungsbehörden nicht gezwungen, die Befragung des Beschuldigten zu unterbrechen, um das unbeaufsichtigte Verteidigergespräch zu ermöglichen. Die Regel ist zwar angesichts der knapp bemessenen und absolut wirkenden Haftfristen verständlich. Allerdings verstösst der Abs. 3 gegen die aktuelle EMRK-Rechtsprechung. Zu Recht verlangt daher eine erhebliche Zahl von Autoren eine korrigierende EMRK-konforme Auslegung[98]. Aufgrund des Entscheides in Sachen *Pishchalnikov* haben die Mitgliedstaaten die Einvernahme bis nach dem Verteidigergespräch zu unterbrechen[99]. Einzelne Autoren

95 Vgl. v.a. EGMR Entscheid vom 27.11.2008 i.S. *Salduz* v. *Turkey*, Application no. 36391/02; dazu Wohlers/Schlegel 2009, 71 ff.; EGMR Entscheid vom 24.9.2009 i.S. *Pishchalnikov* v. *Russia*, Application no. 7025/04.

96 Zu spät erfolgte die Aufklärung demnach im hypothetischen **Einstiegsfall**, siehe oben S. 13 ff.

97 Jeanneret 2011, 47 ff.; BSK StPO-Ruckstuhl 2014, Art. 158 N 26 ff., Art. 159 N 16; Ruckstuhl/Dittmann/Arnold 2011, 110 u.V.a. EGMR Entscheid vom 24.9.2009 i.S. *Pishchalnikov* v. *Russia*, Application no. 7025/04.

98 Bommer 2010, 204; Donatsch/Hansjakob/Lieber, Kommentar-Godenzi 2014, Art. 159 N 19 f.; Joset 2011, 205; Michod 2010, 324; BSK StPO-Ruckstuhl 2014, Art. 129 N 2, Art. 159 N 4 ff. und N 24; Ruckstuhl/Dittmann/Arnold 2011, 169; Schlegel 2010, 268 ff.; ders. 2011, 39; CR CPP-Verniory 2011, Art. 159 N 15.

99 EGMR Entscheid vom 24.9.2009 i.S. *Pishchalnikov* v. *Russia*, Application no. 7025/04, para 68 f.; BSK StPO-Ruckstuhl 2014, Art. 159 N 23 und N 45 ff.

bemühen sich, für das Schweizer Recht um eine möglichst praktikable Lösung. Sie schlagen vor, eine kurz bemessene Frist für die Unterbrechung anzusetzen (die vorgeschlagenen Zeiträume variieren zwischen einer Stunde und einem halben Tag)[100].

- Es ist bereits darauf hingewiesen worden, dass die Verteidigung zur Zeit der ersten Einvernahme noch keinen Anspruch auf volle Akteneinsicht hat. Sie kennt allenfalls das Haftdossier. Sie muss daher von ihrem Fragerecht vorsichtig Gebrauch machen[101].

cc) Die Verteidigerrechte

Gelegentlich wird zwischen abgeleiteten Rechten des Beschuldigten, die vom Verteidiger wahrgenommen werden, und sogenannten «eigenen Rechten» unterschieden[102]. Die Rede von den eigenen Rechten möchte vorab klarstellen, dass der Verteidiger nicht blosser Vertreter, eben das «Sprachrohr» des Beschuldigten ist, sondern selber beurteilt, was aus seiner Sicht im Beschuldigteninteresse liegt[103]. Im Fall einer schweren Meinungsverschiedenheit kann der Beschuldigte bei gewillkürter Verteidigung dem Verteidiger das Mandat entziehen. Im Falle der amtlichen Verteidigung ist es etwas komplexer (Details vgl. Art. 134).

Neben den Verteidigungsrechten des Beschuldigten (die gleich anschliessend sub c) zu erörtern sind) stehen dem Verteidiger demnach vor allem der ungehinderte Zugang zum Beschuldigten und die Teilnahme an Beschuldigteneinvernahmen zu.

(1) Der ungehinderte Zugang der Verteidigung zur beschuldigten Person

Die Strafprozessordnung enthält drei relevante Normen für drei Phasen:

- Bei **vorläufiger Festnahme** durch die Polizei gestattet Art. 159 Abs. 2 den ungehinderten Verteidigerzugang bereits vor, während und auch nach den Einvernahmen[104].
- Während des **Haftverfahrens** vor Staatsanwaltschaft und Zwangsmassnahmengericht gewährt Art. 223 Abs. 2 dieselbe Rechtsposition.
- Für die **Dauer der Untersuchungs- beziehungsweise der Sicherheitshaft** schliesslich sehen Art. 235 Abs. 4 und 264 Abs. 1 lit. a ein prinzipielles Kontaktrecht vor.

100 Vgl. die Darstellung bei Schlegel 2011, 39.

101 Krit. BSK StPO-Ruckstuhl 2014, Art. 159 N 32 ff.; Eicker/Huber 2014, 114; Wohlers 2012, 60.

102 Ruckstuhl/Dittmann/Arnold 2011, 111.

103 Krit. zum «paternalistischen» Verteidigermodell aber Wohlers 2012, 65 ff.

104 Botschaft des Bundesrates, BBl 2006 1085 (1195); Erni 2007, 235.

Eine Einschränkungsmöglichkeit des Besuchsrechts besteht einzig ab der dritten Phase[105]. Während die kantonalen Rechte bisher mit vagen Formeln (Gefährdung des Untersuchungszwecks) Beschränkungen zuliessen[106], sieht Art. 235 Abs. 4 Satz 2 nunmehr eine Einschränkung nur unter ganz engen formellen und materiellen Grenzen vor: Zunächst bedarf es eines «begründeten Verdachts auf Missbrauch», die Einschränkung muss sodann befristet werden. Sie bedarf zudem einer vorgängigen Eröffnung und einer Genehmigung des Zwangsmassnahmengerichts[107].

Zulässig ist allerdings nach Bundesgerichtspraxis der Einsatz von Taschenkontrollen des Verteidigers und Trennscheiben, solange die Gespräche nicht abgehört oder aufgezeichnet werden[108].

(2) Die Teilnahme der Verteidigung an der Beschuldigteneinvernahme

Auch wenn es manchen Kommentatoren irrational erscheinen mag[109], legen die Gerichte in der Praxis nach wie vor grosses Gewicht auf die «erhöhte Beweiskraft» der ersten Einvernahme. In einem Prozessmodell, das die Wahrscheinlichkeit unmittelbarer gerichtlicher Beweiserhebung weiter reduziert[110] und zudem dem selbständigen polizeilichen Verfahren grössere Bedeutung einräumt[111], erscheint die Zulassung des Verteidigers in den frühesten Verfahrensstadien unabdingbar (Art. 159 Abs. 1)[112]. Im staatsanwaltlichen Untersuchungsverfahren gilt Analoges, auch wenn es nicht explizit in der Prozessordnung gesagt wird (erschliessbar aber aus Art. 147 sowie beim Verhafteten aus Art. 223 Abs. 1).

(3) Weitere Verteidigungsrechte

Die Verteidigung verfügt über weitere eigene Rechte, die gelegentlich starker Kritik ausgesetzt sind, weil sie die Verteidigung in Konflikt mit den Standesbehörden bringen können: Die Verteidigung hat das Recht, **eigene Ermittlungen** anzustellen, zum Beispiel etwas in Augenschein zu nehmen oder Experimente als Vorbereitung eines

105 Erni 2007, 236; krit. aber Schmid StPO Praxiskommentar 2013, Art. 235 N 7.

106 BGE 121 I 164; 111 Ia 341; 107 IV 25; 106 Ia 219; 105 Ia 98; Albrecht 2002, 34; Hauser/Schweri/Hartmann 2005, 171; Oberholzer 2012, 358 ff.

107 Botschaft des Bundesrates, BBl 2006 1085 (1235); Erni 2007, 236; Schmid 2002c, 625; vgl. auch: Donatsch/Hansjakob/Lieber, Kommentar-Hug 2014, Art. 235 N 14; CR CPP-Robert-Nicoud 2011, Art. 235 N 11; Riklin StPO Kommentar 2014, Art. 235 N 3; Schmid StPO Praxiskommentar 2013, Art. 235 N 7; krit. aber: BSK StPO-Härri 2014, Art. 235 N 57 ff.; Ruckstuhl/Dittmann/Arnold 2011, 122 f.

108 BGE 130 I 65; Botschaft des Bundesrates, BBl 2006 1085 (1235); generell zur «Kommunikation zwischen inhaftiertem Beschuldigten und Verteidiger» vgl. Utz 1984.

109 Krit. Frei 2001, 88; Schlegel 2010, 156.

110 Siehe unten S. 218 ff.

111 Siehe oben S. 64 ff.

112 Piguet/Dyens 2015, 365 ff., 373 ff.; Voser/Sprenger 2014, 8 ff.

offiziellen Beweisantrags vorzunehmen. Sie verfügt allerdings nicht über die Verfahrensherrschaft[113]. Sie muss insbesondere bei der (prinzipiell zulässigen) Zeugenbefragung durch die Verteidigung darauf achten, die Zeugen nicht zu beeinflussen[114]. Die Verteidigung hat überdies das Recht – notfalls auch **öffentlich** – an den Behörden **Kritik zu üben**; verlangt wird von den Standesbehörden allerdings, dass sie es mit der gebotenen Sachlichkeit tut[115].

dd) Die Formen der Verteidigung

(1) Selbstverteidigung – Wahlverteidigung

Gemäss Art. 129 ist die beschuldigte Person jederzeit berechtigt, einen Rechtsbeistand mit ihrer Verteidigung zu betrauen oder sich (unter Vorbehalt der sogleich zu erörternden «notwendigen Verteidigung») selbst zu verteidigen[116]. Die Mandatsbestellung und -auflösung sowie die Honorierung richtet sich nach dem Standesrecht der Anwaltschaft[117].

(2) Notwendige Verteidigung

Ausnahmsweise sieht das Gesetz in Art. 130 zwingend[118] Verteidigung vor. Es trifft zu, dass es sich dabei um einen Eingriff in die Autonomie des Beschuldigten handelt, allerdings vertreten Praxis und Lehre schon geraume Zeit die Auffassung, dass taugliche Verteidigung im Strafverfahren im öffentlichen Interesse liege[119]. Sie dient der Wahrheitsfindung, gerade durch die pointierte Einseitigkeit des Interessenvertreters, als Gegengewicht zur Staatsanwaltschaft. Sodann gibt es Fälle, in denen die Fürsorgepflicht für den Beschuldigten zu einer (erzwungenen) Verteidigung nötigt.

Die in Art. 130 aufgezählten Anwendungsfälle entsprechen guteidgenössischem Durchschnitt[120]:

- längere Untersuchungshaft (von mehr als zehn Tagen);

---

113 Delnon/Rüdi 1998, 320 ff.; Haefelin 2010, 200; Oberholzer 2012, 131 ff.; Postizzi 2012, 373 ff.; Ruckstuhl/Dittmann/Arnold 2011, 130.

114 Vgl. den Beschluss der Aufsichtskommission Zürich vom 1.3.2007, in: plädoyer 2007, 70; detailliert: Züger 2013, 247 ff.

115 BGE 128 I 346; 108 Ia 316; 106 Ia 100; 96 I 525; Hauser/Schweri/Hartmann 2005, 173; Ruckstuhl 2002, 128 f.; Ruckstuhl/Dittmann/Arnold 2011, 113; Schmid 2004, 163.

116 BSK StPO-Ruckstuhl 2014, Art. 129 N 1.

117 Donatsch/Hansjakob/Lieber, Kommentar-Lieber 2014, zu Art. 129; Piquerez/Macaluso 2011, 283 ff.; BSK StPO-Ruckstuhl 2014, Art. 129 N 3; Schmid StPO Praxiskommentar 2013, zu Art. 129.

118 Bommer 2011, 93 ff.; Piquerez/Macaluso 2011, 286; BSK StPO-Ruckstuhl 2014, Art. 130 N 1.

119 CR CPP-Harari/Aliberti 2011, Art. 130 N 4; Donatsch/Hansjakob/Lieber, Kommentar-Lieber 2014, Art. 130 N 6 ff.; BSK StPO-Ruckstuhl 2014, Art. 130 N 1; Zimmerlin, 225 ff.

120 BGE 131 I 185; 129 I 281; Ruckstuhl/Dittmann/Arnold 2011, 114 ff.

- erhebliche Sanktion (vor allem die Erwartung einer Freiheitsstrafe von über einem Jahr); in diesem Punkt divergiert die Regelung von der anschliessend zu erörternden amtlichen Verteidigung, die bereits bei drohender Freiheitsstrafe von über vier Monaten, respektive ambulanten Äquivalenten, zu gewähren ist (Art. 130 lit. b und Art. 132 Abs. 3);
- Gründe in der Person des Beschuldigten (insbesondere körperliche oder geistige Gebrechen oder Interessenkonflikte);
- Beteiligung der Staatsanwaltschaft vor erster Instanz oder Berufungsgericht[121] (überschneidet sich mit «erheblicher Sanktion»)[122];
- abgekürztes Verfahren; hier soll der Beschuldigte vor Übervorteilung geschützt werden[123].

Art. 131 regelt die **Modalitäten**, insbesondere die Frage, ab wann eine notwendige Verteidigung anzuordnen ist. Abs. 1 sagt «unverzüglich», Abs. 2 präzisiert, dies sei, falls die Voraussetzungen bereits gegeben seien, nach der ersten Einvernahme durch den Staatsanwalt, jedenfalls aber vor Eröffnung der Untersuchung[124]. Diese Regelung hat zu erheblicher Kritik in der Lehre geführt: Ist die Verteidigung «notwendig», so ist die Verteidigung – wenn immer die oben referierten Gründe absehbar sind – bereits **in** der ersten Einvernahme zu gewähren[125]. Entscheidend ist aber die Regel von Abs. 3: Beweiserhebungen, die ohne Verteidiger durchgeführt werden, obwohl die Notwendigkeit bereits erkennbar war, sind nur gültig, wenn die beschuldigte Person auf eine Wiederholung verzichtet. Sonst sind sie unverwertbar, und das Urteil, das sich auf die Ergebnisse stützt, nichtig[126].

(3) Amtliche Verteidigung
Unter dem Begriff der «amtlichen Verteidigung» werden in Art. 132 zwei unterschiedliche Situationen zusammengefasst.

Zunächst stellt das Gesetz in Abs. 1 lit. a sicher, dass bei Vorliegen der Voraussetzungen der **notwendigen Verteidigung** auch tatsächlich eine Verteidigung bestellt wird (sei es, dass der Beschuldigte keine Wahlverteidigung bestellt hat, oder dass das

121 Bei Berufung durch die Staatsanwaltschaft: BGer 1B_65/2014 vom 22.8.2014.

122 Botschaft des Bundesrates, BBl 2006 1085 (1179); BSK StPO-Ruckstuhl 2014, Art. 130 N 35 ff.

123 BSK StPO-Ruckstuhl 2014, Art. 130 N 35 ff.

124 So auch Donatsch/Hansjakob/Lieber, Kommentar-Lieber 2014, Art. 131 N 1 und N 5; Schmid StPO Praxiskommentar 2013, Art. 131 N 2; ders. 2002b, 761.

125 Krit.: Bommer 2010, 215; Erni 2007, 241; Joset 2011, 205; CR CPP-Harari/Aliberti 2011, Art. 131 N 6; Riklin StPO Kommentar 2014, Art. 131 N 2; BSK StPO-Ruckstuhl 2014, Art. 131 N 3 ff.; Ruckstuhl/Dittmann/Arnold 2011, 116.

126 BGer 1B_318/2014 vom 27.10.2014; OGer ZH in: fp 2016, 3; plädoyer 2015, 48: Albrecht 2002, 48; vgl. zu dieser Frage auch die Kontroverse im **Einstiegsfall**, siehe oben S. 13 ff.

Mandat entzogen beziehungsweise niedergelegt wurde, ohne eine neue Wahlverteidigung zu bestellen).

Der Beschuldigte hat zwar keinen Anspruch auf Bestellung einer bestimmten Person als amtliche Verteidigung, aber es ist gemäss Art. 133 Abs. 2 auf seine Wünsche nach Möglichkeit Rücksicht zu nehmen[127]. In der Praxis bedeutet dies, dass dem Beschuldigten ein einmaliges Vorschlagsrecht zusteht[128], dass er angefragt wird, ob er einen Anwalt kenne und es wird ihm eine kurze Frist zur Namensnennung gewährt[129]. Unzulässig wäre es demgegenüber, dem von einem Wahlverteidiger vertretenen Beschuldigten noch zusätzlich eine staatliche Zwangsverteidigung aufzunötigen[130].

Sodann regelt Art. 132 in Abs. 1 lit. b den Fall der «**Offizialverteidigung**». Es gehört zu den elementaren Errungenschaften des Sozialstaates, dass der unbemittelte Rechtssuchende Anspruch auf einen unentgeltlichen Rechtsbeistand hat (Art. 29 Abs. 3 BV). Im Strafverfahren muss die «angeklagte Person» die (reale) *«Möglichkeit haben, die ihr zustehenden Verteidigungsrechte geltend zu machen»* (Art. 32 Abs. 2 Satz 2 BV)[131].

Der verfassungsmässige Anspruch wird mit Hilfe zweier Kriterien konkretisiert:

- dem **Bedürfnis** nach Verbeiständung («zur Wahrung ihrer Interessen geboten») in Abs. 2 wird ausgeführt, dass es sich **nicht** um einen **Bagatellfall** handeln darf (der in Abs. 3 präzisiert wird, namentlich unter Verweis auf Freiheitsstrafen von maximal vier Monaten oder ein Äquivalent in Geldstrafe oder gemeinnütziger Arbeit[132]); Abs. 2 hält zudem fest, dass der Fall in tatsächlicher und rechtlicher Hinsicht Schwierigkeiten bereiten muss, denen die beschuldigte Person allein nicht gewachsen wäre[133];
- der finanziellen **Bedürftigkeit**. Zur Mittellosigkeit im strafprozessualen Sinne hat die Praxis detaillierte Regeln entwickelt. Gemäss Strafprozessrecht wird dem Beschuldigten mehr belassen als das betreibungsrechtliche Existenzminimum[134]. Be-

127 Müller/Schefer 2008, 898 f.

128 Donatsch/Hansjakob/Lieber, Kommentar-Lieber 2014, Art. 133 N 3 f.; BSK StPO-Ruckstuhl 2014, Art. 133 N 7; Schmid StPO Praxiskommentar 2013, Art. 133 N 2.

129 CR CPP-Harari/Aliberti 2011, Art. 133 N 21.

130 So aber etwa im Rheinfelder Mordprozess (NZZ am Sonntag vom 23.11.2008).

131 Es ist ein weiter, materieller Anklagebegriff anzulegen, der verfassungsmässige Anspruch besteht bereits im Vorverfahren: Müller/Schefer 2008, 991 f.

132 Man beachte die Reform des Sanktionenrechts, die am 1.1.2018 in Kraft tritt; scheinbare Bagatellen können wegen der zivilrechtlichen Nebenfolgen durchaus den Beizug eines Verteidigers rechtfertigen: BGer 6B_258/2013 vom 6.1.2014.

133 BSK StPO-Ruckstuhl 2014, Art. 132 N 34 ff.; krit. Mangeat/Peter/Villard 2014, 18 ff., 32 ff.

134 BGE 135 I 91 (E. 2.4.3); 124 I 1 (E. 2.4); BGer 6B_413/2009 vom 13.8.2009 (E. 1.2.3); 1B_119/2008 vom 2.10.2008 (E. 6); CR CPP-Harari/Aliberti 2011, Art. 132 N 33 f.; Do-

dürftigkeit wird auch angenommen, wo der Beschuldigte nur über Mittel verfügt, die vermutlich aus Delikt stammen[135].

Wiederum werden im Gesetz die **Modalitäten** der Bestellung und der Entlassung geregelt (Art. 133 f.). Kritisiert wird von der Anwaltschaft, dass der amtliche Verteidiger als von der Staatsanwaltschaft «ausgewählt» erscheine[136]. Es besteht kein Anspruch auf beliebig viele Wechsel des Verteidigers[137]. Zwar ist man sich einig, dass ein Wechsel möglich sein muss, wo das Vertrauensverhältnis zerrüttet ist, d.h. dort, wo auch ein Wahlverteidiger abgelöst würde. Allerdings hat das Bundesgericht einen unzumutbaren amtlichen Verteidiger nicht als «nicht wiedergutzumachenden Nachteil» eingestuft und damit eine sofortige Beschwerde nicht zugelassen[138]. Ein Widerruf der Bestellung durch die Strafbehörden ist auch dann ausgeschlossen, wenn der amtliche Verteidiger hyperaktiv und «lästig» ist[139].

Anschliessend äussert sich das Gesetz zur Entschädigung des Anwalts. Der Anwalt darf kein zusätzliches Honorar vom Beschuldigten verlangen, kann aber, wenn der Beurteilte zur Kostentragung verurteilt wird und sich seine wirtschaftlichen Verhältnisse verbessern, die Differenz zwischen amtlicher Entschädigung und vollem Honorar nach Anwaltstarif nachfordern (Art. 135 Abs. 4 lit. b). Darin klingt bereits eine Regelung von erheblicher Tragweite an: Die zur **Tragung von Verfahrenskosten** verurteilte Person ist, *«sobald es ihre wirtschaftlichen Verhältnisse erlauben»*, verpflichtet, die Entschädigung an Bund oder Kanton zurückzubezahlen. Zudem muss sie eventuell die erwähnte Differenz an den Anwalt nachzahlen. Dadurch soll eine ungerechtfertigte Besserstellung gegenüber dem ausreichend Bemittelten vermieden werden[140]. Es wird nicht etwa verlangt, dass die Person (um eine Formel des Konkursrechts zu bemühen) zu *«neuem Vermögen»* gelangt ist, vielmehr besagt die Regel im Klartext, dass die Entschädigung auf die Prozesskosten geschlagen wird. Die eigentliche Problematik liegt darin, dass sie auf die Stellung des (damals *per definitionem* unschuldigen) Beschuldigten während des Verfahrens zurückwirkt. Der unbemittelte Beschuldigte muss damit rechnen, mit Kosten belastet zu werden, die ihn im Anschluss an den Prozess auch bei bloss relativer Verbesserung der finanziellen Verhältnisse belasten werden. Das Risiko besteht, dass er die Rechte nicht in Anspruch nimmt[141].

natsch/Hansjakob/Lieber, Kommentar-Lieber 2014, Art. 132 N 11; BSK StPO-Ruckstuhl 2014, Art. 132 N 23 ff.

135 Zum Geldwäsche- und Hehlereirisiko für Strafverteidiger: BSK StGB-Pieth 2013, Art. 305bis N 44a ff. m.w.H.; BSK StPO-Ruckstuhl 2014, Art. 132 N 27 ff.

136 Piguet/Dyens 2015, 370.

137 BGE 105 Ia 296.

138 BGer 1B_639/2011 vom 8.2.2012; Bernard 2013a, 87 ff., 89.

139 Vgl. fp 2016, 10.

140 Schmid StPO Praxiskommentar 2013, Art. 135 N 9.

141 Mehr dazu siehe unten S. 284 f.

c) Aktive Partizipationsrechte der beschuldigten Person

Die Schweizerische Prozessordnung geht – trotz der stärkeren Gewichtung des parteiöffentlichen Vorverfahrens – von einem behördenzentrierten Prozess aus. Partizipation an Beweisaufnahmen ist – jedenfalls nach Eröffnung der Untersuchung[142] – prinzipiell zulässig, es sei denn die besonderen Ausschlussgründe würden greifen. Das Beweisantragsrecht ist allerdings bei Lichte besehen nicht mehr als ein Beweisanregungsrecht (ein Appell an die Aufklärungspflicht der Behörde)[143]. Es kann nach Ermessen der Behörden und ohne Rechtsmittel abgelehnt beziehungsweise auf das gerichtliche Verfahren verlagert werden, in dem allerdings nach der Konstruktion von Art. 343 die Offenheit für ausgedehnte Beweisaufnahmen schon strukturell gering ist[144]. Eigene Ermittlungen des Verteidigers kommen in der Prozessordnung nicht vor, sie sind – wie besprochen – zwar zulässig, aber dem permanenten Verdacht der Verletzung von Standesrecht ausgesetzt[145].

aa) Das Teilnahmerecht der beschuldigten Person bei Beweiserhebungen

Der Beschuldigte verfügt, als Ausfluss des rechtlichen Gehörs, über den Anspruch, an Beweisaufnahmen teilzunehmen[146]. Der Grundsatz gilt auch für die Bestellung, Instruktion und Aufklärung von Sachverständigen sowie die Einnahme von Augenscheinen. Ziel der Anwesenheit der Parteien bei **Einvernahmen von Zeugen, Auskunftspersonen und Mitbeschuldigten** ist die Gelegenheit zur Überprüfung der Glaubwürdigkeit durch Nachfragen[147]. Wie sich aus Art. 147 ergibt, geht der Anspruch daher über die blosse Anwesenheit hinaus. Der Beschuldigte darf Fragen stellen[148]. Typischerweise geht es dabei um die Garantie einer kontradiktorischen Beweiserhebung[149]. Soweit sie nicht noch vor Gericht stattfindet (Art. 343), liegt sie in den Händen der Staatsanwaltschaft. Aufgrund von Art. 6 Abs. 3 lit. d EMRK gilt dabei traditionellerweise, dass Beschuldigten mindestens einmal im Verfahren Ge-

142 Ruckstuhl/Dittmann/Arnold 2011, 102.

143 Siehe unten S. 188 f.; vgl. auch BSK StPO-Vest/Horber 2014, Art. 107 N 34.

144 Krit. Arquint/Summers 2008, 41; Eicker 2003, 16 f.; Piguet/Dyens 2015, 372 f.

145 Siehe oben S. 99 f.; Züger 2013, 247 ff.

146 BSK StPO-Schleiminger Mettler 2014, Art. 147 N 7 ff.; BSK StPO-Horber/Vest 2014, Art. 107 N 19 ff.

147 BGE 133 I 33 (E. 2.2).

148 Donatsch/Hansjakob/Lieber, Kommentar-Wohlers 2014, Art. 147 N 6; zu den Details: Wohlers 2013, 160 ff.

149 BGer 6B_1039/2014 vom 24.3.2015; 6B_369/2013 vom 31.10.2013; Bischoff 2010, 94 ff.; Bommer 2010, 211 f.; Donatsch/Schwarzenegger/Wohlers 2014, 131; Ill 2010, 162 ff.; Donatsch/Hansjakob/Lieber, Kommentar-Godenzi 2014, Art. 146 N 5 ff.; Jositsch 2013, 92 ff.; Ruckstuhl/Dittmann/Arnold 2011, 124 ff.; BSK StPO-Schleiminger Mettler 2014, Art. 147 N 3 f.; Donatsch/Hansjakob/Lieber, Kommentar-Wohlers 2014, Art. 147 N 12 ff.

legenheit zu gewähren ist, Fragen an den Belastungszeugen zu stellen[150]. In neuerer Zeit ist dieser Grundsatz aber von der Praxis des EGMR relativiert worden: Es versteht sich, dass bei absoluter Unmöglichkeit (Tod des Opfers) auf Surrogate (seine Äusserungen gegenüber indirekten Zeugen) zurückgegriffen werden kann. Der EGMR Entscheid i.S. *Al-Khawaja und Tahery* v. *UK* geht indessen darüber hinaus und ausnahmsweise lässt er eine Verurteilung auch aufgrund der Aussage eines zentralen Zeugen zu, der von der Verteidigung nicht befragt werden konnte. Solange sogenannte Kompensationsmassnahmen ergriffen werden, die ein insgesamt faires Verfahren garantieren[151], sieht der EGMR keine Probleme. Insgesamt sind die Details aber unklar. Der Entscheid erlaubt der Schweizer Praxis zu ihrer alten inquisitorischen Tradition zurückzufinden: So soll bereits die polizeiliche Befragung eines Belastungszeugen u.U. ausreichen – ohne dass eine Konfrontation stattfindet[152].

In Lehre und Praxis ist nach Inkrafttreten der StPO eine erbitterte Kontroverse darüber geführt worden, ob der Grundsatz der getrennten Einvernahme gemäss Art. 146 Abs. 1 der **Anwesenheit des Mitbeschuldigten** bei der Einvernahme des Beschuldigten im Wege steht[153]. Die Frage ist inzwischen von BGE 139 IV 25 (29) geklärt worden: Art. 146 legt fest, dass die Aussagepersonen im Sinne eines geordneten Verfahrens nacheinander zu befragen sind. Prinzipiell geht das Konfrontationsrecht vor, soweit Personen im selben Verfahren stehen. Art. 147 darf nicht unterlaufen werden. Soll ausnahmsweise ein Mitbeschuldigter ausgeschlossen werden, können Art. 108 und Art. 146 Abs. 4 beigezogen werden[154]. Problematisch ist allerdings, dass das Bundesgericht den Mut zur klaren Linie, ob der Kritik der Praxis[155], offenbar wieder verlassen hat: In BGer 6B_280/2014 vom 1.9.2014 hält es in formalistischer Auslegung von Art. 147 Abs. 1 fest, dass in getrennt geführten Verfahren dem Beschuldigten im jeweils anderen Verfahren keine Parteistellung zukomme. Zu Recht optiert demgegenüber Godenzi, unter Berufung auf die Praxis in einzelnen Kantonen, für einen materiellen Parteibegriff[156]. Mit anderen Worten müssten materiell Mitbeschuldigten in der Einvernahme der anderen Beschuldigten auch im abgetrennten Verfahren die Rechte nach Art. 147 zukommen.

---

150 EGMR Entscheid vom 8.6.1976 i.S. *Engel et al.* v. *Niederlande* (Serie A Nr. 22).

151 EGMR Entscheid vom 15.12.2011 i.S. *Al-Khawaja and Tahery* v. *UK* (Nr. 26766/05; 22228/06).

152 Problematisch: BGer 6B_75/2013 vom 10.5.2013.

153 So OGer ZH; anders aber Appellationsgericht BS (14.4.2011 i.S. S.S.; 11.5.2011 i.S. D.C.); Bommer 2012, 143 ff.; Godenzi 2015, 109 ff.; Donatsch/Hansjakob/Lieber, Kommentar-Godenzi 2014, Art. 146 N 2; Piguet/Dyens 2015, 369 f.; Schäfer 2013, 39 ff.; Donatsch/Hansjakob/Lieber, Kommentar-Wohlers 2014, Art. 147 N 3a; ders. 2013, 162 f.

154 Donatsch/Hansjakob/Lieber, Kommentar-Godenzi 2014, Art. 146 N 2; Donatsch/Hansjakob/Lieber, Kommentar-Wohlers 2014, Art. 147 N 3b.

155 Zur Arbeitsgruppe Staatsanwaltschaftskonferenz: plädoyer 1/2014, 10.

156 Godenzi 2015, 109 f., v.a. 113 f.

Betreffend **polizeiliche Einvernahmen** verweist Art. 147 Abs. 1 Satz 2 auf Art. 159, der allerdings ambivalent formuliert ist: «*Bei polizeilichen Einvernahmen hat die beschuldigte Person das Recht, dass ihre Verteidigung anwesend sein und Fragen stellen kann.*» Während die Botschaft das Anwesenheitsrecht in der polizeilichen Einvernahme prinzipiell auf Beschuldigteneinvernahmen einzuschränken scheint[157], könnte der Text durchaus auch auf andere Beweisaufnahmen bezogen werden und dem Verteidiger des Beschuldigten das Recht gewähren, an solchen Beweisaufnahmen teilzunehmen. Solange die Polizei im Sinne von Art. 142 Abs. 2 durch die Staatsanwaltschaft delegiert einvernimmt, gelten jedenfalls die Rechte der Voruntersuchung gemäss Art. 147 Abs. 1 Satz 1[158]. Als problematisch gelten muss demgegenüber die Tendenz der Praxis in einzelnen Kantonen, zur Umgehung der Teilnahmerechte auf die polizeiliche Einvernahme Verdächtiger als «Auskunftspersonen» auszuweichen[159].

Grundsätzlich gibt das Teilnahmerecht einen Anspruch auf eigentliche Anwesenheit, das heisst auf **«Simultaneität»**[160]. Das ergibt sich bereits aus dem von Art. 6 Abs. 3 lit. d EMRK garantierten Anspruch, mit dem Belastungszeugen konfrontiert zu werden[161]. Allerdings hat die Praxis eine Vielzahl von **Abstufungen und Ausnahmen** entwickelt, die nun von der Schweizerischen Strafprozessordnung übernommen worden sind[162]:

- Nach Art. 148 können im Rechtshilfeverfahren an die Stelle der unmittelbaren Befragung schriftliche Fragen gestützt auf das Protokoll treten[163].
- Generell sind Aussagepersonen, die einer «*erheblichen Gefahr für Leib und Leben oder einem anderen schweren Nachteil*» ausgesetzt sind, zu schützen (Art. 149).
- Detaillierte Schutzregelungen bestehen für Opfer (Art. 152 ff.): für Opfer von Sexualdelikten (Art. 153), für Kinder (Art. 154) und Personen mit psychischen Störungen (Art. 155).
- Als besonders problematisch gilt die Einvernahme von V-Leuten. Zu ihrem Schutz, aber auch um die Funktionsfähigkeit der verdeckten Ermittlung zu erhal-

157 Botschaft des Bundesrates, BBl 2006 1085 (1194); vgl. auch Erni 2007, 237; Donatsch/Hansjakob/Lieber, Kommentar-Wohlers 2014, Art. 147 N 3a.

158 BSK StPO-Schleiminger Mettler 2014, Art. 147 N 2.

159 Rechtfertigend: Schmid StPO Praxiskommentar 2013, Art. 179 N 2; Weder 2012, 228 ff., 230 f.; anders aber: OGer AG in: fp 2014, 7 ff.; krit. auch Voser/Sprenger 2014, 9 f.

160 Arquint/Summers 2008, 40; Schleiminger 2001, 315; Donatsch/Hansjakob/Lieber, Kommentar-Wohlers 2014, Art. 147 N 5; a.A. Del Giudice Balás 2004, 161.

161 Pieth 1984, 205 ff.; Donatsch/Hansjakob/Lieber, Kommentar-Wohlers 2014, Art. 147 N 12 ff.

162 Vgl. detailliert BGE 125 I 127.

163 Bereits BGE 118 Ia 462; Donatsch/Hansjakob/Lieber, Kommentar-Wohlers 2014, zu Art. 147.

ten, wird ihnen regelmässig für ihre Aussagen eine Anonymitätszusage gemacht. Sie steht in direktem Konflikt mit dem rechtlichen Gehör des Beschuldigten. Die Unkenntnis der Identität beeinträchtigt die Überprüfung des Wahrheitsgehaltes der Aussage. Die gelegentlich eingesetzte akustische und optische Abschirmung erschwert die Deutung der nonverbalen Reaktionen auf die Befragung[164].

Das **Dilemma** zwischen Verteidigungsinteresse und Schutzinteresse der Aussageperson ist nur schwer zu vermeiden[165]. Im Bereiche des **Opferhilfegesetzes (OHG)**[166] muss man sich an die dort vorgesehenen Schutzbestimmungen halten (Art. 34 Abs. 4, Art. 41 ff. OHG). In Frage kommen aber Ersatzmassnahmen, wie die Übertragung in einen anderen Raum oder – als äusserste Variante – die schriftliche Fragestellung auf Grund des Protokolls. Bei **verdeckter Ermittlung** ist vorab der Einzugsbereich auf das enge Feld des organisierten Verbrechens und des Terrorismus zu beschränken.

BGE 118 Ia 457 zeigt, zu welchem Missbrauch noch 1992 ein Schweizer Bezirksgericht fähig war: Unter Hinweis auf die *«Wahrung der Anonymität der Gewährsperson»* wurde im Kanton Aargau die Identität eines Anzeigeerstatters, der seinem Nachbarn die «ordnungswidrige störende Hundehaltung» vorgeworfen hatte, vor dem Beschuldigten geheim gehalten. Zu Recht wurde das Anonymitätsinteresse vom Bundesgericht verneint, der Fall zeigt aber, wohin unpräzise gesetzliche Formulierungen führen können. In ähnlicher Weise problematisch ist der Sachverhalt, der dem BGE 132 I127 ff. zugrunde lag: Auch die wiederholte schwere Verkehrsregelverletzung ist kein Anonymisierungsgrund an sich[167].

Daher ist im Falle der verdeckten Ermittlung vorab zu klären, ob die Voraussetzungen des Einsatzes gegeben sind. Sodann ist alles zu unternehmen, um eine unmittelbare Befragung zu ermöglichen. Gelegentlich sind Schutzmassnahmen nötig, allerdings ist in Ansehung der konkreten Situation abzuwägen, welche Massnahmen nach Art. 149 Abs. 2 und Art. 151 notwendig sind. Art. 151 Abs. 1 lit. a schliesst sich der Lösung des Kantons Basel-Landschaft an und sieht vor, dass die Identität des verdeckten Ermittlers wenigstens den Mitgliedern des befassten Gerichts bekannt gegeben wird[168]. Darauf ist zurückzukommen.

164 Siehe zu den Details unten S. 179; sowie EGMR Entscheid vom 6.12.2012 i.S. *Pesukic* v. *Switzerland* (Nr. 25088/07), fp 2013, 84 ff.

165 Oberholzer 2012, 135 ff.; vgl. auch Bischoff 2010, 101 ff.; Donatsch/Schwarzenegger/Wohlers 2014, 134; CR CPP-Perrin 2011, Art. 149 N 36; Schmid StPO Praxiskommentar 2013, Art. 149 N 7; BSK StPO-Wehrenberg 2014, Vor Art. 149 ff.

166 Bundesgesetz über die Hilfe an Opfer von Straftaten (Opferhilfegesetz) vom 23.3.2007, i.Kr. seit 1.1.2009 (SR 312.5); Donatsch/Hansjakob/Lieber, Kommentar-Wohlers 2014, Art. 152 N 4 ff.

167 Krit. BSK StPO-Wehrenberg 2014, Art. 149 N 13.

168 Vgl. die detaillierte Güterabwägung in BGE 125 I 127 (151); vgl. im Übrigen Müller/Schefer 2008, 866, 999.

bb) Das Beweisantragsrecht

Man muss, wenn man vorab die Frage nach der Rechtsnatur des Beweisantragsrechts stellt, den Mut zur Klarheit haben. Es geht nicht um eine Anregung zur Vervollständigung der Untersuchungsakten im Sinne einer Aktivierung der behördlichen Aufklärungspflicht. Es geht darüber hinaus um die Chance der Parteien, insbesondere des Beschuldigten, in einer Untersuchung, die eine Wende genommen hat, die er oder sie ablehnt, eine unter Umständen radikale Alternative in «Fleisch und Blut», das heisst mit konkreten Beweisen, einzubringen. Alsberg, der deutsche Klassiker des Beweisantragsrechts, meinte, von einem «Recht» könne nur gesprochen werden, wenn der Richter gezwungen sei, auch *«Beweise zu erheben, die er prima facie für aussichtslos ansieht, und die er innerlich ablehnt»*[169].

Nun hat das Bundesgericht – trotz Art. 29 Abs. 2 BV – immer wieder klar gemacht, dass *«kein unbeschränktes Recht auf Zeugenladung»* bestehe[170]. Die Artikel der Schweizerischen Prozessordnung, die das Beweisantragsrecht des Beschuldigten regulieren (Art. 107 Abs. 1 lit. e, Art. 318 Abs. 2, Art. 331 Abs. 2, 3, Art. 345, 389, 399 Abs. 3 lit. c), überlassen es dem Ermessen der Behörde, welche Anträge anzunehmen sind[171]. Dabei wäre der Ausgangspunkt einer klaren Regelung in der Prozessordnung durchaus angelegt: Art. 139 Abs. 2 macht deutlich, dass *«über Tatsachen, die unerheblich, offenkundig, der Strafbehörde bekannt oder bereits rechtsgenüglich erwiesen sind»*, nicht Beweis geführt wird[172]. Der gemeinsame Nenner dieser Anlehnungsgründe ist, dass sie *in abstracto, ex ante* mit ausreichender Sicherheit beurteilt werden können. Dies gilt insbesondere für die rechtliche Unerheblichkeit oder die Unzulässigkeit. Einzig das Erwiesensein nimmt Beweisergebnisse vorweg. Zu Gunsten des Beschuldigten wäre das erträglich, soweit seine Beweisbehauptung als wahr unterstellt wird. Ebenfalls vertretbar ist die abstrakte Annahme von Allgemein- oder Gerichtsnotorietät[173].

Problematisch und im internationalen Vergleich durchaus singulär ist aber die schweizerische Neigung zur **«antizipierten Beweiswürdigung»**[174]. Nach konstanter Praxis des Bundesgerichts darf ein Richter (oder Staatsanwalt) Beweisanträge ablehnen, *«wenn er auf Grund bereits abgenommener Beweise seine Überzeugung gebildet*

169 Alsberg et al. 2013, 22 ff.; Pieth 1988, 581; Donatsch/Hansjakob/Lieber, Kommentar-Wohlers 2014, Art. 139 N 6.

170 Z.B. in BGE 103 1a 490; BSK StPO-Vest/Horber 2014, Art. 107 N 34.

171 Implizit Botschaft des Bundesrates, BBl 2006 1085 (1271).

172 Vgl. die Parallelvorschrift in Deutschland: § 244 D StPO.

173 Vgl. Pieth 1984, 328 f.; Donatsch/Hansjakob/Lieber, Kommentar-Wohlers 2014, Art. 139 N 9 ff.; vgl. auch die Interpretation von Schmid 2004, 97 f.; wie sich dies in der Praxis auswirken kann, ist dem **Einstiegsfall** zu entnehmen, siehe oben S. 13 ff.

174 Siehe auch oben S. 44, 49 f. und unten S. 71 ff., 108 f., 188 f., 226.

hat und ohne Willkür in vorweggenommener Beweiswürdigung annehmen kann, dass seine Überzeugung durch weitere Beweiserhebungen nicht geändert würde»[175].

Im Klartext heisst das, dass es der Staatsanwaltschaft oder dem Richter freisteht, den Beweisvorgang jederzeit auch gegen den Willen des Beschuldigten abzubrechen, wenn er mit dem (von ihr/ihm) nach willkürfreiem Ermessen bisher Erhobenen zufrieden ist: das Vorurteil wird zum Urteil. Zudem ist es nach der Rechtsprechung Sache des Beschwerdeführers, die Willkürlichkeit der Beweisantizipation darzutun[176]. Das Bundesgericht sanktioniert damit ein gewichtiges Residuum des Inquisitionsprozesses und nimmt dem Beschuldigten unter Umständen die Chance der effektiven Verteidigung[177]. Gegenüber einzelnen kantonalen Gesetzen, die dies erkannt und die antizipierte Beweiswürdigung ausgeschlossen hatten, ist die neue Regelung ein Rückschritt[178].

In dem Mass, wie der Beweisantrag als effektives Recht ausgestaltet ist, dürfen Forderungen an die Substanziierung[179], an die Form und an die fristgerechte Antragstellung angehoben werden. Besonders schlecht zur unzureichenden Ausgestaltung als effektiven Anspruch passt allerdings die **Verwirkung** des Anregungsrechts. Das Aufklärungsprinzip zwingt die Behörde ohnedies, Fakten bis zum Schluss des Beweisverfahrens zu berücksichtigen (in Ausnahmefällen sogar noch danach: Art. 349).

cc) Das Recht, Beweise zu präsentieren

Auch wenn es in den Prozessordnungen nicht explizit gesagt wird, hat die beschuldigte Partei das Recht, Beweise zu präsentieren, zum Beispiel die Begutachtung nicht nur zu beantragen, sondern den Beweisantrag gleich durch ein Privatgutachten zu untermauern[180]. Zur Hauptverhandlung «mitgenommene» Beweispersonen können allerdings nach den Regeln von Art. 343 abgewiesen werden (insbesondere ist vom Beschuldigten darzutun, dass sie «neue Beweise» sind, oder dass die unmittelbare Kenntnisnahme ihrer Aussagen für die Urteilsfällung notwendig erscheint). Da sie bereits anwesend sind, wären dagegen Einwände des übermässigen Aufwandes natürlich nicht sehr überzeugend.

---

175 BGE 134 I 140 (148); 124 I 208 (211); 124 I 274 (285); 122 II 464; 115 Ia 97; 103 Ia 490; krit. Piguet/Dyens 2015, 369 f.; BSK StPO-Vest/Horber 2014, Art. 107 N 34.

176 BGer 6B_564/2011 vom 27. 1. 2012.

177 Im Vergleich dazu das vom deutschen Reichsgericht bereits 1880 ausgesprochene Verbot der antizipierten Beweiswürdigung: RGSt 1 S. 189 f.; Alsberg et al. 2013, 17 ff., 22 ff.; krit. auch Krauß 1985, 58; Pieth 1986, 34 f.; Vest 2002, 791 ff.; vgl. auch: Bommer 2010, 213 f.; Delnon/Rüdi 1998, 319 f.; Ruckstuhl/Dittmann/Arnold 2011, 128 ff.; Schmid StPO Praxiskommentar 2013, Art. 139 N 3; Donatsch/Hansjakob/Lieber, Kommentar-Wohlers 2014, Art. 139 N 8 ff. und N 12 ff.

178 So etwa § 104 Abs. 2 BS StPO: «*Es ist ihnen zu entsprechen, wenn sie nicht von vorne herein als unerheblich erscheinen*»; vgl. demgegenüber den Vorschlag von Vest für die Schweizerische Strafprozessordnung (Vest 2002, 799); krit. auch Eicker 2003, 16 f.

179 Alsberg et al. 2013, 36 ff.

180 Siehe unten S. 214; sowie als Bsp. den **Einstiegsfall** oben S. 13 ff.

Fragen zu Kapitel VI

- Definieren Sie die beschuldigte Person.
- Welches sind die Pflichten des Beschuldigten?
- Über welche Parteirechte verfügt die beschuldigte Person?
- Wie präzise muss in der ersten Einvernahme über den Vorwurf informiert werden?
- Ab wann hat der Beschuldigte unbeschränkte Akteneinsicht?
- Was meint der Ausdruck «Verteidigung der ersten Stunde»?
- Welches sind die Voraussetzungen der «notwendigen Verteidigung». Wie rechtfertigt man eine unter Umständen nötige Zwangsverteidigung?
- Was heisst «amtliche Verteidigung» im Sinne der Strafprozessordnung? Welche Probleme ergeben sich daraus?
- Was versteht man unter «Offizialverteidigung»? Welches sind die Voraussetzungen der Offizialverteidigung?
- Ab wann darf die beschuldigte Person an Beweisaufnahmen teilnehmen?
- Gibt es nach Strafprozessordnung ein eigentliches Beweisantragsrecht?

Die Auflösung der Fragen ergibt sich jeweils aus dem vorangegangenen Kapitel.

VII Die geschädigte Partei

Literatur *Abel, R.*, The politics of informal justice, New York 1982; *Bannenberg, B.*, Wiedergutmachung in der Strafrechtspraxis: Eine empirisch-kriminologische Untersuchung von Täter-Opfer-Ausgleichsprojekten in der Bundesrepublik Deutschland, Bonn 1993; *Baumann, C.*, Die Stellung des Geschädigten im schweizerischen Strafprozess, Zürich 1958; *Bertschi, S.*, Die Aussage der Geschädigten im Spannungsfeld der Opferrechte, AJP 2012, 1075 ff.; *Bommer, F.*, Privatklägerische Rechte im Strafpunkt – ein Überblick, recht 2015, 183 ff.; *ders.*, Bemerkungen zur Wiedergutmachung (Art. 53 StGB), fp 2008, 171 ff.; *ders.*, Warum sollen sich Verletzte am Strafverfahren beteiligen dürfen?, ZStrR 2003, 172 ff.; *Büchler, A.*, Gewalt in Ehe und Partnerschaft: polizei-, straf-, und zivilrechtliche Interventionen am Beispiel des Kantons Basel-Stadt, Basel 1998; *Burgstaller, M.*, Über die Bedeutung der neuen Diversionsregelungen für das österreichische Strafrecht, in: Miklau, R./Schroll, H.V. (Hrsg.), Diversion – Ein anderer Umgang mit Straftaten – Analysen zur Strafprozessnovelle 1999, Wien 1999, 11 ff.; *Capus, N.*, Die geschädigte Person und das Legalitäts- sowie das Opportunitätsprinzip, ZStrR 2013, 408 ff.; *Christen, S.*, Kostenfolge im kantonalen Beschwerdeverfahren in Strafsachen, ZStrR 2013, 177 ff.; *Christie, N.*, Limits to Pain, Oslo 1981; *ders.*, Conflicts as Property, British Journal of Criminology, 1977; BSK StPO-*Dolge* 2014, Art. 122–126; *Domenig, J.*, Die Adhäsionsklage im Bündner Strafprozess, Zürich 1990; *Eymann, S.*, Die Parteientschädigung an die Privatklägerschaft im Strafprozess, fp 2013, 312 ff.; *Frei, P.*, Die Mitwirkung im Strafprozess, Bern 2001; *Gauch, P.*, Der Deliktsanspruch des Geschädigten auf Ersatz seiner Anwaltskosten, recht 1994, 189 ff.; *Gomm, P./Zehntner, D.*, Opferhilfegesetz Bundesgesetz vom 23. März 2007 über die Hilfe an Opfern von Straftaten, Stämpflis Handkommentar, Bern 2009; *Greiner, G.*, Wie kommen durch eine Straftat Geschädigte zu ihrem Geld?, ZStrR 2007, 57 ff.; CR CPP-*Guy-Ecabert* 2011, Art. 116; *Hasler, A.*, Informationsrechte für Opfer von Straftaten – Der BR setzt das Gesetz auf den 1.1.2016 in Kraft, fp 2015, 249 ff.; *Hassemer, W./Reemtsma, J.P.*, Verbrechensopfer: Gesetz und Gerechtigkeit, München 2002; *Hauser, R.*, Das Adhäsionsurteil, ZStrR 1992, 207 ff.; *Hauser/Schweri/Hartmann* 2005, 141 ff.; *Hinterhofer, H.*, Diversion statt Strafe: Untersuchungen zur Strafprozessnovelle 1999, Wien 2000, 4 ff.; *Hofer, M.*, Opfer- und Geschädigtenstellung im Wandel, ZStrR 2002, 107 ff.; *Husabø, E. J./Gerber, S./Echle, R.*, Die strafprozessuale Stellung von Opfern bei Massenverletzungen. Eine Rechtsvergleichung anhand des norwegischen Falls Breivik, ZStrR 2013, 337 ff.; *Ignor, A.*, Geschichte des Strafprozesses in Deutschland 1532–1846: von der Carolina Karls V. bis zu den Reformen des Vormärz, Paderborn 2002, 43 ff.; *Jabornigg, D.*, Die Stellung des Verletzten in den schweizerischen Strafprozessordnungen zwischen Beweismittel und Partei, Basel 2001; *Jeanneret/Kuhn* 2013, 163 ff.; CR CPP-*Jeandin/Matz* 2011, Art. 118–126; *Kanyar, A.*, Wiedergutmachung und Täter-Opfer-Ausgleich im Schweizerischen Strafrecht, Basel 2007; *Kunz, K.-L.*, Kriminologie: eine Grundlegung, 6. Aufl., Bern 2011, 67; Donatsch/Hansjakob/Lieber, Kommentar-*Landshut/Bosshard* 2014, Art. 299–327; *Leubin Müller, G.*, Die Stellung und Rechte des erwachsenen Opfers im Strafprozess, AJP 2012, 1585 ff.; Donatsch/Hansjakob/Lieber, Kommentar-*Lieber* 2014, Art. 104–138; *Lipton, D./Martinson, R./Wilks, J.*,

The Effectiveness of Correctional Treatment: a Survey of Treatment Evaluation Studies, New York 1975; BSK StPO-*Mazzucchelli/Postizzi* 2014, Art. 115–121; *Meier, B.-D.*, Täter-Opfer-Ausgleich und Wiedergutmachung im allgemeinen Strafrecht, JuS 1996, 436 ff.; *Oberholzer* 2012, 187 ff.; CR CPP-*Perrier* 2011, Art. 115; *Pieth, M.*, Bedingte Freiheit: Disziplinierung zwischen Gnade und Kontrolle, Basel 2001, 294 ff.; *ders.*, Schweizerisches Strafprozessrecht, Grundriss für Studium und Praxis, 1. Aufl., Basel 2009 (zit. Pieth 2009); *Piquerez/Macaluso* 2011, 294 ff.; CPP Commentaire à l'usage des praticiens-*Pitteloud* 2012, 161 ff.; *Reemtsma, J.P.*, Das Recht des Opfers auf die Bestrafung des Täters – als Problem, München 1999; *Riklin* StPO Kommentar 2014; *Ruckstuhl/Dittmann/Arnold* 2011, 134 ff.; *Rüping, H./Jerouschek, G.*, Grundriss der Strafrechtsgeschichte, 6. Aufl., München 2011; *Schmid* Handbuch 2013, 263 ff.; *ders.*, StPO Praxiskommentar 2013, 194 ff.; *ders.* 2004, 165 ff.; *Seelmann, K.*, Täterschutz versus Opferschutz, Waseda Proceeding of Comparative Law 2008, Vol. 11, 197 ff.; *ders.*, Dogmatik und Politik der «Wiederentdeckung des Opfers», in: Schmidt, K. (Hrsg.), Rechtsdogmatik und Rechtspolitik, Berlin 1990, 159 ff.; BSK BGG-*Thommen*, Art. 78; *Wohlers, W.*, Das Anwesenheits- und Fragerecht der Verfahrensparteien bei Einvernahmen im Vorverfahren, fp 2013, 160 ff.

1. Die Wiederentdeckung des Opfers

In vorstaatlicher Zeit und noch bis in die frühe Neuzeit[1] war es vorab Sache der verletzten Partei beziehungsweise ihrer Sippe, Recht einzufordern. Wie oben beschrieben, lösten der Anklageprozess und Sühneleistungen die Fehde und Blutrache ab[2]. Mit der Verstaatlichung der Justiz ab 1500 übernahmen allerdings der «Fiskal», beziehungsweise der Verhörrichter, die Vertretung des staatlichen Strafanspruchs. Der Inquisitionsprozess der erst noch *processus extraordinarius* war, gewann rasch an Boden[3]. Für eine separate Wahrnehmung der Geschädigteninteressen blieb kein Raum mehr.

Rückblickend wird der Vorgang zum Teil heftig kritisiert: Nils Christie[4] etwa spricht von einer regelrechten «Enteignung» des Geschädigten und bezeichnet den Staat als «Konfliktdieb». Damit meint er, die damals noch um ihre Anerkennung ringenden Territorialstaaten hätten sich die privaten Konflikte angeeignet, um ihre eigene Macht und ihre Rolle als Friedensstifter nachhaltig zu demonstrieren.

Die Zurückstellung des Geschädigten im Strafverfahren hielt sich bis weit in die Moderne: Thema des «reformierten Parteienprozesses»[5] und selbst noch der Reformwelle zur Einführung aktiver Teilnahmerechte nach dem 2. Weltkrieg (EMRK und UN-Pakte) war ausschliesslich die Beschuldigtenstellung. Die geschädigte Partei wurde als Beweismittel betrachtet[6]; im Übrigen wurde sie – soweit sie nicht ihre zi-

1 Noch in der Carolina von 1532 stand der Anklageprozess neben dem neuen inquisitorischen Verfahren, vgl. Ignor 2002, 43; Pieth 2015, 5; Rüping/Jerouschek 2011, 9 ff.

2 Siehe oben S. 22 f.

3 Ignor 2001, 41 ff.; Pieth 2015, 25 ff.; Rüping/Jerouschek 2011, 14 f.

4 Christie 1981; ders. 1977, 1 ff.

5 Siehe oben S. 32.

6 BSK StPO-Mazzucchelli/Postizzi 2014, Art. 115 N 15 ff.

vilrechtlichen Ansprüche geltend machte – als «*Fremdkörper im Strafverfahren*» gesehen[7]. Es verwundert daher nicht, dass noch bis vor Kurzem der Verletzte in zwei Drittel aller Kantone weder über Mitwirkungsrechte noch über Rechtsmittel im Strafpunkt verfügte[8]. Ein Teil der Lehre begründete den *Status quo* nicht nur mit der Logik des staatlichen Strafverfahrens (das Offizialprinzip macht die zusätzliche Selbstverteidigung des Geschädigten unnötig), sondern auch aus den Strafzwecken heraus[9]: Der Geschädigte habe gar kein legitimes Interesse am Schuldspruch und an der Bestrafung des Beschuldigten. Das Recht sei nicht dazu da, Rachegefühlen zum Durchbruch zu verhelfen, es solle sie vielmehr kanalisieren.

Die aktuelle Tendenz geht allerdings in eine andere Richtung. Dabei hat die «Wiederentdeckung des Opfers»[10] unterschiedliche Gründe.

Zwei durchaus zu unterscheidende Entwicklungsstränge gehen auf die Demontage des Resozialisierungsparadigmas in den USA, in Grossbritannien und in Nordeuropa ab den 1970er Jahren zurück. Nachdem der «Resozialisierungsstrafvollzug» die erhoffte Besserung von Straftätern nicht zu erbringen schien («*nothing works*» lautete der vereinfachende Befund[11]), distanzierte man sich von der Spezialprävention. An die Stelle traten einerseits unterschiedliche Ausprägungen neoklassischer Strafbegründungen (Rückbesinnung auf die absoluten Straftheorien und auf die Schuldadäquanz der Strafe) und andererseits mehr oder weniger grobe Versionen der «*selective incapacitation*» oder «*crime control*» (das möglichst effektive Wegsperren, beziehungsweise Überwachen von aktuellen und potenziellen Straftätern). Die neo-klassischen Theorien erlaubten es, am unteren Rand das Strafrecht zu redimensionieren: Es sollten vermehrt ambulante Sanktionen ausgesprochen werden, ja man wollte Strafrecht überhaupt reduzieren und interpersonale Konflikte soweit möglich den Parteien zurückgeben. Der aus dem Strafrecht ausgegliederte Teil wurde der «*informal justice*» überantwortet[12]. Während bei der «Diversion»[13] Kosteneinsparung und für die Gesellschaft ungefährliche Reduktion von Strafrecht im Vordergrund standen, erlaubten die «Mediation»[14], «Wiedergutmachung» und der «Täter-Opfer-Ausgleich»[15], die harte «Täter-Opfer-Dichotomie» mindestens teilweise durch ein

7 Baumann 1958, zit. in: Bommer 2003, 175.

8 Jabornigg 2001, 68, 77.

9 Bommer 2003, 177 ff.; Reemtsma 1999.

10 Jung 2000, 159 ff.; Riklin StPO Kommentar 2014, Vorbem. Art. 115 ff.; Ruckstuhl/Dittmann/Arnold 2011, 134; Seelmann 1990, 159 ff.; ders. (2008, 201) präzisiert aber, man müsse eher von einer Wiederentdeckung des *aktuellen* Tatopfers sprechen; ähnlich Bommer 2015, 183 f.

11 Lipton/Martinson/Wilks 1975; vgl. Pieth 2001, 294 ff.

12 Abel 1982.

13 Bannenberg 1993; Burgstaller 1999, 11 ff.; Hinterhofer 2000, 4 ff.; Kunz 2011, 204.

14 Kanyar 2007, 21 f.

15 Kanyar 2007, 5 ff.; Meier 1996, 436.

Konfliktmodell zu ersetzen[16]. Bedingung der Mediation ist allerdings die Mitwirkung des Opfers, und bei der Diversion ist zumindest die zivilrechtliche Aufarbeitung Voraussetzung.

Zum anderen aber gelang es insbesondere der Frauenbewegung in den 1970er und 80er Jahren, den bisher herrschenden verharmlosenden Umgang mit Gewalt unter Partnern, mit sexueller Gewalt und dem Missbrauch von Kindern zu thematisieren. Von einem Teil der Lehre wurde hierbei auf die klassischen Vergeltungslehren oder die postmodernen «*incapacitation*»-Ansätze rekurriert[17]. Abermals wurden Opferinteressen ins Zentrum gestellt, nun nicht, um Strafrecht abzubauen, sondern um das Strafrecht neu zu orientieren. Im Prozess rückten Schutz und Parteirechte der **Opfer von Gewalt- und Sexualdelikten** ins Zentrum des Interesses.

Das Schweizer Recht nimmt beide Ansätze auf: In Art. 53 und Art. 55a StGB[18] sowie Art. 316 (Vergleich)[19] finden sich die Diversions- und Mediationsgedanken wieder. Im Opferhilfegesetz (OHG)[20] wurde Opfern Entschädigung, Beistand, Schutz und Parteirechte in Aussicht gestellt. Die prozessualen Kernbestimmungen des OHG sind in die StPO überführt worden, ohne das OHG deswegen ausser Kraft zu setzen.

Ein weiterer Ansatzpunkt für eine gesteigerte Rolle der geschädigten Partei im Strafprozess könnte sich daraus entwickeln, dass den Behörden in Zukunft mit dem «abgekürzten Verfahren»[21] über ein Instrument zu Absprachen in komplexen Verfahren in die Hand gegeben wird: Die Zivilpartei wird, gerade etwa bei Wirtschaftsverfahren, ein wachsames Auge auf den «Deal» werfen; sie ist unter Umständen selbst wesentlicher Teil der Absprache (zumal im «abgekürzten Verfahren» die Zivilansprüche zumindest im Grundsatz vom Beschuldigten anerkannt werden müssen).

2. Die Begriffe: Geschädigter, Opfer, Privatklägerschaft

Die Strafprozessordnung verwendet für die durch eine Straftat (vermutungsweise) verletzte Person drei Fachbegriffe, denen je eine andere prozessrechtliche Bedeutung zukommt.

---

16 Seelmann 2008, 204.

17 Büchler 1998, 27 ff.

18 Bommer 2008, 171 ff.

19 Donatsch/Hansjakob/Lieber, Kommentar-Landshut/Bosshard 2014, Art. 316.

20 Bundesgesetz vom 4.10.1991, revidiert am 23.3.2007 über die Hilfe an Opfer von Straftaten (Opferhilfegesetz), i.Kr. seit 1.1.2009 (SR 312.5); Gomm/Zehntner 2001.

21 Siehe unten S. 255 ff.

- Die **geschädigte Person**[22] erfasst alle durch die (behauptete[23]) Straftat **in ihren Rechten unmittelbar**[24] verletzten Personen (Art. 115 Abs. 1 lit. a). Bei Straftaten gegen das Individuum ist die unmittelbar verletzte Person die Trägerin des Rechtsguts. Bei Delikten gegen Kollektivinteressen ist die Lage komplexer, auch wenn – wie etwa bei gemeingefährlichen Delikten – mit Kollektivinteressen die Beeinträchtigung von Individualinteressen verbunden sein kann[25]. Wo reine Kollektivrechtsgüter verletzt werden, fehlt es aber am unmittelbar Geschädigten[26]. Als problematisch hat sich die Unterscheidung in der Praxis bei der Anwendung des Rassismustatbestandes erwiesen (zumal bei der Leugnung des Völkermordes), wo die unmittelbare Betroffenheit auf ehemalige KZ-Häftlinge eingeschränkt wurde[27].
  Die prozessuale Bedeutung des Begriffs liegt darin, dem Geschädigten das Recht zu verleihen, sich als Privatkläger zu konstituieren (Art. 118). Ohne die dazu notwendige Erklärung ist der Geschädigte aber vor allem Beweisperson. Die Schweizerische Prozessordnung erklärt die geschädigte Person zur Zeugin[28], soweit sie nicht Privatklage erhoben hat (in diesem Fall ist sie Auskunftsperson gemäss Art. 178 lit. a).
- Das **Opfer** umfasst eine Teilmenge der geschädigten Personen: jene, die durch die Straftat *«in ihrer körperlichen, sexuellen oder psychischen Integrität unmittelbar beeinträchtigt»* worden ist (Art. 116)[29]. Dem Opfer steht eine Reihe von Rechten zu, unbesehen darum, ob es sich als Privatpartei konstituiert

22 Jeanneret/Kuhn 2013, 163 ff.; BSK StPO-Küffer 2014, Art. 105 N 2 ff.; BSK StPO-Mazzucchelli/Postizzi 2014, Art. 115 N 5; CPP Commentaire à l'usage des praticiens-Pitteloud 2012, 161 ff.

23 BGE 131 IV 78: *«hinreichend dargelegt oder zumindest glaubhaft gemacht»*.

24 Vgl. dazu die etablierte Bundesgerichtspraxis, etwa BGE 128 I 215 (direkter Kausalzusammenhang zwischen Straftat und Schaden erforderlich); sowie Goldschmid/Maurer/Sollberger 2008, 93; BSK StPO-Mazzucchelli/Postizzi 2014, Art. 115 N 19 ff.

25 Dazu detailliert: Bommer 2015, 184 ff.

26 Vgl. Hauser/Schweri/Hartmann 2005, 142; sowie die Diskussion der Botschaft des Bundesrates, BBl 2006 1085 (1170) zum Thema Art. 261bis Abs. 4 StGB; vgl. nun auch Jeanneret 2010, 298 f.; Donatsch/Hansjakob/Lieber, Kommentar-Lieber 2014, Art. 115 N 1; BSK StPO-Mazzucchelli/Postizzi 2014, Art. 115 N 5 und N 18; CR CPP-Perrier 2011, Art. 115 N 2 und N 5 ff.; Piquerez/Macaluso 2011, 296 ff.; Ruckstuhl/Dittmann/Arnold 2011, 140 f.; Schmid Handbuch 2013, 265 f.

27 Vgl. BGE 138 IV 258.

28 Siehe unten S. 202 ff.; zur Abgrenzung von Zeugen und Auskunftspersonen vgl. Art. 166, Art. 178 lit. a; Bertschi 2012, 1075 f.; Leubin Müller 2012, 1592 f.

29 Vgl. Art. 1 Abs. 1 OHG; die Opferqualität wird allerdings nur bei Straftaten von einigem Gewicht erlangt (BGer 1P.181/2006 vom 22.6.2006), nicht bei Tätlichkeiten, es sei denn etwa wegen wiederholter und unverhältnismässiger Tätlichkeiten gegen kleine Kinder (BGE 129 IV 216).

(Art. 117). Angehörigen des Opfers stehen aber Parteirechte zu, falls sie Zivilansprüche geltend machen (Art. 116 Abs. 2 i.V.m. Art. 117 Abs. 3)[30]. Die Stellung von anderen Rechtsnachfolgern ist demgegenüber unbefriedigend geregelt: nur gesetzliche Rechtsnachfolger haben auf die Zivilklägerschaft begrenzte Rechte. Die rechtsgeschäftliche Rechtsnachfolge (Fusion etc.) bewirkt dagegen keinen Rechtsübergang[31].

- Die **Privatklägerschaft** ist die geschädigte Person, die ausdrücklich erklärt, sich am Strafverfahren als Straf- oder Zivilklägerin beteiligen zu wollen (Art. 181). Ohne diese Erklärung (beziehungsweise ohne Strafantrag) entsteht die Prozessstellung mit ihren spezifischen Verfahrensrechten aber nicht[32].
- Keine Parteirechte haben bloss «anzeigende Personen», die nicht zugleich Geschädigte sind. Immerhin teilt die Strafverfolgungsbehörde den Anzeigeerstattern (auf deren Anfrage hin) mit, ob ein Strafverfahren eingeleitet und wie es erledigt wird (Art. 301 Abs. 3)[33].

3. Die besondere Stellung des Opfers

Art. 117 Abs. 1 enthält eine Zusammenstellung der besonderen Rechte[34], die dem Opfer i.e.S. unabhängig von einer möglichen Parteistellung zustehen. Sie nehmen auf das OHG Bezug[35].

Abgesehen vom Recht auf Information über die Rechte (das sowohl im Vor- als auch im Hauptverfahren besteht[36]), werden das Recht auf Persönlichkeitsschutz[37], auf spezielle Schutzmassnahmen als Aussageperson[38], auf eine besondere Zusammensetzung des Gerichts[39] und auf Begleitung durch eine Vertrauensperson zur Be-

30 BGer 1B_137/2015 vom 1.9.2015.

31 BGE 140 IV 162.

32 Eicker 2011, 159 ff.; immerhin gesteht das Bundesgericht Geschädigten auch ohne vorgängige Konstituierung als Privatpartei ein Recht auf Akteneinsicht im Einziehungsverfahren zu (BGer 1B_581/2012 vom 27.11.2012).

33 BSK StPO-Küffer 2014, Art. 105 N 11.

34 BSK StPO-Mazzucchelli/Postizzi 2014, Art. 117 N 1; Piquerez/Macaluso 2011, 301 ff.; CPP Commentaire à l'usage des praticiens-Pitteloud 2012, 162 ff.

35 Zu den Rechten des Opfers nach StPO und OHG: Bertschi 2012, 1075 ff.; Frei 2001, 71, 159, 204 ff.; CR CPP-Guy-Ecabert 2011, Art. 116 N 5 f.; Hauser/Schweri/Hartmann 2005, 143 f.; Jabornigg 2001, 149 ff; Jeanneret 2010, 299 f.; Leubin Müller 2012, 1585 ff.; BSK StPO-Mazzucchelli/Postizzi 2014, zu Art. 117; Piquerez/Macaluso 2011, 301 ff.; Ruckstuhl/Dittmann/Arnold 2011, 137.

36 Informationsrechte Art. 117 Abs. 1 lit. e unter Verweis auf Art. 305, Art. 330 Abs. 3.

37 Persönlichkeitsschutz: Art. 117 Abs. 1 lit. a unter Verweis auf diverse Artikel (Art. 34 OHG).

38 Art. 117 Abs. 1 lit. c unter Verweis auf Art. 152 ff.; Leubin Müller 2012, 1587 f.

39 Leubin Müller 2012, 1589.

weisaussage[40] erwähnt. Hinzu tritt der Verweis auf das Recht des Opfers eines Sexualdelikts, die Antwort auf Fragen zur Intimsphäre zu verweigern (Art. 169 Abs. 4). Kritik geübt wird aber am Recht der Zeugnisverweigerung bei erheblicher Gefahr für Leib und Leben gemäss Art. 169 Abs. 3, das zur «Geiselnahme» einlade[41].

Diese besonderen Rechte, die das Opfer als Beweisperson betreffen, werden für Kinder und Jugendliche unter 18 Jahren in Art. 117 Abs. 2 noch weiter ausgebaut[42].

Nicht weiter diskutiert werden im Rahmen dieser Einführung ins Prozessrecht die (subsidiäre) staatliche Entschädigung und Genugtuung gemäss Art. 19 ff. OHG sowie die Praxis der Beratungsstellen[43]. Am 1.1.2016 ist schliesslich das Bundesgesetz über das Informationsrecht des Opfers in Kraft getreten. Opfer, Angehörige und gewisse Dritte mit schutzwürdigem Interesse haben den Anspruch über Haftentscheid, Vollzugsdetails (wie Lockerung, Entlassung oder Flucht) des Beschuldigten bzw. des Verurteilten aufgeklärt zu werden[44].

Im Zentrum der Stellung des Opfers als Partei steht die Rolle als Privatkläger(in). Anders als nach dem alten OHG muss sich das Opfer aber, wie die anderen Geschädigten, nach Art. 118 als Partei konstituieren, wenn es Parteirechte im Vorverfahren ausüben will[45]. Zu Recht weist Bertschi auf die unvermeidlichen Spannungen als Folge des Rollenwechsels hin: Die anwaltliche Beratung des Opfers fällt schwer, wenn die Vertretung zwar über Akteneinsicht verfügt, in der Aufklärung der Mandantin aber, bis sie als Zeugin oder Auskunftsperson ausgesagt hat, Zurückhaltung üben soll[46].

4. Die Privatklägerschaft

Die Privatklägerschaft des Geschädigten, beziehungsweise des Opfers, entsteht durch eine ausdrückliche Erklärung[47], die entweder schriftlich oder mündlich zu Protokoll[48] zu geben ist (Art. 118, Art. 119 Abs. 1). Die Prozessordnung regelt detailliert die Folgen des Verzichts beziehungsweise des Rückzugs sowie die Rechtsnachfolge (man lese dazu Art. 119–121). Alternativ oder kumulativ kann eine Straf- und/oder eine Zivilklage erhoben werden.

---

40 Art. 117 Abs. 1 lit. b (Art. 36 Abs. 1 OHG); Bertschi 2012, 1077 f.; Leubin Müller 2012, 1588 f.

41 Bertschi 2012, 1076 f.; dazu unten S. 204.

42 Vor allem durch die Einschränkung der Gegenüberstellung.

43 Vgl. dazu Oberholzer 2012, 193 f.

44 Art. 92a StGB; dazu Hasler 2015, 249.

45 Krit. CR CPP-Jeandin/Matz 2011, Art. 118 N 4; vgl. auch Bommer 2015, 184 ff.

46 Bertschi 2012, 1075 ff.; vgl. auch Leubin Müller 2012, 1597.

47 Bommer 2015, 186 f.; Eicker 2011, 159 ff.; Jeanneret/Kuhn 2013, 167 ff.; BSK StPO-Mazzucchelli/Postizzi 2014, Art. 118 N 4.

48 BSK StPO-Mazzucchelli/Postizzi 2014, Art. 119 N 1.

a) Die Strafklage (Art. 119 Abs. 2 lit. a StPO)

Anders als in ausländischen Rechten kann sich im neuen Schweizer Strafprozess der Geschädigte zur Partei im Strafprozess machen[49]: Mit der Strafklage (der «Nebenklage»[50]) wird *«die Verfolgung und Bestrafung der für die Straftat verantwortlichen Person»* verlangt. Damit werden verschiedene, im alten Recht uneinheitlich geregelte und auch kontroverse Fragen geklärt.

aa) Parteirechte

Zunächst einmal ist bedeutsam, dass es – entgegen dem früheren Rechtszustand in den meisten Kantonen – überhaupt eine Strafklage gibt. Die Strafklage macht den Geschädigten zur **Partei** (vgl. Art. 104 Abs. 1 lit. b). Der Geschädigte erhält damit die **Verfahrensrechte**[51] nach Art. 107 (insbesondere die Akteneinsicht, die Teilnahmerechte bei Beweiserhebungen, das Beweisantragsrecht, allenfalls eingeschränkt durch Art. 108) sowie das Recht, einen **Rechtsbeistand** beizuziehen (Art. 127). Allerdings ist die unentgeltliche Rechtspflege nach Art. 136 Abs. 1 auf die Zivilklage beschränkt[52]. Auch in anderer Hinsicht ist die Wirkung der privaten Strafklage eingeschränkt. Die geschädigte Person ersetzt die Strafverfolgungsorgane nicht, selbst wenn der Staatsanwalt zur Hauptverhandlung dispensiert ist (keine subsidiäre Anklagebehörde). Sie ist bestenfalls «Nebenklägerin»[53]. Die prinzipale Privatstrafklage ist abgeschafft worden.

Im Detail können die Parteirechte der Geschädigten erhebliche Probleme aufwerfen. Nicht gelöst ist das Problem, wie etwa in der Hauptverhandlung bei Massendelikten zu verfahren ist[54]. Sodann verfügt der Privatkläger, wie der Beschuldigte gemäss Art. 147 über ein Teilnahmerecht an Beweiserhebungen. Abgesehen von den praktischen Problemen bei Massendelikten, stellt sich auch hier die Frage, welche Konsequenzen aus der Verweigerung des Teilnahmerechts zu ziehen ist. Unbefriedi-

---

49 Vgl. zum norwegischen Recht: Husabø/Gerber/Echle 2013, 340 ff.

50 BSK StPO-Mazzucchelli/Postizzi 2014, Art. 119 N 5.

51 Christen 2011, 463 ff.; Frei 2001, 54, 160 ff.; Hofer 2002, 107 ff.; BSK StPO-Küffer 2014, Art. 104 N 14 ff.; Donatsch/Hansjakob/Lieber, Kommentar-Lieber 2014, Art. 115 N 10; BSK StPO-Mazzucchelli/Postizzi 2014, Art. 118 N 5; Piquerez/Macaluso 2011, 300; zur Frage, ob die geschädigte Person bereits vor der Konstituierung als Privatklägerschaft Parteirechte beanspruchen kann: Ruckstuhl/Dittmann/Arnold 2011, 136; Schmid StPO Praxiskommentar 2013, Art. 115 N 4.

52 Vgl. bereits im Kanton SO 1994 (SOG 1994 Nr. 23); allerdings die Praxisänderung in: SOG 1999 Nr. 23; generell Hauser/Schweri/Hartmann 2005, 149; krit.: Christen 2013, 192; Eymann 2013, 314; vgl. aber BGer 1B_355/2012 vom 12.10.2012 (zur unentgeltlichen Rechtspflege eines Opfers); Leubin Müller 2012, 1595; BSK StPO-Mazzucchelli/Postizzi 2014, Art. 136 N 4.

53 Zur Terminologie vgl. Jabornigg 2001, 73 ff.

54 Husabø/Gerber/Echle 2013, 337 ff.

gend wäre es, das Unterlassen der Behörde dem Beschuldigten anzulasten und etwa eine entlastende Aussage als unverwertbar zu erklären[55].

bb) Rechtsmittel

Es steht der geschädigten Partei offen, gegen eine Nichtanhandnahme, eine Einstellungsverfügung oder gegen einen Freispruch[56] Rechtsmittel zu ergreifen. Die Strafklage ist auch nicht in dem Sinne subsidiär, dass ein Rechtsmittel im Strafpunkt nur zur Verfügung steht, wenn und soweit Zivilklage erhoben wurde[57]. Allerdings kann der Strafkläger nur die Behandlung des Schuld-, und nicht des Strafpunkts rügen (Art. 382 Abs. 2). Insofern ist die neue Strafprozessordnung einen Kompromiss zur traditionellen Haltung zum Opfer eingegangen[58]. Zu einer Praxisänderung ist es bezüglich des Einspracherechts des Privatklägers gegen Strafbefehle gekommen: Ein entsprechendes Einspracherecht war im Entwurf vorgesehen, aber nicht explizit in die Prozessordnung übernommen worden. In Etappen hat das Bundesgericht es nunmehr trotzdem anerkannt. Soweit der Privatkläger ein «rechtlich geschütztes Interesse» an der Einsprache hat[59].

b) Das Adhäsionsverfahren (die Zivilklage)

aa) Motive und Prinzip

Das sogenannte «Adhäsionsverfahren» nach Art. 19 Abs. 2 lit. b und Art. 122 ff. hat für die geschädigte Person den grossen Vorteil, dass sie ihre Ansprüche nicht noch in einem separaten Zivilverfahren geltend machen muss[60]. Abgesehen davon, dass **nur ein Rechtsgang** notwendig ist, entscheidet dieselbe Instanz die Zivil- und die Straffrage, selbst wenn sie in der Zivilsache vom Streitwert her nicht zuständig wäre (Art. 124 Abs. 1). Allerdings muss zwischen der Straftat und der zivilrechtlichen Forderung ein Kausalzusammenhang bestehen[61]. Damit die Zivilklägerschaft aber nicht über Gebühr bevorzugt wird, wird sie durch Art. 125 in einzelnen Ausnahmefällen,

55 Bommer 2015, 194.

56 Insofern geht die Schweizerische Prozessordnung weiter als die kantonalen Rechtsordnungen; vgl. etwa noch Oberholzer 2005, 259 für SG.

57 So aber die alte Regelung nach OHG und etlicher Kantone, vgl. etwa BGE 131 IV 195 (BL); vgl. auch 120 Ia 101; 120 IV 44.

58 Siehe oben S. 112 ff.

59 Details bei Bommer 2015, 194 f. zu BGer 6B_188/2015 vom 30.6.2015.

60 BSK StPO-Dolge 2014, Art. 122 N 8; Frei 2001, 211; CR CPP-Jeandin/Matz 2011, Art. 122 N 3; Jeanneret 2010, 307; Donatsch/Hansjakob/Lieber, Kommentar-Lieber 2014, zu Art. 122; BSK StPO-Mazzucchelli/Postizzi 2014, Art. 115 N 14; Riklin StPO Kommentar 2014, Vor Art. 122 ff.; Ruckstuhl/Dittmann/Arnold 2011, 135.

61 BSK StPO-Dolge 2014, Art. 122 N 65 ff.; Donatsch/Hansjakob/Lieber, Kommentar-Lieber 2014, Art. 122 N 5.

auf Antrag des Beschuldigten, dazu angehalten, für ihre zum Zivilpunkt verursachten Aufwendungen Sicherheit zu leisten[62]. Das Adhäsionsverfahren ist auf privatrechtliche Ansprüche beschränkt[63].

bb) Das Verfahren

Formell ist die Zivilklage mit der Erklärung nach Art. 119 Abs. 2 lit. b **hängig** (Art. 122 Abs. 3). Die Erklärung muss **bis zum Abschluss des Vorverfahrens** abgegeben werden (Art. 118 Abs. 3). Versuche der Praxis die Frist abzukürzen, ist entschieden entgegenzutreten[64]. Die Zivilpartei kann (abweichend vom Zivilprozessrecht) die Klage noch vor Abschluss der Hauptverhandlung **zurückziehen**, ohne sich den ordentlichen Zivilweg zu verbauen (Art. 122 Abs. 4). Die Forderung ist nach Möglichkeit in der Erklärung, spätestens aber im Parteivortrag vor Gericht zu **beziffern** und zu **begründen** (Art. 123 Abs. 2). Ob im Adhäsionsverfahren die anspruchsvolle Verhandlungsmaxime des Zivilprozesses gilt, ist umstritten[65]. Ungenügende Begründung führt nicht etwa zur Klageabweisung, sondern zur Verweisung auf den Zivilweg[66] und allenfalls zu Kostenfolge[67].

Unterschiede bestehen allerdings im Bereich der **unentgeltlichen Rechtspflege**. Während sie bei der Strafklage ganz ausgeschlossen ist, setzt die StPO in Art. 136 die verfassungsmässige Garantie zu Gunsten des Zivilklägers um (Art. 29 Abs. 3 BV). Freilich übernimmt die neue Regelung alle tradierten Einschränkungen des kantonalen Rechts und reduziert damit das Anwendungsfeld der unentgeltlichen Rechtspflege (die insbesondere die Befreiung vom Kostenvorschuss und unter Umständen ein Recht auf unentgeltlichen Rechtsbeistand zum Gegenstand hat[68]):

- Sie setzt **finanzielle Bedürftigkeit** voraus[69];
- die Zivilklage darf **nicht aussichtslos** sein[70];

62 Von dieser Pflicht ist das Opfer ausgenommen (krit. Riklin StPO Kommentar 2014, Art. 125 N 1).

63 Nicht adhäsionsfähig sind etwa öffentlich-rechtliche Haftpflichtansprüche, BGer 6B_127/2010 vom 15.4.2010.

64 Bommer 2015, 186 f.

65 Dagegen: Hauser/Schweri/Hartmann 2005, 147; vgl. aber die bei Dolge (BSK StPO-Dolge 2014, Art. 122 N 23 f.) referierten Meinungen. Wohl zu Recht weist Lieber darauf hin, dass die Verhandlungsmaxime dadurch beschränkt ist, dass die relevanten Fragen bereits von den Behörden abgeklärt sind (Donatsch/Hansjakob/Lieber, Kommentar-Lieber 2014, Art. 122 N 4b ff.).

66 Vgl. Art. 126 Abs. 2 lit. b und Goldschmid/Maurer/Sollberger 2008, 102.

67 Zu den Parteirechten kann auf die Ausführungen zur Strafklage (siehe oben S. 118 f.) verwiesen werden.

68 Goldschmid/Maurer/Sollberger 2008, 118.

69 Vgl. für Details Jabornigg 2001, 100 ff.; Oberholzer 2012, 199 ff.

70 Vgl. für Details Oberholzer 2012, 199 f.; BGer 5A_54/2010 vom 19.3.2010.

- und die Bestellung eines Rechtsbeistands muss zur Wahrung der Rechte des Geschädigten **notwendig** sein, das heisst die geschädigte Partei ist zur Vertretung ihrer Interessen selbst nicht in der Lage.

Bezüglich **Beweiserhebungen** hat das Adhäsionsverfahren erhebliche Vorteile für den Geschädigten. Anders als im klassischen Zivilverfahren gelten – wie erwähnt – nicht durchwegs die Verhandlungs- und die strenge Eventualmaxime; vielmehr sind die Staatsanwaltschaft und die Polizei bei der Beweiserhebung behilflich, «*sofern das Verfahren dadurch nicht wesentlich erweitert oder verzögert wird*» (Art. 313 Abs. 1)[71]. Allerdings können sie vom Geschädigten für Beweiserhebungen, die in erster Linie der Durchsetzung der Zivilklage dienen, einen Kostenvorschuss verlangen (Art. 313 Abs. 2). Auf Antrag des Beschuldigten kann das Opfer zu einer Sicherheitsleistung angehalten werden[72]. Die Spannungen zwischen dem strafprozessualen in dubio pro reo-Grundsatz und der zivilrechtlichen Beweislastverteilung werden dadurch aber nicht behoben[73].

cc) Entscheidungszwang?

Das Gericht ist nach Art. 126 Abs. 1 **verpflichtet**, über die Adhäsionsklage **zu entscheiden**[74],

- wenn es den Beschuldigten schuldig spricht
- oder freispricht, und der Sachverhalt spruchreif ist.

Ebenso **zwingend** ist die Handlungsanweisung nach Abs. 2: Das Gericht muss die Klage «*auf den Zivilweg verweisen*»[75],

- wenn das Strafverfahren durch Einstellung oder Strafbefehl erledigt wird,
- es an genügender Bezifferung oder Begründung fehlt,
- der Kläger die erwähnte Sicherheit nicht leistet
- oder wenn der Beschuldigte freigesprochen wird, der Sachverhalt aber nicht spruchreif ist.

Das Gesetz enthält zwei weitere Möglichkeiten, die dem Gericht **grössere Flexibilität** geben und beide dem OHG entnommen sind:

- So kann das Gericht nach Art. 126 Abs. 3, wenn die vollständige Beurteilung des Zivilanspruchs «*unverhältnismässig aufwendig*» wäre, (in Anlehnung an Art. 38

---

71 «*L'autorité pénale instruit d'office*»; vgl. CR CPP-Jeandin/Matz 2011, Art. 122 N 3; anders aber BSK StPO-Dolge 2014, Art. 122 N 23.

72 Siehe oben S. 119 ff.

73 BSK StPO-Dolge 2014, Art. 122 N 31 f.

74 BSK StPO-Dolge 2014, Art. 126 N 13 ff.; Eicker/Huber 2014, 132.

75 BSK StPO-Dolge 2014, Art. 126 N 29 ff.

Abs. 3 OHG) über die Strafklage **nur dem Grundsatz nach entscheiden** und sie im Übrigen auf den Zivilweg verweisen[76]. Die Rechtsmittelpraxis hat sich aber bereits in der Vergangenheit gegen eine leichtfertige Annahme des übermässigen Aufwands gewandt[77].

- Schliesslich enthält Abs. 4 eine Spezialregel zu Gunsten der Opfer (vgl. 38 Abs. 2 OHG). Auch bei komplexen Verhältnissen kann durch eine **Zweiteilung des Hauptverfahrens** die Verweisung auf den Zivilweg vermieden werden. In der ersten Phase beurteilt das Gericht nur den Schuld- und den Strafpunkt, in der zweiten Phase beurteilt die gerichtliche Verfahrensleitung als Einzelrichter nach einer weiteren Parteiverhandlung die Zivilklage unabhängig vom Streitwert[78]. Die zweite Option bemüht sich, dem Opfer die Belastung eines weiteren vollen Rechtsgangs möglichst zu ersparen. Sie steht aber nur den eigentlichen Opfern nach OHG (respektive nach Art. 116) zur Verfügung.

dd) Rechtsmittel

Gegen die Einstellung des Verfahrens steht der Zivilklägerschaft ein **Beschwerderecht** zu (Art. 322 Abs. 2). Entscheidend ist daher, dass die geschädigte Person rechtzeitig, das heisst vor einer allfälligen Einstellung oder dem Erlass eines Strafbefehls[79] über den Verfahrensverlauf und über ihre Rechte informiert wird. Capus weist zu Recht darauf hin, dass sich im Beschwerderecht die Spannung zwischen öffentlichen Interessen und Privatinteressen der Geschädigten bemerkbar machen: Während die Behörden verpflichtet seien, ihren Entscheid über die Opportunität der Verfolgung nach «pflichtgemässem Ermessen» zu fällen, ist der Geschädigte nur sich selbst gegenüber verantwortlich[80].

Gegen die Abweisung der Zivilklage durch das Gericht steht der Zivilklägerschaft sodann die Möglichkeit der **Berufung** zu[81]. Ficht die Privatklägerschaft allerdings alleine die Regelung des Zivilpunkts an, hat sie die zivilprozessualen Grenzen zu beachten (Art. 398 Abs. 5; volle Überprüfung erst ab einem Streitwert von CHF 10 000 und höher[82]). Bereits vor Erlass der Schweizerischen Prozessordnung hat die Frage, ob auch ein Rechtsmittel gegen die Verweisung auf den Zivilweg zur Verfügung steht, Anlass zu Debatten gegeben. Die Praxis hat sich bisher auf den Standpunkt gestellt, dass der Geschädigte mit der Verweisung auf den Zivilweg kei-

76 BSK StPO-Dolge 2014, Art. 126 N 44 ff.; Ruckstuhl/Dittmann/Arnold 2011, 151.

77 Vgl. dazu BGE 123 IV 78; Kantonsgericht BL (KGE ZS 25.4.2006); BSK StPO-Dolge 2014, Art. 126 N 44 ff.; Reetz 2006, 28 f.

78 BSK StPO-Dolge 2014, Art. 126 N 50 ff.

79 BGer 1P.103/2004 vom 28.5.2004; ArbR 1992/93 Nr. 45, 117 und Jabornigg 2001, 137 ff.

80 Capus 2013, 424; vgl. auch Seelmann 2008, 205.

81 BSK StPO-Dolge 2014, Art. 126 N 63.

82 Goldschmid/Maurer/Sollberger 2008, 391 f.

nen rechtlichen Nachteil erleidet[83]. Die Schweizerische Prozessordnung geht allerdings davon aus, dass Zivilklagen so weit wie möglich adhäsionsweise zu erledigen sind (Art. 122 i.V.m. Art. 126). Würde man die Beschwer bei der Verweisung auf den Zivilweg verneinen, würde diesem Grundsatz die Justiziabilität fehlen. Über die Frage, ob die Verweisung auf den Zivilweg mit Beschwerde[84] oder mit Berufung[85] anzufechten ist, gehen die Meinungen auseinander. Lieber[86] hält die Berufung für zulässig, weil die Verweisung auf den Zivilweg durch ein Urteil erfolgt. Die Verweisung auf den Zivilweg selbst kann unter Umständen auch Gegenstand der Beschwerde in Strafsachen ans Bundesgericht sein (zum Beispiel wegen Verletzung von Art. 38 Abs. 1 OHG)[87].

83 Bsp. zum OHG vgl. Kantonsgericht BL (KGE ZS 6. 1. 2004).

84 So Pieth, 2009, 99; Ruckstuhl/Dittmann/Arnold 2011, 142 und differenzierend Goldschmid/Maurer/Sollberger 2008, 394 f.

85 BSK StPO-Dolge 2014, Art. 126 N 63 ff.; Schmid StPO Praxiskommentar 2013, Art. 126 N 11.

86 Donatsch/Hansjakob/Lieber, Kommentar-Lieber 2014, Art. 126 N 13.

87 BSK BGG-Thommen 2011, Art. 78 BGG N 32; und siehe unten S. 313.

Fragen zu Kapitel VII

- Weshalb ist das Opfer im Strafprozess lange in Vergessenheit geraten?
- Was hat zur Wiederentdeckung des Opfers geführt?
- Welche Kategorien von Geschädigten unterscheidet das Gesetz?
- Beschreiben Sie für jede Kategorie die Rechte als Partei und die Rolle als Beweisperson.
- Was sind die Vorzüge des Adhäsionsverfahrens?
- Unter welchen Umständen ist es dem Gericht verwehrt, die Zivilklage auf den Zivilweg zu verweisen?

Die Auflösung der Fragen ergibt sich jeweils aus dem vorangegangenen Kapitel.

VIII Zwangsmassnahmen

Literatur *Abo Youssef, O.*, Smartphone-User zwischen unbegrenzten Möglichkeiten und Überwachung, ZStrR 2012, 92 ff.; *Ackermann, J.-B.*, Tatverdacht und Cicero – in dubio contra suspicionem maleficii, in: Niggli, M.A./Hurtado Pozo, J./Queloz, N. (Hrsg.), FS Riklin, Zürich 2007, 319 ff.; *Ackermann, J.-B./Vogler, P.*, Nachrichtendienst und Strafprozess – zur Verwertbarkeit von Beweisen zwischen Systemen, in: Ackermann/Hilf (Hrsg.), Top Secret. Geheimnisschutz und Spionage, Zürich 2015, 161 ff.; *Ackermann, J.-B./Vetterli, L.*, Brisante Aspekte der neuen Anklageschrift, ZStrR 2008, 193 ff.; *Aepli, M.*, Die strafprozessuale Sicherstellung von elektronisch gespeicherten Daten, unter besonderer Berücksichtigung der Beweismittelbeschlagnahme am Beispiel des Kantons Zürich, Zürich 2004; BSK StPO-*Albertin/Armbruster* 2014, Art. 212–219; *Albrecht, H.-J./Dorsch, C./Krüpe, C.*, Rechtswirklichkeit und Effizienz der Überwachung der Telekommunikation nach den §§ 100a, 100b StPO und anderer verdeckter Ermittlungsmassnahmen, Freiburg i.Br. 2003; *Albrecht, P.*, Bundesgericht, Strafrechtliche Abteilung, Urteil vom 23.8.2011 i.S. Staatsanwaltschaft des Kantons Luzern gegen X. (6B_141/2011), AJP 2012, 130 ff.; *ders.* 2008, 11, 116 f.; *ders.*, Die Strafbestimmungen des Betäubungsmittelgesetzes (Art. 19–28 BetmG), 2. Aufl., Bern 2007; *ders.*, Die Untersuchungshaft – eine Strafe ohne Schuldspruch? Ein plädoyer für den Grundsatz der Unschuldsvermutung im Haftrecht, in: FS Trechsel, Zürich 2002, 355 ff. (zit. Albrecht 2002a); *ders.*, Zur rechtlichen Problematik des Einsatzes von V-Leuten, AJP 2002, 632 ff. (zit. Albrecht 2002b); *ders.*, Die Kollusionsgefahr als Haftgrund, BJM 1999, 1 ff.; *ders.*, Zur Praxis der Anordnung von Untersuchungshaft, plädoyer 1984, 25 ff.; *Arbeitskreis Strafprozessreform*, Die Untersuchungshaft: Gesetzesentwurf und Begründung, vorgelegt von Amelung, K./Bemmann, G./Grünwald, G./Hassemer, W./Krauß, D./Lüderssen, K./Naucke, W./Rudolphi, H.-J./Schubarth, M./Welp, J., Heidelberg 1983; *Arzt, G.*, Gewichtsverlagerung im System der Kriminalitätskontrolle, fp 2009, 360; *ders.*, Beweiserleichterungen bei der Einziehung, recht 1993, 77 ff.; *Bänziger, F.*, Telefonüberwachung in der Schweiz, Kriminalistik 56, 2002, 551 ff.; *Bär, W.*, Strafprozessuale Fragen der EDV-Beweissicherung, Multimedia & Recht 1998, 577 ff.; *ders.*, Zum Beweiswert von DNA-Analysen, in: FS Rehberg, Zürich 1996, 41 ff.; *Baumgartner, H.*, Zum V-Mann Einsatz, unter besonderer Berücksichtigung des Scheinkaufs im Betäubungsmittelstrafverfahren und des Zürcher Strafprozesses, Zürich 1990; *Biedermann, A.*, Bundesgesetz betreffend die Überwachung des Post- und Fernmeldeverkehrs (BÜPF) vom 6.10.2000, ZStrR 2002, 77 ff.; *Beutler, V.*, Vorschneller Einsatz von Kommissar Internet, plädoyer 2012, 10 ff.; *Biedermann, A./Vuille, J.*, Bewertung von DNA-Untersuchungsergebnissen aus der Sicht von Gerichten und Sachverständigen: Wie viel von unserer Wahrnehmung können wir «für wahr nehmen»?, ZStrR 2011, 278 ff.; *Blätter, S.*, Einsatz von verdeckten Ermittlern aus polizeilicher Sicht, AJP 2002, 635 f.; BSK StPO-*Bommer/Goldschmid* 2014, Vor Art. 263–268, Art. 263–268; *dies.*, Die Auswirkungen von Aussagefreiheit und Zeugnisverweigerungsrechten auf Beschlagnahme und Herausgabe, ZBJV 1997, 345 ff.; *Brun, T.*, Die Beschlagnahme von Bankdokumenten in der internationalen Rechtshilfe in Strafsachen, Zürich 1996; *Brunner, M.*,

Haftrichter – 10 Jahre Alibiübung, plädoyer 1999, 22 ff.; *Buermeyer, U.*, Die «Online-Durchsuchung». Technischer Hintergrund des verdeckten hoheitlichen Zugriffs auf Computersysteme, HRRS 2007, 154 ff.; *Burckhardt, P./Ryser, R.M.*, Die erweiterten Beschlagnahmeverbote zum Schutz des Anwaltsgeheimnisses insbesondere im neuen Strafverfahren, AJP 2013, 159 ff.; *Büttiker, L.*, Provokation als Ermittlungsmethode, fp 2014, 93 ff.; *Burger-Mittner, N./Burger, S.*, Die «freiwillige» Hausdurchsuchung im schweizerischen Strafprozess, fp 2012, 307 ff.; *Busch, H.*, DNA-Analytik, Vom Ermittlungsautomatismus zum massenhaften Verdacht, AJP 2002, 637 ff.; *Buttliger, M.*, Schweigepflicht der Bank im Strafverfahren, SJZ 1994, 337 ff.; *Chen, Z.*, Einwilligung als Ersatz des Durchsuchungsbefehls? – am Beispiel der Hausdurchsuchung ohne Durchsuchungsbefehl, fp 2015, 298 ff.; *Contat, L./Müller, J.*, Investigation secrète: de la LFIS au Code de procédure pénale suisse, bref état des lieux, ZStrR 2012, 311 ff.; *Corboz, B.*, L'agent infiltré, ZStrR 1993, 307 f.; *Dahs, H.*, Untersuchungshaft wegen «erkennbarer Absicht» der Verdunkelung, NJW 1965, 890 ff.; *Degener, W.*, Grundsatz der Verhältnismässigkeit und strafprozessuale Zwangsmassnahmen, Berlin 1985; *Döbeli, T.*, Blockieren – Beschlagnahmen – Einfrieren. Eine *mise en place* der Rechtsgrundlagen von Kontosperren, AJP 2015, 1237 ff.; *Donatsch, A.*, DNA-Fingerprinting, ZStrR 1991, 175 ff.; *Donatsch, A./Käser, B.*, Entwicklungen im Strafprozessrecht, SJZ 2011, 389 ff.; *Donatsch, A./Hiestand, E.*, Wortlaut des Gesetzes oder allgemeine Rechtsprinzipien bei der Auslegung von Normen der StPO. Am Beispiel der Haft und der Siegelung, ZStrR 2014, 1 ff.; *Donatsch/Schwarzenegger/Wohlers* 2014, 181 ff.; BSK StPO-*Eugster/Katzenstein* 2014, Art. 280–283; *Dumitrescu, A.*, Die Präventivhaft. Art. 221 Abs. 2 StPO. Praktische Fragestellungen zum Haftgrund der Ausführungsgefahr, AJP 2015, 447 ff.; *Eymann, S.*, Die geheim praktizierte strafprozessuale Kontosperre – Gedanken zu einer Zwangsmassnahme ohne gesetzliche Grundlage, fp 2009, 306 ff. (zit. Eymann 2009a); *dies.*, Die strafprozessuale Kontosperre – Kritische Betrachtung einer geheim praktizierten Zwangsmassnahmen im Lichte rechtsstaatlicher Grundprinzipien, Basel 2009 (zit. Eymann 2009b); *Felber, M.*, Aktuelle bundesgerichtliche Rechtsprechung, SJZ 2012, 64 ff.; *ders.*, Bundesstrafgericht (Urteil SK.2011.8): «Härte gegen Ökoaktivisten – Drei Mal über drei Jahre» in: NZZ vom 23.7.2011, 15 f.; *Fels, M.-A./ Hansjakob T.*, Bankeditionen nach StPO, ZStrR 2011, 22 ff.; *Fickert, S.*, Die Behandlung von Zufallserkenntnissen im Ermittlungsverfahren, unter Berücksichtigung der allgemeinen Grundsätze über Verwertungsverbote, Frankfurt a.M. 2002; *Fingerhuth, T.*, BGE-Praxis – II/2010, fp 2010, 372 ff.; *ders.*, Das Bundesgesetz über die Überwachung des Post- und Fernmeldeverkehrs aus der Sicht der Verteidigung, in: Das neue BG über die Überwachung des Post- und Fernmeldeverkehrs, St. Gallen 2002; BSK StPO-*Fiolka* 2014, Art. 284–285; *Fischer, F.*, Die materiellen Voraussetzungen der ordentlichen Untersuchungshaft im rechtsstaatlichen Strafprozess: Eine Darstellung auf der Grundlage des aargauischen Rechts, Zürich 1995; *Fisnar, S.*, Ersatzanordnungen für Untersuchungshaft und Sicherheitshaft im zürcherischen Strafprozess, Zürich 1997; BSK StPO-*Forster* 2014, Art. 220–233; *ders.*, Das Haftrecht der neuen StPO auf dem Prüfstand der Praxis, ZStrR 2012, 334 ff.; *ders.*, Rechtsschutz bei strafprozessualer Haft, SJZ 1998, 2 ff.; *ders.*, Grundrechtliche Ansprüche an die Haftbedingungen in Strafvollzug und Untersuchungshaft, ZBJV 1992, 406 ff.; BSK StPO-*Fricker/Maeder 2014*, Art. 255–259; *Futterlieb, R.*, Personendurchsuchung, körperliche und geistige Durchsuchung im schweizerischen Strafprozess, Zürich 1978; *Gercke, B.*, Bewegungsprofile anhand von Mobilfunkdaten im Strafverfahren, Berlin 2002; *Germann, M.*, Gefahrenabwehr und Strafverfolgung im Internet, Berlin 2000; *Gfeller, D. R./Bigler, A.*, Zwangsmassnahmen gemäss StPO versus polizeiliche Zwangsmassnahmen nach PolG/ZH, fp 2014, 105 ff.; BSK StPO-*Gless* 2014, Art. 139–141; *dies.*, Strafverfolgung im Internet, ZStrR 2012, 3 ff.; *dies.*, BGer, Str. A., Urteil vom 8. März i.S. X gegen Oberstaatsanwaltschaft des Kantons Zürich 6B_743/2009, BGer, Str. A., Urteil vom 8. März i.S. Oberstaatsanwaltschaft des Kantons Zürich und Beschwerdeführerin gegen X. 6B_837/2009, fp 2011, 28 ff.; *dies.*, Heiligt der Zweck die Mittel?: Beweisverbote im vereinheitlichten eidgenössischen Strafprozess, in: Niggli, M.A./Hurtado Pozo, J./Queloz, N. (Hrsg.), FS Riklin, Zürich 2007, 399 ff.; *Gless, S./Schaffner, D.*, The Handing Over of Property According to Article 29 of the European Arrest Warrant Framework Decision: Legal Scope, Implementation and Alternative Regimes for Handing Over Property in the EU Member States, in: Keijzer, N./van Sliedregt, E. (eds.), The European Arrest Warrant in practice, The Hague 2009; *Gnägi, E.*, Der V-Mann Einsatz im Betäubungsmittelbereich, Bern 1991; *Golschmid, P.*, Das Zwangsmassnahmengericht, fp 2011, 37 ff.; *ders.*, Der Einsatz technischer Überwachungsgeräte im Strafprozess, unter besonderer Berücksichtigung der Regelung im Strafverfahren des Kantons Bern, Bern 2001; *Graf, D. K.*, Beschlagnahmefähigkeit von Befragungsprotokollen und Ermittlungserzeugnissen interner Untersuchungen, fp 2015, 345 ff.; *Guidon, P.*, Zur Anfechtbarkeit verfahrensleitender Entscheide erstinstanzlicher Gerichte, fp 2012, 26 ff.; *Gyorffy, V.*, Mehr Überwachung im Strafprozess, plädoyer 2014, 20 ff.; *Hansjakob, T.*, Grenzen und Rahmenbedingungen der verdeckten präventiven Tätigkeit der Polizei, fp 2015, 33 ff.; *ders.*, Verdeckte polizeiliche Tätigkeit im Internet, fp 2014, 244 ff; *ders.*, Wichtige Entwicklungen der Bundesgerichtspraxis zu Überwachungen des Post- und Fernmeldeverkehrs: Bemerkungen zu den Entscheiden 138 IV 232 vom 6.11.2012 und 1B_48/2012, fp 2013, 173 ff. (zit. Hansjakob 2013a); *ders.*, Die neuen Bestimmungen zu verdeckter Fahndung und Ermittlung, fp 2013, 214 ff. (zit. Hansjakob 2013b); *ders.*, Zur Zulässigkeit von Antennensuchläufen, Bemerkungen zu BGer 1B_376/2011 vom 3.11.2011, in: Jusletter vom 5.3.2012, 1 ff.; *ders.*, Geheime Erhebungen von Beweisen nach StPO, fp 2011, 299 ff.; Donatsch/Hansjakob/Lieber, Kommentar-*Hansjakob* 2014, Art. 249–262, 269–298d; *ders.*, Zwangsmassnahmen in der neuen Eidgenössischen StPO, ZStrR 2008, 90 ff.; *ders.*, Das neue Bundesgesetz über die verdeckte Ermittlung, ZStrR 2004, 97 ff.; *ders.*, Die ersten Erfahrungen mit dem Bundesgesetz über die Überwachung des Post und Fernmeldeverkehrs (BÜPF), ZStrR 2002, 265 ff. (zit. Hansjakob 2002a); *ders.*, Kommentar zum Bundesgesetz und zur Verordnung über die Überwachung des Post- und Fernmeldeverkehrs, St. Gallen 2002 (zit. Hansjakob 2002b); BSK StPO-*Härri* 2014, Art. 234–237; *ders.*, Auswirkungen der Unschuldvermutung auf das Recht der Untersuchungshaft, AJP 2006, 1217 ff.; *Hassemer, W.*, Prozeduralisierung, Wahrheit und Gerechtigkeit. Eine Skizze, in: Pieth, M. und Seelmann, K. (Hrsg.), Prozessuales Denken als Innovationsreiz für das materielle Strafrecht, Kolloquium zum 70. Geburtstag von Detlef Krauß, Basel 2006, 9 ff.; *ders.*, Die Voraussetzungen der Untersuchungshaft, StV 1984, 38 ff.; *Hauser/Schweri/Hartmann* 2005, 323 ff.; *Hölscher, C.*, Der Rechtsschutz und die Mitteilungspflichten bei heimlichen strafprozessualen Zwangsmassnahmen, Frankfurt a.M. 2001; *Holzlöhner, H.*, Die Grundsätze der Erforderlichkeit und Verhältnismässigkeit als Prinzipien des Strafverfahrens, Kiel 1968; *Hürlimann, B.*, «U-Haft dient auch präventiven Zwecken» in: NZZ vom 30.12.2015; *dies.*, Obergericht (Urteil SB110594 vom 2.3.2012): «Keine Strafe für «Grooming» – Das 13-jährige «Zürigirl» war ein Polizist – Teilfreispruch für geständigen Täter», NZZ vom 3.3.2012, 20; Donatsch/Hansjakob/Lieber, Kommentar-*Hug/Scheigger* 2014, Art. 196–200, 220–240; *Indermauer, I.*, Internetfahndung, fp 2014, 223 ff.; *Jaggi, E.*, Geheime Überwachungsmassnahmen, ZBJV 2011, 1 ff.; *Jeanneret/Kuhn* 2013, 330 ff., 356 ff.; *Janssen, G.*, Rechtliche Grundlagen und Grenzen der Beschlagnahme, Berlin 1995; BSK StPO-*Jean-Richard-dit-Bressel* 2014, Art. 269–279; *ders.*, Unheimliche Heimlichkeit in der geheimen Überwachung, plädoyer 2013, 35 ff.; *Jent-Norensen, I./Katzenstein, A./Keller, H.*, Telefonüberwachung – Verfassungsrechtliche Vorgaben und praktische Umsetzung, in: Individuum und Verband, Festgabe zum Schweizerischen Juristentag 2006, Zürich 2006, 552 ff.; *Joset, A./Bürgi, S.*, Die beste Freundin – ein Polizeispitzel, plädoyer 2016, 26 ff.; *Joset, P.*, Zehn Thesen zur V-Mann-Problematik, plädoyer 1993, 34 ff.; *Joset, P./Ruckstuhl, N.*, V-Mann-Problematik aus Sicht der Verteidigung, ZStrR 1993, 355 ff.; *Jositsch* 2013, 115 ff.; *Jositsch, D./Mulle, F.*, Die StPO-Revision in Bezug auf die Bestimmungen über die verdeckte Ermittlung, AJP 2014, 491 ff.; *Jositsch, D./Murer Mikolasek, A.*, Wenn polizeiliche Ermittler im Chatroom in Teufels Küche kommen – oder wie das Bundesgericht neue Probleme geschaffen hat, AJP 2011, 181 ff.; *Keller, A.*, Untersuchungshaft im Kanton St. Gallen – unter altem und neuem Strafprozessgesetz, AJP 2000, 936 ff. (zit. Keller A. 2000); *Keller, H.*, Antiterrormassnahmen: Verfahrensschutz bei der Sperrung von Bankkonten, in: Nachdenken über den demokratischen Staat und seine Geschichte, Beiträge für Alfred Kölz, Zürich 2003, 302 ff.; *dies.*, Grundrechtliche Schranken von geheimen Überwachungsmassnahmen, in: Strafrecht als Herausforderung, Zürich 1999, 405 ff.; *Killias, M./Weder, U.*, «Ungenügender Schutz vor Wiederholungstätern» in: NZZ vom 23.3.2011, 23 f.; *Kinzig, J.*, Die rechtliche Bewältigung von Erscheinungsformen organisierter Kriminalität, Berlin 2004; BSK StPO-*Knodel* 2014, Art. 286–298; *Krauß, D.*, Auf dem Weg zu einer Eidgenössischen Strafprozessordnung. Einige Anmerkungen aus deutscher Sicht, in: Niggli, A./Queloz, N. (Hrsg.), Strafjustiz und Rechtsstaat, Symposium zum 60. Geburtstag von Franz Riklin und José Hurtado Pozo, Bern 2003, 19 ff.; *ders.*, Strafverteidigung – wohin?, recht 1999, 117 ff.; *ders.*, Die Unmittelbarkeit der Hauptverhandlung im schweizerischen Strafverfahren, 2. Teil, recht 1987, 73 ff.; *ders.*, Rechtsstaat und Strafprozess im Vergleich, in: Privatrecht, Öffentliches Recht, Strafrecht, Grenzen und Grenzüberschreitungen, Festgabe zum Schweizerischen Juristentag 1985, Basel 1985, 171 ff.; *ders.*, Der Grundsatz der Unschuldsvermutung im Strafverfahren, in: Strafrechtsdogmatik und Kriminalpolitik, Berlin 1971, 175 ff.; *Kretschmer, J.*, Die Verwertung sogenannter Zufallsfunde bei der strafprozessualen Telefonüberwachung, StV 1999, 221 ff.; *Kühl, K.*, Unschuldsvermutung, Freispruch und Einstellung, Erlangen 1983; *Kühne, H.H.*, Die Definition des Verdachts als Voraussetzung strafprozessualer Zwangsmassnahmen, NJW 1979, 617 ff.; *Lentjes Meili, C.*, Zur Stellung der Banken in der Zürcher Strafuntersuchung – insbesondere bei Bankabfragen und Beschlagnahmen, Zürich 1996; *Leuzinger, A.*, Verdeckte Einvernahme – nach Mr. Big und allgemein, fp 2014, 165 ff.; *Macaluso, A.*, Quelques aspects des procédures relatives à la détention avant jugement dans le CPP suisse, fp 2011, 313 ff.; *Malek, K./Wohlers, W.*, Zwangsmassnahmen und Grundrechtseingriffe im Ermittlungsverfahren, 2. Aufl., Heidelberg 2001; *Manfrin, F.*, Von Ersatzmassnahmen, Kanonen und Spatzen, fp 2015, 243 ff.; *Margiotta, A.*, Das Bankgeheimnis – Rechtliche Schranke eines bankkonzerninternen Informationsflusses?, Zürich 2002; *Matt, P.*, Die Überwachung des Fernmeldeverkehrs im liechtensteinischen Strafverfahren, Zürich 1990; *Métille, S.*, Le secret professionnel à l'épreuve des mesures de surveillance prévues par le CPP, Medialex 2011, 131 ff.; *Meyer, F.*, Neues zu den Rechtsfolgen unzulässiger Tatprovokation, fp 2015, 176 ff.; *Meyer, J.*, Zur prozessrechtlichen Problematik des V-Mannes, ZStW 1983, 834 ff.; *Meyer, J./Ruckstuhl, N.*, Bemerkungen zu ausgewählten Problempunkten im Entwurf zu einer eidgenössischen Strafprozessordnung vom Juni 2001, Anwaltsrevue 9/2002, 6 ff.; *Müller/Schefer* 2008; *Mullis, A.*, Grenzen präventiver erkennungsdienstlicher Behandlung und DNA-Probenahmen, fp 2015, 308 ff.; *Natterer, J.*, Die Verwertbarkeit von Zufallsfunden aus der Telefonüberwachung im Strafverfahren – Eine kritische Betrachtung des schweizerischen und deutschen Umgangs mit Ergebnissen heimlicher strafprozessualer Überwachungsmassnahmen, Basel 2001; *Niggli, M.A./Uebersax, P./Wiprächtiger, H.*, Basler Kommentar Bundesgerichtsgesetz, 2. Aufl., Basel 2011; *Nobel, P.*, Schweizerisches Finanzmarktrecht – Einführung und Überblick, 2. Aufl., Bern 2004; *Oberholzer, N.*, Verdeckte Zwangsmassnahmen und Richtervorbehalt, fp 2011, 225 ff.; *ders.* 2012, 309 ff.; *ders.*, Internet – Neue Herausforderungen in Strafrecht und Strafprozessrecht, in: Internet e diritto, Lugano 2004, 45 ff.; *ders.*, Das neue Bundesgesetz über die Überwachung des Post- und Fernmeldeverkehrs, ZGRG 2002, 1 ff.; *Peters, K.*, 1985, 415 ff.; *Pieth, M.*, Geheimdienstliche Methoden im Alltagsstrafverfahren, plädoyer 2013, 20 f.; *ders.*, Schweizerisches Strafprozessrecht, Grundriss für Studium und Praxis, 2. Aufl., Basel 2012 (zit. Pieth 2012); *ders.*, Strafverfahren gegen das Unternehmen, in: FS Eser, München 2005, 599 ff. (610 ff.); *ders.*, Strafprozess im Spannungsfeld von Sicherheit und Freiheit, in: Mehr Sicherheit – weniger Freiheit?, Schweizerische Arbeitsgruppe für Kriminologie, Bd. 21, Zürich et al. 2003, 15 ff.; *ders.*, Von der Inquisition zum Sicherheitsstaat: ketzerische Gedanken zur aktuellen Strafprozessreform, AJP 2002, 626 ff. (zit. Pieth 2002a); *ders.*, Vom Inquisitionsprozess direkt zum postmodernen Kontrollmodell?, in: FS Trechsel, Zürich 2002, 415 ff. (zit. Pieth 2002b); *ders.*, Bedingte Freiheit, Disziplinierung zwischen Gnade und Kontrolle, Basel 2001; *ders.*, Der Beweisantrag des Beschuldigten im Schweizer Strafprozessrecht, Basel/Frankfurt a.M. 1984; *Piotet, D.*, Les effets civils de la confiscation pénale, Bern 1995; *Piquerez, G.*, La saisie probatoire en procédure pénale, in: FS Schmid, Zürich 2001, 659 ff.; *ders.*, Les mesures provisoires en procedure civile, administrative et pénale, ZSR 1997, 1 ff.; *Piquerez/Macaluso* 2011, 399 ff., 467 ff., 521 f.; CPP Commentaire à l'usage des praticiens-*Pitteloud* 2012, 319 ff.; *Riedo/Fiolka/Niggli* 2011, 245 ff.; *Riklin* StPO Kommentar 2014, 354 ff.; *Roos, E./Jeker, K.*, Antennensuchlauf im Rahmen einer Rasterfahndung, fp 2012, 175 ff.; *Ruckstuhl* 2007, 88 ff.; *ders.* 1998, 53 ff.; *ders.*, Fehlende Parteirechte bei verdeckter Ermittlung, plädoyer 2005, 34 ff.; *ders.*, Das Strafverfahren nach dem Vorentwurf zu einer eidgenössischen Strafprozessordnung vom Juni 2001, Anwaltsrevue 5/2002, 6 ff.; *ders.*, 514 Gesetzesartikel als Mogelpackung, plädoyer 2001, 21 ff.; *Ruckstuhl/Dittmann/Arnold* 2011, 190 ff.; BSK StPO-*Rüegger* 2014, Art. 206–209 und Art. 211; BSK StPO-*Rüegger/Scherer* 2014, Art. 210; *Rudolf, U./Vetterli, L.*, Erste Erfahrungen mit der neuen StPO am Beispiel des Kantons Luzern, fp 2011, 103 ff.; *Schmid* Handbuch 2013, 403 ff.; *ders.* StPO Praxiskommentar 2013, 353 ff.; *ders.*, Verwertung von Zufallsfunden und Verwertungsverbote nach dem neuen Bundesgesetz über die Überwachung des Post- und Fernmeldeverkehrs (BÜPF), ZStrR 2002, 309 ff.; *ders.*, Das neue Einziehungsrecht nach StGB Art. 58 ff., ZStrR 1995, 321 ff.; *ders.*, Zum Haftgrund der Wiederholungs- und Fortsetzungsgefahr in der neueren schweizerischen Strafprozessordnung, SJZ 1987, 225 ff.; *Schmid, N./Hohler, C.*, Die Stellung der Bank und ihrer Mitarbeiter im Strafverfahren unter besonderer Berücksichtigung der Verantwortlichkeit der Bank nach StGB Art. 100^{quater} f., AJP 2005, 515 ff.; *Schubarth, M.*, Chatroomproblematik und Versagen des Gesetzgebers; in: Jusletter vom 13.2.2012; *ders.*, Zur Tragweite des Grundsatzes der Unschuldsvermutung, in: Basler Studien zur Rechtswissenschaft, Heft 120, Basel/Stuttgart 1978, 1 ff.; *ders.*, Die Rechte des Beschuldigten im Untersuchungsverfahren besonders bei Untersuchungshaft, Bern 1973; *Schumann, H.*, Verfahrenshindernis bei Einsatz von V-Leuten als agents provocateurs?, SJZ 1986, 66 ff.; *Schwaibold, M.*, Aus- und Fernwirkungen des Redaktionsgeheimnisses, Bemerkungen zu BGE 140 IV 108, fp 2014, 357 ff.; *Seelmann, K.*, Zur materiell-rechtlichen Problematik des V-Mannes, ZStW 1983, 797 ff.; *Stefani/Levasseur/Bouloc* 2014; *Sträuli, B.*, La procédure pénale dans la jurisprudence du Tribunal fédéral, ZStrR 2016, 1 ff.; *ders.*, La procédure pénale dans la jurisprudence du Tribunal fédéral, ZStrR 2015, 109 ff.; *ders.*, La procédure pénale dans la jurisprudence du Tribunal fédéral, ZStrR 2014, 403 ff.; *Stratenwerth, G.*, Der behördlich erzwungene Verzicht auf das Bankgeheimnis, in: Beiträge zum schweizerischen Bankenrecht, Bern 1987, 227 ff.; *Stratenwerth, G./Wohlers, W.*, Schwarzgeld – Strafbarkeitsrisiken für die Mitarbeiter schweizerischer Banken, ZStrR 2010, 429 ff.; *Stratenwerth, G./Jenny, G./Bommer, F.*, Strafrecht Besonderer Teil I: Straftaten gegen Individualinteressen, 6. Aufl., Bern 2003, 135 ff.; *Thomann, E.*, Verdeckte Ermittlung aus der Sicht der

Polizei, ZStrR 1993, 285 ff.; BSK StPO-*Thormann/Brechbühl* 2014, Art. 244–248; *Tophinke, E.*, Das Grundrecht der Unschuldsvermutung, Bern 2000; *Trechsel, S.*, Struktur und Funktion der Vermutung der Schuldlosigkeit, SJZ 1981, 317 ff.; *Trunz, M./Wohlers, W.*, Hooliganismus-Bekämpfung: Kann die Schweiz von England lernen?, Causa Sport (CaS) 2011, 176 ff.; *Tschigg, R.*, Die Einziehung von Vermögenswerten krimineller Organisationen, Bern 2003; *Vest, H.*, Art. 31 (BV), in: Ehrenzeller, B./Mastronardi, P./Schweizer, R.J./Vallender, K.A. (Hrsg.), Die schweizerische Bundesverfassung, Kommentar, 2. Aufl., Zürich/St. Gallen 2008; *ders.*, Das Beweisantragsrecht des Beschuldigten oder der langwierige Abschied vom Inquisitionsmodell, in: FS Trechsel, Zürich 2002, 781 ff.; *Vuille, J.*, «L'ADN, c'est la signature de Dieu»: ce que la justice pénale dit de la preuve génétique, Zeitschrift für Kriminologie (RSC) 2012, 3; BSK StPO-*Weber* 2014, Art. 196–200; *ders.*, Der elektronisch überwachte Hausarrest und seine versuchsweise Einführung in der Schweiz, Basel 2004; Donatsch/Hansjakob/Lieber, Kommentar-*Weder* 2014, Art. 201–219; *Weder, U.*, Die gefährliche beschuldigte Person und die Wiederholungs- und Ausführungsgefahr, ZStrR 2014, 367 ff.; *Welp, J.*, Überwachung und Kontrolle: Telekommunikationsdaten als Gegenstand strafprozessualer Ermittlungen, Berlin 2000; BSK StPO-*Werlen* 2014, Art. 260–262; *Wietlisbach, T.*, Die Aussage als Beweismittel im aargauischen Strafprozess, Zürich 1998; *Wohlers, W.*, Nr. 7 Bundesgericht, StA. Urteil vom 23.8.2011 i.S. Staatsanwaltschaft des Kantons Luzern gegen X. – 6B_141/2011, fp 2012, 17 ff.; *ders.*, «Rütteln an den Eckwerten des modernen Strafverfahrens. Informationsverbund von Nachrichtendienst und Strafbehörden», NZZ vom 18.7.2007; *ders.*, Das Bundesgesetz über die verdeckte Ermittlung (BVE), ZSR 2005, 215 ff. (zit. Wohlers 2005a); *ders.*, Aktuelle Fragen des Zeugenschutzes – zur Vereinbarkeit der im Strafprozessrecht des Kantons Zürich anwendbaren Zeugenschutznormen mit Art. 6 Ziff. 3 lit. d EMRK, ZStrR 2005, 144 ff. (zit. Wohlers 2005b); *Yoker, Ü.*, «Bundesgericht soll Testkäufe beurteilen: Stäfa ficht Obergerichtsurteil an» in: NZZ vom 10.1.2012, 15; *Zalunardo-Walser, R.*, Verdeckte kriminalpolizeiliche Ermittlungsmassnahmen unter besonderer Berücksichtigung der Observation, Zürich 1998; *Zerbes, I.*, Spitzeln, Spähen, Spionieren. Sprengung strafprozessualer Grenzen durch geheime Zugriffe auf Kommunikation; *dies.*, Das Urteil des deutschen Bundesverfassungsgerichts zur Online-Durchsuchung, Grundrechtlicher Schutz der Vertraulichkeit und Integrität informationstechnischer Systeme – auch in Österreich, ÖJZ 2008, 834 ff.; *Zerbes, I./El-Ghazi, M.*, Zugriff auf Computer: Von der gegenständlichen zur virtuellen Durchsuchung, NStZ 2015, 425 ff.; *Ziegler, M.*, Die Haftbeschwerde im schwyzerischen Strafprozess, SJZ 2003, 489 ff.; *Zimmerlin, S.*, Stalking – Erscheinungsformen, Verbreitung, Rechtsschutz, Sicherheit & Recht 2011, 3 ff.; *Zinglé, J.*, Zufallsfunde bei Randdatenerhebung – Katalogtat als Voraussetzung zu deren Verwertbarkeit, fp 2013, 358 ff.

1. Einführung

a) Definition und Ziele

Das Strafverfahren dient der Verdachtsklärung. Dabei müssen die Beschuldigten nicht mitwirken. Allerdings verfügen die Strafbehörden über Zwangsmassnahmen gegen die Beschuldigten (und in eingeschränktem Masse auch gegen Dritte[1]). Das

1 Art. 197 Abs. 2.

Ziel der Zwangsmassnahmen orientiert sich an diesen Vorgaben[2]: Sie dienen primär der **Beweisbeschaffung** oder **Beweissicherung** (Art. 196 lit. a) und auch der **Sicherstellung der Anwesenheit von Personen im Verfahren** (Art. 196 lit. b). Sie dürfen nicht die Strafe, respektive die Strafzwecke antizipieren (Unschuldsvermutung). Fragwürdig ist daher das dritte in Art. 196 lit. c genannte Ziel, **die Vollstreckung des Endentscheides zu gewährleisten**[3]. Als besonders problematisch muss gelten, dass der Staat die Kosten der Justiz beim als unschuldig geltenden Beschuldigten sicherstellen kann[4], zumal die Justizgewährleistung in erster Linie Staatsaufgabe ist.

b) Allgemeine Schranken

Da es sich bei Zwangsmassnahmen um Eingriffe in die Grundrechte der Betroffenen handelt[5], müssen die allgemeinen, von der BV vorgegebenen Schranken gewahrt werden[6].

Art. 36 Abs. 1 BV wird in Art. 197 Abs. 1 lit. a StPO repliziert: Zwangsmassnahmen können nur ergriffen werden, wenn sie **gesetzlich vorgesehen** sind. Schwere Eingriffe bedürfen eines formellen Gesetzes[7]. Dieser so elementare Grundsatz hatte bis vor Kurzem erhebliche Schwierigkeit, sich in der Schweiz durchzusetzen (zum Beispiel der Schusswaffengebrauch der Polizei war lange Zeit nur in Dienstreglementen geregelt). Er wurde zum Teil mit fragwürdigen Hilfskonstruktionen, wie dem «besonderen Gewaltverhältnis», überspielt. Auch heute bestehen noch Probleme fort, etwa bezüglich der Kontosperre, die weder bei der Beschlagnahme noch – soweit sie geheim angeordnet wird – bei den geheimen Zwangsmassnahmen explizit geregelt ist[8]. Weitere Unsicherheiten haben sich gezeigt, als das Bundesgericht den «Antennensuchlauf» im Rahmen der «Rasterfahndung» gegen noch unbekannte Täter kurzerhand als besondere Variante der Überwachung des Post- und Fernmeldeverkehrs einstufte, die im Gesetz aber nicht ausdrücklich geregelt ist[9]. Geklärt ist mit Art. 197 lit. a aber die Scheinkontroverse um den «*numerus clausus*» der Zwangsmassnahmen. Hatte das Bundesgericht in BGE 131 I 425 ff. (433) noch unter dem verfehlten Hinweis auf das Beweisrecht den *numerus clausus* abgelehnt, machen

2 Donatsch/Schwarzenegger/Wohlers 2014, 181 ff.; Jositsch 2013, 115 ff.; Oberholzer 2011, 225 ff.

3 Krit. ebenfalls Ruckstuhl/Dittmann/Arnold 2011, 190; BSK StPO-Weber 2014, Art. 196 N 12.

4 Siehe unten S. 278 f.

5 Botschaft des Bundesrates, BBl 2006 1085 (1215); Hauser/Schweri/Hartmann 2005, 323; Ruckstuhl/Dittmann/Arnold 2011, 190 f.; BSK StPO-Weber 2014, Art. 196 N 3.

6 Botschaft des Bundesrates, BBl 2006 1085 (1216); Schmid Handbuch 2013, 404 ff.

7 Schmid StPO Praxiskommentar 2013, Art. 197 N 3; BSK StPO-Weber 2014, Art. 197 N 4 f.

8 Eymann 2009b, 81 ff.

9 BGE 137 IV 340; zu Recht krit. Roos/Jeker 2012, 175 ff., v.a. 179 ff.

die BV und die StPO deutlich, dass es keine, im Gesetz nicht vorgesehenen Zwangsmassnahmen geben darf[10].

Nach Art. 36 Abs. 2 BV setzen Grundrechtseingriffe sodann ein **überwiegendes öffentliches Interesse** voraus. In aller Deutlichkeit muss festgehalten werden, dass auch ein erhebliches öffentliches Interesse die gesetzliche Grundlage nicht zu ersetzen vermag[11].

Das Prinzip der **Verhältnismässigkeit** (Art. 36 Abs. 3 BV) wird in der Strafprozessordnung weiter konkretisiert: Abgesehen davon, dass nur **geeignete** Massnahmen zulässig sind, müssen sie **erforderlich** sein (Subsidiaritätsprinzip: Art. 197 Abs. 1 lit. c generell[12]; bei einzelnen Zwangsmassnahmen noch weiter konkretisiert, wie etwa bei den Ersatzmassnahmen für die Untersuchungshaft nach Art. 212 Abs. 2 lit. c und Art. 237 ff.). Auch die **Verhältnismässigkeit im engeren Sinne** findet ihren Ausdruck (Art. 197 Abs. 1 lit. d), etwa im Ausschluss der Untersuchungshaft bei Bagatelldelikten[13]. Ja, Untersuchungshaft dürfte kaum notwendig sein, wenn praktisch sicher ist, dass das erstinstanzliche Gericht auf eine bedingte Freiheitsstrafe erkennen wird[14]. Das Verhältnismässigkeitsprinzip ist sodann sowohl in inhaltlicher[15] wie in zeitlicher Hinsicht[16] zu berücksichtigen.

Auch die **Kerngehaltsgarantie** (Art. 36 Abs. 4 BV) ist im Strafprozessrecht von Bedeutung[17], etwa soweit höchstpersönliche Ausdrucksformen Dritter (Tagebücher von Familienmitgliedern des Beschuldigten) vor der Beschlagnahme geschützt werden[18] oder wo das Folterverbot eine absolute Grenze zieht (Art. 140).

c) Der Tatverdacht

Der besondere strafprozessuale Bezug der Zwangsmassnahmen kommt aber im Erfordernis des Tatverdachts zum Ausdruck (Art. 197 Abs. 1 lit. b).

Im Tatverdacht findet sich die **Legitimation** der gegen den Beschuldigten zulässigen Eingriffe[19]. Zwangsmassnahmen, die erst einen Tatverdacht generieren sollen,

---

10 Hansjakob 2008, 91.

11 Anderer Ansicht aber offenbar noch die Beschwerdekammer im Vorentscheid zu BGE 131 I 425: BK_B 139/04 vom 24.1.2005 (E. 3.5).

12 Donatsch/Hansjakob/Lieber, Kommentar-Hug/Scheidegger 2014, Art. 197 N 17 ff.; BSK StPO-Weber 2014, Art. 197 N 9.

13 Art. 221 Abs. 1; BSK StPO-Weber 2014, Art. 197 N 11.

14 OGer BE (BK 1595) vom 2.4.2015, in: plädoyer 6/2015, 71 f.

15 Abwägung Haftzweck gegen Gesundheitszustand des Inhaftierten: BGE 116 Ia 420.

16 Übermässige Dauer eines Mitteilungsverbots: BGE 131 I 425.

17 Hauser/Schweri/Hartmann 2005, 325; Ruckstuhl/Dittmann/Arnold 2011, 192; Schmid Handbuch 2013, 405; BSK StPO-Weber 2014, Art. 197 N 13.

18 Bezogen auf den Kanton BE vgl. Bommer/Goldschmid 1997, 366.

19 Hassemer 1984, 40.

sind verboten[20]. Massnahmen, die in Rechte unbeteiligter Dritter eingreifen, müssen anders begründet werden, beispielsweise gestützt auf den allgemeinen Bürgerpflichten (Zeugnispflicht).

Die **Definition** des (hinreichenden) Tatverdachts bereitet erhebliche Schwierigkeiten. Fest steht, dass sich die Annahme, es sei eine Tat begangen worden und eine allenfalls verdächtigte Person sei der Täter/die Täterin, aus **konkreten Tatsachen** ergeben muss, die eine vorläufige Subsumtion unter einen Straftatbestand erlauben[21]. Das materielle Recht, die Elemente des Straftatbestandes, geben gewissermassen den gesicherten Bezugsrahmen der, im Übrigen recht unsicheren Prognose ab[22]. Daher ist von besonderer Bedeutung, dass die Straftatbestände präzise formuliert sind. Im Übrigen muss auch die Annahme eines Tatverdachts – genau wie das Schuldurteil – eine objektive «Massfigur» überzeugen können[23].

Je nach Zwangsmassnahme und Verfahrensstadium wird der Massstab unterschiedlich angelegt[24]. Genügt zur Verfahrenseröffnung ein relativ offener **Anfangsverdacht**, bedürfen Zwangsmassnahmen generell eines **hinreichenden**, die Untersuchungshaft und die Telefonkontrolle aber eines **dringenden** Tatverdachts[25]. Zudem werden die Anforderungen von der Praxis mit der Dauer der Massnahmen graduell angehoben. Mit fortschreitender Untersuchung muss sich der Tatverdacht verdichten, sonst ist die Zwangsmassnahme aufzuheben[26]. Die entsprechende Substanziierungspflicht trägt die Verfahrensleitung[27]. Das Mass der Verdichtung kommt im Erfordernis des Grades der Wahrscheinlichkeit zum Ausdruck, mit dem die Indizien für den Tatverdacht sprechen müssen[28].

Es ist den Untersuchungsbehörden verboten, Zwangsmassnahmen ohne Verdacht, zum Zwecke einer «**fishing expedition**», zu ergreifen; ein Thema, das vor allem im Rechtshilferecht von erheblicher Bedeutung ist[29].

---

20 Unklar aber Goldschmid/Maurer/Sollberger 2008, 186.

21 Donatsch/Hansjakob/Lieber, Kommentar-Hug/Scheidegger 2014, Art. 197 N 6.

22 Ackermann 2007, 326 ff.

23 EuGRZ 1989, 557; BGer 1S.16/2006 vom 9.1.2007; 1S.42/2005 vom 28.3.2006.

24 BSK StPO-Weber 2014, Art. 197 N 6.

25 Donatsch/Hansjakob/Lieber, Kommentar-Hug/Scheidegger 2014, Art. 197 N 11 f.; Goldschmid 2011, 37; BSK StPO-Weber 2014, Art. 197 N 13 f. und unten S. 141.

26 Donatsch/Hansjakob/Lieber, Kommentar-Hug/Scheidegger 2014, Art. 197 N 6; Ruckstuhl 2007, 91; vgl. auch BGE 137 IV 122, E. 3.1.

27 Unklar aber BGer 1B_150/2007 vom 9.8.2007.

28 Hauser/Schweri/Hartmann 2005, 328; Ruckstuhl 2007, 92 f.

29 BGer 1A.166/2003 vom 19.1.2004 (E. 2.2); Schmid Handbuch 2013, 404, FN 6; BSK StPO-Weber 2014, Art. 197 N 6.

d) Zwangsmassnahmen und die Unschuldsvermutung?

Zwei theoretisch bedeutsame Fragen stellen sich für sämtliche Zwangsmassnahmen:

Zum einen könnte aus dem Erfordernis des Tatverdachts geschlossen werden, dass die Zwangsmassnahmen ihre Legitimation aus der Wahrscheinlichkeit des Schuldurteils beziehen. Wie wäre ein solches Arrangement aber mit der Unschuldsvermutung in Einklang zu bringen? Die Lehre versucht den Widerspruch dadurch zu glätten, dass sie ins Polizeirecht ausweicht: Das Strafverfahren darf gegen den Verdächtigen eingeleitet und Zwangsmassnahmen gegen den qualifiziert Verdächtigen ergriffen werden, weil er als «**Störer**» der Rechtsordnung erscheint, auch wenn er als unschuldig gilt. Konsequenz dieser Betrachtungsweise ist, dass nur solche Zwangsmassnahmen zulässig sind, die notfalls – bei Einstellung oder Freispruch – auch gegenüber einem wirklich Unschuldigen noch als «Sonderopfer» zu vertreten wären[30]. Allenfalls müssen *ex post* betrachtet unberechtigte Übergriffe entschädigt werden (Art. 431). Zum anderen bleibt die Legitimation von Zwangsmassnahmen gegenüber **unbeteiligten Dritten** prekär[31]. Die Bürgerpflichten könnten zwar einen Ansatz liefern (zum Beispiel die Zeugnispflicht), sie decken aber nicht alle hier gemeinten Fälle ab (problematisch zum Beispiel einziehungsbetroffene Dritte; mitabgehörte Gesprächspartner bei der Telefonkontrolle; unbeteiligte Betroffene von Massen-DNA-Analysen etc.). Mit Ausbau der modernen, tendenziell flächendeckenden und überwiegend geheimen Zwangsmassnahmen muss man zunehmend mit der Erfassung solcher Dritter rechnen. Dass zwischen der beschuldigten Person und dem (nichtverdächtigen) Dritten ein ganz grundsätzlicher Unterschied gemacht wird, zeigt sich zunächst darin, dass die eingreifendste Zwangsmassnahme, die Untersuchungshaft, gegenüber Dritten überhaupt nicht in Frage kommt[32]. Der Gesetzgeber signalisiert in Art. 197 Abs. 2 denn auch sein schlechtes Gewissen gegenüber der Erfassung Dritter durch Zwangsmassnahmen, bietet aber keinen Legitimationsansatz. Bei «offenen» Zwangsmassnahmen (Hausdurchsuchung, Beschlagnahme) fällt es dem nichtverdächtigen Dritten leichter, seine Rechte wahrzunehmen[33], problematisch wird es bei den erwähnten geheimen Streumassnahmen. In Anlehnung an den «Sonderopfergedanken» des Enteignungsrechts müsste das Entschädigungsrecht zumindest *ex post* hier die Balance wieder herstellen. Voraussetzung ist daher, dass auch mitbetroffene Dritte (zum Beispiel bei der Telefonkontrolle) nachträglich informiert werden, und dass ihnen das Recht zur Beschwerde beziehungsweise zur Entschädigung zugestanden wird (in dieser Konsequenz ist es aber durch die Strafprozessordnung nicht garantiert)[34].

30 Krauß 1971, 167 ff.; Vest 2002, 795 f.

31 Donatsch/Hansjakob/Lieber, Kommentar-Hug/Scheidegger 2014, Art. 197 N 23; Ruckstuhl/Dittmann/Arnold 2011, 193; Schmid Handbuch 2013, 404.

32 BSK StPO-Weber 2014, Art. 197 N 14 ff.

33 Zerbes 2010, 280.

34 Siehe unten S. 166 f. und 287 ff.

e) Die Zwangsmassnahmen nach StPO

Die StPO unterscheidet zwischen offenen und geheimen Zwangsmassnahmen. Nach Art. 199 ist die Anordnung der offenen Zwangsmassnahmen den betroffenen Personen zu eröffnen.

Als **offene** Zwangsmassnahmen nennt das Gesetz:

- die Vorladung, die Vorführung und die Fahndung,
- die Anhaltung, die vorläufige Festnahme,
- die Untersuchungs- und Sicherheitshaft, respektive deren Ersatzmassnahmen,
- die Durchsuchung von Personen, von Gegenständen, von Häusern sowie von Aufzeichnungen und Datensammlungen,
- die Untersuchung von Personen (und Leichen),
- die DNA-Analysen (einschliesslich des Spezialproblems der Massenuntersuchung),
- die erkennungsdienstliche Erfassung,
- die Schrift- und Sprachproben
- und die Beschlagnahme.

Als **geheime** Überwachungsmassnahmen nennt das Gesetz:

- die Überwachung des Post- und Fernmeldeverkehrs,
- die Überwachung mit technischen Überwachungsgeräten,
- die Observation,
- die Überwachung von Bankbeziehungen
- und den Einsatz von verdeckten Ermittlern.

f) Zuständigkeit

Die Zuständigkeit zur Anordnung von Zwangsmassnahmen ist geteilt[35]:

- Die **Polizei** verfügt über eigene Zuständigkeiten im Bereich der Anhaltung (Art. 215), der vorläufigen Festnahme (Art. 217), der erkennungsdienstlichen Behandlung (Art. 260) und der Abnahme von DNA-Proben (Art. 255 Abs. 2), der Observation bis zu einem Monat (Art. 282) und neuerdings der verdeckten Fahndung (Art. 298b)[36]. Sie verfügt zudem über eine Notkompetenz bei Gefahr im Verzug bei Hausdurchsuchung (Art. 213), Durchsuchungen (Art. 241) und Beschlagnahme (Art. 263 ff.).
- Die **Staatsanwaltschaft** ist grundsätzlich zur Anordnung von Zwangsmassnahmen zuständig. Sie muss allerdings im Bereiche der geheimen Zwangsmassnah-

35 Vgl. die Aufstellungen bei Riklin StPO Kommentar 2014, Art. 198 N 3 und bei Ruckstuhl/Dittmann/Arnold 2011, 195.

36 Donatsch/Hansjakob/Lieber, Kommentar-Hansjakob 2014, Art. 298b N 9.

men für gewisse Aktivitäten die Genehmigung des Zwangsmassnahmengerichts einholen[37].

- Das **Zwangsmassnahmengericht** ordnet auf Antrag der Staatsanwaltschaft die Untersuchungs- oder die Sicherheitshaft an, beziehungsweise es entscheidet über deren Verlängerung (Art. 220, 227), und über die Anordnung der Kontoüberwachung (Art. 284). Es genehmigt die oben erwähnten geheimen Zwangsmassnahmen.
- Das **erstinstanzliche Gericht** kann alle Zwangsmassnahmen (mit Ausnahme der Haft, die weiterhin in der Kompetenz des Zwangsmassnahmengerichts bleibt) anordnen. Die Berufungsinstanz hat demgegenüber umfassende Anordnungskompetenz für Zwangsmassnahmen (einschliesslich der Haft)[38].

2. Vorladung, Vorführung und Fahndung

a) Vorladung (Art. 201 ff. StPO)

Förmliche Vorladungen der Staatsanwaltschaft oder der Gerichte ergehen schriftlich, die StPO regelt die Form und die Fristen detailliert[39]. Die Vorladung kann mit der Androhung der Vorführung verbunden werden (Art. 201–205). Die Polizei kann im Rahmen des selbständigen polizeilichen Ermittlungsverfahrens formlos Personen zum Zweck der Befragung, der Identitätsfeststellung oder erkennungsdienstlichen Erfassung[40] aufbieten (Art. 206). Allerdings kann die Vorladung nur mit einem staatsanwaltlichen Vorführungsbefehl durchgesetzt werden (Art. 206)[41]. Die formlose polizeiliche Vorladung ist kritisiert worden[42]. Sie wird damit gerechtfertigt, dass den Beschuldigten keine Aussage- oder Wahrheitspflicht treffe[43]. Gerade an diesem Punkt ist die Belehrungspflicht aber schwach. Sie wird bei der formlosen Befragung gar für unnötig erachtet[44].

b) Vorführung (Art. 207 ff. StPO)

Die Vorführung setzt demnach einen schriftlichen Befehl der Verfahrensleitung (Staatsanwaltschaft oder Richter) voraus. Sie ist nur ausnahmsweise ohne vorherige Androhung zulässig, etwa wenn auf Grund konkreter Anhaltspunkte anzunehmen

---

37 Art. 272, Art. 278 Abs. 3, Art. 279 Abs. 2, Art. 281 Abs. 4, Art. 289, Art. 296.

38 Vgl. Art. 229 Abs. 2, 231 f.; Ruckstuhl/Dittmann/Arnold 2011, 197.

39 BSK StPO-Weber 2014, Art. 201 N 6.

40 Art. 260 f.; Ruckstuhl/Dittmann/Arnold 2011, 255 f.; Schmid Handbuch 2013, 475 f.

41 Botschaft des Bundesrates, BBl 2006 1085 (1219); Goldschmid/Maurer/Sollberger 2008, 194 f.; Hansjakob 2008, 94; a.A. offensichtlich Albertini/Fehr/Voser 2008, 311.

42 Riedo/Fiolka/Niggli 2011, 255.

43 Botschaft des Bundesrates, BBl 2006 1085 (1219); Donatsch/Hansjakob/Lieber, Kommentar-Weder 2014, Art. 201 N 55.

44 Schmid Handbuch 2013, 350.

ist, die Person werde einer Vorladung nicht Folge leisten, oder wenn *«ihr sofortiges Erscheinen im Interesse des Verfahrens unerlässlich ist»* (Art. 207–209). Der Hinweis der Botschaft, von diesen Ausnahmen sei nur zurückhaltend Gebrauch zu machen, ist in seiner Allgemeinheit allerdings wenig hilfreich[45].

Generell ist die Anwendung unmittelbaren Zwangs zwar im Ermessen der Polizei. Sie hat sich dabei aber an das Verhältnismässigkeitsprinzip zu halten (Art. 209)[46].

c) Fahndung (Art. 210 f. StPO)

aa) Lokal

Die Fahndung[47], eines der klassischen Tätigkeitsfelder der Polizei, kommt zum einen zur Ermittlung des Aufenthaltsortes (auch Nichtverdächtiger), und zum andern zur Verhaftung ausgeschriebener Verdächtiger in Frage. Nichtbeschuldigte dürfen allerdings nicht festgenommen werden. Werden sie aufgefunden, ist ihnen eine Vorladung auszuhändigen (allenfalls sind sie nach den eingeschränkten Voraussetzungen von Art. 207 vorzuführen).

Nach Art. 211 kann die Öffentlichkeit zur Mithilfe an der Fahndung aufgefordert werden, Bund und Kantone können Bestimmungen über Belohnungen erlassen. Art. 211 dient auch als Rechtsgrundlage der Veröffentlichung von Videos von Verdächtigen (vgl. die Schläger von Kreuzlingen, Hooligans oder Teilnehmer an illegalen Partys). Stimmen warnen vor der grossen Ermessensfreiheit der Behörden und der Stigmatisierung, da das Internet eine unkontrollierte und zeitlich nicht limitierte Verarbeitung der Bilder impliziert. Polizeigesetze geben daher den Verdächtigen die Gelegenheit, sich zu stellen (Unschuldsvermutung?). Allerdings müsste die «Internetfahndung» wesentlich klarer geregelt werden und über ihre Anwendung sollte das Zwangsmassnahmengericht und nicht die Staatsanwaltschaft entscheiden[48].

bb) International

Im Rahmen der grenzüberschreitenden Fahndung ist zwischen Fahndung im Schengen Raum und der weiteren Welt zu unterscheiden: Soweit die Schengen Regelung zur Anwendung gelangt, können die kantonalen Behörden über das SIRENE-Büro auf das Schengen Informationssystem (SIS) zugreifen[49]. Innerhalb des EU Raums gilt es den Europäischen Haftbefehl zu beachten[50].

45 Botschaft des Bundesrates, BBl 2006 1085 (1220).

46 BSK StPO-Rüegger 2014, Art. 209 N 2; Schmid Handbuch 2013, 411.

47 Riedo/Fiolka/Niggli 2011, 258 ff.; BSK StPO-Rüegger 2014, Art. 210 N 1 ff.; Schmid Handbuch 2013, 413 f.; Donatsch/Hansjakob/Lieber, Kommentar-Weder 2014, zu Art. 210.

48 Zu Recht krit. Indermauer 2013, 223 ff., 227; vgl. auch Beutler 2012, 10 ff.

49 BSK StPO-Rüegger/Scherer 2014, Art. 210 N 13 ff. und N 25; Gless 2015, 199 ff.

50 Dazu eucrim, Schwerpunktthema Europäischer Haftbefehl, 1–2/2006; Gless/Schaffner 2009, 297 ff.

3. Polizeiliche Anhaltung und vorläufige Festnahme

Art. 212 Abs. 1 enthält ein Grundprinzip des modernen Prozessrechts: Im Zweifel bleibt die beschuldigte Person in Freiheit *(in dubio pro reo)*. Sie darf nur nach den abschliessend geregelten Bestimmungen freiheitsentziehenden Zwangsmassnahmen unterworfen werden.

a) Die polizeiliche Anhaltung (Art. 215 f. StPO)

Die polizeiliche Anhaltung dient der kurzfristigen Klärung der Lage, sie kann auch Nicht-Verdächtige betreffen, etwa bis die Rollen der am Tatort anwesenden Personen provisorisch geklärt sind (insbesondere auch bei Razzien, Art. 215 Abs. 4). Die Anhaltung dient der Identitätsfeststellung, der Kurzbefragung, der Vorabklärung, ob eine Straftat vorliegt, allenfalls ob nach Gegenständen im Gewahrsam der Person gefahndet wird[51]. Eine Verbringung auf den Posten ist zwar zulässig, allerdings sind die notwendigen Amtshandlungen nach Art. 215 mit Beschleunigung vorzunehmen. Aus Art. 215 Abs. 1 muss sodann für die Verbringung auf den Posten geschlossen werden, dass ein Anfangsverdacht auf eine Straftat bestehen muss[52].

Besonders heikel ist die Situation im Umfeld von Fussballspielen oder Demonstrationen, wenn eine grosse Zahl von nicht klar verdächtigen Personen zur Identifikationsfeststellung auf den Posten mitgenommen wird. Die Polizei hat – im Interesse der Freiheitsrechte der Betroffenen, aber auch zur Wahrung ihres Rufes – die Klärung der Situation zügig und professionell vorzunehmen[53].

Sowohl für die polizeiliche Anhaltung wie für die vorläufige Festnahme gilt, dass spätestens drei Stunden nach der Anhaltung ein zum Voraus bestimmter Polizeioffizier beigezogen werden muss (Art. 219 Abs. 5)[54]. Im Übrigen ist anzunehmen, dass eine länger andauernde «Anhaltung» zur vorläufigen Festnahme wird.

b) Die vorläufige Festnahme (Art. 217 ff. StPO)

Der Begriff der vorläufigen Festnahme, wie er in der neuen Schweizerischen Prozessordnung verwendet wird, ist deshalb unglücklich gewählt, weil er sowohl die polizei-

51 BSK StPO-Albertini/Armbruster 2014, Art. 215 N 5 f.

52 A.A. BSK StPO-Albertini/Armbruster 2014, Art. 215 N 7 und N 19.

53 Fraglich erschien das Vorgehen aber anlässlich einer WEF-Demonstration in Basel, an der scheinbar wahllos Gruppen von Personen (einschliesslich ausländischer Touristen in der Strassenbahn) festgenommen, über sechs Stunden lang festgehalten und mit problematischen Methoden behandelt worden sind. Dazu die Administrativuntersuchung «Meier»: Bericht über die Tätigkeit der vom Vorsteher des Sicherheitsdepartements des Kantons BS eingesetzten Arbeitsgruppe betr. «Datenschutz» und «polizeiliche Massnahmen» im Zusammenhang mit der Anti-WEF-Demonstration vom 26. 1. 2008.

54 Für BL: EG StPO BL vom 9. 3. 2009, § 22a; für BS: EG StPO BS vom 13. 10. 2013, § 32.

liche Festnahme (die höchstens 24 Stunden dauern darf) wie die Haft während der staatsanwaltlichen Haftphase, bis das Zwangsmassnahmengericht entschieden hat, umfasst[55]. Mit Blick auf die polizeiliche vorläufige Festnahme ist Folgendes zu bemerken:

Nach Art. 217 Abs. 1 **muss** die Polizei den wegen eines Verbrechens oder Vergehens auf frischer Tat Ertappten sowie den zur Verhaftung Ausgeschriebenen festnehmen. Der erste Fall dürfte ein Überbleibsel des alten «*Handhaftverfahrens*» sein, der in dieser kategorischen Form mit dem Grundsatz von Art. 212 Abs. 1 (*«die beschuldigte Person bleibt in Freiheit»*) in klarem Widerspruch steht[56]. Ebenfalls problematisch ist, dass die Polizei bei Übertretungen eine vorläufige Festnahme vornehmen **kann**, obwohl eine Fortsetzung in der Form der Untersuchungshaft nach dem klaren Wortlaut des Gesetzes ausgeschlossen ist[57]. Im Zentrum der Bestimmung dürfte allerdings der klassische Hauptfall der vorläufigen Festnahme stehen, bei dem die Polizei 24 Stunden Zeit hat, eine Person auf dem Posten festzuhalten, deren Identität festzustellen, sie erkennungsdienstlich zu behandeln, sie zu befragen und weitere Ermittlungen anzustellen (Art. 217 Abs. 2), bevor sie – spätestens nach 24 Stunden – entweder freizulassen oder der Staatsanwaltschaft zu übergeben ist (Art. 219 Abs. 4). Die Fristen des Gesetzes gelten strikte. Allerdings hat die Staatsanwaltschaft die Möglichkeit, während der Zeit bis zur Haftrichterverhandlung vor dem Zwangsmassnahmengericht (innerhalb von 96 Stunden nach Anhaltung), der Polizei weitere Ermittlungsaufträge zu geben[58].

Voraussetzung der vorläufigen Festnahme ist der **Tatverdacht** (Art. 217). Weitere Haftgründe sind vorerst nicht notwendig. Von Praktikern wird es als problematisch empfunden, dass die neue Prozessordnung keinen expliziten Festnahmebefehl vorsieht[59]; allerdings dürfte die allgemeine Dokumentationspflicht nach Art. 76 ff. zum Nachweis der Fristwahrung notwendigerweise die Protokollierung der Verfahrensschritte erfordern.

Ausnahmsweise sind Private zur Festnahme berechtigt. Sie haben die Festgenommenen aber so rasch als möglich der Polizei zu übergeben (Art. 218)[60].

55 Botschaft des Bundesrates, BBl 2006 1085 (1226); siehe dazu sogleich unten S. 147 ff.; Weder schränkt den Begriff aber auf die polizeiliche Festnahme ein (Donatsch/Hansjakob/Lieber, Kommentar-Weder 2014, Art. 217 N 1).

56 Siehe oben S. 13 f.; krit. Hansjakob 2008, 97; problematisch die Ansicht von Weder, Unterlassung der Festnahme stelle eine Begünstigung dar (Donatsch/Hansjakob/Lieber, Kommentar-Weder 2014, Art. 217 N 13).

57 Art. 217 Abs. 3, vgl. aber Art. 221 Abs. 1; ebenfalls krit. BSK StPO-Albertini/Armbruster 2014, Art. 217 N 9; Schmid Handbuch 2013, 421 f.

58 Die Staatsanwaltschaft muss die Aufträge aber spezifizieren; unzulässig wäre eine Generaldelegation der Ermittlungen an die Polizei; problematisch insofern das Vorgehen im **Einstiegsfall**, siehe oben S. 13 ff.

59 Hansjakob 2008, 98 f.

60 BSK StPO-Albertini/Armbruster 2014, zu Art. 218.

Die vorläufige Festnahme durch die Polizei löst nach der Praxis regelmässig die **erkennungsdienstliche Behandlung** (Art. 260 ff.) aus[61]. Wie die Botschaft zu Recht festhält, ist sie aber nur zulässig, *«wenn sich der Tatverdacht bestätigt»*. Es versteht sich, dass zur Überprüfung des Spurenbildes unter Umständen auch die Fingerabdrücke etc. von nichtverdächtigen Personen abgenommen werden müssen. Allerdings geht es nicht an, flächendeckend Bilder, Fingerabdrücke und DNA-Profile zu sammeln: Die spezifische erkennungsdienstliche Erfassung bedarf der Legitimation[62]. Heikler noch ist die Aufbewahrung der durch die erkennungsdienstliche Behandlung erlangten Unterlagen. Prinzipiell sind sie bei Einstellung, Freispruch und gegenüber Nichtverdächtigen ohnehin zu vernichten sobald das Verfahren gegen die beschuldigte Person abgeschlossen ist[63]. Allerdings sieht Art. 261 Ausnahmen und Modifikationen des Prinzips vor. Als besonders problematisch gelten muss Abs. 2, der – mit Zustimmung der Verfahrensleitung – die Aufbewahrung der Unterlagen bis zu 10 Jahren über den rechtskräftigen Freispruch hinaus (!) zulassen soll. Ist bereits die Aufbewahrung von Unterlagen eines Verurteilten heikel, weil sie im Kern eine Schuldvermutung in die Zukunft hinaus enthält, ist sie gegenüber den Freigesprochenen schlicht nicht zu rechtfertigen. Sie verstösst denn auch gegen Art. 32 BV[64]. Eine verfassungskonforme Auslegung schränkt denn auch die Aufbewahrung der Unterlagen Freigesprochener über die Rechtskraft hinaus auf den Freispruch wegen Schuldunfähigkeit ein[65].

Das in Art. 218 vorgesehene Recht zur vorläufigen Festnahme Privater ist auf jeden Fall subsidiär und auf Ausnahmefälle zu beschränken[66].

4. Die Untersuchungs- und Sicherheitshaft (Art. 220 ff. StPO)

Die Untersuchungshaft ist zugleich der typischerweise schwerste und der klassischste Zwangseingriff im Strafverfahren. An ihr lassen sich die Voraussetzungen und die Probleme vorführen, daher wird in diesem Lehrbuch ihre Erörterung breiter, diejenige der weiteren offenen Zwangsmassnahmen summarischer ausfallen.

Vorab ist wesentlich, zwischen materiellem und formellem Haftrecht zu unterscheiden. Das materielle Haftrecht befasst sich mit den Haftgründen[67], das formelle

61 Hansjakob 2008, 97 zu Art. 259 f.

62 Botschaft des Bundesrates, BBl 2006 1085 (1243).

63 BSK StPO-Werlen 2014, Art. 261 N 4.

64 Vgl. für Details Müller/Schefer 2008, 989; Riedo/Fiolka/Niggli 2011, 310 f.; BSK StPO-Werlen 2014, Art. 261 N 3.

65 Donatsch/Hansjakob/Lieber, Kommentar-Hansjakob 2014, Art. 261 N 5 f.

66 BSK StPO-Albertini/Armbruster 2014, zu Art. 218; Riklin StPO Kommentar 2014, Art. 218 N 1.

67 BSK StPO-Forster 2014, Art. 220 N 1 ff.; Jeanneret/Kuhn 2013, 356 ff.; Jositsch 2013, 123 ff.; Piquerez/Macaluso 2011, 408 ff.; CPP Commentaire à l'usage des praticiens-Pitteloud 2012, 319 ff.; Schmid Handbuch 2013, 424 ff.; Vest 2008, Art. 31 (BV) N 10 ff.

mit den Kompetenzen, dem Verfahren bei Haftprüfung, bei Haftverlängerung, dem Verfahren auf Haftentlassung sowie dem haftrelevanten Rechtsmittelrecht. Im Anschluss an das engere Haftrecht muss ein Blick auf den Vollzug, namentlich den vorzeitigen Strafvollzug sowie auf die Ersatzmassnahmen, geworfen werden.

a) Das materielle Haftrecht

aa) Der dringende Tatverdacht

Art. 221 Abs. 1 verwendet die im Schweizer Prozessrecht klassische Formel, dass die beschuldigte Person eines Verbrechens oder Vergehens **dringend verdächtig** sein muss. Es gilt alles, was einleitend zum Tatverdacht gesagt worden ist[68], allerdings erfordert der dringende Tatverdacht eine **erhebliche Wahrscheinlichkeit** der Verurteilung[69]. Es bedarf ausreichend konkreter Anhaltspunkte für die Täterschaft des Beschuldigten[70]. Das Kriterium muss ernst genommen werden, es haftet ihm aber die ganze Unsicherheit des subjektiven Urteils und der Prognose an. Wie wir sehen werden, versucht man als Schutzmechanismen das Vieraugenprinzip (die richterliche Überprüfung) und die Parteiöffentlichkeit (den Anwaltsbeizug) nutzbar zu machen. Vieles hängt aber davon ab, ob die vorhandenen haftrelevanten Beweismittel wirklich sämtlichen Beteiligten zugänglich gemacht werden[71].

Mit zunehmender Verfahrensdauer **steigen** die Anforderungen an die Konkretisierung. Gelingt es der Verfahrensleitung auch über längere Zeit nicht, die Prognose weiter beweisgestützt zu erhärten, muss die beschuldigte Person freigelassen (eventuell die Untersuchungshaft durch eine Ersatzmassnahme ersetzt) werden[72].

bb) Die besonderen Haftgründe

Zum dringenden Tatverdacht muss ein besonderer Haftgrund hinzutreten. Die Schweizerische Prozessordnung übernimmt zum einen die klassischen Haftgründe[73] der Fluchtgefahr und der Kollusionsgefahr, zum anderen öffnet sie sich allerdings (bedenklich) weit für präventive Haftgründe.

---

68 Siehe oben S. 132 f.

69 Ackermann 2007, 319 ff.; Donatsch/Schwarzenegger/Wohlers 2014, 189 f.; BSK StPO-Forster 2014, Art. 221 N 3; Hauser/Schweri/Hartmann 2005, 328; Oberholzer 2012, 328; Ruckstuhl 2007, 90 f.; Schmid Handbuch 2013, 427.

70 Das Bundesgericht geht in BGer 1B_234/2011 vom 30.5.2011 (E. 3.2.) davon aus, dass dringender Tatverdacht bei Anklageerhebung vorliege, krit. aber Donatsch/Hiestand 2014, 3.

71 Siehe dazu unten S. 147 ff.

72 BSK StPO-Forster 2014, Art. 221 N 3; Goldschmid/Maurer/Sollberger 2008, 206 f.; Oberholzer 2012, 328 f.; Ruckstuhl 2007, 91.

73 Dazu Donatsch/Hiestand 2014, 3.

(1) Fluchtgefahr (Art. 221 Abs. 1 lit. a StPO)

Ziel der Untersuchungshaft (respektive der Sicherheitshaft) ist es, die **Anwesenheit des Beschuldigten** im Verfahren (sowie für einen eventuell notwendigen Strafantritt) sicherzustellen (Art. 196). Allerdings ist das Grundprinzip, dass auch die beschuldigte Person prinzipiell in Freiheit bleiben soll, explizit von der Prozessordnung festgehalten (Art. 212 Abs. 1 Satz 1). Eine Freiheitsbeschränkung kommt nur unter bestimmten Voraussetzungen in Frage: Die Annahme der Fluchtgefahr muss sich auf konkrete Umstände stützen (ernsthaft zu befürchten)[74]. Es bedarf zur Annahme der Fluchtgefahr zudem einer gewissen Wahrscheinlichkeit, dass sich die beschuldigte Person der Strafverfolgung oder dem Strafvollzug entziehen werde[75]. Die Dauer der zu befürchtenden Strafe ist dafür ein Indiz, reicht aber zur Annahme der Fluchtgefahr alleine nicht aus[76]. Vielmehr ist die Gesamtheit der Lebensumstände der beschuldigten Person in Betracht zu ziehen, insbesondere, wo sie ihren Lebensmittelpunkt und ihr Beziehungsnetz hat. Der fehlende Wohnsitz in der Schweiz kann dann ein relevantes Indiz sein, wenn es auch an sonstigen Beziehungen zur Schweiz fehlt[77].

(2) Kollusionsgefahr (Art. 221 Abs. 1 lit. b StPO)

Dem Hauptziel der Zwangsmassnahmen, der **Beweissicherung** (Art. 196 lit. a), dient die Untersuchungshaft, wenn befürchtet wird, dass die beschuldigte Person *«Personen beeinflusst oder auf Beweismittel einwirkt, um so die Wahrheitsfindung zu beeinträchtigen»*. Wiederum geht es nicht um *«theoretische Möglichkeiten»*[78], sondern um konkrete Indizien[79], um die *«erkennbare Absicht»*[80]. Oberholzer macht deutlich, dass Kollusionsgefahr sowohl eine objektive (befürchtete Kollusionshandlungen) wie eine subjektive Komponente (konkrete Kollusionsbereitschaft) aufweisen muss[81].

74 BGE 125 I 60 (E. 3a); BGer 1B_251/2015 vom 26.8.2015 *(ultima ratio)*; 1B_228/2009 vom 31.8.2009 (E. 3.2); 1B_165/2009 vom 30.6.2009 (E. 3.1); vgl. dazu Eicker/Huber 2014, 160 f.

75 BGer 1B_138/2009 vom 18.6.2009 (E. 4.1); 1B_120/2009 vom 5.6.2009 (E. 3.1); 1B_318/2008 vom 6.1.2009 (E. 3.1); BSK StPO-Forster 2014, Art. 221 N 5.

76 BGer 1B_277/2011 vom 28.6.2011 (E. 3.4) geht sehr weit wenn er verlangt, dass mehr als eine hohe Strafe (für Tötungsdelikt) zu gewärtigen sei; BSK StPO-Forster 2014, Art. 221 N 5, Ruckstuhl/Dittmann/Arnold 2011, 212, Schmid Handbuch 2013, 428 f.

77 Der «Kriminaltourist»: vgl. Oberholzer 2012, 332 ff. mit Verweisen.

78 BGE 128 I 149; 117 Ia 69.

79 BGE 132 I 21 (E. 3.2); BGer 1B_705/2012 vom 10.12.2012 (E. 2.1) (für konkrete Indizien); 1B_65/2012 vom 15.2.2012; BSK StPO-Forster 2014, Art. 221 N 6 f.

80 Dahs 1965, 890.

81 Oberholzer 2012, 330 ff.; ebenso Ruckstuhl/Dittmann/Arnold 2011, 214.

Albrecht setzt sich kritisch mit der Praxis zur Kollusionsgefahr auseinander. Zum einen drängt er darauf, dass mit «Kollusion» widerrechtliche Beweisvereitelung im eigentlichen Sinne und nicht blosse Gefährdung der behördlichen Ermittlungstätigkeit gemeint sei[82]. Blosses Lügen ist nicht automatisch ausreichend[83]. Zum andern weist Albrecht darauf hin, dass im Normalfall der zeitliche Rahmen der Untersuchungshaft wegen Kollusionsgefahr eng gesteckt werden muss. In Anwendung des Beschleunigungsgebots (Art. 5 Abs. 2) sind Ermittlungshandlungen zügig vorzunehmen. Mit fortschreitender Untersuchung verliert zudem die Kollusion ihre Wirkung, wenn sie nicht einfach gleichgesetzt wird mit der Tatsache, dass die Untersuchung noch nicht abgeschlossen ist. Insgesamt kommt Albrecht – gestützt auf seine jahrelange Erfahrung auch als Haftrichter – zur Erkenntnis, dass Kollusionshaft im Normalfall höchstens Tage oder Wochen (maximal 1 Monat) dauern dürfe[84]. Ausnahmen sieht er nur für komplexe Wirtschaftsfälle vor. Auf keinen Fall dauert sie über den Abschluss der Untersuchung hinaus[85].

(3) Fortsetzungs- oder Wiederholungsgefahr (Art. 221 Abs. 1 lit. c StPO)
Die Fortsetzungsgefahr nach Art. 221 Abs. 1 lit. c passt nicht ins System der strafprozessualen Zwangsmassnahmen. Wie sich bereits aus den Materialien[86] ergibt, bezweckt dieser Haftgrund Prävention und nicht die Sicherstellung des Strafverfahrens[87]. Dabei handelt es sich bei der Wiederholungs- oder Fortsetzungsgefahr um eine aus dem kantonalen Prozessrecht bekannte Regel[88] (vgl. auch Art. 5 Abs. 1 lit. c EMRK). Trotzdem ist dem Bundesgericht Recht zu geben, wenn es zur Vorsicht mahnt: An den Haftgrund der Fortsetzungsgefahr *«ist ein strenger Massstab anzulegen, wohnt doch [diesem Haftgrund] wesensgemäss eine gewisse Gefahr des Missbrauchs inne»*[89]. Wenig beruhigend ist die Überlegung, dass die zunehmende Attraktivität der präventiven Haftgründe eine Reaktion auf die schärfere Fassung der klassischen Haftgründe sein könnte (ein «Etikettenschwindel»?)[90].

---

82 Albrecht 1999, 3, 6.

83 Siehe den **Einstiegsfall** oben S. 13 ff.; vgl. die Zusammenfassung der Bundesgerichts-Praxis, Goldschmid/Maurer/Sollberger 2008, 207.

84 Albrecht 1999, 18 f.; vgl. die Erwägungen des Zwangsmassnahmengerichts im **Einstiegsfall**, siehe oben S. 13 ff.

85 Ruckstuhl/Dittmann/Arnold 2011, 216.

86 Botschaft des Bundesrates, BBl 2006 1085 (1229); ähnlich Hauser/Schweri/Hartmann 2005, 330 f.; Oberholzer 2012, 337; Schmid 2004, 247 ff.

87 BSK StPO-Forster 2014, Art. 221 N 8; Macaluso 2011, 313 ff.; Zimmerlin 2011, 21 f.; dazu auch Hürlimann in: NZZ vom 30. 12. 2015: «U-Haft dient auch präventiven Zwecken».

88 Schmid 1987, 225 ff.

89 BGE 105 Ia 26 (31); vgl. auch 135 I 71.

90 Albrecht 2002a, 369 u.V.a. Schmid 1987, 228.

Die Lehre bemüht sich um Eingrenzung[91]. Wiederum muss die Gefahr konkret und nicht bloss theoretisch sein[92]. Sie soll sich nach Gesetz bereits in früherer, gleichartiger Delinquenz manifestiert haben. Gesetz und Botschaft betonen weiter die qualifizierte Gefahr, die *«durch schwere Verbrechen oder Vergehen die Sicherheit anderer erheblich gefährdet»*. Diese Formel deutet darauf hin, dass eine Individualgefahr erforderlich ist, selbst wenn sie sich in einem gemeingefährlichen Delikt verbirgt[93]. Sowohl in der Lehre[94] wie in der Rechtsprechung[95] finden sich allerdings in neuester Zeit Stimmen, die die Wiederholungsgefahr extensiv auslegen.

Vorab wird die Formel «durch schwere Verbrechen oder Vergehen» uminterpretiert in «Verbrechen und schwere Vergehen»[96]. Sodann hat das Bundesgericht auch schon aufgrund einer einzigen Vortat oder gar ausnahmsweise ohne Vortat «Fortsetzungsgefahr» angenommen[97]. Es erschliesst gelegentlich die «Vortat» aus der hohen Verurteilungswahrscheinlichkeit beim vorliegenden Anklagepunkt[98]. Dabei bleibt die Abgrenzung zur Ausführungsgefahr nach Art. 221 Abs. 2 ungewiss.

(4) Ausführungsgefahr (Art. 221 Abs. 2 StPO)

Vollends zur «Präventivhaft»[99] wird die Untersuchungshaft aber nach Art. 221 Abs. 2. Noch bevor überhaupt ein Verdacht auf eine konkret begangene Tat besteht, kann jemand (das Gesetz spricht von «einer Person» statt vom «Beschuldigten»[100]) in Haft genommen werden, *«wenn ernsthaft zu befürchten ist, eine Person werde ihre Drohung, ein schweres Verbrechen auszuführen, wahrmachen»*[101]. Nach bundesge-

91 Anders die Praxis, vgl. Weder 2014, 375 f.

92 Oberholzer 2012, 337 f.

93 Der in der Praxis häufige Fall des fortgesetzten Betäubungsmittelhandels dürfte deshalb nicht ohne Weiteres unter die Formel der Fortsetzungsgefahr zu subsumieren sein, weil die Drittgefährdung durch ein erhebliches Mass an Selbstgefährdung erst ermöglicht wird, dass also schon ihr Charakter als «erhebliche Drittgefahr» fraglich ist.

94 Killias/Weder in: NZZ vom 23.3.2011, 23 f.

95 BGE 137 IV 13; krit. Donatsch/Käser 2011, 390 f.

96 BGE 137 IV 84; BGer 1B_126/2013 vom 18.4.2013 (E. 3.3); BSK StPO-Forster 2014, Art. 221 N 11 ff.; ders. 2012, 342 ff.; Donatsch/Hansjakob/Lieber, Kommentar-Hug/Scheidegger 2014, Art. 221 N 32a; zu Recht krit. Donatsch/Hiestand 2014, 4.

97 BGE 137 IV 13; BGer 1B_88/2015 vom 7.4.2015; 1B_133/2011 vom 12.4.2011 in: fp 2012, 2015; dazu Bommer/Kaufmann 2015, 909 f.; BSK StPO-Forster 2014, Art. 221 N 15; Donatsch/Hansjakob/Lieber, Kommentar-Hug/Scheidegger 2014, Art. 221 N 35; krit. Donatsch/Hiestand 2014, 7, 10; Forster 2012, 338 ff.

98 BGE 137 IV 84; Bommer/Kaufmann 2015, 910 f.; krit. Donatsch/Hiestand 2014, 7.

99 Krit. Albrecht 2008, 11 f.; ders. 2002a, 362, 368; Dumitrescu 2015, 447 ff.; a.A. Weder 2014, 379 ff.

100 Eicker/Huber 2014, 163; BSK StPO-Forster 2014, Art. 221 N 16.

101 BGer 1B_48/2015 vom 3.3.2015 (E. 2).

richtlicher Praxis reicht eine implizit geäusserte Drohung[102]. Dieser Haftgrund, den bisher nur einzelne Kantone kannten[103], ist nicht nur unnötig[104], er ist system- und verfassungswidrig[105].

Systemwidrig ist der Haftgrund, weil es sich – ohne jeden Bezug auf einen konkreten Tatverdacht[106] – um eine rein präventivpolizeiliche Massnahme handelt. Sie gehört nicht ins Strafprozessrecht, sondern ins Polizeirecht (vgl. den Polizeigewahrsam[107]) und ist den dort geltenden Regeln zu unterwerfen[108].

Verfassungswidrig ist der Haftgrund der «Ausführungsgefahr», weil dem Bund im präventivpolizeilichen Bereich schlicht die Kompetenz zur Verpflichtung der Kantone fehlt. Art. 221 Abs. 2 verletzt die verfassungsmässige Kompetenzordnung zwischen Bund und Kantonen[109].

(5) Weitere Haftgründe?

Weitere Haftgründe sind nicht vorgesehen; insbesondere sind die Entrüstung der Bevölkerung über ein besonders abstossendes Delikt und auch blosse Gerüchte über die Täterschaft (Haftgrund der «kochenden Volksseele») keine Grundlage der Inhaftierung[110].

cc) Die Verhältnismässigkeit der Haft

Das materielle Haftrecht umfasst nicht nur die Haftgründe, es konkretisiert auch das bereits im Grundsatz erwähnte Verhältnismässigkeitsprinzip[111].

Art. 212 Abs. 1 Satz 1 wiederholt den Verfassungsgrundsatz *«im Zweifel für die Freiheit»*. Sodann dürfen, selbst bei Vorhandensein der Haftgründe, die Verfahrensinteressen nicht absolut gesetzt werden (Art. 197). Insbesondere bei kranken oder

102 BGE 137 IV 339; dazu Bommer/Kaufmann 2015, 911; Forster 2012, 339.

103 Vgl. v.a. ZH und dazu BGE 125 I 361.

104 Meyer/Ruckstuhl 2002, 11; Ruckstuhl 2002, 10.

105 Ebenfalls krit. Riedo/Fiolka/Niggli 2011, 271; Ruckstuhl/Dittmann/Arnold 2011, 220 f.; a.A. aber Donatsch/Schwarzenegger/Wohlers 2014, 194 f.; BSK StPO-Forster 2014, Art. 221 N 17; Schmid StPO Praxiskommentar 2013, Art. 221 N 14.

106 Botschaft des Bundesrates, BBl 2006 1085 (1229); BSK StPO-Forster 2014, Art. 221 N 1, FN 4; Donatsch/Hansjakob/Lieber, Kommentar-Hug/Scheidegger 2014, Art. 221 N 40 ff.; Schmid StPO Praxiskommentar 2013, Art. 221 N 14.

107 Für den Bund vgl. etwa Art. 19 des Zwangsanwendungsgesetzes (ZAG) vom 20.3.2008 («kurzfristiges Festhalten» bis 24 Stunden).

108 Albrecht 2002a, 368 f.; Arbeitskreis Strafprozessreform 1983, 33 ff.; Härri 2006, 1225; Meyer/Ruckstuhl 2002, 1; a.A. Schmid 1987, 228.

109 Härri 2006, 1225.

110 Vgl. aber noch Art. 144 no. 7 des französischen CPP zum Haftgrund des *«trouble à l'ordre public»*.

111 Siehe oben S. 130 ff.

suizidgefährdeten Häftlingen kann sich das Interesse am Leben und an der Freiheit gegen die Verfahrensinteressen durchsetzen[112].

Art. 197 Abs. 1 lit. c hebt aus dem Bereich der «Erforderlichkeit» besonders die **Subsidiarität**[113] der Zwangsmassnahmen hervor, und Art. 212 Abs. 2 lit. c betont für die freiheitsentziehenden Zwangsmassnahmen nochmals die Bedeutung von Ersatzmassnahmen.

Art. 237–240 regeln im Detail die Anordnung von **Ersatzmassnahmen**[114] für die Untersuchungs- und Sicherheitshaft sowie im Besonderen die Leistung, die Freigabe und den Verfall von Sicherheitsleistungen (Kaution). Voraussetzung der Anordnung einer Ersatzmassnahme ist, dass eine oder mehrere mildere Massnahmen den gleichen Zweck erfüllen wie die Haft (in Frage kommen nach Art. 237 Abs. 2 u.a. die Sicherheitsleistung, die Schriftensperre, Auflagen und Kontaktverbote[115]). Abs. 3 schafft die Rechtsgrundlage für das (bisher im Versuchsbetrieb verwendete) *«electronic monitoring»*[116]. Die Verfahrensleitung hat von Amtes wegen zu prüfen, ob insbesondere die Untersuchungshaft wegen Fluchtgefahr durch eine Ersatzmassnahme substituiert werden kann. Ersatzmassnahmen werden allerdings nach dem Wortlaut des Gesetzes (Art. 273 Abs. 1) vom Zwangsmassnahmengericht angeordnet[117].

Bei **Übertretungen** ist Untersuchungshaft generell ausgeschlossen[118] (so auch etwa, wenn ein Vermögensdelikt eine geringe Deliktssumme betrifft[119]).

Die Untersuchungshaft kann nicht nur aus inhaltlichen Gründen, sondern auch wegen ihrer **Dauer** unverhältnismässig werden. Die Verfahrensleitung ist verpflichtet, Haftfälle beschleunigt zu behandeln (Art. 5 Abs. 2). Die Verletzung dieses Prinzips kann die Untersuchungshaft unzulässig werden lassen[120]. Gemäss klassischer Praxis des Bundesgerichts darf der Richter *«die Haft nur so lange erstrecken, als*

---

112 Vgl. z.B. BGE 116 Ia 420.

113 BGE 135 I 71 (E. 2.3); 133 I 270 (E. 2.2); BSK StPO-Albertini/Armbruster 2014, zu Art. 212; BSK StPO-Härri 2014, Art. 237 N 1; Riedo/Fiolka/Niggli 2011, 283.

114 BGE 133 I 27 (E. 3.2 und 3.3); BSK StPO-Härri 2014, Art. 237 N 3 (krit. an Rechtsprechung, die bei Ersatzmassnahmen geringere Anforderungen an die Fluchtgefahr stellt); Schmid Handbuch 2013, 449 ff.; Manfrin 2015, 243 ff.

115 BSK StPO-Härri 2014, Art. 237 N 7 ff.; Riedo/Fiolka/Niggli 2011, 283.

116 Botschaft des Bundesrates, BBl 2006 1085 (1236); Eicker/Huber 2014, 168; BSK StPO-Härri 2014, Art. 237 N 34 ff.; Ruckstuhl/Dittmann/Arnold 2011, 213 f.; krit. Pieth 2001, 383 ff.; dabei wird das *«electronic monitoring»* inzwischen sowohl zur Anwesenheits- wie zur GPS unterstützten Aufenthaltskontrolle angewendet (BSK StPO-Weber 2014, Art. 237, N 13, N 36 ff., N 40 ff.).

117 Vgl. Donatsch/Hiestand 2014, 2.

118 Art. 221 Abs. 1.

119 Vgl. Art. 172ter StGB.

120 BGE 132 I 21.

sie nicht in grosse zeitliche Nähe der (im Falle rechtskräftiger Verurteilung) konkret zu erwartenden Dauer der freiheitsentziehenden Sanktion rückt»[121]. Mit dieser Praxis gerät die Untersuchungshaft in Gefahr, als «vorweggenommene Strafe» oder «Verdachtsstrafe» die Unschuldsvermutung zu verletzen[122]. Die alte Fassung der StPO Baselland[123] hatte versucht, diesen Teufelskreis durch eine Veränderung der Verhältniszahl zwischen der Dauer der Untersuchungshaft und der zu erwartenden Sanktion zu durchbrechen; allerdings ist die Norm 2004 ersetzt worden[124].

Der Gesetzgeber hat sich gegen starre Maximalfristen für die Untersuchungshaft ausgesprochen. Das ist an sich verständlich, problematisch ist allerdings, dass die im neuen Gesetz vorgesehene **Maximaldauer der Erstanordnung** mit drei Monaten deutlich über dem in vielen Kantonen vorgesehenen Durchschnitt liegt[125] und zum Übermass einlädt. Sodann wird die Verlängerung nach Art. 227 Abs. 7 «*jeweils für längstens 3 Monate, in Ausnahmefällen für längstens 6 Monate bewilligt*». Der von der Botschaft genannte Beispielsfall für die ausserordentliche Verlängerung um sechs Monate bei komplexen Wirtschaftsdelikten überzeugt nicht, da es der Verfahrensleitung zumutbar wäre, mindestens alle drei Monate zu begründen, was sie seither unternommen hat, und weshalb die Untersuchung noch nicht weiter vorangeschritten ist. Art. 227 Abs. 7 fordert den Missbrauch geradezu heraus[126].

b) Das formelle Haftrecht

aa) Die Haftanordnung (Art. 224–226 StPO)

Vorweg muss man sich zum Verständnis des typischen Verfahrens nochmals die Phasen vergegenwärtigen, die zur Anordnung der Untersuchungshaft führen können: Wenn die beschuldigte Person nicht bereits zur Fahndung ausgeschrieben ist, kann sich eine Eskalation im Laufe eines **polizeilichen Ermittlungsverfahrens** ergeben. Eine Anhaltung, respektive eine vorläufige Festnahme nach Art. 217 Abs. 2, kann das Verfahren einleiten. Gelegentlich wird eine als Auskunftsperson vernommene Person auch aus der Einvernahme heraus vorläufig festgenommen. Spätestens nach 24 Stunden ist die Person aber zu entlassen oder der Staatsanwaltschaft zuzuführen. Selbst bei interkantonalen Verfahren ist die Frist strikte einzuhalten

121 BGE 132 I 21.

122 Albrecht 2002a, 358 f.; ders. 1999, 17; Härri 2006, 1222 ff.; Ruckstuhl 2007, 102 f.; Tophinke 2000, 383 ff.

123 Alt § 78 StPO BL.

124 Albrecht 2007, 116.

125 § 72 Abs. 2 StPO BS; § 86 Abs. 1 StPO BL (jeweils 4 Wochen). Es ist zu hoffen, dass die Zwangsmassnahmengerichte – wie im **Einstiegsfall** (siehe oben S. 13 ff.) – den Mut haben, die Maximaldauer im Einzelfall zu unterschreiten.

126 Botschaft des Bundesrates, BBl 2006 1085 (1233); Verlängerung vormals etwa in BS und BL für maximal 2 Monate (§ 72 Abs. 2 StPO BS; § 36 Abs. 2 StPO BL).

(Art. 219 Abs. 4). Die **Staatsanwaltschaft** wird ihrerseits die beschuldigte Person unverzüglich einvernehmen und ihr Gelegenheit geben, sich zu den Haftgründen zu äussern. Spätestens innerhalb von 48 Stunden ab dem Zeitpunkt der Festnahme (beziehungsweise der Anhaltung) beantragt sie beim Zwangsmassnahmengericht die Anordnung der Untersuchungshaft oder einer Ersatzmassnahme. Andernfalls entlässt sie die festgenommene Person (Art. 224).

Die eigentliche Haftkompetenz liegt beim **Zwangsmassnahmengericht**. Nachdem die Schweiz sich eine Zeit lang mit der Umsetzung von Art. 5 Abs. 3 EMRK schwer getan hat[127], ergibt sich nun aus Art. 31 Abs. 3 BV in der nötigen Klarheit, dass nur ein unabhängiger Richter für die Haftprüfung zuständig ist[128].

Das Zwangsmassnahmengericht muss seinerseits 48 Stunden nach Eingang des Antrags (also spätestens **96 Stunden** nach Verhaftung) entscheiden[129]. Diese Zeitspanne mag lang erscheinen[130], allerdings erlaubt sie eine zureichende Vorbereitung von Parteien und Gericht sowie eine vertiefte Auseinandersetzung mit den Haftgründen[131]. Bei einer kürzeren Frist bestände die Gefahr, dass das Zwangsmassnahmengericht routinemässig die Haft auf Grund des ersten Eindrucks absegnen würde. Immerhin ist die gesetzliche Maximalfrist nur in Ausnahmefällen auszuschöpfen[132]. Problematisch ist allerdings, dass die gesetzliche Regelung bis zu 96 Stunden «vorläufige Festnahme» durch die Polizei und die Staatsanwaltschaft zulässt. Der eidgenössische Gesetzgeber hat sich für ein **kontradiktorisches Haftprüfungsverfahren** ausgesprochen[133]. Gemäss Art. 225 hat der Beschuldigte von Anfang an Anspruch auf formelle Verteidigung (wenn auch noch nicht unbedingt auf Offizialverteidigung, geschweige denn notwendige Verteidigung[134]), auf Einsicht in die Haftakten und unbeaufsichtigten Kontakt mit dem Verteidiger. Die Haftakte enthält alles, was zur Beurteilung der Haftgründe relevant erscheint[135]. Problematisch wäre es allerdings, wenn nur belastendes Material vorgelegt würde, das den Tatverdacht unge-

127 Illustrativ BGE 137 IV 92; 136 I 274; 131 I 66; 131 I 36; EGMR Entscheid vom 23.10.1990 i.S. *Jutta Huber* v. *Switzerland*, Application no. 12794/87, EuGRZ 21/1990, 502.

128 Vgl. Müller/Schefer 2008, 101 f.; Vest 2008, Art. 31 (BV) N 27.

129 Donatsch/Käser 2011, 389 ff.; BSK StPO-Forster 2014, Art. 224 N 4 und Art. 226 N 1 f.; Goldschmid 2011, 37; Guidon 2012, 27 ff.; Macaluso 2011, 315 ff.

130 Und sie kommt auch bedenklich nahe an die vom EGMR definierte «Schmerzgrenze» der Konventionsverletzung bei fünf Tagen ohne richterlichen Entscheid (EGMR Entscheid vom 23.11.2010 i.S. *Moulin* v. *France*, Application no. 37104/06). Vgl. auch Eicker/Huber 2014, 164 ff.; für zu kurz hält die Frist aber Forster (BSK StPO-Forster 2014, Art. 226 N 2).

131 Botschaft des Bundesrates, BBl 2006 1085 (1231).

132 BSK StPO-Forster 2014, Art. 226 N 2.

133 BSK StPO-Forster 2014, Art. 225 N 1 f.

134 Krit. Albrecht 2007, 19 f.; Ruckstuhl 2007, 326 f.; ders. 2002, 11.

135 Das gilt aber nicht zwingend für alle Verfahrensakten der Staatsanwaltschaft: Botschaft des Bundesrates, BBl 2006 1085 (1231).

bührlich dramatisiert. Sollte sich im Nachhinein herausstellen, dass dem Zwangsmassnahmengericht und der Verteidigung bereits vorhandene entlastende Umstände vorenthalten wurden, wäre die Haftanordnung nicht bloss *ex post*, sondern *ex ante* rechtswidrig. Das hätte eingreifende entschädigungsrechtliche Konsequenzen und könnte gegenüber einer vorsätzlich handelnden Strafverfolgungsbehörde sogar den Vorwurf der Freiheitsberaubung begründen.

Das Gesetz möchte das kontradiktorische Prinzip dadurch zusätzlich unterstützen, dass es das Zwangsmassnahmengericht auffordert, «*die sofort verfügbaren Beweise, die geeignet sind, den Tatverdacht oder die Haftgründe zu erhärten oder zu entkräften*» zu erheben (Art. 225 Abs. 4). Gedacht wird insbesondere an den Alibibeweis[136]. Im Übrigen findet aber vor einem Zwangsmassnahmengericht kein eigentliches Beweisverfahren statt[137].

Die 96-Stundenfrist ist sicher lang, aber sie ist absolut gemeint: Eine Verlängerung wegen Wochenenden oder Feiertagen ist nicht vorgesehen[138]. Soweit weitere Bedenken gegen die 96-Stundenfrist bestehen, ist festzuhalten, dass es auffallen würde, wenn beispielsweise eine Behörde immer wieder die Frist ausnützt, um die beschuldigte Person kurz vor Ablauf zu entlassen. In diesem Fall wäre eine Aufsichtsbeschwerde wegen Umgehung der gesetzlichen Kompetenzordnung denkbar.

Gegen die Erstanordnung der Untersuchungshaft kann nunmehr die Beschwerde ergriffen werden (Art. 222). Probleme bereitet hat die Frage, ob auch die Staatsanwaltschaft zur Beschwerde gegen Haftentscheide legitimiert ist. Darauf ist unten im Kapitel zu den Rechtsmitteln zurückzukommen[139]. Unzulässig ist aber die Beschwerde gegen Haftanordnungen der Verfahrensleitung des Berufungsgerichts (Art. 222 Satz 2, 233)[140].

bb) Das Haftverlängerungsverfahren (Art. 227 StPO)

Bereits erwähnt wurde, dass die Haft jeweils um drei, ausnahmsweise um sechs Monate verlängert werden kann. Das Verfahren ist schriftlich. Gegen die Verlängerung der Haft ist eine Beschwerde möglich (Art. 222).

cc) Das Haftentlassungsverfahren (Art. 228 StPO)

Die beschuldigte Person kann bei der Staatsanwaltschaft **jederzeit** mündlich oder schriftlich ein Gesuch um Haftentlassung stellen, es ist kurz zu begründen. Das

136 Botschaft des Bundesrates, BBl 2006 1085 (1231); BSK StPO-Forster 2014, Art. 225 N 7; krit. Hansjakob 2008, 100; zur Illustration der **Einstiegsfall**, siehe oben S. 13 ff.

137 Vgl. Goldschmid/Maurer/Sollberger 2008, 211.

138 Goldschmid/Maurer/Sollberger 2008, 212; unklar aber BGE 137 IV 118; dazu Sträuli 2014, 413.

139 Siehe unten S. 300 f.

140 Donatsch/Hansjakob/Lieber, Kommentar-Hug/Scheidegger 2014, Art. 222 N 5.

Zwangsmassnahmengericht entscheidet, abermals im schriftlichen Verkehr, über das Gesuch. Uneinigkeit besteht dabei über den Umfang der dem Beschuldigten offenbarten Akten (alle Akten[141] oder die «wesentlichen» Akten[142]). Dieser in Art. 228 Abs. 1 festgehaltene Grundsatz wird allerdings durch die Möglichkeit einer, maximal einmonatigen, «Sperrfrist» teilweise wieder zurückgenommen (Abs. 5). Der Gesetzgeber möchte mit der Sperrfrist «trölerische Gesuche» vermeiden. Die Botschaft beruft sich darauf, dass das Bundesgericht diese Massnahme *«nicht generell für unzulässig erklärt»*[143], eine nicht eben sichere Basis für ein brandneues Gesetz[144].

d) Der vorzeitige Strafantritt (Art. 236 StPO)

In Übereinstimmung mit der kantonalen Tradition (aber in deutlicher Abhebung von ausländischen Rechten) sieht die StPO den vorzeitigen Straf- und Massnahmenvollzug vor. Er setzt einen Antrag der beschuldigten Person, nicht aber deren Geständnis voraus[145]. Er dient dazu, bei Fällen, in denen eine längere Freiheitsstrafe mit grosser Wahrscheinlichkeit zu erwarten ist, die andauernde Untersuchungshaft in einer geeigneteren Institution zu vollziehen. Gerade dieses Anliegen lässt aber deutlich werden, dass hier vor der Verurteilung bereits Strafzwecke verwirklicht werden, im Abgleich gegen die Gewissheit der Anrechnung auf die Strafe. Daran, dass damit die Unschuldsvermutung in Frage gestellt wird, führt kein Weg vorbei, zumal nach lang andauernder beengender Untersuchungshaft die Freiwilligkeit des Übertritts in die Strafhaft fraglich sein kann[146]. Je nach Entwicklung des Prozesses muss der beschuldigten Person die Möglichkeit erhalten bleiben, auch im vorzeitigen Strafvollzug noch ein Haftentlassungsgesuch zu stellen[147].

e) Sicherheitshaft

Terminologisch dauert die Untersuchungshaft bis zum Ende der Untersuchung. Mit Übergang der Verfahrensleitung auf die Gerichte wird aus ihr die «Sicherheitshaft». Nun steht die Gewährleistung der Anwesenheit vor Gericht ganz im Vordergrund. Allerdings vermag das alleinige Interesse an der Anwesenheit des Beschuldigten in der Hauptverhandlung nicht eine Haftverlängerung zu rechtfertigen (zumal wenn

141 Schmid StPO Praxiskommentar 2013, Art. 228 N 5.

142 BSK StPO-Forster 2014, Art. 228 N 3.

143 Botschaft des Bundesrates, BBl 2006 1085 (1233); u.V.a. BGE 126 I 26 und 123 I 31.

144 Forster (BSK StPO-Forster 2014, Art. 228 N 9) mahnt «zu grösster Zurückhaltung».

145 Botschaft des Bundesrates, BBl 2006 1085 (1236).

146 BSK StPO-Härri 2014, Art. 236 N 33; ders. 2006, 1221 f.

147 BGE 139 IV 191; Goldschmid/Maurer/Sollberger 2008, 225; BSK StPO-Härri 2014, Art. 236 N 20; Donatsch/Hansjakob/Lieber, Kommentar-Hug/Scheidegger 2014, Art. 236 N 4; Ruckstuhl/Dittmann/Arnold 2011, 239.

ein Abwesenheitsverfahren möglich ist)[148]. Art. 229–233 regeln detailliert die Zuständigkeit zur Haftverlängerung und Entlassung vor erstinstanzlichem Gericht und vor Berufungsgericht. Von Bedeutung ist, dass vor einer erstinstanzlichen Verurteilung weiterhin das Zwangsmassnahmengericht über die Haft entscheidet, damit das Sachgericht sich noch nicht zur Schwere des Tatverdachts äussern muss und auch eine bloss institutionelle Befangenheit vermieden wird (Art. 229). Nach einer erstinstanzlichen Verurteilung geht diese Kompetenz aber auf die Sachgerichte über (Art. 231, 232)[149].

5. Weitere offene Zwangsmassnahmen

a) Durchsuchungen und Untersuchungen (Art. 241–259 StPO)

Die Schweizerische Strafprozessordnung nimmt die klassischen Kategorien auf:

- die Hausdurchsuchung,
- die Durchsuchung von Aufzeichnungen und Datenträgern,
- die Durchsuchung von Personen und Gegenständen,
- die körperliche und geistige Untersuchung von Personen,
- die Untersuchung von Leichen,
- die DNA-Analyse.

Im Rahmen dieses Lehrbuchtextes drängt sich eine geraffte Abhandlung auf:

aa) Die Hausdurchsuchung (Art. 244 f. StPO)

Die Hausdurchsuchung ist die klassischste der offenen Zwangsmassnahmen[150]. Nach Möglichkeit ist zwar vorgängig die Einwilligung einzuholen[151]. Allerdings warnen Praktiker davor, die Hausdurchsuchung zu sehr zu «informalisieren»: Oftmals ist die «freiwillige» Hausdurchsuchung weit weniger freiwillig als angenommen (Personen werden im Morgengrauen überrumpelt), ohne formellen Haftbefehl wird typischerweise (noch) keine Untersuchung eröffnet und die Bindung an den Tatverdacht ist nicht sichergestellt[152]. Aufgrund solcher Erwägungen hat das Bezirksgericht Zürich eine ohne formellen Hausdurchsuchungsbefehl durchgeführte Beschlagnahme für unzulässig und die Beweise für unverwertbar erklärt[153]. Die Hausdurchsuchung erfordert die Anwesenheit der Inhaberin oder des Inhabers der Räume beziehungsweise deren Vertreter. Gelegentlich kann die Frage, wer Inhaber ist,

148 OGer BE (BK 2013, 397), in: plädoyer 3/2014, 66 f.
149 Krit. Ruckstuhl/Dittmann/Arnold 2011, 237 f.
150 Piquerez/Macaluso 2011, 467 ff.
151 BSK StPO-Thormann/Brechbühl 2014, Art. 244 N 7 ff.
152 Burger-Mittner/Burger 2012, 307 ff.
153 BezGer ZH vom 18.3.2015, in: plädoyer 5/2015, 66 ff.; vgl. auch Chen 2015, 298 ff.

Schwierigkeiten bereiten; diesbezüglich kann auf die Dogmatik des Hausrechts beim Straftatbestand des Hausfriedensbruchs (Art. 186 StGB) verwiesen werden[154].

Zuständig für die Anordnung der Hausdurchsuchung ist die Verfahrensleitung, im Vorverfahren die Staatsanwaltschaft, bei Gefahr im Verzug[155] ausnahmsweise die Polizei zumal, wenn eine verdächtige Person sich in einem Haus zu verstecken scheint (Art. 213 Abs. 2)[156]. Zufallsfunde sind verwertbar, wenn auch für das neue Delikt eine Hausdurchsuchung zulässig gewesen wäre[157].

bb) Die Durchsuchung von Aufzeichnungen und Datenträgern (Art. 246–248 StPO)

Zwei Fragen stehen in diesem Zusammenhang im Zentrum:

Zum einen sind Aufzeichnungen und Gegenstände, die nach Angaben der Inhaberin oder des Inhabers wegen eines Aussage- oder Zeugnisverweigerungsrechts oder aus anderen Gründen nicht durchsucht oder beschlagnahmt werden dürfen, vorerst zu **versiegeln** (Art. 248 Abs. 1). Zur Auslösung der Siegelung reicht das Glaubhaftmachen des Verweigerungsrechts[158]. Allerdings ist das Siegelungsbegehren sobald wie möglich zu stellen. Das Bundesgericht gewährt Nicht-Rechtskundigen, die nicht zureichend auf ihr Recht hingewiesen worden sind, eine Nachfrist[159]. Darauf, ob ein Zeugnisverweigerungsrecht tatsächlich der Kenntnisnahme durch die Behörde entgegensteht, ist unten im Rahmen der Beschlagnahme zurückzukommen[160]. Zur Entsiegelung ist im Vorverfahren das Zwangsmassnahmengericht, in der gerichtlichen Phase das Sachgericht zuständig. Eine Delegation der Triage an die Untersuchungsbehörde ist unzulässig. Allerdings darf das Gericht Fachleute beiziehen. Den Betroffenen, der die Siegelung verlangt hat, trifft eine Mitwirkungsobliegenheit[161]. Die zuständige Strafbehörde hat innert zwanzig Tagen ein Entsiegelungsgesuch einzureichen, sonst sind die Aufzeichnungen und Gegenstände der berechtigten Person zurückzugeben (Art. 248 Abs. 2)[162]. Diese Frist ist zwingend[163]. Die Behörden müssen in ihrem Entsiegelungsgesuch den Tatverdacht und

154 Stratenwerth/Jenny/Bommer 2010, 152.

155 Gefahr im Verzug liegt allerdings vor, wenn nicht auf die staatsanwaltliche Anordnung gewartet werden kann, ohne den Zweck der Massnahme zu gefährden: BSK StPO-Gfeller 2014, Art. 241 N 32 ff.

156 BSK StPO-Albertini/Armbruster 2014, Art. 213 N 8 ff.

157 Donatsch/Schwarzenegger/Wohlers 2014, 180.

158 Botschaft des Bundesrates, BBl 2006 1085 (1239); BSK StPO-Thormann/Brechbühl 2014, Art. 248 N 10; Donatsch/Hansjakob/Lieber, Kommentar-Keller 2014, Art. 248 N 6 ff.

159 BGer 1B_309/2012 vom 6.11.2012; dazu Sträuli 2016, 21; Donatsch/Hansjakob/Lieber, Kommentar-Keller 2014, Art. 248 N 11.

160 Siehe unten S. 156 ff.

161 BGE 137 IV 189; dazu Bommer/Kaufmann 2015, 921.

162 Ruckstuhl/Dittmann/Arnold 2011, 244.

163 Donatsch/Hansjakob/Lieber, Kommentar-Keller 2014, Art. 248 N 37.

die Relevanz der Dokumente für die Untersuchung dartun[164]. Gegen den erstinstanzlichen Entscheid besteht kein Beschwerderecht nach Art. 393 ff., allerdings kann gestützt auf Art. 93 Abs. 1 lit. a BGG eine Beschwerde gemäss Art. 82 Abs. 2 BGG ans Bundesgericht erhoben werden[165]. Der direkte Gang ans Bundesgericht kann sich – zumal bei komplexen Wirtschaftsverfahren – als problematisch erweisen. Gelegentlich hat das Bundesgericht die Aufgabe der Triage contra legem an das kantonale Zwangsmassnahmengericht zurück delegiert[166].

Das Gesetz hält zum anderen fest, dass Datenträger sowie Datenverarbeitungsanlagen durchsucht werden dürfen. Entsprechend sind CDs, USB-Sticks, Festplatten usw. Objekte der Durchsuchung beziehungsweise der Beschlagnahme[167]. Soweit im Datenaustausch Anbieter von Kommunikationsdiensten oder externe Speicher verwendet werden, fragt sich, wie weit der Inhaberbegriff reicht[168]. In der Lehre ist vertreten worden, dass anstelle der physischen Verfügbarkeit der Inhaberbegriff durch die faktische Verfügung über Nutzererkennung und Passwort ergänzt wird[169].

Eine weitere – sehr aktuelle – Frage lässt die Formulierung von Art. 246 aber offen: Verfügen die Behörden (aus irgendwelchen Gründen) über Codes und Passwörter, fragt sich, ob sie, ohne Beschlagnahme des Computers, geräteunabhängig, gewissermassen «virtuell verkleidet», Geräte durchsuchen dürfen. Da es sich bei Art. 246 ff. um eine offene Massnahme handelt (erst die Art. 269 ff. sprechen explizit von «geheimen Überwachungsmassnahmen») müsste der Berechtigte über den Zugriff sofort aufgeklärt werden und es müsste ihm die Gelegenheit gewährt werden, die Siegelung zu beantragen[170].

cc) DNA-Analysen (Art. 255–259 StPO)

Die modernen Technologien eröffnen neue Ermittlungsmöglichkeiten, im Übrigen erlauben sie auch, Ausschlussbeweise zu führen. Allerdings ist mit der DNA-Analyse eine Reihe von Problemen verbunden. Das DNA-Profil-Gesetz vom 20.6.2003[171] versucht, Missbräuche zu verhindern. Der strafprozessuale Teil des Gesetzes ist

164 BGE 138 IV 225; dazu Sträuli 2015, 127.

165 Vgl. aber die Kritik an der aktuellen Praxis in der NZZ vom 19.4.2012, 13, 21. BGer 1B_595/2011 vom 21.3.2012. Krit. Donatsch/Hansjakob/Lieber, Kommentar-Keller 2014, Art. 248 N 48 ff.; BSK StPO-Thormann/Brechbühl 2014, Art. 248 N 64.

166 Donatsch/Hansjakob/Lieber, Kommentar-Keller 2014, Art. 248 N 49; Schwaibold 2014, 358.

167 Zur Durchsuchung und Beschlagnahme elektronischer Datenträger vgl. Aepli 2004, 89 ff., 118 ff.; Bär 1998, 577 ff.; Schmid 1993, 81 ff.; BSK StPO-Thormann/Brechbühl 2014, Art. 246 N 5.

168 BSK StPO-Thormann/Brechbühl 2014, Art. 246 N 6.

169 Zerbes 2010, 26 ff.

170 Zerbes/El-Ghazi 2015, 432 ff.

171 SR 363.

zwar in die Schweizerische Strafprozessordnung überführt worden[172], allerdings lässt die StPO das Gesetz im Übrigen in Kraft. Die Unklarheit, welche Teile nun noch in Kraft sind, ist als unglücklich zu bezeichnen (vgl. Art. 1bis DNA-Profil-Gesetz[173]).

Gestützt auf die moderne Molekular-Biologie wird auf Grund der nicht-codierten Abschnitte der Erbsubstanz DNA eine individualisierende Buchstaben-Zahlenreihe ermittelt, der sogenannte **«genetische Fingerabdruck»**[174]. Die DNA-Teile, die Informationen über Erbinformationen enthalten, dürfen bei der DNA-Analyse nicht verwendet werden[175]. **Vier Phasen** sind im DNA-Fingerprinting zu unterscheiden:

- die Abnahme der Proben,
- die Durchführung der Analyse,
- die Erstellung und Aufbewahrung des DNA-Profils,
- der Abgleich mit anderen Profilen.

Die **Abnahme** von Proben wird grundsätzlich – analog zur körperlichen Untersuchung – von der Staatsanwaltschaft oder dem Gericht angeordnet. Die Polizei darf selbständig nicht-invasive Proben abnehmen (Wangenschleimhautabstrich (WSA), Art. 255 Abs. 2). Die Anordnung der **Analyse** bleibt aber Sache der Staatsanwaltschaft[176].

Voraussetzung der Probeentnahme und der Erstellung eines Profils ist im Strafprozess[177] die Aufklärung eines Verbrechens oder eines Vergehens (Art. 255 Abs. 1). Da es sich um eine Zwangsmassnahme handelt, müssen alle Voraussetzungen des Grundrechtseingriffs, einschliesslich des Tatverdachts, vorliegen[178]. Es ist nicht zulässig, DNA-Proben «auf Vorrat» zu erheben[179]. Dritte dürfen nur ausnahmsweise dem Verfahren unterworfen werden (Art. 255 Abs. 1 lit. b).

172 Botschaft des Bundesrates, BBl 2006 1085 (1241) und Art. 259; BSK StPO-Fricker/Maeder 2014, Art. 255 N 1; Donatsch/Hansjakob/Lieber, Kommentar-Hansjakob 2014, Art. 255 N 2; Schmid Handbuch 2013, 470 f.

173 BSK StPO-Fricker/Maeder 2014, Art. 255 N 5 ff.; Schmid Handbuch 2013, 471.

174 Art. 2 DNA-Profil-Gesetz; Biedermann/Vuille 2011, 279 (FN 7); Hansjakob 2011, 304; Donatsch/Hansjakob/Lieber, Kommentar-Hansjakob 2014, Art. 255 N 3 ff.; Jeanneret/Kuhn 2013, 281 ff.; CPP Commentaire à l'usage des praticiens-Pitteloud 2012, 394 ff.; Ruckstuhl/Dittmann/Arnold 2011, 247 ff.; Schmid Handbuch 2013, 470 ff.; Vuille 2012, 3.

175 Ruckstuhl 2007, 113.

176 Botschaft des Bundesrates, BBl 2006 1085 (1241).

177 Für andere Zwecke vgl. DNA-Profil-Gesetz, SR 363.

178 Schmid Handbuch 2013, 472; vgl. OGer BE vom 6.8.2015, in: plädoyer 1/2016, 66 ff.; OGer BE vom 9.3.2015, in: plädoyer 6/2015, 67 ff.

179 BGE 141 IV 87 entgegen OGer BE; dazu Mullis 2015, 308 ff.; plädoyer 1/2015, 65 ff.; plädoyer 6/2015, 67 ff.; plädoyer 1/2016, 66 ff.

Das Gesetz bietet allerdings keine Rechtsgrundlage für eine routinemässige (selbst nicht-invasive) Probeentnahme anlässlich jeder vorläufigen Festnahme, weil sie nicht mit der erkennungsdienstlichen Erfassung gleichgesetzt werden darf (vgl. Art. 260 f.)[180].

Einer besonderen Regelung unterworfen, ist die Ausnahmefällen vorbehaltene **Massenuntersuchung** von nichtverdächtigen Personen, *«die bestimmte, in Bezug auf die Tatbegehung festgestellte Merkmale aufweisen»*. Sie können vom Zwangsmassnahmengericht auf Antrag der Staatsanwaltschaft zur Aufklärung eines Verbrechens (im technischen Sinne[181]) der Probeentnahme unterworfen werden (Art. 256). Wesentlich ist, dass die *«Merkmale einen Bezug zur Tatbegehung haben»*[182]. Es bedarf also nicht unbedingt eines «personenbezogenen», immerhin aber eines «tatbezogenen» Verdachts[183]. Wesentlich ist, dass – in Anwendung des Verhältnismässigkeitsprinzips – der betroffene Personenbeweis hinreichend bestimmt und damit auch beschränkt wird.

Aus dem DNA-Profil-Gesetz vom 30.6.2003 ergibt sich, welche Profile ins **Informationssystem** aufgenommen werden (vor allem Profile von Tatverdächtigen und von verurteilten Personen). Nicht aufgenommen werden jene von Opfern, von anderen Dritten, die zu Vergleichszwecken erhoben wurden und solchen, die in einer Massenuntersuchung ausgeschlossen wurden, wie auch die von Verdächtigen, die als Täter der in Frage stehenden Verbrechen oder Vergehen ausgeschlossen werden können. Aus der Regelung der Löschung lässt sich indirekt erschliessen, wie lange die Profile zum Abgleich zur Verfügung stehen. Nicht gesagt, aber bezweckt, ist, dass jeder Neuzugang an DNA-Material (vor allem auch Tatortspuren und Opfer-DNA) mit der gesamten gespeicherten Datenbank abgeglichen werden soll. Das Instrument eröffnet nicht nur vergangenheitsorientiert die systematische Generierung von Zufallsfunden, es verfolgt bewusst präventive Zwecke und ermöglicht sogenannte *«cold hits»*[184]. Inzwischen ist die Praxis aber dazu übergegangen, der Sammlung von Proben auf Vorrat entgegenzutreten[185].

---

180 Krit. Hansjakob 2008, 106 (Subsidiaritätsprinzip ist anwendbar).

181 Donatsch/Hansjakob/Lieber, Kommentar-Hansjakob 2014, Art. 256 N 3.

182 Botschaft des Bundesrates, BBl 2006 1085 (1242) versichert, dass die Hautfarbe alleine nicht ausreicht.

183 BSK StPO-Fricker/Maeder 2014, Art. 256 N 4; Donatsch/Hansjakob/Lieber, Kommentar-Hansjakob 2014, Art. 256 N 5 ff.

184 BSK StPO-Fricker/Maeder 2014, Art. 255 N 7; Donatsch/Hansjakob/Lieber, Kommentar-Hansjakob 2014, Art. 251 N 5; ders. 2008, 106; krit. Ruckstuhl 2007, 113 ff. mit Bezug auf sog. «cold hits».

185 BGer 6B_718/2014 vom 10.12.2014, dazu: plädoyer 1/2015, 65 ff.

b) Beschlagnahme (Art. 263–268 StPO) und ähnliche Massnahmen

aa) *Beschlagnahme*

Beschlagnahmt werden können prinzipiell nach Art. 263:

- Beweismittel (Beweismittelbeschlagnahme),
- Gegenstände und Vermögenswerte, die dem Geschädigten zurückzugeben sind (Restitutionsbeschlagnahme),
- allenfalls solche, die nach den Art. 69–72 StGB einzuziehen sind (Einziehungsbeschlagnahme), einschliesslich der Ersatzforderungsbeschlagnahme[186]
- und schliesslich Werte, die der Sicherstellung von Verfahrenskosten, Geldstrafen, Bussen und Entschädigungen dienen (Kostendeckungsbeschlagnahme)[187].

Die Beschlagnahme ist eine «*konservatorische*» Massnahme[188], nur ausnahmsweise dürfen die Objekte vernichtet werden[189]. Sie wird mit einem schriftlichen, kurz begründeten Befehl durch die Staatsanwaltschaft angeordnet. In dringenden Fällen kann die Beschlagnahme mündlich angeordnet werden. Bei Gefahr im Verzug können die Polizei oder gar Private Gegenstände oder Vermögenswerte zuhanden der Staatsanwaltschaft oder der Gerichte vorläufig sicherstellen (Art. 263 Abs. 2 und 3).

Zur Herausgabe von Gegenständen und Vermögenswerten, die beschlagnahmt werden sollen, sind die Inhaberin oder der Inhaber verpflichtet (**Editionspflicht**, Art. 265 Abs. 1). Soweit nicht Gefahr im Verzug besteht, ist ihnen Gelegenheit zur Herausgabe vor Einsatz von Zwang zu gewähren (Art. 265 Abs. 2 und 3).

Kontrovers war lange die Frage, ob sich, wer über ein Aussage- oder Zeugnisverweigerungsrecht verfügt, auch gegen die Beschlagnahme zur Wehr setzen kann. Die vielzitierte Parömie «*was der Mund nicht zu offenbaren braucht, muss auch die Hand nicht preisgeben*»[190] hat aber eher für Verwirrung denn für Klärung gesorgt.

Was für den vor Selbstbelastungszwang geschützten **Beschuldigten** gilt, ist durchaus verallgemeinerbar: Die beschuldigte Person muss weder reden noch am Verfahren mitwirken (Art. 113 Abs. 1; Art. 265 Abs. 2 lit. a). Insofern steht ihr ein Recht zu, die aktive Edition zu verweigern. Allerdings muss sie die Beschlagnahme **dulden**[191]. Der in

---

186 BGer 1B_300/2013 vom 14.4.2014.

187 Vgl. auch BSK StPO-Bommer/Goldschmid 2014, Vor Art. 263–268 N 7; Hauser/Schweri/Hartmann 2005, 339 ff.; Donatsch/Hansjakob/Lieber 2014, Kommentar-Heimgartner 2014, Art. 263 N 2 ff.; Lentjes Meili 1996, 280 ff.; Oberholzer 2012, 401 ff.; Piquerez/Macaluso 2011, 490 ff.

188 BGE 103 Ia 8 (11); Donatsch/Hansjakob/Lieber 2014, Kommentar-Heimgartner 2014, Art. 263 N 1 ff.

189 BGE 130 I 360 (363); 129 I 103; BSK StPO-Bommer/Goldschmid 2014, Vor Art. 263–268 N 14 und N 16; Jositsch 2013, 140 ff.

190 Hauser/Schweri/Hartmann 2005, 355; Schmid Handbuch 2013, 491.

191 Siehe oben S. 86 ff.

Art. 265 Abs. 2 lit. c vorgesehene Schutz von Unternehmen vor Editionsverfügungen **kann** etwa **Hausdurchsuchungen und Beschlagnahmeverfügungen nicht verhindern.** Analog dazu trifft die auskunftsverweigerungsberechtigten **Zeugen**, die vor einem Interessenkonflikt geschützt werden sollen (Familienangehörige, Zeugen, die sich oder Nahestehende belasten müssten) weder eine Auskunfts- noch eine Herausgabepflicht (Art. 265 Abs. 2 lit. b)[192]. Dass sie allerdings einen Eingriff dulden müssen, versetzt sie nicht im gleichen Mass in einen Gewissenskonflikt[193]. Eine Ausnahme macht Art. 264 in Abs. 1 lit. b und c für persönliche Aufzeichnungen der beschuldigten Person und für Korrespondenz mit Zeugnisverweigerungsberechtigten (es geht dabei um den Schutz des Wesenskerns von Grundrechten)[194].

Ein eigentliches **Beschlagnahmeverbot** gilt **nur** im Rahmen der Zeugnisverweigerungsrechte aus **Amts-** oder **Berufspflicht.** Im Zentrum des Beschlagnahmeverbotes stehen die qualifizierten Berufsgeheimnisse nach Art. 321 StGB (Art. 171 StPO)[195]. Explizit genannt werden in Art. 264 die Verteidigerkorrespondenz und Anwaltspost generell (Art. 264 Abs. 1 lit. a, c und d)[196]. Dabei ist gleichgültig, ob sich die Beschlagnahmeobjekte beim Berechtigten, beim Beschuldigten oder bei Dritten (zum Beispiel bei einer Bank) befinden («ungeachtet des Ortes»[197]). Hier gilt es nicht bloss, ein Vertrauensverhältnis zu schützen[198], vielmehr steht eine Institution (Anwaltschaft und Verteidigung), der es auf Grund eines öffentlichen Interesses bedarf, auf dem Spiel. Daher sind die betreffenden Unterlagen nicht nur editions-, sondern auch beschlagnahmeresistent[199]. Das gilt natürlich nur soweit der Berufsgeheimnisträger nicht selbst tatverdächtig ist (Art. 264 Abs. 1 lit. c und d jeweils *in fine*)[200]. Zudem ist der Schutz auf Objekte beschränkt, die durch das eigentliche Geheimnis geschützt werden (bei Anwälten also nicht etwa auf was im Rahmen eines Treuhandverhältnisses generiert worden ist[201];

---

192 Schmid Handbuch 2013, 489 ff.

193 Bommer/Goldschmid 1997, 366; Hansjakob 2008, 108 u.V.a. das Bundesgericht.

194 Donatsch/Hansjakob/Lieber, Kommentar-Heimgartner 2014, Art. 264 N 5 ff.

195 BSK StPO-Bommer/Goldschmid 2014, Art. 264 N 1 ff. und N 13 ff.; zum Redaktionsgeheimnis vgl. BGE 140 IV 108; dazu Donatsch/Hansjakob/Lieber, Kommentar-Heimgartner 2014, Art. 264 N 14; Ruckstuhl/Dittmann/Arnold 2011, 257 f.; Schwaibold 2014, 357 ff.

196 Burckhardt/Ryser 2013, 159 ff.

197 Donatsch/Hansjakob/Lieber, Kommentar-Heimgartner 2014, Art. 264 N 2; Schwaibold 2014, 360.

198 BSK StPO-Bommer/Goldschmid 2014, Art. 264 N 12 und N 21 f.

199 Bommer/Goldschmid 1997, 370 ff.

200 Art. 264 Abs. 1 lit. c und d *e contrario*; Schmid Handbuch 2013, 487 f.; Sonderregeln gelten bei der Beschlagnahme beim tatverdächtigen Arzt: Es gilt die selbständigen Patienteninteressen zu wahren.

201 BSK StPO-Bommer/Goldschmid 2014, Art. 264 N 26; Donatsch/Hansjakob/Lieber, Kommentar-Heimgartner 2014, Art. 264 N 16c; Donatsch/Hansjakob/Lieber, Kommentar-Keller 2014, Art. 248 N 27 ff.; Schmid Handbuch 2013, 488 f.

ebenso fällt die Tätigkeit als Verwaltungsrat nicht in die klassische Anwaltstätigkeit). Mit der neuen lit. d wurde das Beschlagnahmeverbot auf den Anwaltsverkehr nicht beschuldigter Personen ausgedehnt (z.B. auf die noch nicht beschuldigte Unternehmung bei Verfahren gegen Mitarbeiter).

Problematisch sind Grenzfälle, bei denen Unterlagen zugleich den Nachweis deliktischer Tätigkeit erbringen, dem Anwalt aber im Original oder in Kopie zur Abklärung der Rechtslage vorgelegt werden. Auch wenn es nicht angeht, etwa bei einem «*external Counsel*» ein «*safe haven*» für problematische Geschäftskorrespondenz einzurichten, dürfen die mandatsbezogenen Unterlagen bei ihm nicht beschlagnahmt werden, solange er nicht im Verdacht steht, Komplize zu sein[202]. Nicht beschlagnahmefähig sind Unterlagen aus sogenannten «internen Untersuchungen» durch externe Anwälte[203].

Zuständig für die Anordnung der Beschlagnahme ist (analog zur Regelung der Hausdurchsuchung) die Verfahrensleitung, die Polizei nur bei Gefahr im Verzug.

Art. 265 Abs. 3 und Abs. 4 machen klar, dass die Behörden, bevor sie zur Zwangsmassnahme greifen, der zur Herausgabe verpflichteten Person eine Chance zur freiwilligen Kooperation gewähren sollen. Sie können aber auch von Pflichtigen als Alternative zur Beschlagnahme Edition verlangen und zugleich Ungehorsamsstrafe (Art. 292 StGB) androhen. Das Prinzip des milderen Mittels, das auch sonst im Rahmen von Zwangsmassnahmen gilt, wird hier explizit gemacht[204].

bb) Kontosperre

Bisher noch weitgehend ungeklärt ist die in der Praxis (vor allem auch in transnationalen Verfahren) besonders wichtige **Konto- oder Vermögenssperre**. Sie wird in der Praxis gelegentlich als Variante der Beschlagnahme behandelt, ohne dass sie im Gesetz explizit Erwähnung findet[205]. Problematisch ist die fehlende gesetzliche Grundlage jedenfalls dort, wo sie nicht nur diskret angeordnet, sondern gegenüber dem Berechtigten auch weiterhin aktiv (durch Mitteilungsverbot) geheim gehalten wird[206]. Die Normen über die geheime Kontoüberwachung sind auf Grund ihres verschiedenen Regelungsinhalts nicht anwendbar, und der Betroffene müsste erst mit einer

202 BSK StPO-Bommer/Goldschmid 2014, Art. 264 N 23 ff.; BSK StPO-Heimgartner 2014, Art. 264 N 7 ff.

203 Graf 2015, 345 ff.

204 BSK StPO-Bommer/Goldschmid 2014, Art. 265 N 1.

205 Albertini/Fehr/Voser 2008, 484; vgl. auch Döbeli 2015, 1240 ff.

206 BSK StPO-Bommer/Goldschmid 2014, Art. 266 N 19; Eymann 2009a, 306 ff.; dies. 2009b, 197 ff.; Fels/Hansjakob 2011, 22 ff.; Hansjakob 2011, 299 ff.; a.A. Ruckstuhl/Dittmann/Arnold 2011, 259.

Rechtsverweigerungsbeschwerde eine anfechtbare Verfügung bewirken, wenn er sich adäquat zur Wehr setzen wollte[207].

cc) Bankabfrage

Nicht geregelt ist die in der Praxis häufig angeordnete Bankabfrage. Die Strafverfolgungsbehörde weist die Bank an, Auskunft über für das Strafverfahren relevante Bankbeziehungen zu erteilen sowie Unterlagen zu edieren, die der Ermittlung des Sachverhaltes oder der Feststellung von Bankbeziehungen eines Angeschuldigten dienen. Die Verfügungsrechte des Beschuldigten über die Vermögenswerte bleiben dabei bestehen. Bankabfragen werden in der Praxis aus Effizienz- und Praktikabilitätsüberlegungen gestellt. Sie werden in der Regel mit der Anweisung an die Bank verbunden, den Kunden nicht über die Massnahme zu informieren. Abgesichert wird dieses Mitteilungsverbot durch die Strafandrohung von Art. 292 StGB[208].

Die Rechtsnatur der Bankabfrage ist umstritten[209]. Das Bundesgericht[210] hat die Herausgabe von Unterlagen im Verwaltungsstrafrecht zunächst als Zwangsmassnahme qualifiziert. In einem späteren Entscheid[211] hat es die Aufforderung des Bundesanwaltes zur Auskunftserteilung bzgl. Kundenbeziehungen allerdings nicht als Zwangsmassnahme angesehen, sondern unter die Bestimmung über Auskunftserteilung gegenüber der gerichtlichen Polizei (Art. 101bis BStP) subsumiert. Auch nach der gängigen bundesgerichtlichen Praxis stellt die Auskunftserteilung keine Zwangsmassnahme dar[212]. Zeugnisverweigerungsberechtigte Personen sind bei der schriftlichen Auskunft auf ihr Aussageverweigerungsrecht und die Straffolgen von Art. 307 StGB aufmerksam zu machen. Dies ist problematisch, da die zwingenden Formen der Zeugenaussagen (insb. Belehrungspflichten) nicht in jedem Fall eingehalten werden.

Richtigerweise lässt sich der Zwangscharakter der Bankabfrage nicht in Abrede stellen, da sie das Bankgeheimnis durchbricht. Dieser Umstand macht eine ausdrückliche gesetzliche Regelung erforderlich. Die höchstrichterliche Rechtsprechung erweist sich als verfehlt[213].

---

207 Eymann 2009b, 84, 101 ff.; vgl. auch BSK StPO-Bommer/Goldschmid 2014, Vor Art. 263–268 N 14; Fels/Hansjakob 2011, 29, 38 ff.; BSK StPO-Fiolka 2014, Art. 285 N 13; BSK StPO-Härri 2014, Art. 237 N 29.

208 Zur Problematik der Mitteilungspflichten bzw. Mitteilungsverboten der Bank bzgl. der Bankabfrage vgl. Lentjes Meili 1996, 217 ff., 225; BGE 131 I 425.

209 Lentjes Meili 1996, 167 f., 172.

210 BGE 119 IV 175 (177) = Pra 1994, Nr. 73.

211 BGE 120 IV 260.

212 Bestätigt in BGer 6B_104/2007 vom 23.7.2007 (E. 3.4): *«Durch eine solche Bankabfrage, welche im Gegensatz zur Durchsuchung und Beschlagnahme keine Zwangsmassnahme darstellt, wird die Bank dazu angehalten, ihr selbst gehörende Akten und Informationen zu übermitteln.»*

213 Auch Schmid (Handbuch 2013, 489, 520) wo allerdings m.A.n. zu Unrecht auf die Edition gemäss Art. 265 verwiesen wird.

dd) Zufallsfunde

Die Verwertbarkeit von Zufallsfunden ist in der Prozessordnung einzig für die Telefonüberwachung und die verdeckte Ermittlung geregelt (Art. 278 und Art. 296). Eine generelle Regel fehlt, obwohl Zufallsfunde etwa auch bei den verschiedenen Varianten der Durchsuchung auftreten. Während einzelne Autoren aus dem Schweigen des Gesetzgebers eine prinzipielle Zulässigkeit ableiten, entnehmen Piquerez/Macaluso den erwähnten Bestimmungen eine generelle Regel: Sie sind verwertbar, wenn zur Aufklärung der neu entdeckten Straftat eine Durchsuchung hätte angeordnet werden dürfen[214].

6. Geheime Zwangsmassnahmen

a) Einführung

Die sogenannten «geheimen Zwangsmassnahmen», allen voran die Überwachung des Post- und Fernmeldeverkehrs (Telefonkontrolle, TK) und der Einsatz von verdeckten Ermittlern, wurden mit dem Zuwachs an neuen Formen von Makrokriminalität (organisiertes Verbrechen, Wirtschaftskriminalität, Terrorismus und schwere Menschenrechtsverletzungen) **gerechtfertigt**. Sie sollten vor allem dazu dienen, in abgeschottete Machtapparate einzudringen (Art. 260ter StGB). Was ursprünglich als eine Art Sonderprozessordnung für das «Feindstrafrecht»[215] gedacht war, wurde aber von der Praxis, insbesondere im Betäubungsmittelbereich, stark auf Alltagssituationen erweitert[216], und die Deliktskataloge von Art. 269 Abs. 2 und Art. 286 Abs. 2 lassen darauf schliessen, dass die geheimen Zwangsmassnahmen in viel weiterem Masse salonfähig geworden sind[217]. Das ist für die TK insofern verständlich, als sie auch typischerweise mit dem Telefon oder dem Computer begangene Delikte miterfasst (zum Beispiel Hacken, Verbreiten von Brutalodarstellungen und harter Pornografie). Im Übrigen ist aber mit Hilfe der gesetzlichen Anforderungen auf einen beschränkten und gezielten Einsatz dieser riskanten Zwangsmassnahmen zu dringen:

Die geheimen Zwangsmassnahmen bereiten in drei Richtungen **Schwierigkeiten**:

- Sie sind in der Abgrenzung von Prävention und Repression unscharf. Während nunmehr auf Grund des BÜPF[218] und der neuen StPO geklärt ist, dass die TK

214 Piquerez/Macaluso 2011, 486 f.

215 Siehe oben S. 7 ff.

216 Albrecht 2007, 177 ff.

217 Zur zahlenmässigen Zunahme vgl. Oberholzer 2011, 227 f.

218 BG betreffend die Überwachung des Post- und Fernmeldeverkehrs (BÜPF) vom 6.10.2000 (SR 780.1).

nur der Tataufklärung dient (abgesehen von der Fahndung nach Vermissten)[219], befürchtet die Lehre nach wie vor, dass sich in der Praxis die laufende Beobachtung aktuellen Geschehens vor die Abklärung vergangener Straftaten schiebt[220]. Demgegenüber gehen beim Einsatz verdeckter Ermittler (resp. Fahnder) die präventiven und repressiven Kompetenzen direkt und auf diffuse Weise ineinander über[221]. Zumal von Praktikern wird die Unschärfe gerade begrüsst (und das BVE von 2005 hatte sie noch begünstigt)[222].

- Sodann schafft die Heimlichkeit der Massnahmen ein erhebliches Missbrauchspotenzial, das durch die richterliche Genehmigung beziehungsweise die Anordnung nur teilweise ausgeglichen wird[223].
- Schliesslich geht die verdeckte Ermittlung typischerweise weit über reines Beobachten hinaus. Dadurch, dass der Verdächtige – ohne es zu wissen – in eine befragungsähnliche Situation gerät, wird das Autonomieprinzip und der Grundsatz, dass sich niemand selbst belasten muss, in Frage gestellt[224]. Abermals ist dies nur unter eingeschränkten Voraussetzungen und unter Einhaltung besonderer Sicherungen zulässig. Diese Tendenz ist durch die kürzlich erfolgte Ergänzung der Strafprozessordnung um die «verdeckte Fahndung» (Art. 298a ff.) noch verschärft worden.

Die Typologie der geheimen Zwangsmassnahmen muss zwischen zwei Formen unterscheiden:

Nach dem ersten, «**schlicht geheimen**», Typus ist die Strafverfolgungsbehörde lediglich in einer Beobachterrolle, auch wenn die Observation des (Privat-)Lebens über Wochen oder Monate andauern und recht invasiv werden kann (hierhin gehören neben der TK die Observation, der Lausch- und Spähangriff und die Überwachung von Bankbeziehungen).

Demgegenüber erlangt der Einsatz der verdeckten Ermittlung (und unter Umständen der verdeckten Fahndung) durch das **interaktive** Element eine zusätzliche Dimension, die nicht nur – wie erwähnt – ein «verdecktes Verhör» ermöglicht, sondern das Risiko mit sich bringt, dass der Staat selbst zur Deliktbegehung beiträgt.

219 Die präventive Telefonabhörung ist ins Polizeirecht verwiesen: BSK StPO-Jean-Richard-dit-Bressel 2014, Art. 269 N 33.

220 Oberholzer 2011, 226 ff.; ders. 2005, 550.

221 Siehe dazu gleich unten S. 171 ff.

222 Hansjakob 2013b, 214; Jositsch/Mulle 2014, 491 ff.

223 Hauser/Schweri/Hartmann 2005, 357; Gyorffy 2014, 22; Oberholzer 2011, 230; ders. 2005, 557; Pieth 2013, 20 f.

224 Oberholzer 2011, 225; a.A. (jedenfalls bezogen auf die TK) BSK StPO-Jean-Richard-dit-Bressel 2014, Art. 269 N 21; zum Verbot erzwungener Selbstbelastung (Aushorchen eines Häftlings durch einen Spitzel im EGMR Entscheid vom 5.11.2002 i.S. *Allan* v. *UK*, §§ 50 ff.); Buttiker 2014, 95 f.; vgl. aber Leuzinger 2014, 165 ff.

b) Die Überwachung des Post- und Fernmeldeverkehrs (Art. 269–279 StPO)

Bei der Überwachung des Post- und Fernmeldeverkehrs (TK) handelt es sich um einen schweren Eingriff in die Privatsphäre der Betroffenen (Art. 8 EMRK; Art. 13 Abs. 1 BV), der nicht leichtfertig anzuordnen ist[225]. Gestützt auf Art. 269 ff., aber auch auf die weiterhin geltenden Regeln des BÜPF[226] können, wenn die materiellen Voraussetzungen und die formellen Anforderungen eingehalten werden, die Post- und Telekommunikation, aber auch neue Kommunikationsformen, wie E-Mail, Skype etc.[227] aufgezeichnet werden.

Das BÜPF ist am 18.3.2016 vom Parlament total revidiert worden. Zur Zeit der Bearbeitung dieses Textes ist allerdings noch offen, ob das angedrohte Referendum Erfolg haben wird und wie eine allfällige Volksabstimmung ausgehen wird[228].

Die digitale Revolution hat die Methoden geschützter Kommunikation erheblich erweitert[229]. Dies entspricht zwar einem legitimen Bedürfnis der Benutzer, aber es ermöglicht auch Kriminellen neue verdeckte Kommunikationsformen. Zwar wäre es denkbar Anbieter von verdeckten Kommunikationsformen zur Herausgabe der «Schlüssel» zu verpflichten, doch ist das angesichts der Internationalität des Datenverkehrs wenig praktikabel. Gemäss Hansjakob entschlüsseln die neuen Möglichkeiten gemäss BÜPF nicht, sie «umgehen» vielmehr die Verschlüsselung[230]. Sie erlauben es insbesondere, auch Kommunikation via Skype, Viber oder WhatsApp zu erfassen. Gemäss Botschaft des Bundesrates dienen die neuen Möglichkeiten alleine dazu, das zu erlangen, was herkömmlicherweise mit der Post- und Telefonüberwachung erlangt wurde. Der Bundesrat hält es daher für ausgeschlossen, dass der neue Art. 269ter BÜPF als Rechtsgrundlage für eine umfassende Online-Durchsuchung von Computern oder aber für die Verwendung von Kamera und Mikrofon als ferngesteuerte «Wanzen» dient[231]. Kritiker geben sich von diesen Beteuerungen nicht

---

225 Hauser/Schweri/Hartmann 2005, 357; Oberholzer 2012, 418 ff.

226 SR 780.1; die prozessrechtlichen Teile (Art. 3–8 BüPF) sind von der StPO übernommen worden, während die technischen Fragen (Art. 11–19 BüPF), zumal der Verkehr mit den Providern weiterhin vom BÜPF und von der VÜPF (v.a. Art. 3–10) geregelt werden, vgl. Botschaft des Bundesrates, BBl 2006 1085 (1248); dazu Eicker/Huber 2014, 181; Donatsch/Hansjakob/Lieber, Kommentar-Hansjakob 2014, Art. 269 N 3 ff.; BSK StPO-Jean-Richard-dit-Bressel 2014, Art. 269 N 2.

227 Vgl. allerdings zu den technischen Problemen und den dadurch bedingten Grenzen sowie die rechtlichen Lücken betr. die Infiltrierung von Computern: Gless 2012, 12 f.

228 Bundesgesetz betreffend die Überwachung des Post- und Fernmeldeverkehrs (BÜPF) vom 18.3.2016, BBl 2016 1991.

229 Pieth 2016, 128 ff.

230 Botschaft des Bundesrates, BBl 2013 2683 (2776); Donatsch/Hansjakob/Lieber, Kommentar-Hansjakob 2014, Art. 269ter N 3 f.

231 Botschaft des Bundesrates, BBl 2013 2683 (2799); Donatsch/Hansjakob/Lieber, Kommentar-Hansjakob 2014, Art. 269ter N 8 f.

überzeugt[232]. *Obwohl der Ausgang der politischen Debatte um die Reform des BÜPF noch offen ist, werden die Änderungen im Folgenden diskutiert.*

Nicht vom Fernmeldegeheimnis und damit auch nicht von Art. 269 ff. erfasst wird die Durchsuchung von Handys, gesperrten Dateien, Bildern, Videofilmen ect.[233]

aa) Voraussetzungen der TK bei Beschuldigten und Dritten

Die TK gemäss StPO dient rein repressiven und nicht präventiven Zwecken.

Soweit sich die Massnahme gegen den Anschluss eines **Verdächtigen** richtet, bedarf sie in der Sache

- eines **dringenden Tatverdachts** (Art. 269 Abs. 1 lit. a)
- auf eine **Katalogtat** (nach Abs. 2)
- sowie der Einhaltung der **Subsidiarität** (Abs. 1 lit. c)
- und der **Verhältnismässigkeit** (Abs. 1 lit. b).

Der ohnehin schon weit gefasste **Katalog** ist um weitere Tatbestände ergänzt worden, insbesondere um die Tatbestände der Lanzarote-Konvention, des Epidemiengesetzes, des Kriegsmaterial- und Güterkonsumgesetzes, des Börsengesetzes, aber auch um schwere Fälle des Doping nach Art. 22 Abs. 2 des Sportförderungsgesetzes[234].

Die Passage *«wenn die Schwere der Straftat die Überwachung rechtfertigt»* (Art. 269 Abs. 1 lit. b) scheint nach einer Leerformel zu klingen; im Kontext des Tatverdachts und des Deliktskatalogs kommt darin aber zum Ausdruck, dass es sich innerhalb des abstrakten Rahmens um einen **auch konkret** schwerwiegenden Tatvorwurf handeln muss[235].

Dritte dürfen ausnahmsweise abgehört werden, wenn angenommen werden muss, dass der Beschuldigte deren Anschluss benutzt, oder dass sie Mitteilungen des Beschuldigten entgegennehmen oder weiterleiten (Art. 270 lit. b Ziff. 2 zur mutmasslichen «Kontaktperson»)[236]. Damit sind sie allerdings betroffene Verfahrensbe-

232 Gyorffy 2014, 22.

233 Donatsch/Hansjakob/Lieber, Kommentar-Hansjakob 2014, Art. 269 N 10.

234 Donatsch/Hansjakob/Lieber, Kommentar-Hansjakob 2014, Art. 269 N 8; BSK StPO-Jean-Richard-dit-Bressel 2014, Art. 269 N 30 ff. und ders. krit. in N 48 ff. und N 59.

235 Donatsch/Hansjakob/Lieber, Kommentar-Hansjakob 2014, Art. 269 N 20 f.; BSK StPO-Jean-Richard-dit-Bressel 2014, Art. 269 N 34 und N 55 ff.; ders. 2014, 39; Oberholzer 2012, 420 f.; Ruckstuhl 2005, 154; Ruckstuhl/Dittmann/Arnold 2011, 263; Schmid Handbuch 2013, 499.

236 Abo Youssef 2012, 64; Felber 2012, 64; Donatsch/Hansjakob/Lieber, Kommentar-Hansjakob 2014, Art. 270 N 10 ff.; ders. 2011, 299 ff.; Jaggi 2011, 3 ff.; BSK StPO-Jean-Richard-dit-Bressel 2014, Art. 270 N 5 ff. Das Bundesgericht hat der Benutzung durch den Beschuldigten den Fall gleichgestellt, dass erwartet wird, dass der Beschuldigte auf den Drittanschluss anrufen wird: BGE 138 IV 232, positiv dazu Hansjakob 2013a, 173 ff.

teiligte, sie verfügen über ein Informationsrecht, über eine Beschwerdemöglichkeit (Art. 279) und allenfalls auch ein Entschädigungsrecht[237]. Im Unterschied etwa zum österreichischen Recht geht die neue StPO aber nicht so weit, grundsätzlich sämtliche zufällig abgehörte Gesprächspartner zu informieren. Insofern ist der Drittschutz beschränkt.

Unter den Zeugnisverweigerungsberechtigten wird gemäss Art. 271 (Abs. 1 Satz 2) erneut[238] die bereits angetroffene Unterscheidung zwischen den umfassend geschützten **Berufsgeheimnisträgern**[239] und den weiteren Verweigerungsberechtigten gemacht, deren Gewissenskonflikt bei der zwangsweisen Informationsbeschaffung als geringer gewichtet wird[240]. Bei ihnen sind abgehörte Gespräche und E-Mails verwertbar.

Berufsgeheimnisträger nach Art. 170–173 werden sowohl vor der direkten Abhörung wie vor der indirekten Erfassung durch Abhörung anderer Personen geschützt: Entsprechende Informationen sind gemäss Art. 271 Abs. 1 und 3 unter der Leitung des Gerichts aus den Verfahrensakten auszusondern und sofort zu vernichten. Sie dürfen nicht verwendet werden[241]. Nicht vorgängig ausgesondert werden müssen gemäss Art. 271 Abs. 2 Informationen, wenn sich der Tatverdacht gegen den Geheimnisträger selbst richtet; allerdings bestehen besondere Genehmigungsverpflichtungen gemäss Art. 274 Abs. 4[242].

Eine explizite Regelung für die rückwirkende Edition von Daten ist nach wie vor nur bei **Randdaten** gemäss Art. 273 (bis maximal sechs Monate zurück) vorgesehen[243]. Unklar bleibt, ob die Herausgabe von E-Mails beim externen Speicherplatz (zum Beispiel die Sicherungskopie am Server) auch nachträglich herausverlangt werden kann. Die Daten auf den Empfänger-Computern befinden sich nicht mehr im Übertragungsvorgang, sie sind daher nicht Gegenstand der Kommunikation und können beschlagnahmt werden[244].

237 Siehe unten S. 279 f.

238 BSK StPO-Jean-Richard-dit-Bressel 2014, Art. 271 N 10; siehe bereits oben S. 89.

239 Die sie betreffenden Informationen sind auszusondern, es sei denn, sie selbst seien tatverdächtig.

240 Botschaft des Bundesrates, BBl 2006 1085 (1249); Bommer/Goldschmid 1997, 345 ff.; krit. Gless 2012, 9 f.

241 Zu Art. 271 Abs. 1 u. 2 vgl. Métille 2011, 131 ff.; Schmid Handbuch 2013, 502 f.

242 Donatsch/Hansjakob/Lieber, Kommentar-Hansjakob 2014, Art. 271 N 10 ff.; BSK StPO-Jean-Richard-dit-Bressel 2014, Art. 269 N 12 und Art. 271 N 10.

243 Zur praktischen Anwendung: Donatsch/Hansjakob/Lieber, Kommentar-Hansjakob 2014, Art. 269 N 62; zu den Voraussetzungen: ders., Art. 273 N 11 ff.

244 Hansjakob 2002a, 271; für Details vgl. Gless 2012, 8.

Mit Art. 269bis und Art. 269ter sollen die Befugnisse auf «*IMSI-Catcher*»[245] und sog. «GovWare»[246] ausgedehnt werden. Abermals ist die Staatsanwaltschaft zur Anordnung unter Genehmigungsvorbehalt durch das Zwangsmassnahmengericht zuständig (Art. 274):

Mit **«IMSI-Catchern»** wird eine Mobilfunkantenne simuliert, die sämtliche in der Umgebung benutzten Mobiltelefone veranlasst, sich bei ihm anzumelden. Der Anruf wird daraufhin an eine reguläre Antenne weitergeleitet, kann aber identifiziert und abgehört werden[247]. Nach revidiertem BÜPF setzt Art. 269bis zunächst die gleichen materiellen Voraussetzungen wie bei Art. 269 voraus. Zusätzlich stipuliert er eine qualifizierte Subsidiarität (nur wenn die Mittel von Art. 269 erfolglos geblieben oder aussichtlos sind, dürfen die «besonderen technischen Geräte zur Überwachung des Fernmeldeverkehrs» eingesetzt werden). Zudem müssen die Geräte vom BAKOM bewilligt sein, störungsfrei funktionieren und manipulationssicher sein[248].

Mit Art. 269ter gestattet das neue BÜPF ausnahmsweise den Einsatz von «besonderen Informationsprogrammen zur Überwachung des Fernmeldeverkehrs». Die Rede ist von sogenannten **«Staatstrojanern»** oder genauer von «*GovWare*»: Programme können physisch (via Stick) oder elektronisch (per Internet) eingesetzt werden. Die Voraussetzungen entsprechen jenen von Art. 269bis, ausser, dass zusätzlich Verdacht auf eine Katalogtat gemäss Art. 286 Abs. 2 (verdeckte Ermittlung) erforderlich ist. Nicht nur ist die Einbringung der *GovWare* technisch ausserordentlich anspruchsvoll, sie verlangt unter Umständen das physische Betreten von Privaträumen (dazu Art. 269ter Abs. 2 lit. b und Art. 274 Abs. 4 lit. b). Bereits darauf hingewiesen worden ist, dass es möglich ist, mit «*GovWare*» elektronische «Wanzen» zu stecken und dass theoretisch auch eine «Online-Durchsuchung» des gesamten Computers denkbar ist. Beides ginge über das Anliegen hinaus, den Fernmeldeverkehr zu überwachen. Zu Recht hält die Botschaft fest, dass dafür keine gesetzliche Grundlage gewährt wird[249].

Nach wie vor ungeklärt ist die rechtliche Grundlage für den **«Antennensuchlauf»** im Rahmen einer «Rasterfahndung». Wo ein konkreter Täter zwar nicht be-

245 Ortungsgeräte für Handys: Botschaft des Bundesrates, BBl 2013 2683 (2698); Donatsch/Hansjakob/Lieber, Kommentar-Hansjakob 2014, Art. 269bis (VE) N 2.

246 BSK StPO-Eugster/Katzenstein 2014, Art. 280 N 16; Donatsch/Hansjakob/Lieber, Kommentar-Hansjakob 2014, Art. 280 N 2.

247 Donatsch/Hansjakob/Lieber, Kommentar-Hansjakob 2014, Art. 269bis N 2 ff.

248 Ebda. N 10.

249 Botschaft des Bundesrates, BBl 2013 2683 dazu den leading case des deutschen Bundesverfassungsgerichts, nach dem die «Online-Durchsuchung» ein *aliud* zur Telefonkontrolle und zur elektronischen Überwachung sei und einer gesonderten gesetzlichen Grundlage bedürfe (BVerfG zum Urteil des Ersten Senats vom 27.2.2008 [1 BVR 370/07, 1 BVR 597/07]).

kannt ist, aber bestimmte Merkmale festgestellt sind, soll es nach BGE 137 IV 340 zulässig sein, anhand der Mobildaten im Abgleich mit den abstrakten Merkmalen einen Verdacht erst zu generieren. Das Bundesgericht hält dies für einen nicht geregelten Sonderfall der Überwachung des Post- und Fernmeldeverkehrs. Die Lehre zieht aber aus der mangelnden Regelung den gegenteiligen Schluss: Es handelt sich um eine gesetzlich nicht vorgesehene Zwangsmassnahme, die zudem auf eine «*fishing expedition*» hinauslaufe[250].

bb) Das Genehmigungsverfahren

Die Staatsanwaltschaft ordnet die TK an (Art. 269 Abs. 1)[251]. Sie muss aber innert 24 Stunden dem Zwangsmassnahmengericht einen dokumentierten Genehmigungsantrag unterbreiten. Das Zwangsmassnahmengericht entscheidet innert fünf Tagen (Art. 274)[252]. Es kann die Überwachung für bis zu drei Monaten bewilligen, die Verlängerung ist jeweils für weitere drei Monate möglich (Art. 274 Abs. 5). Dieser neutrale Kontrollblick ist besonders wichtig, weil die Verteidigung sich naturgemäss nicht gegen die Massnahme zur Wehr setzen kann. In der Literatur wird allerdings unter Hinweis auf die geringe Ablehnungsquote und die fehlende eigenständige Auseinandersetzung des Zwangsmassnahmengerichts mit den Anträgen eine effiziente Kontrolle bezweifelt[253]. Ausnahmsweise sind «Rahmenbewilligungen» zulässig (Art. 272 Abs. 2)[254].

cc) Mitteilung und Nachkontrolle

Spätestens nach dem Abschluss des Vorverfahrens teilt die Staatsanwaltschaft den überwachten Personen «*Grund, Art und Dauer der Überwachung*» mit. Sie verfügen über ein Beschwerderecht (Art. 279 Abs. 1, 3)[255]. Bereits oben ist erwähnt worden, dass eine formale Auslegung des Gesetzes zu einer engeren Deutung der Informationspflicht gegenüber Dritten gelangt als im Recht ausländischer Nachbarstaaten.

Ganz ausnahmsweise kann mit Zustimmung des Zwangsmassnahmengerichts die Information aufgeschoben oder gar unterlassen werden, wenn (1) die Erkenntnisse nicht zu Beweiszwecken verwendet werden und es (2) zum Schutz überwiegender öffentlicher oder privater Interessen notwendig ist (Art. 279 Abs. 2). Gedacht wird insbesondere an die fortdauernde Ermittlung gegen das organisierte

250 Bommer/Kaufmann 2015, 919; Gless/Geth 2013, 1033 ff.; Roos/Jeker 2012, 175 ff.

251 Schmid Handbuch 2013, 504 ff.

252 Donatsch/Hansjakob/Lieber, Kommentar-Hansjakob 2014, Art. 274 N 17; Jaggi 2011, 6 ff.; BSK StPO-Jean-Richard-dit-Bressel 2014, Art. 274 N 1 ff.

253 Oberholzer 2011, 230.

254 Donatsch/Hansjakob/Lieber, Kommentar-Hansjakob 2014, Art. 272 N 6 f. (zumal wo die überwachte Person häufig den Anschluss wechselt).

255 BSK StPO-Jean-Richard-dit-Bressel 2014, Art. 279 N 1 ff.

Verbrechen[256]. Von dieser Möglichkeit ist nur ganz zurückhaltend Gebrauch zu machen[257].

dd) Nichtgenehmigte Überwachung und Zufallsfunde

(1) Nichtgenehmigte Überwachung

Art. 277 ist sehr klar formuliert: Dokumente und Datenträger aus nichtgenehmigten Überwachungen sind **sofort zu vernichten**, Postsendungen weiterzuleiten. Die durch die Überwachung gewonnenen Erkenntnisse dürfen **nicht verwertet** werden. Damit sind irgendwelche Zweifel, ob es einen Graubereich geben könnte[258], aus der Welt geschafft. Es entspricht der Logik des Gesetzes, auch eine Fernwirkung des Verbots (Art. 141 Abs. 4) anzunehmen[259].

(2) Zufallsfunde

Das Gesetz unterscheidet in Art. 278 zwei Arten von Zufallsfunden, die es aber zumindest bei der Telefonabhörung gleich behandelt[260]:

- Gegen den Beschuldigten werden Erkenntnisse über andere Straftaten als die in der Überwachungsanordnung genannten bekannt (seien es völlig andere Taten oder weitere Taten des gleichen Typus). Man spricht von «gegenständlichen» Zufallsfunden.
- Durch die Abhörung werden Straftaten einer in der Anordnung nicht verdächtigen Person entdeckt: Es handelt sich um sogenannte «personelle» Zufallsfunde.

In beiden Situationen ist nach Abs. 3 das Verfahren der Anordnung und Genehmigung der Überwachung nachzuholen. Das bedeutet im Klartext, dass auf den dringenden Tatverdacht verzichtet werden kann, dass es sich beim neu entdeckten möglichen Delikt aber um eine Katalogtat handeln muss[261]. Zufallsfunde, deren Genehmigung nachträglich nicht eingeholt oder verweigert wurde, sind nicht verwertbar[262]. Analog zur Regelung für die nicht bewilligte Überwachung sind die gewonne-

---

256 Oberholzer 2012, 429.

257 Krit. Ruckstuhl/Dittmann/Arnold 2011, 269.

258 Donatsch/Hansjakob/Lieber, Kommentar-Hansjakob 2014, Art. 277 N 8 (absolutes Verwertungsverbot und Fernwirkung); für ein bloss relatives Verwertungsverbot gemäss Art. 141 Abs. 2 aber BSK StPO-Jean-Richard-dit-Bressel 2014, Art. 277 N 8; Schmid StPO Praxiskommentar 2013, Art. 277 N 8; vgl. auch BGE 138 IV 169 und 133 IV 329.

259 BSK StPO-Jean-Richard-dit-Bressel 2014, Art. 277 N 42; siehe unten S. 198 ff.

260 Jaggi 2011, 8 ff; BSK StPO-Jean-Richard-dit Bressel 2014, Art. 278 N 1 ff.; Donatsch/Hansjakob/Lieber, Kommentar-Hansjakob 2014, Art. 278 N 1 ff.; Ruckstuhl/Dittmann/Arnold 2011, 266 ff.

261 Botschaft des Bundesrates, BBl 2006 1085 (1251, anders noch der weiter gefasste Art. 9 BÜPF); unklar Zinglé 2013, 358 ff.; krit. Ruckstuhl 2005, 36.

262 Krit. BSK StPO-Jean-Richard-dit-Bressel 2014, Art. 278 N 50 (da kein Missbrauchsrisiko).

nen Informationen nicht verwertbar. Auch hier greift im Übrigen die Fernwirkung nach Art. 141 Abs. 4[263]. In der Praxis sind Zufallsfunde eher die Regel als die Ausnahme[264].

c) Weitere geheime Überwachungsmassnahmen

aa) Die Überwachung mit technischen Überwachungsgeräten (Art. 280 f. StPO)

Die neue Prozessordnung regelt den Lausch- und Spähangriff, der in den kantonalen Prozessordnungen nur minimal und im BÜPF gar nicht geregelt war, in Anlehnung an die TK[265]. Sie erfasst ein breites Spektrum von Massnahmen, das vom «Wanzen stecken» über die technisch verstärkte Beobachtung bis hin zum verdeckten Einsatz von Peilsendern reicht[266]. Allerdings sind die Anwendungsbereiche in lit. a–c abschliessend aufgezählt (akustische Abhörung und Aufzeichnung, Beobachtung und Aufzeichnung sowie Standortfeststellung)[267]. Daher hat der Gesetzgeber bereits eine Nachbesserung angesichts neuer technischer Optionen vorgenommen[268]. Voraussetzungen und Verfahren entsprechen der Anordnung der TK. Nach anfänglichem Zögern wurde auch das Ausspähen von Dritten[269] im gleichen Umfang wie die TK bei Dritten zugelassen (Art. 281 Abs. 2). Unzulässig ist das Überwachen aber in zwei Fällen, zum einen in der Haftanstalt (verstösst gegen die Kerngehaltsgarantie der persönlichen Freiheit), zum andern in Räumen und Fahrzeugen von Berufsgeheimnisträgern (Beachtung des Zeugnisverweigerungsrechts[270]).

263 Donatsch/Hansjakob/Lieber, Kommentar-Hansjakob 2014, Art. 278 N 20; Schmid Handbuch 2013, 509 f. (mit praktischen Bedenken); a.A. BSK StPO-Jean-Richard-dit-Bressel 2014, Art. 278 N 29 f. (bloss relative Unverwertbarkeit).

264 Donatsch/Hansjakob/Lieber, Kommentar-Hansjakob 2014, Art. 278 N 2 f.; BSK StPO-Jean-Richard-dit-Bressel 2014, Art. 278 N 7.

265 Donatsch/Hansjakob/Lieber, Kommentar-Hansjakob 2014, Art. 280 N 1 ff.; Jaggi 2011, 9 f., 15 ff.; Jeanneret/Kuhn 2013, 320 ff.; BSK StPO-Jean-Richard-dit-Bressel 2014, Art. 280 N 1; Schmid Handbuch 2013, 513 ff.

266 Vgl. zum Einsatz von GPS-Peilsendern etwa BGer 1P.51/2007 vom 24.9.2007.

267 BSK StPO-Jean-Richard-dit-Bressel 2014, Art. 280 N 14.

268 So für *«IMSI-Catcher»*, für Ortungsgeräte und sog. *«GovWare»* (vgl. Botschaft des Bundesrates, BBl 2013 2683 [2771 ff.] und Bundesgesetz betreffend die Überwachung des Post- und Fernmeldeverkehrs [BÜPF] vom 18.3.2016, BBl 2016 1991 [2012]); vgl. Jaggi 2011, 11 und oben S. 165.

269 Botschaft des Bundesrates, BBl 2006 1085 (1252, kein Ausspähen Dritter).

270 Art. 281 Abs. 3.

bb) Die Observation (Art. 282 f. StPO)

Die verdeckte Beobachtung auf öffentlichem Grund[271] ist eine der ältesten Polizeimethoden. Wenn sie allerdings rund um die Uhr während Wochen und Monaten erfolgt, ist am Eingriffscharakter wohl nicht mehr zu zweifeln[272]. Entsprechend gestattet die Prozessordnung in Art. 282 der Polizei, bis zu maximal einem Monat selbständig zu observieren[273]. Möchte sie die Massnahme verlängern, braucht sie die Genehmigung der Staatsanwaltschaft (Abs. 2). Bedauerlich ist, dass nach einer solch langen Frist nicht das Zwangsmassnahmengericht bemüht werden muss. Immerhin ist die Staatsanwaltschaft sofort zuständig, wenn die Untersuchung eingeleitet wird[274].

Zu unklar ist die Botschaft zur Frage, **wie konkret der Tatverdacht** zur Anordnung der Observation sein muss[275]. Es wäre sinnvoller gewesen, von Anfang an klarzustellen, dass für die Observation dieselben Anforderungen wie an alle Zwangsmassnahmen gelten, und dass eine «*fishing expedition*» ohne hinreichenden Tatverdacht nicht in Frage kommt. Inzwischen ist klar geworden, dass die generellen Anforderungen von Art. 197 Abs. 1 lit. b auch hier gelten müssen[276].

Die **Mitteilungsregelung** der TK (Art. 279) ist in Art. 283 übernommen worden, mit der Abweichung allerdings, dass die Bewilligungskompetenz für Aufschub oder Unterlassen der Mitteilung im Ausnahmefall in diesen Fällen beim Staatsanwalt liegt.

cc) Die Überwachung von Bankbeziehungen (Art. 284 f. StPO)

Eine vor allem mit Blick auf transnationale Straftaten bereits praktizierte Zwangsmassnahme erhält mit Art. 284 f. die längst fällige **gesetzliche Grundlage**[277]. Die bisher beigezogenen «Empfehlungen» der kantonalen Konferenz der Justiz- und Polizeidirektoren (KKJPD) und das «Rundschreiben» der Schweizerischen Bankier-

271 Donatsch/Hansjakob/Lieber, Kommentar-Hansjakob 2014, Art. 282 N 1 ff.; CPP Commentaire à l'usage des praticiens-Pitteloud 2012, 457 ff.

272 Botschaft des Bundesrates, BBl 2006 1085 (1252).

273 Im Entwurf (vgl. Botschaft des Bundesrates, BBl 2006 1085 [1253]) war die Frist noch auf zwei Wochen beschränkt.

274 Schmid Handbuch 2013, 518.

275 Botschaft des Bundesrates, BBl 2006 1085 (1253).

276 Donatsch/Hansjakob/Lieber, Kommentar-Hansjakob 2014, Art. 282 N 12; BSK StPO-Eugster/Katzenstein 2014, Art. 282 N 10 f.; Schmid (Handbuch 2013, 519) spricht noch von *einem vorbestehenden, wenn auch geringem Tatverdacht.*

277 BSK StPO-Fiolka 2014, Art. 284 N 1 ff.; Jeanneret/Kuhn 2013, 330 ff.; Piquerez/Macaluso 2011, 521 f.; Donatsch/Hansjakob/Lieber, Kommentar-Hansjakob 2014, Art. 284 N 1 ff.; Jeanneret/Kuhn 2013, 330 ff.; Piquerez/Macaluso 2011, 521 f.; Schmid Handbuch 2013, 520 ff.

vereinigung vom 8.4.1997 erfüllten die Anforderungen an die Gesetzmässigkeit eindeutig nicht[278].

Nach der neuen Regelung kann eine Bank oder ein «bankähnliches Institut»[279] zur kontinuierlichen geheimen[280] Herausgabe von Unterlagen über die Bankbeziehung zu einer beschuldigten Person in Echtzeit veranlasst werden. Anders als bei der TK ist hier das Zwangsmassnahmengericht (Art. 284) bereits **Anordnungsbehörde**, die der Bank detaillierte Weisungen erteilt, welche Massnahmen zu treffen sind (insbesondere auch betreffend Geheimhaltung)[281]. Ein schlichter Anfangsverdacht soll reichen[282].

Die Bank ist nicht verpflichtet, zur eigenen Belastung im strafrechtlichen oder zivilrechtlichen Sinne mitzuwirken (Art. 285 Abs. 2). Allerdings steht einer Hausdurchsuchung und einer Beschlagnahme von Dokumenten und Computerdisks nichts Grundsätzliches im Wege[283].

Die Mitteilungsregelung ist abermals Art. 279 nachempfunden (Art. 285 Abs. 3). Den überwachten Personen steht auch hier ein Beschwerderecht zu (Art. 285 Abs. 4).

dd) Fahndung im Internet

Die verdeckte polizeiliche Aktivität im Internet ist nicht zu verwechseln mit der Fahndung über das Internet (bei der Videos und Fotos gepostet und die Öffentlichkeit um Mithilfe bei der Identifizierung gebeten wird). Auf die Variante und ihre Probleme ist oben eingegangen worden[284]. Die verdeckte Nutzung des Internets durch die Polizei folgt den allgemeinen Regeln: Die Beobachtung und passive Nutzung ist unproblematisch. Sobald eine bestimmte Person auf dem Web über längere Zeit beobachtet wird (bspw. Facebook) gelten die Regeln der Observation. Besteht ein konkreter Tatverdacht (z.B. Kinderpornographie) und begibt sich der Polizist in den Austausch mit einer konkreten Person, gelten die Regeln der verdeckten Fahndung. Wird eine Legende verwendet und ein Vertrauensverhältnis aufgebaut, müssen die Regeln der verdeckten Ermittlung Anwendung finden[285].

---

278 Empfehlungen der Kommission Wirtschaftskriminalität der Konferenz der Kantonalen Justiz- und Polizeidirektoren (KKJPD) an die kantonalen Strafverfolgungsbehörden betr. «Kontosperren und Schweigepflicht der Bank» vom 7.4.1997; Rundschreiben der Schweizerischen Bankiervereinigung Nr. 1286 vom 8.4.1997; Eymann 2009, 306 ff.

279 Art. 1 Bundesgesetz über die Banken und Sparkassen (Bankengesetz, BankG), vom 8.11.1934 (SR 952.0).

280 Fels/Hansjakob 2011, 36; BSK StPO-Fiolka 2014, Art. 285 N 8 ff.; Donatsch/Hansjakob/Lieber, Kommentar-Hansjakob 2014, Art. 284 N 1.

281 Art. 285 Abs. 1.

282 BSK StPO-Fiolka 2014, Art. 284 N 9.

283 Siehe bereits oben S. 156 ff.

284 Siehe oben S. 52.

285 Hansjakob 2014, 244 ff.

d) Verdeckte Ermittlung und verdeckte Fahndung (Art. 285a–298d StPO)

aa) Ziele und Rechtfertigung

Die verdeckte Ermittlung muss deshalb von den anderen geheimen Überwachungsmassnahmen getrennt betrachtet werden, weil hier ein Angehöriger der Polizei, mit einer Tarnung versehen, in ein «*kriminelles Umfeld*» eingeschleust wird[286]. Zum Element des Geheimen kommt eine interaktive Komponente hinzu. Über die Ziele der verdeckten Ermittlung bestehen allerdings ganz unterschiedliche Vorstellungen. Regelmässig wird sie als das ideale Instrument zum Eindringen in abgeschottete kriminelle Organisationen oder terroristische Gruppen dargestellt[287]. Sie gehört damit zum Arsenal des ausserordentlichen Prozesses härterer Gangart[288]. Dieser Bezug soll denn auch den schweren Grundrechtseingriff rechtfertigen[289]. In der Vergangenheit hat sich die verdeckte Ermittlung aber auch als Alltagsmassnahme im Betäubungsmittelbereich etabliert. Davon geht auch das Gesetz aus, wenn es in Art. 293 Abs. 3 den Scheinkauf rechtfertigt[290]. Fraglich ist dabei allerdings, ob es wirklich bei der Aufklärung vergangener Straftaten bleibt, besteht die Vorstellung des «Scheinkaufs» doch gerade darin, den Delinquenten durch Beobachtung bei der Tat in «*real time*» zu überführen – damit werden vorab erst potenzielle Täter erfasst[291]. Problematisch ist zudem, wie wir sehen werden, dass der Staat unter Umständen[292] zur Tatbegehung beiträgt. Abgesehen vom Einsatz von verdeckter Ermittlung zur Infiltrierung von kriminellen Organisationen, hat sich das Vorgehen – nun in der Form der «verdeckten Fahndung» – zur alltäglichen Polizeipraxis weiterentwickelt, ohne die die Polizeiarbeit nicht mehr denkbar scheint[293]. Im Vordergrund stehen, neben Scheingeschäften im Betäubungsmittelhandel, Einkäufe im «*Darknet*», Alkoholprobekäufe und vor allem die «Chatroomfälle», bei denen gegen Kinderpornographie vorgegangen wird. Die neue StPO ist bereits 2012/2013 revidiert worden, um der Dualität der Bedürfnisse Rechnung zu tragen[294].

---

286 Hansjakob 2004, 98.

287 Wohlers 2005a, 221.

288 Siehe oben S. 7 ff.

289 Inzwischen ist man sich darüber einig, dass ein schwerer Eingriff vorliegt, was noch bestritten wurde in BGE 112 Ia 18.

290 Insofern ist die Begriffsdefinition von Hansjakob 2004 (99), der den Scheinkauf von Betäubungsmitteln vom Begriff der verdeckten Ermittlung ausnehmen möchte, für die neue Prozessordnung zu eng.

291 Krit. Zerbes 2010, 302 ff.

292 Vgl. auch das Beispiel der «Veruntreuungsfalle», da die Polizei den Verdacht hegte, eine Polizistin hätte einen Geldfund von CHF 550.– nicht abgegeben, wurde sie mit Hilfe eines «Kollegen» zu einer (weiteren) Tat provoziert: BGer 6B_141/2011 vom 23.8.2011; krit. Albrecht 2012, 130 ff.

293 Thomann 1993, 285.

294 Bundesgesetz über die verdeckte Ermittlung und Fahndung vom 14.12.2012, i.Kr. seit 1.5.2013 (AS 2013 1051; BBl 2012 5591 [5609]).

Verdeckte Ermittler und Fahnder können zu zwei grundsätzlich verschiedenen Zwecken eingesetzt werden: Während es in den oben erwähnten Fällen darum ging Delinquenten bei der Delinquenzbegehung in *real time* zu **beobachten**, geht es nach der anderen Variante darum, durch «**verdeckte Einvernahmen**» mögliche Delinquenten zu einem Geständnis gegenüber einer verdeckt auftretenden Befragungsperson zu motivieren[295].

Art. 285a ff., die das BVE[296] vollständig abgelöst haben, bringen in mancherlei Hinsicht Klarheit in die vormals verworrene Rechtslage. Das BVE war noch von einem zweiphasigen Einsatz verdeckter Ermittler ausgegangen. Vor der strafprozessualen Phase, unter Kontrolle der Verfahrensleitung, sah das BVE eine selbständige polizeiliche Phase vor[297]. Das entsprach durchaus den Vorstellungen der Praxis, die in einem gar dreistufigen Modell eine geheimdienstliche «Milieubeobachtung» von der polizeilichen «Strukturermittlung» (der Abklärung von Organisationsformen innerhalb des Milieus) und der eigentlichen auf Straftaten bezogenen verdeckten Ermittlung unterschied[298]. Allerdings verlangte das BVE auch für die «Strukturermittlung» Tatverdacht im Hinblick auf die Katalogtat (Art. 5 BVE). Zu Recht empfand der Bundesrat diesen Spagat als widersprüchlich und reduzierte im Vorentwurf zur Prozessordnung den Einsatz verdeckter Ermittler auf strafprozessual begründbare Fälle. Nach Ansicht der Botschaft müsste bei Vorliegen eines Tatverdachts das Strafverfahren eröffnet werden, verdeckte Ermittlung vor Vorliegen dieses Tatverdachts aber käme der «Verdachtsausforschung» gleich und erschiene rechtsstaatlich problematisch[299]. Damit hatte der Gesetzgeber einen wichtigen Entscheid gefällt: Verdeckte Ermittlung war unter den nachfolgend zu erörternden Voraussetzungen zulässig, sie blieb aber eine strafprozessuale Massnahme, die an den Tatverdacht gebunden war. Präventive oder geheimdienstliche verdeckte Ermittlungen bedurften einer separaten gesetzlichen Grundlage[300]. Im Übrigen wären die Ergebnisse der sicherheitspolizeilichen oder geheimdienstlichen Ermittlung nicht ohne Weiteres im Strafverfahren verwertbar, zumal wenn die Massnahme nicht gestützt auf dieselben materiellen und formellen Kautelen angeordnet worden ist[301]. Der Gesetzgeber hat in der Teilrevision von 2012/2013 an diesem Grundsatz festgehalten: Ein präventiver Einsatz von verdeckten Fahn-

295 Dazu unten S. 177.

296 Bundesgesetz über die verdeckte Ermittlung (BVE) vom 20.6.2003 (AS 2004 1409), mit Inkrafttreten der StPO am 1.1.2011 aufgehoben.

297 Vgl. Art. 5 ff. BVE; Botschaft des Bundesrates, BBl 2006 1085 (1255).

298 Hansjakob 2004, 104; krit. Ruckstuhl 2005, 34 ff.

299 Botschaft des Bundesrates, BBl 2006 1085 (1255).

300 Albertini/Fehr/Voser 2008, 492; Ruckstuhl/Dittmann/Arnold 2011, 282 f.

301 Siehe unten S. 219 f.

dern oder Ermittlern bedarf einer Rechtsgrundlage im (kantonalen) Polizeirecht[302] bzw. im Nachrichtendienstrecht[303].

bb) Gesetzgebungsgeschichte

Viel zu reden gegeben hat in den letzten Jahren die Frage, ob es zur bewilligungspflichtigen verdeckten Ermittlung eines Mindestmasses an Interaktion, einer Legende, eines Anonymitätsversprechens usw. bedarf oder ob bereits die blosse täuschende Kontaktnahme unter das Gesetz fällt[304]. Ausgelöst wurde diese Debatte durch eine alte kantonale Praxis, die zwischen schwächeren Formen der «*verdeckten Fahndung*» oder «*Abklärung*» und der eigentlichen verdeckten Ermittlung unterschied[305]. Sie war bei der bundesrechtlichen Vereinheitlichung zunächst in das BVE hinübergerettet worden[306]. Allerdings hat das Bundesgericht im Chatroomfall «Manuela 13» (BGE 134 IV 266 ff.) und in diversen weiteren Entscheiden[307] klargestellt, dass «*jedes Anknüpfen von Kontakten mit einer verdächtigen Person zu Ermittlungszwecken durch einen nicht als solchen erkennbaren Polizeiangehörigen eine verdeckte Ermittlung i.S. des BVE ist und unter den Anwendungsbereich dieses Gesetzes fällt.*»[308]

Die Judikatur ist auf Zustimmung[309] wie auf Kritik[310] gestossen. Zu Recht hat der Gesetzgeber aber bei Erlass der StPO das Gesetz so formuliert, dass Legende

302 Donatsch/Hansjakob/Lieber, Kommentar-Hansjakob 2014, Art. 298a N 11, Art. 298b N 3 f.; ders. 2015, 33; ders. 2013b, 220; BSK StPO-Knodel 2014, Art. 286 N 17a.

303 Bundesgesetz über den Nachrichtendienst (Nachrichtendienstgesetz, NDG) vom 25.9.2015, BBl 2015 7211 (Referendum am 2.2.2016 zustande gekommen, Abstimmungstermin 25.9.2016); vgl. auch Ackermann/Vogler 2015, 161 ff.

304 Ruckstuhl/Dittmann/Arnold 2011, 279 f.

305 Albertini/Fehr/Voser 2008, 498 ff.

306 Zur Botschaft des alt BVE: Gless 2011, 28; BSK StPO-Knodel 2014, Art. 286 N 5; Contat/Müller 2012, 311 ff.; Donatsch/Hansjakob/Lieber, Kommentar-Hansjakob 2014, Art. 285a N 7; ders. 2014; ders. 2013b.

307 BGer 6B_334/2011 vom 10.1.2012; 6B_335/2011 vom 10.1.2012 (E. 3.2.1); 6B_141/2011 vom 23.8.2011 (E. 2.2); 6B_207/2010 vom 22.4.2010 (E. 3.1); 6B_837/2009 vom 8.3.2010 (E. 3.1); 6B_743/2009 vom 8.3.2010 (E. 3.1); 6B_272/2009 vom 22.6.2009; 6B_211/2009 vom 22.6.2009; Ruckstuhl/Dittmann/Arnold 2011, 280; Schubarth in: Jusletter vom 13.2.2012.

308 BGE 134 IV 266 (E. 3.7).

309 Albrecht 2012, 131 ff.; Gless 2012, 15 f.; BSK StPO-Gless 2014, Art. 140 N 56 f.; dies. 2011, 28 ff.; Pieth 2012, 150, 156; Ruckstuhl/Dittmann/Arnold 2011, 280; Vetterli 2010, 167 ff.; dies. 2008, 367 ff.

310 Contat/Müller 2012, 316; Donatsch/Hansjakob/Lieber, Kommentar-Hansjakob 2014, Art. 285 N 7 ff.; ders. 2013b, 214 ff.; ders. 2008, 364 f.; Jositsch/Murer Mikolasek 2011, 185 ff.; Jositsch/Mulle 2014, 491 ff. sowie Schmid Handbuch 2013, 523 ff.

und Anonymitätsangebot lediglich fakultativ sind[311]. Damit hat der Gesetzgeber sich der Interpretation des Bundesgerichts angeschlossen.

Gerade mit Blick darauf, dass verdeckte Ermittlung typischerweise die Unschuldsvermutung unterläuft[312] und dass sie zu rechtsmissbräuchlichem Verhalten der staatlichen Instanzen einlädt, muss auf den formellen Formen des Gesetzes insistiert werden: Der einmalige Einkauf von kleinen Mengen an Drogen auf der Gasse[313] stellt keinen bewilligungsfähigen Fall dar[314]. Testkäufe von Alkohol durch von der Polizei angeleitete Jugendliche mögen einem Bedürfnis entsprechen, sie können aber – ohne konkreten Tatverdacht – nicht als strafprozessuale Massnahme bewilligt werden (ein kantonales Polizeigesetz könnte für Abhilfe sorgen[315]). Die Versuche, pädophile Sexualstraftäter aufgrund von Kontakten in Chatrooms und anschliessender Verhaftung am Treffpunkt dingfest zu machen, sollen gerade nicht im rechtsfreien Raum vorgenommen werden. Das Bundesgericht hatte in seinem leading case darauf hingewiesen, dass der Einsatz **verdeckter Fahnder** einer klaren gesetzlichen Grundlage bedarf[316]. Daniel Jositsch hat mit seiner Parlamentarischen Initiative vom 29.9.2008[317] dafür die Basis gelegt. Das neue Gesetz definiert in Art. 285a die verdeckte Ermittlung und fügt einen separaten Abschnitt zur verdeckten Fahndung hinzu (Art. 298a–d).

In der Literatur werden gelegentlich verdeckte Ermittler von «**Informanten**» oder «**Vertrauenspersonen**» unterschieden[318]. Typisch für den verdeckten Ermittler sei das auf Dauer angelegte Arbeitsverhältnis und die Ausbildung für den Einsatz[319]. Die Unterscheidung ist sicher berechtigt, soweit ein Informant aus der Szene sich als Zeuge oder Auskunftsperson anbietet, ohne weiterhin verdeckt aufzutreten[320]. Soweit aber eine «Vertrauensperson» im Milieu verbleibt und faktisch die Rolle des verdeckten Ermittlers übernimmt, muss er dem Sicherheitsstandard der verdeckten Ermittlung unterstellt werden: Art. 287 Abs. 1 lit. b gibt dazu die Handhabe, auch wenn er ursprünglich eher für Spezialisten, die im Auftrag der

311 Art. 288 Abs. 1 und 2; dazu BSK StPO-Knodel 2014, Art. 286 N 6 und Ruckstuhl/Dittmann/Arnold 2011, 280.

312 Joset/Ruckstuhl 1993, 356; BSK StPO-Knodel 2014, Art. 285a N 1; Oberholzer 2012, 1254; Pieth 2012, 141; Schmid Handbuch 2013, 1184.

313 Zur Zürcher Praxis: Donatsch/Hansjakob/Lieber, Kommentar-Hansjakob 2014, Art. 285a N 26.

314 Gless 2011, 31.

315 BGer 6B_335/2011 vom 10.1.2012; Gless 2011, 31.

316 BGE 134 IV 266 (E. 3.7); vgl. Schubarth, in: Jusletter vom 13.2.2012.

317 Parlamentarische Initiative Jositsch vom 29.9.2008 (08.458n).

318 Donatsch/Hansjakob/Lieber, Kommentar-Hansjakob 2014, Art. 285a ff. N 13 ff.; BSK StPO-Knodel 2014, Art. 287 N 8; Ruckstuhl/Dittmann/Arnold 2011, 280 ff.

319 BSK StPO-Knodel 2014, Art. 287 N 1 und N 9.

320 Donatsch/Hansjakob/Lieber, Kommentar-Hansjakob 2014, Art. 285a ff. N 16 ff.

Polizei tätig werden[321], gedacht war. Alles andere käme einer Umgehung der Regeln der verdeckten Ermittlung gleich.

cc) Verdeckte Ermittlung

(1) Anordnung der verdeckten Ermittlung

(a) Definition

Neu definiert das Gesetz in Art. 285a die verdeckte Ermittlung explizit: Sie liegt vor, *«wenn Angehörige der Polizei oder Personen, die vorübergehend für polizeiliche Aufgaben angestellt sind, unter Verwendung einer durch Urkunden abgesicherten falschen Identität (Legende) durch täuschendes Verhalten zu Personen Kontakte knüpfen mit dem Ziel, ein Vertrauensverhältnis aufzubauen und in ein kriminelles Umfeld einzudringen, um besonders schwere Straftaten aufzuklären»*.

Im Zentrum stehen drei Elemente: die Verwendung einer durch Urkunden abgesicherten falschen Identität (die Legende[322]), das Vertrauensverhältnis und das Eindringen in ein kriminelles Umfeld. Der Gesetzgeber bemüht sich mit Hilfe von Kriterien, die verdeckte Ermittlung auf intensive Einsätze, die primär auf die Infiltration von Formen der Makrokriminalität ausgerichtet sind, zu konzentrieren[323].

(b) Materielle Voraussetzungen

Die StPO bemüht sich, soweit möglich, für die verdeckte Ermittlung die Voraussetzungen der TK zu übernehmen, allerdings bleiben ein paar Unterschiede bestehen:

- Vorab bedarf es eines **Tatverdachts** (Abs. 1 lit. a); allerdings wurde bereits bei Erlass des BVE in den Räten über das Verdachtsniveau gestritten: Die StPO übernimmt vom BVE die Formel des *«hinreichenden»* Tatverdachts im Gegensatz zum *«dringenden»* Tatverdacht der Untersuchungshaft und der TK. Begründet wird der Unterschied mit dem Bedürfnis, früher einzuschreiten[324], was nicht recht zu überzeugen vermag, weil regelmäßig verdeckte Ermittlung und TK zugleich angeordnet werden[325].

---

321 *«Personen, die vorübergehend für polizeiliche Aufgaben angestellt werden»*; dazu Donatsch/Hansjakob/Lieber, Kommentar-Hansjakob 2014, Art. 287 N 3; BSK StPO-Knodel 2014, Art. 287 N 7 ff.

322 Vgl. auch Art. 288; Jositsch/Mulle 2014, 494.

323 Donatsch/Hansjakob/Lieber, Kommentar-Hansjakob 2014, Art. 285a N 30 ff.; Hansjakob 2014, 216 ff.; Jositsch/Mulle 2014, 493; BSK StPO-Knodel 2014, Art. 285a N 4 ff.

324 Botschaft des Bundesrates, BBl 2006 1085 (1256); vgl. zur Debatte: Donatsch/Hansjakob/Lieber, Kommentar-Hansjakob 2014, Art. 286 N 4; ders. 2004, 103; Joset/Ruckstuhl 1993, 362 f.; Ruckstuhl 2005, 34 ff.; Wohlers 2005a, 226; Goldschmid/Maurer/Sollberger (2008, 278) machen einen Unterschied zwischen tat- und täterbezogenem Verdacht.

325 Botschaft des Bundesrates, BBl 2006 1085 (1256); krit. aber auch BSK StPO-Knodel 2014, Art. 286 N 14 f.

- Die Liste der **Katalogtaten**[326] gleicht jener der TK, ist aber nicht identisch. Noch stärker versucht man sich auf schwere Delikte zu konzentrieren, was angesichts der Länge der Liste nur beschränkt gelingt.
- Immerhin muss auch hier die Formel von Art. 286 Abs. 1 lit. b so interpretiert werden, dass nur wirklich **konkret** betrachtet schwere Straftaten (zum Beispiel besonderer Organisationsbezug oder qualifizierte Begehungsweise) verdeckte Ermittlung rechtfertigen. (Das BVE hatte es in Art. 4 Abs. 1 lit. a noch deutlicher gesagt: Bestimmte Tatsachen mussten den Verdacht, *besonders schwere Straftaten* seien begangen worden, begründen.)[327]
- Explizit hinzu tritt, wie bei der TK, die **Subsidiarität** der verdeckten Ermittlung (Abs. 1 lit. c).

(c) Formelle Voraussetzungen

Wie die TK wird die verdeckte Ermittlung vom Staatsanwalt angeordnet, bedarf aber der Genehmigung durch das Zwangsmassnahmengericht[328]. Verfahren und Fristen entsprechen jenen bei der TK. Die Maximaldauer wurde vom Gesetzgeber gegenüber dem Entwurf von 6 Monaten auf 1 Jahr angehoben. Verlängerungen von jeweils 6 Monaten sind möglich. Allerdings muss die Staatsanwaltschaft dartun, welche Ermittlungsergebnisse bereits vorliegen[329].

Wie bei der Untersuchungshaft und der TK ist es besonders wichtig, dass das Antragsdossier des Staatsanwalts vollständig ist. Sollte sich nachträglich erweisen, dass etwa die Polizei entscheidungsrelevante Fakten zurückbehalten hat[330], ist unter Umständen die Bewilligung der verdeckten Ermittlung nichtig zu erklären. Die Folgen der fehlenden Genehmigung ergeben sich aus Art. 289 Abs. 6[331].

(2) Durchführung der verdeckten Ermittlung

Details zu den Anforderungen an die verdeckte Ermittlung (Polizeikräfte oder weitere Personen, die vorübergehend für polizeiliche Aufgaben angestellt werden, auch wenn sie nicht über eine polizeiliche Ausbildung verfügen[332]), zu den Führungspersonen (Korpsangehörige), zur Instruktion (nicht nur indirekt, sondern durch den

326 BSK StPO-Knodel 2014, Art. 286 N 23 ff.

327 Siehe oben S. 163 und BSK StPO-Knodel 2014, Art. 286 N 19.

328 Krit. zur Effizienz des richterlichen Genehmigungsvorbehaltes: Oberholzer 2011, 229.

329 Jositsch/Mulle 2014, 494; BSK StPO-Knodel 2014, Art. 289 N 25.

330 Abwegig ist dies nicht, vgl. Albrecht 2002b, 633; Krauß 2003, 19 ff.

331 Absolutes Verwertungsverbot: Donatsch/Hansjakob/Lieber, Kommentar-Hansjakob 2014, Art. 289 N 21; BSK StPO-Knodel 2014, Art. 289 N 26 ff.

332 Art. 287 Abs. 1 lit. b; gemäss Kommentarliteratur (Donatsch/Hansjakob/Lieber, Kommentar-Hansjakob 2014, Art. 287 N 3; BSK StPO-Knodel 2014, Art. 287 N 9) wurde an Personen mit Spezialkenntnissen gedacht (Wissenschaftler, Kriegsmaterialexperten, Kunstsachverständige, etc.).

Staatsanwalt direkt[333]), zu den Pflichten des Agenten sowie zur Legende und der Anonymitätszusicherung[334] finden sich im Gesetz (Art. 287–292)[335]. Art. 291 stellt klar, dass nicht der Verfahrensleiter selbst die Führungsperson ist.

(3) Verwertung der Befunde

Der Einsatz verdeckter Ermittler ist aus drei Gründen, die alle Auswirkungen auf die Verwertungsbedingungen haben, problematisch:

(a) Verdecktes Verhör

Der beschuldigten Person bleibt verborgen, dass sie sich in einem **«verdeckten Verhör»** durch einen Polizisten befindet. Sie ist nicht in der Lage, autonom zu ermessen, ob sie aussagen will. Die Täuschung führt zum Verlust des «*nemo tenetur*»-Privilegs[336]. Immer wieder dient die verdeckte Ermittlung dem Aushorchen Verdächtiger. Im Fall *Allan* v. *United Kingdom*[337] hatte der EGMR zu beurteilen, ob die Tonaufnahmen eines Polizeispitzels, der zu einem Mordverdächtigen in die U-Haft geschickt wurde, um den Häftling zum Reden zu bringen, verwertbar waren. Der EGMR hielt fest, dass das Ausnutzen einer Drucksituation (wie in der U-Haft) auf eine «Willensbrechung» hinauslaufe. In einem ähnlich gelagerten Fall (*Bykov* v. *Russia*[338]), bei dem der Verdächtige aber in Freiheit ausgesagt hatte, wurde – trotz Täuschung – die Aussage für verwertbar gehalten. Insgesamt dürfte es darauf ankommen, ob – egal ob inhaftiert oder in Freiheit – der Staat die akute Notlage einer Person zur Schaffung eines vorgetäuschten Vertrauensverhältnisses ausnutzt[339]. Grösste Bedenken löste ein Fall aus, in dem – zur Ermittlung eines möglichen Todesfalles aufgrund von Kindsmisshandlung – das Verfahren zum Schein eingestellt wurde, die Eltern aber erst telefonisch abgehört, die Mutter dann observiert und schliesslich durch eine «Freundin» verdeckt befragt wurde. Es ist anzunehmen, dass man ihr ein Geständnis entlocken wollte. Solches Verhalten verstösst klar gegen das Verbot der Willensbrechung und des Rechtsmissbrauchs[340].

---

333 Art. 290; Botschaft des Bundesrates, BBl 2006 1085 (1257).

334 Sie wird vom Staatsanwalt abgegeben, muss aber vom Zwangsmassnahmengericht bestätigt werden (Art. 288 Abs. 2, Art. 289 Abs. 4 lit. b).

335 Vgl. auch Albertini/Fehr/Voser 2008, 488 ff. und Goldschmid/Maurer/Sollberger 2008, 276 ff.

336 Albrecht 2002b, 633; vgl. auch Schmid Handbuch 2013, 5.

337 *Allan* v. *Vereinigtes Königreich*, Urteil vom 5. 11. 2002; vgl. StV 2003, 257.

338 *Bykov* v. *Russland*, Urteil vom 21. 1. 2009.

339 Zerbes 2010, 61 ff., 88; dazu auch Büttiker 2014, 96; Leuzinger 2014, 165.

340 Joset/Bürgi 2016, 26.

(b) Grenzen zulässiger Einwirkung

Verdeckte Ermittler dürfen **keine Straftaten provozieren**. Sie dürfen weder die Tatbereitschaft wecken noch die (bestehende) Tatbereitschaft auf schwerere Delikte umlenken (im Betäubungsmittelbereich ein reales Risiko angesichts des Erfolgsdruckes). Sie dürfen allenfalls einen vorhandenen Tatentschluss konkretisieren, etwa Probekäufe tätigen oder ihre wirtschaftliche Leistungsfähigkeit dokumentieren.

Die Überschreitung dieser Grenzen führt für die Zielperson zur Strafmilderung, unter Umständen zum Absehen von Strafe (Art. 293 Abs. 4)[341]. Demgegenüber hatte die Lehre und die frühere kantonale Praxis zum Teil die radikalere Lösung der Verfahrenseinstellung gewählt[342]. Wird das in Art. 3 verankerte Prinzip von Treu und Glauben und das **Verbot des Rechtsmissbrauchs** ernst genommen, darf die staatlich provozierte Straftat in keiner Weise der Zielperson angelastet werden. Es ist nicht Staatsaufgabe, den Bürger auf die Probe zu stellen[343]. Daher führt kein Weg an der Verfahrenseinstellung vorbei (sei es auf Grund eines prozessualen Beweisverwertungsverbotes[344] oder eines materiell-rechtlichen Strafausschliessungsgrundes[345]). Nachdem der EGMR im Fall *Furcht* v. *Germany*[346] klargemacht hat, dass ein Verfahrenshindernis oder ein Beweisverwertungsverbot Platz greift, wird man Art. 293 Abs. 4 konventionskonform auslegen müssen: nur das Absehen von Strafe erfüllt die Anforderungen einigermassen und auch nur, wenn es zur Einstellung des Verfahrens führt[347].

Die StPO regelt den strafprozessrechtlichen Einsatz von verdeckten Ermittlern abschliessend. Allfällige darüber hinaus bestehende «wilde Formen», wie der ungeregelte Einsatz von Privatpersonen als «V-Leute», sind somit illegal[348]. Daher fragt sich, was mit Erkenntnissen aus **nicht-bewilligter** verdeckter Ermittlung zu geschehen hat. Art. 277, der für die nicht-genehmigte TK eine klare Regelung enthält, ist für die schwerer wiegenden Zwangsmassnahmen analog anzuwenden (Unverwertbarkeit). Schliesslich muss *praeter legem* die Regelung zum Schutz vor Aushorchung von Geheimnisträgern bei der TK analog beigezogen werden[349].

341 BGE 124 IV 34; vgl. auch Gnägi 1991, 95 ff.; Corboz 1993, 340 f.; Donatsch/Hansjakob/Lieber, Kommentar-Hansjakob 2014, Art. 293 N 17 f.; BSK StPO-Knodel 2014, Art. 293 N 11; Wohlers 2005a, 239.

342 StGer BS: BJM 1984, 258 ff.; OGer ZH: SJZ, 1993, 70 ff.

343 Albrecht 2012, 132.

344 Vgl. Art. 140 Abs. 1 i.V.m. Art. 3 Abs. 2 lit. a und b; dazu BJM 1984, 258 ff. und Kinzig 2004, 288 ff.; vgl. auch die bei Meyer (1983, 850) zitierten Autoren.

345 Vgl. demgegenüber Seelmann 1983, 831; krit. auch BSK StPO-Knodel 2014, Art. 293 N 13.

346 EGMR Entscheid vom 23.10.2014 i.S. *Furcht* v. *Germany* (Nr. 54648/09).

347 Meyer 2015, 176 ff.

348 Anderer Ansicht noch für das BVE aber Wohlers 2005a, 223.

349 So zu Recht der Hinweis bei Schmid Handbuch 2013, 527.

(c) Einführung der Aussage des verdeckten Ermittlers in den Prozess

Die **Verwertung** der Erkenntnisse **erlaubter** verdeckter Ermittlung bereitet häufig deshalb Schwierigkeiten, weil der Staat einerseits ein Interesse daran hat, den Ermittler nicht vorzeitig «zu verbrennen» und ihn zudem vor Repressalien zu **schützen**, andererseits ein (staatliches und privates) Interesse an der Gewährung des **rechtlichen Gehörs**, insbesondere an der Garantie des Fragerechts nach Art. 6 Abs. 3 lit. d EMRK, besteht[350].

Der Umgang mit der Problematik hat mehrere Phasen durchlaufen. Zunächst versuchten die Kantone, verdeckte Ermittlung ganz durch indirekte Zeugen zu ersetzen (Einvernahme von Führungsbeamten)[351]. Die Praxis der europäischen Organe für Menschenrechte[352] stellte allerdings klar, dass die beschuldigte Person auch bei verdeckter Ermittlung ein Recht darauf hat, Fragen an den Belastungszeugen zu stellen. Das Bundesgericht hat diesen Schritt nachvollzogen[353], und die StPO bemüht sich, dem Dilemma durch Zeugenschutzbestimmungen Herr zu werden. Art. 149–151 enthalten detaillierte Regelungen, wie Zeugen und vor allem auch verdeckte Ermittler zu schützen sind[354]. Was aus der Regelung allerdings zu wenig deutlich hervorgeht, ist, dass nur notwendige Schutzmassnahmen ergriffen werden dürfen. Zum Beispiel wenn das Gesicht, die Stimme usw. des verdeckten Ermittlers dem Beschuldigten bereits bekannt sind, besteht kein Grund zur akustischen oder optischen Abschirmung, zumal es bei der Beurteilung der Glaubwürdigkeit gerade auf die persönliche Reaktion auf einzelne Fragen ankommen kann. Die Schwierigkeiten der Verteidigung müssen nach Bundesgericht[355] im Einzelfall kompensiert werden. So darf auch im Extremfall der Verteidiger nicht vorschnell ausgeschlossen werden, selbst wenn seine Fragen das rechtliche Gehör des Beschuldigten nicht unbedingt ersetzen. Im Übrigen fällt es schwer, sich eine Verurteilung gestützt einzig auf die Aussage eines anonymen Zeugen vorzustellen[356].

---

350 BSK StPO-Knodel 2014, Art. 288 N 11 ff.; Schmid Handbuch 2013, 531 f.

351 BGE 112 Ia 18.

352 EKMR vom 6.12.1990 i.S. *Lüdi* gegen die *Schweiz* (Rapport de la Comm. eur. DH du 6 décembre 1990 relatif à la req. n° 12433/86, *Ludwig Lüdi c/Suisse*, VPB 55.53; EGMR Entscheid vom 15.6.1992 i.S. *Lüdi* v. *Switzerland*, Application no. 12433/86) zum Thema «Anspruch auf Achtung des Privatlebens und Rechte der Verteidigung im Falle des Einsatzes eines Polizeibeamten als Scheinkäufer in der Drogenbekämpfung».

353 BGE 125 I 127.

354 Als problematisch anzusehen ist die von Art. 298 Abs. 2 eröffnete Option, die Aussage von verdeckten Ermittlern überhaupt als Beweismittel zurückzuziehen, allerdings die beschuldigte Person nicht über die Überwachung zu orientieren. Es könnten damit auch Entlastungsgesichtspunkte verloren gehen.

355 BGE 133 I 33 (44); 125 I 127; BSK StPO-Knodel 2014, Art. 288 N 18; Wohlers 2005b, 166.

356 Ebenso BSK StPO-Knodel 2014, Art. 288 N 22.

(d) Zufallsfunde

Abermals stellt sich die Frage, wie mit Zufallsfunden umzugehen ist. Es ist unvermeidlich, dass – wenn Zufallsfunde überhaupt berücksichtigt werden sollen[357] – bei einer *ex post*-Betrachtung das Kriterium des Tatverdachts hinfällig wird. Demgegenüber insistiert die gesetzliche Regelung in Art. 296, wie bei der TK, auf eine Beschränkung auf Katalogtaten[358].

Allerdings enthält Art. 296, anders als Art. 278, keine besondere Regelung für Zufallsfunde bei Dritten (sogenannte «personelle Zufallsfunde»), da sich die verdeckte Ermittlung nicht gegen spezifische Personen (Verdacht *in rem*) richte[359].

(4) Nachträgliche Mitteilung

Analog zur Regelung bei der TK (Art. 279) muss gemäss Art. 298 Abs. 1 die verdeckte Ermittlung den Betroffenen nachträglich mitgeteilt werden. Von besonderer Bedeutung dürften bei der verdeckten Ermittlung im Bereiche des organisierten Verbrechens aber der Aufschub oder die Unterlassung der Mitteilung gemäss Abs. 2 sein[360]. Schliesslich verweist Art. 298 Abs. 3 auf das Beschwerderecht der Betroffenen[361].

dd) Verdeckte Fahndung

(1) Definition

Art. 298a enthält wiederum zunächst eine Definition der «verdeckten Fahndung»: Sie liegt vor, «wenn Angehörige der Polizei im Rahmen kurzer Einsätze in einer Art und Weise, dass ihre wahre Identität und Funktion nicht erkennbar ist, Verbrechen und Vergehen aufzuklären versuchen und dabei insbesondere Scheingeschäfte abschliessen oder den Willen zum Abschluss vortäuschen». Zwar verdecken Polizeibeamte (hier kommen für polizeiliche Aufgaben vorübergehend angestellte Personen nicht in Frage) ihre Funktion, allerdings wird auf eine eigentliche Legende mit gefälschten Ausweisen etc. verzichtet. Die verdeckte Fahndung passt für kurze Einsätze in einem Milieu, in dem es dem Gegenüber nicht auf die Identität des Käufers (Scheinkauf) oder Geschäftspartners (Anbahnung im Chatroom) ankommt. Wird ein Treffen mit einer Minderjährigen vereinbart, wechselt der Einsatz allerdings in die Kategorie der verdeckten Ermittlung und eine Bewilligung des Zwangsmassnahmengerichts wird erforderlich[362].

---

357 Dazu Natterer 2001, 15 ff.; krit. Ruckstuhl 2005, 36.

358 Botschaft des Bundesrates, BBl 2006 1085 (1257).

359 Ebd.; BSK StPO-Knodel 2014, Art. 296 N 5.

360 Donatsch/Hansjakob/Lieber, Kommentar-Hansjakob 2014, Art. 298 N 9 (u.V.a. Art. 279 N 20); BSK StPO-Knodel 2014, Art. 298 N 9.

361 Donatsch/Hansjakob/Lieber, Kommentar-Hansjakob 2014, Art. 298 N 13; BSK StPO-Knodel 2014, Art. 298 N 14.

362 Donatsch/Hansjakob/Lieber, Kommentar-Hansjakob 2014, Art. 298a N 5.

(2) Voraussetzungen

Nach Art. 298b ist ein (nicht näher definierter) Tatverdacht auf ein (nicht weiter eingeschränktes) Verbrechen oder Vergehen erforderlich[363]. Zudem ist in Abs. 1 lit. b erneut die Subsidiarität zu anderen Massnahmen erwähnt. Präventive verdeckte Fahndung fällt nicht unter Art. 298 ff.[364].

(3) Verfahren

Zur Anordnung gelten die Regeln der Observation: Zuständig ist vorab die Polizei im Ermittlungsverfahren, die Staatsanwaltschaft im Untersuchungsverfahren. Dauert die polizeilich angeordnete verdeckte Fahndung länger als ein Monat, bedarf es einer Bewilligung durch die Staatsanwaltschaft[365]. Betreffend Zufallsfunde gilt – obwohl eine gesetzliche Regelung fehlt – nach Ansicht der Lehre die Regelung für die verdeckte Ermittlung (Art. 296)[366].

(4) Kritischer Befund

Die verdeckte Ermittlung geht in mehrfacher Hinsicht an die Grenze des rechtsstaatlich Vertretbaren (Täuschung, verdecktes Verhör, Risiko der staatlichen Deliktsprovokation, Konflikt mit dem rechtlichen Gehör). Überdies werden während der Dauer des geheimen Einsatzes (und dieser kann während der Strafuntersuchung andauern) die Verteidigungsrechte umgangen[367]. Das wäre nur vertretbar, wenn es wirklich darum ginge, gefährliche kriminelle Organisationen zu infiltrieren, dafür aber kann ein rechtsstaatliches Strafverfahren im Ernstfall die Mittel nicht zur Verfügung stellen (zulässig ist allenfalls der Scheinkauf, nicht aber die Beteiligung an schwereren Delikten, geschweige denn an Raub oder gar Tötung[368]). Übrig bleiben in der Praxis Einsätze im Bagatellbereich, wie der Scheinkauf von Betäubungsmitteln, ohne dass der Nachweis erbracht wäre, dass von dort der Aufstieg zur Chefetage der Organisation mit Hilfe der verdeckten Ermittlung je wirklich gelungen ist[369]. Es bleibt alleine eine teleologische Reduktion des Anwendungsfeldes auf ein Minimum des konkreten Verdachts auf **«besonders schwere Straftaten»** innerhalb der Katalogtaten. Die eben vollzogene Erweiterung des Gesetzes um eine geringer regulierte *«verdeckte Fahndung»* bleibt trotz der neuen Gesetzesgrundlage problematisch.

---

363 Jositsch/Mulle 2014, 495.

364 Hansjakob 2013b, 221 ff.; Donatsch/Hansjakob/Lieber, Kommentar-Hansjakob 2014, Art. 298b N 3.

365 Jean-Richard-dit-Bressel 2013, 37; Jositsch/Mulle 2014, 496.

366 Hansjakob 2013b, 220.

367 Ruckstuhl 2007, 128 f.

368 Im Rahmen einer Infiltrierung rechtsradikaler Kreise in Deutschland durch den BND ist der Verdacht aufgekommen, dass der betreffende V-Mann, im Wissen um Tötungen, gegenüber den Behörden geschwiegen haben könnte oder beim Töten zugegen war.

369 Krit. Albrecht 2002b, 633; Wohlers 2005, 231 f.

Fragen zu Kapitel VIII

- Wodurch lassen sich strafprozessuale Zwangsmassnahmen gegen den Beschuldigten rechtfertigen?
- Sind strafprozessuale Zwangsmassnahmen auch gegen Nicht-Verdächtige zulässig? Mit welcher Begründung?
- Unter welchen Voraussetzungen ist die Vorführung gestattet? Wer ordnet sie an?
- Wie lange kann eine Person von der Polizei angehalten werden?
- Nennen Sie die Voraussetzungen der vorläufigen Festnahme.
- Welches sind die materiellen Haftvoraussetzungen?
- Wie wird der Haftgrund der «Ausführungsgefahr» begründet?
- Beschreiben Sie das Haftanordnungsverfahren.
- Nennen Sie die geheimen Zwangsmassnahmen.
- Wer ist zur Anordnung der Telefonkontrolle (TK) zuständig? Unter welchen Voraussetzungen ist die TK zulässig?
- Welches sind die Folgen nicht-genehmigter Überwachung?
- Was sind Zufallsfunde? Wie werden sie bei TK oder verdeckter Ermittlung rechtlich behandelt?
- Nennen Sie die Voraussetzungen der verdeckten Ermittlung.
- Welche Probleme wirft die verdeckte Ermittlung auf?
- Welches sind die Grenzen zulässiger Einwirkung des verdeckten Ermittlers auf den Beschuldigten? Welche Folgen hat die Überschreitung dieser Grenzen?
- Wie wird die Aussage des verdeckten Ermittlers in den Prozess eingeführt?
- Grenzen Sie die verdeckte Fahndung von der verdeckten Ermittlung ab.

Die Auflösung der Fragen ergibt sich jeweils aus dem vorangegangenen Kapitel.

IX Beweisrecht

Literatur *Albertini/Fehr/Voser* 2008, 219 ff.; *Alsberg, M.* et al., Der Beweisantrag im Strafprozess, 6. Aufl., Köln 2013; *Arzt, G.*, Zum Verhältnis von Strengbeweis und freier Beweiswürdigung, in: Einheit und Vielfalt des Strafrechts, FS Peters, Tübingen 1974, 223 ff.; BSK StPO-*Bähler* 2014, Art. 162–167; *Bénédict, J.*, Le sort des preuves illégales dans le procès pénal, Lausanne 1994, 247 ff.; CR CPP-*Bénédict/Treccani*, Art. 139–141; *Bernard, St./Studer, R.*, Psychiatrische Gutachter ohne strafprozessuale Kontrolle?, ZStrR 2015, 76 ff.; *Besozzi, C.*, Organisierte Kriminalität: Synthese der Forschungsprojekte, in: Pieth et al., Gewalt im Alltag und organisierte Kriminalität, Bern 2002, 71 ff.; BSK StPO-*Bürgisser* 2014, Art. 192–195; *Berlinger, A.*, Der Richter und das aussagepsychologische Glaubhaftigkeitsgutachten, fp 2015, 237 ff.; *Beydoun, K.*, Zur Normalität eines Strafverfahrens, AJP 2014, 1260 ff.; *Bommer, F./Kaufmann, A.*, Die strafrechtliche Rechtsprechung des Bundesgerichts im Jahr 2011, ZBJV 2015, 873 ff.; *Capus, N.*, Personalbeweise in Srafverfahren, AJP 2012, 1035 ff.; *Capus, N./Albrecht, P.*, Die Kompetenz zur Einvernahme im Vorverfahren, fp 2012, 6, 361 ff.; *Cesoni, M.L.*, Criminalitée Organisée, des représentations sociales aux définitions juridiques, Paris et al. 2004; *Chen, Z.*, Die verspätete Rüge von Beweisverwertungsverboten im Strafprozess, fp 2012, 163 ff.; *Dittmann, V.*, Zur Glaubhaftigkeit von Zeugenaussagen, plädoyer 1997, 28 ff.; *Donatsch, A.*, Erste Erfahrungen mit dem Beweisrecht, fp 2012, 235 ff.; Donatsch/Hansjakob/Lieber, Kommentar-*Donatsch* 2014, Art. 162–195; *Donatsch/Schwarzenegger/Wohlers* 2014, 115 ff.; CR CPP-*Dongois*, Art. 162–167; *Estermann, J.*, Organisierte Kriminalität in der Schweiz, mit Beiträgen von Rahel Zschokke [et al.], Luzern 2002; *Fingerhuth, T.*, BGE-Praxis II/2015, fp 2015, 357 ff.; *Fornito, R.*, Beweisverbote im schweizerischen Strafprozess, St. Gallen 2000; *Geisselhardt, A.*, Zuständigkeit bei Beweisverboten im Strafverfahren, fp 2014, 300 ff.; *Giovannone, K.*, Rechtsfolgen fehlender Belehrung bei Einvernahmen, AJP 2012, 1062 ff.; BSK StPO-*Gless* 2014, Art. 139–141; *dies.*, Grenzüberschreitende Beweissammlung, ZStW 2013, 573 ff. (zit. Gless 2013a); *dies.*, Art. 141 Abs. 1 und 5, 158 StPO: Frage der Verwertbarkeit früherer Aussagen bei einem Wechsel der Parteirolle (Zeuge/Beschuldigter); Übergangsrecht, fp 2013, 343 ff. (zit. Gless 2013b); *dies.*, Beweisverbote und Fernwirkung, ZStrR 2010, 146 ff.; *dies.*, Beweisverbote in Fällen mit Auslandsbezug, Juristische Rundschau 2008, 317 ff.; *dies.*, Heiligt der Zweck die Mittel? Beweisverbote im vereinheitlichten eidgenössischen Strafprozess, in: Niggli, M. A./Hurtado Pozo, J./Queloz, N. (Hrsg.), FS Riklin, Zürich 2007, 399 ff.; *Gless, S./Eymann, S.*, «Nachträgliches Verwertungsverbot» und internationale Beweisrechtshilfe, StV 2008, 318 ff.; *Godenzi, G.*, Strafbare Beweisverwertung? Auswirkungen der Art. 179bis ff. StGB auf die Beweisverwertung im Strafverfahren, AJP 2012, 1243 ff.; Donatsch/Hansjakob/Lieber, Kommentar-*Godenzi* 2014, Art. 142–146, 157–161; *Gómez Colomer, J.-L.*, Quo vadis, Beweisverbot? Restriktive Praktiken in der spanischen Rechtsprechung, in: Strafrecht und Wirtschaftsstrafrecht, Dogmatik, Rechtsvergleich, Rechtstatsachen, FS Tiedemann, Köln/München 2008, 1251 ff.; *Graf, D. K.*, Strafprozessuale Verwertbarkeit von Befragungsprotokollen interner Untersuchungen, fp 2016, 39 ff.; *Habermeyer, E./Noll, T./Graf, M./Urbaniok, F.*, Psychologen als Gutachter in Strafverfahren, AJP 2016, 127 ff.; *Habscheid, W. J.*, Beweisverbot bei illegal, insbesondere unter Verletzung des Persönlichkeitsrechts, beschafften Beweismittel, SJZ 1993, 185 ff.; *Hansjakob, T.*, BÜPF/VÜPF. Kommentar zum Bundesgesetz und zur Verordnung über die Überwachung des Post- und Fernmeldeverkehrs, St. Gallen 2006; BSK StPO-*Häring* 2014, Art. 142–146; *ders.*, Verwertbarkeit rechtswidrig erlangter Beweise gemäss Schweizerischer Strafprozessordnung – alte Zöpfe oder substanzielle Neuerungen?, ZStrR 2009, 225 ff.; *Harris, K.*, Verwertungsverbot für mittelbar erlangte Beweismittel: Die Fernwirkungsdoktrin in der Rechtsprechung im deutschen und amerikanischen Recht, StV 1991, 313 ff.; *Hassemer* 1990, 115 ff.; *Hauser, R.*, Der Zeugenbeweis im Strafprozessrecht mit Berücksichtigung des Zivilprozessrechts, Zürcher Schriften zum Verfahrensrecht, Bd. 5, 1974; *Hauser/Schweri/Hartmann* 2005, 275 ff.; BSK StPO-*Heer* 2014, Art. 182–191; *Heine, G.*, Zuckerbrot und Peitsche: Zur Kronzeugenregelung nach Kartellgesetz, in: Niggli, M.A./Hurtado Pozo, J./Queloz, N. (Hrsg.), FS Riklin, Zürich 2007, 415 ff.; *Herdegen, M.*, Kommentierung von Art. 1 Abs. 2 GG [Bekenntnis zu den Menschenrechten], in: Maunz/Dürig (Hrsg.), Kommentar zum Grundgesetz (43. Ergänzungslieferung 2004), München 2004; *Hersch, G.*, Die Verwertbarkeit rechtswidrig erlangter Beweise gemäss Art. 141 Abs. 2 StPO: Kodifizierung der Rechtsprechung des Bundesgerichts?, ZStrR 2012, 352 ff.; *Jeanneret/Kuhn* 2013, 181 ff., 221 f.; *Jessnitzer, K./Frieling, G.*, Der gerichtliche Sachverständige, 10. Aufl., Köln et al. 1992; *Jositsch, D.*, 2013, 171 ff.; BSK StPO-*Kerner* 2014, Art. 177–181; *Kinzig, J.*, Die rechtliche Bewältigung von Erscheinungsformen organisierter Kriminalität, Berlin 2004; *Lenckner, T.*, Mitbeschuldigter und Zeuge, in: Einheit und Vielfalt des Strafrechts, FS Peters, Tübingen 1974, 333 ff.; *Meyer, F./Wickowska, M.*, Die Rechtsprechung des EGMR in Strafsachen im Jahr 2014, fp 2015, 367 ff.; *Natterer, J.*, Die Verwertbarkeit von Zufallsfunden aus der Telefonüberwachung im Strafverfahren – Eine kritische Betrachtung des schweizerischen und deutschen Umgangs mit Ergebnissen heimlicher strafprozessualer Überwachungsmassnahmen, Basel 2001; *Niggli, M. A.*, Gutachten betreffend Anwendung von Art. 321 StGB auf angestellte Unternehmensjuristen (In-house lawyers), Bern 2005; *Oberholzer* 2012, 245 ff.; *Petermann, F. Th.*, Auskunftsperson oder Beschuldigter?, AJP 2012, 1053 ff.; *Peters* 1985, 284 ff.; *ders.*, Beweisverbote im deutschen Strafverfahren, in: Gutachten für den 46. DJT, Bd. I (Teil 3 A), 1966, 91; CR CPP-*Perrier* 2011, Art. 178–181; CR CPP-*Perrin* 2011, Art. 149–151; *Pfeifer, M.*, Gilt das Berufsgeheimnis nach Art. 321 StGB auch für Unternehmensjuristen? Der Wunsch als Vater des Gedankens oder Realistik der Auslegung?, Anwaltsrevue 4/2006, 166 ff.; *Pieth, M.*, Spart die Schweiz im Strafprozessrecht den Richter ein?, in: Strafprozessrecht im Wandel, FS Miklau, Innsbruck et al. 2006, 383 ff.; *ders.*, Strafverfahren gegen das Unternehmen, in: Menschengerechtes Strafrecht, FS Eser, München 2005, 599 ff. (610 ff.); *ders.*, Die Strafrechtliche Verantwortung des Unternehmens, ZStrR 2003, 353 ff.; *ders.*, Der Beweisantrag des Beschuldigten im Schweizer Strafprozessrecht, Basel/Frankfurt a.M. 1984; *Piquerez/Macaluso* 2011, 323 ff., 356 ff., 359; CPP Commentaire à l'usage des praticiens-*Pitteloud* 2012, Art. 139 ff.; CR CPP-*Poncet Carnicé* 2011, Art. 192, 194–195; CR CPP-*Poncet Carnicé/Micucci* 2011, Art. 193; *Prittwitz, C.*, Strafwürdigkeit und Strafbarkeit von Folter und Folterandrohung im Rechtsstaat, FS Herzberg, Tübingen 2008, 515 ff.; *ders.*, Der Mitbeschuldigte im Strafprozess, Frankfurt a.M. 1984; *ders.*, Urteilsanmerkung, StV 1982, 344 ff.; *ders.*, Der Mitbeschuldigte ein unverzichtbarer Belastungszeuge?, NStZ 1981, 463 ff.; *Raschle, M.D.*, Der Unternehmensjurist, Basel 2012; *Riedo, C./Fiolka, G.*, Trudi-Gerster-Praxis bei der Beweisverwertung zementiert, plädoyer 2011, 36 ff.; *Riedo/Fiolka/Niggli* 2011, 161 ff.; *Riklin* 2007, 123 ff.; *Robert, C.-N.*, Les mensonges du détecteur, in: Jusletter vom 25.8.2008 (zit. Robert, C.-N. 2008); *Robert, O.*, Der Augenschein im Strafprozess, Zürich 1974; BSK StPO-*Ruckstuhl* 2014, Art. 157–161; *ders.* 2007, 70 ff. (zit. Ruckstuhl 2007a); *ders.*, Eidgenössische Strafprozessordnung: Staatsanwaltschaftsmodell ja – aber unter welchen Rahmenbedingungen?, Anwaltsrevue 8/2007, 323 ff. (zit. Ruckstuhl 2007b); *ders.*, Rechtswidrige Beweise erlaubt, in: Forum Strafverteidigung, Beweismangel und Verwertungsverbot, plädoyer (Beilage Dezember 2006), 20 ff.; *ders.* 1998; *Rüping, H./Jerouschek, G.*, Grundriss der Strafrechtsgeschichte, 6. Aufl., München 2011; *Saner, A.*, Das Teilnahmerecht der Verteidigung bei der psychiatrischen Exploration der beschuldigten Person, ZStrR 2014, 121 ff.; *Sauter, K.*, Kronzeugen im schweizerischen Strafverfahrensrecht?, ZStrR 2001, 282 ff.; BSK StPO-*Schleiminger Mettler* 2014, Art. 147–148; *dies.*, Aktuelle Fragen zum Konfrontationsrecht, AJP 2012, 1069 ff.; *Schmid* 2004, 197 ff.; *ders.*, Verwertung von Zufallsfunden und Verwertungsverbote nach dem neuen Bundesgesetz über die Überwachung des Post- und Fernmeldeverkehrs (BÜPF), ZStrR 2002, 309 ff.; *Schulz, J.*, Sachverhaltsfeststellung und Beweistheorie, Osnabrücker Rechtswissenschaftliche Abhandlungen, Bd. 28, Köln et al. 1992; *Thommen, M.*, Nur noch Psychiater als Gutachter, fp 2015, 14 ff.; CR CPP-*Verniory* 2014, Art. 157–161; *Vest, H.*, Das Beweisantragsrecht des Beschuldigten oder der langwierige Abschied vom Inquisitionsmodell, in: Strafrecht, Strafprozessrecht und Menschenrechte, FS Trechsel, Zürich 2002, 781 ff.; *ders.*, Bemerkungen zu BGE 130 I 126, AJP 2005, 883 ff.; *Vest, H./Höhener, A.*, Beweisverwertungsverbote – quo vadis Bundesgericht?, ZStrR 2009, 95 ff.; BSK StPO-*Vest/Horber* 2014, Art. 168–171, Art. 173–176; *Vetterli, L.*, Kehrtwende in der bundesgerichtlichen Praxis zu den Verwertungsverboten, ZStrR 2012, 447 ff.; CR CPP-*Vuille* 2011, Art. 182–191; *Walder, H.*, Bemerkungen zum Beweisverbot bezüglich illegal beschaffter Beweismittel, SJZ 1993, 191 ff.; *ders.*, Rechtswidrig erlangte Beweismittel im Strafprozess, ZStrR 1966, 36 ff.; *Weirich, A.*, Rechtliche und praktische Schwierigkeiten bei der Erhebung und Verwertung von Personalbeweisen aus staatsanwaltschaftlicher Sicht, AJP 2012, 1046 ff.; CR CPP-*Werly* 2011, Art. 168–176; *Wickowska, M.*, Nemo tenetur und fair trial – Besprechung von EGMR v. 16. Juni 2015, Nr. 41269/08, Schmid-Laffer v. Schweiz, fp 2016, 54 ff.; *Wietlisbach, T.*, Die Aussage als Beweismittel im aargauischen Strafprozess, Zürich 1998; Donatsch/Hansjakob/Lieber, Kommentar-*Wohlers* 2014, Art. 139–141; *ders.*, Bemerkungen zu BGE 131 I 272, AJP 2006, 627 ff. (zit. Wohlers 2006a); *ders.*, Bemerkungen zu 6S.46/2005, AJP 2006, 633 ff. (zit. Wohlers 2006b); *Wohlers, W./Bläsi, L.*, Dogmatik und praktische Relevanz der Beweisverwertungsverbote im Strafprozessrecht der Schweiz, recht 2015, 158 ff.; *Wyss, M. P.*, Miranda Warnings im schweizerischen Verfassungsrecht?, recht 2001, 132 ff; BSK StPO-*Zeller* 2014, Art. 172.

A. Allgemeiner Teil

1. Der Beweisvorgang

Beweisen dient der Verifizierung oder Falsifizierung von Sachverhaltshypothesen. Die Rekonstruktion historischer Wahrheit unter den ganz speziellen Bedingungen des Strafprozesses ist von Anfang an ein prekäres Unterfangen, weil der Nachweis mit beschränkten Mitteln, in kurzer Zeit und unter ganz erheblichem psychischem Druck erbracht werden muss.

Einzelne **Beweismittel**, die sich zu einem bestimmten **Beweisthema** äussern, werden identifiziert, **erhoben, verwertet** und **gewürdigt**: In einem fortschreitenden Assoziationskreisel werden Beweise zu einem Gesamtbild zusammengefügt[1]. Die

1 Pieth 1984, 6 ff; zum Beweisvorgang vgl. auch die Hinweise bei Capus 2012, 1035 ff.; BSK StPO-Gless 2014, Art. 139 N 6 ff.

Richter, die zur eigentlichen Würdigung[2] in der Hauptverhandlung berufen sind, entscheiden frei von Beweiswürdigungsregeln[3], ausschliesslich nach ihrer persönlichen Überzeugung (bereits der Code d'instruction criminelle sprach von der «*intime conviction*»[4]). Allerdings meint «**freie Beweiswürdigung**» (Art. 10 Abs. 2[5]) nicht Urteilen nach Gutdünken. Das Gericht ist zur sachlichen Ermessensausübung verpflichtet[6]. Das Urteil muss objektiv nachvollziehbar sein, es muss sich begründen lassen[7]. Dabei muss man sich allerdings nichts vormachen. In der Praxis kann zwischen den «Herstellungs-» und den «Darstellungsbedingungen» eines Urteils eine erhebliche Spannung entstehen[8]. Werden gewisse Grenzen überschritten, wird der Grundsatz «*in dubio pro reo*», aus dem nicht nur eine **Beweislastregel** (der Staatsanwalt hat die Schuld zu beweisen), sondern auch eine **Beweiswürdigungsregel** abgeleitet wird, beeinträchtigt[9] (das Prinzip wird verletzt, wenn das Gericht trotz erheblicher Zweifel schuldig spricht, oder obwohl es Zweifel hätte haben sollen).

2. Die Beweismittel

a) Direkter und indirekter Beweis

Die Verübung der Straftat lässt sich gelegentlich **direkt** mit Hilfe von Beweismitteln (Zeuge hat die Tat beobachtet) erschliessen. Häufig bedarf es aber einer **indirekten** Beweisführung, mit Hilfe von Indizien. Eine Abstufung im Beweiswert besteht nicht *in abstracto*, es ist Sache des Gerichts zu eruieren, ob die Indizienkette schlüssig ist. In freier Beweiswürdigung beurteilt es das Gesamtbild der Beweismittel.

b) Personal- und Sachbeweis

Die Beweismittel werden gemeinhin[10] in zwei Kategorien eingeteilt:

---

2 Natürlich werden Beweise bereits im Vorverfahren laufend ausgewertet, der Begriff «Würdigung» bezieht sich aber auf die eigentliche Entscheidungsinstanz, das Gericht.

3 Anders als noch im Inquisitionsprozess und bis weit ins 19. Jahrhundert hinein: vgl. Hauser/Schweri/Hartmann 2005, 245; Oberholzer 2012, 247; Piquerez/Macaluso 2011, 329 ff., 349 f.; CR CPP-Verniory 2011, Art. 160 N 4; und siehe oben S. 23 ff.

4 Vgl. auch Art. 10 Abs. 2.

5 Donatsch/Hansjakob/Lieber, Kommentar-Wohlers 2014, Art. 10 N 25 ff.

6 Hauser/Schweri/Hartmann 2005, 246.

7 Hauser/Schweri/Hartmann 2005, 247; Oberholzer 2012, 247 f.; Schmid 2004, 97 ff.

8 Hassemer 1990, 116 ff.

9 Siehe oben S. 55 f.; Hauser/Schweri/Hartmann 2005, 247 f.; Oberholzer 2012, 248 ff.; Piquerez/Macaluso 2011, 331 f.; Schmid 2004, 99 ff.

10 Botschaft des Bundesrates, BBl 2006 1085 (1182); BSK StPO-Gless 2014, Art. 139 N 14; Donatsch 2012, 235 ff.; Hauser/Schweri/Hartmann 2005, 286 ff.; Jositsch 2013, 87; CR CPP-Poncet Carnicé 2011, Art. 192 N 3; Riklin StPO Kommentar 2014, Art. 139 N 5; Ruckstuhl/Dittmann/Arnold 2011, 146.

Unter den **Personalbeweis** fallen:

- die Zeugen
- die Auskunftspersonen
- die Sachverständigen
- aber auch die Beschuldigten und Mitbeschuldigten,

unter den **Sachbeweis** fallen im Wesentlichen

- der Urkundenbeweis
- der Augenschein.

c) Numerus clausus der Beweismittel?

Immer wieder ist die Frage aufgeworfen worden, ob die vom Gesetz genannten Beweismittel einen *numerus clausus* darstellen. Das Bundesgericht[11] und die Schweizer Lehre[12] haben sich dagegen ausgesprochen, und die Botschaft[13] geht davon aus, dass dem Art. 139 Abs. 1 eine Stellungnahme gegen den *numerus clausus* zu entnehmen sei *(«die Strafbehörden setzen zur Wahrheitsfindung alle nach dem Stand von Wissenschaft und Erfahrung geeigneten Beweismittel ein, die rechtlich zulässig sind»)*. Zur Begründung wird angeführt, es sei dem Gesetzgeber unmöglich, den technischen Fortschritt zu antizipieren[14]. Das wäre allerdings ein Armutszeugnis für den Gesetzgeber. Die Gegenposition ist vor allem in Deutschland, unter dem Aspekt des sogenannten «Strengbeweises»[15] entwickelt worden. Zu Recht bemerkt Gless, dass die Formstrenge des Verfahrens gerade sicherstellen soll, *«dass in die freie Beweiswürdigung des Gerichts nur solche Beweismittel eingehen, welche durch die Justizförmigkeit ihres Zustandekommens für ihre Zuverlässigkeit und die Berücksichtigung aller schutzwürdiger Interessen bürgen»*[16]. Es ist daher darauf zu achten, dass die Annahme der Botschaft, *«alle denkbaren Beweismittel»* seien *«einsetzbar, auch wenn sie im Prozessgesetz nicht oder noch nicht ausdrücklich vorgesehen sind»*[17], nicht in Konflikt mit dem

---

11 BGE 131 I 425 (433).

12 CR CPP-Bénédict/Treccani 2011, Art. 139 N 2; Donatsch/Schwarzenegger/Wohlers 2014, 100 f.; BSK StPO-Gless 2014, Art. 139 N 14 und N 16; Hauser/Schweri/Hartmann 2005, 275 f.; Piquerez/Macaluso 2011, 327; Riedo/Fiolka/Niggli 2011, 166; Schmid Handbuch 2013, 313; ders. StPO Praxiskommentar 2013, Art. 139 N 1; a.A. Riklin StPO Kommentar 2014, Art. 139 N 4.

13 Botschaft des Bundesrates, BBl 2006 1085 (1182).

14 Hauser/Schweri/Hartmann 2005, 276; Schmid Handbuch 2013, 313; sowie die Hinweise bei BSK StPO-Gless 2014, Art. 139 N 14–16; Donatsch/Hansjakob/Lieber, Kommentar-Wohlers 2014, Art. 139 N 4.

15 Z.B. Arzt 1974, 223 ff.

16 Gless 2007, 408.

17 Botschaft des Bundesrates, BBl 2006 1085 (1182).

Grundsatz der Justizförmigkeit des Verfahrens gerät. Allerdings ist die Problematik in der Praxis wohl deshalb weniger dramatisch, weil die Liste der gesetzlichen Beweismittel im Grunde alle denkbaren Beweismitteltypen umfasst (vgl. vor allem auch die Sachbeweise). Allerdings ist man sich einig, dass es für Zwangsmassnahmen einer expliziten gesetzlichen Grundlage bedarf[18].

d) Beweisbedürftigkeit

Art. 139 Abs. 2 hält zunächst Selbstverständliches fest, wenn er sagt, dass über **unerhebliche** Tatsachen, das heisst solche, die *ex ante* rechtlich nicht relevant sind[19], nicht Beweis zu führen ist. Weiter bewegt er sich im *courant normal*, wenn er **Offenkundiges**[20] oder **Gerichtsnotorisches**[21] vom Beweis ausschliesst: Historische Tatsachen (etwa die Existenz des «*Holocaust*») sind nicht nachweispflichtig (ja, im Prozess gegen Holocaustleugner wäre die Nachweispflicht geradezu hochgradig problematisch). Was das Gericht bereits von anderen Verfahren her kennt, muss man überdies nicht erneut feststellen (der Verweis auf frühere Urteile reicht).

Äusserst problematisch ist dagegen die Passage «*oder bereits rechtsgenüglich erwiesen sind*»: Dahinter verbergen sich drei Formen der sogenannten **«antizipierten Beweiswürdigung»**[22]. Als relativ unproblematisch mag erscheinen, wenn die Behörden die Beweisbehauptung ohne Erhebung **als wahr unterstellen**, auch wenn dadurch eine Beweisaufnahme in «Fleisch und Blut» vermieden wird[23]. Wesentlich problematischer sind zwei weitere Fälle: Zum einen die Situation, dass die Staatsanwaltschaft oder das Gericht ohne Erhebung einem Beweismittel (zum Beispiel der Zeugenaussage der Ehefrau des Beschuldigten) die Beweiskraft abspricht, zum anderen der Fall, dass Strafbehörden ohne Erhebung des beantragten Beweises einen Vorwurf bereits für ausreichend erstellt erachten[24]. Während im ersten Fall der Beweiswert ohne Erhebung abgelehnt wird, nimmt die Behörde im zweiten Fall an, dass das Gegenteil der Beweisbehauptung bereits erwiesen sei[25]. Was im Rahmen behördlicher Beweisführungsverantwortung (Art. 6) durchgehen mag, führt zu einer schwer-

18 Botschaft des Bundesrates, BBl 2006 1085 (1182); BSK StPO-Gless 2014, Art. 139 N 16; Hauser/Schweri/Hartmann 2005, 276; Schmid 2004, 199; und siehe oben S. 131 f.

19 Pieth 1984, 334; Donatsch/Hansjakob/Lieber, Kommentar-Wohlers 2014, Art. 139 N 12 ff.

20 Zum Begriff Alsberg et al. 2013, 407 ff.; BSK StPO-Gless 2014, Art. 139 N 35 f.; Donatsch/Hansjakob/Lieber, Kommentar-Wohlers 2014, Art. 139 N 17.

21 Alsberg et al. 2013, 418 ff.; BSK StPO-Gless 2014, Art. 139 N 37 ff.

22 Der Begriff wird gelegentlich weiter gefasst und soll auch die oben erwähnten abstrakten Ablehnungsgründe erfassen. Diesen Begriff lehnt der Verfasser deshalb ab, weil er die relativ unproblematischen *ex ante* zu klärenden Fälle mit dem hochproblematischen vorzeitigen Schluss des Beweisverfahrens vermengt.

23 Vgl. den **Einstiegsfall** siehe oben S. 16 f.

24 Krit. auch BSK StPO-Gless 2014, Art. 139 N 51.

25 Vgl. Alsberg et al. 2013, 460 ff.

wiegenden Verkürzung der Verfahrensrechte des Beschuldigten, wenn gestützt auf Art. 139 Abs. 2 ein Beweisantrag abgelehnt wird[26]. Die «**antizipierte Beweiswürdigung**» ist ein Überbleibsel des Inquisitionsprozesses, sie verkörpert den «**kurzen Prozess**»[27]. Umso problematischer ist es, dass sowohl das Bundesgericht[28] wie die Botschaft[29] ihr so unkritisch gegenüberstehen[30]. Zwar prüft das Bundesgericht die antizipierte Beweiswürdigung, allerdings obliegt es dem Beschuldigten, die Willkür zu substantiieren[31]. Demgegenüber schlägt Schmid[32] zu Recht vor, Art. 139 Abs. 2 auf die Fälle zu reduzieren, die in § 244 Abs. 3 der deutschen StPO angesprochen werden: Fälle, bei denen die Ablehnung der Beweisführung deshalb weniger gefährlich ist, weil sie abstrakt überprüfbar ist (insbesondere die Unerheblichkeit und die Notorietät). Unzulässig ist – bei verfassungsmässiger Interpretation der StPO – daher die Ablehnung eines Beweisantrages mit dem Argument, man habe sich seine Meinung bereits gebildet[33].

e) Staatliche Beweisführung

Beweissammlung und Beweisführung ist im kontinentaleuropäischen Prozess allerdings nach wie vor Staatsaufgabe (Art. 139 Abs. 1). Die Behörden klären – wie wir bereits erörtert haben[34] – von Amtes wegen alle für die Beurteilung der Tat und der beschuldigten Personen bedeutsamen Tatsachen ab (Art. 6).

Die Parteien können im Rahmen ihrer Mitwirkungsrechte Beweisanträge stellen, Beweise präsentieren[35] oder als Beweispersonen selbst zur Sache aussagen[36]. Sowohl aus Art. 394 (für Ablehnungen durch die Staatsanwaltschaft oder die Übertretungsstrafbehörden) wie aus Art. 331 Abs. 3 (für das Instruktionsverfahren) ergibt

---

26 Vgl. Pieth 1988, 581; Donatsch/Hansjakob/Lieber, Kommentar-Wohlers 2014, Art. 139 N 6 f.; ders. 2012, 210.

27 Pieth 1984, 15 ff.; BSK StPO-Gless 2014, Art. 139 N 31 ff. und N 48 ff.; Donatsch/Hansjakob/Lieber, Kommentar-Wohlers 2014, Art. 139 N 8 ff.; CPP Commentaire à l'usage des praticiens-Pitteloud 2012, Art. 139 N 346.

28 BGE 124 I 274 m.w.H.; vgl. auch BGer 6B_564/2011 vom 27.1.2012 und oben S. 44, 49 f. und 108 f.

29 Botschaft des Bundesrates, BBl 2006 1085 (1182); vgl. auch Goldschmid/Maurer/Sollberger 2008, 121; Hauser/Schweri/Hartmann 2005, 244 (befürwortend).

30 Krit. aber Albrecht 2007, 52; BSK StPO-Gless 2014, Art. 139 N 31 ff. und N 51; Pieth 1984, 12 ff., 274 ff., 288 ff.; Vest 2002, 791.

31 BGer 6B_564/2011 vom 27.1.2012.

32 Schmid Handbuch 2013, 312 f.; ders. StPO Praxiskommentar 2013, Art. 139 N 3 f.; vgl. auch Ruckstuhl/Dittmann/Arnold 2011, 145.

33 Siehe bereits oben S. 108 f.

34 Siehe oben S. 43 f.

35 Siehe oben S. 108 f.

36 Siehe unten S. 200 ff.

sich aber, dass die Ablehnung von Beweisanträgen nicht selbständig anfechtbar ist, es sei denn der Antrag kann nicht ohne Rechtsnachteil vor dem erstinstanzlichen Gericht wiederholt werden (z.B. weil ein Zeuge schwer erkrankt ist).

3. Die Beweisverbote

a) Beweiserhebungsverbote

Bis vor Kurzem höchst kontrovers war die Frage, wie auf die Verletzung von Beweisvorschriften zu reagieren sei. Die Lehre hat vorab versucht, die sogenannten «Beweisverbote» zu katalogisieren. Sie unterscheidet (gelegentlich unter der Überschrift «**Beweiserhebungsverbote**»[37]):

- **Beweisthemenverbote** (zum Beispiel soweit der Wahrheitsbeweis im Ehrverletzungsverfahren ausgeschlossen ist, oder soweit Tatsachen geheimhaltungsbedürftig sind);
- **Beweismethodenverbote** (zum Beispiel die Erzwingung eines Geständnisses oder der Einsatz eines Lügendetektors[38]);
- **Beweismittelverbote** (zum Beispiel: beansprucht ein Zeuge sein Zeugnisverweigerungsrecht, ist die Erhebung dieses Beweises verwehrt).

Die Motive dieser Beweisverbote sind sowohl im fairen Prozess, der Wahrung der Menschenwürde, dem Respekt der Willensfreiheit und in der zuverlässigen Beweisführung zu sehen[39].

b) Beweisverwertungsverbote

Von erheblich grösserer Bedeutung ist allerdings eine andere Einteilung, die sich auch im Gesetz, in Art. 141, wiederfindet: Nicht jeder Verfahrensverstoss führt zur Nichtbeachtung von Beweismitteln. Allerdings zieht die Verletzung fundamentaler Beweiserhebungsregeln ein **Verwertungsverbot** nach sich[40].

37 Alsberg et al. 2013, 296 ff.; BSK StPO-Gless 2014, Art. 139 N 20 und Art. 141 N 8; Hauser/Schweri/Hartmann 2005, 280 f.; Oberholzer 2012, 251; Schmid 2004, 199 f.

38 Zu einer erneuten Auseinandersetzung mit dem Lügendetektor vgl. BGer 6B_663/2011 vom 2.2.2012 (dazu: fp 2012, 207 ff.); BSK StPO-Gless 2014, Art. 140 N 66 ff., 69 f.; Robert, C.-N. 2008; Schmid StPO Praxiskommentar 2013, Art. 140 N 7.

39 BSK StPO-Gless 2014, Art. 140 N 1 und N 5 ff. und Art. 141 N 17; Donatsch 2012, 239; Wohlers/Bläsi 2015, 158 f.

40 Zum Ganzen vgl. BSK StPO-Gless 2014, Art. 141 N 45 ff.; Vest/Höhener 2009, 95 ff.; Donatsch/Hansjakob/Lieber, Kommentar-Wohlers 2014, Art. 140 N 2.

aa) Gültigkeits- und Ordnungsvorschriften

Die Praxis hat sich lange Zeit mit diesem Konzept schwer getan. Inzwischen hat sich die Diskussion im Wesentlichen auf Abgrenzungsfragen verlagert. Vorab macht Art. 141 Abs. 3 einen Unterschied zwischen «**Gültigkeitsvorschriften**» und blossen «**Ordnungsvorschriften**». Praxis und Botschaft[41] stellen bei dieser Unterscheidung auf den Schutzzweck der Norm ab und fragen danach, ob das Beweismittel auch auf gesetzmässigem Wege erhältlich gewesen wäre[42]. Ordnungsvorschriften dienen dazu, die «äussere Ordnung des Verfahrens» zu regeln[43].

So wurde beispielsweise im Fall einer Hausdurchsuchung in Abwesenheit des Wohnungsinhabers beziehungsweise seines Vertreters die Unverwertbarkeit vom Bundesgericht abgelehnt[44]. Zu Recht wird in Frage gestellt, dass das Anwesenheitsrecht bei der Hausdurchsuchung lediglich zur Wahrung der «äusseren Ordnung» dient[45]. Geht es um die Verhinderung von Diebstählen durch Beamte oder nicht eher um die Klärung von Anständen über Berufsgeheimnisse (Siegelung!) und die Sicherstellung der «Offenheit» der Zwangsmassnahmen überhaupt (einschliesslich des Rechtsmittelrechts)?

Wenn in diesem Beispielsfall scheinbare blosse Formvorschriften bei näherem Hinsehen zu Gültigkeitsvorschriften werden, gibt es in der Prozessordnung aber auch eine Vielzahl von Vorschriften, die tatsächlich als blosse Ordnungsvorschriften bezeichnet werden müssen: zum Beispiel die Angaben in der Vorladung gemäss Art. 201 Abs. 2[46]. Auch wenn hier Nachbesserung notwendig ist, wäre ein Verwertungsverbot übertrieben.

bb) Zwei Kategorien von Gültigkeitsvorschriften

Fundamental ist, dass das neue Recht in Art. 141 Abs. 1 und 2 **zwei Kategorien von Gültigkeitsvorschriften** schafft, die erste mit der radikalen Konsequenz der absoluten Unverwertbarkeit, sowie eine zweite, die eine Verwertung ausnahmsweise zulässt, wenn sie «*zur Aufklärung schwerer Straftaten unerlässlich*» ist. So konsequent die Regelung von Abs. 1 ist, so problematisch ist die Unterscheidung an sich:

Zum einen aus **prinzipiellen** Gründen: Wenn eine schwere Prozessrechtsverletzung vorliegt, kann es für die Frage der Verwertbarkeit keine Rolle spielen, zu wel-

41 Vgl. z.B. BGE 103 Ia 206 (217); Botschaft des Bundesrates, BBl 2006 1085 (1183).

42 Krit. Schmid Handbuch 2013, 319; ders. 2004, 201, der für eine konkrete Interessenabwägung im Einzelfall eintritt; vgl. auch Fornito 2000, 283 ff. und Häring 2009, 241 f.

43 Vgl. BGE 139 IV 128; krit. BSK StPO-Gless 2014, Art. 141 N 67, N 74 und N 85 ff.; krit. auch Wohlers/Bläsi 2015, 164; Donatsch/Hansjakob/Lieber, Kommentar-Wohlers 2014, Art. 141 N 22 f., 24.

44 BGE 96 I 437; krit. BSK StPO-Gless 2014, Art. 141 N 74.

45 Krit. Gless 2010, 154; dies. 2007, 410.

46 BSK StPO-Gless 2014, Art. 141 N 87; Häring 2009, 240 f.

chem Delikt ermittelt wird. Alles andere läuft auf eine Neuauflage der *«crimina excepta»* hinaus: Man erinnere sich, dass im 17. Jahrhundert von den strengen Voraussetzungen der Folter dispensiert wurde, wenn nur der Tatvorwurf schwer genug wog (*«in delictis atrocissimis propter criminis enormitatem iura transgredi liceat»*)[47]. Wie leicht aber ein Tatverdacht hochzudefinieren ist, wissen wir seit der Hexenverfolgung. Es ist uns aber auch aus moderner Zeit bekannt, dass wir gerade in der praktisch wohl wichtigsten Konfliktzone zwischen Strafverfolgung und Verteidigung, dem Betäubungsmittelrecht, die Schwere eines Falles durch Erhöhung der Grammzahl oder durch Zuordnung zum organisierten Verbrechen leicht verändern können[48].

(1) Absolut wirkende Verwertungsverbote

Sodann bereitet die Unterscheidung der Fälle von Art. 141 Abs. 1 und 2 erhebliche **praktische** Schwierigkeiten[49]: Fest steht nach Abs. 1 Satz 1, dass die **verbotenen Beweiserhebungsmethoden** nach Art. 140 (**Zwang, Gewalt, Drohung, Versprechungen, Täuschung und Einsatz von Mitteln, die die Denkfähigkeit oder Willensfreiheit beeinträchtigen**) zur absoluten Unverwertbarkeit führen[50]. Verbotene Beweismittel dürfen auch nicht als Spurenansatz für weitere Ermittlungen dienen[51]. Art. 140 bezieht sich auf Aussagen sämtlicher Beweispersonen. Obwohl Art. 140 Abs. 1 Verstösse gegen fundamentale Menschenrechte kodifiziert, sind eine Reihe von Grenzfragen aufgeworfen worden: Inzwischen dürfte Einigkeit herrschen, dass die sog. «Rettungsfolter» abzulehnen ist[52]. Ebenso unzulässig sind die seelische Zermürbung und die systematische Ermüdung, die zum Verlust der Denkfähigkeit führen[53]. Uneinigkeit herrscht aber darüber, wie mit Suggestivfragen zu verfahren ist[54]. Sodann wird in der Lehre gelegentlich ein Unterschied zwischen unerlaubter Täuschung und erlaubter List gemacht[55]. Zulässig ist der überraschende Vorhalt wider-

47 Siehe oben S. 26 ff., Ignor 2002, 102 ff.; Pieth 2015, 27, 30 u.V.a. Benedikt Carpzov.

48 Krit. zur Abgrenzung von Alltagskriminalität zum organisierten Verbrechen Besozzi 2002, 71 ff.; Cesoni 2004; Estermann 2002; Kinzig 2004.

49 BSK StPO-Gless 2014, Art. 141 N 61; dies. 2007, 410 f.; Jeanneret/Kuhn 2013, 181 ff.; BSK StPO-Thommen 2014, Art. 3 N 106 ff. und Schmid Handbuch 2013, 320.

50 Donatsch/Hansjakob/Lieber, Kommentar-Wohlers 2014, Art. 140 N 1 ff.

51 Vetterli 2012, 469; Donatsch/Hansjakob/Lieber, Kommentar-Wohlers 2014, Art. 141 N 1 und 11.

52 Vgl. BSK StPO-Gless 2014, Art. 140 N 36; anders noch Herdegen 2004; vgl. auch unten S. 198 ff. zum Fall Gäfgen.

53 Donatsch/Hansjakob/Lieber, Kommentar-Wohlers 2014, Art. 140 N 3 f. (Schlafentzug).

54 Als «Täuschung» gelten manipulative Suggestivfragen, Goldschmid/Maurer/Sollberger 2008, 122 f.; a.A. aber Schmid Handbuch 2013, 316.

55 So Schmid Handbuch 2013, 315 f. und Donatsch/Hansjakob/Lieber, Kommentar-Wohlers 2014, Art. 140 N 11; zu Recht aber a.A. BSK StPO-Gless 2014, Art. 140 N 49.

sprüchlicher Aussagen[56], unzulässig ist die eigentliche Täuschung. Auch die Ausnutzung eines bestehenden Irrtums ist unzulässig[57]. Entgegen der Rechtsprechung kommt es im Übrigen nicht darauf an, ob der Irrtum vorsätzlich oder fahrlässig provoziert oder benutzt wird[58]. Unzulässig, schliesslich, ist das Versprechen gesetzlich nicht vorgesehener Vorteile[59]. Allemal scheiden Bagatellen aus (kleine Annehmlichkeiten, wie die «strategisch» eingesetzte Rauchpause).

Gemäss Satz 2 von Art. 141 Abs. 1 gilt dasselbe, wenn **«dieses Gesetz»** einen Beweis als unverwertbar bezeichnet[60]. Klassischer Anwendungsfall ist Art. 158, das heisst, die Unterlassung, den Beschuldigten über den Vorwurf, aber auch über seine Verfahrensstellung und über essentielle Verteidigungsrechte zu informieren[61]. Im Zentrum stehen der Hinweis auf den «*nemo tenetur*»-Grundsatz sowie das Recht, eine Verteidigung zu bestellen. Damit ist die noch bis vor Kurzem lavierende Praxis des Bundesgerichts[62] obsolet geworden. Für Ausnahmen und Interessenabwägung ist in den Fällen von Art. 158 kein Raum mehr[63].

Analoges gilt nach Art. 150 für Beweiserhebungen unter staatlicher Zusicherung der Anonymität, falls das Zwangsmassnahmengericht die Zusicherung nicht genehmigt. Wird ein Zeuge nicht auf seine Zeugnispflicht und auf sein **Zeugnisverweigerungsrecht** hingewiesen, ist das Beweismittel in ähnlicher Weise wie die Beschuldigtenaussage nach Art. 158 ungültig, jedenfalls wenn sich der Zeuge nachträglich auf sein Zeugnisverweigerungsrecht beruft[64]. Obwohl eine explizite Norm in der StPO fehlt, muss, in Analogie zum Täuschungsverbot und zum «*nemo tenetur*»-Grundsatz, der Fall des **unzulässigen Aushorchens** des Beschuldigten in der Untersuchungshaft (sei es durch einen dazu angestifteten Mithäftling oder durch eine Abhöranlage[65]) als Fall des absoluten Verwertungsverbotes angesehen wer-

56 BGer 6B_336/2013 vom 14.2.2014.

57 BSK StPO-Gless 2014, Art. 140 N 49; a.A. Donatsch/Hansjakob/Lieber, Kommentar-Wohlers 2014, Art. 140 N 11; dazu OGer BE in: fp 2015, 77; plädoyer 2014, 62 ff.

58 BSK StPO-Gless 2014, Art. 140 N 48; Donatsch/Hansjakob/Lieber, Kommentar-Wohlers 2014, Art. 140 N 10.

59 BSK StPO-Gless 2014, Art. 140 N 42 ff.

60 Vgl. die detaillierte Liste bei BSK StPO-Gless 2014, Art. 141 N 49–59.

61 BSK StPO-Häring 2014, Art. 143 N 23; oben S. 89 ff.; und bereits den **Einstiegsfall** oben S. 14 ff.

62 BGE 130 IV 121 (126) = Pra 2005, Nr. 43.

63 Vgl. aber noch BGE 133 IV 329 zu Art. 9 Abs. 3 BÜPF.

64 Art. 177 Abs. 1, 3; BSK StPO-Gless 2014, Art. 141 N 52; BSK StPO-Häring 2014, Art. 143 N 24; Hauser/Schweri/Hartmann 2005, 294; a.A. BSK StPO-Kerner 2014, Art. 177 N 7; Piquerez/Macaluso 2011, 364; Riedo/Fiolka/Niggli 2011, 203.

65 BGE 129 I 85, vgl. auch BGHSt 44, 129 und Eicker/Huber 2014, 115; gegen eine Erweiterung der Fälle absoluter Verwertungsverbote über explizit im Gesetz genannte Fälle hinaus: Donatsch/Hansjakob/Lieber, Kommentar-Wohlers 2014, Art. 141 N 19.

den[66]. Das Vorgehen verletzt die Wesenskerngarantie der persönlichen Freiheit[67]. Unverwertbar sind auch Aussagen der beschuldigten Person ohne Verteidiger, bei denen erkennbarer Weise ein Fall der notwendigen Verteidigung vorgelegen hätte. Allerdings kann der Beschuldigte nach Art. 131 Abs. 3 auf die Wiederholung verzichten. Eine Liste weiterer Fälle findet sich in der Literatur[68]. Insgesamt geht die Lehre davon aus, dass Satz 2 nicht auf eine abschliessende Zahl von Fällen anwendbar ist[69].

(2) Bloss relative Verwertungsverbote?

Fraglich bleibt demgegenüber aber, welche Fälle die Praxis dem «*schmalen Bereich*»[70] von Gültigkeitsvorschriften nach **Art. 141 Abs. 2** vorbehält. Gless erwähnt etwa das Anwesenheitsrecht des Verteidigers bei der Einvernahme des Beschuldigten (nach Art. 147 Abs. 3)[71]. Das Bundesgericht hatte weitere Fälle zu entscheiden, etwa den der unbewilligten Videokamera in der Parkgarage, deren Aufnahmen eine Überführung wegen Brandstiftung erlaubten[72], oder den des Anbringens eines unbewilligten GPS-Peilsenders am Auto von Tatverdächtigen durch die Polizei, der den Nachweis der Mitwirkung an einer Diebestour ermöglichen sollte[73].

Für Aufsehen gesorgt hat BGE 137 I 218. Die Polizei hatte den Film auf einer auf einem Jahrmarkt verlorenen Kamera angesehen und festgestellt, dass schwere Verkehrsverletzungen gefilmt worden waren. Der Film wurde vom Bundesgericht als Beweismittel aber von der Verwertbarkeit ausgeschlossen, da es sowohl am Anfangsverdacht wie an der gesetzlichen Grundlage zur Visionierung des Filmes gefehlt habe. Von Bedeutung ist der Entscheid, weil er die Anforderungen an die Verwertbarkeit erhöht und insbesondere öffentliche Interessen an einem fairen, justizförmigen und zuverlässigen Verfahren in die Überlegungen einbezieht[74].

Art. 141 stellt einen Kompromiss zwischen der Interessensabwägungstheorie und dem Katalogansatz dar[75]: Während Abs. 1 von einem Katalog ausgeht – selbst wenn er nicht abschliessend ist – dehnt Abs. 2 das Verwertungsverbot aus auf sogenannte

66 Vgl. das explizite Verbot in Art. 281 Abs. 3 lit. a.

67 Häring 2009, 248; siehe oben S. 131 f.

68 Vgl. insb. BSK StPO-Gless 2014, Art. 141 N 50 ff.; auch Giovannone 2012, 1062; Riedo/Fiolka 2011, 38; Wohlers/Bläsi 2015, 163.

69 Vetterli 2012, 462 ff.; Donatsch/Hansjakob/Lieber, Kommentar-Wohlers 2014, Art. 141 N 18.

70 Gless 2007, 410.

71 BSK StPO-Gless 2014, Art. 141 N 63 ff.; vgl. auch Riedo/Fiolka 2011, 38 f.; BSK StPO-Schleiminger Mettler 2014, Art. 147 N 26.

72 BGE 131 I 272; vgl. dazu Häring 2009, 239.

73 BGer 1P.51/2007 vom 24.9.2007.

74 Vetterli 2012, 447 ff.; Wohlers/Bläsi 2015, 162.

75 Donatsch/Hansjakob/Lieber, Kommentar-Wohlers 2014, Art. 141 N 14.

unselbständige Beweiserhebungsverbote (Verletzung von gesetzlichen Regelungen) sowie auf sogenannte selbständige Verbote, bei denen die Verletzung subjektiver Rechte im Vordergrund stehen[76]. Zwar ist auch bei Art. 141 Abs. 2 nach dem Wortlaut des Gesetzes die Unverwertbarkeit die Regel, doch enthält der Absatz eine Ausnahme für Beweise, deren Verwertung «*zur Aufklärung schwerer Straftaten unerlässlich*» sei[77]: Zum einen herrscht Uneinigkeit, was eine schwere Straftat ausmacht. Der Verweis auf die Kataloge in Art. 269 Abs. 2 und Art. 286 Abs. 2[78] ist unbehilflich, da sie viel zu weit geraten sind[79]. Unzulässig sind aber auch die weiteren Positionen des Bundesgerichts[80] und der Lehre, die darauf abstellen, ob ein Verbrechen vorliegt[81] bzw. ein ausschliesslich mit Freiheitsstrafe bedrohtes Verbrechen[82]: Art. 141 Abs. 2 meint Extremfälle, wie etwa den bekannten Fall *Schenk*[83], bei dem in einem **Mordfall** ein (privater) Telefonmitschnitt, von dem der Beschuldigte keine Kenntnis hatte (vgl. Art. 179ter StGB), verwertet wurde. Der EGMR stützte die Schweiz, weil das Verfahren insgesamt «fair» gewesen sei[84]. Daraus lässt sich aber nichts für die innerstaatliche Rechtmässigkeit ableiten, weil der EGMR nur über eine eingeschränkte Kognition verfügt[85]. Daher ist eine hohe Mindeststrafe zu verlangen[86].

cc) Private Beweisgewinnung?

Bereits beim Fall *Schenk* hatte sich die Frage gestellt, nach welchen Regeln sich die Verwertbarkeit von Privaten illegal gewonnenen Beweise beurteilt. Das Bundesgericht hält sie dann für verwertbar, wenn die Strafbehörden sie auch legal hätten erlangen können (Katalogtat, Interessenabwägung usw.)[87]. Diese Regel ist zwar ein Ansatz, sie ist aber für sich genommen zu wenig aussagekräftig, um der Vielfalt der Probleme Rechnung zu tragen[88]. Die Fragen haben zum einen mit der Zunahme

76 BSK StPO-Gless 2014, Art. 141 N 9 ff.; Donatsch/Hansjakob/Lieber, Kommentar-Wohlers 2014, Art. 141 N 16 ff.; Wohlers/Bläsi 2015, 159 f.

77 Hersch 2012, 367 ff.; Riedo/Fiolka 2011, 38 f.

78 Donatsch/Cavegn 2008, 166; Häring 2009, 248 f.

79 Krit. auch Wohlers/Bläsi 2015, 165.

80 BGE 137 I 218; Bommer/Kaufmann 2015, 904 f.

81 Schmid StPO Praxiskommentar 2013, Art. 141 N 8.

82 BSK StPO-Gless 2014, Art. 141 N 72; Hersch 2012, 368; Donatsch/Hansjakob/Lieber, Kommentar-Wohlers 2014, Art. 141 N 21a.

83 BGE 109 Ia 244.

84 EGMR Entscheid vom 12.7.1988 i.S. *Schenk* v. *Switzerland*, Application no. 10862/84, EuGRZ 6 und 15/1988, 151, 390 ff.; vgl. generell zum Problem der Beweisverbote unter verfassungsrechtlicher Perspektive Müller/Schefer 2008, 1004 ff.

85 Vgl. aber Schmid 2004, 200.

86 Ruckstuhl/Dittmann/Arnold 2011, 183.

87 BGer 6B_323/2013 vom 3.6.2013; 1B_22/2012 vom 11.5.2012.

88 Godenzi 2012, 1243 ff., 1245 f.; Wohlers/Bläsi 2015, 161 f.

von Whistleblower-Aktivitäten (man denke an Wikileaks, an die Panamapapers) und zum andern mit Bürgerwehren und mit der Verbreitung privater, interner Untersuchungen in Unternehmen einen ganz neuen Stellenwert erlangt.

Vorab ist man sich einig, dass die Regeln von Art. 141 direkt auf Fälle anwendbar sind, bei denen die illegale Beweisgewinnung auf **behördliche Initiative** erfolgte (so offensichtlich die Beschaffung einzelner der «Steuer-CDs» durch deutsche Finanzämter)[89]. Wenn **die Initiative von Privaten** ausging, ist zu differenzieren: Es bedarf einer Abwägung der Verfolgungsinteressen gegen die Bedeutung der verletzen Norm[90]. So sind sich die Kommentatoren einig, dass bei schwerer Verletzung allgemeiner Rechtsregeln (ordre public, Folterverbot, Täuschungsverbot etc.) wie bei behördlicher Beweiserhebung Unverwertbarkeit Platz greifen muss[91]. Das Prinzip lässt sich in Anlehnung an die EMRK-Rechtsprechung erweitern: Wenn durch die Verwertung das Verfahren insgesamt unfair wird, sind auch privat gewonnene Beweise unverwertbar. Sonderfälle ergeben sich wo Private quasi als Behörde auftreten. Etwa, wo sie eine Bürgerwehr bildet, die systematisch Jagd auf Drogenhändler macht, müssen die Regeln für staatliche Beweisgewinnung gelten, auch wenn die Initiative von Privaten ausgeht. Sodann muss die Verletzung von Schutzregeln von Zeugen und Verdächtigen in der internen Untersuchung von der privaten Beweisgewinnung im Einzelfall (z.B. das Abhören eines Gesprächs) unterschieden werden: Die interne Untersuchung privatisiert eine Staatsaufgabe. Die Untersuchungsbeauftragten treten insgesamt behördenartig auf: Sie übernehmen eine ganze Verfahrensphase. Daher sind auch auf sie die Regeln der behördlichen Befragung anzuwenden (Aufklärungspflichten, Täuschungsverbot). Die Verletzung der Regeln muss zu einer Anwendung von Art. 141 führen[92].

dd) Rechtsfolge

Unverwertbare Beweise müssen **aus den Verfahrensakten entfernt** werden[93]. Damit aber die unter Umständen notwendige Auseinandersetzung über das Verwertungsverbot überhaupt geführt werden kann, bedarf es während der Dauer des Prozesses eines Separatdossiers, das nicht auf den Prozess einwirken kann. Immerhin wird man die Beweise zur Entlastung verwerten dürfen[94]. Art. 140 Abs. 2 regelt demge-

89 BSK StPO-Gless 2014, Art. 141 N 40 ff.; Donatsch/Hansjakob/Lieber, Kommentar-Wohlers 2014, Art. 141 N 7; Godenzi 2008, 174 ff.

90 BSK StPO-Gless 2014, Art. 140 N 51a, Art. 141 N 40 ff. und N 76; Donatsch/Hansjakob/Lieber, Kommentar-Wohlers 2014, Art. 141 N 8; Wohlers/Bläsi 2015, 162.

91 BSK StPO-Gless 2014, Art. 141 N 42 f.; Godenzi 2012, 1246; Donatsch/Hansjakob/Lieber, Kommentar-Wohlers 2014, Art. 141 N 9.

92 Für Details Zerbes 2013, 568 f.; vgl. auch Graf 2016, 39 ff.

93 Hauser/Schweri/Hartmann 2005, 285.

94 BSK StPO-Gless 2014, Art. 141 N 111.

genüber einen Sonderfall: Bei den schwerwiegenden Verstössen nach Art. 140 möchte er sicherstellen, dass die Beweisperson nicht unter Druck der Verwertung zustimmt[95]. Nach Abschluss des Verfahrens sind die Unterlagen jedenfalls zu vernichten (Art. 141 Abs. 5)[96]. Probleme haben sich in der Praxis mit dem Siegelungsgebot ergeben. Zum einen stellt die Praxis zum Teil noch immer die Entscheidung über die Verwertbarkeit in die Kompetenz des Sachrichters. Demgegenüber verlangen Wohlers/Bläsi zu Recht eine sofortige Entfernung bzw. Siegelung[97]. Sie gehen davon aus, dass eine Weigerung der Verfahrensleitung sowohl mit Beschwerde nach StPO und dann evtl. nach BGG angefochten werden kann, da die Verschiebungen einen nicht wiedergutzumachenden Nachteil nach sich zieht[98].

ee) Beweisverbote bei transnationalen Fällen?

Die intensivierte Globalisierung bringt einen anwachsenden Rechtshilfeverkehr mit sich. Die Schaffung neuer Rechtsräume – insbesondere die EU – führt zu Spannungen, da (noch) nicht harmonisiertes materielles Recht und stark divergierendes Strafprozessrecht zunehmend mit dem Anspruch der gegenseitigen Anerkennung konfrontiert sind. Immer wieder sehen sich um Rechtshilfe ersuchende Behörden mit (aus ihrer Sicht) nicht rechtskonform beschafften Beweisen konfrontiert. Man denke an die unzureichende Belehrung des Beschuldigten, an ungenügende Mitwirkungsrechte der Parteien oder an Zwangsmassnahmen, die dem Standard des Forumsstaates (Verwertungsstaates) nicht genügen[99].

Gless hat die verbreitete Praxis, einzig auf das Recht des ersuchten Staates abzustellen (und rechtshilfeweise beschaffte Beweise zu verwerten, es sei denn, es lägen gravierende Verstösse gegen den «ordre public» vor), mit menschen- und völkerrechtskonformen Alternativen konfrontiert[100]: Es wäre (soweit nicht eine Rechtsvorschrift zur Anerkennung einer fremden Beweismassnahme zwingt) sinnvoller und fairer, die Regeln des Staates anzuwenden, in dem die Beweise verwertet werden sollen (die *lex fori*), dabei aber auf Mindestanforderungen (daher spricht sie von einer «Läuterung» der *lex fori*) Rücksicht zu nehmen ist (insbesondere Anforderungen an

95 BSK StPO-Gless 2014, Art. 140 N 71 ff.

96 Botschaft des Bundesrates, BBl 2006 1085 (1184); vgl. auch BSK StPO-Gless 2014, Art. 141 N 106 ff. (sie spricht von einem «Kompromiss» zwischen der sofortigen Vernichtung und Belassung in den Akten); Riedo/Fiolka/Niggli 2011, 172; Donatsch/Hansjakob/Lieber, Kommentar-Wohlers 2014, Art. 141 N 10.

97 OGer BE in: plädoyer 2014, 48 ff.

98 Wohlers/Bläsi 2015, 170, 173 ff.; zur Zurückhaltung des Bundesgerichts aber: Beydoun 2014, 1261.

99 Vgl. Gless/Eymann 2008, 318 ff.

100 Gless 2008, 317 ff.

die Befragung der Beschuldigten, den Zugang zu Verteidigung, Aufklärung über die Rechte, Verbot des Aussagezwangs etc.)[101].

4. Entfalten die Beweisverbote eine Fernwirkung?

Der Fall «Gäfgen» des Landgerichtes Frankfurt hat alle Lehrbuchbeispiele obsolet werden lassen:

> Im Fall einer Kindsentführung wurde dem Verdächtigen (vorerst wohl, um das Kind möglichst schnell lebend zu finden) in der polizeilichen Befragung mit der Zufügung von Schmerzen gedroht, wenn er den Aufenthaltsort des Kindes nicht nenne. Daraufhin gab der Beschuldigte den Ort an, wo die Täter die Kindsleiche versteckt hatten.
>
> Das Landgericht Frankfurt ging von einer illegalen Verhörsituation aus und erklärte die erste und alle späteren Einvernahmen (bis zur Einvernahme in der Hauptverhandlung) für unverwertbar (sogenannte «*Fortwirkung*» des Beweisverbotes). Die Leiche des Kindes, die auf Grund der Gewaltandrohung gefunden wurde, liess das Gericht aber als Beweismittel zu und lehnte damit eine «*Fernwirkung*» des Verstosses gegen § 136a D StPO ab[102]. Der Entscheid wurde vom deutschen BGH und vom BVerfG gestützt.

Während in **Deutschland** eine Fernwirkung von Beweisverboten traditionellerweise abgelehnt wird, hat das **US-Recht** die «*fruit of poisonous tree doctrine*» konsequent entwickelt, in der erklärten Absicht, die Strafverfolgungsbehörden zu «disziplinieren»[103]. Es ist zwar richtig, dass es auch im US-Recht Ausnahmen von der Fernwirkung gibt[104], allerdings handelt es sich um sehr eng gefasste Grenzfälle, in denen der Polizei ein verzeihlicher Fehler unterlaufen ist *(«good faith exception»)*, oder in denen die Fehlleistungen für den Beweisvorgang nicht wirklich kausal waren oder in Fällen überholender Kausalität: Eine andere Fahndungsequipe nimmt die Zwangsmassnahmen praktisch gleichzeitig rechtskonform vor, oder der Beweis wäre mit Sicherheit auch auf legalem Wege entdeckt worden (man spricht von «*independent source*» oder «*inevitable discovery*»[105]).

In der **Schweiz** war die Frage lange kontrovers[106]. Während die Frage gemäss altem BÜPF[107] noch nicht geklärt war, äussert sich Art. 141 Abs. 4 explizit zur Fernwirkung:

---

101 BSK StPO-Gless 2014, Art. 141 N 29 ff.; dies. 2013, 573 ff., 597 ff.; dies. 2008, 326.

102 LG Frankfurt vom 9.4.2003 in: StV 2003, 325 ff.; dazu Prittwitz 2008, 515 ff.

103 Harris 1991, 314.

104 Schmid 2002, 201 f.

105 Harris 1991, 314 ff.

106 Vgl. BGE 133 IV 329; Bénédict 1994, 247 ff.; Fornito 2000, 321 ff.; BSK StPO-Gless 2014, Art. 141 N 92; Hansjakob 2006, Art. 9 N 53; Hauser/Schweri/Hartmann 2005, 286; Noll 1977, 65; Oberholzer 2012, 256 ff.; Piquerez/Macaluso 2011, 340 ff.; Ruckstuhl 2007a, 86 f.; ders. 2006, 22; Schmid 2004, 201 f.

107 Siehe oben S. 160 ff.

«Ermöglichte ein Beweis, der nach Absatz 2 nicht verwertet werden darf, die Erhebung eines weiteren Beweises, so ist dieser nicht verwertbar, wenn er ohne die vorhergehende Beweiserhebung nicht möglich gewesen wäre.»

Der Wortlaut der neuen Norm (und ihre Entstehungsgeschichte[108]) machen vorweg deutlich, dass **absolut unverwertbare** Beweise (gemäss Art. 141 Abs. 1) ausnahmslos auch eine Fernwirkung entfalten[109]. Zugleich wird deutlich, dass blosse Ordnungswidrigkeiten, die bereits auf der Primärstufe kein Verwertungsverbot auslösten, auch keine Fernwirkung nach sich ziehen (Art. 141 Abs. 3).

Bezüglich der Verletzung von Gültigkeitsvorschriften im Sinne von **Art. 141 Abs. 2** (die auf Primärstufe dann nicht zu einem Verwertungsverbot führen, wenn ihre Verwertung zur Aufklärung schwerer Straftaten unerlässlich ist) löst das Verwertungsverbot eine Fernwirkung aus, wenn der Beweis ohne die vorhergehende – illegale – Beweiserhebung **nicht möglich gewesen wäre**. Diese Passage ist aber auslegungsbedürftig. Immer wieder wird davon ausgegangen, dass die illegale Beweisaufnahme notwendige Bedingung[110] für den weiteren Beweis war. Allerdings darf das Gesetz nicht so verstanden werden, dass es Sache desjenigen ist, der sich auf Abs. 4 beruft, nachzuweisen, dass eine legale Auffindung des Zweitbeweises «unmöglich» gewesen wäre: Die abstrakte Passage muss, wenn sie einen Sinn erlangen soll und nicht blosse Leerformel bleiben will, in Richtung der amerikanischen *«independent source»*- oder *«inevitable discovery»*-Theorien konkretisiert werden: Wenn die Strafbehörden sagen können, das Beweismittel wäre, *ex ante* betrachtet[111], *«mit an Sicherheit grenzender Wahrscheinlichkeit»* auch ohne die unrechtmässige Beweiserhebung erlangt worden, greift die Fernwirkung zu Recht nicht. Obwohl das Bundesgericht in der Theorie «grosse Wahrscheinlichkeit» verlangt[112], überzeugen die konkreten Anforderungen der Praxis nicht[113]. Strukturell haben wir es mit einer Prognose über eine hypothetische Kausalität zu tun. Nach Schweizer Recht hätte im Fall Gäf-

108 BSK StPO-Gless 2014, Art. 141 N 90; dies. 2010, 158 f.; Goldschmid/Maurer/Sollberger 2008, 126; Häring 2009, 251; Riedo/Fiolka/Niggli 2011, 174; Schmid Handbuch 2013, 321 f.; Donatsch/Hansjakob/Lieber, Kommentar-Wohlers 2014, Art. 141 N 15; krit. CR CPP-Bénédict/Treccani 2011, Art. 139 N 39.

109 Ebenso: CR CPP-Bénédict/Treccani 2011, Art. 141 N 39; BSK StPO-Gless 2014, Art. 141 N 90; Häring 1999, 250 f.; Ruckstuhl/Dittmann/Arnold 2011, 186; Schmid StPO Praxiskommentar 2013, Art 141 N 12; Donatsch/Hansjakob/Lieber, Kommentar-Wohlers 2014, Art. 141 N 15; Vetterli 2012, 466; Wohlers/Bläsi 2015, 166 f.

110 So macht Schmids Formel von der *«conditio sine qua non»* Sinn; vgl. Schmid StPO Praxiskommentar 2013, Art. 141 N 14; ders. 2004, 201 f.; krit. aber Ruckstuhl/Dittmann/Arnold 2011, 187 ff.

111 BSK StPO-Gless 2014, Art. 141 N 93 ff.; Donatsch/Hansjakob/Lieber, Kommentar-Wohlers 2014, Art. 141 N 15.

112 Insofern korrekt BGE 133 IV 329; dazu CR CPP-Bénédict/Treccani 2011, Art. 141 N 38.

113 Wohlers/Bläsi 2015, 168 u.V.a. BGE 138 IV 169 und BGer 6B_684/2012 vom 15.5.2013.

gen wohl bereits wegen Art. 140 Abs. 1 sowie auf Grund eines Umkehrschlusses aus Art. 141 Abs. 4 eine Fernwirkung greifen müssen[114].

B. Besonderer Teil: Die Beweismittel

1. Der Personalbeweis

a) Die beschuldigte Person

Wie wir bereits im Kapitel VI gesehen haben, ist die beschuldigte Person zugleich Subjekt und Objekt des Verfahrens. Als Objekt ist sie **Beweismittel**, Gegenstand des Verhörs. Sie ist verpflichtet zu erscheinen, und sie kann notfalls zwangsweise vorgeführt werden[115]. Sie ist allerdings nicht verpflichtet auszusagen, oder bei der Wahrheitsermittlung mitzuwirken. Sie hat freilich (rechtmässige) Zwangsmassnahmen zu dulden.

Die **Definition des Beschuldigten** gemäss Art. 104 Abs. 1 lit. a und Art. 111 Abs. 1 ist bereits oben[116] diskutiert worden. Der Beschuldigte ist zugleich Subjekt und Objekt des Verfahrens.

Probleme bereitet hat bisweilen die **Rolle des Mitbeschuldigten**. Im gleichen Verfahren zur gleichen Sache sind alle Tatbeteiligten Beschuldigte. Dagegen sind Beschuldigte im gleichen Verfahren, die *«zu einer ihr nicht selber zur Last gelegten Straftat»* befragt werden, beziehungsweise Beschuldigte in einem anderen Verfahren, das *«mit der abzuklärenden Straftat im Zusammenhang steht»*, als Auskunftspersonen zu behandeln (Art. 178 lit. e und f). Heikel ist es dagegen, Komplizen vorab zu beurteilen, um sie im anschliessenden Verfahren gegen den Tatbeteiligten unter Wahrheitspflicht zu stellen (Rollenmanipulation aus taktischen Gründen). Der in Art. 111 verwendete *«formell-materielle»* Beschuldigtenbegriff[117] zwingt dazu, den Tatbeteiligten im Verfahren gegen den Komplizen als (Mit-)Beschuldigten zu behandeln, solange in der gleichen Sache gegen ihn prozessiert wird. Mit Eintritt der Rechtskraft erlischt die formelle Beschuldigteneigenschaft, obwohl sich der ehemalige Beschuldigte nun als Zeuge nach wie vor in einer Konfliktlage befinden kann (man beachte das Risiko der Wiederaufnahme des Verfahrens zu Ungunsten, falls er die frühere Falschaussage als Beschuldigter widerruft oder eines Verfahrens wegen falscher Zeugenaussage, wenn er die damalige Falschaussage nun bestätigt). Peters, der von einem radikaleren *«materiellen»* Beschuldigtenbegriff ausgeht, meint, der ehemalige Beschuldigte

114 Demgegenüber unpräzise Albertini/Fehr/Voser 2008, 234.

115 Art. 207 ff.

116 Siehe oben S. 86 ff.

117 Pieth 1984, 227 ff.; Prittwitz 1984, 62 f.; ders. 1982, 345; ders. 1981, 463 ff.; oben S. 86 ff.

könne nie mehr zum Zeugen werden[118]. Zu Recht hat das Bundesgericht eine Lösung für den ehemaligen Beschuldigten nach Abschluss des Verfahrens gesucht: Anstelle eines Rollenwechsels zum Zeugen sieht es einen Wechsel zur Auskunftsperson nach Art. 178 lit. f vor[119]. Gemäss Art. 127 Abs. 1 i.V.m. Art. 105 Abs. 2 kann die Auskunftsperson einen Rechtsbeistand beiziehen[120].

Für die **Beschuldigteneinvernahme** ist neben der Staatsanwaltschaft und dem Gericht auch die Polizei zuständig[121]. Sie darf (allerdings formlose) Ladungen aussprechen[122], einen Vorführungsbefehl erlässt die Verfahrensleitung[123]. Zu Beginn der ersten Einvernahme (und bei richtiger Betrachtung auch bei weiteren Einvernahmen[124]) als Beschuldigter weisen Polizei, respektive Staatsanwaltschaft die beschuldigte Person auf ihre Verfahrensrolle, auf den Vorwurf und ihre fundamentalen Rechte (insbesondere das Schweigerecht und das Recht auf Beizug eines Verteidigers) hin[125]. Die beschuldigte Person kann vor und in der Einvernahme ihre Rechte wahrnehmen (unbeaufsichtigter Verteidigerkontakt, Anwesenheit der Verteidigung bei der Einvernahme, Frage- und Antragsrecht)[126]. Das Unterlassen der Aufklärung zieht absolute Unverwertbarkeit der Einvernahme nach sich[127].

Inhaltlich ist die Beschuldigteneinvernahme nur durch den Prozessgegenstand **begrenzt**. Allerdings dürfen die persönlichen Verhältnisse im Vorverfahren nur abgeklärt werden, wenn mit einer Anklage zu rechnen ist, beziehungsweise wenn Angaben zur Person, zum Beispiel zur Abklärung von Zeugnisverweigerungsrechten von Verwandten, notwendig sind[128].

Ausnahmsweise können die Staatsanwaltschaft oder Gerichte die Einvernahme (irgendeiner Aussageperson) per Videokonferenz anordnen[129].

---

118 Peters 1985, 135 ff.

119 BGer 6B_1039/2014 vom 24.3.2015.

120 Einschränkend aber noch Donatsch 2012, 237.

121 Art. 142, Art. 157; BSK StPO-Ruckstuhl 2014, Art. 157 N 12.

122 Art. 206.

123 Art. 207 Abs. 2 (die Staatsanwaltschaft).

124 BSK StPO-Ruckstuhl 2014, Art. 158 N 10 ff.; missverständlich aber Schmid StPO Praxiskommentar 2013, Art. 158 N 6 u.V.a. die Materialien und im Gegensatz zur allgemeinen Norm von Art. 143.

125 Art. 158; siehe oben S. 89 ff. Dies ist im fiktiven **Einstiegsfall** unterlassen worden, siehe oben S. 13 ff.

126 Art. 107, Art. 159; siehe oben S. 94 ff. und 104 ff.

127 Art. 141 Abs. 1 i.V.m. Art. 158 Abs. 2; siehe oben S. 190 ff.

128 Art. 161; Botschaft des Bundesrates, BBl 2006 1085 (1159); sowie Donatsch/Hansjakob/Lieber, Kommentar-Godenzi 2014, Art. 161 N 1 ff.; BSK StPO-Ruckstuhl 2014, Art. 161 N 1 ff.

129 Vgl. Art. 144, dazu Donatsch/Hansjakob/Lieber, Kommentar-Godenzi 2014, Art. 144 N 1 ff.; zur internationalen Video- oder Telefonkonferenz: Donatsch/Hansjakob/Lieber, Kommentar-Godenzi 2014, Art. 144 N 12 f.

b) Der Zeugenbeweis (Art. 162–181 StPO)

aa) Der Begriff

Der Zeugenbeweis gilt in der Praxis als besonders verlässlich[130]. Die Fehlerquellen bei der Wahrnehmung, der Wiedergabe, der Auswertung und der Protokollierung werden jedoch vielfach unterschätzt[131]. Gemäss Art. 163 ist zeugnisfähig, wer älter als 15 Jahre und hinsichtlich des Gegenstandes der Einvernahme urteilsfähig ist[132].

Zeugen sind Personen, die auf Grund **eigener Wahrnehmung** Aussagen über verdachtsrelevante Tatsachen machen können[133]. Sie dürfen – anders als etwa im angelsächsischen Recht – **nicht** selbst **tatverdächtig** sein (Art. 162)[134]. Nun gilt grundsätzlich, dass wer **Zeuge sein kann, es auch sein soll**. Selbst **Geschädigte** sind prinzipiell als Zeugen einzuvernehmen (Art. 166). Opfer von Sexualdelikten im Sinne des OHG verfügen aber über ein absolutes Zeugnisverweigerungsrecht, soweit Fragen die Intimsphäre betreffen (Art. 169 Abs. 4). Hat ein Geschädigter sich dagegen als Privatkläger konstituiert, wird nach Ansicht des Gesetzgebers der Interessenkonflikt so gross, dass die Partei zur Auskunftsperson[135] wird (Art. 178 lit. a).

Eine Unvereinbarkeit mit der Zeugenstellung besteht auch für **Strafbehörden** (Art. 56 lit. b). Allerdings können sie unter Umständen nachträglich über das Geschehen im Verfahren als Zeugen einvernommen werden[136].

Es ist darauf zu achten, dass die Zeugenrolle, die den Vorteil der klaren Pflichten und der förmlichen Einvernahme hat, nicht leichthin mit der konturenarmen «Auskunftsperson» vertauscht wird. Wir werden sehen, dass sie dem Risiko des Missbrauchs ausgesetzt ist[137].

bb) Zeugenpflichten

Die Zeugen treffen drei Pflichten, die sich aus den allgemeinen Bürgerpflichten ergeben[138]:

---

130 Schmid Handbuch 2013, 359.

131 BSK StPO-Bähler 2014, Art. 163 N 2 ff.; Capus 2012, 1035 ff.; Capus/Albrecht 2012, 361 ff.; CR CPP-Dongois 2011, Art. 162 N 1; Donatsch/Hansjakob/Lieber, Kommentar-Godenzi 2014, Art. 162 N 12; Piquerez/Macaluso 2011, 360; Riedo/Fiolka/Niggli 2011, 223, 230 f.; Ruckstuhl/Dittmann/Arnold 2011, 163.

132 Schmid Handbuch 2013, 359 f.

133 BSK StPO-Bähler 2014, Art. 162 N 1 und N 11; Jeanneret/Kuhn 2013, 221 f.; Hauser 1974, 35 ff.; Hauser/Schweri/Hartmann 2005, 292; BSK StPO-Küffer 2014, Art. 105 N 15; Oberholzer 2012, 273; Piquerez/Macaluso 2011, 359; Schmid Handbuch 2013, 358.

134 Donatsch 2012, 237.

135 Siehe unten S. 208 ff.

136 Schmid 2004, 209.

137 Siehe unten S. 208 ff.

138 BSK StPO-Bähler 2014, Art. 163 N 15 f.; Oberholzer 2012, 276; Schmid Handbuch 2013, 360.

- die Erscheinens- und Anwesenheitspflicht
- die Aussagepflicht
- die Wahrheitspflicht.

Zeugen haben zu **erscheinen**, auch wenn sie glauben, nichts zu sagen zu haben, oder wenn sie beabsichtigen, das Zeugnis zu verweigern. Es ist an den Behörden, zu beurteilen, ob ihnen dieses Recht zusteht. Notfalls können sie polizeilich **vorgeführt** werden[139].

Sie haben **auszusagen**, dabei müssen sie bei der Wahrheit bleiben. Verweigern sie unberechtigterweise die Aussage, kann ihnen vorerst eine **Ordnungsbusse** auferlegt werden, im Wiederholungsfall kann Ungehorsamsstrafe nach Art. 292 StGB angedroht und ein entsprechendes Verfahren eingeleitet werden (Art. 176)[140]. Beugehaft ist in der Schweizerischen Prozessordnung nicht vorgesehen. Als Sanktion bei vorsätzlicher Falschaussage steht **Art. 307 StGB** im Zentrum (in Frage kommen daneben auch die falsche Anschuldigung, die Irreführung der Rechtspflege und die Begünstigung)[141]. Eine Bekräftigung der Aussage mit Eid und Gelübde ist nicht vorgesehen, sie kann aber dem Zeugen abverlangt werden, wenn ein ausländisches Recht im Rechtshilfeverfahren sie erfordert[142].

Ausnahmsweise können die Behörden dem Zeugen ein **Schweigegebot** über die Tatsache und den Inhalt der Einvernahme auferlegen (Art. 73 Abs. 2 und Art. 165). Das Schweigegebot ist aber an enge Voraussetzungen gebunden und zu befristen[143].

cc) Zeugnisverweigerungsrechte

Die Schweizerische Prozessordnung hat zunächst die klassischen Zeugnisverweigerungsrechte der kantonalen Rechte übernommen, an einzelnen Stellen allerdings die Verweigerungsrechte, aus nicht immer nachvollziehbaren Gründen, eingeschränkt.

(1) Persönliche Beziehungen (Art. 168 StPO)

Zum Schutz des Familienfriedens und um dem Zeugen möglichst einen persönlichen Konflikt zu ersparen, werden in Art. 168 abschliessend eine Reihe von (aktuellen oder früheren[144]) Verwandtschafts-, Schwägerschafts- und Partnerschaftsbeziehungen zur beschuldigten Person aufgezählt, die die Zeugnisverweigerung erlauben. Auch wenn man den Familientyrannen vor Augen hat, ist die auf Anregung der Ex-

139 Donatsch/Hansjakob/Lieber, Kommentar-Donatsch 2014, Art. 163 N 12 f.

140 Donatsch/Hansjakob/Lieber, Kommentar-Donatsch 2014, Art. 163 N 14 ff.

141 Donatsch/Hansjakob/Lieber, Kommentar-Donatsch 2014, Art. 163 N 18.

142 Art. 65 IRSG; Oberholzer 2012, 277.

143 Botschaft des Bundesrates, BBl 2006 1085 (1197 zu E Art. 162 [Art. 165]).

144 Insbesondere auch nach Auflösung der Ehe oder des Pflegeverhältnisses; anders noch etwa im Kanton SG: Oberholzer 2012, 278 f.; BSK StPO-Vest/Horber 2014, Art. 168 N 14.

pertenkommission[145] eingeführte Ausnahme nach Abs. 4, die im Schweizer Recht bisher kaum Anwendung fand[146], wenig tauglich[147]: Bei schweren Delikten in der Familienbeziehung (zum Beispiel bei Verdacht auf sexuellen Missbrauch der Tochter durch den Vater) soll etwa die Mutter des Opfers zur Aussage gezwungen werden können. Demgegenüber wären Betreuung, Zeugenschutz und freiwillige Aussage die wesentlich bessere Option. Die Konfliktlage der Familienangehörigen müsste gerade in so zugespitzten Fällen besonders ernst genommen werden.

(2) Der Schutz eigener Interessen beziehungsweise von Interessen nahestehender Personen (Art. 169 StPO)

Klassisch ist das Auskunftsverweigerungsrecht desjenigen, der **sich selbst** strafrechtlich oder zivilrechtlich[148], beziehungsweise eine der in Art. 168 **aufgezählten Personen, belasten** müsste. Allerdings hat der Zeuge sein Risiko mindestens glaubhaft zu machen, ohne aber den Schritt zur Belastung bereits tun zu müssen. Abermals enthält die Prozessordnung die – meiner Ansicht nach nicht zu rechtfertigende – Ausnahme des Aussagezwangs bei schweren Delikten im Familienkreis (Art. 169 Abs. 2 *in fine*).

Abs. 3 fügt sodann ein Verweigerungsrecht der erheblichen und durch Zeugenschutzmassnahmen[149] nicht zu beseitigenden **Gefährdung** des Zeugen hinzu.

Abs. 4 wiederholt das im OHG vorgesehene absolute Zeugnisverweigerungsrecht des Opfers von Sexualdelikten, das den problematischen Ausnahmen von Art. 168 Abs. 4 und Art. 169 Abs. 2 ohnehin vorgeht[150] und diese Ausnahmen weiter in Frage stellt.

(3) Der Schutz des Amtsgeheimnisses (Art. 170 StPO)

Amtsträger und Beamte (Art. 110 Abs. 3 StGB) sind zur Wahrung von Amtsgeheimnissen verpflichtet. In diesem Umfang verfügen sie über ein Zeugnisverweigerungsrecht, allerdings werden sie unter Umständen bereits vom Gesetz[151] oder von der vorgesetzten Behörde vom Amtsgeheimnis entbunden. Die StPO interpretiert die

145 «Aus 29 mach 1», 101; Botschaft des Bundesrates, BBl 2006 1085 (1198 f.).

146 AR ist gemäss Bericht das Modell. Es ist mit seinen ca. zwanzigtausend Einwohnern wohl kaum ein überzeugendes Erfahrungsfeld. Ruckstuhl/Dittmann/Arnold 2011, 155; BSK StPO-Vest/Horber 2014, Art. 168 N 23 f.

147 BSK StPO-Vest/Horber 2014, Art. 168 N 23.

148 Schmid Handbuch 2013, 364 f.

149 Art. 149 ff.

150 Botschaft des Bundesrates, BBl 2006 1085 (1200).

151 Von erheblicher Bedeutung ist die Regel von Art. 302, die Strafbehörden zur Anzeige verpflichtet. Abs. 2 verweist auf die Meldepflicht weiterer kantonaler und eidgenössischer Behörden.

Entbindung als Verpflichtung zur Aussage (Abs. 2)[152]. Sodann verpflichtet die StPO die kantonalen und eidgenössischen Behörden zur Entbindung, *«wenn das Interesse an der Wahrheitsfindung das Geheimhaltungsinteresse überwiegt»* (Art. 170 Abs. 3).

(4) Der Schutz des Berufsgeheimnisses (Art. 171 StPO)

Vorab ist streng nach Berufsgeheimniskategorien zu unterscheiden. Art. 171 befasst sich nur mit den sogenannten *«artes liberales»* gemäss **Art. 321 StGB**, weitere Regeln sind Art. 172 und Art. 173 zu entnehmen[153]. Sodann gelten die Berufsgeheimnisse nach Art. 321 StGB nur, soweit die typische berufliche Tätigkeit reicht (Art. 171 spricht von Geheimnissen, *«die ihnen aufgrund ihres Berufes anvertraut worden sind oder die sie in dessen Ausübung wahrgenommen haben»*[154]). Eine etablierte Praxis etwa schliesst den Geschäftsanwalt, bei dessen Aktivitäten das kaufmännische Element im Vordergrund steht, vom Anwaltsgeheimnis aus. Er wird wie ein Treuhänder behandelt[155]. Sogenannte Unternehmensjuristen *(«In-house counsels»)* können nach geltendem Recht das Zeugnisverweigerungsrecht nach Art. 171 nicht beanspruchen[156]. Unklar ist nach wie vor die Situation des Anwaltes, der im Finanzbereich «bloss beratend» tätig ist, auch wenn etwa die Organisation von sogenannten «Offshorestrukturen» kaum zur klassischen, besonders schützenswerten Anwaltstätigkeit gehört[157].

Im Bereiche der *«artes liberales»*[158] (Art. 321 zählt die Geistlichen, Rechtsanwälte, Verteidiger, Notare, Patentanwälte, nach Obligationenrecht zur Verschwiegenheit verpflichtete Revisoren, Ärzte, Zahnärzte, Chiropraktiker, Apotheker, Hebammen, Psychologen sowie ihre Hilfspersonen auf) ist die Entbindung wesentlich heikler als beim Amtsgeheimnis. Eindeutig sind zwar vorab jene Fälle, in denen gesetzliche Meldepflichten vorgesehen sind (zum Beispiel für Medizinalpersonen nach Epidemiengesetz). Soweit ein **Anwalt** vom Mandanten oder auch von der Aufsichtsbehörde entbunden wird, hat er nach dem geltenden Anwaltsrecht das Recht und nicht die Pflicht zur Aussage (diese mag sich allenfalls aus dem Verhältnis zum Man-

---

152 Donatsch/Hansjakob/Lieber, Kommentar-Donatsch 2014, Art. 170 N 9.

153 Siehe unten S. 206.

154 BSK StPO-Vest/Horber 2014, Art. 171 N 3.

155 Bundesgericht ab BGE 112 Ib 606 (608) in konstanter Praxis; Donatsch/Hansjakob/Lieber, Kommentar-Donatsch 2014, Art. 171 N 9 und N 31; Hauser/Schweri/Hartmann 2005, 298; Oberholzer 2012, 283; Ruckstuhl/Dittmann/Arnold 2011, 157; BSK StPO-Vest/Horber 2014, Art. 171 N 3 und N 8a; CR CPP-Werly 2011, Art. 171 N 13.

156 Donatsch/Hansjakob/Lieber, Kommentar-Donatsch 2014, Art. 171 N 9; Pfeifer 2006, 331; Schmid Handbuch 2013, 369; BSK StPO-Vest/Horber 2014, Art. 171 N 8a; a.A. Niggli 2005, 36; Raschle 2012, 99 ff.

157 Pieth 2016, 240 ff.

158 Donatsch/Hansjakob/Lieber, Kommentar-Donatsch 2014, Art. 171 N 7 ff.; BSK StPO-Vest/Horber 2014, Art. 171 N 7.

danten ergeben). Der Bundesrat wollte demgegenüber das Anwaltsgesetz ändern, um eine Aussagepflicht zu bewirken. Das Gesetz bleibt aber ambivalent, indem es prinzipiell (für die übrigen Berufsgruppen nach Art. 321 StGB) die Entbindung mit der Aussagepflicht gleichstellt (Art. 171 Abs. 2 lit. b), dann aber in Abs. 3 insbesondere mit Blick auf Medizinalpersonen[159] einen halben und in Abs. 4 für Anwälte aber einen ganzen Rückzieher macht. Hier gilt nach wie vor das Recht des Anwalts, über die Aussage nach Gutdünken zu entscheiden[160].

(5) Die Behandlung weiterer Berufsgeheimnisse (Art. 172 und Art. 173 StPO)
Die Behandlung weiterer Berufsgeheimnisse fällt in drei Gruppen:

- **Medienschaffende** verfügen über einen von der EMRK (Art. 10) garantierten Quellenschutz, der in Art. 28a StGB konkretisiert wird. Allerdings haben sie bei Verdacht auf schwere Straftaten, die in einer abschliessenden Liste aufgezählt sind, auszusagen (Art. 172 Abs. 2)[161].
- Weitere Berufsgeheimnisträger gemäss Art. 173 Abs. 1 (insbesondere **Beratungspersonen**) müssen nur aussagen, wenn das Interesse an der Wahrheitsfindung das Geheimhaltungsinteresse überwiegt. Wann das der Fall ist, wird bei diesem Unterfall im Gesetz nicht weiter erläutert.
- Eine dritte – wohl wichtigste Berufsgruppe – ist trotz Berufsgeheimnis (**Bankgeheimnis**, Fabrikations- und Geschäftsgeheimnis, Börsengeheimnis, Revisionsgeheimnis etc.) **zur Aussage und zur Edition verpflichtet**. Das Bankgeheimnis widersteht strafprozessualen Zwangsmassnahmen nicht[162]. Die Verfahrensleitung kann aber umgekehrt und ausnahmsweise von der Zeugnispflicht befreien, wenn das Geheimhaltungsinteresse zu überwiegen scheint[163].

---

159 Nach Botschaft des Bundesrates, BBl 2006 1085 (1204) und Hauser/Schweri/Hartmann 2005, 299 insbesondere soweit die Kenntnis der vollen Diagnose sich negativ auf den Krankheitsverlauf des Patienten auswirken könnte; krit. Ruckstuhl/Dittmann/Arnold 2011, 158.

160 Art. 13 Abs. 1 BGFA; BGE 136 III 301 f.; Donatsch/Hansjakob/Lieber, Kommentar-Donatsch 2014, Art. 171 N 19, 52; Riedo/Fiolka/Niggli 2011, 200 m.w.H.; Schmid Handbuch 2013, 369; BSK StPO-Vest/Horber 2014, Art. 171 N 15.

161 BGE 140 IV 108; BGer 1B_293/2013 vom 31. 1. 2014; vgl. für Details Donatsch/Hansjakob/Lieber, Kommentar-Donatsch 2014, Art. 172 N 5 ff.; BSK StPO-Zeller 2014, Art. 172 N 29.

162 Piquerez/Macaluso 2011, 371; Donatsch/Hansjakob/Lieber, Kommentar-Donatsch 2014, Art. 173 N 14; BSK StPO-Vest/Horber 2014, Art. 173 N 5.

163 Art. 173 Abs. 2; Botschaft des Bundesrates, BBl 2006 1085 (1205).

dd) Anspruch auf Schutz und Entschädigung

Im Ausgleich zur Bürgerpflicht haben Zeugen bei Gefährdung vom Staat Anspruch auf Schutz (Art. 149 ff.)[164] sowie auf Entschädigung für Erwerbsausfall und Spesen (Art. 167).

ee) Die Zeugeneinvernahme

Zeugen werden prinzipiell von der Staatsanwaltschaft oder vom Gericht einvernommen. Die Polizei hat nur ausnahmsweise die Kompetenz zur delegierten Einvernahme gemäss Art. 142 Abs. 2. Die Polizei vernimmt Aussagepersonen prinzipiell entweder in der Rolle als Beschuldigte oder als Auskunftspersonen (Art. 142 Abs. 2 und Art. 179 Abs. 1).

Zu Beginn der Zeugeneinvernahme, bevor zur Sache einvernommen wird, muss die Identität geklärt werden, eventuell müssen Fragen zur Person gestellt werden, vor allem muss der **Hinweis** auf die Zeugenpflichten, die Sanktionen und die Zeugnisverweigerungsrechte erfolgen (Art. 177). Die **Unterlassung** der Hinweise gilt traditionellerweise als gravierender Verfahrensfehler, der zur Unverwertbarkeit der Aussage im Sinne von Art. 141 Abs. 1 führt. Für eine Interessenabwägung im Sinne von Art. 141 Abs. 2 ist hier kein Raum (Art. 177 Abs. 3)[165].

Zeugen werden in der Regel einzeln vernommen, ausnahmsweise ist eine Konfrontation anzuordnen (Art. 146). Für die Einvernahme von verdeckten Ermittlern und Opfern (insbesondere Opfer von Sexualdelikten und Kinder) gelten besondere Regeln (Art. 149 ff.)[166]. Die **Glaubwürdigkeit** der Zeugen wird grundsätzlich vom Gericht beurteilt (Art. 177 Abs. 2), nur ausnahmsweise ordnet es ein Glaubwürdigkeitsgutachten an (zumal bei Kindern oder geistig behinderten Personen)[167]. Art. 175 Abs. 2 regelt eine Frage, die im kantonalen Recht gelegentlich anders entschieden wurde: Die Verweigerung des Zeugnisses ist jederzeit möglich, sie wirkt aber nur *pro futuro*. Durch eine nachträgliche Verweigerung kann der Zeuge also die früheren Aussagen nicht «stornieren»[168].

---

164 OGer BE, fp 2015, 281 ff.; Donatsch/Schwarzenegger/Wohlers 2014, 116 f.; Jositsch 2013, 95 f.; Schmid Handbuch 2013, 342 ff.

165 Siehe auch oben S. 190 ff.; widersprüchlich aber Botschaft des Bundesrates, BBl 2006 1085 (1206 und 1208); für Unverwertbarkeit: Donatsch/Hansjakob/Lieber, Kommentar-Donatsch 2014, Art. 177 N 39 ff.; BSK StPO-Gless 2014, Art. 141 N 52; BSK StPO-Kerner 2014, Art. 177 N 7 und Riklin StPO Kommentar 2014, Vor Art. 168–176 N 2; Ruckstuhl/Dittmann/Arnold 2011, 160 f., 180; gegen absolute Unverwertbarkeit aber: Riedo/Fiolka/Niggli 2011, 203 f.

166 Siehe oben S. 116 f.

167 Beydoun 2014, 1260 ff. zu BGer 1B_124/2014; krit. Berlinger 2015, 237 ff.

168 Demgegenüber hiess es in § 48 StPO BS «*Verweigern hiezu Berechtigte das Zeugnis, so dürfen Aussagen, die sie vorher zur selben Sache gemacht haben, nicht verwendet werden.*»

ff) Der Kronzeuge?

Nach reiflicher Überlegung hat der Gesetzgeber (anders als etwa in Deutschland oder Österreich) für die Schweizer Prozessordnung eine gesetzliche Kronzeugenregelung abgelehnt[169]. Mit Hilfe dieser aus dem anglo-amerikanischen Recht stammenden Figur kann ein Tatbeteiligter sich verbindlich Straffreiheit oder prozessuale Vorteile versprechen lassen, dafür, dass er als Zeuge gegen Komplizen oder seinen Arbeitgeber etc. mit den Behörden kooperiert. Der Regelung wurde im US-Recht Effizienz im Kampf gegen das organisierte Verbrechen nachgesagt. Dem Schweizer Gesetzgeber, wie auch der Lehre schienen demgegenüber die rechtsstaatlichen Defizite zu überwiegen (Verstoss gegen das Gleichheitsgebot, das Legalitätsprinzip, die Gerechtigkeit). Im Übrigen machte die Botschaft Zweifel an der Glaubwürdigkeit solcher «gekaufter» Zeugen geltend[170].

Inkonsequent ist demgegenüber die Einführung einer Kronzeugenregelung im Nebenstrafrecht, etwa im schweizerischen Kartellrecht[171].

c) Die Auskunftsperson (Art. 178–181 StPO)

aa) Begriff und Abgrenzung

Anders als die umliegenden Länder legt die Schweiz grosses Gewicht auf eine Aussageperson, die sich zwischen die beschuldigte Person und den Zeugen schiebt[172] und damit eine erhebliche Missbrauchsgefahr mit sich bringt: Beide klassischen Personalbeweise leben von ihrer Formalität. Wer Beschuldigter ist, verfügt über (weitreichende) Verfahrensrechte, wer Zeuge ist, steht unter Pflicht und Sanktionsdrohung, kann sich aber, unter den vom Gesetz abschliessend aufgezählten Umständen, der Aussagepflicht entschlagen.

Die Schweizer Vorliebe für die Auskunftsperson ist ein weiteres Überbleibsel aus der Zeit der Inquisition. Es ist offenbar wichtiger, dass jemand (wenn auch formlos) aussagt, als dass die Formvorschriften für Beschuldigte und Zeugen gewahrt werden[173]. Andere Rechte sind abweichende Wege gegangen: In Frankreich etwa hat man für den suspekten Zeugen den «*témoin assisté*» vorgesehen, dem ein Beistand hilft zu entscheiden, ob er sich auf sein Zeugnisverweigerungsrecht berufen soll. Eine Annäherung an diese Figur kann im Schweizer Recht immerhin dadurch erreicht werden, dass sich die Auskunftsperson nach Art. 127 Abs. 1 i.V.m. Art. 105

169 BSK StPO-Greiner/Jaggi 2014, Vor Art. 358–362 N 32 ff.

170 Botschaft des Bundesrates, BBl 2006 1085 (1112 f.); vgl. bereits Oberholzer 2012, 277 f.; Ruckstuhl/Dittmann/Arnold 2011, 162 f.; Sauter 2001, 300.

171 Vgl. Art. 49a Abs. 2 und Abs. 3 Kartellgesetz; dazu Heine 2007, 415 ff.

172 BSK StPO-Kerner 2014, Art. 178 N 1; BSK StPO-Küffer 2014, Art. 105 N 18; Petermann 2012, 1056.

173 Petermann 2012, 1053 ff., 1060; krit. Ruckstuhl/Dittmann/Arnold 2011, 153, 170 f.

verbeiständen lässt. Allerdings besteht ein unbedingter Anspruch auf einen Beistand nur wo die «anderen Verfahrensbeteiligten» in ihren Rechten «unmittelbar betroffen» sind (Art. 105 Abs. 2). Zudem besteht kein Anspruch auf finanzielle Unterstützung[174].

Die von Art. 178 für die Auskunftsperson vorgesehenen Fallgruppen[175] belegen die Umgehungsrisiken:

- Zum einen fallen darunter **suspekte «Zeugen»**. Suspekt, weil sie eventuell tatbeteiligt oder als Verwertungstäter involviert sind (lit. d). Weiter gehören hierhin auch die Mitbeschuldigten gemäss lit. e und f. Eigentlich handelt es sich hierbei um materielle Beschuldigte.
- Soweit Aussagepersonen zur Auskunftsperson gemacht werden, weil sie **befangene Zeugen** wären (Partei), ist zu überlegen, ob die Wahrheitspflicht der Zeugenrolle nicht der bessere Garant für ein seriöses Verfahren wäre (so in den Fällen lit. a und g).
- Als legitimes Anwendungsfeld der Auskunftsperson bleibt demnach lediglich die Einvernahme von **Kindern und Jugendlichen** (nicht oder erst beschränkt zeugnisfähige Personen, lit. b).

bb) Pflichten der Auskunftsperson

Gesetz und Botschaft bleiben konfus, weil sie eigentlich zwei Typen von Auskunftspersonen regeln wollen:

- Die Auskunftspersonen gemäss **Art. 178 lit. b–g** unterliegen zwar einer Anwesenheitspflicht. Wenn es in Art. 180 weiter heisst, für sie gelten sinngemäss die Bestimmungen über die Beschuldigteneinvernahme, meint das Gesetz, dass für sie weder eine Aussage- noch eine direkt sanktionierte Wahrheitspflicht besteht (missverständlich Art. 181 Abs. 1)[176]. Indirekt kann die Falschaussage aber zur Strafbarkeit wegen falscher Anschuldigung oder Irreführung der Rechtspflege führen.
- Anders wird vom Gesetz die **Privatklägerschaft** gemäss Art. 178 lit. a behandelt: Sie ist gemäss Art. 180 Abs. 2 zur Aussage verpflichtet, allerdings lässt sich die Aussage nicht, wie beim Zeugen, gemäss Art. 176 erzwingen. Zwar sollten alle Auskunftspersonen die Wahrheit sagen, die wahrheitsgemässe Aussage kann aber bei der Privatklägerschaft genauso wenig wie bei den anderen Auskunftspersonen erzwungen werden[177].

174 BGer 1B_26/2014 vom 12.12.2014; Donatsch 2012, 237.

175 Piquerez/Macaluso 2011, 356 ff.

176 Donatsch/Hansjakob/Lieber, Kommentar-Donatsch 2014, Art. 178 N 26 ff. und Art. 180 N 6 ff.; BSK StPO-Kerner 2014, Art. 181 N 2.

177 Donatsch/Hansjakob/Lieber, Kommentar-Donatsch 2014, Art. 178 N 25 und Art. 180 N 24 ff.; BSK StPO-Kerner 2014, Art. 181 N 4 ff.

cc) Sonderfall Unternehmenshaftung

Bereits der nun ersetzte Art. 102a StGB hatte klar gemacht, dass für das Unternehmen als solches auch die Beschuldigtenrechte gelten, insbesondere der Schutz vor Selbstbelastung. Für das Unternehmen handelt eine **Vertreterin** oder ein **Vertreter**, idealerweise aus der Gruppe der zivilrechtlich zur Vertretung des Unternehmens berufenen Organe (alt Art. 102a Abs. 1 StGB[178]). Die Vertretung des Unternehmens handelt für das Unternehmen. Wenn alt Art. 102a Abs. 2 StGB sagte «*der Person, die das Unternehmen im Strafverfahren vertritt, kommen die gleichen Rechte und Pflichten wie einem Beschuldigten zu*», dann hatte dieser Satz eine doppelte Bedeutung: Zum einen konnte die Vertretung mit seiner Aussage das Unternehmen verpflichten, sie konnte aber auch die Aussage verweigern. Mit der Ersetzung von Art. 102a StGB durch Art. 112 und Art. 178 lit. g StPO ist zwar einiges von der früheren Klarheit verlorengegangen, aber an der Geltung von «*nemo tenetur*» ist nicht zu zweifeln[179].

Im Unternehmensstrafverfahren darf die offizielle Vertretung nicht als Zeuge einvernommen werden. Konsequenterweise wäre sie oder er die **Verkörperung des Beschuldigten**: ein «Quasi-Beschuldigter»[180]. Dass Art. 178 lit. g diese Person nun als Auskunftsperson in den Prozess einführt, ist nicht mehr als eine Verlegenheitslösung. Die Botschaft glaubt, auf diese Rolle rekurrieren zu müssen, weil die Vertretung nicht selbst Beschuldigter (aber Sprachrohr des Beschuldigten) ist. Das hätte man auch anders lösen können, zum Beispiel, indem man die Person in der Rolle der «Vertretung» belassen hätte.

Viel bedeutsamer ist sodann, dass Art. 178 lit. g auch aus den «*direkten Mitarbeiterinnen und Mitarbeitern der bestellten und der potenziellen Vertreterinnen und Vertreter*» Auskunftspersonen (und nicht etwa Zeugen) macht. Damit wird eine rechtspolitische Wertung vorgenommen, die in alt Art. 102a StGB noch nicht angelegt war. Nunmehr sollen die **engsten Mitarbeiterinnen und Mitarbeiter der Organe** im zivilrechtlichen Sinne (die Direktionssekretärinnen, die Protokollführer des Verwaltungsrates etc.) ebenfalls von der Aussage- und Wahrheitspflicht ausgenommen werden. Damit soll sichergestellt werden, dass der persönliche «*nemo tenetur*»-Schutz der Organe nicht durch die Einvernahme ihrer Hilfspersonen umgangen wird. Dieser weitreichende Schutz ist allerdings unlogisch, weil gewöhnliche Beschuldigte (von speziellen Zeugnisverweigerungsrechten abgesehen) ihnen nahestehende Personen nicht vor der Einvernahme von Strafbehörden bewahren können. Damit dieses Privileg nicht ausufert und die Ratio von Art. 102 StGB unterläuft, muss der Kreis der privilegierten Personen eng gezogen wer-

178 Mit Inkrafttreten der StPO aufgehoben; dazu aber Pieth 2005, 609; ders. 2003, 371.

179 Im Detail siehe unten S. 263.

180 Pieth 2003, 371.

den[181]. Das Privileg gilt nicht für den Rest der Belegschaft, die grundsätzlich als Zeugen im Strafprozess gegen das Unternehmen einzuführen wären[182].

dd) Einvernahme der Auskunftsperson

Die Ambivalenz des Gesetzes kommt in zwei unterschiedlichen Regelungen für die jeweilige Fallgruppe von Auskunftspersonen zum Ausdruck. Nach Art. 180 Abs. 1 sollen nicht-zeugnisfähige (Jugendliche), suspekte Auskunftspersonen sowie Mitbeschuldigte (Art. 178 lit. b–g) nach den Regeln über die Beschuldigteneinvernahme behandelt werden, während auf Privatkläger sinngemäss die Bestimmungen über die Zeugeneinvernahme anwendbar sind. Es wäre wohl besser gewesen, man hätte sich im neuen Recht entschlossen, die **janusköpfige Konstruktion** der Auskunftsperson auf ein **Minimum zu reduzieren** (Kinder, Jugendliche und eventuell die informelle Abklärungseinvernahme ganz zu Beginn des polizeilichen Ermittlungsverfahrens). Stattdessen versucht das Schweizer Prozessrecht weiterhin, unter Ausnutzung von Unklarheiten, Aussagen zu erwirken. Dabei bleibt **fast alles offen**: Was genau bedeutet es, die Auskunftsperson «sinngemäss» wie die beschuldigte Person zu behandeln[183]? Hat sie etwa unbedingten Anspruch auf einen Beistand[184]? Darf der Beistand in den Einvernahmen zugegen sein? Welche Hinweise sind zwingend[185]? Welches sind die Folgen der Unterlassung der Hinweise? Auskunftspersonen sind über ihre Rolle, ihre Pflichten und ihre Rechte aufzuklären (Art. 181)[186]. Werden die Regeln für Beschuldigte, respektive Zeugen, wirklich konsequent angewandt, müssen dieselben Rechtsfolgen wie für die betreffenden Beweismittel Anwendung finden: Gemäss Art. 141 müssen die Aussagen analog zu Art. 158 Abs. 2 und Art. 177 Abs. 3 unverwertbar bleiben[187].

Praktische Schwierigkeiten ergeben sich insbesondere wenn – sei es fehlerhafterweise (man spricht von Rollenmanipulation[188]) oder aufgrund eines nicht vor-

181 Ebenso BSK StPO-Kerner 2014, Art. 178 N 13; CR CPP-Perrier 2011, Art. 178 N 27 f.; Schmid StPO Praxiskommentar 2013, Art. 178 N 16; a.A. Donatsch/Hansjakob/Lieber, Kommentar-Donatsch 2014, Art. 178 N 44.

182 Pieth 2005, 612 f.; ders. 2003, 374; sowie siehe unten S. 267.

183 Krit. ebenfalls: Donatsch/Hansjakob/Lieber, Kommentar-Donatsch 2014, Art. 180 N 1.

184 Vgl. aber oben S. 208 f.

185 Donatsch/Hansjakob/Lieber, Kommentar-Donatsch 2014, Art. 180 N 11 und Art. 181 N 11 ff.; widersprüchlich allerdings Schmid StPO Praxiskommentar 2013, Art. 179 N 3 und Art. 181 N 5; krit. Ruckstuhl/Dittmann/Arnold 2011, 171.

186 Zurückhaltend: Donatsch 2012, 237.

187 Unklar aber Fingerhuth 2015, 362.

188 Godenzi (Donatsch/Hansjakob/Lieber, Kommentar-Godenzi 2014, Art. 158 N 42 f.) nennt diesen Fall «unechter Rollenwechsel».

werfbaren nachträglichen Rollenwechsels[189] – eine Auskunftsperson zum Beschuldigten oder zum Zeugen wird. Typischerweise fehlt es an der für die Rolle adäquaten Belehrung[190]. Zu Recht hat der EGMR im Fall *Schmid-Laffer* v. *Schweiz* klargestellt, dass eine Verwertung von Aussagen einer Auskunftsperson, die später zur Angeklagten wird, bei fehlender Belehrung über das Schweigerecht ausgeschlossen ist[191].

d) Der Sachverständigenbeweis (Art. 182–191 StPO)

aa) Begriff und Anwendungsfeld

Sachverständige sind **Entscheidungsgehilfen des Gerichts**[192]. Die Strafbehörden ziehen Sachverständige bei, wenn ihnen die zur Feststellung der Beurteilung des Sachverhaltes notwendigen besonderen Kenntnisse und Fähigkeiten fehlen (Art. 182)[193]. Sie steuern entweder die Erfahrungs- oder Wissenssätze ihrer Fachrichtung bei, sie helfen auf Grund ihrer besonderen Sachkunde, Tatsachen festzustellen (zum Beispiel die Rechtsmedizin) oder das wissenschaftliche «Know-how» erlaubt ihnen, Schlussfolgerungen aus den bereits festgestellten Tatsachen zu ziehen[194]. Ausnahmsweise gestattet das Gericht den Sachverständigen, direkt Tatsachen zu erheben (durch Fragen: Art. 185 Abs. 2; oder bei psychiatrischer Begutachtung gemäss Abs. 4)[195]. Allerdings gelten die Aussage- und Zeugnisverweigerungsrechte auch in der Beweiserhebung durch Sachverständige, die die begutachtete Person auf ihre Rechte hinweisen müssen (Abs. 5)[196]. Ob die Sachverständigen über den rechtlichen Hintergrund dazu verfügen, lassen Gesetz und Botschaft allerdings offen. Die eigenen Ermittlungen und die Hinweisfunktion der Sachverständigen deuten ein Problem an, das sich in viel grösserem Masse stellt: Zumal in Bereichen der Psychia-

189 «Echter Rollenwechsel», vgl. Donatsch/Hansjakob/Lieber, Kommentar-Godenzi 2014, Art. 158 N 43; Riklin StPO Kommentar 2014, Art. 158 N 6; Schmid StPO Praxiskommentar 2013, Art. 162 N 4.

190 Donatsch/Hansjakob/Lieber, Kommentar-Godenzi 2014, Art. 158 N 43; BSK StPO-Kerner 2014, Art. 179 N 17.

191 EGMR Entscheid vom 16.6.2015 i.S. *Schmid-Laffer* v. *Schweiz* (Nr. 41269108); Meyer/Wickowska 2014, 369 ff.; Wickowska 2016, 54 ff.

192 Donatsch/Schwarzenegger/Wohlers 2014, 138; Donatsch/Hansjakob/Lieber, Kommentar-Godenzi 2014, Art. 162 N 16; Hauser/Schweri/Hartmann 2005, 307; BSK StPO-Küffer 2014, Art. 105 N 22 ff.; Oberholzer 2012, 293; Riedo/Fiolka/Niggli 2011, 209, 238; Schmid 2004, Handbuch 2013, 384.

193 Donatsch/Hansjakob/Lieber, Kommentar-Donatsch 2014, Art. 182 N 26 ff.; BSK StPO-Heer 2014, Art. 182 N 7.

194 Oberholzer 2012, 293.

195 Donatsch/Hansjakob/Lieber, Kommentar-Donatsch 2014, Art. 185 N 22 ff.; BSK StPO-Heer 2014, Art. 185 N 19 ff.

196 Donatsch/Hansjakob/Lieber, Kommentar-Donatsch 2014, Art. 185 N 33 ff.; BSK StPO-Heer 2014, Art. 185 N 32.

trie und der Rechtsmedizin besteht in der Praxis die Tendenz, den Gutachtern die Verantwortung für heikle Entscheidungen (zum Beispiel Prognosefragen) ganz zu überbinden[197]. Dabei ist ihre Aufgabe, die Entscheidungsgrundlage zu liefern; in der Prognosefrage, um bei diesem Beispiel zu bleiben, stecken aber noch rein juristische Fragen (die Bedeutung von Spezial- und Generalprävention und die Entscheidung, wie bei Nichtwissen zu verfahren ist). Es sollte dabei bleiben, dass Sachverständige Richtergehilfen sind, die die vom Volk oder Parlament gewählten Richter nicht ersetzen dürfen: Die Beweiswürdigung und die Entscheidung von Rechtsfragen bleibt dem Gericht vorbehalten[198].

bb) Auswahl und Bestellung

Ausnahmsweise schreibt das Gesetz den Beizug von Sachverständigen für bestimmte Fragen vor (Art. 20 StGB). Im Übrigen entscheiden die Strafbehörden im Rahmen der Instruktionsmaxime (Art. 6), wann Sachverständige beigezogen werden müssen. Die Parteien können den Beizug beantragen, auch der gut substantiierte Beweisantrag gibt allerdings nicht ein eigentliches Recht auf Sachverständigenbeizug; vielmehr aktiviert er den Untersuchungsgrundsatz[199].

Der schriftliche Auftrag gemäss Art. 184 geht an eine natürliche Person, die zur Ausführung zwar Hilfspersonen beiziehen darf, das – meist schriftlich zu erstattende – Gutachten aber persönlich verantworten muss[200].

Bei der Begutachtung von beschuldigten Personen oder Nichtverdächtigen ist die Menschenwürde zu respektieren. Gutachter dürfen auf keinen Fall Prozesshandlungen vornehmen, die den Strafbehörden untersagt wären (Art. 140)[201].

Gutachter müssen als deren Hilfspersonen dieselbe Garantie für Objektivität und Unvoreingenommenheit gewährleisten wie die Behörden. Sie können wegen Befangenheit abgelehnt werden (Art. 56 ff.).

197 Donatsch/Hansjakob/Lieber, Kommentar-Donatsch 2014, Art. 182 N 11; BSK StPO-Heer 2014, Art. 182 N 1; Oberholzer 2012, 294; Schmid Handbuch 2013, 385; CR CPP-Vuille 2011, Art. 182 N 6 und N 8.

198 Donatsch/Hansjakob/Lieber, Kommentar-Donatsch 2014, Art. 189 N 21 ff.

199 Siehe oben S. 108 f.; siehe auch den **Einstiegsfall** oben S. 16; Pieth 1984, 235 ff. Vgl. demgegenüber die radikale Neufassung des Sachverständigenbeweises in Österreich vom 1.1.2015, nach der ein eigentliches Beweisantragsrecht der Verteidigung geschaffen wurde: Die Presse vom 27.11.2014, 24: «Neues zum Sachverständigenbeweis».

200 Donatsch/Hansjakob/Lieber, Kommentar-Donatsch 2014, Art. 184 N 14 f. und Art. 185 N 1; BSK StPO-Heer 2014, Art. 183 N 9 f.; Riklin StPO Kommentar 2014, Art. 185 N 1; Ruckstuhl/Dittmann/Arnold 2011, 174.

201 Hauser/Schweri/Hartmann 2005, 312; unrichtig aber die Bemerkung, über ein Privatgutachten könne der Lügendetektor Eingang in den Prozess finden. Solche Beweismethoden sind absolut verboten (Art. 140): vgl. dazu BSK StPO-Heer 2014, Art. 185 N 4.

Die Verfahrensleitung gibt den Parteien Gelegenheit, sich zur Person des Sachverständigen und zu den Gutachtensfragen zu äussern sowie dazu eigene Anträge zu stellen (Art. 184 Abs. 3, mit gewissen Einschränkungen für Laboruntersuchungen)[202]. Ziel des Äusserungsrechts zur Person des Gutachters ist nicht nur die Klärung von Ausstandsgründen, sondern auch die Einholung einer Meinung über den Sachverstand und die Methodik des Gutachters.

Im Hinblick auf die grosse Ermessensfreiheit insbesondere der psychiatrischen Gutachter (die Psychologen werden vom Bundesgericht erstaunlicherweise von der Begutachtung der Schuldfähigkeit und der Massnahmebedürftigkeit ausgeschlossen[203]) verlangt die Anwaltschaft ein Recht zur Teilnahme an der Exploration[204]. In der Lehre wird vorgeschlagen, ungerechtfertigten Einmischungen durch Videoaufzeichnung zu begegnen[205].

cc) Ausarbeitung, Erstattung und Würdigung des Gutachtens

Art. 186 stellt klar, dass die stationäre Begutachtung einer nicht in Untersuchungs- oder Sicherheitshaft befindlichen Person der Anordnung durch das Zwangsmassnahmengericht bedarf, während eine Verlegung von der Untersuchungshaftanstalt ins Spital in die Kompetenz der Verfahrensleitung fällt.

Das grundsätzlich schriftlich zu erstattende Gutachten wird den Parteien zur Kenntnis und zur Stellungnahme zugestellt (Art. 188). Die Verfahrensleitung kann ein Ergänzungsgutachten einholen oder ein Obergutachten anordnen (Art. 189). Die Parteien haben das Recht, ihrerseits ein Privatgutachten erstellen zu lassen und es dem Gericht zur Kenntnis zu bringen[206]. Sie haben Anspruch darauf, dass es vom Gericht zur Kenntnis genommen wird. Es wird im Übrigen aber nicht wie ein Gerichtsgutachten behandelt. Nach konstanter Praxis gilt das Privatgutachten als Bestandteil der Parteivorbringen und nicht als Beweismittel[207]. Insbesondere haben die Privatgutachter nicht das Recht auf einen mündlichen Schlagabtausch mit den Gerichtsgutachtern vor Gericht. Die Parteivertreter können Einwände gegen offizielle Gutachten aber natürlich in ihre Replik einfliessen lassen[208].

202 BSK StPO-Heer 2014, Art. 184 N 21.

203 Krit. zu BGE 140 IV 49; Thommen 2015, 14 ff.; vgl. auch Habermeyer et al. 2016, 127 ff.

204 Bernard/Studer 2015, 76 ff., 96 f.

205 Saner 2014, 12 ff., 137 ff.

206 Oberholzer 2012, 302; a.A. Hauser/Schweri/Hartmann 2005, 313 f.; nach neuerer Auffassung ist das Privatgutachten zwar kein Beweismittel aber ein Parteivorbringen, das zur Kenntnis genommen werden muss: Donatsch/Hansjakob/Lieber, Kommentar-Donatsch 2014, Art. 182 N 15 f.; BSK StPO-Heer 2014, Art. 182 N 10.

207 BGer 6B_829/2013 vom 6.5.2014; plädoyer 2014, 61 ff.

208 Zu dieser Kontroverse bereits vgl. BGE 127 I 73 (82); 125 V 351 (354); CR CPP-Vuille 2011, Art. 182 N 21.

2. Der Sachbeweis

a) Der Augenschein (Art. 193 StPO)

Gelegentlich bietet die **unmittelbare sinnliche Wahrnehmung** (durch Augen, Ohren und weitere Sinne) von «*Gegenständen, Örtlichkeiten und Vorgängen*» dem Gericht eine zuverlässigere Urteilsbasis (zum Beispiel die Übersicht über den Tatort, das Ansehen eines kontroversen Filmes, die Betrachtung des Tatobjektes oder der Tatwaffe).

Abermals entscheiden die Strafbehörden auf Grund ihres pflichtgemässen Ermessens im Rahmen des Untersuchungsgrundsatzes über die Notwendigkeit (Art. 6 und Art. 193 Abs. 1). Nicht nur bei Gefahr im Verzug werden Augenscheine mittels Bild- und Tonbandaufnahmen, Plänen etc. aktenkundig gemacht. Soweit es eilt, können solche Massnahmen aber einen physischen Augenschein ersetzen.

Prinzipiell haben die Parteien allerdings Anspruch auf Teilnahme an Augenscheinen (vgl. Art. 147 ff., einschliesslich der dort erwähnten Einschränkungen)[209].

b) Der Urkundenbeweis (Art. 192 Abs. 2 StPO)

Der Urkundenbeweis geht in eine etwas andere Richtung als der Augenscheinsbeweis. Soweit eine Urkunde durch ihre Beschaffenheit (zum Beispiel Fälschung) Beweisgegenstand ist, ist sie Augenscheinsobjekt (Art. 192 Abs. 1). Eine Urkunde kann aber auch durch ihren Inhalt selbst eine Straftat konstituieren (der ehrverletzende Brief). Ein Dokument (Quittung für die Mordwaffe) schliesslich kann Rückschlüsse auf die Straftat erlauben[210]. Hier greift der strafprozessuale Urkundenbegriff, der weiter gefasst ist als Art. 110 Abs. 4 StGB: Er schliesst neben Dokumenten (Schrift!) auch Daten und Bildträger sowie Tonaufzeichnungen usw. ein[211].

Es gelten die allgemeinen Regeln bezüglich Dokumentationspflichten, Beweisverbote, Einsichtsrechte der Parteien und der freien Beweiswürdigung durch das Gericht.

209 BSK StPO-Bürgisser 2014, Art. 193 N 4 f.; Donatsch/Hansjakob/Lieber, Kommentar-Donatsch 2014, Art. 193 N 8 ff.; Hauser/Schweri/Hartmann 2005, 319; Jositsch 2013, 113; Oberholzer 2012, 303 f.; Riedo/Fiolka/Niggli 2011, 214; Robert 1974; Ruckstuhl/Dittmann/Arnold 2011, 177; Schmid Handbuch 2013, 400.

210 BSK StPO-Bürgisser 2014, Art. 192 N 6; Hauser/Schweri/Hartmann 2005, 320.

211 Botschaft des Bundesrates, BBl 2006 1085 (1214); Schmid StPO Praxiskommentar 2013, Art. 192 N 3.

Fragen zu Kapitel IX

- Was heisst «Beweisen» im Strafprozessrecht?
- Nennen Sie die Beweismittel der StPO. Gibt es einen «numerus clausus»?
- Gibt es Tatsachen, die nicht beweisbedürftig sind?
- Gibt es im Schweizer Recht ein Verbot der «antizipierten Beweiswürdigung»?
- Wie reagiert die StPO auf Verfahrensverstösse bei der Beweisgewinnung?
- Entfalten die Beweisverbote nach Schweizer Rechtsauffassung «Fernwirkung»?
- Nennen sie die Zeugenpflichten.
- Welche Zeugnisverweigerungsrechte kennen Sie?
- In welchen Situationen entscheidet eine Interessenabwägung zwischen Schutzinteressen des Zeugen und Aufklärungsinteressen über die Zulassung des Zeugnisverweigerungsrechts?
- Wer entscheidet über die Zulässigkeit der Zeugnisverweigerung?
- Gibt es im Schweizer Recht eine Kronzeugenregelung?
- Darf die Polizei Zeugen einvernehmen?
- Für welche Fälle reserviert die StPO die Figur der Auskunftsperson?
- Welche Pflichten treffen die Auskunftsperson?
- Welche Mitarbeiterinnen und Mitarbeiter eines Unternehmens werden als Auskunftspersonen einvernommen?
- In welchen Fällen müssen Sachverständige beigezogen werden?
- Welche Möglichkeiten haben die Parteien, die Auswahl und die Instruktion von Sachverständigen zu beeinflussen?
- Unterscheiden Sie den Augenschein vom Urkundenbeweis.

Die Auflösung der Fragen ergibt sich jeweils aus dem vorangegangenen Kapitel.

X Vorverfahren

Literatur *Ackermann, J.-B./Schödler, S.*, Anklage auf Freispruch, fp 2016, 33 ff.; *Ackermann, J.-B./Vetterli, L.*, Brisante Aspekte der neuen Anklageschrift, ZStrR 2008, 193 ff.; *Albertini/Fehr/Voser* 2008; *Blättler, S.*, Die Stellung der Polizei im neuen schweizerischen Strafverfahren, ZStrR 2007, 242 ff.; *Bommer, F./Kaufmann, A.*, Die strafrechtliche Rechtsprechung des Bundesgerichts im Jahr 2011, ZBJV 2015, 873 ff.; *Brun, M.*, Gefahr der Verpolizeilichung des Vorverfahrens, recht 2014, 92 ff.; *Brunner, M.*, Die Tendenz zum kurzen Strafprozess, plädoyer 2008, 36 f.; *Camenzind, H./Imkamp, J.*, Delegation von Untersuchungshandlungen an die Polizei, dargestellt am Beispiel der Strafprozessordnung des Kantons Zürich, ZStrR 1999, 197 ff.; *Capus, N./Albrecht, P.*, Die Kompetenz zur Einvernahme im Vorverfahren, fp 2012, 361 ff.; *Del Giudice, L.*, Wann beginnt das polizeiliche Ermittlungsverfahren? Wann beginnt das staatsanwaltschaftliche Untersuchungsverfahren?, ZStrR 2010, 116 ff.; *Donatsch/Schwarzenegger/Wohlers* 2014, 271 ff.; *Eicker, A.*, Zum Vorentwurf für eine gesamtschweizerische Strafprozessordnung. Staatsanwaltliche Kompetenz-Konzentration und ihre Kompensationsmöglichkeiten im Ermittlungsverfahren, AJP 2003, 13 ff.; *Fabbri, A./Noto, F.*, Die Eventual- und Alternativklage im Lichte des Akkusationsprinzips, AJP 2012, 898 ff.; *Hensler, B.*, Die Alltagsarbeit der Polizei zwischen Legalität und Opportunität, fp 2013, 45 ff.; BSK StPO-*Grädel/Heiniger* 2014, Art. 319–323; *Hauser/Schweri/Hartmann* 2005, 375 ff.; BSK StPO-*Heimgartner/Niggli* 2014, Art. 324–327; *Jeanneret/Kuhn* 2013, 389 ff., 392 ff.; *Josi, C.*, «Kurz und klar, träf und wahr» – die Ausgestaltung des Anklageprinzips in der Schweizerischen Strafprozessordnung, ZStrR 2009, 73 ff.; *Kanyar, A.*, Wiedergutmachung und Täter-Opfer-Ausgleich im schweizerischen Strafrecht, Basel 2008; *Krauß, D.*, Auf dem Weg zu einer Eidgenössischen Strafprozessordnung. Einige Anmerkungen aus deutscher Sicht, in: Niggli, M.A./Queloz, N. (Hrsg.), Strafjustiz und Rechtsstaat, Symposium zum 60. Geburtstag von Franz Riklin und José Hurtado Pozo, Bern 2003, 19 ff.; *ders.*, Die Unmittelbarkeit der Hauptverhandlung im schweizerischen Strafverfahren, recht 1986, 73 ff.; Donatsch/Hansjakob/Lieber, Kommentar-*Landshut/Bosshard* 2014, Art. 299–327; CR CPP-*Maître* 2011, Art. 299–304; *Meyer, F.*, Anfechtbarkeit einer Einstellungsbegründung wegen Verstosses gegen die Unschuldsvermutung, zugleich Besprechung von EGMR v. 28. Oktober 2014, Nr. 60101/09, Peltereau-Villeneuve v. Switzerland, fp 2015, 116 ff.; *Morger, G.*, Die Rolle der Polizei im Untersuchungsverfahren, ZStrR 1985, 129 ff.; *Oberholzer* 2012, 469 ff.; BSK StPO-*Omlin* 2014, Art. 308–315; *Peters* 1985, 525 ff.; *Pieth, M.*, Spart die Schweiz im Strafprozessrecht den Richter ein?, in: Strafprozessrecht im Wandel, FS Miklau, Innsbruck et al. 2006, 383 ff.; *ders.*, Strafverfahren gegen das Unternehmen, in: Menschengerechtes Strafrecht, FS Eser, München 2005, 599 ff.; *ders.*, Strafprozess im Spannungsfeld von Sicherheit und Freiheit, in: Schweizerische Arbeitsgruppe für Kriminologie, Bd. 21, Zürich et al. 2003, 15 ff.; *ders.*, Von der Inquisition zum Sicherheitsstaat: ketzerische Gedanken zur aktuellen Strafprozessreform, AJP 2002, 626 ff. (zit. Pieth 2002a); *ders.*, Vom Inquisitionsprozess direkt zum postmodernen Kontrollmodell?, in: Strafrecht, Strafprozessrecht und Menschenrechte, FS Trechsel, Zürich 2002, 415 ff. (zit. Pieth 2002b); *ders.*, Der Beweisantrag des Beschuldigten im Schweizer Strafprozessrecht,

Basel/Frankfurt a.M. 1984; *Piguet, C./Dyens, A.*, Konnte mit der Einführung der Schweizerischen Strafprozessordnung tatsächlich eine Stärkung der Verteidigungsrechte bewirkt werden?, Anwaltsrevue 2015, 365 ff.; *Piquerez/Macaluso* 2011, 561 ff.; CPP Commentaire à l'usage des praticiens-*Pitteloud* 2012, 560 ff.; BSK StPO-*Rhyner* 2014, Art. 306; BSK StPO-*Riedo* 2014, Art. 299–301, Art. 316; *Riedo/Fiolka/Niggli* 2011, 360 ff.; *Riklin* StPO Kommentar 2014; *ders.* 2007, 123 ff.; *ders.*, Strafprozess: Gerichte verlieren an Bedeutung, plädoyer 2006, 28 ff. (zit. Riklin 2006a); *ders.*, Die Strafprozessrechtsreform in der Schweiz, Goltdammer's Archiv für Strafrecht 2006, 495 ff. (zit. Riklin 2006b); *ders.*, Strafprozessrechtsreform in Österreich und der Schweiz. Eine vergleichende Betrachtung, ZStrR 2001, 371 ff.; *Roos, E./Jeker, K.*, Die Prüfung der Anklage nach Art. 329 StPO, fp 2012, 301 ff.; CR CPP-*Roth* 2011, Art. 319–323; *Ruckstuhl, N.*, 514 Gesetzesartikel als Mogelpackung, plädoyer 2001, 21 ff.; *ders.*, Eidgenössische Strafprozessordnung: Staatsanwaltschaftsmodell ja – aber unter welchen Rahmenbedingungen?, Anwaltsrevue 4/2007, 323 ff.; *Ruckstuhl/Dittmann/Arnold* 2011, 289 ff.; BSK StPO-*Rüegger* 2014, Art. 307; *Schleiminger, D.*, Nr. 2 OGer AG vom 2.7.2014: Teilnahmerechte bei ergänzenden Ermittlungen, fp 2015, 7 ff.; *Schmid* Handbuch 2013, 539 ff.; *ders.* StPO Praxiskommentar 2013, 579 ff.; *ders.* 2004, 300 ff.; CR CPP-*Schubarth* 2011, Art. 324–327; *ders.*, Praktische Probleme der Konkretisierung des Akkusationsprinzipes, ZStrR 2010, 173 ff.; BSK StPO-*Steiner 2014*, Art. 317–318; *Vest, H.*, Das Beweisantragsrecht des Beschuldigten oder der langwierige Abschied vom Inquisitionsmodell, in: Strafrecht, Strafprozessrecht und Menschenrechte, FS Trechsel, Zürich 2002, 781 ff.; *Wieser, H.*, Das Ermittlungsverfahren und die Untersuchung ergänzen sich – auch bei der Personalbeweiserhebung, fp 2014, 340 ff.

1. Einleitung

Im Anklagegrundsatz (Art. 9) kommt die Gewaltenteilung zwischen Strafverfolgungsbehörden und Gericht zum Ausdruck[1]. Er impliziert auch, dass Behörden im Vorfeld des Gerichtsverfahrens abklären, ob ausreichende Beweise für eine Anklageerhebung vorliegen. Das Vorverfahren hat einerseits eine Präventivfunktion für das Hauptverfahren, andererseits aber eine Schutzfunktion für den Beschuldigten vor leichtfertiger Anklageerhebung (Art. 299 Abs. 2).

Auch wenn das gesamte Vorverfahren unter einheitlicher Leitung steht («*eingliedriges Vorverfahren*»[2]), ist es faktisch in ein polizeiliches Ermittlungsverfahren und ein staatsanwaltschaftliches Untersuchungsverfahren (Art. 299 Abs. 1) unterteilt. Regelmässig folgt das Untersuchungsverfahren auf das Ermittlungsverfahren, sie können ausnahmsweise aber auch parallel in Gang gesetzt und betrieben werden[3]. Ziel der polizeilichen Ermittlung ist die Spurensicherung, die Ermittlung geschädigter und tatverdächtiger Personen und nötigenfalls die vorläufige Festnahme

1 Hauser/Schweri/Hartmann 2005, 375.

2 Donatsch/Schwarzenegger/Wohlers 2014, 218; Jositsch 2013, 159; Donatsch/Hansjakob/Lieber, Kommentar-Landshut/Bosshard 2014, Art. 299 N 5; BSK StPO-Riedo/Boner 2014, Art. 299 N 6 ff.; Riklin StPO Kommentar 2014, Vorbem. Art. 299; Schmid Handbuch 2013, 539.

3 Wieser 2014, 341; krit. Capus/Albrecht 2012, 361 ff., 363 f.

von Verdächtigen (Art. 306 Abs. 2). Die Staatsanwaltschaft befasst sich demgegenüber stärker mit der rechtlichen Bewertung und der Frage, ob die Beweise insgesamt für eine Anklageerhebung reichen (Art. 308 Abs. 1). Gerade bei schweren Fällen kann es vorkommen, dass die Staatsanwaltschaft früh die Verfahrensherrschaft übernimmt, die Polizei aber parallel zu ihr – in ihrem Auftrag – weiter ermittelt[4]. Die Abgrenzung des polizeilichen Ermittlungsverfahrens vom staatsanwaltlichen Untersuchungsverfahren ist trotz der behaupteten Eingliedrigkeit wichtig, weil die Rechtsstellung der Parteien in den beiden Phasen erheblich divergiert[5]. Im Übrigen ist eine Gewichtsverlagerung auf das polizeiliche Ermittlungsverfahren, in dem die Rechtsstellung noch deutlich schwächer ist, festzustellen[6].

Abgeschafft worden sind mit der neuen Prozessordnung sowohl der Untersuchungsrichter wie die im kantonalen Recht zum Teil noch vorhandene Überweisungsbehörde (die auf die französisch-rechtliche Tradition der Anklagekammer zurückgeht). Mit der Anklage befasst die Staatsanwaltschaft nun direkt das Gericht.

2. Die Eröffnung des Vorverfahrens

Das Vorverfahren wird in der Regel durch die Polizei eingeleitet (Art. 300 Abs. 1 lit. a). Die Eröffnung des polizeilichen Ermittlungsverfahrens erfolgt formlos. Es kann ausnahmsweise auch direkt mit der Untersuchung begonnen werden (Art. 300). Die Eröffnung der staatsanwaltlichen Voruntersuchung bedarf demgegenüber einer Verfügung, die aber nicht anfechtbar ist (Art. 309 Abs. 3). Die Eröffnung des Vorverfahrens unterliegt lediglich bei Verstoss gegen das Verbot doppelter Strafverfolgung der Beschwerde (Art. 11)[7].

Das Vorverfahren beginnt entweder gestützt auf eine Strafanzeige (einer Privatperson oder einer Behörde) oder auf Grund polizeilicher Wahrnehmung. Die Strafbehörden sind verpflichtet, alle Straftaten, die sie bei ihrer amtlichen Tätigkeit festgestellt haben oder die ihnen gemeldet worden sind, anzuzeigen[8]. Die Kantone können weitere Behörden zur Anzeige verhalten. Die Bürger sind anzeigeberechtigt, nicht aber zur Anzeige verpflichtet (Art. 301 und Art. 302). Bei Antragsdelikten bedarf es zur Verfahrenseröffnung zudem eines Strafantrages (Art. 303 und Art. 304).

Ziel des Vorverfahrens ist es, ausgehend von einem **Anfangsverdacht**[9], abzuklären, ob ausreichende Beweise für eine Anklageerhebung oder zum Erlass eines

4 Albertini/Fehr/Voser 2008, 538 f.; siehe z.B. den **Einstiegsfall** oben S. 14 f.

5 Ruckstuhl/Dittmann/Arnold 2011, 289, 298.

6 Brun 2014, 92 ff., 96 f.; Schmid Handbuch 2013, 540.

7 BSK StPO-Riedo/Boner 2014, Art. 300 N 27 ff.

8 Hensler 2013, 47.

9 Eicker/Huber 2014, 53; BSK StPO-Riedo/Boner 2014, Art. 300 N 4 ff.; Schmid Handbuch 2013, 539.

Strafbefehls vorliegen, beziehungsweise ob das Verfahren einzustellen ist (Art. 299 Abs. 2). Diese Grundregel ist in neuester Zeit allerdings in Frage gestellt worden.

3. Ein «Vorermittlungsverfahren»?

Im Kapitel V ist ausgeführt worden[10], dass die Polizeitätigkeit sich traditionellerweise in zwei Hauptfelder aufteilt: die präventiv orientierte **Sicherheitspolizei** (zum Zwecke der Gefahrenabwehr) und die **Kriminalpolizei** (zur Aufarbeitung vergangenen Unrechts). Entsprechend haben sich unterschiedliche Voraussetzungen für polizeiliche Massnahmen herausgestellt. Was für die Kriminalpolizei der **Tatverdacht** ist, ist für die Sicherheitspolizei die **Gefährdung von Rechtsgütern**. Während die Tätigkeit der Kriminalpolizei im nunmehr vereinheitlichten Strafprozessrecht geregelt ist, ist die Sicherheitspolizei nach wie vor Sache der kantonalen Polizeigesetze.

Auf einer dritten Schiene hat sich daneben seit circa 100 Jahren der «**Staatsschutz**» entwickelt: Ziel war es nicht, die Justiz zu duplizieren. Vielmehr war der Staatsschutz gedacht als Frühwarninstrument der Regierungen vor spezifischen Risiken von aussen und von innen für die Existenz des Staates und die demokratische und rechtsstaatliche Ordnung. Die Arbeitsmethoden des Staatsschutzes unterscheiden sich von der polizeilichen und justiziellen Tätigkeit, und die rechtsstaatlichen Sicherungen liegen typischerweise deutlich unter den justiziellen Anforderungen (insbesondere was die richterlichen Genehmigungspflichten anbelangt)[11].

Nach den Erfahrungen mit der Gestapo hat man sich nach dem 2. Weltkrieg, jedenfalls in Deutschland, um eine klare Trennung von Geheimdiensten und Justiz bemüht. Eine Auswirkung des «*Trenngebots*» zwischen Staatsschutz und Justiz ist auch bei uns, dass allfällige Hinweise auf Delinquenz von der Polizei zwar als Ermittlungsanlass verwendbar sind, dass aber geheimdienstliche «*intelligence*» nicht direkt gerichtsverwertbar ist. Dazu fehlt ihr meist die rechtsstaatlich korrekte Feststellung.

Nun hat sich, vor allem unter dem Eindruck moderner Kriminalitätsformen (organisierte Kriminalität, Wirtschaftskriminalität und Terrorismus), in der Praxis die Tendenz breit gemacht, – entweder *praeter legem* oder gestützt auf vage Generalklauseln wie die Gefahrenabwehr im Polizeigesetz – sogenannte «**Vorermittlungsverfahren**» durch die Polizei zuzulassen[12]. Es handelt sich dabei um eine Aktivität der Kriminalpolizei, die aber weder konkret gefahrorientiert noch konkret ver-

10 Siehe oben S. 66 ff.

11 Vgl. zum «präventiven Staatsschutz» Bundesgesetz über Massnahmen zur Wahrung der inneren Sicherheit (BWIS) vom 21.3.1997 (SR 120) und Verordnung über Massnahmen zur Wahrung der inneren Sicherheit (VWIS) vom 27.6.2001 (AS 2001 1829), am 1.1.2010 aufgehoben.

12 Hauser/Schweri/Hartmann 2005, 377; Donatsch/Hansjakob/Lieber, Kommentar-Keller 2014, Art. 15 N 11 ff.

dachtsorientiert ist. Vielmehr geht es darum, «*gerichtspolizeiliche Vorfeldarbeit und Informationsbeschaffung*» (insbesondere «*Milieubeobachtung*» usw.[13]) zu betreiben, um abzuklären, ob sich hinter Gerüchten, zum Beispiel in der Tagespresse über Wirtschaftskriminalität, eventuell ein realer Tatverdacht verbirgt[14]. Selbst wenn das Vorermittlungsverfahren von der Kriminalpolizei betrieben wird, soll es ausserhalb der Aufsichtskompetenz der Staatsanwaltschaft stehen[15].

Dieser Wildwuchs zwischen den staatlichen Hauptfunktionen (der Prävention, Repression und allenfalls des exekutiven Staatsschutzes) kann nicht einerseits der Kriminalitätsbekämpfung zugeschlagen und andererseits der staatsanwaltlichen Kontrolle vollkommen entzogen werden. Damit würden die Polizeicorps in einem höchst sensiblen Bereich ausser staatlicher Kontrolle gestellt[16]. Zulässig ist die Tätigkeit, soweit sie vom Polizeirecht abgedeckt ist[17].

Im Übrigen kann organisiertes Verbrechen tatsächlich (wenn der Begriff auf seinen eigentlichen Kern reduziert wird) das Funktionieren staatlicher Institutionen in Frage stellen, genauso wie der Terrorismus tatsächlich nicht nur Einzelne einschüchtern, sondern zu einer kollektiven Geiselnahme führen kann.[18] Allerdings sind unter diesen Umständen nicht nur die Staatsschutzbehörden, sondern vor allem die Strafbehörden gefordert: die Polizei, unter Aufsicht der Staatsanwaltschaft. Sodann werden typischerweise Zwangsmassnahmen notwendig sein, die durch die Staatsanwaltschaft beziehungsweise vom Zwangsmassnahmengericht angeordnet oder genehmigt werden müssen. Einen rechtsfreien Raum zwischen den Sphären der Sicherheitspolizei und der Kriminalpolizei kann es nicht geben, und Staatsschutz ersetzt Justiz nicht.

4. Das polizeiliche Ermittlungsverfahren

a) Zum Verhältnis von Polizei und Staatsanwaltschaft

Dadurch, dass das Vorverfahren nunmehr einphasig ausgestaltet ist, kooperieren Polizei und Staatsanwaltschaft idealerweise eng miteinander. Es soll vermieden werden, dass Aussagepersonen von verschiedenen Instanzen zum selben Thema gleich mehrfach einvernommen werden, wie das im alten zweiphasigen Vorverfahren (vor

13 Albertini/Fehr/Voser 2008, 543 f.; Del Giudice 2010, 121 f.; Donatsch/Hansjakob/Lieber, Kommentar-Landshut/Bosshard 2014, Art. 299 N 13 f.; Oberholzer 2012, 480 f., BSK StPO-Rhyner 2014, Art. 306 N 8 ff.; BSK StPO-Rüegger 2014, Art. 307 N 7; krit.: Ruckstuhl/Dittmann/Arnold 2011, 289.

14 Hauser/Schweri/Hartmann 2005, 377.

15 So Donatsch/Hansjakob/Lieber, Kommentar-Landshut/Bosshard 2014, Art. 299 N 13 f.

16 So aber die Darstellung bei Albertini/Fehr/Voser 2008, 543 ff.; ähnlich BSK StPO-Rüegger 2014, Art. 307 N 22.

17 BSK StPO-Rüegger 2014, Art. 307 N 7 (entgegen Botschaft des Bundesrates, BBl 2006 1085 [1262]).

18 Siehe oben S. 7 ff.

Staatsanwalt und Untersuchungsrichter) der Fall war. Dem Gesetz nach leitet die Staatsanwaltschaft das Vorverfahren[19]. Sie kann der Polizei Weisungen erteilen und das Verfahren an sich ziehen[20]. Allerdings ist die Staatsanwaltschaft dazu nur in der Lage, wenn sie von den Ermittlungen **erfährt**[21].

Art. 307 aber schreibt die **unverzügliche Information** der Staatsanwaltschaft nur bei «*schweren Straftaten*» sowie bei «*anderen schwerwiegenden Ereignissen*» (Brandtour- oder Pikettfälle) vor. Zu den Detailfragen, insbesondere zu der Frage, was als eine «*schwere Straftat*» anzusehen ist, können die Staatsanwaltschaften von Bund und Kantonen Weisungen erlassen (Art. 307 Abs. 1)[22].

Aus Art. 307 Abs. 3 geht hervor, dass die Polizei zwar **laufend** Rapporte verfasst, übermitteln muss sie ihre Berichte an die Staatsanwaltschaft in Alltagsfällen aber erst «*nach Abschluss ihrer Ermittlungen*», zusammen mit den weiteren Akten[23]. Diese Regelung sanktioniert die bereits faktische Gewichtsverlagerung im Vorverfahren auf die Polizei[24].

Auf den ersten Blick verständlich erscheint, dass nach Art. 307 Abs. 4 auf die Berichterstattung an die Staatsanwaltschaft **ganz verzichtet** werden kann, wenn zu weiteren Verfahrensschritten der Staatsanwaltschaft offensichtlich kein Anlass besteht und keine Zwangsmassnahmen oder andere formalisierte Ermittlungshandlungen durchgeführt worden sind[25]. Allerdings fällt bei näherem Hinsehen auf, dass eine informelle Einstellung nicht vorgesehen ist (Art. 2 Abs. 2) und dass die Polizei dafür ohnehin nicht zuständig wäre (Art. 8 Abs. 1)[26]. Vielmehr bedarf es zur Beendigung des Verfahrens ohne Rechtsfolge einer Nichtanhandnahmeverfügung (Art. 310) oder einer Einstellungsverfügung (Art. 319 ff.) durch die Staatsanwaltschaft. In jedem Fall aber muss auch eine «polizeiliche Einstellung» protokolliert werden[27]. Im Übrigen

---

19 Rüegger (BSK StPO-Rüegger 2014, Art. 307 N 1) versteht den Staatsanwalt aber eher als «Projektleiter» denn als «Herrn des Verfahrens».

20 Art. 307 Abs. 2, Art. 309 Abs. 2, Art. 312 Abs. 1.

21 Brun 2014, 98.

22 Z.B. die Weisungen der Oberstaatsanwaltschaft Zürich (WOSTA ZH) bei Donatsch/Hansjakob/Lieber, Kommentar-Landshut/Bosshard 2014, Art. 307 N 9; BSK StPO-Rüegger 2014, Art. 307 N 2.

23 So auch Albertini/Fehr/Voser 2008, 558 und BSK StPO-Rüegger 2014, Art. 307 N 8 f. (entgegen Botschaft des Bundesrates, BBl 2006 1085 [1262]).

24 Schmid Handbuch 2013, 540; ders. betont aber, dass es die Staatsanwaltschaft in der Hand hätte, intensiver informiert zu werden, «*falls sie dies anordnet*» (546 FN 41).

25 Donatsch/Hansjakob/Lieber, Kommentar-Landshut/Bosshard 2014, Art. 307 N 30 und N 36 ff.; Riklin StPO Kommentar 2014, Art. 307 N 6; Schmid Handbuch 2013, 547 f.; krit. Ruckstuhl/Dittmann/Arnold 2011, 296.

26 Korrekt Hensler 2013, 45.

27 Zum Ganzen Donatsch/Hansjakob/Lieber, Kommentar-Landshut/Bosshard 2014, Art. 307 N 39; krit. Oberholzer 2012, 482 f.

stellt sich in der Polizeipraxis (zumindest im Bagatellbereich) eine informelle Form der Opportunität ein, sei es durch «bewusstes Wegschauen» oder durch offenen Verzicht auf Intervention[28].

Insgesamt ergeben sich aus der Prozessordnung **zwei Kooperationsmodelle**: Einerseits der sofortige Einbezug der Staatsanwaltschaft in Fällen von Schwerkriminalität und sogenannten Brandtourfällen (hier ist die Polizei vor allem unselbständig tätig) und andererseits die selbständige Ermittlung durch die Polizei bis fast zum Abschluss des Vorverfahrens bei Alltagsdelikten. Die zweite Variante entspricht der Formulierung von Art. 306 Abs. 1, nach der die Polizei *«den für eine Straftat relevanten Sachverhalt»* feststellt. Im Alltag geht ihre Rolle also weit über den «ersten Zugriff» hinaus[29]. Die formelle parteiöffentliche Beweisaufnahme erfolgt aber im Prinzip durch die Staatsanwaltschaft[30]. In solchen Fällen gewährt die Staatsanwaltschaft im Rahmen des Schlussverhörs noch das rechtliche Gehör und entscheidet über den Fortgang des Verfahrens.

b) Polizeikompetenzen

Bereits oben[31] ist angedeutet worden, dass die Polizeikompetenzen im Ermittlungsverfahren vor allem in drei Richtungen gehen (Art. 306):

- Erstens obliegt ihr die klassische Fahndung (Observation etc.) und die Spuren- und Beweissicherung;
- zweitens hat die Polizei Befragungskompetenzen (hinsichtlich von Beschuldigten und Auskunftspersonen, Zeugen nur auf Delegation hin);
- drittens verfügt sie über Befugnisse zur Anhaltung und vorläufigen Festnahme von Tatverdächtigen sowie über Notkompetenzen bei anderen offenen Zwangsmassnahmen (Hausdurchsuchung, Personen- und Sachdurchsuchung, Blutprobe und Beschlagnahme).

5. Das staatsanwaltliche Untersuchungsverfahren

Im Zentrum der staatsanwaltlichen Untersuchung steht die Abschätzung, ob die Beweislage ausreicht, das Verfahren weiterzuführen. Sodann nimmt die Staatsanwaltschaft eine rechtliche Würdigung vor und erhärtet mit Hilfe von Befragungen allen-

28 Hensler 2013, 48 f.

29 Donatsch/Hansjakob/Lieber, Kommentar-Landshut/Bosshard 2014, Art. 307 N 38 und N 41; BSK StPO-Rhyner 2014, Art. 306 N 13 und N 21; Schmid Handbuch 2013, 546; bereits oben krit. S. 17 f. und 66 ff.; ebenfalls krit. Eicker 2003, 15 f.; Ruckstuhl/Dittmann/Arnold 2011, 294.

30 BSK StPO-Rhyner 2014, Art. 306 N 3a.

31 Siehe oben S. 69 f.; für eine detailliertere Zusammenstellung vgl. Albertini/Fehr/Voser 2008, 555 f.

falls den subjektiven Tatbestand. Ist mit einer Anklage oder dem Erlass eines Strafbefehls zu rechnen, klärt sie zudem die persönlichen Verhältnisse der beschuldigten Person ab (Art. 308).

a) Die Eröffnung der Voruntersuchung

Die Untersuchung wird gemäss Art. 309 eröffnet, wenn:

- ein hinreichender Tatverdacht besteht,
- die Staatsanwaltschaft Zwangsmassnahmen anordnet, und
- wenn sie über den Verdacht auf ein schweres Delikt oder ein schwerwiegendes Ereignis informiert wird.

Der förmlichen Eröffnungsverfügung gemäss Art. 309 Abs. 3 wird daher gelegentlich eine rein «deklaratorische» Bedeutung[32] zugesprochen. Damit steht im Einklang, dass sie nicht anfechtbar ist, es sei denn bei Geltendmachung des Verbots doppelter Strafverfolgung (Art. 11). Allerdings ist sie von Bedeutung für die Frage, ob den Parteien rechtzeitig ihre Rechte gewährt worden sind[33]. Verspätete Gewährung kann zur Unverwertbarkeit von Aussagen führen[34]. Insofern ist es problematisch, die Abgrenzung der Verfahrensphasen als blosse Ordnungsvorschrift zu bezeichnen[35].

Fehlen der Straftatbestand oder Prozessvoraussetzungen, beziehungsweise liegen Verfahrenshindernisse vor, oder greifen die in Art. 8 aufgezählten Fälle des Opportunitätsprinzips, ist die Staatsanwaltschaft nicht zur Eröffnung verpflichtet, sie kann eine «**Nichtanhandnahmeverfügung**» erlassen. Es ist allerdings darauf zu achten, dass die «Nichtanhandnahme» nicht missbraucht wird[36]. Sobald Untersuchungshandlungen (vor allem auch Zwangsmassnahmen) vorgenommen wurden, ist stattdessen mit einer Einstellungsverfügung abzuschliessen (Art. 310). Die Nichtanhandnahmeverfügung ist wie die Einstellungsverfügung mit Beschwerde anfechtbar (Art. 310 Abs. 2 i.V.m. Art. 322 Abs. 2). Die Regeln der Wiederaufnahme eingestellter Verfahren gelten auch für die Nichtanhandnahme (Art. 232)[37].

---

32 Dazu vgl. Donatsch/Hansjakob/Lieber, Kommentar-Landshut/Bosshard 2014, Art. 309 N 5 ff.; BSK StPO-Omlin 2014, Art. 309 N 6.

33 Donatsch/Hansjakob/Lieber, Kommentar-Landshut/Bosshard 2014, Art. 309 N 2a; BSK StPO-Omlin 2014, Art. 309 N 11.

34 Ruckstuhl/Dittmann/Arnold 2011, 298.

35 Vgl. aber Brun 2014, 97.

36 Donatsch/Hansjakob/Lieber, Kommentar-Landshut/Bosshard 2014, Art. 310 N 1 ff.; BSK StPO-Omlin 2014, Art. 310 N 8.

37 BSK StPO-Omlin 2014, Art. 310 N 31 ff.

b) Die Durchführung der Untersuchung

Die Staatsanwaltschaft soll die **Beweiserhebungen** prinzipiell **selbst** durchführen, der Beizug weiterer Mitarbeiter für einzelne Untersuchungshandlungen kann von Bund und Kantonen geregelt werden (Art. 311)[38]. Allerdings dürfen Einvernahmen nur ausnahmsweise delegiert werden, da die Staatsanwälte eine erhöhte demokratische Legitimation aufweisen[39]. Im Übrigen werden Einvernahmen im Vorverfahren im Hauptverfahren oftmals nicht mehr wiederholt. Der Polizei können nur mehr ganz spezifische Aufträge erteilt werden (Art. 312), eine Pauschaldelegation der Ermittlung an die Polizei ist nach der Eröffnung der Untersuchung nicht mehr zulässig[40]. Zudem darf die Polizei nach Eröffnung der Untersuchung keine selbständigen Ermittlungshandlungen mehr vornehmen[41].

Namentlich wegen unbekannten Aufenthalts des Beschuldigten, weil ein anderes Verfahren abgewartet werden muss, oder weil ein Vergleichsverfahren hängig ist, kann das Verfahren vorübergehend **sistiert** werden[42], eine jederzeitige Wiederanhandnahme ist allerdings formlos möglich. Dagegen besteht kein Rechtsmittel (Art. 314 und Art. 315), der Beschuldigte und der Geschädigte können aber gegen die Verweigerung der Wiederanhandnahme Beschwerde erheben[43].

Wiedergutmachung und **Täter-Opfer-Ausgleich** sind trendige Schlagwörter unserer Zeit[44]. Sie haben in Art. 53 und Art. 55a StGB ihren Niederschlag gefunden. Die Prozessordnung reflektiert das Anliegen in Art. 316 (Vergleich). Allerdings ist im Rahmen der parlamentarischen Beratungen der weitere Art. 317 E StPO (Mediation[45]) gestrichen worden. Damit werden die Kantone nicht von Bundesrechts wegen zur Einführung einer Mediationsstruktur verpflichtet, die Kantone können aber weiterhin Mediation zur Verfügung stellen[46].

---

38 Donatsch/Hansjakob/Lieber, Kommentar-Landshut/Bosshard 2014, Art. 311 N 9 ff.

39 Capus/Albrecht 2012, 365.

40 Botschaft des Bundesrates, BBl 2006 1085 (1265 f.); CR CPP-Cornu 2011, Art. 311 N 1; Riklin StPO Kommentar 2014, Art. 311 N 3; insofern ist die Anordnung der Staatsanwältin im **Einstiegsfall** (oben S. 13 ff.) heikel.

41 Donatsch/Hansjakob/Lieber, Kommentar-Landshut/Bosshard 2014, Art. 312 N 1; Schleiminger Mettler 2015, 9 entgegen: Schmid Handbuch 2013, 553 f. (N 1233 FN 81).

42 BSK StPO-Omlin 2014, Art. 314 N 11 ff.

43 Donatsch/Hansjakob/Lieber, Kommentar-Landshut/Bosshard 2014, Art. 314 N 23; BSK StPO-Omlin 2014, Art. 315 N 8; Schmid StPO Praxiskommentar 2013, Art. 314 N 12.

44 Kanyar 2008.

45 Botschaft des Bundesrates, BBl 2006 1085 (1269 f.); vgl. Riedo/Fiolka/Niggli 2011, 379.

46 BSK StPO-Riedo 2014, Art. 316 N 3; a.A. Schmid Handbuch 2013, 557 f.

c) Abschluss der Untersuchung

Der Abschluss der Untersuchung dient der Gewährung des rechtlichen Gehörs und der Entscheidungsfindung.

- In umfangreichen und komplizierten Verfahren werden in einer **Schlusseinvernahme** der beschuldigten Person nochmals alle Vorwürfe in prägnanter Form präsentiert. Die beschuldigte Person erhält Gelegenheit, Stellung zu nehmen (Art. 317)[47].
- Daraufhin folgt eine förmliche **Schlussverfügung**, in der der bevorstehende Abschluss des Vorverfahrens angekündigt wird und den Parteien mitgeteilt wird, ob die Staatsanwaltschaft beabsichtigt, Anklage zu erheben oder allenfalls das Verfahren einzustellen (Art. 318 Abs. 1)[48].
- Mit der Schlussverfügung erhalten die Parteien nochmals Gelegenheit, **Beweisanträge** zu stellen. Art. 318 Abs. 2 nennt die zulässigen Ablehnungsgründe. Dabei schleicht sich in die Formulierung wiederum die unglückliche Ambivalenz bezüglich zumindest einer Form der verpönten «antizipierten Beweiswürdigung» ein (bereits *«rechtsgenügend erwiesen»*)[49]. Gemäss Abs. 3 sind Beweisablehnungen in diesem Stadium nicht anfechtbar[50]. Die Formulierung ist unglücklich, weil eine Beschwerde nach Art. 394 lit. b offensteht, wo Beweiserhebungen später nicht ohne Rechtsnachteil nachgeholt werden können[51]. Beweisanträge können zwar in der Hauptverhandlung wiederholt werden, dort haben sie aber gegen die Beschränkungen der Unmittelbarkeit anzukämpfen[52].

Zu Recht kritisiert wird, dass eine Schlussverfügung und die Gelegenheit zur Stellung von Beweisanträgen gemäss Art. 318 Abs. 1 nicht gewährt wird, wenn der Staatsanwalt einen Strafbefehl erlässt. Damit wird gerade in Fällen, in denen es oft an sachkundigem Beistand fehlt, ein weiteres Mal das Verteidigungsinteresse der Ef-

47 Donatsch/Hansjakob/Lieber, Kommentar-Landshut/Bosshard 2014, zu Art. 317; BSK StPO-Steiner 2014, zu Art. 317.

48 Siehe den **Einstiegsfall** oben S. 16.

49 Dazu siehe bereits einlässlich oben S. 43 f., 49 ff., 108 f.; vgl. auch die Krit. von Donatsch/Hansjakob/Lieber, Kommentar-Landshut/Bosshard 2014, Art. 318 N 13; Riklin StPO Kommentar 2014, Art. 318 N 2; Ruckstuhl/Dittmann/Arnold 2011, 303; BSK StPO-Steiner 2014, Art. 318 N 14.

50 Botschaft des Bundesrates, BBl 2006 1085 (1271); Jositsch 2013, 165; Schmid Handbuch 2013, 560.

51 So auch Donatsch/Hansjakob/Lieber, Kommentar-Landshut/Bosshard 2014, Art. 318 N 13; Riklin StPO Kommentar 2014, Art. 318 N 3; BSK StPO-Steiner 2014, Art. 318 N 14.

52 Siehe unten S. 239 ff.

fizienz geopfert[53]. Kein Wunder, dass es zu einer Vielzahl von Wiederaufnahmeverfahren kommt[54].

6. Die Einstellung des Verfahrens

Neben der bereits erörterten «**Nichtanhandnahme**» (Art. 310) und der bloss provisorischen «**Sistierung**» gilt es hier, die eigentliche **Einstellung** zu diskutieren. Drei Fragen stehen im Vordergrund:

- die Einstellungsgründe,
- die Rechtsmittelberechtigung gegen die Einstellungsverfügung,
- und die «Rechtskraft» der Einstellung und die Voraussetzungen der Wiederaufnahme des Verfahrens.

Wo es bereits *ex ante* vollkommen klar war, dass kein Raum für eine Strafuntersuchung bestand, wurde sie schon gar nicht an die Hand genommen. Ergibt sich nun aber auf Grund einer durchgeführten Untersuchung, dass es im Hauptverfahren mit grosser Wahrscheinlichkeit zum Freispruch kommen würde, sollten dem Beschuldigten und der Justiz die Umtriebe eines öffentlichen Verfahrens erspart bleiben.

Als Einstellungsgründe werden in Art. 319 Abs. 1 genannt[55]:

- kein hinreichender Tatverdacht
- fehlender Straftatbestand
- Rechtfertigungsgründe
- fehlende Prozessvoraussetzung, Prozesshindernisse
- Opportunitätsgründe gemäss Art. 8 oder nach StGB.

Zusätzlich wird in Abs. 2 als fakultativer Einstellungsgrund genannt:

- dass das Interesse des jugendlichen Opfers die Einstellung zwingend verlangt und dieses Interesse dem öffentlichen Strafverfolgungsinteresse offensichtlich vorgeht[56].

Die Parteien werden über die Einstellung in einer begründeten Verfügung (Art. 80 f.) **in Kenntnis gesetzt** (Art. 321). Sie können die Einstellungsverfügung innert zehn Tagen bei der Beschwerdeinstanz **anfechten** (Art. 322 Abs. 2).

53 Donatsch/Hansjakob/Lieber, Kommentar-Landshut/Bosshard 2014, Art. 318 N 1; krit. Ruckstuhl/Dittmann/Arnold 2011, 302 f.

54 Siehe dazu unten S. 253 f.

55 Jeanneret/Kuhn 2013, 389 ff.

56 Details bei Donatsch/Hansjakob/Lieber, Kommentar-Landshut/Bosshard 2014, Art. 319 N 33 ff.

Während bei blosser Sistierung das Verfahren jederzeit formlos wieder aufgenommen werden kann, sobald der Sistierungsgrund weggefallen ist, **erschwert** die Einstellung die **Wiederaufnahme**. Es bedarf zur Wiederaufnahme neuer Beweismittel oder neuer Tatsachen, die für eine strafrechtliche Verantwortlichkeit der beschuldigten Person sprechen. Sie dürfen sich nicht aus den früheren Akten ergeben. Nicht mehr neu sind somit, gemäss Botschaft[57], Beweise, die vor der Einstellung nur ungenügend ausgeschöpft worden sind. Die Anforderungen sind aber weniger hoch als bei der Revision gemäss Art. 410 ff.[58]. Die Wiederaufnahme ist mitteilungspflichtig.

7. Die Anklageerhebung

Zur Anklageerhebung müssen drei Themen kurz angeschnitten werden:

- die Beweisschwelle zur Anklageerhebung
- die Vorschriften über den Inhalt einer rechtskonformen Anklageschrift
- die Frage allfälliger Rechtsmittel.

Nach Art. 324 erhebt die Staatsanwaltschaft beim zuständigen Gericht Anklage, wenn sie auf Grund der Untersuchung die **Verdachtsgründe** als **hinreichend** erachtet (und keinen Strafbefehl erlassen kann). In der Lehre wird die Schwelle zur Anklage bei der **Wahrscheinlichkeit einer Verurteilung** gezogen[59]. Uneinigkeit bestand bei dieser Prognose, ob *in dubio pro reo* in Betracht gezogen werden darf: Am plausibelsten ist wohl die Lösung von Schubarth[60], nach der die Maxime bei der Entscheidung indirekt berücksichtigt werde: Sie fliesst in die Wahrscheinlichkeitsabschätzung ein. Inzwischen ist man sich einig, dass bei der Anklageerhebung aber der Grundsatz «*in dubio pro duriore*» gelten soll, während für das Gericht (und die Staatsanwaltschaft bei ihrem Antrag vor Gericht) «*in dubio pro reo*» Geltung hat[61].

Die Anklage muss schriftlich erfolgen. Die **Anklageschrift** muss gemäss Art. 325 neben der Bezeichnung von Ort, Datum, anklageerhebender Behörde und befasstem Gericht vor allem die Parteien genau angeben. Sodann verpflichtet der Kern der Bestimmung (Art. 325 Abs. 1 lit. f und g) dazu, eine **konzise, aber genaue**

57 Botschaft des Bundesrates, BBl 2006 1085 (1274 f.); weniger streng: BSK StPO-Grädel/Heiniger 2014, Art. 323 N 5 und N 9; Donatsch/Hansjakob/Lieber, Kommentar-Landshut/Bosshard 2014, Art. 323 N 23.

58 BSK StPO-Grädel/Heiniger 2014, Art. 323 N 1; CR CPP-Roth 2011, Art. 323 N 2.

59 Jeanneret/Kuhn 2013, 392 ff.; CPP Commentaire à l'usage des praticiens-Pitteloud 2012, 560 ff.; Hauser/Schweri/Hartmann 2005, 404; Donatsch/Hansjakob/Lieber, Kommentar-Landshut/Bosshard 2014, Art. 324 N 5.

60 BSK StPO-Heimgartner/Niggli 2014, Art. 324 N 11; Donatsch/Hansjakob/Lieber, Kommentar-Landshut/Bosshard 2014, Art. 324 N 5; CR CPP-Schubarth 2011, Art. 324 N 4.

61 BGE 137 IV 219; BGer 1B_184/2012 vom 27.8.2012; Ackermann/Schödler 2016, 35; Bommer/Kaufmann 2015, 920.

Sachverhaltsschilderung abzugeben und eine rechtliche Subsumtion vorzunehmen. Fundamental ist die Sachverhaltsschilderung, weil sie nach dem Anklagegrundsatz[62] den Prozessgegenstand fixiert (Art. 9 Abs. 1)[63]. Begründungen und Beweiswürdigung in der Anklageschrift werden dagegen als «Vorausplädieren» und als Verstoss gegen die Waffengleichheit verstanden[64]. Das Präzisionsgebot wirft in der Praxis erhebliche Probleme auf, weil es die Staatsanwaltschaft in ein Dilemma versetzt: fasst sie den Sachverhalt zu eng, steigt das Risiko des Freispruchs; die Alternative der diffusen Fassung ist dagegen unfair. Zudem riskiert sie Rückweisung[65].

Während sowohl der französisch-rechtliche wie der angelsächsische Prozess (als Erbe der Aufklärung, die dem Bürger einen unnötig schädlichen öffentlichen Prozess möglichst ersparen wollte) die Überweisung der Anklage ans Gericht von einem Zwischenverfahren abhängig machen, haben die Schweizer Prozessordnungen dieses Überweisungsverfahren (auch in der bloss fakultativen Form) allmählich abgeschafft. Die neue Prozessordnung ist in diesem Punkt besonders radikal, sie **schliesst** (zur Verfahrensbeschleunigung) **jedes Rechtsmittel gegen die Anklageerhebung aus** (Art. 324 Abs. 2[66]). Die Verfahrensleitung (Instruktionsrichter) des erstinstanzlichen Gerichts prüft aber *ex officio* die ordnungsgemässe Erstellung der Anklageschrift (Art. 329 Abs. 1 lit. a). Die Anklageschrift kann zur Verbesserung oder Erweiterung an den Staatsanwalt zurückgewiesen werden (Art. 333)[67].

62 Oben S. 44 ff.

63 Ausführlich zum Ganzen vgl. Josi 2009, 73 ff.; Donatsch/Hansjakob/Lieber, Kommentar-Landshut/Bosshard 2014, Art. 325 N 8 ff.

64 Krit. BSK StPO-Heimgartner/Niggli 2014, Art. 324 N 1; Ruckstuhl/Dittmann/Arnold 2011, 308.

65 Ackermann/Vetterli 2008, 193 ff.; Fabbri/Noto 2012, 898 ff.; Schubart 2010, 173 ff.

66 Botschaft des Bundesrates, BBl 2006 1085 (1275); bereits den **Einstiegsfall** siehe oben S. 16; Piguet/Dyens 2015, 272.

67 Roos/Jeker 2012, 301 ff.

Fragen zu Kapitel X

- Welche Verfahrensabschnitte kennt das Vorverfahren?
- Wer eröffnet das Vorverfahren?
- Nennen Sie die Kompetenzen der Polizei im Ermittlungsverfahren.
- Wodurch unterscheidet sich die selbständige von der unselbständigen Polizeitätigkeit?
- Was fällt ihnen zum Stichwort «Vorabklärungsverfahren» (resp. Vorermittlungsverfahren) ein?
- Beschreiben Sie den Ablauf des staatsanwaltlichen Untersuchungsverfahrens.
- Was ist die Bedeutung der Schlussverfügung?
- Welches sind die Gründe für die Einstellung eines Verfahrens?
- Unter welchen Umständen kann ein eingestelltes Verfahren wieder aufgenommen werden?
- Welches sind die entscheidenden Angaben, die eine Anklageschrift enthalten muss?
- Was bewirkt die Sachverhaltsdarstellung der Anklageschrift?

Die Auflösung der Fragen ergibt sich jeweils aus dem vorangegangenen Kapitel.

XI Hauptverfahren

Literatur *Ackermann, J./Vetterli, L.*, Brisante Aspekte der neuen Anklageschrift – nach EMRK, BV und Schweizerischer Strafprozessordnung, ZStrR 2008, 193 ff.; *Albrecht, P.*, Was bleibt von der Unmittelbarkeit?, ZStrR 2010, 180 ff.; *ders.* 2008, 69 ff.; *Bernard, S.*, Anregungen für ein gutes Plädoyer der Verteidigung, plädoyer 2013, 64 ff.; *Bommer, F./Kaufmann, A.*, Die strafrechtliche Rechtsprechung des Bundesgerichts im Jahr 2011, ZBJV 2015, 873 ff.; Donatsch/Hansjakob/Lieber, Kommentar-*Brüschweiler* 2014, Art. 88; *Capus, N./Stoll, M.*, Lesen und Unterzeichnen von Einvernahmeprotokollen im Vor- und im Hauptverfahren, ZStrR 2013, 195 ff.; CR CPP-*De Preux* 2011, Art. 339–345; *Donatsch/Schwarzenegger/Wohlers* 2014, 284 ff.; *Egli, I.*, Protokollierungsvorschriften der Schweizerischen Strafprozessordnung – ein Plädoyer für die Revision, AJP 2012, 627 ff.; *Erni, L.*, Prozessieren vor Bundesstrafgericht aus Sicht der Advokatur, fp 2008, 295 ff.; *Forster, M.*, Kettentheorie der strafprozessualen Beweiswürdigung, «in dubio pro reo» vor Bundesgericht – zum Prüfungsprogramm bei der Rüge willkürlicher Beweiswürdigung, ZStrR 1997, 61 ff.; *Gollwitzer, W.*, Die Verfahrensstellung des in der Hauptverhandlung nicht anwesenden Angeklagten, in: FS Tröndle, Berlin/New York 1989, 455 ff.; *Greiner, G.*, Akkusationsprinzip und Wirtschaftsstrafsachen, ZStrR 2005, 98 ff.; Donatsch/Hansjakob/Lieber, Kommentar-*Griesser* 2014, Art. 328–334; Donatsch/Hansjakob/Lieber, Kommentar-*Gut/Fingerhuth* 2014, Art. 335–351; *Habermas, J.*, Wahrheitstheorien, in: FS Schulz, Tübingen 1974, 211 ff.; *Häger, J.*, Zu den Folgen staatsanwaltlicher in der Hauptverhandlung begangener Verfahrensfehler, in: Gedächtnisschrift für Karlheinz Meyer, Berlin, New York 1990, 171 ff.; *Hassemer* 1990, 130 ff.; BSK StPO-*Hauri/Venetz* 2014, Art. 339–347; *Hauser/Schweri/Hartmann 2005*, 412 ff.; *Jeanneret/Kuhn* 2013, 397 ff.; *Jeker, K.*, Eine wirksame Verteidigung konzentriert sich auf das Vorverfahren, plädoyer 2013, 70 f.; *Jositsch* 2013, 171 ff.; *Krauß, D.*, Die Unmittelbarkeit der Hauptverhandlung im schweizerischen Strafverfahren, recht 1986, 73 ff.; *Mathys, H.*, Leitfaden Strafzumessung, Basel 2016; *Oberholzer* 2012, 499 ff.; *ders.*, Zwischen «Kopf ab» und «Händchen halten» – von den neueren Entwicklungen im Strafrecht und Strafprozessrecht, fp 2008, 46 ff.; *Peters* 1985, 464 ff.; *ders.*, Fehlerquellen im Strafprozess, 2. Bd., Karlsruhe 1972; *Pieth, M.*, Spart die Schweiz im Strafprozessrecht den Richter ein?, in: Strafprozessrecht im Wandel, FS Miklau, Innsbruck et al. 2006, 383 ff.; *ders.*, Von der Inquisition zum Sicherheitsstaat: ketzerische Gedanken zur aktuellen Strafprozessreform, AJP 2002, 626 ff. (zit. Pieth 2002a); *ders.*, Vom Inquisitionsprozess direkt zum postmodernen Kontrollmodell?, in: FS Trechsel, Zürich et al. 2002, 415 ff. (zit. Pieth 2002b); *Piguet, C./Dyens, A.*, Konnte mit der Einführung der Schweizerischen Strafprozessordnung tatsächlich eine Stärkung der Verteidigungsrechte bewirkt werden?, Anwaltsrevue 2015, 365 ff.; *Piquerez/Macaluso* 2011, 593 ff.; CPP Commentaire à l'usage des praticiens-*Pitteloud* 2012, 583 ff., 633; *Poncet, D.*, La protection de l'accusé par la Convention Européenne des droits de l'homme, Genève 1977, 56; *Popp, P.*, Einvernahmeprotokoll in der Hauptverhandlung, Anmerkungen zu einer parlamentarischen Initiative, fp 2011, 98 ff.; *Riedo/Fiolka/Niggli* 2011, 387 ff.; *Riess, P.*, Hauptverhandlungsreform – Reform des Strafverfahrens?: Bemerkungen zum Alternativentwurf einer Novelle zur Strafprozessordnung – Reform der

Hauptverhandlung, in: FS Lackner, Berlin, New York 1987, 965 ff.; *Riklin* StPO Kommentar 2014; *ders.*, Les médias dans le prétoire, in: medialex 1/2008 vom 17.3.2008, 1–2, abrufbar unter http://www.medialex.recht.ch; *Rolinski, K.*, Alternativ-Entwurf zur Reform der Hauptverhandlung, in: Rechtsstaat und Menschenwürde, FS Maihofer, Frankfurt a.M. 1988, 371 ff.; *Ruckstuhl, N.*, Staatsanwaltschaftsmodell ja – aber unter welchen Rahmenbedingungen?, Anwaltsrevue 8/2007, 327; *Ruckstuhl/Dittmann/Arnold* 2011, 309 ff.; *Schmid* Handbuch 2013, 575 ff.; *ders.* StPO Praxiskommentar 2013, 639 ff.; *ders.* 2004, 322 ff.; *Schumann, K.F.*, Der Handel mit Gerechtigkeit: Funktionsprobleme der Strafjustiz und ihre Lösungen: am Beispiel des amerikanischen plea bargaining, Frankfurt a.M. 1977; BSK StPO-*Stephenson/Zalunardo-Walser* 2014, Art. 328–335; *Venetz, P.*, Die Zweiteilung des Verfahrens, fp 2012, 356 ff.; BSK StPO-*Wildi* 2014, Art. 337; CR CPP-*Winzap* 2011, Art. 328–338; *Wohlers, W.*, Die formelle Unmittelbarkeit der Hauptverhandlung: Notwendigkeit und Grenzen eigener Beweiserhebungen durch Strafgerichte; ZStrR 2013, 318 ff.; *ders.*, Das Replikrecht der Verfahrensparteien im Strafverfahren; ZStrR 2012, 471 ff.; *Zeller, F.*, Verbotene Gerichtsberichterstattung im Internet, Bemerkungen zu 1P.153/2001, medialex 2002, 45 ff.

1. Zur Funktion des Hauptverfahrens

Die Hauptverhandlung ist – so zumindest die Theorie – der Ort, an dem die **Entscheidung** fällt. Sie ist auf Kommunikation, auf **szenisches Verstehen** ausgerichtet, auch wenn der Diskurs fern von jeder Herrschaftsfreiheit ist[1]. Sie findet prinzipiell mündlich, öffentlich und kontradiktorisch statt.

Den Vordenkern der französischen Revolution, insbesondere Voltaire und Montesquieu[2], verdanken wir die Grundidee, dass der Entscheid nach einer öffentlichen, mündlichen und unmittelbaren Beweiserhebung von einem unabhängigen, unbefangenen, möglichst volksnahen, demokratisch legitimierten Richtergremium, ohne Bindung an Beweisregeln (in freier Beweiswürdigung) gefällt wird.

Nun hat sich seit der Aufklärung in der Prozessentwicklung vieles getan, auch wenn im Grundkonzept das Modell des **«reformierten Parteienprozesses»** für uns nach wie vor Gültigkeit hat. Vorab sind die Wege zwischen dem angelsächsischen und dem kontinentaleuropäischen Prozess in der Hauptverhandlung deutlich auseinandergegangen:

Das **angelsächsische**, insbesondere das britische Verfahren (und das von ihm beeinflusste Verfahren der Commonwealth Nationen) stellt auf eine kontradiktorische Hauptverhandlung ab, in der die **Parteien** die **Beweisführung übernehmen** und der Richter vor allem über die Fairness des Verfahrens wacht. Der Entscheid über die Tatfrage obliegt einer Geschworenenbank, wobei der Richter die Fragen an die Geschworenen formuliert. Der eigentliche Beweisvorgang – in der vollständigen Variante dieses Prozesses – stellt das **Kreuzverhör** der Zeugen in den Mittelpunkt: Die Parteien präsentieren zunächst «ihre» Zeugen in einem Hauptverhör *(«examina-*

1 Hassemer 1990, 130 ff. u.V.a. Habermas 1974.

2 Siehe oben S. 29 ff.

tion in chief»), in dem andere Regeln als im darauf folgenden Kreuzverhör gelten. Im Kreuzverhör *(«cross-examination»)* durch die Gegenpartei nimmt die Schärfe des Tons erheblich zu. Glaubwürdigkeit, Charakterfestigkeit und Informiertheit dürfen durchaus auf die Probe gestellt werden, unzulässig ist aber die Manipulation der Aussage durch Täuschung und durch Suggestivfragen.

Insgesamt ist das angelsächsische Verfahren stark auf die Hauptverhandlung ausgerichtet und die Stimmung der Auseinandersetzung hart. Dabei werden die Zeugen – zumal in den USA – vorher trainiert. Es ist beizufügen, dass das ausgebaute Verfahren in den USA nur eine seltene Option ist, da fast 90 Prozent aller Fälle durch ein ***«plea agreement»*** oder Formen der Einstellung unter Auflage (*Non Prosecution Agreement, Deferred Prosecution Agreement*, sog. NPA's, DPA's) erledigt werden, die den Beschuldigten vor den Unwägbarkeiten des Geschworenenprozesses schützen und der Justiz erheblich Zeit sparen[3]. In Grossbritannien ist das *plea bargaining* erst in neuester Zeit zugelassen worden[4].

Demgegenüber setzen die **kontinentaleuropäischen** Prozessrechte den Richter (Gerichtspräsidenten) zum Verfahrensleiter ein. Dieser *«primus inter pares»* des Richterkollegiums bereitet die Verhandlung als Instruktionsrichter vor, leitet anschliessend die Verhandlung und stellt in dieser Eigenschaft die Fragen zur Sache. Die übrigen Verfahrensbeteiligten sprechen (theoretisch) durch den Vorsitzenden mit dem Beschuldigten und den Zeugen.

Unterschiede gibt es innerhalb der europäischen Rechte vor allem bezüglich des Grades der Unmittelbarkeit der Beweisaufnahme. Während Deutschland eine betont unmittelbare Variante vertritt, reduziert das Schweizer Verfahren die Beweisaufnahme in der Hauptverhandlung stark. Von der Stimmung her könnte das Schweizer Verfahren gar nicht weiter entfernt vom angelsächsischen Verfahren sein. Im Schweizer Prozess dominiert nach der einen Variante der ruhige Verlauf des Verfahrens, das weitgehend abgesprochen ist (Konsensualvariante), im anderen Fall wird die Verfahrensleitung bald als zweite Staatsanwaltschaft empfunden (Konfliktvariante).

2. Unmittelbares Hauptverfahren?

Den Prozessreformern der Aufklärung schwebte ein Hauptverfahren vor, in dem eine von der Untersuchungsbehörde unabhängige richterliche Instanz den Entscheid über den Sachverhalt, auf Grund eigener Wahrnehmung der Beweismittel, insbesondere der Einvernahme der Aussagepersonen vor den Schranken des Gerichtes, vornahm[5]. Erst die unmittelbare Beweisaufnahme durch das Gericht machte es, nach

3 Krit. Schumann 1977, 71 ff.

4 R. v. Goodyear, (2005) EWCA Crim 888.

5 Piquerez/Macaluso 2011, 593 ff.

dieser Auffassung, zur Entscheidungsinstanz. Das war jedenfalls die radikale Antithese zum Inquisitionsprozess, der geprägt war von einer Personalunion von Ermittlungs- und Entscheidungsinstanz, deren Hauptverhandlung, der *«endliche Rechtstag»*, demgegenüber eigentlich nur der öffentlichen Urteilsverkündung und -vollstreckung diente[6].

Die Schweiz hat sich im Laufe der Restauration nach der napoleonischen Zeit weit von diesen Idealen weg entfernt und insbesondere in der Ostschweiz ein Verfahren etabliert, das im 20. Jahrhundert, nunmehr überlagert von anderen Motiven (wie starken Effizienztendenzen), zu einer extrem mittelbaren Variante geführt hat. Das frühere Verfahren vor dem Zürcher Bezirksgericht steht für diese Variante: Hier wurden Zeugen «eher selten»[7] angehört.

Die Zürcher Prozessordnung diente denn auch als Vorbild für den Vorentwurf und den Entwurf der Schweizerischen Strafprozessordnung. Die Botschaft gab selbstbewusst zu verstehen, dass weder die EMRK noch die BV ein unmittelbares Strafverfahren verlangten[8] und schlägt ein mittelbares Hauptverfahren für Alltagsfälle und ein fakultativ unmittelbares für schwere Fälle vor[9]. Zu Recht wurde kritisiert, dass diese Lösung schlecht zum Versprechen der Botschaft an anderer Stelle passt[10], das Übergewicht der Staatsanwaltschaft im Vorverfahren durch einen Ausbau der Unmittelbarkeit der Hauptverhandlung auszugleichen[11].

Zwar haben die eidgenössischen Räte noch in letzter Minute die Notbremse gezogen und die rein mittelbare Lösung für Alltagsfälle durch eine generelle **fakultativ unmittelbare Lösung** im Ermessen des Gerichtes für alle Fälle ersetzt[12]. Art. 343 hält für sämtliche Verfahren nun fest, dass neue oder unvollständig erhobene, respektive nicht ordnungsgemäss erhobene Beweise vom Gericht noch erhoben werden. Nach Abs. 3 erhebt es im Vorverfahren ordnungsgemäss erhobene Beweise sodann nochmals, *«sofern die unmittelbare Kenntnis des Beweismittels für die Urteilsfällung notwendig erscheint»*[13]. Ginge man davon aus, dass das Gericht auf Grund des *«Inbegriffs der Hauptverhandlung»*[14] entschiede, dann wäre die unmittelbare Kenntnisnahme aller wesentlichen Be- und Entlastungsbeweise durch das Gericht notwendig. Die gesetzliche Formulierung, gelesen aber im Kontext der bisherigen schweizerischen Rechtstradition unter Einschluss der Unsitte der *«antizi-*

6 Pieth 2015, 27; Rüping/Jerouschek 2011, 43, 47; Wesel 2010, 349 ff.
7 Schmid 2004, 322; anders aber vor Geschworenengericht.
8 Botschaft des Bundesrates, BBl 2006 1085 (1283); siehe oben S. 49 f.
9 Art. 344 und Art. 345 E StPO; krit. Pieth 2006, 383 ff.
10 Botschaft des Bundesrates, BBl 2006 1085 (1107).
11 Albrecht 2010, 187; krit. Ruckstuhl 2007b, 327.
12 A.A. aber BSK StPO-Hauri/Venetz 2014, Art. 343 N 11.
13 Dazu Albrecht 2010, 195 f.; Wohlers 2013, 331 ff.
14 Krauß 1986, 81.

pierten Beweiswürdigung»[15], könnte die Türe für eine höchst unbefriedigende Verlagerung der Entscheidfunktion vom Richter auf den Staatsanwalt ebnen. Die Beweise könnten prinzipiell in der Voruntersuchung erbracht und im Hauptverfahren allenfalls noch einer Kontrolle auf Grund der Akten und der Einvernahme des Beschuldigten (auf die nicht verzichtet werden darf) unterzogen werden. Damit würde aber das Gericht, wie es im aufgeklärten Strafprozess geschaffen worden ist, abdanken[16]. Es drohte ein Rückfall in die Zeit der *«rituellen Akklamation»* der Ergebnisse des Vorverfahrens[17].

3. Die Vorbereitung der Hauptverhandlung

Gemäss dem kontinentaleuropäischen Modell muss ein Instruktionsrichter (Vorsitzender, Gerichtspräsident, in der neuen Schweizerischen StPO «Verfahrensleitung» genannt) die Verhandlung organisatorisch und inhaltlich vorbereiten[18]. Im Wesentlichen kommen der Verfahrensleitung in diesem Verfahrensstadium drei Aufgaben zu:

- eine Anklagezulassungsfunktion
- die technische Vorbereitung der Hauptverhandlung
- die Entscheidung über Beweisanträge.

a) Rechtshängigkeit und Prüfung der Anklage

Mit dem Eingang der Anklageschrift wird das Gericht befasst, das Verfahren beim Gericht rechtshängig. Damit verliert die Staatsanwaltschaft die Verfahrensleitung (Art. 328)[19]. Thematisch ist das Gericht auf die Sachverhaltsdarstellung der Anklageschrift festgelegt[20]. Nur ausnahmsweise gestattet Art. 333 eine Änderung oder Erweiterung der Anklage.

Als Ersatz für das abgeschaffte Zwischenverfahren vor einer unabhängigen Überweisungs- oder Anklagekammer hat die neue Prozessordnung Anleihen beim deutschen «Eröffnungsbeschluss» aufgenommen. Nach **deutschem Recht** beschliesst das Gesamtgericht die Eröffnung des Verfahrens, wenn der Angeschuldigte einer strafbaren Handlung hinreichend verdächtig ist (§ 203 ff. D StPO). Allerdings bildet der **Eröffnungsbeschluss** eine Voraussetzung für das weitere

15 Z.B. BGer 6B_564/2011 vom 27.1.2012; krit. aber auch Albrecht 2010, 189; Ruckstuhl/Dittmann/Arnold 2011, 320; oben S. 188 f.

16 Krit. Albrecht 2010, 190 f., 196; Pieth 2006, 391 f.; ders. 2002, 425 f.; Ruckstuhl 2007, 327.

17 Krauß 1986, 77; siehe sogleich unten S. 239 ff.

18 Jeanneret/Kuhn 2013, 397 ff.; CPP Commentaire à l'usage des praticiens-Pitteloud 2012, 583 ff.

19 BSK StPO-Stephenson/Zalunardo-Walser 2014, Art. 328 N 1 f.

20 Art. 9, Art. 340 und Art. 350.

Verfahren. Ein negativer Entscheid entfaltet immerhin eine beschränkte Rechtskraftwirkung: Die Wiederaufnahme der Strafklage ist nur auf Grund neuer Tatsachen oder Beweismittel zulässig[21]. Dieses Verfahren ist vom «Alternativentwurf Hauptverhandlung» kritisiert worden[22], weil der Eröffnungsbeschluss mit seiner – wenn auch summarischen – Stellungnahme zum Tatverdacht einer Vorverurteilung gleichkomme[23].

Auf den ersten Blick entspricht die **Schweizer Vorprüfung** durch den Instruktionsrichter nach Art. 329 einer viel eingeschränkteren und auch besser vertretbaren Rechtmässigkeitskontrolle der Anklageschrift (einer Zulässigkeitskontrolle[24]). Allerdings ist es nach Ansicht der Botschaft[25] im Schweizer Verfahren Aufgabe des Gerichtsvorsitzenden, unter anderem auch zu prüfen, ob ein *«genügender, die Anklage rechtfertigender Tatverdacht vorliegt»*. Auch die aktuelle Gerichtspraxis geht davon aus, dass die Vorprüfung sich nicht auf Formfragen zu beschränken habe, sondern eine «materielle Prüfung» vorzunehmen habe[26]. Kommt er zu einem negativen Ergebnis, wird aber das Verfahren nicht etwa geschlossen, vielmehr wird die Anklageschrift zur Verbesserung an die Staatsanwaltschaft zurückgewiesen. Für diesen Entscheid bedarf es allerdings eines (Zirkular-)Entscheids des Gesamtgerichts (Art. 329 Abs. 2 Satz 2). Die Kritik am deutschen Eröffnungsbeschluss ist mit anderen Worten auch auf das Schweizer Anklageprüfungsverfahren anwendbar, ja, sie verstärkt sich noch, weil – anders als in Deutschland – die Schutzfunktion hinter dem Anliegen der Effizienzsteigerung zurücktritt: Der Richter wird zum Ober-Staatsanwalt. Trotz Rechtshängigkeit wird das Verfahren in die Kompetenz des Staatsanwalts zurückgeschoben, der Richter äussert sich im Übrigen trotz des Selbstbefassungsverbots zur Begründetheit des Tatvorwurfs. Abermals wird eine scheinbare Vereinfachung (Abschaffung der unabhängigen Überweisungsbehörde) durch eine problematische Unschärfe erkauft – an der Schnittstelle des Anklagegrundsatzes (Art. 9)[27]. Unzulässig wäre aber nach h.L. die Zurückweisung an die Staatsanwaltschaft zur Erhebung wei-

21 Peters 1985, 464 ff.

22 Alternativentwurf Novelle zur Strafprozessordnung, Strafverfahren mit nichtöffentlicher Hauptverhandlung, hrsg. vom Arbeitskreis AE 1980; dazu Riess 1987, 965 ff.; Rolinski 1988, 371 ff.

23 Rolinski 1988, 374.

24 So die Forderung von Rolinski 1988, 375; siehe im Übrigen den **Einstiegsfall** oben S. 14.

25 Botschaft des Bundesrates, BBl 2006 1085 (1278).

26 Krit. Roos/Jeker 2012, 304 f. u.H.a. BGer 1B_304/2011 vom 26.7.2011 (sie schlagen vor, die Prüfung auf Formalien einerseits und andererseits auf Vorhandensein der Prozessvoraussetzungen zu beschränken).

27 Trotzdem wird die Rückweisung der Anklageschrift zur Nachbesserung sogar dann nicht beanstandet, wenn das Gericht sich zu den Erfolgschancen der (nachgebesserten) Anklageschrift äussert: BGE 126 I 68 (74).

terer, dem Gericht notwendig erscheinender Beweise; sie sind vom Gericht selbst abzunehmen (Art. 349)[28].

b) Technische Vorbereitungen

Neben der Vorprüfung der Anklageschrift ist die Verfahrensleitung für eine ganze Reihe technischer Vorbereitungen verantwortlich, nämlich für:

- die Ansetzung der Hauptverhandlung;
- die Ladung der Parteien und Beweispersonen;
- die Aufklärung des Opfers über seine Rechte;
- die Erstellung der Beweisliste;
- die Mitteilung der Gerichtszusammensetzung und der Beweisliste an die Parteien, um ihnen zu ermöglichen, Ergänzungen der Beweisliste vorzuschlagen oder die Besetzung des Gerichts anzufechten;
- die Anordnung einer «Vorverhandlung» zur Klärung organisatorischer Fragen oder zur Führung von Vergleichsgesprächen;
- die Anordnung allfällig notwendiger «kommissarischer» Beweiserhebungen, vorgezogener Beweisaufnahmen durch eine Gerichtsdelegation oder, ganz ausnahmsweise, durch die Staatsanwaltschaft im Dringlichkeitsfall[29];
- die allfällige Überweisung des Verfahrens allenfalls an eine andere zuständige Instanz;
- die Zirkulation der Akten unter den Mitgliedern eines Kollektivgerichtes[30];
- die Wahrnehmung der Sitzungspolizei[31].

c) Die Entscheidung von Beweisanträgen

Die Parteien haben die Gelegenheit, neue Beweisanträge zu stellen oder im Vorverfahren abgelehnte Anträge (Art. 318 Abs. 2) zu wiederholen (Art. 331 Abs. 2). Es ist in dieser Phase besonders darauf zu achten, dass Anträge, die die Staatsanwaltschaft im Rahmen der Voruntersuchung abgelehnt hat, weil sie ihre Meinung bereits gebildet hatte, nunmehr mit einem neuen, unvoreingenommenen Blick überprüft wer-

---

28 Vgl. allerdings: Riklin StPO Kommentar 2014, Art. 339 N 5; Schmid StPO Praxiskommentar 2013, Art. 339 N 17.

29 Der Einbezug der Staatsanwaltschaft durch Art. 332 Abs. 3 ist systemwidrig und unnötig. Der Staatsanwalt, der nunmehr Gegenpartei des Beschuldigten ist, dürfte keinerlei Rolle als «Ersatzrichter» erhalten; vgl. ebenso Donatsch/Hansjakob/Lieber, Kommentar-Griesser 2014, Art. 332 N 5; Riklin StPO Kommentar 2014, Art. 332 N 6; BSK StPO-Stephenson/Zalunardo-Walser 2014, Art. 332 N 5; CR CPP-Winzap 2011, Art. 332 N 3; a.A. aber Schmid StPO Praxiskommentar 2013, Art. 332 N 5.

30 Zur Problematik der Aktenzirkulation vgl. BGE 116 Ia 305; sowie siehe oben S. 51 f.

31 Piquerez/Macaluso 2011, 604.

den[32]. Dabei muss bedacht werden, dass, solange die Anträge der Verteidigung nicht gutgeheissen sind, das bisherige Dossier nur beschränkt aussagekräftig ist. Wie wissenschaftliche Analysen erwiesener Fehlurteile gezeigt haben[33], ist eine unerwartete Wende im Verfahren gar nicht so selten.

Lehnt der Instruktionsrichter Beweisanträge ab, ist sein Entscheid nicht anfechtbar (es sei denn bei Gefahr des Beweisverlustes), die Anträge können aber in der Hauptverhandlung vor dem Gesamtgericht wiederholt werden (Art. 331 Abs. 3). Hierbei ist zu beachten, dass Art. 343 eine weite Auslegung gegeben werden muss: Rechtlich erhebliche, erlaubte Beweismittel, die nicht Notorisches unter Beweis stellen, sind prinzipiell zuzulassen, auch wenn das Verfahren im Übrigen nur beschränkt unmittelbar abläuft (vgl. Art. 139).

4. Die Durchführung der Hauptverhandlung

a) Die Eröffnungsphase

In der Eröffnungsphase wird vorerst von der Verfahrensleitung die **Zusammensetzung des Gerichts**[34] bekanntgegeben und dann die **Anwesenheit der vorgeladenen Personen** festgestellt (Art. 339 Abs. 1). Sodann dient die Eröffnung der **Klärung von Vorfragen**[35]. Die Liste von Art. 339 Abs. 2 ist nicht abschliessend. Sie thematisiert vorweg die Gültigkeit der Anklage und verweist auf Anstände über **Prozessvoraussetzungen und Verfahrenshindernisse** (die unter Umständen zu einem Nichteintretensentscheid führen müssten). Während des Verfahrens auftretende Fragen vergleichbarer Natur (Zwischenfragen) werden nach demselben Verfahren wie Vorfragen behandelt (Art. 339 Abs. 4).

Die Liste erwähnt ausdrücklich auch Konflikte über die **Akten und die erhobenen Beweise**. Zwar können auch später noch Beweisanträge gestellt werden (Art. 345), wegen des Anliegens, die Hauptverhandlung nach Erledigung der Vorfragen in einem Zug durchführen zu können (Art. 340 Abs. 1 lit. a, Konzentrationsmaxime), besteht aber ein Interesse des Gerichts an rechtzeitiger Ankündigung. Wesentlich ist allerdings, dass eine Verwirkung von Beweisantragsrechten schon wegen der Untersuchungsmaxime nicht in Frage kommt[36].

32 Siehe den **Einstiegsfall** oben S. 15; zur Problematik der «*antizipierten Beweiswürdigung*» vgl. bereits oben S. 43 f., 49 ff., 108 f., 188 f., 226; dazu auch Donatsch/Hansjakob/Lieber, Kommentar-Griesser 2014, Art. 331 N 6; Riklin StPO Kommentar 2014, Art. 331 N 1.

33 Peters 1972, 196.

34 Wichtig für allfällige Ablehnungsfragen; Donatsch/Hansjakob/Lieber, Kommentar-Gut/Fingerhuth 2014, zu Art. 335; BSK StPO-Hauri/Vernetz 2014, Art. 339 N 3; Müller/Schefer 2008, 951; BSK StPO-Stephenson/Zalunardo-Walser 2014, Art. 335 N 2.

35 Donatsch/Hansjakob/Lieber, Kommentar-Gut/Fingerhuth 2014, Art. 339 N 6 ff.

36 Siehe oben S. 43 f. und den **Einstiegsfall** S. 16 f.

Die Liste von Art. 339 Abs. 2 verweist sodann auf Fragen zum **Öffentlichkeitsprinzip**[37].

Sie erwähnt schliesslich die Möglichkeit, einen Antrag auf **Zweiteilung der Hauptverhandlung** zu stellen (Art. 342). Der Entscheid liegt im Ermessen des Gerichts. Ziel der Zweiteilung ist der Schutz der Person des Beschuldigten und die Befreiung der Verteidigung vom Dilemma, zugleich auf Unschuld und auf Milde plädieren zu müssen[38]. Die Strafprozessordnung lässt sowohl die Varianten des «*Schuldinterlokuts*» (Feststellung von Tat- und Schuldfrage im ersten Abschnitt, aber noch ohne Entscheidung über die Rechtsfolge) wie des «*Tatinterlokuts*» (Feststellung einzig der unrechtsrelevanten Fragen im ersten Abschnitt und Verweis der Tatschuldfrage und der Rechtsfolge in den zweiten Abschnitt) zu. In jedem Fall ist das Gericht im zweiten Abschnitt an die Entscheide im ersten Abschnitt gebunden. Die Eröffnung und die Klärung der Vorfragen bewirkt, dass die Anklage nicht mehr zurückgezogen werden kann, und dass nunmehr das Hauptverfahren ohne unnötige Unterbrechung durchzuführen ist (Art. 340).

Traditionellerweise wurde die Hauptverhandlung in der Sache mit der **Verlesung der Anklageschrift** eröffnet. In der Praxis wurde die Verlesung immer mehr durch die Anfrage an die Parteien, ob die Anklageschrift bekannt sei, ersetzt[39]. Dieses Modell übernimmt die neue StPO: Sie setzt die Anklageschrift kurzerhand als bekannt voraus, verlesen werden allenfalls noch die Anträge der Staatsanwaltschaft, wenn diese dispensiert ist[40].

b) Das Beweisverfahren

Nach dem Prinzip des kontinentaleuropäischen «**Präsidialverhörs**» führt die Verfahrensleitung (oder ein allenfalls von ihr bestimmtes Mitglied des Gerichts) die Befragung durch (Art. 341 Abs. 1)[41]. Die übrigen Richter und die Parteien stellen ihre Fragen durch die Verfahrensleitung, es sei denn, sie werden zur selbständigen Fragestellung ermächtigt (Art. 341 Abs. 2). Die Anforderungen an das Protokoll gemäss Art. 78 übersteigen z.T. die gewohnte Praxis in einzelnen Kantonen, insb. müssen nunmehr entscheidende Fragen und Antworten wörtlich protokolliert werden (Abs. 3)[42]. Die bereits

37 Siehe oben S. 52 f.

38 Botschaft des Bundesrates, BBl 2006 1085 (1284 f.); Oberholzer 2012, 510 f.; Venetz 2012, 356 ff.

39 Oberholzer 2012, 228 ff.

40 Art. 340 Abs. 2; BSK StPO-Hauri/Vernetz 2014, Art. 340 N 10 ff.; krit. CR CPP-De Preux 2011, Art. 340 N 15; Oberholzer 2012, 512; Schmid StPO Praxiskommentar 2013, Art. 340 N 7; ders. 2004, 325.

41 BSK StPO-Hauri/Vernetz 2014, Art. 341 N 3.

42 Ruckstuhl/Dittmann/Arnold 2011, 317; vgl. auch die kritischen Anmerkungen zu einer parlamentarischen Initiative vom 20.5.2010 bei Popp 2011, 98 ff.

auf den 1.5.2013 in Kraft gesetzte Reform der StPO hat aber mit Art. 78 Abs. 5bis als Alternative zur beschwerlichen Protokollvorlesung und Unterzeichnung in der Hauptverhandlung die Aufzeichnung mit technischen Hilfsmitteln ermöglicht[43].

Zu Beginn des Beweisverfahrens wird die **beschuldigte Person** befragt. Liegt kein Fall der Zweiteilung der Hauptverhandlung vor, werden zunächst Fragen **zur Person** gestellt. Sodann wird der Beschuldigte **zur Sache**, das heisst zur Anklageschrift und den Ergebnissen des Vorverfahrens, zu den bereits vorliegenden Beweisen befragt (Art. 341 Abs. 3). Die gesetzliche Formulierung verrät, dass es möglicherweise doch zeitsparender gewesen wäre, zu Beginn der Verhandlung die Anklageschrift vorzulesen, um dann in der Befragung auf das eben Gehörte Bezug nehmen zu können. Im Rahmen der Befragung zum bisherigen Beweisergebnis haben Beschuldigte und Verteidigung erneut Gelegenheit, allfällige Entlastungsbeweisanträge zu stellen.

Anders als es die Botschaft noch für Alltagsfälle vorgesehen hatte[44], bleibt es auch beim einfachen Fall nicht unbedingt bei der Einvernahme des Beschuldigten: Das Hauptverfahren ist nunmehr – wie oben aufgeführt – nicht zwingend mittelbar, sondern **fakultativ unmittelbar**. Zeugen werden nach Art. 343 Abs. 1 geladen und einvernommen, wenn sie «**neu**»[45] sind und zur Sache voraussichtlich etwas Erhebliches beizutragen haben.

Sodann stützt sich das Gericht nicht blind auf bereits durch die Staatsanwaltschaft erhobene Zeugenaussagen. Jedenfalls **unvollständige**[46] und **nicht ordnungsgemäss erhobene**[47] Zeugenaussagen müssen erneut abgenommen werden (Art. 343 Abs. 1 und 2). Schliesslich sind generell «**bereits erhobene**» Beweise[48] vom Gericht unmittelbar zu erheben, *«sofern die unmittelbare Kenntnis des Beweismittels für die Urteilsfällung notwendig erscheint»* (Art. 343 Abs. 3). Das ist sicher dann der Fall, wenn in den Akten Widersprüche auftreten[49].

Mit Albrecht darf man weiter davon ausgehen, dass man bei bestrittenen Fällen[50], zumal, wenn die Glaubhaftigkeit von Personalbeweisen in Frage steht[51], wenn

43 Capus/Stoll 2013, 195 ff.; Egli 2012, 627 ff.; vgl. auch oben S. 51.

44 Botschaft des Bundesrates, BBl 2006 1085 (1116).

45 Donatsch/Hansjakob/Lieber, Kommentar-Gut/Fingerhuth 2014, Art. 343 N 26; BSK StPO-Hauri/Vernetz 2014, Art. 343 N 15.

46 Donatsch/Hansjakob/Lieber, Kommentar-Gut/Fingerhuth 2014, Art. 343 N 27; BSK StPO-Hauri/Vernetz 2014, Art. 343 N 16 f.

47 Donatsch/Hansjakob/Lieber, Kommentar-Gut/Fingerhuth 2014, Art. 343 N 28 f.; BSK StPO-Hauri/Vernetz 2014, Art. 343 N 18.

48 Der Sprachgebrauch ist verräterisch: «Erheben» kann ein Beweismittel eigentlich nur das erkennende Gericht.

49 Schmid 2004, 325; a.A. BSK StPO-Hauri/Venetz 2014, Art. 343 N 22 ff.; Wohlers 2013, 331.

50 Albrecht 2010, 196; CPP Commentaire à l'usage des praticiens-Pitteloud 2012, 633.

51 Wohlers 2013, 331.

es auf die eigene Wahrnehmung des Gerichtes besonders ankommt («Aussage gegen Aussage»), Aussagepersonen nochmals anzuhören sind[52].

Darüber hinaus sollten auch bei scheinbarer Widerspruchsfreiheit Zeugen geladen werden, wenn der Beschuldigte oder seine Verteidigung der Ansicht sind, dass die Entlastungsperspektive im Vorverfahren nicht ausreichend zum Zug gekommen ist[53]. Man darf nicht übersehen, dass die Staatsanwaltschaft, auch wenn sie im Vorverfahren formal als neutral gilt, institutionell im Laufe des Verfahrens zur Gegenpartei des Beschuldigten mutiert. Es ist die Aufgabe des unbefangenen Gerichts, «*nicht nur die anstehenden Rechtsfragen [zu] beantworten, sondern die entscheidungserheblichen Tatsachen in eigener Verantwortung*» festzustellen[54]. Gerade wegen dieser Verpflichtung sollte sich das Gericht, zumindest wo es von den Parteien verlangt wird, über die enge Einschätzung hinaus, die sich auf die von der Staatsanwaltschaft zusammengestellten Akten stützt, für weitere Beweisanträge sensibel zeigen[55]. Hier zu sparen wäre riskant. Bekanntlich stellen Fehlurteile die Legitimation der Justiz erheblich in Frage. Vor Abschluss des Beweisverfahrens erhalten die Parteien daher erneut die Gelegenheit zur Stellung von Beweisanträgen (Art. 345)[56]. Zu Recht verlangt Wohlers, dass die Behörden bei Art. 343 Abs. 3 nach pflichtgemässem Ermessen vorgehen[57]. Dabei kann Art. 139 als Auslegungshilfe dienen.

c) Die Parteivorträge

Nach Abschluss der Beweisverhandlung erhalten die Parteien gemäss Art. 346 in folgender Reihenfolge Gelegenheit zur zusammenhängenden Darstellung der Sach- und Rechtsfrage und zum Antrag bezüglich der Rechtsfolge[58]:

- die Staatsanwaltschaft
- die Privatklägerschaft
- einziehungsbetroffene Dritte
- die beschuldigte Person oder ihre Verteidigung.

Die Parteien haben das Recht auf einen zweiten Vortrag (Replik und Duplik)[59].

52 BGE 137 IV 122; Albrecht 2010, 195; Bommer/Kaufmann 2015, 908; Piguet/Dyens 2015, 272 f.; Wohlers 2013, 332.

53 Generell für eine weitere Interpretation: Erni 2008, 300; Donatsch/Hansjakob/Lieber, Kommentar-Gut/Fingerhuth 2014, Art. 343 N 30 ff. entgegen der engen Interpretation von BSK StPO-Hauri/Vernetz 2014, Art. 343 N 19 ff.; Wohlers 2013, 332 f.

54 Krauß 1986, 77.

55 Ebenso Albrecht 2010, 196; a.A. BSK StPO-Stephenson/Zalunardo-Walser 2014, Art. 331 N 8.

56 Schmid 2004, 326.

57 Wohlers 2013, 334.

58 Vgl. die Anregungen für ein «gutes Plädoyer» bei Bernard 2013, 64 ff.

59 Detailliert zum Replikrecht: Wohlers 2012, 471 ff.

Schliesslich hat die beschuldigte Person das Recht auf das «letzte Wort» (Art. 347 Abs. 1).

d) Die Urteilsberatung

An der Urteilsberatung nehmen die Mitglieder des Gerichts teil. Die Gerichtsschreiberin, respektive der Gerichtsschreiber, nimmt mit beratender Stimme teil (Art. 348 Abs. 2). Diese Person, die nach Schweizer Gerichtsgebrauch das Urteil absetzt (in Deutschland ist das Sache des Richters), verfügt in jedem Fall über eine juristische Ausbildung. Gerade wo der Laienanteil am Gericht hoch ist, kommt ihr daher eine besondere Bedeutung zu, auch wenn sie kein Stimmrecht hat.

Die Urteilsberatung findet geheim statt (Art. 348 Abs. 1). Damit erhalten die Richter die nötige Äusserungsfreiheit. Sie sind allerdings zur Abgabe eines Votums verpflichtet. Das Gericht fällt seine Entscheide zu sämtlichen Fragen (anders als etwa in Deutschland) nach einfacher Mehrheit (Art. 351 Abs. 2).

Thema des Entscheids ist zunächst die Schuldfrage. Infolge des Anklagegrundsatzes kommt für ein Sachurteil nur noch **Verurteilung** oder **Freispruch** in Frage. Soweit Prozessvoraussetzungen fehlen oder Prozesshindernisse aufgetreten sind, ist eine Einstellung möglich (Art. 329 Abs. 4 und 5). Das Gericht ist bei seiner Urteilsfällung auf den angeklagten Sachverhalt beschränkt (Immutabilitätsprinzip[60]). Allerdings lassen die Obergerichte geringfügige Abweichungen vom angeklagten Sachverhalt zu[61].

Das Gericht stützt sich, wie Art. 350 Abs. 2 festhält, sowohl auf die im Vorverfahren wie die im Hauptverfahren erhobenen Beweise. Es gilt das Prinzip der **«freien Beweiswürdigung»**, nach dem die Richter ohne Bindung an Beweisregeln nach ihrer inneren Überzeugung (der *«intime conviction»* des *«Code d'instruction criminelle»*) entscheiden, die sie allerdings begründen und nach aussen vertreten müssen[62].

Inhaltlich nimmt das Gericht zu folgenden Fragen Stellung:

- es gelangt zum Schuld- oder zum Freispruch
- im Falle des Schuldspruchs äussert es sich zu Strafe und Strafzumessungsgründen[63]
- zu den Zivilpunkten
- zu Kosten und Entschädigungsfragen
- eventuell zur Anrechnung von Untersuchungs- und Sicherheitshaft
- eventuell zur Fortsetzung der Sicherheitshaft.

60 Siehe oben S. 44 ff.; Botschaft des Bundesrates, BBl 2006 1085 (1283).

61 Zur Bundesgerichtspraxis: BSK StPO-Hauri/Vernetz 2014, Art. 350 N 9.

62 Zu den Spannungen zwischen den beiden Prinzipien Oberholzer 2012, 515 f.; zur Geschichte siehe oben S. 29 ff.

63 Vgl. Mathys 2016.

Die Zusammensetzung des Gerichts darf von der Eröffnung der Verhandlung bis zur Urteilseröffnung auch nicht aus zwingenden Gründen verändert werden. Allenfalls ist die Hauptverhandlung zu wiederholen[64].

e) Die Urteilseröffnung

Art. 351 Abs. 3 verweist zur Urteilseröffnung auf die Bestimmungen nach Art. 84. In der öffentlichen Hauptverhandlung wird das Urteil mündlich eröffnet und kurz begründet. Ausnahmsweise kann die Eröffnung auf einen weiteren Termin verschoben werden. Die Parteien erhalten das Dispositiv spätestens innerhalb von 5 Tagen. Die Begründung erfolgt schriftlich innerhalb von 60 Tagen oder ausnahmsweise 90 Tagen. Art. 85 ff. enthalten weitere Regeln zur Form der Mitteilung und Zustellung. Problematisch ist allerdings Art. 88 Abs. 4 der festhält, dass Einstellungsverfügungen und Strafbefehle auch ohne Veröffentlichung als zugestellt gelten. Selbst wenn man die Kenntnisnahme durch Veröffentlichung als reichlich fiktiv ansieht, ist der gänzliche Verzicht doch noch problematisch[65].

Die Details der Urteilseröffnung sind in Art. 84 festgelegt (Art. 351 Abs. 3), auf den hier verwiesen wird.

64 OGer BE in: fp 2015, 288 ff.

65 Krit. auch Donatsch/Hansjakob/Lieber, Kommentar-Brüschwiler 2014, Art. 88 N 8.

Fragen zu Kapitel XI

- Zählen Sie die Etappen des Hauptverfahrens auf.
- Was verstehen Sie unter einem «unmittelbaren Hauptverfahren»?
- Gibt es in der neuen Strafprozessordnung ein «Zwischenverfahren»?
- Auf welche Gesichtspunkte hin überprüft die gerichtliche Verfahrensleitung die Anklageschrift? Wer entscheidet über die Rückweisung einer Anklageschrift?
- Welche weiteren Entscheide trifft die Verfahrensleitung im Rahmen der Vorbereitung der Hauptverhandlung?
- Über welche Vorfragen entscheidet das Gericht in der Eröffnungsphase der Hauptverhandlung?
- Besteht ein Anspruch der Parteien auf Beweisführung in der Hauptverhandlung?
- Wer nimmt an der Urteilsberatung teil?
- Sind die Richter an Beweisregeln gebunden? Bestehen betreffend der Urteilsfindung inhaltliche Schranken?

Die Auflösung der Fragen ergibt sich jeweils aus dem vorangegangenen Kapitel.

XII Besondere Verfahren

Literatur *Albrecht* 2008, 76 ff.; *ders.*, Brauchen wir «Schnellrichter» in der Strafjustiz?, AJP 2004, 899 ff.; *Arzt, G.*, Schutz juristischer Personen vor Selbstbelastung, JZ 2003, 456 ff.; BSK StPO-*Baumann* 2014, Art. 376–378; *Bertossa, C.A.*, Unternehmensstrafrecht – Strafprozess und Sanktionen, Bern 2003; *Bianchi, F./Heimgartner, S.*, Die Rückerstattung von Potentatengeldern, AJP 2012, 353 ff.; *Bommer, F./Ruckstuhl, N.*, Die Tendenz zu falschen Geständnissen steigt, plädoyer 2013, 6 ff.; *Borghi, A.*, Le blocage de biens à titre de sanction internationale: Mesure conservatoire ou confiscatoire, in: Giroud/Borghi (éds.), Etat de droit et confiscation internationale, Genève 2010, 89; *Braun, R.*, Strafprozessuale Absprachen im abgekürzten Verfahren: «Plea bargaining» im Kanton Basel-Landschaft?, Basel 2003; *Brunner, M.*, Die Tendenz zum kurzen Strafprozess, plädoyer 2008, 36 f.; *Cassani, U.*, Les avoirs mal acquis, avant et après la chute du «potentat», Revue suisse de droit international et européen (RSDIE) 2010, 465 ff.; *dies.*, La confiscation de l'argent des «potentats»: à qui incombe la preuve?, SJ 2009, 229 ff.; *Dannacher, M.*, Diktatorengelder in der Schweiz, Einziehung und Herausgabe von unrechtmässig erworbenen Vermögenswerten politisch exponierter Personen, Diss. Basel 2012; *Donatsch, A.*, Der Strafbefehl sowie ähnliche Verfahrenserledigungen mit Einsprachemöglichkeit, insbesondere aus dem Gesichtswinkel von Art. 6 EMRK, ZStrR 1994, 317 ff.; *Drope, K.*, Strafprozessuale Probleme bei der Einführung einer Verbandsstrafe, Berlin 2002; *Dubs, H.*, Strafbefehl: Möglichkeiten und Grenzen eines vereinfachten Strafverfahrens, in: Strafrecht und Öffentlichkeit: FS Rehberg, Zürich 1996, 139 ff.; *Echle, R.*, Gestärkte Position der Privatklägerschaft im Strafbefehlsverfahren – Anmerkungen zu BGer 6B_188/2015 vom 30. Juni 2015, fp 2015, 351 ff.; *Eicker, A.*, Zum Vorentwurf für eine gesamtschweizerische Strafprozessordnung. Staatsanwaltliche Kompetenz-Konzentration und Ihre Kompensationsmöglichkeiten im Ermittlungsverfahren, AJP 2003, 13 ff.; *Eigenmann, A.*, Wo und wie macht der Vergleich wieder gut?, fp 2012, 241 ff.; *Engewald-Dannacher, M.*, Aufarbeitung von Staatsunrecht in rechtstaatlichen Grenzen? Zum Revisionsbedarf des Schweizerischen Einziehungsrechts im Hinblick auf Potentatengelder, AJP 2009, 288 ff.; *Faller, C./Reymond, A./Vuille, J.*, Une procédure simplifiée au sens des articles 358 ss CPP peut-elle se dérouler par défaut?, ZStrR 2012, 76 ff.; *Forster, M.*, Die strafrechtliche Verantwortlichkeit des Unternehmens nach Art. 102 StGB, Bern 2006; *Fritsche, C.M.*, Interne Untersuchungen in der Schweiz, Ein Handbuch für regulierte Finanzinstitute und andere Unternehmen, Zürich/St. Gallen 2013; *Geiger, R.*, Organisationsmängel als Anknüpfungspunkt im Unternehmensstrafrecht, Zürich 2006; *Geth, C.*, Selbstbelastungsfreiheit im Unternehmensstrafrecht. Konflikt zwischen Moderne und Tradition aus Schweizer Perspektive, ZStW 2014, 105 ff.; *ders.*, Rechtsmittel gegen selbständige nachträgliche Entscheidungen des Gerichts nach Art. 363 ff. StPO, AJP 2011, 313 ff.; *Gilliéron, G./Killias, M.*, Strafbefehl und Justizirrtum: Franz Riklin hatte Recht!, in: Niggli, M.A./Hurtado Pozo, J./Queloz, N. (Hrsg.), FS Riklin, Zürich et al. 2007, 379 ff.; *Gless, S.*, Nemo tenetur se ipsum accusare und verwaltungsrechtliche Auskunftspflichten: Konflikt und Lösungsansätze am Beispiel der Schweizer Finanzmarktaufsicht, in: Fahl et al. (Hrsg.), ein menschengerechtes Strafrecht als Lebensaufgabe, Festschrift für Werner Beulke zum 70. Geburtstag:

Heidelberg 2015, 723 ff.; *dies.*, Der Strafbefehl – in der Schweizerischen Strafprozessordnung, in: Heer, M. (Hrsg.), Schweizerische Strafprozessordnung und Schweizerische Jugendstrafprozessordnung, Bern 2010, 41 ff.; *dies.*, Verfahrenserledigung ohne Urteil: Pragmatismus und Gerechtigkeit, ZStrR 2009, 377 ff.; *Godenzi, G.*, Korruptionsaufklärung durch Unternehmen – ein Fluchtweg ins Dunkelfeld, in: Ackermann/Wohlers (Hrsg.), Korruption in Staat & Wirtschaft, 4. Zürcher Tagung zum Wirtschaftsstrafrecht, Zürich et al. 2010, 169 ff.; BSK StPO-*Greiner/Jaggi* 2014, Vor Art. 358–362; *Grodecki, S.*, Expériences pratique de la procédure simplifiée, fp 2016, 45 ff.; *Hagenstein, N./Zurbrügg, M.*, Das Strafbefehlsverfahren nach eidg. StPO – liegt die Einheit in der Vielfalt? Eine «Feldforschung» zum Strafbefehl, ZStrR 2012, 395 ff.; *Hansjakob, T.*, Zahlen und Fakten zum Strafbefehlsverfahren, fp 20147, 160 ff.; *Hauser/Schweri/Hartmann* 2005, 429 ff.; *Heine, G.*, Organisationsverschulden aus strafrechtlicher Sicht, in: Niggli, M.A./ Amstutz, M. (Hrsg.), Verantwortlichkeit im Unternehmen: Zivil- und strafrechtliche Perspektiven, Basel 2007, 93 ff.; *Hottelier, M.*, L'ordonnance de condamnation en procédure pénale genevoise, ZStrR 1989, 202 ff.; BSK StGB-*Husmann* 2013, Art. 271; *Hutzler, D.*, Ausgleich struktureller Garantiedefizite im Strafbefehlsverfahren, Zürich et al. 2010; *Jäggi, E.*, Ist der Strafbefehl ein erstinstanzliches Urteil? ZStrR 2006, 43 ff.; *Jean-Richard-dit-Bressel, M.*, Das Desorganisationsdelikt, Artikel 102 Absatz 2 des Schweizerischen Strafgesetzbuches im internationalen Kontext, Zürich/St. Gallen 2013; *ders.*, Wahrheitsfindung bei Wirtschaftskatastrophen – Strafprozesse für die Geschichtsforschung?, ZStrR 2008, 115 ff.; *Jeanneret, Y.*, Procédure simplifiées et infractions routières, in: Werro, F./Probst, T. (Hrsg.), Journées du droit de la circulation routière 5–6 Juin 2008, Berne 2008, 155 ff.; *Jositsch, D./Bischoff, P.*, Das abgekürzte Verfahren gemäss Art. 365–369 des Entwurfs zu einer Schweizerischen Strafprozessordnung, in: Niggli, M.A./Hurtado Pozo, J./ Queloz, N. (Hrsg.), FS Riklin, Zürich et al. 2007, 429 ff.; BSK StPO-*Kerner* 2014, Art. Art. 177–181; *Köck, E.*, Prozessuale Aspekte der Strafbarkeit von Verbänden, JBl 2003, 496 ff.; *Krauß, D.*, Auf dem Wege zu einer Eidgenössischen Strafprozessordnung. Einige Anmerkungen aus deutscher Sicht, in: Strafjustiz und Rechtsstaat: Symposium zum 60. Geburtstag von Franz Riklin und José Hurtado Pozo, Zürich 2003, 19 ff.; *Landtwing, A./Dössegger, R.*, Der Verfolgungsverzicht im abgekürzten Verfahren, ZStrR 2015, 61 ff.; *Lenz, S./Mäder, W.*, Grenzüberschreitende Korruption. Die Anwendbarkeit des schweizerischen Unternehmensstrafrechts aus Sicht der Praktiker, fp 2013, 33 ff.; *López, F.*, Das Strafbefehlsverfahren im Kanton Basel-Landschaft (§§ 7, 131–134 StPO), Basel 2001; *Macaluso, A.*, La responsabilité pénale de l'entreprise, Genève et al. 2004; BSK StPO-*Maurer* 2014, Art. 366–171; *Mégevand G.*, Confiscation et corruption. L'application des articles 70 et 71 CP dans le contexte des infractions réprimées par les articles 322ter ss CP et 4a LCD, Basel 2013; *Moosmayer, K./Hartwig, N.* (Hrsg.), Interne Untersuchungen, Praxisleitfaden für Unternehmen, München 2012; BSK StGB-*Niggli/Gfeller* 2013, Art. 102 StGB; *Niggli, M. A./Maeder, S.*, Unternehmensstrafrecht, in: Ackermann/Heine (Hrsg.), Wirtschaftsstrafrecht der Schweiz, Hand- und Studienbuch, Bern 2013, 163 ff.; *Murphy, A.G.*, Foreign Corrupt Practices Act: A Practical Resource for Managers and Executives, New Jersey 2011; *Nadelhofer do Canto, S.*, Millionenbusse gegen Alstom-Tochter wegen ungenügender Vorkehren gegen Bestechung. Besprechung des Strafbefehls der Schweizerischen Bundesanwaltschaft gegen die Alstom Network Schweiz AG vom 22. November 2011, GesKR 2012, 129 ff.; *Oberholzer* 2012, 517 ff.; *ders.*, Absprachen im Strafverfahren – pragmatische Entlastungsstrategie oder Abkehr vom strafprozessualen Modell?, ZStrR 1993, 157 ff.; *Perron, W.*, Das Mannesmann-Verfahren vor den deutschen Strafgerichten, ZStrR 2007, 180 ff.; *Peters* 1985, 562 ff.; *Pieth, M,.* Korruptionsstrafrecht, in: Ackermann, J.-B. (Hrsg.), Wirtschaftsstrafrecht der Schweiz, Bern 2013, 677 ff.; *ders.*, Asset Recovery – Der Umgang der Schweiz mit Potentatengeldern, in: Ackermann/Hilf (Hrsg.), Geldwäscherei – Asset Recovery, 6. Schweizerische Tagung zum Wirtschaftsstrafrecht, Zürich 2012, 31 ff.; *ders.*, Anti-Korruptions-Compliance, Praxisleitfaden für Unternehmen, Zürich 2011; *ders.*, Korruptionsstrafverfahren gegen Unternehmen im In- und Ausland – ein ernstzunehmendes Risiko, in: Ackermann, J.-B./Wohlers, W. (Hrsg.), Korruption in Staat und Wirtschaft, 4. Zürcher Tagung zum Wirtschaftsstrafrecht, Zürich et al. 2010, 213 ff. (zit. Pieth 2010a); *ders.*, Besondere Strafverfahrensarten: Das abgekürzte Verfahren, ZStrR 2010, 161 ff. (zit. Pieth 2010b); *ders.* (ed.), Recovering Stolen Assets, Bern et al. 2007 (zit. Pieth 2007a); *ders.*, Die Herausgabe illegal erworbener Vermögenswerte an sogenannte «Failing States», in: Niggli, M. A./Hurtado Pozo, J./Queloz, N. (Hrsg.), FS Riklin, Zürich 2007, 497 ff. (zit. Pieth 2007b); *ders.*, Strafverfahren gegen das Unternehmen, in: Menschengerechtes Strafrecht, FS Eser, München 2005, 599 ff.; *ders.*, Risikomanagement und Strafrecht, FS-Juristentag 2004, 597 ff.; *ders.*, Die strafrechtliche Verantwortung des Unternehmens, ZStrR 2003, 353 ff.; *ders.*, Internationale Anstösse zur Einführung einer strafrechtlichen Unternehmenshaftung in der Schweiz, ZStrR 2001, 1 ff.; *Pieth, M./Ivory, R.*, Corporate Criminal Liability, Emergence, Convergance and Risk, Dordrecht et al. 2011; *Piquerez/Macaluso* 2011, 616 ff.; *Riedo, C./Fiolka, G.*, Der Strafbefehl: Netter Vorschlag oder ernste Drohung?, fp 2011, 156 ff.; *Riedo/Fiolka/Niggli* 2011, 404 ff.; *Riklin* StPO Kommentar 2014; *ders.* 2007, 172 ff.; *ders.*, Die Strafprozessrechtsreform in der Schweiz, Goltdammer's Archiv für Strafrecht (GA) 2006, 495 ff. (zit. Riklin 2006a); *ders.*, Urteilseröffnung beim Strafbefehl, in: Du monde pénal: droit pénal, criminologie et politique criminelle, police et exécution des sanctions, procédure pénale, FS Bolle, Neuchâtel 2006, 115 ff. (zit. Riklin 2006b); *ders.*, Strafprozess: Gerichte verlieren an Bedeutung, plädoyer 2006, 28 ff. (zit. Riklin 2006c); *Romerio, F./Bazzani, C.* (Hrsg.), Interne und regulatorische Untersuchungen, Zürich et al. 2015, 7 ff.; *Romerio, F./Bazzani, C./Groth, S.*, Interne und regulatorische Untersuchungen – Einführung und Auslegeordnung, in: Romerio/Bazzani (Hrsg.), Interne und regulatorische Untersuchungen, Zürich 2015, 7 ff.; *Ruckstuhl* 2007, 145 ff.; *ders.*, Die revidierte Strafprozessordnung des Kantons Basel-Landschaft vom 3.6.1999, ZStrR 2000, 414 ff.; *Ruckstuhl/Dittmann/Arnold* 2011, 324 ff.; *Schlauri, R.*, Die abgekürzten Verfahren in den Strafprozessordnungen der Kantone Baselland und Tessin – eine schweizerische Form des US-amerikanischen plea bargaining?, in: Ackermann, J.-B. (Hrsg.), Strafrecht als Herausforderung, Zürich 1999, 479 ff.; *Schlüter, J.*, Die Strafbarkeit von Unternehmen in einer prozessualen Betrachtung, Frankfurt 2000; *Schmid, G. A.*, Strafverfahren: Deals immer häufiger, plädoyer 2015, 26 f.; *Schmid* Handbuch 2013, 605 ff.; *ders.* StPO Praxiskommentar 2013, 683 ff.; *ders.*, Kommentar Einziehung, organisiertes Verbrechen, Geldwäscherei, Bd. 1, 2. Aufl., Zürich 2007; *ders.* 2004, 334 ff.; *ders.*, Einige Aspekte der Strafbarkeit des Unternehmens nach dem neuen Allgemeinen Teil des Schweizerischen Strafgesetzbuchs, in: von der Crone et. al. (Hrsg.), Neuere Tendenzen im Gesellschaftsrecht, FS Forstmoser, Zürich 2003, 761 ff.; *Schubarth, M.*, Zurück zum Grossinquisitor? Zur rechtlichen Problematik des Strafbefehls, in: Niggli, M.A./Hurtado Pozo, J./Queloz, N. (Hrsg.), FS Riklin, Zürich et al. 2007, 527 ff.; *Schumann, K.F.*, Der Handel mit Gerechtigkeit: Funktionsprobleme der Strafjustiz und ihre Lösungen: am Beispiel des amerikanischen plea bargaining, Frankfurt a.M. 1977; Donatsch (Hansjakob/Lieber, Kommentar-*Schwarzenegger* 2014, Art. 352–365; *Stohner, N.*, Abgekürzte Rechtsstaatlichkeit – Überlegungen zum abgekürzten Verfahren gemäss Art. 358–362 StPO, fp 2015, 168 ff.; *Strasser, O.*, Die Delegation von Sorgfaltspflichten gemäss Geldwäschereigesetz durch eine Bank, in: Waldburger, R./Baer, C./Nobel, U./Bernet, B. (Hrsg.), FS Nobel, Bern 2005, 651 ff.; *Theile, H.*, Wirtschaftsstrafverfahren: Entstehung eines neuartigen Verfahrenstyps?, Neue Kriminalpolitik 2005, 421 ff.; *Thommen, M.*, Gerechtigkeit und Wahrheit im modernen Strafprozess, recht 2014, 264 ff.; *ders.*, Kurzer Prozess – fairer Prozess? Strafbefehls- und abgekürzte Verfahren zwischen Effizienz und Gerechtigkeit, Bern 2013; *Thommen, M./Diethelm, C.*, Vier Thesen zum Rechtsschutz in Kurzverfahren, ZStrR 2015, 145 ff.; *Thommen, M./Riklin, F.*, Ohne rechtliches Gehör ins Gefängnis, plädoyer 2014, 10 ff.; *Wastl, U./Litzka, P./Pusch, M.*, SEC-Ermittlungen in Deutschland – eine Umgehung rechtsstaatlicher Mindeststandards, NStZ 2009, 68 ff.; *Weigend, T.*, Absprachen in ausländischen Strafverfahren, eine rechtsvergleichende Untersuchung zu konsensualen Elementen, Freiburg i.Br. 1990; *Wüthrich, W.*, Freier Markt beim Strafen?, Gedanken zum abgekürzten Verfahren, AJP 2014, 1585 ff.; *Zerbes, I.*, Interne Untersuchungen, ZStW 2013, 551 ff.; *Zimmerlin, S.*, Einsprache gegen einen Strafbefehl, Nichterscheinen des Beschuldigten zu einer Einvernahme im Einspracheverfahren, gesetzliche Rückzugsfiktion (Art. 355 Abs. 2 StPO), Verzicht auf Verfahrensrechte, Verwirkung, Legalitätsprinzip, Fairnessgebot, Belehrungspflichten gegenüber Rechtsunkundigen, Vorladungserfordernisse, AJP 2014, 256 ff.

1. Übersicht

Prozessordnungen enthalten typischerweise im Anschluss an das «ordentliche Verfahren» ein Kapitel zu «besonderen Verfahrensformen». Es handelt sich üblicherweise um einen Sammelposten verschiedener, ganz heterogener Verfahrensmodelle. Eine erste Gruppe dient der Verfahrensvereinfachung und -beschleunigung (das Strafbefehlsverfahren, das abgekürzte Verfahren und allenfalls auch das Abwesenheitsverfahren). Für die weiteren besonderen Verfahren ist es schwieriger, einen gemeinsamen Nenner zu finden. Entweder bestehen vom Gegenstand oder vom Prozesssubjekt her Besonderheiten (das Übertretungsstrafverfahren[1] und das Unternehmensstrafverfahren), oder es handelt sich um verselbständigte akzessorische Entscheide (das Verfahren bei selbständigen nachträglichen Entscheiden des Gerichts[2] sowie das selbständige Massnahmenverfahren, einschliesslich des selbständigen Einziehungsverfahrens).

Die nachfolgende Darstellung beschränkt sich auf die wichtigsten besonderen Verfahrenstypen.

2. Der Trend zum Schnellverfahren

Das Normalverfahren ist längst zur Ausnahme geworden, insbesondere der Strafbefehl beherrscht die Verfahrensrealität. Das hat seine Gründe in zwei systematisch wichtigen Entscheidungen des Gesetzgebers. Zwar anerkennt die Prozessordnung das «gemässigte Opportunitätsprinzip» in Art. 8 und setzt die Wiedergutmachung von Art. 53 StGB prozessual um (Art. 316)[3]. Allerdings bleibt das Diversionspoten-

1 Dazu vgl. etwa Eicker/Huber 2014, 68 ff.; Riedo/Fiolka/Niggli 2011, 414 ff.; Ruckstuhl/Dittmann/Arnold 2011, 328.

2 Dazu vgl. etwa Riedo/Fiolka/Niggli 2011, 422 ff.; Schmid Handbuch 2013, 626 ff.; umstritten ist insbes. die Frage des Rechtsmittels gegen nachträgliche richterliche Entscheide: Für Beschwerde etwa Schmid Handbuch 2013, 628; für Berufung aber Geth 2011, 313 ff.

3 Siehe oben S. 41 ff. und 225.

zial im Vergleich etwa zu Österreich[4] oder zu Deutschland[5] bescheiden (wo echte Alternativen zur Verurteilung vorgesehen sind). Sodann ist der Druck zum «Vergleich» in der Schweiz wohl deshalb weniger ausgeprägt, weil die Hauptverhandlung ohnedies bereits auf Sparflamme betrieben wird und die unmittelbare Beweisaufnahme besonders wichtigen Beweisen und komplexen Indizienverfahren[6] vorbehalten bleibt[7]. Typisch für das Schweizer Verfahren zwischen diesen Eckwerten ist daher eine Palette von Urteilssurrogaten mit vereinfachtem Beweisverfahren.

Traditionellerweise war der **Strafbefehl** für Bagatellfälle, in manchen Kantonen gar überhaupt für Übertretungen reserviert[8]. Im Laufe des letzten Jahrzehnts ist das Anwendungsfeld aber stark ausgebaut worden, einerseits von der Art der Straftat her (auch auf Vergehen und sogar Verbrechen[9]), andererseits vom Strafmaximum her (Mitte der 1990er Jahre noch auf drei Monate Freiheitsstrafe, nun gemäss Art. 352 bis zu sechs Monaten Freiheitsstrafe oder ein Äquivalent in Geldstrafe oder gemeinnütziger Arbeit). Inzwischen wird im Schweizer Durchschnitt in über 90% der nicht-eingestellten Verfahren ein Strafbefehl erlassen[10]. Auch wenn es in einzelnen Fällen zu Einsprachen und auch zu Hauptverhandlungen kommt, dominiert dieser Verfahrenstypus die Praxis. Dabei stehen dem staatlichen Interesse an *«Einfachheit, Raschheit und Billigkeit»* und dem privaten Interesse an Diskretion[11] gewichtige Bedenken entgegen[12].

Greift der Strafbefehl bereits weit in den Bereich der mittelschweren Alltagskriminalität hinein, soll das zusätzlich eingeführte **«abgekürzte Verfahren»** nach Art. 358 ff. (das sich auf Vorbilder in Basel-Landschaft, Tessin und Zug beruft[13]) für das Mittelsegment bis zu fünf Jahren Freiheitsstrafe (nach Antrag der Staatsanwaltschaft) radikale Beweisvereinfachungen bringen. Auf Antrag des Beschuldigten, der im Wesentlichen geständig sein muss und allfällige Zivilansprüche zumindest im

4 § 191 Ö StPO; Riklin 2006a, 504 f.

5 § 153a D StPO; Krauß 2003, 28 ff.; Perron 2008, 185 ff.

6 Vgl. etwa den Rheinfelder Mordprozess, NZZ am Sonntag vom 23.11.2008.

7 Riklin 2006a, 509 f.

8 So etwa in BS, dazu Dubs 1996, 142.

9 Dubs 1996, 143; Schubarth 2007, 529.

10 Dubs 1996, 140; Gilliéron/Killias 2007, 381; Hagenstein/Zurbrügg 2012, 395 ff.; Hansjakob 2014, 160 ff.; Riklin 2006a, 505; ders. 2006b, 115 f.; Schubarth 2007, 528; Donatsch/Hansjakob/Lieber, Kommentar-Schwarzenegger 2014, Art. 352 N 2.

11 Gilliéron/Killias 2007, 383; Oberholzer, in: NZZ am Sonntag vom 3.1.2016: «Strafen ist nicht alles»; Thommen 2013, 227 ff.; ders. 2014, 264 ff.

12 Hagenstein/Zurbrügg 2012, 398 ff.; Schubarth 2007, 527 ff.; und siehe unten S. 253 f.

13 §§ 137 ff. BL StPO; Art. 316a ff. TI StPO; §§ 69ter ff. ZG StPO; Botschaft des Bundesrates, BBl 2006 1085 (1295); Braun 2003; Goldschmid/Maurer/Sollberger 2008, 352; BSK StPO-Greiner/Jaggi 2014, Vor Art. 358–362 N 11; Jositsch/Bischoff 2007, 430; Ruckstuhl 2000, 414 ff.; Schlauri 1999, 479 ff.

Grundsatz anerkennt, kann die Staatsanwaltschaft nach freiem Ermessen ein abgekürztes Verfahren bewilligen. Eine – typischerweise ausgehandelte – «Anklageschrift» wird den Parteien zur Einwilligung vorgelegt. Die Anklageschrift muss aber auch vom Gericht genehmigt werden, das in summarischer Weise die Akzeptanz der Parteien, die Übereinstimmung der Fakten der Anklageschrift mit den Akten sowie die Angemessenheit der Rechtsfolge überprüft. Rechtsmittel sind daraufhin nur noch auf formale Fragen beschränkt zulässig. Scheitert die Einigung oder verweigert das Gericht die Genehmigung, kommt es zum ordentlichen Verfahren (Art. 362 Abs. 3)[14].

Die hier interessierende Frage ist, weshalb auf die eigentliche Diversion verzichtet wurde und neben dem Strafbefehl noch eine Vereinfachungsvariante für die eigentliche mittelschwere Kriminalität geschaffen wurde (die in der Praxis nur wenige Prozente ausmacht), obwohl die Hauptverhandlung ohnedies auch im Normalfall bloss summarisch durchgeführt wird. Die Botschaft führt im Wesentlichen zwei Gründe an: Sie sieht einen Anwendungsfall vor allem in aufwändigen sowie tatsächlich und rechtlich komplexen Wirtschaftsstraffällen. Sodann glaubt sie, dass es ein Gebot der Ehrlichkeit sei, ohnehin stattfindende Absprachen zwischen der Staatsanwaltschaft und der Verteidigung zu regulieren[15].

Die klassische Straffung des Verfahrens, die auf die verbleibenden Fälle, einschliesslich der Schwerstkriminalität anwendbar bleibt, haben wir bereits im Kapitel zur Hauptverhandlung angesprochen: die bloss «**fakultative Unmittelbarkeit**» der Beweisaufnahme[16], die angesichts der vielen Vereinfachungsmöglichkeiten noch unverständlicher wird (vgl. Art. 343).

Demgegenüber haben weitere Vereinfachungsvorschläge, zumal Vorstösse zur Einführung von «Schnellrichtern», zum Beispiel in Fussballstadien, bisher kein Gehör gefunden[17].

Im Rahmen dieses Einleitungsabschnittes bleibt die Frage nach der Logik solch umfassender Vorkehrungen zur Verfahrensvereinfachung anzusprechen. Es versteht sich, dass sich die Praxis mit einer stark zunehmenden Arbeitsbelastung konfrontiert sieht[18]. Allerdings bedarf der mit der drastischen Vereinfachung einhergehende Strukturwandel des Prozesses, insbesondere die **Zurückdrängung des unabhän-**

14 Die Details werden unten ausgeführt, siehe S. 255 ff.

15 Botschaft des Bundesrates, BBl 2006 1085 (1295); BSK StPO-Greiner/Jaggi 2014, Vor Art. 358–362 N 35 f.; ähnlich Ruckstuhl 2007, 144.

16 Siehe oben S. 233 ff. und 239 ff.

17 Zu dieser Debatte z.B. BAZ vom 10.5.2008.

18 Kritik äussern aber Krauß 2003, 21 (Effektivität und Effizienz wie Kostenneutralität dürften nicht zum Selbstzweck werden); Oberholzer 1993, 160; Riklin 2006a, 510 (Überlastung sei evtl. «hausgemacht» und reflektiere nicht notwendigerweise eine Zunahme der Delinquenz).

gigen Richters, der aus eigener Anschauung des Beweismaterials über die Sache entscheidet, d.h. die Rückabwicklung der Gewaltenteilung[19], einer tiefergehenden Erklärung[20]. Wohl zu Recht sucht Albrecht eine Erklärung in der **Verlagerung** des Interesses im Strafrecht von der Aufarbeitung von vergangenem Unrecht auf **präventive Fragestellungen**, zu der die Hauptverhandlung weniger beizutragen scheint[21]. Während Thommen[22] dem «kurzen Prozess» als Prozessmodell der «Selbstverantwortung» und «Kooperation» etwas Positives abzugewinnen scheint, befürchten andere Autoren und Praktiker eine «Korruption» der Gerechtigkeitsidee[23].

3. Das Strafbefehlsverfahren (Art. 352 ff. StPO)

a) Die Bedeutung

Dubs hatte bereits 1996 festgestellt: *«Strafbefehlsverfahren sind – quantitativ betrachtet – die Regel, das Normalverfahren stellt die Ausnahme dar»*[24]. Inzwischen haben sich die Gewichte noch mehr verlagert, sodass Schubarth berichten kann, dass in Fribourg bereits im Jahre 2002 95% und in Basel-Stadt 2004 98% aller nicht-eingestellten Strafsachen mit Strafbefehl erledigt würden[25]. Hansjakob hält für St. Gallen noch drastischere Zahlen fest: Während 2012 noch 1% der Verfahren vor Gericht abgeschlossen wurden, erledigten die Staatsanwälte 99% der Verfahren selbst. Von allen Erledigungen fielen 61.5% auf Strafbefehle. In nur 4.21% aller Strafbefehle wurde eine Einsprache erhoben, die in ca. der Hälfte der Fälle wieder zurückgezogen wurde. Interessant ist auch, dass nach Einsprache immerhin 12% der Fälle eingestellt wurden[26].

b) Anwendungsbereich

Gemäss Art. 352 ist der Strafbefehl auf Freiheitsstrafen bis zu sechs Monaten, auf Geldstrafen bis zu 180 Tagessätzen und auf gemeinnützige Arbeit bis zu 720 Stunden sowie auf Bussen anwendbar. Die Strafen können miteinander verbunden werden, solange der Rahmen von 180 Tagessätzen nicht überschritten wird[27]. Die Beschrän-

---

19 Thommen 2014, 273.

20 Krit. Albrecht 2004, 900; Brunner 2008, 36 f.; Krauß 2003, 26 ff.; Riklin 2006c, 28 ff.

21 Albrecht 2004, 902; Brunner 2008, 36 f.

22 Thommen 2013, 243, 307; vgl. auch ders. 2014, 275.

23 Oberholzer, in: NZZ am Sonntag vom 3.1.2016: «Strafen ist nicht alles».

24 Dubs 1996, 141.

25 Schubarth 2007, 528 u.V.a. Riklin, 2006b; vgl. auch Riedo/Fiolka/Niggli 2011, 406; vgl. auch BSK StPO-Riklin 2014, Vor Art. 352–356 N 3; Schmid 2015, 26 f.

26 Hansjakob 2014, 160 ff.

27 Zu beachten ist, dass mit der erneuten Revision des Sanktionenrechts (i.Kr. ab 1.1.2018) der Katalog der Referenzstrafen angepasst werden muss: Die gemeinnützige Arbeit wird

kung gilt nicht für Bussen, die zusätzlich ausgesprochen werden können (Art. 352 Abs. 3).

Übersehen wird gelegentlich, dass damit die maximale Geldstrafenkompetenz nach neuem StGB bei 180 Tagessätzen bis CHF 540 000.– reicht, und dass die Staatsanwaltschaft zudem Einziehung in unbeschränkter Höhe anordnen darf[28]. Ruckstuhl weist schliesslich darauf hin, dass oftmals weitere Konsequenzen des Verzichts auf Einsprache nicht bedacht werden (z.B. der Fahrausweisentzug bei SVG-Verletzungen[29]). Dass (auch unbedingte) Freiheitsstrafen bis zu sechs Monaten per Strafbefehl verhängt werden können, ist rechtsstaatlich bedenklich[30].

c) Zuständigkeit

Während die Kantone bei Ausdehnung des Strafbefehlsverfahrens auf Freiheitsstrafen zum Teil dazu übergingen, die Strafbefehlskompetenz in die Hände einer Richterin oder eines Richters zu legen (zum Beispiel Basel-Stadt), hat sich dies nicht als allgemeiner Standard durchzusetzen vermocht[31]: Nach Art. 352 der neuen StPO erlässt denn auch die Staatsanwaltschaft den Strafbefehl.

Verschiedene Autoren haben versucht, die EMRK-Konformität des Strafbefehls damit zu begründen, dass der Strafbefehl vorerst nur eine «**Offerte**» sei[32]. Auf den gesetzlichen Richter und auf die Hauptverhandlung könne man auch verzichten[33]. Donatsch geht so weit, den Vorschlag eines Urteildispositivs seitens der Behörde als nicht-hoheitlichen Akt, als Handlung unter gleichgestellten Subjekten darzustellen[34]. Damit überspannt er zweifellos den Bogen. Die ganze Theorie der Offerte ist angesichts der typischerweise ungleichen Handlungskompetenz von Behörden und Beschuldigtem ohnehin schon reichlich theoretisch[35].

---

aus dem Katalog verschwinden, da sie nurmehr eine Vollzugsvariante ist. Im Übrigen tritt eine Verschärfung dadurch ein, dass nunmehr der Staatsanwalt in weitergehendem Umfang kurze unbedingte Freiheitsstrafen mit Strafbefehl aussprechen kann; krit. dazu Riklin 2014, 258 f.

28 Vgl. etwa die im Rahmen der Verletzung des Embargo-Gesetzes betr. Oil-for-Food Programm der UNO im Irak ausgesprochenen Millioneneinziehungen; im Übrigen Schubarth, 2007, 530; zum Strafbefehl gegen Unternehmen vgl. Donatsch/Hansjakob/Lieber, Kommentar-Schwarzenegger 2014, Art. 352 N 7 f.

29 Ruckstuhl/Dittmann/Arnold 2011, 326.

30 BSK StPO-Riklin 2014, Vor Art. 352–356 N 5 u.V.a. die Recommendation R (87) 18 des Europarates.

31 Dubs 1996, 144 ff., 147 ff.; Thommen 2013, 43 ff.

32 Donatsch 1994, 324; Gilliéron/Killias 2007, 384; Schubarth 2007, 527.

33 Hottelier 1989, 212 ff.

34 Donatsch 1994, 324.

35 Krit. Gilliéron/Killias 2007, 384; vgl. auch Jäggi 2006, 43 ff. und Riedo/Fiolka 2011, 126 ff.; Schubarth 2007, 527, 531; Thommen/Diethelm 2015, 149.

d) Verfahren und Problematik

Mit dem Strafbefehlsverfahren wird typischerweise nicht nur die Hauptverhandlung eingespart. Bereits im **Vorverfahren** wird auf Sparflamme gekocht. Schon traditionellerweise wurden Strafbefehle, zum Teil ohne Einvernahme oder weitere Beweiserhebungen, allein gestützt auf einen Polizeirapport erlassen[36]. Die aktuelle Praxis bestätigt das Bild[37].

Der Entwurf zur neuen Strafprozessordnung hatte in Art. 356 E wenigstens bei drohender unbedingter Freiheitsstrafe oder gemeinnütziger Arbeit zwingend die **Einvernahme des Beschuldigten** verlangt. Dadurch, dass dieser Artikel im Gesetzgebungsverfahren **gestrichen** worden ist[38], verschärfen sich viele der Probleme noch. Die Erwartung, der Beschuldigte werde sich schon wehren, wenn er nicht einverstanden sei, könnte sich in vielen Fällen als naiv erweisen, zumal wo die Strafbefehle nicht in der Muttersprache des Betroffenen ausgestellt werden. Bereits an anderer Stelle kritisiert worden ist, dass gemäss Art. 318 Abs. 1 keine Schlussverfügung ergeht und der Beschuldigte nicht explizit zur Stellung von Beweisanträgen aufgefordert wird[39].

Zwar muss der Strafbefehl nach Art. 353 sowohl den Sachverhalt wie die rechtliche Qualifikation benennen, allerdings fallen diese Begründungen klassischerweise sehr kurz aus[40], deutlich summarischer als etwa in einer Anklageschrift. Sodann ist die Einsprachefrist gemäss Art. 354 mit zehn Tagen minimal bemessen. Die Rede vom «konsensualen Verfahrensabschluss» setzt sodann voraus, dass der Empfänger den Strafbefehl überhaupt versteht. Probleme kann das nicht nur fremdsprachigen Empfängern bereiten[41]. Riklin weist auf den durch die PISA-Studien erhärteten Befund des verbreiteten «**Illetrismus**» hin[42]. Schubarth ergänzt, dass die Parteien in dieser Phase regelmässig **ohne** rechtlichen **Beistand** entscheiden müssen. Es wird vielfach vorkommen, dass Bürger die Konsequenzen und auch die Nebenfolgen des Verzichts auf Einsprache (man denke an den Verzicht auch auf die Rechtsmittel sowie an die verwaltungsrechtlichen und zivilrechtlichen Nebenfolgen einer Verurteilung, etwa den Fahrausweisentzug und die Schadenersatzforderungen) nicht erfas-

36 BSK StPO-Riklin 2014, Art. 352 N 4 u.V.a. Botschaft des Bundesrates, BBl 2006 1085 (1290); ders. 2006a, 505; vgl. auch Gless 2010, 41 ff.; Jeanneret 2008, 155 ff.; Thommen 2013, 62 ff.

37 Hagenstein/Zurbrügg 2012, 402, 406; vgl. auch KGer BL, fp 2016, 24 ff.; Thommen/Riklin 2014, 10 ff.

38 Goldschmid/Maurer/Sollberger 2008, 345.

39 Siehe oben S. 226 f.

40 Goldschmid/Maurer/Sollberger 2008, 346; BSK StPO-Riklin 2014, Art. 353 N 5.

41 Gemäss Art. 6 Abs. 3 lit. e EMRK hat der fremdsprachige Empfänger Anspruch auf Übersetzung; dazu BSK StPO-Riklin 2014, Art. 353 N 8.

42 Riklin 2006a, 506; vgl. auch Gilliéron/Killias 2007, 384, 391.

sen[43]. Das Verfahren ist – anders als das ordentliche Verfahren – auch gar nicht darauf eingerichtet, solche Defizite überhaupt festzustellen. Es dürfte daher nicht verwundern, dass Gilliéron und Killias in ihrer empirischen Studie zu erfolgreichen Wiederaufnahmenverfahren betreffend Strafbefehlen zum Ergebnis gelangen, dass Strafbefehle **besonders fehlurteilsanfällig** sind. Sie haben zudem eine besonders hohe Fehlerquote bei staatsanwaltlichen (im Gegensatz zu richterlichen) Strafbefehlen und zumal bei solchen, die ohne Anhörung des Beschuldigten ausgefertigt werden, festgestellt: Es haben viele Beschuldigte ganz einfach mangels Verständnis unterlassen, den Strafbefehl anzufechten, obwohl der Sachverhalt manifest falsch war[44]. Hinzu kommt, dass Strafbefehle gemäss Art. 88 Abs. 4 auch ohne Veröffentlichung *«als zugestellt gelten»*, selbst wenn der Aufenthaltsort der Adressaten unbekannt ist, wenn die Zustellung unmöglich ist oder wenn die Partei kein Zustelldomizil in der Schweiz benannt hat.

Die Schlussfolgerungen von Killias und Gilliéron decken sich weitgehend mit denen von Schubarth: Im Interesse eines raschen und billigen Verfahrens werden verfassungsmässige Rechte wegrationalisiert. Schubarth fügt hinzu, dass die staatsanwaltliche Machtfülle (er spricht vom neuen «Grossinquisitor») ohne richterliche Kontrolle dazu führe, dass *«für einen überwiegenden Teil der Straffälle [...] durch das Strafbefehlsverfahren Grundprinzipien des rechtsstaatlichen Strafverfahrens aus den Angeln gehoben»* werden[45].

e) Einsprache

Erfolgt durch eine der in Art. 354 aufgezählten Parteien fristgerecht Einsprache gegen den Strafbefehl, nimmt die Staatsanwaltschaft die weiteren Beweise ab (jetzt erst kommt es zum vollständigen Vorverfahren). Erscheint ein Einsprecher aber trotz Vorladung unentschuldigt nicht zu einer Einvernahme, gilt die Einsprache als zurückgezogen[46]. Insofern sind die Bedingungen harscher als im ordentlichen Verfahren. Nach Abnahme allfällig ungenügend erhobener Beweise kann die Staatsanwaltschaft erneut entscheiden, ob sie am Strafbefehl festhält, das Verfahren einstellt, einen neuen Strafbefehl erlässt oder Anklage beim erstinstanzlichen Gericht erhebt (Art. 355)[47]. Dabei führt das «Festhalten am Strafbefehl» wie die Anklage zur Befassung des Gerichts, der Strafbefehl gilt einfach als

43 Schubarth 2007, 531.

44 Gilliéron/Killias 2007, 388 ff.; vgl. auch Riedo/Fiolka/Niggli 2011, 407 und BSK StPO-Riklin 2014, Art. 352 N 2.

45 Schubarth 2007, 535.

46 Art. 355 Abs. 2; dazu etwa BGer 6B_302/2012 vom 24.5.2012; allerdings weniger rigide OGer BE in: plädoyer 2014, 60 f. wo Abwesenheit nicht automatisch mit Desinteresse gleichgestellt wird; dazu auch Zimmerlin 2014, 256 ff.

47 BSK StPO-Riklin 2014, Art. 355 N 3 ff.

Anklageschrift[48]. Zur Frage, ob in der Folge das Verbot der *«reformatio in peius»* gilt, nehmen Thommen/Diethelm zu Recht eine differenzierende Haltung ein: Die staatsanwaltliche Anklage hat sich an den Grundsatz zu halten (dass der Strafbefehl ohne ausreichende Abklärung erlassen worden ist, hat nicht der Beschuldigte zu verantworten). Anders liegt es bei echten Noven seit Erlass des Strafbefehls[49]. Sodann gilt das Verbot der *«reformatio in peius»* nicht im gerichtlichen Verfahren[50]. Der Beschuldigte kann, wenn das Verfahren eine Wende zu seinen Ungunsten nimmt aber die Einsprache bis nach Abschluss der Parteivorträge zurückziehen[51].

f) Verzicht auf oder Rückzug der Einsprache

Verzichtet der Beschuldigte auf Einsprache, zieht er sie zurück oder bleibt er unentschuldigt einer Einvernahme im Vorverfahren oder von der Hauptverhandlung fern, erwächst der Strafbefehl als Urteil in Rechtskraft[52]. Damit verzichtet der Beschuldigte zugleich auf seine Rechtsmittel. Eine Konsequenz, die ihm in dieser Schärfe womöglich nicht ohne Weiteres klar ist. Immerhin gilt das *«beneficium cohaesionis»* (Art. 392) analog, d.h. Entscheide werden auf Deliktsbeteiligte ausgedehnt, die nicht Einsprache erhoben haben (Art. 356 Abs. 7).

4. Das abgekürzte Verfahren (Art. 358 ff. StPO)

a) Die Motivation zur gesetzlichen Regelung

Mit dem abgekürzten Verfahren legalisiert der Schweizer Gesetzgeber einen in der Praxis, zumal bei komplexen Wirtschaftsstrafverfahren bestehenden Trend zur informellen Absprache[53]. Ob diese Form der «Ehrlichkeit»[54] indessen vorzuziehen ist, ist fraglich, insbesondere, da sie ganz offiziell die staatliche Verantwortung für die Justizgewährleistung und die Feststellung der materiellen Wahrheit zurücknimmt (entgegen Art. 6). Es beruht denn auch auf einem Missverständnis, wenn die Befürworter dieser Verfahrensform der Ansicht sind, dass es *«kaum einen Sinn macht, in einer*

48 Goldschmid/Maurer/Sollberger 2008, 349.

49 Thommen/Diethelm 2015, 151 ff.

50 BSK StPO-Riklin 2014, Art. 356 N 2.

51 Art. 356 Abs. 3; zu dieser Strategie Ruckstuhl/Dittmann/Arnold 2011, 327 f.; vgl. auch BSK StPO-Riklin 2014, Art. 356 N 4.

52 Art. 94 Abs. 1 i.V.m. Art. 354 Abs. 1 erlaubt allenfalls die Wiederherstellung der Einsprachefrist oder die Wiedereinsetzung in den früheren Stand; dazu BGer 6B_503/2013 vom 27.8.2013.

53 Braun 2003, vgl. bereits Oberholzer 1993, 157 ff.; Thommen 2013, 140 ff.; BSK StPO-Greiner/Jaggi 2014, Vor Art. 358–362 N 24 ff.; Braun 2003.

54 Botschaft des Bundesrates, BBl 2006 1085 (1295); krit. noch «Aus 29 mach 1», 52.

Hauptverhandlung nochmals alles zu wiederholen und nachzubeten, was längst bekannt und zugestanden ist»[55]. Mit solchen Stellungnahmen wird deutlich, dass der unabhängige Richter – jedenfalls im überwiegend mittelbaren Hauptverfahren – als Entscheidungsinstanz zur *«quantité négligeable»* wird. Dass sich dies als Tendenz einschleicht, ist problematisch genug[56], dass es allerdings gesetzlich abgesegnet wird, ist schwer erträglich. Immerhin erlaubt die gesetzliche Regelung der informellen Absprache einen besseren Umgang mit dem Problem der ungleichen Handlungskompetenz[57]. Auf eine zusammenfassende Einschätzung ist im Anschluss an die Darstellung des Verfahrens zurückzukommen.

b) Das Verfahren

aa) Die Voraussetzungen

Art. 358 enthält die allgemeinen Grundsätze und die Voraussetzungen des «abgekürzten Verfahrens»: Der Beschuldigte muss nach Abs. 1 den Sachverhalt, der für die rechtliche Würdigung wesentlich ist, eingestehen[58] und die Zivilansprüche zumindest im Grundsatz anerkennen[59]. Das abgekürzte Verfahren ist nach Abs. 2 ausgeschlossen, wenn die Staatsanwaltschaft eine Freiheitsstrafe von mehr als 5 Jahren verlangt[60].

bb) Der Antrag

Das Gesetz geht davon aus, dass die Initiative beim Beschuldigten liegt. Allerdings wird nicht ausgeschlossen, dass die Strafverfolgungsbehörden den Beschuldigten auf die Möglichkeit hinweisen; er soll aber nicht unter Druck gesetzt werden[61].

Sowohl die Botschaft wie die Kommentatoren sind sich einig, dass dem Abschluss des Deals, der ausgehandelten Anklageschrift, eine Phase der informellen Verhandlungen vorweggeht. Sie wird in der Praxis erst Platz greifen können, wenn die Ermittlungen, aufgrund von Einvernahmen und weiteren Beweiserhebungen klare Konturen des Falles erkennen lassen[62].

---

55 Ruckstuhl 2007, 147.

56 Krit. Albrecht 2004, 899 ff.; Krauß 2003, 26 ff.

57 Insbesondere zur notwendigen Verteidigung vgl. Art. 130 lit. e.

58 BSK StPO-Greiner/Jaggi 2014, Art. 358 N 13 ff.; Donatsch/Hansjakob/Lieber, Kommentar-Schwarzenegger 2014, Art. 358 N 19.

59 BSK StPO-Greiner/Jaggi 2014, Art. 358 N 25 ff.; Donatsch/Hansjakob/Lieber, Kommentar-Schwarzenegger 2014, Art. 358 N 20.

60 Krit., da auch schwere Delikte verhandelbar werden: Stohner 2015, 175.

61 Botschaft des Bundesrates, BBl 2006 1085 (1295); Pieth 2010b, 167; Schmid StPO Praxiskommentar 2013, Art. 358 N 1; vgl. Jositsch in: plädoyer 2013, 6.

62 Botschaft des Bundesrates, BBl 2006 1085 (1295); Ruckstuhl/Dittmann/Arnold 2011, 332; Schmid Handbuch 2013, 619 f.; ders. StPO Praxiskommentar 2013, Art. 358 N 2.

Damit der Beschuldigte über die entscheidende Verhandlungskompetenz verfügt, muss er verteidigt sein. Art. 130 lit. e schreibt denn auch die notwendige Verteidigung für den Fall vor, dass ein abgekürztes Verfahren durchgeführt wird. Allerdings setzt die Eröffnung des abgekürzten Verfahrens und damit die Anordnung der Verteidigung bereits ein Geständnis[63] und die Anerkennung der Zivilansprüche[64] in den Grundsätzen voraus. Dies ist widersprüchlich und kann auch nicht gemeint sein: Die notwendige Verteidigung muss bereits greifen, wenn der Beschuldigte zu verhandeln wünscht[65].

cc) Der Entscheid des Staatsanwalts

Der Staatsanwalt entscheidet nach Ermessen über die Einleitung des abgekürzten Verfahrens. Dabei ist sein Ermessen weiter als beim klassischen Opportunitätsprinzip nach Art. 8[66]. Der Entscheid ist nicht mit Beschwerde anfechtbar (Art. 359 Abs. 1). Der Antrag kann aber wiederholt werden[67]. Den Parteien wird die Durchführung des abgekürzten Verfahrens mitgeteilt, und die Privatklägerschaft erhält Frist zur Anmeldung allfälliger Entschädigungsforderungen.

dd) Das Verfahren vor der Staatsanwaltschaft

Die Anklageschrift ist typischerweise Gegenstand von Verhandlungen: Man konzentriert sich auf wesentliche Fragen, lässt Nebenpunkte fallen. Das Geständnis und die Bereitschaft zur Wiedergutmachung werden – auch bei Taten erheblicher Schwere – mit Strafmilderung belohnt[68].

Die Anklageschrift muss alle Elemente einer klassischen Anklageschrift enthalten (Art. 360 Abs. 1 lit. a verweist auf die Art. 325 und 326). Zusätzlich müssen die *essentialia* des ausgehandelten «Urteils» aufgeführt werden (insbesondere die Sanktion und sämtliche Nebenfragen gemäss Art. 360 Abs. 1 lit. b–g). Zum Schluss folgt der Hinweis darauf, dass die Parteien mit ihrer Zustimmung zur Anklageschrift auf ein ordentliches Verfahren und auf Rechtsmittel verzichten (lit. h)[69].

Den Parteien wird die Anklageschrift eröffnet, sie erhalten 10 Tage Frist, ihre Zustimmung oder Ablehnung zu erklären (Art. 360 Abs. 2). Bei Ablehnung nimmt das Verfahren seinen ordentlichen Gang. Vom Beschuldigten wird explizite Zustim-

63 Thommen 2013, 162 ff.

64 Thommen 2013, 168 ff.

65 Pieth 2010b, 168; Ruckstuhl in: plädoyer 2013, 6 ff.

66 BSK StPO-Greiner/Jaggi 2014, Art. 358 N 37.

67 Schmid StPO Praxiskommentar 2013, Art. 359 N 2.

68 Für Details zum Absprachespielraum: BSK StPO-Greiner/Jaggi 2014, Art. 358 N 28 ff.; Donatsch/Hansjakob/Lieber, Kommentar-Schwarzenegger 2014, Art. 358 N 4 ff.

69 Thommen 2013, 186 ff.

mung verlangt, bei der Privatklägerschaft wird Zustimmung angenommen, wenn sie das abgekürzte Verfahren nicht innert Frist schriftlich ablehnt (Abs. 3)[70].

Delikte, die nicht weiterverfolgt werden sollen, müssen korrekt eingestellt werden (Art. 2 Abs. 2, 310 und 319 ff.). Mit der Einwilligung in die Anklageschrift (und die Teileinstellung) begibt sich die Privatklägerschaft ihrer Rechtsmittel gegen die Einstellung.

ee) Das Hauptverfahren

Bereits die Vorbereitung der Hauptverhandlung muss stark abgekürzt werden: Die Prüfung der Anklageschrift muss sich eng auf die Rechtmässigkeit beschränken[71].

Das Gesetz erhält das Rudiment einer Hauptverhandlung, um klar zu machen, dass das abgekürzte Verfahren kein Geheimverfahren ist: In einer öffentlichen Verhandlung wird die Rechtmässigkeit des abgekürzten Verfahrens (Abs. 1 lit. a), die Plausibilität der Anklageschrift aufgrund der Akten und der Aussagen des Beschuldigten jedenfalls kursorisch überprüft (Art. 361 Abs. 1 lit. b)[72]. Wenn nötig, können auch die *«übrigen anwesenden Personen»* befragt werden. In der Praxis hat sich dabei der Grundsatz etabliert, dass der Beschuldigte sein Geständnis bestätigen muss[73]. Implizit bedeutet das auch, dass ein Kontumazverfahren – wegen der fehlenden Überprüfbarkeit nicht in Frage kommt[74]. Eine eigentliche Beweisverhandlung findet aber nicht statt. Auch Parteivorträge sind nicht vorgesehen[75]. Das Gericht überprüft schliesslich die Angemessenheit der Sanktionen aufgrund der vorliegenden Unterlagen (Abs. 1 lit. c)[76].

Der Botschaft zufolge soll das Gericht über einen gewissen Spielraum für Korrekturen im Sachverhalt, vor allem aber auch bezüglich der Rechtsfolge verfügen[77]. Allerdings müsste die Einwilligung der Parteien bei einer solchen Anpassung eingeholt werden[78]. Von Praktikern wird, mit Blick auf erste Erfahrungen mit dem «gerichtlichen Deal» davor gewarnt, dass Schutznormen, die für das staatsanwaltliche Verfahren gelten evtl. ausgehebelt werden (10 Tage Bedenkfrist)[79].

70 Goldschmid/Maurer/Sollberger 2008, 354 f. und Bommer in: plädoyer 2013, 8 (problematisch etwa in Fällen, in denen Hunderte von potenziell Betrogenen beteiligt sind, z.B. bei «Schneeballsystemen»); vgl. auch Thommen 2013, 189 ff.

71 Schmid StPO Praxiskommentar 2013, Art. 361 N 2; vgl. auch Pieth 2010b, 169.

72 BSK StPO-Greiner/Jaggi 2014, Art. 362 N 10 ff.; Donatsch/Hansjakob/Lieber, Kommentar-Schwarzenegger 2014, Art. 361 N 6 und Art. 362 N 1 ff.; Schmid Handbuch 2013, 623 f.

73 BGer 6B_513/2012 vom 24.6.2013.

74 Faller/Reymond/Vuille 2012, 76 ff., 91.

75 Schmid StPO Praxiskommentar 2013, Art. 361 N 10.

76 BSK StPO-Greiner/Jaggi 2014, Art. 362 N 14 ff.; Donatsch/Hansjakob/Lieber, Kommentar-Schwarzenegger 2014, Art. 362 N 5.

77 Botschaft des Bundesrates, BBl 2006 1085 (1297).

78 Schmid StPO Praxiskommentar 2013, Art. 362 N 5.

79 OGer ZH in: fp 2015, 219 ff.; Stohner 2015, 172 ff.; Thommen/Diethelm 2015, 160 ff.

Das Gericht befindet sich indessen in einem Dilemma: Die informellen Absprachen werden nicht protokolliert, die Anklageschrift ist Ausdruck der ausgehandelten «formellen Wahrheit»[80]. Der Überprüfung der Aktenkonformität sind Grenzen gesetzt. Trotzdem erwächst bei Annahme die Anklageschrift in Rechtskraft, der dort geschilderte «ausgehandelte» Sachverhalt wird «*res iudicata*»[81].

ff) Scheitern des abgekürzten Verfahrens

Lehnt das Gericht die ausgehandelte Anklageschrift ab oder scheitert das abgekürzte Verfahren bereits an der Zustimmung der Parteien, muss das ordentliche Verfahren fortgesetzt werden (Art. 362 Abs. 3).

Konsequent stellt das Gesetz (Abs. 4) fest, dass «*Erklärungen, die von den Parteien im Hinblick auf das abgekürzte Verfahren abgegeben worden sind, im ordentlichen Verfahren nicht verwertbar sind*». Darunter fallen vor allem informelle Erklärungen, Geständnisse und die Anerkennung von Zivilforderungen[82] im Rahmen des abgekürzten Verfahrens (nicht aber für Erklärungen vor dem Antrag[83]). Folge des Scheiterns ist, dass die Untersuchung von vorne beginnen muss. Die entsprechenden Protokolle werden aus den Akten entfernt[84]. Der Staatsanwalt darf auch nicht als Zeuge über die informellen Verhandlungen vorgeladen werden[85]. Überdies muss ein anderer Staatsanwalt das ordentliche Verfahren an die Hand nehmen[86].

gg) Rechtsmittel

Während bei Verzicht auf die Einsprache gegen den Strafbefehl alle ordentlichen Rechtsmittel verwirkt sind, besteht ein eingeschränktes Berufungsrecht gegen das Urteil im abgekürzten Verfahren: Nach Art. 362 Abs. 5 kann lediglich geltend gemacht werden, die beschuldigte Person habe der Anklageschrift nicht zugestimmt (schwerwiegender Willensmangel[87]) oder das Urteil entspreche der Anklageschrift nicht[88].

---

80 Jositsch/Bischoff 2007, 433; krit. Pieth 2010b, 169.

81 Zum Dilemma und möglichen (aber wenig überzeugenden) Lösungsmöglichkeiten: BSK StPO-Greiner/Jaggi 2014, Art. 358 N 78 ff.; vgl. auch die Vorschläge von Landtwing/Dössegger 2015, 74 f.

82 Botschaft des Bundesrates, BBl 2006 1085 (1297); BSK StPO-Greiner/Jaggi 2014, Art. 362 N 30 ff.; Jositsch/Bischoff 2007, 439; Pieth 2010b, 170.

83 Donatsch/Hansjakob/Lieber, Kommentar-Schwarzenegger 2014, Art. 362 N 9.

84 Ruckstuhl/Dittmann/Arnold 2011, 336; Ruckstuhl 2007, 151 f.

85 Schmid StPO Praxiskommentar 2013, Art. 362 N 11.

86 Goldschmid/Maurer/Sollberger 2008, 357; Ruckstuhl/Dittmann/Arnold 2011, 337.

87 OGer ZH in: fp 2014, 270 ff.; BSK StPO-Greiner/Jaggi 2014, Art. 362 N 45.

88 Art. 112, 178 lit. g.

c) Einschätzung

Gedacht ist das abgekürzte Verfahren für aufwändige Wirtschaftsstrafverfahren von erheblicher Schwere[89]. Die immer wieder erwähnten Fälle «*unklarer Beweis- oder Rechtslage*»[90] deuten allerdings eher darauf hin, dass die Justiz mit solchen Fällen[91] «*überfordert*» und «*nicht überlastet*» sein könnte. Oberholzer[92] verweist zur Illustration auf diffuse Tatbestände, wie die «kriminelle Organisation» (Art. 260ter StGB), Perron[93] auf die Unklarheiten der «ungetreuen Geschäftsbesorgung» (Art. 158 StGB). Die Akteure des Strafverfahrens verfügen über ein gegenseitiges «Erpressungspotenzial»[94]: Aktive Verteidiger können den Behörden die Arbeit erschweren und den Prozess verlängern. Allerdings können die Behörden mit ihren Zwangsmassnahmen und mit der Tatsache überhaupt, dass sie ein Individuum oder auch ein Unternehmen in ein Strafverfahren verwickeln, den Ruf der Beschuldigten erheblich beeinträchtigen. Insofern ist das Motiv zum Vergleich von beiden Seiten her verständlich. Offen bleibt aber, ob sich das abgekürzte Verfahren bewähren wird, weil der Beschuldigte sinnvollerweise mit dem Antrag zuwarten wird[95] (die Einsparung also eventuell nicht erheblich ist), und weil das Risiko (etwa bei Grossbetrügereien mit einer Vielzahl von Opfern) erheblich ist, dass auch nur eine Partei nicht einwilligt[96]. Immerhin zeigen die ersten Statistiken, dass sich das abgekürzte Verfahren steigender Beliebtheit erfreut: In Genf ergingen 2014 inzwischen 12.8 % der Anklagen im abgekürzten Verfahren[97], im Kanton Zürich lagen die Zahlen in einer ähnlichen Höhe, während sie in Bern auf 25 % und im Bund auf die Hälfte der Anklagen geklettert sind[98].

Angesichts des unsicheren Effizienzgewinns muss der Preis für die Legalisierung des «Deals» in Betracht gezogen werden. Oberholzer hat es in seinem Lehrbuch sehr deutlich gesagt: «*Der Deal verstösst gegen praktisch sämtliche tragenden Prinzipien des Strafprozessrechts*»[99].

---

89 Jositsch/Bischoff 2007, 437; vgl. auch Wüthrich 2014, 1585 ff.

90 Oberholzer 1993, 160.

91 Vgl. Jean-Richard-dit-Bressel 2008, 115 ff. zur Wahrheitsfindung bei «Wirtschaftskatastrophen» und Perron 2007, 180 ff. zum Mannesmann-Verfahren (v.a. 186).

92 Oberholzer 1993, 161.

93 Perron 2007, 187.

94 Perron 2007, 190.

95 Jositsch/Bischoff 2007, 437; krit. bereits «Aus 29 mach 1», 52.

96 Goldschmid/Maurer/Sollberger 2008, 355.

97 Grodecki 2016, 47 f.

98 Stohner 2015, 169.

99 Oberholzer 2012, 525; ders. in: NZZ am Sonntag vom 3.1.2016, 9 ff.; vgl. auch Albrecht 2008, 83 ff. und Pieth 2010b, 166 m.w.V.

Zum einen werden die Grundsätze der Justizgewährleistungspflicht ausgehöhlt: Das Offizialprinzip, das Gleichbehandlungsgebot[100], das Legalitätsprinzip[101] und der Grundsatz der materiellen Wahrheit[102] stehen in Frage. Auch die grundsätzlichen Schutzpositionen des Beschuldigten, namentlich das «*nemo tenetur*»-Prinzip[103] und die Unschuldsvermutung[104], werden in Frage gestellt. Der Zwang, an der eigenen Überführung mitzuwirken, hat insbesondere in der US-Variante des «*plea bargaining*» geradezu absurde Konsequenzen gezeitigt: Zumal Unternehmen veranlasst werden, ihren Rechtsvertreter zusammen mit einem Bücherprüfer die Arbeit der Ermittlungsbehörden erledigen zu lassen. Das Unternehmen willigt ein, sämtliche Unterlagen offenzulegen und die Mitarbeiterinnen und Mitarbeiter zu Aussagen zu motivieren, die Rechtsvertreter sind gegenüber den Behörden zur Offenlegung verpflichtet – alles in der Hoffnung auf einen unsicheren Strafnachlass und ein Verfahrensende innert vernünftiger Zeit (interne Untersuchung)[105].
Schliesslich werden die traditionellen Garantien der Öffentlichkeit und der Unmittelbarkeit der Hauptverhandlung, soweit sie überhaupt bestehen, durch das summarische Verfahren abgeschafft, auch wenn die Bestätigungsverhandlung formal öffentlich bleibt[106].

Ein Abweichen von der staatlichen Justizgewährleistungspflicht ist zwar zu Gunsten anderer Interessen denkbar. Die Missachtung der Schutzpositionen des Beschuldigten ist indessen nur dort zulässig, wo die Handlungskompetenz der beschuldigten Person so stark angehoben wird, dass von einem «*informed consent*»[107] auszugehen ist. Nicht wegzuargumentieren ist auch dann, dass Justiz in den Händen der Richter durch den «Superschulterschluss»[108] von Staatsanwaltschaft und Verteidigung, den aktiven Parteien im Deal, ersetzt wird. Insgesamt ist das Verfahren wohl vor allem im anschliessend zu erörternden Unternehmensstrafprozess vertretbar. Im Übrigen muss vorerst offen bleiben, ob der «ehrliche» Weg des formalisierten Verfahrens[109] wirklich die informellen Formen der Absprache verdrängen wird[110].

100 Jositsch/Bischoff 2007, 436 f. (verkappte Kronzeugenregelung); Oberholzer 1993, 171 («Strafzumessungsrelevanz prozessualen Wohlverhaltens»).
101 Oberholzer 2012, 525.
102 Jositsch/Bischoff 2007, 433 f.
103 Oberholzer 1993, 169.
104 Jositsch/Bischoff 2007, 435; Oberholzer 1993, 173 f.
105 Siehe unten S. 270.
106 Theile 2005, 142 ff.
107 Schubarth 2007, 532; vgl. auch Thommen 2013, 243, 307.
108 Oberholzer 1993, 167, u.V.a. Schünemann.
109 So die Erwartung von Ruckstuhl/Dittmann/Arnold 2011, 329 f.
110 Beispiele bei Pieth 2010b, 165 f., 172.

5. Das Unternehmensstrafverfahren

a) Die strafrechtliche Verantwortlichkeit des Unternehmens

Am 1. Oktober 2003 ist in der Schweiz die strafrechtliche Verantwortlichkeit des Unternehmens in Kraft getreten (alt Art. 100^{quater}, neu Art. 102 StGB). Hintergrund dieser Novelle war die vor allem durch Umweltdelikte dokumentierte Schwierigkeit, im komplexen, dezentral organisierten Betrieb konkrete Verantwortliche auszumachen[111]. Zum andern forderten internationale Übereinkommen seit Beginn der 1990er Jahre fast routinemässig die Aufrüstung der Unternehmenshaftung, sei es durch Verwaltungsstrafrecht oder Kriminalstrafrecht[112].

Die Schweiz hat das internationale Programm in einer doppelten Norm umgesetzt. Art. 102 Abs. 1 StGB enthält eine subsidiäre Haftung für den Fall, dass die Tat *«wegen mangelhafter Organisation des Unternehmens keiner bestimmten Person zugerechnet werden»* kann. Abs. 2 enthält für abschliessend aufgezählte Delikte (kriminelle Organisationen, Geldwäscherei, Finanzierung des Terrorismus und Korruption) eine prinzipale Haftung, *«wenn dem Unternehmen vorzuwerfen ist, dass es nicht alle erforderlichen und zumutbaren organisatorischen Vorkehren getroffen hat, um eine solche Straftat zu verhindern»*[113].

---

111 Heine 1995, 271 ff.; zur Geschichte vgl. auch Pieth 2015, 223 ff.

112 Organization of American States, Inter-American Convention against Corruption, (adopted 29.3.1996); OECD Convention on Combating Bribery of Foreign Public Officials in International Business Transactions (adopted 21.11.1997); Council of Europe Criminal Law Convention on Corruption, ETS no. 173 (open for signature 27.1.1999); African Union Convention on Preventing and Combating Corruption (adopted 11.7.2003); United Nations Convention against Corruption (adopted 31.10.2003); United Nations Convention against Transnational Organized Crime (adopted 15.11.2000); United Nations Convention against Illicit Traffic in Narcotic Drugs and Psychotropic Substances (adopted 20.12.1988); Council of Europe Convention on Laundering, Search, Seizure and Confiscation of the Proceeds from Crime, ETS no. 141 (open for signature 8.11.1990); Council of Europe Convention on Laundering, Search, Seizure and Confiscation of the Proceeds from Crime and on the Financing of Terrorism, ETS no. 198 (open for signature 16.5.2005); United Nations Convention for the Suppression of the Financing of Terrorism (adopted 9.12.1999); Council of Europe Convention on Cybercrime, ETS no. 185 (open for signature 23.11.2001); United Nations Convention against Transnational Organized Crime, Annex II, Protocol to Prevent, Suppress and Punish Trafficking in Persons (adopted 15.11.2000); Council of Europe Convention on the Protection of Children against Sexual Exploitation and Sexual Abuse, ETS no. 201 (open for signature 25.10.2007); Council of Europe Convention on the Manipulation of Sports Competitions, ETS no. 215 (open for signature 18.9.2014).

113 Forster 2006; Geiger 2006; Heine 2007; Jean-Richard-dit-Bressel 2013; Macaluso 2004; BSK StPO-Niggli/Gfeller 2013, Art. 102; Niggli/Maeder 2013, 163 ff.; Pieth 2004; ders. 2003.

Neuland wird auch im Prozessrecht beschritten. Eine Reihe von Fragen ist zu klären: abgesehen von Zuständigkeits- und Gerichtsstandsfragen vor allem die Geltung der Prozessmaximen (im Besonderen des «*nemo tenetur*»-Grundsatzes und des rechtlichen Gehörs). Sodann bedürfen die Vertretung des Beschuldigten, aber auch die Prozessrollen von Organen und Angestellten einer Klärung. Schliesslich stehen weitere beweisrechtliche Fragen, insbesondere im Bereich der Zeugnisverweigerungsrechte, zur Diskussion.

b) Zur Geltung der Prozessmaximen

Einzelne Autoren hatten insbesondere dem Unternehmen jene Rechte absprechen wollen, die mit der Menschqualität zusammenhängen sollen. Daher hat Arzt dem Unternehmen den Schutz vor Selbstbelastung vorenthalten wollen[114]. Andere Autoren halten zumal grosse Unternehmen für so stark, dass sie diesen Schutz nicht brauchen (These von der «Festung Unternehmen»[115]). Wird allerdings das **«nemo tenetur»-Prinzip** als Teil eines gewachsenen Gleichgewichts der widerstreitenden Prozessprinzipien, als wesentliches Element der Balance, gesehen[116], das angesichts der Zumutung für die Behörde, gleichzeitig «Gas zu geben» (den Verdacht zu überprüfen) und zu «bremsen» (die Justizmässigkeit des Verfahrens zu wahren), notwendiger Ausgleichsfaktor ist, ist es auch im Verfahren gegen das Unternehmen unverzichtbar[117].

Ganz Analoges gilt auch für das **«rechtliche Gehör»**. Jenseits der Menschenrechte sind wir auf die Wahrung des Gehörsanspruchs und des «*nemo tenetur*»-Grundsatzes als prozessuale Strukturprinzipien angewiesen. Sie garantieren einen bestimmten Standard der Wahrheitsfindung[118].

Wie gleich unten[119] weiter auszuführen ist, schliesst sich das neue Gesetz dieser Auffassung an, indem es das Unternehmen bei der Beschlagnahme von der Herausgabepflicht befreit, wenn es sich selbst belasten müsste[120]. Im Übrigen hat das Bundesgericht dem Unternehmen in einem Steuerstrafverfahren die Unschuldsvermutung explizit zugesprochen[121].

---

114 Arzt 2003, 456 f.

115 Nijboer 1999, 317.

116 Siehe oben S. 248 ff.

117 Für Details vgl. Pieth 2015, 228; ders. 2005, 603 ff.; ähnlich Bertossa 2003, 148; Drope 2002, 202; Schlüter 2000, 103 ff.; Schmid 2003, 206 ff.

118 Pieth 2005, 607 u.V.a. Krauß; im gleichen Sinne Goldschmid/Maurer/Sollberger 2008, 91.

119 Siehe unten S. 268.

120 Art. 265 Abs. 2 lit. c; vgl. auch den analogen Fall der Bank bei Überwachung von Kundenkonten gemäss Art. 285 Abs. 2.

121 BGE 135 II 86 (90); Tophinke 2000, 143 f.

c) Anwendbares Recht und Gerichtsstand

Die Art. 3–8 StGB sind auch auf Unternehmen anwendbar. Das Territorialitätsprinzip hat bei der Unternehmenshaftung zwei Anknüpfungspunkte: Neben dem Ort der Bezugstat, der Ort der Desorganisation[122]. Für die aktive und passive Personalität nach Art. 7 Abs. 1 StGB ist es vielleicht gewöhnungsbedürftig, allerdings sollte kein Zweifel daran bestehen, dass ein in der Schweiz niedergelassenes, im Ausland deliktisch tätiges Unternehmen der Schweizer Rechtszuständigkeit untersteht, soweit die weiteren Voraussetzungen, wie die beiderseitige Strafbarkeit, vorliegen[123].

Die Schweizerische Strafprozessordnung hat sich der Frage des Gerichtsstandes angenommen und in Art. 36 Abs. 2 die Behörden am Sitz des Unternehmens für zuständig erklärt. Erste Kommentierungen begrüssen die Regelung für Art. 102 Abs. 2 StGB (die originäre Unternehmenshaftung), ziehen sie aber dann in Frage, wenn das Unternehmen für Ereignisse fernab vom Firmensitz haften soll[124].

d) Die Beschuldigtenstellung

Das Unternehmen hat, genauso wie das Individuum, als beschuldigte Person das Recht, zwischen Kooperation und Verweigerung der Mitwirkung zu wählen. Es muss sich weder durch Äusserungen seiner Vertretung noch durch Edition von Akten selbst belasten. Dies gilt, obwohl im Rahmen der Arbeiten an der Schweizerischen StPO der Art. 102a StGB aufgehoben wurde[125]: Die Absätze 1 und 3 des alten Art. 102a StGB wurden in Art. 112 Abs. 1–3 StPO übernommen. Ausgeschieden ist einzig Art. 102a Abs. 2 StGB. Dies ist zu bedauern, weil er wesentlich klarer war als die gegenwärtige Regelung, die den Vertreter des Unternehmens zur Auskunftsperson macht (Art. 178 lit. g).

aa) Die Bestellung der Vertretung des Unternehmens

Am einfachsten wäre es zweifellos, wenn man für den Strafprozess schlicht die zivilrechtliche Vertretungsregelung gelten liesse. Aus verschiedenen Gründen mag dies aber nicht als praktikabel erscheinen[126]: Es kann sein, dass gerade auch den führenden Managern oder Organen ein persönlicher Vorwurf zu machen ist. Der Strafpro-

122 Cassani 2010, 32 ff.; Pieth 2016, 39 ff.

123 Vgl. etwa die Ausführungen des Bundesrates in der Botschaft zur Genehmigung und Umsetzung des Strafrechts-Übereinkommens und des Zusatzprotokolls des Europarates über Korruption (Änderung des Strafgesetzbuches und des Bundesgesetzes über den unlauteren Wettbewerb), BBl 2004 6983 (7022); sowie Bertossa 2003, 207; Lenz/Maeder 2013, 38; Pieth 2016, 41 m.w.H.

124 Goldschmid/Maurer/Sollberger (2008, 32) etwa nennen das Bsp. des Seilbahnunglücks fern vom Unternehmenssitz.

125 Vgl. Anhang 1 Ziff. 8 zur StPO.

126 Abweichend aber Köck 2003, 496, 499.

zess sollte diesen Interessenkonflikt vermeiden, zumal es als Beschuldigtenvertreter einer Person bedarf, die nicht bloss als Verteidiger für das Unternehmen handelt, sondern auch persönliche Rechte wahrnimmt. Dies kann insbesondere im Kontext der Abwendung von Zwangsmassnahmen durch Kooperation (etwa Art. 265 Abs. 4) und bei der Frage, welche Verteidigungsstrategie das Unternehmen einschlagen will, von grosser Bedeutung sein. Daher darf die Vertretungstätigkeit nicht durch konfligierende Eigeninteressen gestört werden. Sodann kann das Prozessrecht nicht an einer Vielzahl von Vertretern interessiert sein: Das Unternehmen soll strategische Verteidigungsentscheide mit einer Stimme nach aussen kommunizieren (wie sie intern zustandekommen, ist Sache des Unternehmens). Zudem besteht eine Unvereinbarkeit der Stellung als Parteivertreter und als Beweisperson. Diesen Gesichtspunkt hat der Gesetzgeber in Art. 178 lit. g verkannt[127]. Organe und Angestellte sind im Übrigen wichtige potenzielle Beweispersonen, die das Unternehmen nicht einfach als Vertreter «neutralisieren» sollte, sie sind entweder Zeugen oder Auskunftspersonen[128].

Diese Überlegungen haben den Schweizer Gesetzgeber dazu veranlasst, einen kühnen Entscheid zu fällen: Das Unternehmen soll nur von einer einzigen Person im Rechtssinne vertreten werden, und dieser Vertreter darf selbst nicht Beschuldigter im gleichen oder in einem damit sachlich zusammenhängenden Strafverfahren sein. Die Bestellung der Vertretung ist nunmehr in Art. 112 detailliert geregelt:

> *«Art. 112 Strafverfahren gegen Unternehmen*
>
> *1 In einem Strafverfahren gegen ein Unternehmen wird dieses von einer einzigen Person vertreten, die uneingeschränkt zur Vertretung des Unternehmens in zivilrechtlichen Angelegenheiten befugt ist.*
>
> *2 Bestellt das Unternehmen nicht innert angemessener Frist eine solche Vertretung, so bestimmt die Verfahrensleitung, wer von den zur zivilrechtlichen Vertretung befugten Personen das Unternehmen im Strafverfahren vertritt.*
>
> *3 Wird gegen die Person, die das Unternehmen im Strafverfahren vertritt, wegen des gleichen oder eines damit zusammenhängenden Sachverhalts eine Strafuntersuchung eröffnet, so hat das Unternehmen eine andere Vertreterin oder einen anderen Vertreter zu bezeichnen. Nötigenfalls bestimmt die Verfahrensleitung zur Vertretung eine andere Person nach Absatz 2 oder, sofern eine solche nicht zur Verfügung steht, eine geeignete Drittperson.*
>
> *4 Wird wegen des gleichen oder eines damit zusammenhängenden Sachverhalts sowohl ein Verfahren gegen eine natürliche Person wie auch ein Verfahren gegen ein Unternehmen geführt, so können die Verfahren vereinigt werden.»*

127 Vgl. Pieth 2005, 609.

128 Siehe unten gleich S. 267.

bb) Die Wahrnehmung der Vertretung des Unternehmens

Die Einvernahme des Beschuldigten im Strafverfahren dient zwei unterschiedlichen Zwecken: Im Rahmen des *status passivus* ist der Beschuldigte Objekt des Verhörs[129]. Als Verfahrenssubjekt gibt ihm die Einvernahme Gelegenheit zum rechtlichen Gehör[130]. Noch stärker als beim Individuum dürfte beim Unternehmen dieser Gesichtspunkt im Vordergrund stehen: Das Unternehmen hat die Chance, seine Struktur, seine «*Compliance*»-Bemühungen, seine Schulungsanstrengungen – kurz die Inhalte der drei curae *(«cura in eligendo, instruendo et custodiendo»)* – auszuführen und sich damit in ein möglichst gutes Licht zu rücken und die Anlasstat aus Sicht des Unternehmens als atypischen Unfall, als Ausreisser oder als Exzess eines delinquenten Mitarbeiters darzustellen[131]. Das Unternehmen kann aber auch eine *«no comment»*-Strategie einschlagen, wenn es sie für erfolgversprechender hält. Das StGB hatte dies im inzwischen aufgehobenen Art. 102a StGB auf besonders deutliche Weise zum Ausdruck gebracht:

> *«Einer Person, die das Unternehmen im Strafverfahren vertritt, kommen die gleichen Rechte und Pflichten wie dem Beschuldigten zu.»*

An die Stelle von Art. 102a Abs. 2 StGB ist in der Prozessordnung nunmehr Art. 178 lit. g getreten, der die Vertretung des Unternehmens (und sämtlicher allfälliger Ersatzpersonen) zu «**Auskunftspersonen**» macht[132]. Soweit dafür die Sorge, sie könnten zu Zeugen werden, verantwortlich war, liegt dem gesetzgeberischen Entscheid ein Denkfehler zugrunde: Der Vertreter des beschuldigten Unternehmens soll (so sagt es auch der eben zitierte Art. 112 Abs. 3) gerade nicht selbst unter Tatverdacht stehen. Ein echter Vertreter aber würde die *«Rechte und Pflichten des Beschuldigten»* für das Unternehmen wahrnehmen, also entscheiden, wie weit zu kooperieren ist, ob die interne Organisationsstruktur offen gelegt wird, ob Einblick in Details des *«compliance system»* gewährt wird oder ob man es darauf ankommen lässt, dass sich die Behörden die Unterlagen zwangsweise holen. Kurz, Art. 178 lit. g ist unnötig und verwirrend. Allerdings läuft es vermutlich letztlich auf dasselbe hinaus, weil nach Art. 180 Abs. 1 für diesen Typus von Auskunftsperson die Bestimmungen für die Einvernahmen von beschuldigten Personen sinngemäss anzuwenden sind[133].

129 Siehe oben S. 86 ff., 200 f.

130 Siehe oben S. 89 ff.

131 Pieth 2016, 67 ff.; Pieth/Ivory 2011, 48 ff., 393 ff.

132 Geth 2014, 109 ff.

133 Siehe bereits oben S. 210 f.

e) Beweisrecht

aa) Personalbeweis

(1) Organe und persönliche Mitarbeiterinnen und Mitarbeiter

Mit der Abschaffung von Art. 102a Abs. 2 StGB ist auch der klare Satz *«die anderen Personen nach Abs. 1 sind im Strafverfahren gegen das Unternehmen nicht zur Aussage verpflichtet»* weggefallen. An seine Stelle ist der Passus von Art. 178 lit. g getreten, der auch alle **potenziellen Vertreter** des Unternehmens zu Auskunftspersonen erklärt.

Darüber hinaus werden die «**Mitarbeiterinnen und Mitarbeiter** der Organe und Vertreter» zu Auskunftspersonen gemacht. Es ist bereits oben[134] ausgeführt worden, dass mit dieser Passage neue Wertungen in die Unternehmenshaftung eingeflossen sind. Immerhin ist das Anliegen verständlich: Man möchte verhindern, dass sich die Strafverfolgungsbehörden durch die Einvernahme der Chefsekretärin oder des Sekretärs des Verwaltungsrates über das informiert, was die Organe selbst nicht preisgeben müssen.

Allerdings ist der Kreis der «Mitarbeiter» eng auf das «direkte und persönliche Zusammenwirken» einzuschränken[135].

(2) Weitere Mitarbeiterinnen und Mitarbeiter des Unternehmens

Demgegenüber sind die weiteren Mitarbeiter und Beauftragte etc. des Unternehmens als **Zeugen** einzuvernehmen[136]. Inzwischen ist die Frage vom Gesetzgeber geklärt worden.

(3) Das Unternehmen als «Zeuge»

Insbesondere im Bankenbereich geraten Unternehmen als solche immer wieder in die Rolle des «Zeugen» gegen Kunden. Es werden Bankauskünfte eingeholt, Konten werden heimlich überwacht und Kundengelder gesperrt. Die Bank kann der Strafverfolgungsbehörde nicht das Bankgeheimnis gemäss Art. 47 BankG entgegenhalten (Art. 173 Abs. 2). Allerdings enthält Art. 285 Abs. 2 einen speziellen Schutz für die Bank bei der Überwachung von Bankbeziehungen: Sie hat keine Information über Dokumente zu liefern, wenn sie sich durch die Herausgabe selbst belasten müsste. Entsprechendes gilt gemäss Art. 265 Abs. 2 lit. c bei der Beschlagnahme.

---

134 Siehe S. 181 f.

135 Goldschmid/Maurer/Sollberger 2008, 171; BSK StPO-Kerner 2014, Art. 178 N 13.

136 Siehe oben S. 210 f.; vgl. zur Debatte auch Köck 2003, 496, 504 für Österreich; Goldschmid/Maurer/Sollberger 2008, 171 und Pieth 2005, 612 f. für die Schweiz; a.A. noch Schmid 2003, 1, 17 f.

bb) Sachbeweis und Zwangsmassnahmen

(1) Urkundenbeweis, Hausdurchsuchung und Beschlagnahme

Gerade weil die Organe auch im Interesse des beschuldigten Unternehmens nicht zur Aussage verpflichtet werden können, verlagert sich das Schwergewicht der Beweisgewinnung auf den Sachbeweis und die Zwangsmassnahmen, die zu seiner Gewinnung dienen. Dabei tritt zu den traditionellen Beweisthemen die Frage der Organisationsstruktur und allfälliger Organisationsdefizite hinzu.

Allerdings gilt auch hier das Verhältnismässigkeitsprinzip[137]: Zwar ist das Unternehmen nicht zur Mitwirkung verpflichtet, bevor aber zur Hausdurchsuchung oder Beschlagnahme geschritten wird, sollte ihm – sofern nicht von Kollusionshandlungen ausgegangen werden muss – Gelegenheit zur Kooperation gegeben werden. Art. 265 Abs. 4 hält fest, dass Zwangsmassnahmen nur zulässig sind, wenn die Herausgabe verweigert werde oder anzunehmen ist, dass die Aufforderung zur Herausgabe den Zweck der Massnahme vereiteln würde. Dadurch soll verhindert werden, dass Hundertschaften von Polizisten die Hauptquartiere von Unternehmen «auseinandernehmen», die gesamte Geschäftskorrespondenz, die Buchhaltung und die *hard discs* der Computer konfiszieren, wie dies gelegentlich in Japan und in Deutschland (zum Beispiel im Fall Siemens) vorgekommen ist.

Zwar dispensiert Art. 265 Abs. 2 das Unternehmen von der Herausgabepflicht, wenn es sich selbst belasten müsste. Freilich ist dies nicht wirklich ein Schutz vor Zwangsmassnahmen. Verweigert das Unternehmen die Aussage oder die Mitwirkung, können die Räume durchsucht, Dokumente beschlagnahmt und Computer beziehungsweise Server oder *hard discs* etc. beschlagnahmt beziehungsweise kopiert werden. Besonders beliebt ist insbesondere die Erhebung und Auswertung des hausinternen E-Mail-Verkehrs. Er gibt vielfach über die Intentionen innerhalb des Unternehmens Auskunft[138]. Auch hier gilt, dass der **«nemo tenetur»-Grundsatz nicht vor Zwangseingriffen schützt**[139] und den Fortgang des Verfahrens nicht behindert (Art. 113 Abs. 2).

(2) Massnahmen gegen «Fluchtgefahr»?

Während sich Individuen durch Flucht dem Verfahren entziehen können, könnten die Organe oder Kapitaleigner eines Unternehmens versucht sein, das Unternehmen durch Liquidation, Fusion, Sitzverlegung usw. in seiner juristischen Form zu verändern oder ihm die finanzielle Basis durch entsprechende Transaktionen zu entziehen. Der Staat hätte es in der Hand, die Änderung der Rechtsform, Sitzverlegung usw. dadurch zu vereiteln, dass die bei den meisten Struktur- oder Handänderungen

137 Goldschmid/Maurer/Sollberger 2008, 250.
138 Pieth 2005, 613 f.
139 Vgl. Art. 113 Abs. 2; und siehe oben S. 88 f. und 156 ff.

notwendigen Registereintragungen verweigert würden, sobald gegen ein Unternehmen eine Strafuntersuchung hängig ist. Dazu bedürfte es allerdings einer entsprechenden gesetzlichen Grundlage[140]. Schmid schlägt vor, bei Fusionen und freiwilliger Liquidation im Schweizer Recht den Strafanspruch aufrecht zu erhalten. Im Konkurs gehe er dagegen unter[141].

f) Absprachen im Unternehmensstrafverfahren

Unternehmensstrafverfahren werden selten sein, da sie mit einem erheblichen Aufwand verbunden sind: Abgesehen von der Anlasstat eines Angestellten oder Beauftragten müssen der Bezug der Tat zum Unternehmenszweck und – bei Fällen von Art. 102 Abs. 2 StGB – das **Organisationsversagen** nachgewiesen werden[142]. Die Vorwürfe werden auf die spezifischen Risikofelder (organisierte Kriminalität, Geldwäsche, Terrorismus und Korruption) zugeschnitten werden müssen[143]. Allerdings reicht es zur Haftungsbefreiung des Unternehmens nicht, sich ein «*compliance system*» und einen «*compliance officer*» zu geben, das System muss in die Praxis umgesetzt werden und sein Funktionieren vom Unternehmen überprüft werden[144].

Diesen Nachweis anhand von Organigrammen und Analysen des konkreten Geschäftsgebarens zu erbringen, dürfte oftmals schwer fallen (insbesondere forensische Untersuchungen und weitreichende Befragungen von Angestellten und Kadern wären erforderlich). Daher liegt das Interesse der **Strafverfolgungsinstanzen** an einem «Deal» nahe.

Dabei könnte die US-Praxis, zunächst einen «**Prozessdeal**» zu schliessen, auch in der Schweiz Einzug halten: Eine neutrale private Instanz (eine Bücherprüferfirma) würde zum Beispiel die Unternehmenspraxis in einem bestimmten Zeitraum, in einem bestimmten Geschäftsfeld und fokussiert auf eine bestimmte Weltregion untersuchen und sowohl dem Unternehmen wie den Strafverfolgungsbehörden Bericht erstatten[145].

Aus Sicht des **Unternehmens** könnte der Deal interessant sein, weil eines der wichtigsten Anliegen die Risikobegrenzung und die Krisenüberwindung darstellt: Das Unternehmen wird alles daran setzen, die Rufrisiken eines Strafverfahrens zu ver-

---

140 Vgl. zur *successor liability* in den USA: Murphy 2011, 183 ff.; für Deutschland § 30 Abs. 2a OWiG; Donatsch/Hansjakob/Lieber, Kommentar-Lieber 2014, Art. 112 N 42 (er schlägt vor, das Urteil auf den Namen des Unternehmens zur Tatzeit auszufällen, die Vollstreckung aber gegen den zivilrechtlichen Nachfolger des Unternehmens zu richten).

141 Schmid 2003, 777 f.; dazu auch PK-Trechsel/Jean-Richard 2013, Art. 102 N 2.

142 Heine 2007, 93 ff.; Pieth 2016, 67 ff.; ders. 2004, 597 ff.

143 Forster 2006; Geiger 2006; Niggli/Maeder 2013, 183 f.; Strasser 2005, 651 ff.

144 Pieth/Ivory 2011, 48 ff.; Pieth 2016, 77 ff.; ders. 2004, 597 ff.

145 Zur Problematik des Vorgehens unter dem Gesichtspunkt des «*nemo tenetur*»-Grundsatzes wurde bereits Stellung genommen, siehe oben S. 260 f.; vgl. auch Pieth/Ivory 2011, 42 ff.

meiden und sobald wie möglich die Kosten eines Straffalles zu quantifizieren und abzuschreiben. Dieses Verhalten wurde sowohl bei grossen Unternehmenshaftungsfällen (zum Beispiel Siemens oder Alstom[146]) wie in der Aufarbeitung der Verletzung des Embargo-Gesetzes im Kontext des Oil-for-Food Programms der Uno im Irak beobachtet[147].

Häufig gehen dem Deal mit dem Unternehmen sog. **«interne Untersuchungen»**[148] voraus. Während der Anstoss durchaus vom Unternehmen ausgehen kann, schreiben einzelne Aufsichtsnormen solche Abklärungen gekoppelt an Melde- und Anzeigepflichten geradezu vor (etwa Art. 29 FINMAG[149]). Sodann haben vor allem US-Behörden Unternehmen zur Kooperation verpflichtet. Verschiedene Fragen – die hier nicht im Detail ausgeführt werden können – stellen sich: Etwa die Verantwortlichkeit von Mitarbeiterbefragungen im Falle der Verletzung zwingender Standards[150] oder die grenzüberschreitende Auslieferung von Arbeitsprodukten von internen Untersuchungen (im Hinblick auf Art. 271 und Art. 273 StGB[151]).

6. Selbständiges Einziehungsverfahren (Art. 376 ff. StPO)

a) Ausgangslage

Die Einziehung gemäss Art. 69–73 StGB (zu unterscheiden sind die Sicherungseinziehung, die Vermögenseinziehung und die Einziehung von Werten unter der Kontrolle einer kriminellen Organisation[152]) wird zwar typischerweise im Rahmen eines Strafverfahrens gegen eine Person verfügt (Einziehung *in personam*). Wo sich allerdings in der Schweiz deliktisches Vermögen befindet, das entweder (zum Beispiel von Betäubungsmittelhändlern) aufgegeben wurde, oder dessen Eigentümer sich im Ausland befinden (zum Beispiel Erträge aus ungetreuer Amtsführung oder Korruption, insbesondere sogenannte Potentatengelder[153]), besteht das Bedürfnis, eine selbständige Vermögenseinziehung durchzuführen (Art. 376). Typische Anwendungs-

146 Siemens: Spiegel Online, 15.12.2008 und Alstom: Medienmitteilungen, BA, 22.11.2011: Strafverfahren gegen Alstom-Gesellschaften abgeschlossen; Einstellungsverfügung der Bundesanwaltschaft vom 22.11.2011 betreffend Alstom SA und Alstom Network Schweiz AG, para 2.10; Lenz/Mäder 2013, 33 ff.; Nadelhofer do Canto 2012, 129 ff.

147 Oil-for-Food: Volcker, P.A./Goldstone, R./Pieth, M., Report by the Independent Inquiry Committee into the UN Oil-For-Food Programme, New York 2005.

148 Fritsche 2013; Godenzi 2010, 169 ff.; Moosmayer/Hartwig 2012; Romerio/Bazzani 2015; Zerbes 2013, 551 ff.

149 Gless 2015, 723 ff.; Romerio/Bazzani/Groth 2015, 7 ff.

150 Zerbes 2013, 551 ff.

151 BSK StGB-Husmann 2013, Art. 271 N 29; Pieth 2016, 269 f.

152 Schmid 2007; Dannacher 2012; Mégevand 2013.

153 Cassani 2010, 465 ff.; Dannacher 2012; Pieth 2016, 94 ff.

fälle sind der internationale Betäubungsmittelhandel[154] oder das Problem der «Potentatengelder». Häufig sind die geschädigten Staaten bei andauernder ungetreuer Amtsführung von Despoten als *«failing states»* nur schwer in der Lage, veruntreute Gelder über ein Rechtshilfeverfahren zurückzuführen[155]. Daher kann die selbständige Einziehung der Werte in der Schweiz eine echte Alternative bieten. In der Praxis bestehen bei der Einziehung *in rem* (oder auch «objektive Einziehung» genannt[156]) allerdings erhebliche Probleme, weil das Bundesgericht eine schweizerische Zuständigkeit verlangt, weil häufig der Nachweis der illegalen Herkunft der Werte Probleme bereitet, und weil die Verfahren vielfach so lange dauern, dass die Verjährung droht[157]. Dies ist mit ein Grund, weshalb die Schweiz neben die strafprozessuale eine verwaltungsrechtliche Schiene gelegt hat[158].

b) Zuständigkeit und Gerichtsstand

Das Bundesgericht hat auch für die selbständige Einziehung eine Schweizer Zuständigkeit verlangt[159]. Dieses Erfordernis macht die selbständige Einziehung im Ausland illegal erlangter Werte äusserst schwierig und zwingt die Strafbehörden, entweder nach Anwendungsfällen des Universalitätsprinzips (Betäubungsmittelhandel, Völkermord usw.) zu suchen beziehungsweise auf Strafverfahren *in personam* (wegen Geldwäsche) auszuweichen. Vorzuziehen wäre der in Österreich und im Fürstentum Liechtenstein gewählte Weg einer gesonderten gesetzlichen Zuständigkeit[160].

---

154 Vgl. das sog. «Sharing»-Gesetz: Bundesgesetz über die Teilung eingezogener Vermögenswerte (TEVG) vom 19.3.2004 (SR 312.4).

155 Man denke an die Fälle Pahlavi/Iran; Marcos/Philippinen; Duvalier/Haiti; Ceauşescu/Rumänien; Mobutu/Kongo; Bhutto/Pakistan; Suharto/Indonesien; Abacha/Nigeria; Montesinos/Peru; Pinochet/Chile; Ghagbo/Côte d'Ivoire; Ben Ali/Tunesien; Mubarak/Ägypten; Gaddafi/Libyen; Yanukovych/Ukraine; dazu generell: Bianchi/Heimgartner 2012, 353 ff.; Borghi 2010, 89 ff.; Cassani 2010a, 465 ff.; dies. 2009, 229 ff.; Dannacher 2012; Pieth 2015a, 126 ff.; ders. 2012d, 39 ff.; ders. 2008a, 3 ff.; ders. 2007b, 497 ff.

156 Über die Terminologie herrscht Uneinigkeit: vgl. BSK StPO-Baumann 2014, Art. 376 N 1.

157 Vgl. Pieth 2007b, 497 ff.

158 Am 1.2.2011 ist die sog. «lex Duvalier», das RUVG (Bundesgesetz über die Rückerstattung unrechtmässig erworbener Vermögenswerte politisch exponierter Personen vom 1.10.2010 [SR 196.1]) in Kraft getreten. Inzwischen wurde es bereits durch ein neues Gesetz, das SRVG abgelöst: Bundesgesetz über die Sperrung und die Rückerstattung unrechtmässig erworbener Vermögenswerte politisch exponierter Personen vom 4.6.2013, BBl 2013 3441; Botschaft zum Bundesgesetz über die Sperrung und die Rückerstattung unrechtmässig erworbener Vermögenswerte ausländischer politisch exponierter Personen vom 21.5.2014, BBl 2014 5265; Pieth 2013, 75 ff.

159 Pieth 2007b, 503 m.w.V.

160 § 20b Abs. 2 Ö StGB.

Ist schweizerisches Recht anwendbar, sind gemäss Art. 37 Abs. 1 die Behörden am Ort der gelegenen Sache zuständig. Befinden sich die Werte bei verbundenen Strafsachen in mehreren Kantonen, ziehen die Behörden, die als Erste ermitteln (nicht erst, wie es in Abs. 2 heisst, als Erste das Verfahren formell eröffnen[161]), das gesamte Verfahren an sich.

c) Verfahren

aa) Vorprüfung und Einziehungsbefehl

Die Staatsanwaltschaft prüft die Voraussetzungen der Einziehung gemäss Art. 69 ff. StGB. Sind die Voraussetzungen ihrer Ansicht nach erfüllt, erlässt sie einen **Einziehungsbefehl** (Art. 377 Abs. 2). Andernfalls stellt sie das Verfahren ein (Abs. 3).

bb) Einsprache und Gerichtsverfahren

Das Einziehungsverfahren richtet sich nach den Bestimmungen über den Strafbefehl (Art. 377 Abs. 4). Allerdings stellt Art. 377 Abs. 2 Satz 2 klar, dass den einziehungsbetroffenen Personen Gelegenheit zur Stellungnahme zu geben ist[162]. Schwierigkeiten bereitet bisweilen die Situation, dass ein Einziehungsbefehl nicht zugestellt werden kann, weil die Eigentümer der Werte unbekannt, verstorben oder unbekannten Aufenthalts sind. Gemäss Art. 88 Abs. 4 gelten Strafbefehle (und damit auch Einziehungsbefehle) auch ohne öffentliche Bekanntmachung als zugestellt (zumal, wenn der Aufenthaltsort der Adressaten unbekannt, die Zustellung unmöglich oder wesentlich erschwert ist oder eine Partei mit Wohnsitz im Ausland keine Zustelladresse bezeichnet).

Das Gericht entscheidet in der Form eines Beschlusses oder einer Verfügung über die selbständige Einziehung. Die Staatsanwaltschaft, respektive das Gericht, kann gemäss Art. 378 über die Verwendung zu Gunsten der geschädigten Person entscheiden. In Frage kommt damit auch die Rückführung veruntreuter, ertrogener Werte oder von Korruptionsgeldern an den verletzten Staat.

cc) Ausnahmsweise Umkehr der Beweislast

Als problematisch erwiesen haben sich Fälle, in denen erhebliche Summen beschlagnahmt wurden, die vom Ansprecher unmöglich auf legalem Wege erlangt werden konnten (zum Beispiel die ca. 600 Mio. Dollar der Familie Abacha von Nigeria oder die 7 Mio. Dollar der Familie Duvalier von Haiti beziehungsweise ca. 150 Mio. Dollar der Betäubungsmittelhändler Nasser-Arana aus Kolumbien). Die Praxis hat sich angesichts der Schwierigkeiten, die illegale Herkunft der Werte in der Schweiz strin-

161 Goldschmid/Maurer/Sollberger 2008, 32.

162 BSK StPO-Baumann 2014, Art. 377 N 2 ff.; Donatsch/Hansjakob/Lieber, Kommentar-Schwarzenegger 2014, Art. 377 N 2.

gent nachzuweisen, in solchen Extremfällen damit beholfen, die Eigentümer unter Umständen als «kriminelle Organisation» im Sinne von Art. 260ter StGB einzustufen und sie zum Nachweis ihres rechtmässigen Erwerbs zu veranlassen. Dabei wurde Art. 72 StGB entweder direkt oder im Rahmen eines Rechtshilfeverfahrens analog angewandt[163]. Das am 1.10.2010 erlassene verwaltungsrechtliche RuVG erlaubt unter gewissen Umständen seinerseits die Umkehr der Beweislast. Es handelt sich aber nicht um eine Variante der selbständigen Einziehung, vielmehr soll die Rechtshilfe erleichtert werden. Im Übrigen beschränkt sich der Anwendungsbereich auf «*failing*» oder «*failed states*». Auf naheliegende Beispiele wie Tunesien oder Ägypten dürfte das RuVG aber nicht anwendbar sein[164].

7. Abwesenheitsverfahren

Das sogenannte «Kontumazverfahren» (Abwesenheitsverfahren) wurde schon längere Zeit als problematisch empfunden, weil es das Prinzip des rechtlichen Gehörs nicht beachten kann[165]. Die Praxis zur EMRK hat denn auch zu einer erheblichen Einschränkung dieses Verfahrenstyps geführt[166]. Die Regelung in der neuen Strafprozessordnung nimmt auf diese rechtsstaatlichen Anforderungen Rücksicht. Das Abwesenheitsverfahren findet vor allem Anwendung, wenn die Verjährung einzusetzen droht.

Zunächst schliesst sie ein Urteil ohne Befragung der beschuldigten Person im Vorverfahren im Prinzip aus. Zur Beibringung des Beschuldigten im Vorverfahren stehen die Fahndung (Art. 210 f.), die Vorladung (Art. 201 ff.) und die Vorführung (Art. 207 ff.) zur Verfügung. Nicht gemeint sind natürlich auch Fälle, die etwa wegen Krankheit des Beschuldigten sistiert werden müssen (Art. 314).

Die gesetzliche Regelung konzentriert sich auf das Fernbleiben des ordnungsgemäss geladenen Beschuldigten von der **Hauptverhandlung**. Das Gericht setzt eine zweite Verhandlung an und lädt die Person erneut vor, respektive lässt sie vorführen. Erst bei neuerlichem Nichterscheinen wird das Abwesenheitsverfahren durchgeführt (Art. 366 Abs. 1 und 2). Explizit wird aber in Art. 366 Abs. 4 festgehalten, dass ein Abwesenheitsverfahren nur durchgeführt werden kann, wenn die beschuldigte Person im bisherigen Verfahren ausreichend **Gelegenheit** hatte, sich zu den Vorwürfen **zu äussern**, und wenn die **Beweislage ein Urteil** ohne ihre Anwesenheit **zulässt**.

Die Vorsicht gegenüber dem Abwesenheitsverfahren kontrastiert merkwürdig mit der Leichtigkeit, mit der die Praxis ohne Anhörung des Beschuldigten Strafbe-

163 BGE 131 II 169 (Abacha).

164 Krit. Dannacher 2012, 151 ff.; Pieth 2012, 31 ff.

165 Hauser/Schweri/Hartmann 2005, 450 ff.

166 Müller/Schefer 2008, 882; BSK StPO-Maurer 2014, Vor Art. 366, N 2 f.; Oberholzer 2012, 530 ff.; Schmid 2004, 334 ff.

fehle erlässt, die, wenn sie zugestellt werden können und es nicht zur Einsprache kommt, in Rechtskraft erwachsen[167].

Das Gericht führt das Hauptverfahren nach den ordentlichen Regeln durch. Die Verteidigung ist (anders als früher) zum Vortrag zugelassen[168], die notwendige Verteidigung muss anwesend sein.

Das Urteil wird der beschuldigten Person **zugestellt**[169]. Gelingt die Zustellung, erhält die beschuldigte Partei zehn Tage Zeit, die neue Beurteilung zu verlangen. Allerdings hat sie das Fernbleiben zu begründen. Das Gericht lehnt das Gesuch ab, wenn die Person ordnungsgemäss vorgeladen und der Hauptverhandlung **unentschuldigt** ferngeblieben ist (Art. 368 Abs. 3)[170].

Sind die Voraussetzungen für die **Neubeurteilung** «voraussichtlich erfüllt» (allzu hohe Anforderungen sind also in dieser Phase noch nicht zu stellen), setzt die Verfahrensleitung eine neue Hauptverhandlung an, das Gericht entscheidet vorfrageweise über das Gesuch. Die Entscheidung ist mit Beschwerde anfechtbar (Art. 393 Abs. 1 lit. b).

Fällt das Gericht ein **neues Urteil**, ersetzt es das Kontumazurteil. Das Verbot der *«reformatio in peius»* ist nicht anwendbar (Art. 391 Abs. 2)[171]. Gegen das neue Urteil stehen die üblichen Rechtsmittel zur Verfügung. Während der Berufungsfrist hat die beurteilte Person die Wahl, ob sie eine Neubeurteilung wünscht (und dabei den vollen Instanzenzug wahrt, allerdings mit der Unsicherheit leben muss, ob es überhaupt zur Neubeurteilung kommt), oder ob sie direkt die Berufung gegen das Kontumazurteil vorzieht (und dabei eine Instanz verliert)[172].

167 Siehe oben S. 251 ff.

168 Art. 367 Abs. 1; für Details vgl. Goldschmid/Maurer/Sollberger 2008, 362; BSK StPO-Maurer 2014; Art. 367 N 1; Donatsch/Hansjakob/Lieber, Kommentar-Summers 2014, Art. 367 N 2.

169 Gemäss Goldschmid/Maurer/Sollberger (2008, 363 u.V.a. kantonale Regelungen) genügt die Veröffentlichung des Urteils nicht zur Auslösung des Fristenlaufs.

170 Zum Begriff des «unentschuldigten Fernbleibens»: BSK StPO-Maurer 2014; Art. 368 N 14.

171 BSK StPO-Maurer 2014; Art. 370 N 13.

172 Vgl. Art. 371.

Fragen zum Kapitel XII

- Welche beschleunigten Verfahrenstypen kennen Sie?
- Welches sind die Vorteile, welches die Nachteile des allgemeinen Trends zum «Schnellverfahren»?
- Welches ist die statistische Bedeutung des Strafbefehlsverfahrens?
- Nennen Sie den Anwendungsbereich und die Zuständigkeit zum Erlass eines Strafbefehls.
- Welche (direkten und indirekten) Konsequenzen hat der Verzicht auf die Einsprache gegen einen Strafbefehl?
- Was verstehen Sie unter dem abgekürzten Verfahren? Beschreiben Sie die Verfahrensetappen. Welche Folgen hat das Scheitern des abgekürzten Verfahrens?
- Gegen welche Prozessmaximen verstösst das abgekürzte Verfahren möglicherweise?
- Gelten die Grundsätze des rechtlichen Gehörs und *«nemo tenetur»* auch für Unternehmen? Falls ja, weshalb?
- Wer vertritt das Unternehmen im Strafverfahren?
- In welcher Beweisrolle werden Organe, leitende Angestellte und Mitarbeiter eines Unternehmens einvernommen?
- Kann das Unternehmen die Mitwirkung am Strafprozess verweigern? Sind Zwangsmassnahmen gegen Unternehmen zulässig?
- Was halten Sie von Absprachen im Strafverfahren?
- Diskutieren Sie die Vor- und Nachteile von Absprachen im Unternehmensstrafverfahren.
- Können die Strafverfolgungsbehörden Betäubungsmittelerlöse selbständig einziehen? Beschreiben Sie das Verfahren.
- Auf welche Schwierigkeiten stösst die selbständige Einziehung von sogenannten «Potentatengeldern»?
- Unter welchen Voraussetzungen kann ein Beschuldigter die Neubeurteilung im Abwesenheitsverfahren verlangen?

Die Auflösung der Fragen ergibt sich jeweils aus dem vorangegangenen Kapitel.

XIII Kosten- und Entschädigungsrecht

Literatur *Albrecht* 2007, 41 f.; CR CPP-*Chapuis* 2011, Art. 422–428; *Christen, S.*, Kostenfolge im kantonalen Beschwerdeverfahren in Strafsachen, ZStrR 2013, 177 ff.; CR CPP-*Crevoisier* 2011, Art. 416–421; *Diethelm, C.*, Die Entschädigung der amtlichen Verteidigung bei Freispruch oder Verfahrenseinstellung: BGE 139 IV 261, fp 2014, 115 ff.; BSK StPO-*Domeisen* 2014, Art. 426–428; *Donatsch/Schwarzenegger/Wohlers* 2014, 367 ff.; *Eymann, S.*, Die Parteientschädigung an die Privatklägerschaft im Strafprozess, fp 2013, 312 ff.; *Felber, M.*, Unschuldsvermutung verletzt, in: Jusletter vom 25.8.2003; *Forster, M.*, «Kurzer Prozess» – die Unschuldsvermutung bei Kostenauflagen an Nichtverurteilte, Strafrecht, Strafprozessrecht und Menschenrechte, in: FS Trechsel, Zürich 2002, 691 ff.; *Frister, H.*, Schuldprinzip, Verbot der Verdachtsstrafe und Unschuldsvermutung als materielle Grundprinzipien des Strafrechts, Berlin 1988, 120 ff.; *Gaillard, L.*, L'indemnisation des personnes détenues ou poursuivies à tort en droit genevois, ZStrR 1982, 194 ff.; *Geth, C.*, Nr. 40: Bundesgericht, Strafrechtliche Abteilung, Urteil vom 4.2.2011 i.S. Staatsanwaltschaft Basel-Stadt gegen X. – 6B_707/2010 (Urteilsanmerkung), fp 2011, 215 ff.; *Goldschmid/Maurer/Sollberger* 2008, 413 ff.; Donatsch/Hansjakob/Lieber, Kommentar-*Griesser* 2014, Art. 416–436; *Hansjakob, T.*, Kostenarten, Kostenträger und Kostenhöhe im Strafprozess (am Beispiel des Kantons St. Gallen), St. Gallen 1988; *Hassemer, W.*, Dogmatische, kriminalpolitische und verfassungsrechtliche Bedenken gegen die Kostentragungspflicht des verurteilten Angeklagten, ZStW 1973, 651 ff.; *Hauser/Schweri/Hartmann* 2005, 559 ff.; *Hottelier, M.*, L'indemnation des personnes détenues à tort en droit genevois, in: FS Poncet, Genève 1997, 37 ff.; *Jenny, G.*, Einstellung und Freispruch mit Kosten, BJM 1985, 1 ff.; *Jositsch, D.*, Strafbefreiung gemäss Art. 52 ff. StGB^{neu} und prozessrechtliche Umsetzung, SJZ 2004, 2 ff.; *Kuhlen, L.*, Zum Anwendungsbereich des § 352 StGB bei Honorarvereinbarungen, Anmerkungen zum Urteil des BGH vom 6.9.2006 – 5 StR 64/06, JR 2007, 202 ff.; CR CPP-*Mizel/Rétornaz* 2011, Art. 429–436; *Müller/Schefer* 2008, 987 f.; *Oberholzer* 2012, 595 ff.; *Peters* 1985, 704 ff.; *Pieth, M.*, Der Beweisantrag des Beschuldigten im Schweizer Strafprozessrecht, Basel/Frankfurt a.M. 1984, 253 ff.; *Piquerez/Macaluso* 2011, 724 ff.; *Poncet, D.*, Condamnation aux frais et violation de la presumption d'innocence: l'affaire Minelli devant la cour européenne des droits de l'homme, Separatdruck aus dem Bulletin des Schweizerischen Anwaltsverbandes Nr. 85, 1983; *Riedo/Fiolka/Niggli* 2011, 480 ff.; *Riklin* StPO Kommentar 2014, 681 ff.; *ders.* 2007, 188 ff.; *Rouiller, C.*, La condamnation aux frais de justice du prévenu libéré de toute peine en relation notamment avec la présomption d'innocence, SJZ 1984, 205 ff.; *Ruckstuhl/Dittmann/Arnold* 2011, 339 ff.; *Schmid* Handbuch 2013, 785 ff.; *ders.* StPO Praxiskommentar 2013, 819 ff.; *ders.* 2004, 457 ff.; *Schöbi, C.*, Gerichtskosten, Parteikosten, Prozesskaution, unentgeltliche Prozessführung, Bern 2001; *Schubarth, M.*, Anrechnung von Untersuchungshaft auf eine ausgesprochene Strafe oder Entschädigung für ungerechtfertigte Untersuchungshaft?, ZStrR 1998, 112 ff.; *ders.*, Zur Tragweite des Grundsatzes der Unschuldsvermutung, in: Basler Studien zur Rechtswissenschaft, Heft 120, Basel/Stuttgart 1978, 1 ff.; *Steinegger, H.R.*, Die Kosten- und Entschädigungspflicht im zugerischen Strafprozess, Zürich 1975; *Tophinke, E.*, Das Grundrecht der Unschuldsvermutung: aus historischer Sicht und im Lichte der Praxis des schweizerischen Bundesgerichts, der EMRK-Organe und des UNO-Menschenrechtsausschusses, Bern 2000; *von Hahn, P.*, Nr. 48 BGer vom 13.3.2015: Kostentragungspflicht der beschuldigten Person, fp 2015, 292 ff.; *Wallimann Bauer, R.*, Entschädigung und Genugtuung durch den Staat an unschuldig Verfolgte in ordentlichen zürcherischen Untersuchungsverfahren, Zürich 1998; BSK StPO-*Wehrenberg/Frank* 2014, Art. 429–436; *Zindel, A.*, Kosten- und Entschädigungsfolgen im Strafverfahren des Kantons Zürich, Zürich 1972.

1. Grundfragen

Das nachfolgende Kapitel befasst sich mit zwei **Fragen:**

- Wer trägt die Kosten des Strafverfahrens?
- Unter welchen Umständen haben Verfahrensbeteiligte Anspruch auf Entschädigung oder Genugtuung seitens des Staates oder anderer Beteiligter?

Das Kosten- und Entschädigungsrecht folgt einer Reihe von **Grundprinzipien:**

Vorweg trägt der Staat die **allgemeinen Kosten** der Justiz, weil es sich um eine essentielle Staatsaufgabe handelt (zu denken ist an die Löhne der Strafbehörden, an die Immobilienkosten und die weiteren Kosten der Institutionen Polizei und Justiz überhaupt). Allerdings kann der Staat in einem gewissen Mass die Kosten der **konkreten Verfahren** auf Private überwälzen[1].

Im Zentrum steht die Kostentragungspflicht des Verurteilten (Art. 426 Abs. 1). Nach dem Verursacherprinzip haben **Verurteilte** prinzipiell für die fallbezogenen Kosten einzustehen. Dabei gilt einerseits das **Kostendeckungsprinzip**[2]: Der Staat darf nicht mehr als die realen Kosten erheben (auch wenn Pauschalen zulässig sind[3]). Andererseits ist das Kostenrecht an das **Äquivalenzprinzip** gebunden. Gemäss Hauser[4] handelt es sich dabei um die «*gebührenrechtliche Ausgestaltung des Verhältnismässigkeitsprinzips*»: Zum einen muss die Gebühr in einem vernünftigen Verhältnis zum Wert der Leistung (Aufwand und wohl auch zur Sanktion) stehen, zum andern ist auf die Leistungsfähigkeit des Pflichtigen Rücksicht zu nehmen[5].

So selbstverständlich das Prinzip erscheinen mag, dass der vormalige Verdächtige als «Anscheinsstörer» nunmehr mit dem Urteil definitiv zum Störer erklärt wird, so hatten Autoren bereits in den 1970er Jahren versucht, die Grundregel zu relativieren: Insbesondere der spätere Vizepräsident des Deutschen Bundesverfassungsgerichtes, Winfried Hassemer,

1 Art. 423; Botschaft des Bundesrates, BBl 2006 1085 (1326); Christen 2013, 177 f.; Goldschmid/Maurer/Sollberger 2008, 413 ff., 420; Hauser/Schweri/Hartmann 2005, 560; Ruckstuhl/Dittmann/Arnold 2011, 339; Schmid Handbuch 2013, 792.

2 Oberholzer 2012, 595.

3 Art. 424 Abs. 2.

4 Hauser/Schweri/Hartmann 2005, 560.

5 Hauser/Schweri/Hartmann 2005, 560; vgl. auch BSK StPO-Domeisen 2014,Vor Art. 416 ff. N 13.

wandte ein, dass es gerade öffentliche Interessen seien, die zu einem nicht unerheblichen Verfahrensaufwand zwingen, einem Aufwand, auf den der Beschuldigte, wenn er könnte, möglicherweise verzichten würde (so wird er unter Umständen gegen seinen Willen einer psychiatrischen Begutachtung unterzogen und anschliessend zu den entsprechenden Kosten verurteilt). Hassemer postulierte daher, dass derjenige Aufwand, der ausserhalb der Dispositionsbefugnis der Parteien im Strafverfahren betrieben wird, auch wenn er notwendig ist, dem Staat als Verursacher anzulasten sei[6].

Als weiteres Grundprinzip des Kostenrechts gilt, dass die «*verfahrensbeteiligten Personen*» für Säumnis und andere «**fehlerhafte Verfahrenshandlungen**» einzustehen haben[7]. Soweit Private auf diese Weise Kosten verursacht haben, sind sie von ihnen – unabhängig vom Prozessausgang – zu tragen (Art. 417). Soweit die Behörden unnötige oder fehlerhafte Verfahrenshandlungen vorgenommen haben, gehen die Kosten zulasten des Staates (Art. 426 Abs. 3 lit. a). Auf die spezifische Problematik des «*prozessualen Verschuldens*» ist[8] zurückzukommen.

Schliesslich gilt, dass sich der Beschuldigte als «Anscheinsstörer» der staatlichen Abklärung zwar unterziehen muss. Als Korrelat der Inanspruchnahme dient bei Einstellung oder Freispruch aber die staatliche **Entschädigungs- und Genugtuungspflicht**. Der Staat muss sogar für ein eventuelles Übermass an Zwang einstehen, wenn es zu einer Verurteilung kommt, da auch hier ein Sonderopfer vorliegt[9].

2. Das Kostenrecht

a) Die Kosten der Strafjustiz

Der Staat betreibt mit der Strafjustiz einen erheblichen Aufwand. Ein Grossteil dieses Aufwandes geht zulasten der Staatskasse, weil er nicht fallbezogen anfällt (Art. 423)[10]. Immerhin darf der Staat einen Teil des allgemeinen Aufwandes in der Form einer **Spruchgebühr** auf Private (typischerweise den Verurteilten) überwälzen (Art. 422 Abs. 1 und Art. 424).

Zusätzlich werden spezifische, fallbezogene **Auslagen**[11] für

- Beweismassnahmen (Gutachten, Übersetzungen[12] etc.),

6 Hassemer 1973, 652 ff.

7 BSK StPO-Domeisen, Art. 417 N 2; Donatsch/Hansjakob/Lieber, Kommentar-Griesser 2014, Art. 417 N 5.

8 Siehe unten S. 281 ff.

9 Siehe unten S. 288 f.

10 BSK StPO-Domeisen, Art. 422 N 2.

11 Art. 422; Botschaft des Bundesrates, BBl 2006 1085 (1325 f.); Goldschmid/Maurer/Sollberger 2008, 418 ff.; Schmid Handbuch 2013, 792 f.

12 Gemäss Art. 6 Abs. 3 lit. e EMRK sind diejenigen Übersetzungskosten, die wegen der Fremdsprachigkeit des Beschuldigten anfallen, aber vom Staat zu tragen; Art. 426 Abs. 3

- die Kosten der amtlichen Verteidigung und unentgeltlichen Verbeiständung (der geschädigten Partei),
- gewisse Zwangsmassnahmen[13],
- die Mitwirkung anderer Behörden und
- den allgemeinen fallbezogenen Verwaltungsaufwand (Porti etc.)

in Rechnung gestellt (Art. 422 Abs. 2).

b) Die Kostentragungspflicht

Prinzipiell streckt der Staat die sub a) aufgezählten Kosten vor, er kann sie aber mindestens zum Teil auf weitere Kostenträger überwälzen.

aa) Die Kostentragungspflicht verurteilter Beschuldigter

Gemäss Art. 426 Abs. 1 trägt die beschuldigte Person die Verfahrenskosten, wenn sie verurteilt wird. Diese Lösung ist Ausdruck des allgemeinen Verständnisses des Verursacherprinzips[14].

Zweifelsfragen sind bezüglich des Absehens von Strafe entstanden. Soweit es im Vorverfahren nicht zu einer Einstellung gekommen ist, sondern das Gericht nach einem Schuldspruch auf Strafe verzichtet, liegt eine Verurteilung vor, die für den Beschuldigten Kostenpflicht nach sich zieht[15]. Ähnliche Überlegungen werden für die Einstellung nach Art. 53 StGB angestellt, selbst wenn technisch keine Verurteilung vorliegt[16]. Allerdings wendet Domeisen[17] zu Recht ein, dass sich bei Einstellungen nach Art. 52–54 StGB eine Begründung verbiete, die auf Verschulden schliessen lasse. Im Beschwerdeverfahren stellen sich bei Gegenstandslosigkeit (weil etwa dem

---

lit. b; Botschaft des Bundesrates, BBl 2006 1085 (1327); Goldschmid/Maurer/Sollberger 2008, 424.

13 Umstritten war, ob auch die Kosten der Untersuchungshaft auf den Verurteilten überwälzt werden dürfen, so noch BGE 124 I 170; krit. Müller/Schefer 2008, 987, Anm. 54. Demgegenüber erkannte der Gesetzgeber, dass die Untersuchungshaft nicht anders als die Strafhaft, für die keine Kosten erhoben werden, behandelt werden sollte; sehr klar: BSK StPO-Domeisen 2014, Art. 422 N 6 und N 19; vgl. auch Donatsch/Hansjakob/Lieber, Kommentar-Griesser 2014, Art. 422 N 18 f.; Oberholzer 2012, 595; mit einer leichten Einschränkung: Schmid StPO Praxiskommentar 2013, Art. 426 N 3 (soweit Dritte wie Anzeigeerstatter oder Privatkläger z.B. durch falsche Anschuldigungen Kosten verursacht haben).

14 Botschaft des Bundesrates, BBl 2006 1085 (1326); Donatsch/Hansjakob/Lieber, Kommentar-Griesser 2014, Art. 426 N 1 ff.; Hauser/Schweri/Hartmann 2005, 561; Oberholzer 2012, 600 ff.; Schmid 2004, 458 ff.; zur Kritik siehe oben S. 278 f.

15 Goldschmid/Maurer/Sollberger 2008, 422; Hauser/Schweri/Hartmann 2005, 561; Jositsch 2004, 2 ff. (9).

16 Schmid Handbuch 2013, 798 f.; ders. StPO Praxiskommentar 2013, Art. 426 N 7.

17 BSK StPO-Domeisen, Art. 426 N 8; anders aber bei Einstellungen nach Art. 55a StGB.

Ersuchen bereits nachgekommen wurde) ähnliche Fragen: Die Lehre optiert für einen Ermessensentscheid der Beschwerdeinstanz[18].

Einschränkungen von der Kostenpflicht sind vorzunehmen,

- soweit kein adäquat kausaler Zusammenhang zwischen dem Verhalten des Beschuldigten und den Kosten besteht[19], und
- soweit seitens der Behörden unnötige oder fehlerhafte Verfahrenshandlungen vorgenommen wurden (Art. 426 Abs. 3 lit. a).

Kosten können unter Umständen bei finanzieller Bedürftigkeit von der zuständigen Behörde[20] gestundet oder gar (teilweise) **erlassen** werden, zumal wenn die Kostenauflage das Resozialisierungsziel ernsthaft gefährden würde (Art. 425)[21].

Sind **mehrere beteiligte Personen** kostenpflichtig, so werden ihnen gemäss Art. 418 – normalerweise – die Kosten anteilmässig auferlegt. Ausnahmsweise können die Strafbehörden eine solidarische Haftung anordnen. Unter Umständen können sie sogar nicht am Verfahren beteiligte Dritte – nach Massgabe der Haftungsgrundsätze des Zivilrechtes – die Kosten solidarisch mit der beschuldigten Person tragen lassen (genannt wird in der Botschaft etwa das Beispiel der vom Delikt profitierenden juristischen Person[22]).

bb) Die Situation der beschuldigten Person bei Freispruch oder Einstellung

Grundsätzlich haben Freispruch oder Einstellung die Befreiung des Beschuldigten von Kosten zur Folge (Sonderopfertheorie)[23]. Teilfreispruch zieht anteilmässige Kostenbefreiung nach sich[24]. Ausnahmsweise kann der Beschuldigte aber sogar bei Freispruch oder Einstellung zu Kosten verurteilt werden[25].

18 Christen 2013, 184, 194.

19 BGer 6B_811/2014 vom 13.3.2015 (zur Kausalität); BSK StPO-Domeisen, Art. 426 N 3.

20 Botschaft des Bundesrates, BBl 2006 1085 (1326).

21 Vgl. zum konkreten Vorgehen: OGer AG in: fp 2014, 222 f.

22 Botschaft des Bundesrates, BBl 2006 1085 (1324).

23 Art. 426 Abs. 2 *e contrario.*

24 BGer 6B_803/2014 vom 15.1.2015 zu Art. 426 Abs. 1 (massgebend ist der Sachverhalt, nicht die abweichende rechtliche Würdigung); Hauser/Schweri/Hartmann 2005, 563; vgl. auch BSK StPO-Domeisen 2014, Art. 426 N 38 ff.; Donatsch/Hansjakob/Lieber, Kommentar-Griesser 2014, Art. 426 N 17.

25 Art. 426 Abs. 2; Botschaft des Bundesrates, BBl 2006 1085 (1326); Forster 2002, 691 ff.; Goldschmid/Maurer/Sollberger 2008, 422 ff.; Hauser/Schweri/Hartmann 2005, 564 ff.; Müller/Schefer 2008, 987 f.; Oberholzer 2012, 601; Ruckstuhl/Dittmann/Arnold 2011, 341; Schmid Handbuch 2013, 797 ff.

Der hochproblematische «**Freispruch mit Kosten**»[26] hat in der Schweizer Praxis eine lange Tradition[27]. Dem Beschuldigten wurde häufig vorgeworfen, dass er sich verdächtig gemacht habe. Möglicherweise wurde mangels Beweis freigesprochen, der verbleibende «objektive Verdacht»[28], etwa die Verwirklichung des objektiven Tatbestandes oder die Einstellung infolge Verjährung, führten aber zur Kostenauflage. Zu Recht wurde diese Praxis als Fortsetzung der inquisitorischen *«poena minor»* oder *«poena extraordinaria»* kritisiert[29]. Soweit in der Kostenauflage eine strafrechtliche Wertung zum Ausdruck kam, verstiess sie gegen die in Art. 6 Abs. 2 EMRK und Art. 32 Abs. 1 BV garantierte Unschuldsvermutung[30].

Mit BGE 109 Ia 160, BGE 114 Ia 299 und noch deutlicher mit BGE 116 Ia 162 passte das Bundesgericht seine Praxis den Anforderungen der EMRK an[31]. Das Bundesgericht äusserte sich vorweg zum sogenannten *«prozessualen Verschulden i.w.S.»*, das heisst zur Veranlassung der Einleitung des Strafverfahrens durch vorwerfbares Verhalten (Art. 426 Abs. 2: *«wenn sie rechtswidrig und schuldhaft die Einleitung des Verfahrens bewirkt … hat»*).

(1) «Prozessuales Verschulden i.w.S.»

Das Bundesgericht stellte klar, dass eine Kostenauflage nicht mehr mit Zweifeln über die Unschuld des Freigesprochenen begründet werden darf. In Frage kommt als Begründung der Kostenauflage lediglich prozessuales Fehlverhalten.

Es distanzierte sich auch davon, ethische Vorwürfe alleine als Basis der Kostenauflage gelten zu lassen[32]. Ein blosses Ursächlichwerden für die Strafuntersuchung reicht andererseits auch nicht. Die Einleitung des Verfahrens muss widerrechtlich und vorwerfbar provoziert worden sein (Fahrlässigkeit genügt allerdings). Das Bundesgericht stellt dabei auf eine *«zivilrechtlichen Grundsätzen angenäherte Haftung für widerrechtliches und vorwerfbares Verhalten»*[33] ab. Es muss sich um *«klare Verstösse»*, die adäquat kausal für die Verfahrenseinleitung waren,

26 Schubarth 1978, 24 ff.

27 BSK StPO-Domeisen, Art. 426 N 23; Donatsch/Hansjakob/Lieber, Kommentar-Griesser 2014, Art. 426 N 10 ff.

28 Schubarth 1978, 25.

29 Hauser/Schweri/Hartmann 2005, 564; zur historischen *«poena extraordinaria»*: Pieth 2015, 27.

30 EGMR Entscheid vom 25.3.1983 i.S. *Minelli* v. *Switzerland*, Application no. 8660/79, EuGRZ 1983, 475 ff.; BSK StPO-Domeisen, Art. 426 N 24 ff.

31 Vgl. auch BGE 119 Ia 332; BGer 1P.65/2005 vom 22.6.2005; 1P.705/2003 vom 27.5.2004; für weitere Details vgl. BSK StPO-Domeisen, Art. 426 N 26 ff.; Müller/Schefer 2008, 987; Schmid Handbuch 2013, 798.

32 BSK StPO-Domeisen, Art. 426 N 39.

33 BGE 116 Ia 162 (170); vgl. auch OGer ZH, Urteil vom 20.6.2008, 82 ff.; dazu BSK StPO-Domeisen, Art. 426 N 29; Eymann 2013, 215.

handeln[34]. Gedacht wird beispielsweise an Fälle, in denen sich ein Beschuldigter zu Unrecht selbst angezeigt hat. Selbst wenn nun rechtswidriges und schuldhaftes Vorverhalten verlangt wird, hat es die Schweiz – wie es Beispiele aus der Judikatur[35] belegen, die dem Art. 426 Abs. 2 zugrunde liegen – noch immer nicht geschafft, die «*Verdachtsstrafe*»[36] eindeutig hinter sich zu lassen. Es ist daher verständlich, dass Stimmen in der Lehre immer wieder den Verzicht auf die Figur des «*prozessualen Verschuldens i.w.S.*» verlangen[37]. Immerhin hat das Bundesgericht im sogenannten «*Pelzmantelfall*» festgehalten, dass, wo das Strafrecht eine Materie abschliessend regelt, kein Raum für einen «zivilrechtsartigen» Vorwurf ist[38]. Sodann hat das Bundesgericht entschieden, dass das Führen eines Fahrzeugs unterhalb des Alkoholgrenzwertes kein rechtswidriges und schuldhaftes Verhalten i.S.v. Art. 426 Abs. 2 darstellt[39].

(2) «Prozessuales Verschulden i.e.S.»

Nicht minder problematisch ist allerdings bei näherem Hinsehen das «*prozessuale Verschulden i.e.S.*», nach dem vorwerfbares Verhalten die Durchführung des Verfahrens erschwert (Art. 426 Abs. 2 «*oder dessen Durchführung erschwert hat*»)[40]. Wohl akzeptabel ist die Kostenauflage für klargeschnittene Fälle, in denen ein Beschuldigter (oder ein anderer Prozessbeteiligter) schuldhaft nicht zur Verhandlung erscheint[41]. Problematisch wird es allerdings, sobald die Behörden mit dem Kostenrecht in die Verteidigungsrechte eingreifen, insbesondere eine ihnen missliebige Verteidigungsstrategie sanktionieren: Zwar wird in der Praxis deutlich gemacht, dass das «*blosse Wahrnehmen verfassungsmässiger Rechte*», insbesondere des Schweigerechts, «*für die Kostenauflage nicht genügt*»[42]. Der Angeschuldigte müsse vielmehr

34 Forster 2002, 700; Donatsch/Hansjakob/Lieber, Kommentar-Griesser 2014, Art. 426 N 15; Müller/Schefer 2008, 988.

35 Vgl. die Verweise bei Ruckstuhl/Dittmann/Arnold 2011, 342, Anm.: 689; Schmid Handbuch 2013, 798 ff.

36 Krit. BSK StPO-Domeisen 2014, Art. 426 N 45; Riklin 2007, 189; Schubarth 1978, 26; siehe bereits oben S. 24 ff. und 27 ff.

37 Eymann 2013, 315; Hansjakob 1988; Poncet 1983, 81; Ruckstuhl/Dittmann/Arnold 2011, 339 und die (ablehnende) Stellungnahme des Bundesgerichts selbst in BGE 116 Ia 162 (172 f.).

38 BGer 1P.59/2003 vom 14.8.2003; NZZ vom 23.8.2003, 14 (Bundesgericht lehnt eine über die Bestechlichkeitsvorschriften des Strafrechts hinausreichende Regel für Magistraten, bereits den Eindruck der Bestechlichkeit zu vermeiden, ab); a.A. aber wohl Jositsch 2013, 241.

39 BGE 119 Ia 332; vgl. auch BGer 1B_180/2012 vom 24.5.2012.

40 Vgl. bereits BGE 116 Ia 162 (168); Eymann 2013, 315.

41 BGE 109 Ia 160 (164).

42 Eymann 2013, 315.

«ein hinterhältiges, gemeines oder krass wahrheitswidriges Benehmen an den Tag gelegt haben»[43]. Nach Ansicht des Bundesgerichts trifft das aber zu, *«wenn der Angeschuldigte in rechtsmissbräuchlicher Weise von seinem Recht, die Aussage zu verweigern, Gebrauch»* macht. Als Beispiel nennt das Bundesgericht die Unterlassung *«der zumutbaren Aufklärung der Strafverfolgungsorgane über entlastende Momente»*[44]. Damit zeigt das Bundesgericht, wie ernst es ihm mit dem *«nemo tenetur»*-Grundsatz ist[45]. Es statuiert den durch eine finanzielle Sanktion abgesicherten Grundsatz, dass der Beschuldigte im Verfahren zum frühest möglichen Zeitpunkt mitzuwirken und allfällige Entlastungsbeweise zu präsentieren habe. Damit verstösst das Konzept des «prozessualen Verschuldens» nicht nur gegen Art. 32 Abs. 1 BV und Art. 6 Abs. 2 EMRK, sondern auch gegen deren Umsetzung im Prozessrecht (Art. 113 Abs. 1). In die gleiche Richtung geht der Vorwurf an den Beschuldigten, er habe seine Beweisanträge zu spät vorgelegt: Abgesehen von der Verletzung der Unschuldsvermutung ist es widersprüchlich, dem Beschuldigten ein eigentliches Beweisantragsrecht, das den Namen verdient, vorzuenthalten, um ihn dann für verspätete Beweisanregungen finanziell zur Rechenschaft zu ziehen. Eine solche Kooperationserwartung wäre nur dann gerechtfertigt, wenn der Beschuldigte über ein eigentliches Mitwirkungsrecht verfügen würde[46]. Die Praxis verkennt auch, dass es ein legitimes Interesse des Beschuldigten gibt, lieber die Hauptverhandlung abzuwarten, um einen Freispruch *«mit Pauken und Trompeten»* zu erwirken, statt sich mit einer zweideutigen Einstellung zufrieden zu geben[47].

Die Figur des *«prozessualen Verschuldens i.e.S.»* gemäss Art. 426 Abs. 2 ist daher auf den allerengsten Kreis der objektivierbaren Fälle, die nicht mit der Wahrnehmung von Verteidigungsrechten im Zusammenhang stehen (wie das unentschuldigte Nichterscheinen), einzuschränken.

cc) Die Kostentragung im Rechtsmittelverfahren

Die Bestimmungen der Strafprozessordnung gelten nicht für die Strafrechtsbeschwerde ans Bundesgericht (Art. 416). Diesbezüglich ist das Bundesgerichtsgesetz anwendbar[48].

43 BGE 116 Ia 162 (172).

44 BGE 116 Ia 162 (172) u.V.a. 109 Ia 166 (168); vgl. auch Botschaft des Bundesrates, BBl 2006 1085 (1324).

45 Krit. auch BSK StPO-Domeisen 2014, Art. 426 N 44; Ruckstuhl/Dittmann/Arnold 2011, 340, 342.

46 Vgl. auch die Krit. von BSK StPO-Domeisen 2014, Art. 426 N 26 f. und Ruckstuhl/Dittmann/Arnold 2011, 342 sowie oben S. 108 f.; vgl. im Übrigen zur Kritik an den Anforderungen an den Beschuldigten aus Art. 3 Abs. 2 lit. b: oben S. 53.

47 Pieth 1984, 257 f.

48 Vgl. insbesondere Art. 62 ff. BGG; Botschaft des Bundesrates, BBl 2006 1085 (1323).

Grundsätzlich orientiert sich die Kostentragung bei Rechtsmittelverfahren an zivilprozessualen Grundsätzen. Nach Art. 428 Abs. 1 tragen die Parteien die Kosten nach Massgabe ihres Obsiegens bzw. Unterliegens[49]. In zwei in Abs. 2 genannten Fällen können der obsiegenden Partei aber Kosten auferlegt werden: Gemäss lit. a, wenn die Voraussetzungen für das Obsiegen erst im Rechtsmittelverfahren geschaffen worden sind[50]; nach lit. b, wenn der Entscheid nur unwesentlich abgeändert wurde[51]. Im ersten Fall schleicht sich erneut der Verwirkungsgedanke im Verfahren ein: Wer nicht sofort von seinen Verteidigungsmitteln Gebrauch macht, soll Rechtsmissbrauch begehen[52].

Fällt die Rechtsmittelinstanz selbst einen neuen Entscheid, so befindet sie darin auch über die von der Vorinstanz getroffene Kostenregelung (Art. 428 Abs. 3). Wird ein Freispruch erster Instanz auf Berufung der Staatsanwaltschaft hin von der zweiten Instanz aufgehoben, riskiert der Beschuldigte allerdings, die Kosten beider Verfahren tragen zu müssen[53]. Bei Rückweisung der Vorinstanz trägt der Staat die Kosten des Rechtsmittelverfahrens und nach Ermessen der Rechtsmittelinstanz auch jene der Vorinstanz (Art. 428 Abs. 4).

Problematisch ist demgegenüber die Auffassung des Bundesgerichts, dass es sich bei der Einsprache gegen den Strafbefehl nicht um ein «Rechtsmittel» handle, dass daher Art. 426 und nicht Art. 428 zur Anwendung gelange: Im Klartext bedeutet das, dass ein Rechtsanspruch auf einen korrekten Strafbefehl nicht besteht[54].

---

49 Die Gerichtspraxis macht eine Einschränkung wo mit einer Praxisänderung nicht zu rechnen war, bzw. wo das Rechtsmittel aufgrund einer fehlerhaften Rechtsmittelbelehrung ergriffen wurde: BSK StPO-Domeisen 2014, Art. 428 N 15 f.

50 Die Botschaft 2005, 1328 nennt als Bsp., dass ein Beschuldigter einen Beweis bis ins Berufungsverfahren zurückgehalten habe, oder dass wesentliche Voraussetzungen des Absehens von Strafe (z.B. die Wiedergutmachung) erst kurz vor der Berufungsverhandlung erfüllt wurden; für enge Auslegung aber: BSK StPO-Domeisen 2014, Art. 428 N 20; Donatsch/Hansjakob/Lieber, Kommentar-Griesser 2014, Art. 428 N 11.

51 BGer 6B_707/2010 vom 4.2.2011 ist in verschiedener Hinsicht problematisch. Zum einen verwendet er bei Art. 428 Abs. 2 denselben extensiven Begriff des prozessualen Verschuldens wie Art. 426 Abs. 2. Sodann verengt er den Begriff der *«wesentlichen Veränderung»* auf unzulässige Weise: Obwohl statt auf vorsätzliche auf fahrlässige Tötung erkannt wurde, hielt das Bundesgericht die Änderung für unwesentlich, weil die Sanktion insgesamt unverändert blieb; BSK StPO-Domeisen, Art. 428 N 21; krit. Geth 2011, 215 ff.

52 Vgl. auch Christen 2013, 177 ff., 185.

53 Für eine differenzierende Lösung: Riklin StPO Kommentar 2014, Art. 428 N 3.

54 Vgl. aber BGer 6B_811/2014 vom 13.3.2015 und die Rechtsprechung kommentiert von von Hahn in: plädoyer 2015, 294 ff.

dd) *Schuldunfähigkeit und Tod*

Art. 419 gestattet es den Strafbehörden, bei Freispruch oder Einstellung wegen Schuldunfähigkeit, aus Billigkeitsgründen dem Beschuldigten die Kosten ganz oder teilweise zu überbinden[55].

Bei Tod des Beschuldigten wird danach unterschieden, ob der Tod während des Verfahrens eingetreten ist (in diesem Fall trägt der Staat die Kosten), oder nachdem die Entscheidung rechtskräftig geworden ist. Bei letzterem belastet der Kostenentscheid die Erbschaft. Ein Tertium sollte es nicht geben (keine Sonderregel für noch nicht rechtskräftige Entscheide[56]).

ee) *Zur Problematik der Offizialverteidigung*

Die Verfahrensleitung ordnet eine amtliche Verteidigung an, wenn die beschuldigte Person nicht über die erforderlichen Mittel verfügt und die formelle Verteidigung zur Wahrung ihrer Interessen geboten ist (Art. 132 Abs. 1 lit. b). Die amtliche Verteidigung wird nach den Regeln von Art. 135 (vorerst) staatlich entschädigt. Wird die beschuldigte Person zu den Verfahrenskosten verurteilt, so ist sie gemäss Art. 135 Abs. 4, sobald es ihre wirtschaftlichen Verhältnisse erlauben, verpflichtet, nicht nur dem Staat die Entschädigung zurückzuzahlen, sondern der Verteidigung die Differenz zwischen der amtlichen Entschädigung und dem vollen Honorar zu erstatten[57].

Mit Blick auf die Sicherstellung einer adäquaten Verteidigung auch für Unbemittelte ist festzuhalten, dass die Besserung der wirtschaftlichen Verhältnisse gemäss Art. 135 Abs. 4 eine deutliche Erholung voraussetzt[58]. Art. 426 Abs. 1 Satz 2[59] hält fest, dass die Kosten der amtlichen Verteidigung vorerst vom Staat übernommen werden, aber unter Umständen zu erstatten sind. Eine ähnliche Regelung gilt für die Tragung der Kosten der unentgeltlichen Verbeiständung der obsiegenden Privatklägerschaft (Art. 422 Abs. 2 lit. a i.V.m. Art. 426 Abs. 4)[60].

55 Krit. Frister 1988, 121 (Verstoss gegen die Unschuldsvermutung); ebenso BSK StPO-Domeisen 2014, Art. 419 N 3; a.A. Donatsch/Hansjakob/Lieber, Kommentar-Griesser 2014, Art. 419 N 1.

56 Vgl. eingehend Donatsch/Hansjakob/Lieber, Kommentar-Griesser 2014, Art. 419 N 5.

57 BGer 6B_112/2012 vom 5.7.2012.

58 So auch BSK StPO-Domeisen 2014, Art. 426 N 14; a.A. aber Donatsch/Hansjakob/Lieber, Kommentar-Griesser 2014, Art. 426 N 5.

59 Zum generellen Problem, dass das System der Verteidigungsrechte durch das Kostenrecht unterlaufen werden könnte: vgl. Albrecht 2007, 41 f.; Pieth 1984, 255; und oben S. 101 ff.

60 BGer 6B_112/2012 vom 5.7.2012; Eymann 2013, 315.

ff) Die Kostentragungspflicht von Privatklägern, Anzeigeerstattern und Dritten

Auf eine allgemeine Kostentragungspflicht der Privatklägerschaft wird verzichtet[61]. Die Privatklägerschaft kann aber mit den direkten Kosten einer Adhäsionsklage belastet werden, sei es, dass es zu einem Freispruch oder einer Einstellung kommt, dass die Klägerschaft die Klage vor Abschluss der erstinstanzlichen Hauptverhandlung zurückzieht oder dass die Zivilklage abgewiesen oder auf den Zivilweg verwiesen wird (Art. 427).

Im Übrigen gilt für die Privatklägerschaft, die Anzeigeerstatter sowie für alle Dritte (auch Beweispersonen) – ungeachtet des Prozessausganges – eine Kostenpflicht bei fehlerhaften Verfahrenshandlungen gemäss Art. 417 (prozessuales Verschulden).

3. Entschädigung und Genugtuung

a) Die beschuldigte Person: das Prinzip

Die beschuldigte Person muss sich gemäss Art. 113 Abs. 1 einem Strafverfahren, einschliesslich allfälliger Zwangsmassnahmen unterziehen, obwohl sie als unschuldig gilt. Wird das Verfahren eingestellt oder kommt es zum Freispruch, muss die beschuldigte Person für ihr «Sonderopfer» entschädigt werden[62]: Der Anschein, dass sie eine Störerin war, hat sich nicht bewahrheitet. Aus analogen Überlegungen muss selbst dem Verurteilten, jedenfalls bei Haft, eine Entschädigung für allfälliges Übermass ausgerichtet werden.

b) Entschädigung bei Freispruch und Einstellung des Verfahrens

Gemäss Art. 429 Abs. 1 lit. a und b hat der Beschuldigte bei Freispruch und Einstellung[63] prinzipiell Anspruch auf eine **Prozessentschädigung** (für Erwerbsausfall und andere Formen der wirtschaftlichen Einbusse[64], für notwendige Anwaltskosten[65], für Kosten nützlicher Privatgutachten[66] und weitere Auslagen wie Reisespesen etc.). Die Regelung orientiert sich am Haftpflichtrecht[67]. Es handelt sich um eine Kausalhaf-

---

61 Art. 427; Botschaft des Bundesrates, BBl 2006 1085 (1327 f.); Goldschmid/Maurer/Sollberger 2008, 425 f.

62 Frister 1988, 120 u.V.a. div. Lehrmeinungen; BSK StPO-Wehrenberg/Frank 2014, Art. 429 N 5.

63 Vgl. OGer ZH, plädoyer 2014, 69 f.

64 Donatsch/Hansjakob/Lieber, Kommentar-Griesser 2014, Art. 429 N 4 ff.; BSK StPO-Wehrenberg/Frank 2014, Art. 429 N 23 ff.

65 Auch für Kosten der Wahlverteidigung (nach Anwaltstarif); vgl. CR CPP-Mizel/Rétornaz 2011, Art. 429 N 31; Schmid Handbuch 2013, 809 ff. und Ruckstuhl/Dittmann/Arnold 2011, 343; BSK StPO-Wehrenberg/Frank 2014, Art. 429 N 13 ff.

66 Goldschmid/Maurer/Sollberger 2008, 429; ebenso Ruckstuhl/Dittmann/Arnold 2011, 343.

67 Eymann 2013, 317.

tung des Staates. Ein direkter Durchgriff auf Zeugen oder Anzeigeerstatter ist dem Beschuldigten im Prinzip verwehrt. Eine Ausnahme stellt der Anspruch des Beschuldigten gegen die Privatklägerschaft im Zivilpunkt gemäss Art. 432 dar[68]. Im Prinzip schiesst daher der Staat die Entschädigung vor und kann seinerseits Rückgriff auf Verursacher nehmen (Art. 420). Probleme bereitet hat – im Gegensatz zur Entschädigung für Kosten der Wahlverteidigung – die Entschädigung der amtlichen Verteidigung bei Freispruch oder Einstellung. Gemäss BGE 139 IV 261 bleibt die Beziehung eine öffentlich-rechtliche zwischen Staat und Verteidiger. Gestützt darauf schliesst das Bundesgericht bei Freispruch oder Einstellung (anders als bei Verurteilung: Art. 135 Abs. 4 lit. b) aus, dass der Verteidiger nachträglich die Differenz zwischen amtlicher Entschädigung und vollem Honorar fordern kann[69].

Gemäss Art. 429 Abs. 1 lit. c kann der Beschuldigte für besonders schwere Verletzungen der persönlichen Verhältnisse, insbesondere bei unberechtigtem Freiheitsentzug[70], eine **Genugtuung** vom Staat beanspruchen.

Art. 430 nennt allerdings eine Reihe von Herabsetzungs- und Verweigerungsgründen. In Abs. 1 lit. a tritt das bereits von Art. 426 Abs. 2 her bekannte *«prozessuale Verschulden»* erneut in Erscheinung[71].

c) Entschädigung des Beschuldigten trotz Verurteilung?

Im Prinzip erhält der Beschuldigte lediglich eine Entschädigung, wenn er von der Kostenpflicht befreit wird[72]. Während die Strafbehörden ihre Forderungen mit Entschädigungsforderungen der Parteien verrechnen können (Art. 442 Abs. 4), ist dies für Genugtuungsforderungen ausgeschlossen[73].

Allerdings enthält die Prozessordnung für Zwangsmassnahmen eine Ausnahmevorschrift: Für *ex ante* rechtswidrig angewandte Zwangsmassnahmen ist Entschädigung und Genugtuung auch bei Verurteilung des Beschuldigten geschuldet (Art. 431 Abs. 1)[74]. Darüber hinaus besteht auch bei rechtmässiger, ex post aber ungerechtfertigter **«Überhaft»** im Sinne von Abs. 2[75] ein Anspruch auf Entschädigung soweit sie nicht durch Anrechnung auf die ausgesprochene Strafe kompensiert wird.

---

68 OGer BE in: fp 2013, 35 ff.

69 Krit. Diethelm 2014, 115 ff.

70 BGE 139 IV 243 (für Untersuchungshaft).

71 Krit. BSK StPO-Wehrenberg/Frank 2014, Art. 430 N 13.

72 Schmid 2004, 464.

73 BGE 139 IV 243; vgl. als Bsp. die erstinstanzliche Entscheidung im SAIR-Prozess, NZZ vom 15.8.2007, 9; vgl. aber OGer ZH, Urteil vom 20.6.2008, 90 ff.

74 Donatsch/Hansjakob/Lieber, Kommentar-Griesser 2014, Art. 431 N 3e ff.; BSK StPO-Wehrenberg/Frank 2014, Art. 431 N 3.

75 Vgl. BGer 8G.122/2002 vom 9.9.2003; Donatsch/Hansjakob/Lieber, Kommentar-Griesser 2014, Art. 431 N 3; Schmid Handbuch 2013, 816 f.; BSK StPO-Wehrenberg/Frank 2014, Art. 431 N 21 ff.

Abs. 3 dient der Klarstellung, dass bei Verurteilung zu Geldstrafen, gemeinnütziger Arbeit[76] und bedingter Freiheitsstrafe im Äquivalent der Untersuchungs- oder Sicherheitshaft der Entschädigungsanspruch entfällt.

d) Entschädigungsrecht der Privatklägerschaft gegenüber dem Beschuldigten

Obsiegt die Privatklägerschaft (Art. 433 Abs. 1 lit. a), oder wird der Beschuldigte wegen *«prozessualen Verschuldens»* kostenpflichtig[77], kann die Privatklägerschaft gegenüber dem Beschuldigten eine *«angemessene Entschädigung für notwendige Aufwendungen»* beanspruchen. Die Ansprüche sind gegenüber den Strafbehörden geltend zu machen und zu belegen. Kommt die Partei dieser Obliegenheit nicht nach, so tritt die Behörde auf den Antrag nicht ein (Art. 433 Abs. 2). Die Eintreibung erfolgt allerdings privat[78].

Zu erinnern ist daran, dass – im Rahmen der Tragung der «Verfahrenskosten» – der Beschuldigte für die Kosten der unentgeltlichen Verbeiständung der Privatklägerschaft auch bei Verurteilung nur einzustehen hat, wenn er sich in «günstigen wirtschaftlichen Verhältnissen befindet» (Art. 426 Abs. 4)[79]. Demgegenüber schuldet er bei Verurteilung die Kosten «privater Parteientschädigung» der Privatklägerschaft und den Regeln des Haftpflichtrechts (Art. 429 i.V.m. Art. 433)[80].

e) Entschädigung Dritter

Dritte können vom Staat Schadenersatz oder Genugtuung beanspruchen, wenn sie durch Verfahrenshandlungen oder bei der Unterstützung der Strafbehörden zu Schaden gekommen sind (Art. 434). Kommentierungen verweisen insbesondere auf Zwangsmassnahmen, die auch unbeteiligte Dritte erfassen (Hausdurchsuchung oder Telefonkontrolle)[81].

4. Verfahren

a) Der Kostenentscheid

Der Kostenentscheid ergeht im erstinstanzlichen Urteil, im Einstellungsbeschluss, im Strafbefehl, respektive im Rechtsmittelurteil. Zwischenentscheide verweisen den

76 Vgl. zur Anpassung des Sanktionenrechts auf den 1.1.2018 oben S. 102 FN 132 und S. 251 FN 27.

77 Art. 426 Abs. 2.

78 BSK StPO-Wehrenberg/Frank 2014, Art. 433 N 25.

79 Riklin StPO Kommentar 2014, Art. 433 N 4; Schmid Handbuch 2013, 818 f.

80 BGer 6B_392/2013 vom 4.11.2013; Eymann 2013, 316 ff., 318 (voller Aspruch).

81 Botschaft des Bundesrates, BBl 2006 1085 (1331); Goldschmid/Maurer/Sollberger 2008, 434 f.; Donatsch/Hansjakob/Lieber, Kommentar-Griesser 2014, Art. 434 N 1; Schmid Handbuch 2013, 819 f.; BSK StPO-Wehrenberg/Frank 2014, Art. 434 N 4.

Kostenentscheid regelmässig in den Hauptentscheid. Art. 421 Abs. 2 sieht davon Ausnahmen vor[82]. Die Strafbehörden treffen den Kostenentscheid von Amtes wegen.

Auch beim Kostenentscheid ist das rechtliche Gehör zu gewähren (bei bloss akzessorischen Entscheidungen allenfalls durch Gelegenheit zur schriftlichen Stellungnahme). Der Kostenentscheid ist zu begründen.

b) Der Entschädigungsentscheid

Gemäss Art. 429 Abs. 2 prüft die Strafbehörde Entschädigungs- und Genugtuungsansprüche von Amtes wegen[83]. Sie kann die beschuldigte Person auffordern, ihre Ansprüche zu beziffern und zu belegen (demgegenüber setzt sie für Privatkläger nur auf Antrag hin eine Entschädigung fest: Art. 433 Abs. 2). Das Kapitel «Entschädigung und Genugtuung» der Art. 429 ff. ersetzt sektoriell das Staatshaftungsverfahren nach Verantwortlichkeitsgesetz.

c) Rechtsmittel gegen Kosten- und Entschädigungsentscheide

Je nachdem in welchem Verfahren und in welchem Rechtsakt die Strafbehörde ihren Entscheid fällt, ist eine Beschwerde oder eine Berufung möglich (Art. 393, respektive 398). Die noch im Vorentwurf (Art. 436 E-StPO) besonders erwähnte «Anfechtung» von Kostenentscheiden ist damit überflüssig[84]. Regelmässig wird der Kostenentscheid im Urteil ergehen und damit mit Berufung anzufechten sein. Art. 399 Abs. 4 lit. f führt explizit aus, dass die Berufung auf die Kosten- oder Entschädigungsfragen beschränkt werden kann.

82 BSK StPO-Domeisen 2014, Art. 421 N 8 ff.

83 BSK StPO-Wehrenberg/Frank 2014, Art. 429 N 31 ff.

84 Vgl. Botschaft des Bundesrates, BBl 2006 1085 (1328).

Fragen zum Kapitel XIII

- Was sind Verfahrenskosten?
- Welche Grundsätze regieren das Kostenrecht?
- Weshalb trägt der Verurteilte prinzipiell die Verfahrenskosten?
- Unter welchen Bedingungen können Beschuldigten nach der Einstellung des Verfahrens oder bei Freispruch Verfahrenskosten aufgebürdet werden? Diskutieren Sie die Details der aktuellen Bundesgerichtspraxis. Unter welchen Umständen ist die Kostenauflage gerechtfertigt?
- Wer trägt die Kosten des Rechtsmittelverfahrens?
- Trägt der Staat die Kosten der Offizialverteidigung endgültig?
- Unter welchen Umständen haben Beschuldigte nach Einstellung oder Freispruch Anspruch auf Entschädigung? In welchem Umfang?
- Haben Verurteilte Anspruch auf Entschädigung?
- Können Dritte Ansprüche auf Entschädigung geltend machen?

Die Auflösung der Fragen ergibt sich jeweils aus dem vorangegangenen Kapitel.

XIV Rechtsmittel

Literatur BSK BGG-*Aemisegger/Forster* 2011, Art. 79; *Arzt, G.*, In dubio contra, Eine Antwort auf Marc Forster, ZStrR 1997, 61, 196 ff.; *Bänziger, F.*, Der Beschwerdegang in Strafsachen, in: Ehrenzeller, B./Schweizer, R.J. (Hrsg.), Die Reorganisation der Bundesrechtspflege – Neuerungen und Auswirkungen in der Praxis, Schriftenreihe des Instituts für Rechtswissenschaft und Rechtspraxis der Universität St. Gallen, Bd. 40, St. Gallen 2006, 81 ff.; BSK BGG-*Biaggini* 2011, Art. 113–119; *Bommer, F./Kaufmann, A.*, Die strafrechtliche Rechtsprechung des Bundesgerichts im Jahr 2011, ZBJV 2015, 873 ff.; *Breitenmoser, S./Weyeneth, R.*, Europarecht unter Einbezug des Verhältnisses Schweiz-EU, 2. Aufl., Zürich et al. 2014; CR CPP-*Calame* 2011, Art. 379–392; *Christen, S.*, Kostenfolge im kantonalen Beschwerdeverfahren in Strafsachen, ZStrR 2013, 177 ff.; *Coquoz, C.*, Les recours pendant la procédure préliminaire, ZStrR 2010, 353 ff.; *Eicker, A.*, Aktuelles aus der Rechtsprechung des Bundesgerichts zu Beschlagnahme, Editionsaufforderung und Siegelung, ZStrR 2013, 225 ff.; BSK StPO-*Eugster* 2014, Art. 398–409; *Fingerhuth, T.*, BGE-Praxis – II/2012, fp 2012, 375 ff.; BSK StPO-*Forster* 2014, Art. 220–233; *ders.*, Kettentheorie der strafprozessualen Beweiswürdigung, «In dubio pro reo» vor Bundesgericht – Zum Prüfungsprogramm bei der Rüge willkürlicher Beweiswürdigung, ZStrR 1997, 61 ff.; *Geth, C.*, Rechtsmittel gegen selbständige nachträgliche Entscheidungen des Gerichts nach Art. 363 ff. StPO, AJP 2011, 313 ff.; *Gilliéron, G./Killias, M.*, Strafbefehl und Justizirrtum: Franz Riklin hatte Recht!, in: Niggli, M.A./Hurtado Pozo, J./Queloz, N. (Hrsg.), FS Riklin, Zürich et al. 2007, 379 ff.; *Gless, S.*, Internationales Strafrecht, Grundriss für Studium und Praxis, 2. vollständig überarbeitete Aufl., Basel 2015; *Goldschmid/Maurer/Sollberger* 2008, 373 ff., 451; BSK StPO-*Guidon* 2014, Art. 393–397; *ders.*, Zur Anfechtbarkeit verfahrensleitender Entscheide erstinstanzlicher Gerichte, fp 2012, 26 ff.; *ders.*, Die Beschwerde gemäss Schweizerischer Strafprozessordnung, Zürich/St. Gallen 2011; *Hansjakob, T.*, Nr. 17 KG SG vom 1.3.2012: Beschwerde der Staatsanwaltschaft gegen abweisende Entscheide des Zwangsmassnahmengerichtes; superprovisorische Haftanordnung durch die Verfahrensleitung der Beschwerdeinstanz, fp 2012, 145 ff.; *Hauser/Schweri/Hartmann* 2005, 463 ff.; BSK StPO-*Heer* 2014, Art. 410–415; Donatsch/Hansjakob/Lieber, Kommentar-*Hug/Scheidegger* 2014, Art. 220–240 und Art. 398–409; *Jositsch* 2013, 197 ff.; *Keller, A.*, Die neue schweizerische StPO: Formalisierung und Effizienz – bleibt die materielle Wahrheit auf der Strecke?, ZStrR 2011, 229 ff.; *Kiss, C.*, Das neue Bundesstrafgericht, AJP 2003, 141 ff.; CR CPP-*Kistler Vianin* 2011, Art. 398–409; Donatsch/Hansjakob/Lieber, Kommentar-*Lieber* 2014, Art. 379–392; *Müller/Schefer* 2008, 823 ff.; *Oberholzer, N.*, Der lange Weg zur Haftentlassung – oder das neue Auslegungsprinzip der «Gewährleistung des Beschwerderechts der Staatsanwaltschaft», fp 2012, 156 ff.; *ders.* 2012, 539 ff.; *ders.*, Das Rechtsmittelsystem der Schweizerischen Strafprozessordnung, Beschwerde, Berufung, Revision, AJP 2011, 39 ff.; *ders.*, 2012, 539 ff.; *Oehen, M.*, Das Bundesgericht beschränkt die reformatio in peius, fp 2014, 288 ff.; *Peters, A./Altwicker, T.*, Europäische Menschenrechtskonvention, 2. Aufl., München 2012; *Piguet, C./Dyens, A.*, Konnte mit der Einführung der Schweizerischen Strafprozessordnung tatsächlich eine Stärkung der Verteidigungsrechte bewirkt werden?, Anwaltsrevue 2015,

365 ff.; *Piquerez/Macaluso* 2011, 623 ff.; CR CPP-*Rémy* 2011, Art. 393–397, Art. 410–415; *Riedo/Fiolka/Niggli* 2011, 435 ff.; *Riedo, C./Philipp, D.*, Grundsätzlich schon, aber eigentlich nie. Ermächtigung zur Eröffnung einer Strafuntersuchung, Anmerkungen zum Urteil des Bundesgerichts 1A_585/2013 vom 17. September 2013, AJP 2014, 126 ff.; *Riklin* 2007, 177 ff.; *Ruckstuhl/Dittmann/Arnold* 2011, 346 ff.; *Schmid* Handbuch 2013, 647 ff.; *ders.* StPO Praxiskommentar 2013, 743 ff.; *ders.*, Nochmals zum Rechtsmittel gegen selbständig gefällte Entscheide nach Art. 365 StPO, fp 2011, 222 ff.; *ders.*, Übergangsrecht der Schweizerischen Strafprozessordnung (StPO), Zürich et al. 2010 (zit. Schmid 2010a); *ders.*, Grundzüge der Rechtsmittel der Schweizerischen Strafprozessordnung, recht 2010, 221 ff. (zit. Schmid 2010b); *ders.*, Die Rechtsmittel der Schweizerischen Strafprozessordnung – Einige Randbemerkungen, in: Niggli, M.A./Hurtado Pozo, J./Queloz, N. (Hrsg.), FS Riklin, Zürich 2007, 509 ff.; *ders.*, Die Strafrechtsbeschwerde nach dem Bundesgesetz über das Bundesgericht – eine erste Auslegeordnung, ZStrR 2006, 160 ff. (zit. Schmid 2006a); *ders.*, Auswirkungen des Bundesgerichtsgesetzes auf die Strafrechtspflege unter besonderer Berücksichtigung des Kantons Zürich, in: Jusletter vom 18. 12. 2006 (zit. Schmid 2006b); *Schnell, R.*, Entscheide nach Art. 365 StPO, berufungsfähig oder nur der Beschwerde zugänglich?, fp 2011, 111 ff.; BSK BGG-*Schott*, Art. 95 lit. a–c und lit. d, Art. 96–98; *Schubarth, M.*, Die Einheitsbeschwerde in Strafsachen – Flop oder Ei des Columbus?, ZStrR 2002, 62 ff.; *Schweizer, R.J.*, Die subsidiäre Verfassungsbeschwerde nach dem neuen Bundesgerichtsgesetz, in: Ehrenzeller, B./Schweizer, R.J. (Hrsg.), Die Reorganisation der Bundesrechtspflege – Neuerungen und Auswirkungen in der Praxis, Schriftenreihe des Instituts für Rechtswissenschaft und Rechtspraxis der Universität St. Gallen, Bd. 40, St. Gallen 2006, 81 ff.; *Spühler, K.*, Die Einheitsbeschwerde, in: Ehrenzeller, B./Schweizer, R.J. (Hrsg.), Die Reorganisation der Bundesrechtspflege – Neuerungen und Auswirkungen in der Praxis, Schriftenreihe des Instituts für Rechtswissenschaft und Rechtspraxis der Universität St. Gallen, Bd. 40, St. Gallen 2006, 55 ff.; *Stamm, M.-L.*, Rechtsmittel bei selbstständigen nachträglichen Entscheiden nach Art. 363 ff. StPO (weitere Überlegungen), fp 2012, 318 f.; BSK BGG-*Thommen* 2011, Art. 78, Art. 80 f.; *Thommen, M./Wiprächtiger, H.*, Die Beschwerde in Strafsachen, AJP 2006, 651 ff.; BSK BGG-*Uhlmann* 2011, Art. 93–94; *von Werdt, N.*, Art. 78–81, Art. 120–129, in: Seiler, H./von Werdt, N./Güngerich, A. (Hrsg.), Bundesgerichtsgesetz (BGG): Bundesgesetz über das Bundesgericht, Bern 2007; BSK StPO-*Ziegler/Keller* 2014, Art. 379–392.

1. Einführung

a) Rechtssicherheit und Gerechtigkeit

Bereits im Einleitungskapitel dieses Buches wurde dargelegt, dass Strafjustiz, trotz aller Sicherungen, ein riskantes Unterfangen bleibt[1]. Nicht von ungefähr sieht daher die Bundesverfassung in Art. 32 Abs. 3 einen Anspruch vor, jede von einem Gericht ausgesprochene strafrechtliche Verurteilung bei einem übergeordneten Gericht anzufechten[2]. Dabei sucht das Rechtsmittelrecht einen delikaten Mittelweg zwischen unterschiedlichen Extrempositionen zu beschreiten: Aus Gründen der Rechtssicherheit und der Effizienz kann das Verfahren nicht ewig weiter betrieben werden. Das Rechts-

1 Siehe oben S. 5.
2 Vgl. dazu Müller/Schefer 2008, 917 ff.

mittelrecht verlangt daher die Einhaltung von Fristen und Formen. Zudem sind typischerweise nur eine weitere «Tatinstanz» (ein höherrangiges Gericht, das Rügen zum Sachverhalt hört) und maximal zwei Rechtsmittelinstanzen, die sich mit behaupteten Fehlern des materiellen Rechts, der Sanktionsbemessung und unter Umständen Verfahrensfehlern befassen, vorgesehen. Das Rechtsmittelrecht laviert auch zwischen Volksnähe und Formstrenge: Zur Vermeidung von *«überspitztem Formalismus»*[3] darf die falsche Bezeichnung dem Rechtssuchenden nicht schaden (*«falsa demonstratio non nocet»*[4]). Traditionellerweise wurden in der schweizerischen Praxis ungenügende Eingaben nicht einfach aus dem Recht gewiesen; die Schweizerische Strafprozessordnung hat dieses liberale Prinzip aufgegriffen und die Rückweisung zur Nachbesserung mit einer kurzen Nachfrist vorgesehen. Erst nach unbenütztem Ablauf dieser Nachfrist tritt die Rechtsmittelinstanz nicht auf ein Rechtsmittel ein[5]. Allerdings darf nicht verkannt werden, dass mit zunehmender Distanz zu den Tatfragen und mit steigender Geschäftslast der Druck zur Ausscheidung aussichtsloser Rechtsmittel im Vorprüfungsverfahren zunimmt (insbesondere auf Ebene Bundesgericht).

Neben den ordentlichen Rechtsmitteln zur Anfechtung noch nicht rechtskräftiger Urteile, Entscheide, Verfügungen oder Beschlüsse besteht das Bedürfnis nach einem ausserordentlichen Instrument zur Wiederaufnahme selbst rechtskräftig abgeschlossener Verfahren. Allerdings kann sich die «Revision» nur unter ganz qualifizierten Umständen gegen das Interesse an rechtskräftiger Erledigung durchsetzen[6].

b) Die Charakterisierung der Rechtsmittel

Rechtsmittel werden in der Lehre üblicherweise anhand von Begriffspaaren **kategorisiert**, ohne dass den Unterscheidungen tiefere dogmatische Bedeutung zukäme[7]. Man unterscheidet:

- **ordentliche und ausserordentliche Rechtsmittel** danach, ob das Rechtsmittel den Eintritt der Rechtskraft hemmt (wie zum Beispiel die Berufung);
- **vollkommene und unvollkommene Rechtsmittel** danach, ob Gegenstand der Überprüfung auch Tatfragen und Ermessensentscheide sind, oder ob die Anfechtung auf bestimmte Themen (Rechtsfragen) beschränkt ist;

---

3 Zum Verbot des «überspitzten Formalismus» gemäss Art. 29 Abs. 1 BV generell Müller/Schefer 2008, 832 ff.

4 Art. 385 Abs. 3; Botschaft des Bundesrates, BBl 2006 1085 (1309); Hauser/Schweri/Hartmann 2005, 475; Donatsch/Hansjakob/Lieber, Kommentar-Lieber 2014, Art. 385 N 3 ff.; BSK StPO-Ziegler/Keller 2014, Art. 385 N 3 ff.

5 Art. 385 Abs. 2.

6 Siehe unten S. 306 ff.

7 Hauser/Schweri/Hartmann 2005, 467 ff.; Oberholzer 2012, 539 f.; Riklin StPO Kommentar 2014, Vor Art. 379–392 N 20; Schmid Handbuch 2013, 649 ff.

- **suspensive und nicht suspensive Rechtsmittel** danach, ob das Rechtsmittel den Vollzug hemmt (aufschiebende Wirkung). Die Rechtsmittel gemäss StPO haben nach Art. 387 im Prinzip keine aufschiebende Wirkung, es sei denn, sie werde von der Verfahrensleitung der Rechtsmittelinstanz angeordnet. Die Berufung hat im Umfang der Anfechtung aber aufschiebende Wirkung (Art. 402).
- **Devolutive Rechtsmittel** werden an eine andere (höhere) Instanz weitergezogen. Nicht-devolutive Rechtsmittel ersuchen die Entscheidungsinstanz, ihren Entscheid in Wiedererwägung zu ziehen.
- Bei **reformatorischen Rechtsmitteln** fällt die Rechtsmittelinstanz gleich selbst einen neuen Entscheid, der den Angefochtenen ersetzt (zum Beispiel die Berufung, Art. 408).

  Kassatorische Rechtsmittel führen zur Aufhebung des Entscheids und zur Rückweisung an die Vorinstanz, unter Umständen mit konkreten Weisungen zur Neubeurteilung. Selbst üblicherweise reformatorische Rechtsmittel können ausnahmsweise zur Rückweisung führen, zumal wo die Mängel so gravierend sind, dass sie von der Rechtsmittelinstanz nicht geheilt werden können, oder wo erhebliche Ermessensfragen von der Vorinstanz zu beurteilen sind (Art. 409).
- **Primäre Rechtsmittel** gehen **subsidiären** vor (vgl. zum Verhältnis der Beschwerde zur Berufung Art. 394 lit. a).

c) Allgemeine Voraussetzungen

aa) Die Legitimation (Art. 381 und Art. 382 StPO)

Die Schweizerische Prozessordnung regelt die Berechtigung, ein Rechtsmittel zu ergreifen, in allgemeinen Bestimmungen für sämtliche Rechtsmittel nach StPO einheitlich. Während sich Art. 381 mit der Rechtsmittelergreifung bei hierarchisch aufgebauten Staatsanwaltschaften und im Verhältnis zwischen kantonalen Behörden und der Bundesanwaltschaft befasst[8] und grundsätzlich eine Legitimation der Staatsanwaltschaft im Interesse der Rechtspflege unterstellt, enthält Art. 382 Abs. 1 den Grundsatz, dass *«jede Partei, die ein rechtlich geschütztes Interesse an der Aufhebung oder Änderung eines Entscheids hat»*, ein Rechtsmittel ergreifen kann. Damit beantwortet das Gesetz gleich zwei klassische Fragen in einem Atemzug: Legitimiert sind zum einen sämtliche Parteien. Abs. 2 präzisiert zudem, dass die Privatklägerschaft zwar im Schuldpunkt und im Zivilpunkt, nicht aber im Strafpunkt legitimiert ist[9]. Abs. 3 regelt die Sonderfrage der Legitimation im Todesfall einer Partei. Abs. 1 ent-

8 Zum Verhältnis der Oberstaatsanwaltschaft zu den Verfahrensleitern: BGer 6B_949/2013 vom 3.2.2014; BSK StPO-Ziegler/Keller 2014, Art. 381 N 4 ff.

9 Goldschmid/Maurer/Sollberger 2008, 377; Donatsch/Hansjakob/Lieber, Kommentar-Lieber 2014, Art. 382 N 14 ff.; der Begriff «Sanktion» gemäss Art. 382 Abs. 2 ist allerdings,

hält zugleich aber auch eine weitere Regel: Ein Rechtsmittel ergreifen kann nur, wer «**beschwert**» ist. Gefordert wird ein «aktuelles praktisches Interesse an der Aufhebung oder Änderung des angefochtenen Entscheids»[10]. Aus prozessökonomischen Gründen tritt die Rechtsmittelinstanz nicht auf Rügen ein, die die Rechtslage der Partei nicht verbessern würden. Eine Ausnahme wird dann gemacht, wenn es – zumal bei Zwischenentscheiden – infolge Zeitablaufs nie zu einer erfolgreichen Rüge käme[11].

bb) Dispositionsmaxime

Galt für das ordentliche Verfahren die Offizialmaxime[12], ist es ganz den Parteien überlassen, ob sie ein Rechtsmittel ergreifen oder auf Anfechtung verzichten wollen[13]. Die StPO bringt an diesem Grundsatz zwei Randkorrekturen an: Gemäss Art. 391 Abs. 1 ist die Rechtsmittelinstanz weder an die Begründung noch an die Anträge der Parteien gebunden (Ausnahme Zivilklagen)[14]. Dieser Grundsatz wird in Art. 404 Abs. 2 für die Berufung noch ausgeführt. Zudem wird unter Umständen ein gutheissender Rechtsmittelentscheid auch auf Parteien ausgedehnt, die das Rechtsmittel nicht ergriffen haben (***«beneficium cohaesionis»***[15]). Streitig war die Frage, ob der Grundsatz auch Anwendung finden soll, wenn nicht ein anderer Sachverhalt zugrunde gelegt wird, sondern derselbe Sachverhalt anders gewürdigt wird[16]. Es spricht alles dafür, die Frage analog zum Verschlechterungsverbot zu behandeln, auf das gerade einzugehen ist:

Ergreift nur die beschuldigte Partei (oder die Staatsanwaltschaft zu Gunsten des Beschuldigten) ein Rechtsmittel, so darf der Entscheid im Prinzip nicht zum Nachteil des Beschuldigten abgeändert werden (**Verbot der *«reformatio in peius»***). Das Bundesgericht hat in BGE 139 IV 282 klargestellt, dass das Verschlechterungsverbot nicht nur gegenüber der Verschärfung der Sanktion, sondern auch bei einer härteren

nach Ansicht von Schmid (Handbuch 2013, 657), zu ungenau, da der Privatklägerschaft bei sachlichen Massnahmen (Einziehung) eine Beschwerdelegitimation offenstehen sollte.

10 BGer 1B_351/2012 vom 2.9.2012.

11 Oberholzer 2012, 549 f. u.V.a. BGer 1B_161/2010 vom 12.7.2010; BGE 136 I 274 (276 f.); 135 I 79 (81); 131 II 670 (E. 1.2); 127 I 164 (166); 125 I 394 (397 f.); vgl. auch Donatsch/Hansjakob/Lieber, Kommentar-Lieber 2014, Art. 382 N 7 ff., Art. 393 N 37; Schmid Handbuch 2013, 654 ff.; BSK StPO-Ziegler/Keller 2014, Art. 382 N 2.

12 Art. 7.

13 Oberholzer 2012, 542 f.

14 Botschaft des Bundesrates, BBl 2006 1085 (1311); Hauser/Schweri/Hartmann 2005, 487; Jositsch 2013, 202.

15 Art. 392 Abs. 1; Hauser/Schweri/Hartmann 2005, 481 ff.; Schmid Handbuch 2013, 671.

16 Gegen Anwendung: Schmid StPO Praxiskommentar 2013, Art. 392 N 6; a.A. aber, m.A.n. zu Recht, da für diese Unterscheidung keine sachlichen Gründe bestehen: Riedo/Fiolka/Niggli 2011, 448; Riklin StPO Kommentar 2014, Art. 392 N 1.

rechtlichen Qualifikation greift[17]. Das Bundesgericht nimmt damit in Kauf, dass sich nicht in jedem Fall die «materielle Wahrheit» durchsetzt, vielmehr verlangt das Prinzip der Justizförmigkeit des Verfahrens, dass dem Beschuldigten der Weg zum Rechtsmittel möglichst offen steht[18].

Der klassische Grundsatz des Verbots der *«reformatio in peius»* wird allerdings in Art. 391 Abs. 2 Satz 2 durchbrochen, wenn negative Tatsachen, die dem erstinstanzlichen Gericht nicht bekannt sein konnten, zum Vorschein kommen[19]. Sinn der Bestimmung ist die Vermeidung unnötiger Revisionsverfahren. Allerdings stimmen die Anforderungen von Art. 392 Abs. 2 Satz 2 und Art. 410 Abs. 1 lit. a bedauernswerterweise nicht überein[20]. Unter diesen Umständen kann sich der Beurteilte nur noch mit einem Rückzug des Rechtsmittels vor einer Verschlechterung retten[21]. Auf diese Möglichkeit ist der Beschwerdeführer hinzuweisen[22]. Keine Geltung hat das Verbot der *«reformatio in peius»* ohnedies, wenn die Staatsanwaltschaft Anschlussberufung erklärt (Art. 401).

2. Rechtsmittel gemäss Strafprozessordnung

a) Die Beschwerde (Art. 393 ff. StPO)

Gemäss Art. 13 lit. c und Art. 20 hat jede Gebietskörperschaft eine Beschwerdeinstanz einzurichten. Auf Grund unserer Kategorisierung[23] handelt es sich bei der Beschwerde um ein **ordentliches, vollkommenes, devolutives, bloss fakultativ suspensives** Rechtsmittel, das **subsidiär** zur Berufung ist und das **entweder reformatorisch oder kassatorisch** wirkt[24].

aa) Das Anfechtungsobjekt

Mit Beschwerde können im Prinzip sämtliche Formen von Entscheiden, Beschlüssen, Verfügungen und weitere Verfahrenshandlungen angefochten werden, soweit

17 Vgl. auch BGer 6B_772/2013 vom 11.7.2014.

18 Wohl a.A. Oehen 2014, 288 ff.

19 Schmid (Handbuch 2013, 670, Anm. 142) weist darauf hin, dass die Anforderungen nach Art. 391 Abs. 2 wesentlich geringer sind als jene der Revision, wo die neue Tatsache eine *«wesentlich strengere Bestrafung»* erwarten lassen müsste (Art. 410 Abs. 1 lit. a).

20 Donatsch/Hansjakob/Lieber, Kommentar-Lieber 2014, Art. 392 N 20 ff.; BSK StPO-Ziegler/Keller 2014, Art. 391 N 5.

21 Goldschmid/Hartmann/Sollberger 2008, 384 f.; Donatsch/Hansjakob/Lieber, Kommentar-Lieber 2014, Art. 391 N 22; Ruckstuhl/Dittmann/Arnold 2011, 350.

22 Müller/Schefer (2008, 863) zu Art. 29 Abs. 2 BV.

23 Siehe oben S. 295 f.

24 Donatsch/Hansjakob/Lieber, Kommentar-Keller 2014, Art. 393 N 1; Schmid Handbuch 2013, 673.

sie Aussenwirkung entfalten[25]. Auch Unterlassungen können mit Rechtsverzögerungs- oder Rechtsverweigerungsbeschwerde angefochten werden (Art. 393 Abs. 2 lit. a). Allerdings schliessen Art. 380 (Entscheide, die das Gesetz als endgültig oder nicht anfechtbar bezeichnet[26]) und Art. 394 (Subsidiarität zur Berufung, Ausschluss der Beschwerde gegen Ablehnung wiederholbarer Beweisanträge) diverse Entscheide von der Anfechtung aus[27].

(1) Beschwerde gegen polizeiliche Verfahrenshandlungen

Für die Schweiz ist es ein Novum, dass nunmehr gegen kriminalpolizeiliche Verfahrenshandlungen generell ein Rechtsmittel an ein Gericht zur Verfügung steht, das auch die Angemessenheit des Verhaltens überprüfen kann (Art. 393 Abs. 1 lit. a und Abs. 2 lit. c). Im Vordergrund dürften Beschwerden gegen Zwangsmassnahmen stehen[28].

(2) Beschwerde gegen staatsanwaltliche Verfahrenshandlungen

Art. 393 Abs. 1 lit. a eröffnet ein sehr weites Feld von Anfechtungsmöglichkeiten von Verfahrenshandlungen der Staatsanwaltschaft[29]. Im Zentrum stehen neben Fragen des Verfahrensverlaufs die Verteidigungsrechte, die Zwangsmassnahmen und auch Beweisfragen. Allerdings gilt es, die Einschränkung von Art. 394 lit. b zu beachten: Die Ablehnung von Beweisanträgen, die ohne Rechtsnachteil vor dem erstinstanzlichen Gericht wiederholt werden können, ist nicht anfechtbar. Das heisst, anfechtbar wäre es etwa, wenn ein schwer kranker Zeuge oder ein Zeuge, der daran ist, für längere Zeit ins Ausland zu verreisen, nicht einvernommen wird. Bereits oben ist allerdings darauf hingewiesen worden, dass das überwiegend mittelbare Hauptverfahren insgesamt keine optimalen Chancen der Wiederholung der Beweisanträge offeriert, und dass eine Ablehnung von Beweisanträgen im Vorverfahren einen institutionell vorgesehenen Rechtsnachteil nach sich zieht[30].

25 BSK StPO-Guidon 2014, Art. 393 N 6; Donatsch/Hansjakob/Lieber, Kommentar-Keller 2014, Art. 393 N 9; Schmid Handbuch 2013, 675; ders. 2007, 513.

26 Vgl. Art. 300 Abs. 2 (Einleitung des Vorverfahrens), Art. 309 Abs. 3 in fine (Eröffnung der Untersuchung), Art. 324 Abs. 2 (Anklageerhebung), Art. 334 Abs. 2 (Verfahrensüberweisung), Art. 359 Abs. 1 (Einleitung des abgekürzten Verfahrens).

27 Schmid Handbuch 2013, 673 (z.B. die Eröffnung der Untersuchung, die Ablehnung von Beweisanträgen und die Anklageerhebung).

28 Vgl. die Liste der Anfechtungsobjekte bei BSK StPO-Guidon 2014, Art. 393 N 8; Schmid 2007, 515.

29 Für eine detaillierte Aufzählung der Anfechtungsobjekte vgl. BSK StPO-Guidon 2014, Art. 393 N 10; Donatsch/Hansjakob/Lieber, Kommentar-Lieber 2014, Art. 393 N 13 ff.; Schmid 2007, 516.

30 Siehe oben S. 233 ff. und 239 ff.; siehe im Übrigen zur Illustration den **Einstiegsfall** oben S. 13 ff.; krit. Keller 2011, 255 f.; Donatsch/Hansjakob/Lieber, Kommentar-Keller 2014, Art. 394 N 4; a.A. BSK StPO-Guidon 2014, Art. 394 N 5 ff.

(3) Beschwerden gegen Verfahrenshandlungen des Zwangsmassnahmengerichts? Gemäss Art. 393 Abs. 1 lit. c sind anfechtbare Entscheide des Zwangsmassnahmengerichts die **Ausnahme**[31]. Zu Diskussionen Anlass gegeben hat insbesondere die Anfechtbarkeit von **Haftentscheiden**. Gemäss alt Art. 222 waren Haftverlängerung und Abweisung von Haftentlassungsgesuchen erst ab einer Dauer von drei Monaten mit Beschwerde nach StPO anfechtbar. Diese bereits im Parlament stark umstrittene Regelung hatte sich zwar im Differenzenbereinigungsverfahren durchgesetzt[32]. Inzwischen ist aber erkannt worden, dass es sich um einen Fehler handelte. Im Zuge des Erlasses des StBOG wurde auch Art. 222 geändert: Nunmehr können Entscheide über die Anordnung, die Verlängerung und die Aufhebung der Untersuchungs- oder Sicherheitshaft bei der Beschwerdeinstanz angefochten werden[33]. Mit Beschwerde anfechtbar sind ferner die Telefonkontrolle (Art. 279 Abs. 3), der Einsatz von technischen Überwachungsgeräten (Art. 281 Abs. 4), die Überwachung von Bankbeziehungen (Art. 285 Abs. 4), die verdeckte Ermittlung (Art. 298 Abs. 3)[34] und die Anordnung von Haft bei Friedensbürgschaft (Art. 373 Abs. 1), jeweils nach Mitteilung der Zwangsmassnahme.

In der Praxis hat sich sodann die Frage gestellt, ob die **Staatsanwaltschaft** gegen die Nichtanordnung der Untersuchungshaft, die Nichtverlängerung oder die Freilassung Beschwerde ergreifen kann. Gemäss Art. 104 Abs. 1 lit. b ist sie erst im Haupt- und Rechtsmittelverfahren Partei. Das Bundesgericht hat der Staatsanwaltschaft bei Haftsachen ein selbständiges Beschwerderecht nach Art. 81 Abs. 1 lit. b Ziff. 3 BGG zugestanden[35]. Die Position wird in der Literatur zum Teil unter Verweis auf die Waffengleichheit der Parteien unterstützt[36]. M.A.n. zu Recht verweisen andere Autoren aber darauf, dass seit jeher Grundrechte dem Privaten gegen den Staat zustanden. Im Übrigen ist die Staatsanwaltschaft im Vorverfahren gerade noch nicht Partei sondern Verfahrensleiterin[37].

Zudem haben sich erhebliche praktische Probleme ergeben: Nach der Bundesgerichtspraxis muss die Staatsanwaltschaft an der mündlichen Verhandlung vor dem Zwangsmassnahmengericht teilgenommen haben, sie muss innerhalb von Minu-

31 BSK StPO-Guidon 2014, Art. 393 N 14 ff.

32 Schmid 2007, 520 f.

33 Botschaft des Bundesrates, BBl 2008 8125 (8184); Coquoz 2010, 370; BSK StPO-Guidon 2014, Art. 393 N 4; ders. 2011, 87 f. m.w.H.

34 BSK StPO-Guidon 2014, Art. 393 N 14; ders. 2011, 89 f.

35 BGE 137 IV 237; 137 IV 87; 137 IV 22, 134 IV 36; vgl. oben S. 147 ff. und 296 f. Krit. Bommer/Kaufmann 2015, 913 ff.; Hansjakob 2012, 147 f.

36 Guidon 2011, 92 ff.; BSK StPO-Forster 2014, Art. 222 N 6 f.; Donatsch/Hansjakob/Lieber, Kommentar-Hug/Scheidegger 2014, Art. 196 N 11 und Art. 222 N 7 ff. und N 11; Schmid 2007, 520; BSK StPO-Ziegler/Keller 2014, Art. 381 N 2.

37 Oberholzer 2012, 156 ff.; ders. 2011, 43 f.

ten[38] nach dem mündlich und summarisch begründeten Entscheid die Beschwerde einreichen und eine «superprovisorische» Haftanordnung durch die Verfahrensleitung der Beschwerdeinstanz erlangen[39], weiter muss sie innerhalb von drei Stunden eine schriftliche Begründung einreichen, obwohl der Entscheid noch nicht ausgefertigt ist[40]. Der Beschwerdeentscheid erfolgt schriftlich, obwohl er sich gegen einen im kontradiktorischen Verfahren gefundenen Entscheid richtet. Zugleich muss sich das Bundesgericht vor dem Weiterzug schützen, wenn es nicht oberstes Schweizer Zwangsmassnahmengericht werden will. Unklar ist, wie die 96 Stundenregel, die sich nicht nur auf die StPO, sondern auch auf die EMRK und die BV abstützt, eingehalten werden kann: Mit dem Segen des Bundesgerichts wird eine der wichtigsten verfahrensmässigen Garantien (Oberholzer erinnert an den Habeas Corpus Act von 1679[41]) einfach übergangen[42]. Zu Recht weigern sich kantonale Rechtsmittelinstanzen der rechtswidrigen Praxis zu folgen[43]. Es könnte aber noch dramatischer kommen: Wer für die rechtswidrige Haft über die 96 Stundenfrist verantwortlich ist, riskiert ein Strafverfahren wegen Freiheitsberaubung[44].

(4) Beschwerden gegen Verfahrenshandlungen erstinstanzlicher Gerichte
Während Sachurteile mit Berufung anzufechten sind (Art. 394 lit. a), gestattet Art. 393 Abs. 1 lit. b die Beschwerde gegen Verfügungen, Beschlüsse und Verfahrenshandlungen erstinstanzlicher Gerichte. Es kann sich um ***verfahrenserledigende Entscheide*** handeln, diesbezüglich bedarf es aber einer klaren Abgrenzung von der Berufung[45]. Einstellungsverfügungen bei Wegfall von Prozessvoraussetzungen (Art. 329 Abs. 4) sind beschwerdefähig[46]. Umstritten ist indessen der Rechtsmittelweg bei selbständigen nachträglichen Entscheiden[47].

---

38 BL: fp 2016, 18 (20 Minuten); GE: fp 2015, 285 (50 Minuten).

39 Oberholzer 2012, 158.

40 Hansjakob 2012, 147 f.

41 Oberholzer 2012, 157.

42 Hochgradig problematisch ist, dass das Bundesgericht die Fristen nach Art. 219 und Art. 224 nur als «Ordnungsvorschriften» verstanden haben will: BGE 137 IV 96, E. 3.1; krit. Bommer/Kaufmann 2015, 907.

43 Hansjakob 2012, 145 ff. (zu SG).

44 Krit. auch Bommer/Kaufmann 2015, 917.

45 Vgl. die Liste der Anfechtungsobjekte bei Guidon 2011, 68 ff.

46 Guidon 2011, 71 f.; Donatsch/Hansjakob/Lieber, Kommentar-Hug/Scheidegger 2014, Art. 398 N 7; Schmid Handbuch 2013, 678.

47 Gemäss der einen Meinung sollten diese Entscheide in Urteilsform ergehen und damit mit Berufung anfechtbar sein: Kantonsgericht SG 2011 bei Guidon 2012, 26 (Anm. 1); Geth 2011, 319; Schnell 2011, 111 f.; a.A. aber Schmid 2011, 223 f., der für die Beschwerde optiert; ebenso, wenn auch krit. Oberholzer 2011, 40; zur Beschwerdevariante vgl. auch ZR 2/2011, Nr. 53; für Appellationsgericht BS: Stamm 2012, 318.

Demgegenüber hält Art. 393 Abs. 1 lit. b *in fine* fest, dass **verfahrensleitende Verfügungen** von der Anfechtung ausgenommen seien. Damit greift das Gesetz Art. 65 Abs. 1 wieder auf, nach dem *«verfahrensleitende Anordnungen der Gerichte [...] nur mit dem Endentscheid angefochten werden»* können. Zu Recht problematisiert Schmid[48] diese sehr weit gefassten Formulierungen und fragt nach, ob Verfügungen während der **Hauptverhandlung** oder während des gesamten **Hauptverfahrens** (unter Einschluss der Instruktionsphase) gemeint seien. Aus der Botschaft ergibt sich eine enge Deutung, da man lediglich die ununterbrochene Hauptverhandlung sicherstellen wollte[49]. Abermals dürfte die Lösung im Konzept des *«nicht oder nur schwer wieder gutzumachenden Nachteils»* liegen: Schmid schlägt vor, *«bloss formell-verfahrensleitende»* von *«materiell-verfahrensleitenden Entscheiden»* zu unterscheiden und gegen letztere die Beschwerde zuzulassen[50]. Tatsächlich können ungeklärte Anstände über Verteidigungsrechte (zum Beispiel die Anordnung der amtlichen Verteidigung), über Zeugnisverweigerungsrechte oder über Entsiegelungsfragen das Strafverfahren insgesamt in Gefahr bringen: Schlimmstenfalls müsste die Hauptverhandlung vor einem neu zusammengesetzten Gericht wiederholt werden (vgl. Art. 409 Abs. 1), was nicht im Interesse der Prozessökonomie liegen kann[51].

bb) Der Anfechtungsgrund

Es handelt sich bei der Beschwerde um ein vollkommenes Rechtsmittel. Gemäss Art. 393 Abs. 2 können mit Beschwerde Rechtsverletzungen, einschliesslich Ermessensüberschreitungen und -missbrauch, die unvollständige oder unrichtige Sachverhaltsfeststellung sowie die Unangemessenheit gerügt werden. Die Rechtsmittelinstanz verfügt über die volle Kognition.

cc) Verfahren

Das Rechtsmittel ist schriftlich und begründet innert zehn Tagen ab Verfahrensbeginn, respektive der Eröffnung des Entscheids, bei der Beschwerdeinstanz *(«iudex ad quem»)*, **einzureichen** (Art. 396 Abs. 1). Rechtsverweigerungsbeschwerden sind an keine Frist gebunden (Art. 396 Abs. 2). «Begründung» bedeutet gemäss Art. 385 Abs. 1, dass der Beschwerdeführer angeben muss, welche Punkte des Entscheids er anficht, welche Gründe einen anderen Entscheid nahelegen und welche Beweismittel angerufen werden[52].

48 Schmid Handbuch 2013, 678 ff.; ders. 2007, 518 f.; vgl. auch BSK BGG-Aemisegger/Forster 2011, Art. 79 N 23; BSK StPO-Guidon 2014, Art. 393 N 13; ders. 2011, 81 ff.; Donatsch/Hansjakob/Lieber, Kommentar-Lieber 2014, Art. 393 N 29 ff.

49 Botschaft des Bundesrates, BBl 2006 1085 (1312).

50 Ebd.

51 Vgl. auch Guidon 2012, 27 ff.

52 BSK StPO-Guidon 2014, Art. 396 N 9b ff.

Das **Verfahren** der Beschwerde ist normalerweise schriftlich (Art. 397 Abs. 1). Ausnahmsweise kann ein mündliches Verfahren angeordnet werden (Art. 390 Abs. 5). Der Entscheid erfolgt entweder reformatorisch oder kassatorisch (Art. 397 Abs. 2).

b) Die Berufung (Art. 398 ff. StPO)

Die Einrichtung einer Berufungsinstanz (Prinzip der «*double instance*») ist den Kantonen gemäss Art. 13 lit. d und Art. 21 verbindlich vorgeschrieben. Auch der Bund muss gegen erstinstanzliche Entscheide des Bundesstrafgerichts zwingend eine Berufungsinstanz vorsehen. Die im StBOG[53] enthaltene «Nulllösung» widerspricht in krasser Weise den Vorgaben der StPO[54]. Nachdem es bei Erlass des StBOG versäumt wurde, eine zweite Tatinstanz auf Bundesebene zu schaffen, hat der Ständerat durch Überweisung der Motion Janiak[55] eine Notlösung gesucht: Die Kognition des Bundesgerichts sollte bei Beschwerden gegen Urteile des BStGer um die Feststellung des Sachverhalts erweitert werden. Der Bundesrat legte 2013 eine entsprechende Botschaft vor[56]. Allerdings wiesen die Parlamentarier den Vorschlag des Bundesrates zurück und forderten die Errichtung einer Berufungskammer im Bundesstrafgericht[57].

Die Berufung ist ein **ordentliches, vollkommenes, devolutives, suspensiv wirkendes**[58], **primäres** Rechtsmittel[59], das entweder **reformatorische** oder **kassatorische** Entscheide zeitigt[60].

aa) Das Anfechtungsobjekt

Gemäss Art. 398 Abs. 1 ist Berufung «*zulässig gegen Urteile erstinstanzlicher Gerichte, mit denen das Verfahren ganz oder teilweise abgeschlossen worden ist*». So klar die Unterscheidung zwischen Sachurteilen[61] und weiteren «*Verfügungen und Beschlüssen sowie [...] Verfahrenshandlungen*» erstinstanzlicher Gerichte (so die Regelung der Beschwerde in Art. 393 Abs. 1 lit. b) scheinen mag, so differenziert ist doch die Kasuistik der Gerichte

53 Botschaft des Bundesrates, BBl 2008 8125 (8144 ff., besonders problematisch 8146).

54 Krit. Riklin StPO Kommentar 2014, Vor Art. 379–392 N 5; Schmid Handbuch 2013, 734; BSK BGG-Thommen 2011, Art. 80 N 18 f.

55 Motion Janiak vom 17.3.2010 (StR 10.3138); VE Art. 97 Abs. 2, 105 Abs. 3 BGG; Botschaft des Bundesrates, BBl 2013 7109; vgl. Donatsch/Hansjakob/Lieber, Kommentar-Hug/Scheidegger 2014, Art. 398 N 2 und oben S. 74.

56 Botschaft des Bundesrates, BBl 2013 7109.

57 Geschäftsbericht der Gerichte der Schweizerischen Eidgenossenschaft 2014, 11; die Bundesversammlung, Sondersession NR Mai 2015, 6.5.2015, 2; AB 2014 S. 1288 ff.; AB 2015 N 651 ff.; Piguet/Duyens 2015, 373.

58 Art. 402.

59 Art. 394 lit. a.

60 Goldschmid/Maurer/Sollberger 2008, 451.

61 Botschaft des Bundesrates, BBl 2006 1085 (1313); BSK StPO-Eugster 2014, Art. 398 N 2 ff.; Schmid 2007, 521.

zu dieser Abgrenzung, jedenfalls im alten kantonalen Recht[62]. Klassischerweise wird sich die Berufung gegen die Verurteilung, respektive den Freispruch, in der Hauptsache richten[63]. Art. 399 Abs. 4 enthält aber eine Liste möglicher Gesichtspunkte einer eingeschränkten Berufung. Eine Einschränkung kann – im Rahmen der Dispositionsmaxime – auch noch im Lauf des Verfahrens vorgenommen werden, nicht aber eine Ausweitung[64]. In diesen Fällen beschränkt sich das Berufungsgericht auf die Überprüfung der angefochtenen Fragen[65]. Im Übrigen ist die Unterscheidung zwischen Endurteilen und anderen Entscheiden erstinstanzlicher Gerichte weniger klar geschnitten als es erscheinen mag. Bereits hingewiesen worden ist auf den Streit über den Instanzenzug bei selbständigen nachträglichen Entscheiden gemäss Art. 363 ff.[66].

bb) Der Anfechtungsgrund und die Kognition

Gemäss Art. 398 Abs. 2 kann das Urteil in allen angefochtenen Punkten **umfassend überprüft** werden, ja, ausnahmsweise kann das Berufungsgericht gemäss Art. 404 Abs. 2 zu Gunsten der beschuldigten Person sogar nicht angefochtene Punkte überprüfen, um gesetzeswidrige und unbillige Entscheidungen zu verhindern. Wie bei der Beschwerde nimmt das Gericht Rügen wegen Rechtsverletzungen, wegen Sachverhaltsmängeln und wegen Unangemessenheit entgegen (Art. 398 Abs. 3)[67].

cc) Das Verfahren

Die Erklärung der Berufung erfolgt in zwei Stufen: Zunächst **meldet** der Rechtssuchende die Berufung schriftlich oder mündlich (Sonderfall, insbesondere für die sofortige Erklärung im Gerichtssaal) innert zehn Tagen ab Eröffnung des Urteils beim Richter erster Instanz *(«iudex a quo»)* an (Art. 399 Abs. 1)[68]. Innert 20 Tagen ab Zustellung des begründeten Urteils muss der Berufungskläger die **Berufung** schriftlich **erklären**: Er muss sich zum Umfang der Berufung äussern, die Anträge formulieren und allfällige Beweisanträge stellen (Art. 399 Abs. 3, nun beim *«iudex ad quem»*). Auch wenn nicht eine Begründung im eigentlichen Sinne erforderlich ist, muss darauf Acht gegeben werden, die angefochtenen Punkte des Dispositivs genau zu benennen[69].

62 Vgl. Goldschmid/Maurer/Sollberger 2008, 392 ff.

63 Zum Urteilsbegriff: Schmid 2011, 223.

64 Botschaft des Bundesrates, BBl 2006 1085 (1314); Schmid Handbuch 2013, 695 f.

65 Art. 404 Abs. 1; Botschaft des Bundesrates, BBl 2006 1085 (1311).

66 Vgl. oben S. 301 FN 47.

67 Enger gemäss Art. 398 Abs. 4 bei Übertretungen.

68 Ohne weitere Begründung: Donatsch/Hansjakob/Lieber, Kommentar-Hug/Scheidegger 2014, Art. 399 N 2 ff.

69 BSK StPO-Eugster 2014, Art. 399 N 4; Donatsch/Hansjakob/Lieber, Kommentar-Hug/Scheidegger 2014, Art. 399 N 9 ff.; CR CPP-Kistler Vianin 2011, Art. 399 N 19; Schmid Handbuch 2013, 694.

Im schriftlichen Verfahren erfolgt daraufhin eine Vorprüfung durch die Verfahrensleitung des Rechtsmittelgerichtes. Die Partei kann zur Verdeutlichung ihrer Rechtsmittelerklärung aufgefordert werden (Art. 400 Abs. 1). Die Parteien erhalten Gelegenheit, sich zur Berufung zu äussern, allenfalls Nichteintreten zu beantragen oder Anschlussberufung zu erklären (Art. 400 Abs. 2 und 3, Art. 401)[70]. Die Anschlussberufung ist akzessorisch, ihr Bestand damit von der Berufung abhängig.

Ein allfälliges Nichteintreten durch die Instanz muss schriftlich erklärt und begründet werden, damit es mit Strafrechtsbeschwerde beim Bundesgericht angefochten werden kann[71].

Das eigentliche Verfahren ist normalerweise **mündlich**, es kann aber unter bestimmten, eingeschränkten Umständen schriftlich erfolgen – insbesondere, wenn nur Rechtsfragen anstehen und der Beschuldigte daher nicht angehört werden soll[72]. Unter Umständen kann der Beschuldigte in ein schriftliches Verfahren auch in weiteren Fällen einwilligen (Art. 405 f.).

Obwohl die Berufung ein vollkommenes Rechtsmittel ist, mit dem auch Tatfragen erneut zur Diskussion gestellt werden können, sucht die Prozessordnung mit Art. 389 Abs. 2 das Beweisverfahren auf ein Minimum zu beschränken. Die **Unmittelbarkeit** ist im Rechtsmittelverfahren **noch weiter eingeschränkt** als im Hauptverfahren erster Instanz. Immerhin kann die Rechtsmittelinstanz von Amtes wegen oder auf Antrag weitere Beweise erheben (Abs. 3)[73].

Erscheint eine Partei, die Berufung erklärt hat, unentschuldigt nicht zur Berufungsverhandlung, und reicht sie auch keine schriftliche Eingabe ein, gilt die Berufung als zurückgezogen (Dispositionsmaxime[74]). Erscheint der Berufungsgegner unentschuldigt nicht zur Verhandlung, so findet ein Abwesenheitsverfahren[75] statt (Art. 407).

Die erfolgreiche Berufung wirkt **primär reformatorisch**: Die Berufungsinstanz fällt gleich ein neues Urteil (Art. 408). Ist dies nicht möglich, etwa weil wesentliche Mängel im Berufungsverfahren nicht geheilt werden können, kassiert die Berufungsinstanz das Urteil. Das erstinstanzliche Gericht ist an die im Rückweisungsbeschluss vertretenen Rechtsauffassungen und Weisungen gebunden (Art. 409).

---

70 Donatsch/Hansjakob/Lieber, Kommentar-Hug/Scheidegger 2014, Art. 401 N 1.

71 Art. 403 Abs. 3; Goldschmid/Maurer/Sollberger 2008, 399.

72 Sollten sich aber die Perspektiven ändern und Sachfragen ins Spiel kommen, ist zwingend ins mündliche Verfahren zu wechseln: BGer 6B_634/2012 vom 11.4.2013.

73 Botschaft des Bundesrates, BBl 2006 1085 (1316 f.); zu eng: Schmid Handbuch 2013, 664 f.; BGE 140 IV 196; BGer 1B_768/2012 vom 15.1.2013.

74 BSK StPO-Eugster 2014, Art. 407 N 3.

75 Siehe oben S. 273 ff.

c) Die Revision (Art. 410 ff. StPO)

Mit Eintritt der Rechtskraft wird das Urteil unangreifbar, auch wenn es rechtsfehlerhaft ist. Ganz ausnahmsweise gestattet die Strafprozessordnung die Durchbrechung der Rechtskraft. Es geht überwiegend um Fälle krasser Fehlurteile auf Grund falscher Sachverhaltsfeststellungen. Bereits vor Erlass der Schweizerischen Strafprozessordnung hatte das StGB in Art. 385 zumindest zu Gunsten des Verurteilten eine einheitliche Regelung der Revision vorgeschrieben. Bereits der französische Code d'instruction criminelle von 1808 hatte die Wiederaufnahme – allerdings nur zugunsten des Verurteilten – vorgesehen[76]. Nunmehr ist die Revision zugunsten wie zuungunsten des Beschuldigten möglich.

Nach unserem Charakterisierungscode[77] ist die Revision ein **ausserordentliches, nicht-vollkommenes**, aber teilweise **devolutives, nicht-suspensiv wirkendes, kassatorisches** (ausnahmsweise reformatorisches) und **subsidiäres** Rechtsmittel[78].

aa) Das Anfechtungsobjekt

Gemäss Art. 410 Abs. 1 kann, «*wer durch ein rechtskräftiges Urteil, einen Strafbefehl, einen nachträglichen richterlichen Entscheid oder einen Entscheid im selbständigen Massnahmenverfahren beschwert ist*», die Revision verlangen.

Entscheidend ist, dass die Revision nur gegen **rechtskräftige** Urteile und Entscheide zulässig ist. Solange noch ein ordentliches Rechtsmittel zur Verfügung steht, ist es zu nutzen[79]. Ist ein Verfahren vorerst «vorläufig eingestellt», so kann es jederzeit wieder aufgenommen werden[80]. Demgegenüber gibt es definitive Einstellungen (zum Beispiel wegen Verjährung), die dem rechtskräftigen Urteil gleichgestellt werden.

Die Revision von Strafbefehlen ist angesichts der überragenden statistischen Bedeutung dieses Verfahrensabschlusses nicht selten. Eine empirische Untersuchung über die Wiederaufnahme von Strafbefehlen durch Gilliéron und Killias[81] hat ergeben, dass die Wiederaufnahme bei Strafbefehlen, zumal solchen, bei denen die Partei vor Erlass des Strafbefehls ungenügend angehört worden ist, sogar besonders häufig ist.

---

76 CR CPP-Rémy 2011, Art. 410 N 10.

77 Siehe oben S. 295 f.

78 BSK StPO-Heer 2014, Art. 410 N 9.

79 Zu nicht revidierbaren Verfügungen: Donatsch/Hansjakob/Lieber, Kommentar-Gut/Fingerhuth 2014, Art. 410 N 4 ff.; BSK StPO-Heer 2014, Art. 410 N 27 ff.; Schmid Handbuch 2013, 709 ff.

80 Oberholzer 2012, 578.

81 Gilliéron/Killias 2007, 388 ff.; sowie oben S. 253 f.

bb) Die Revisionsgründe

Da die Revision nur unter ganz eingeschränkten Umständen zulässig ist, ist besondere Sorgfalt auf die Darlegung der Revisionsgründe in der Eingabe zu legen.

(1) «Revisio propter nova»

Die Wiederaufnahme des Verfahrens wegen **neuer Tatsachen oder Beweismitteln** gemäss Art. 410 Abs. 1 lit. a setzt Dreierlei voraus[82]:

- Die betreffenden Tatsachen müssen bereits **vor dem Entscheid eingetreten** sein[83].
- Diese Tatsachen waren **der Behörde**[84] zurzeit der Entscheidungsfindung aber **nicht bekannt**. Sie dürfen sich auch nicht etwa aus Beweismitteln ergeben, die zwar erhoben, aber ungenügend ausgewertet wurden. Die Details können dabei delikat sein: Ist zwar im ursprünglichen Verfahren auf einen Zeugen hingewiesen worden, sind aber die Beweistatsachen nicht bekannt worden, so ist das Beweismittel noch nicht verbraucht[85].
- Die neuen Tatsachen oder Beweismittel haben **erhebliche Auswirkungen** auf den Entscheid[86]: Sie wären geeignet,
  - einen Freispruch
  - oder eine wesentlich mildere Sanktion,
  - beziehungsweise eine Verurteilung
  - oder eine wesentlich strengere Sanktion

  herbeizuführen[87].

Die Revision zu Ungunsten des Beschuldigten ist nur solange zulässig, als die Tat noch nicht verjährt ist[88].

---

82 Botschaft des Bundesrates, BBl 2006 1085 (1319); Donatsch/Hansjakob/Lieber, Kommentar-Gut/Fingerhuth 2014, Art. 410 N 54 ff.; Hauser/Schweri/Hartmann 2005, 510 ff.

83 Donatsch/Hansjakob/Lieber, Kommentar-Gut/Fingerhuth 2014, Art. 410 N 58 ff.; BSK StPO-Heer 2014, Art. 410 N 34.

84 Gleichgültig ist, ob sie dem Beschuldigten bereits bekannt waren: BSK StPO-Heer 2014, Art. 410 N 42.

85 Weniger streng aber: BSK StPO-Heer 2014, Art. 410 N 35 unter Berufung auf BGE 116 IV 353.

86 Donatsch/Hansjakob/Lieber, Kommentar-Gut/Fingerhuth 2014, Art. 410 N 61; BSK StPO-Heer 2014, Art. 410 N 65 ff.

87 Die Revision *zuungunsten* des Beschuldigten wird in der Lehre z.T. als unfair kritisiert, da sie für den Beschuldigten überraschend kommen kann. Trotzdem ist sie in einem Grossteil der kantonalen Prozessordnungen bereits vorgesehen gewesen; Botschaft des Bundesrates, BBl 2006 1085 (1319); Hauser/Schweri/Hartmann 2005, 517; Goldschmid/Maurer/Sollberger 2008, 407 f.; Schmid Handbuch 2013, 712 ff.

88 Art. 410 Abs. 3 *e contrario*; Botschaft des Bundesrates, BBl 2006 1085 (1320).

(2) «Revisio propter falsa»
Der zweite Klassiker der Wiederaufnahmegründe ist die deliktische Einflussnahme auf das Urteil (Art. 410 Abs. 1 lit. c)[89]. Die strafbare Handlung muss das Urteil tatsächlich beeinflusst haben. Die Strafbare Handlung muss allerdings nicht selbst durch ein Strafurteil nachgewiesen werden, das wäre unter Umständen (zum Beispiel wegen Verjährung) gar nicht mehr möglich: Die Überzeugung des Richters im Wiederaufnahmeverfahren ist ausreichend.

(3) Sich widersprechende Urteile
Nach Art. 410 Abs. 1 lit. b ist ein Revisionsgrund, wenn «*der Entscheid mit einem späteren Strafentscheid, der den gleichen Sachverhalt betrifft, in unverträglichem Widerspruch steht*». Gemeint sind einzig schwerwiegende Widersprüche im tatsächlichen Bereich, nicht etwa in der Rechtsanwendung, auch nicht die spätere Praxisänderung[90].

(4) EMRK-Konformität
Urteile des EGMR haben keinen direkten Einfluss auf nationale Entscheide, und oft ist eine Entschädigung nicht ausreichend, die Folgen der Verletzung auszugleichen. Daher sind kantonale Rechtsordnungen dazu übergegangen, einen separaten Wiederaufnahmegrund der Anpassung an ein EGMR-Urteil vorzusehen. Dieser Gesichtspunkt ist in Art. 410 Abs. 2 in die Prozessordnung übernommen worden[91].

cc) Verfahren

Revisionsinstanz ist – abweichend von den traditionellen kantonalen Rechten[92] – das Berufungsgericht (für das Bundesstrafgericht das Bundesgericht[93]). Die Revision nach StPO ist somit ein **devolutives** Rechtsmittel geworden (Art. 411 Abs. 1).

Der **Antrag** muss schriftlich und begründet eingereicht werden, die Revisionsgründe sind genau zu bezeichnen und zu belegen. Während Revisionsgesuche «*propter nova*» und «*propter falsa*» (Art. 410 Abs. 1 lit. a, c) an keine Fristen gebunden sind,

89 Botschaft des Bundesrates, BBl 2006 1085 (1320); Donatsch/Hansjakob/Lieber, Kommentar-Gut/Fingerhuth 2014, Art. 410 N 67 ff.; Hauser/Schweri/Hartmann 2005, 512; BSK StPO-Heer 2014, Art. 410 N 96 ff.; Schmid Handbuch 2013, 718; CR CPP-Rémy 2011, Art. 410 N 12.

90 Botschaft des Bundesrates, BBl 2006 1085 (1320); Donatsch/Hansjakob/Lieber, Kommentar-Gut/Fingerhuth 2014, Art. 410 N 63 ff.; Hauser/Schweri/Hartmann 2005, 512 f.; BSK StPO-Heer 2014, Art. 410 N 87 ff.; Schmid Handbuch 2013, 716 f.

91 Goldschmid/Maurer/Sollberger 2008, 407; Donatsch/Hansjakob/Lieber, Kommentar-Gut/Fingerhuth 2014, Art. 410 N 70 ff.; Hauser/Schweri/Hartmann 2005, 513 ff.; BSK StPO-Heer 2014, Art. 410 N 106; Schmid Handbuch 2013, 718 f.

92 Anders noch Hauser/Schweri/Hartmann 2005, 509.

93 BSK StPO-Heer 2014, Art. 411 N 2; Schmid Handbuch 2013, 720.

müssen jene wegen sich widersprechenden Urteilen, beziehungsweise wegen EGMR-Urteilen, innert 90 Tagen ab Kenntnisnahme des betreffenden Entscheides gestellt werden (Art. 411 Abs. 2). Den Gesuchsteller trifft in dieser Verfahrensphase eine eigentliche Beweislast[94].

Das eigentliche Wiederaufnahmeverfahren schreitet in drei Phasen voran:

Im **Vorprüfungsverfahren** gemäss Art. 412 nimmt das Berufungsgericht im schriftlichen Verfahren eine vorläufige Prüfung vor und entscheidet über das Eintreten. Offensichtlich unzulässige oder unbegründete Gesuche, respektive solche gestützt auf bereits «verbrauchte Vorbringen», werden aus dem Recht gewiesen. Tritt das Gericht auf das Ersuchen ein, wird den übrigen Parteien das rechtliche Gehör gewährt.

In einer zweiten Phase prüft das Gericht gemäss Art. 413 die Revisionsgründe auf ihre Begründetheit. Aufschiebende Wirkung hat das Revisionsgesuch nur auf Antrag (Art. 387)[95]. Ist das Gesuch erfolgreich, gelangt das Gericht zum **Aufhebungsentscheid**. Ausnahmsweise wirkt er reformatorisch, typischerweise wird mit der Neubeurteilung aber der «*iudex a quo*» befasst (kassatorische Wirkung). Gegen abweisende Revisionsentscheide steht die Strafrechtsbeschwerde ans Bundesgericht zur Verfügung[96].

In der dritten Phase des erfolgreichen Revisionsverfahrens eröffnet das Berufungsgericht somit gemäss Art. 414 ein **neues Verfahren**. Typischerweise muss erst nochmals die **Staatsanwaltschaft** befasst werden, die zu entscheiden hat, ob überhaupt eine neue, angepasste Anklage zu erheben, ob ein Strafbefehl zu erlassen oder ob das Verfahren einzustellen ist. Auch denkbar ist eine Rückweisung an das **erstinstanzliche Gericht** (Art. 313 Abs. 2 lit. a) oder aber ein direkter Entscheid des Revisionsgerichts selbst (lit. b). Das ist vor allem dann sinnvoll, wenn ein voller Freispruch zum Ausgleich des Unrechts aus Fehlurteil notwendig ist[97]. Bei der Wiederaufnahme zugunsten des Verurteilten gilt gemäss Art. 391 Abs. 2 das Verbot der «*reformatio in peius*»[98]. Über die Kostenregelung und über das Entschädigungsrecht bei erfolgreicher Revision geben Art. 428 Abs. 5 und Art. 436 Auskunft.

94 Donatsch/Hansjakob/Lieber, Kommentar-Gut/Fingerhuth 2014, Art. 411 N 3.

95 BSK StPO-Heer 2014, Art. 412 N 12.

96 Botschaft des Bundesrates, BBl 2006 1085 (1322); Riklin StPO Kommentar 2014, Art. 413 N 1; Schmid Handbuch 2013, 725.

97 Vgl. etwa den Fall Grüninger: Mit Entscheid des BezGer St. Gallen vom 30. 11. 1995 wurde das Urteil des BezGer St. Gallen vom 23. 12. 1940, durch das der damalige Polizeidirektor von St. Gallen wegen fortgesetzter Verletzung der Amtspflicht und der Anfertigung inhaltlich unwahrer öffentlicher Urkunden verurteilt wurde, aufgehoben und der Beschuldigte posthum freigesprochen; vgl. das Gutachten Pieth vom 6. 3. 1995: «Rechtliche Rehabilitation von Paul Grüninger».

98 BSK StPO-Heer 2014, Art. 414 N 2.

3. Rechtsmittel gemäss Bundesgerichtsgesetz

a) Die Beschwerde in Strafsachen an das Bundesgericht

aa) Vorbemerkung

Am 1.1.2007 trat mit dem Bundesgerichtsgesetz (BGG) die Neuordnung der Bundesrechtspflege in Kraft. An die Stelle des als unnötig kompliziert empfundenen Nebeneinanders der Nichtigkeitsbeschwerde und der staatsrechtlichen Beschwerde[99] trat nun in Strafsachen eine «Einheitsbeschwerde»[100], die sogenannte «Strafrechtsbeschwerde» (Art. 78 ff. BGG)[101]. Subsidiär zu den insgesamt drei neugeschaffenen Einheitsbeschwerden ans Bundesgericht wurde noch in der parlamentarischen Phase eine – oft als systemfremd empfundene – subsidiäre Verfassungsbeschwerde hinzugefügt (Art. 113 ff. BGG). Es bestehen Zweifel, ob sie für den neuen Strafprozess überhaupt von Bedeutung ist[102].

bb) Charakterisierung

Die Strafrechtsbeschwerde kann auf Grund der Kurzcharakterisierung[103] als **ausserordentliches, unvollkommenes, devolutives, nur zum Teil suspensives, typischerweise kassatorisches**, eventuell reformatorisches Rechtsmittel bezeichnet werden[104].

cc) Voraussetzungen

(1) Anfechtungsobjekt

(a) Endentscheide

Anfechtbar sind zum einen Endentscheide in Strafsachen einer letzten kantonalen Instanz oder des Bundesstrafgerichts[105]. Zulässig ist die Beschwerde gemäss Art. 80 Abs. 1 Satz 3 BGG auch wenn lediglich eine kantonale Instanz vorgesehen ist[106]. Die Formel von Art. 78 BGG lässt noch diverse Fragen offen. Es bedarf der Präzisierung

99 Für eine aktuelle Darstellung dieser inzwischen abgeschafften Rechtsmittel vgl. noch Hauser/Schweri/Hartmann 2005, 524 ff. oder Oberholzer 2012, 585 ff.

100 Schmid 2006a, 161 ff.; krit. Schubarth 2002, 62 ff.

101 Bänziger 2006, 196 ff; Schmid 2006a, 160 ff.; Spühler 2006, 55 ff.; BSK BGG-Thommen 2011, Art. 78 N 1 ff.; Thommen/Wiprächtiger 2006, 651.

102 BGer 6B_478/2007 vom 21.9.2007; Schmid 2006a, 204; Thommen/Wiprächtiger 2006, 658.

103 Siehe oben S. 295 f.

104 Goldschmid/Maurer/Sollberger 2008, 451; Riklin 2007, 185.

105 Art. 80 Abs. 1 und 2 BGG; Schmid Handbuch 2013, 730; ders. 2006a, 167 ff.; BSK BGG-Thommen 2011, Art. 80 N 1 ff.

106 Donatsch/Hansjakob/Lieber, Kommentar-Hug/Scheidegger 2014, Art. 196 N 14.

durch die Justiz, wie weit der Bereich der Strafsachen zu ziehen ist[107]. Einig ist man sich, dass Fragen des materiellen und auch des Prozessrechts und neu des Strafvollzugsrechts erfasst sind. Mit Beschwerde in öffentlich-rechtlichen Angelegenheiten sind dagegen Rechtshilfeentscheide anzufechten (Art. 84 BGG). Einstellungsentscheide[108] und die Nichtzulassung der Anklage[109] müssten konsequenterweise ebenfalls anfechtbar sein. Rechtsverweigerung und -verzögerung sind gemäss Art. 94 BGG anfechtbar[110].

(b) Vor- und Zwischenentscheide

Nicht anfechtbar sind demgegenüber gemäss Art. 79 BGG Entscheide der **Beschwerdekammer des Bundesstrafgerichts**, mit **Ausnahme** von **Zwangsmassnahmen**[111]. Im Vordergrund stehen Haftentscheide, Hausdurchsuchungen, Beschlagnahmungen, Entsiegelungen und Kontosperren[112].

Im Übrigen wird bei Vor- und Zwischenentscheiden unterschieden: Nach Art. 92 BGG ist die Strafrechtsbeschwerde gegen selbständig eröffnete Entscheide über die Zuständigkeit oder über Ausstandsbegehren zulässig[113]. Abs. 2 fügt bei, dass diese Entscheide später nicht mehr angefochten werden können. Bei **«anderen Vor- oder Zwischenentscheiden»** ist die Beschwerde nur zulässig, wenn sie einen nicht wiedergutzumachenden Nachteil bewirken können, oder wenn die Gutheissung sofort einen Entscheid herbeiführen und damit einen bedeutenden Aufwand ersparen würde (Art. 93 Abs. 1)[114].

Typischerweise haben Zwangsmassnahmen, Fragen der Verteidigungsrechte und auch etwa Anstände über das Zeugnisverweigerungsrecht nicht oder schwer wiedergutzumachende Nachteile zur Folge[115], zumindest riskiert die Justiz, schlimmstenfalls das Verfahren wiederholen zu müssen (und dabei unter Umständen die Spruchkammer völlig neu zu besetzen). Eine solche Konsequenz hätte einen ganz erheblichen Zusatzaufwand zur Folge. Unter diesen Umständen ist es aus-

107 Thommen/Wiprächtiger 2006, 652; BGE 128 I 346; zum Begriff der Strafsache vgl. Riedo/Fiolka/Niggli 2011, 463 und BSK BGG-Thommen 2011, Art. 78 N 1 (u.V.a. auf Art. 6 EMRK).

108 BGE 122 IV 45.

109 BGE 120 IV 44.

110 Botschaft des Bundesrates, BBl 2001 4202 (4334); vgl. generell zum Rechtsverweigerungsverbot nach Art. 29 Abs. 1 BV: Müller/Schefer 2008, 823 ff.

111 Art. 37 Abs. 1 StBOG i.V.m. Art. 393 Abs. 1 lit. c StPO; Botschaft des Bundesrates, BBl 2008 8125 (8163 f.); Schmid 2006a, 166.

112 BSK BGG-Aemisegger/Forster 2011, Art. 79 N 3 ff.; BSK BGG-Thommen 2011, Art. 78 N 7.

113 Schmid Handbuch 2013, 737 f.; ders. 2006a, 173 f.

114 Riedo/Philipp 2014, 127 f.; Schmid 2006a, 175 f.

115 Die Regelung nimmt die alte Bundesgerichtspraxis zum OG auf: vgl. Botschaft des Bundesrates, BBl 2001 4202 (4333 f.); Schmid 2006a, 169 ff.

nahmsweise prozessökonomischer, ein Rechtsmittel gegen eine Vor- oder Zwischenfrage zuzulassen. Das Bundesgericht beschränkt allerdings die Anwendungsfälle des «nicht wieder gut zu machenden Nachteils» drastisch auf «rechtliche» Nachteile[116].

(2) Anfechtungsgründe
Gemäss Art. 95 BGG kann der Beschwerdeführer die Verletzung von

- Bundesrecht (einschliesslich Verfassungs- und Gesetzesrecht; sowohl materielles wie Verfahrensrecht),
- Völkerrecht,
- kantonalen verfassungsmässigen Rechten (nicht aber blossem Gesetzesrecht),
- interkantonalem Recht

rügen. Es handelt sich bei der Strafrechtsbeschwerde also um ein **unvollkommenes Rechtsmittel**, bei dem die «*revisio in iure*» im Zentrum steht. Blosse Ermessensfragen können nicht erörtert werden, es sei denn, es werde ein Ermessensmissbrauch, Ermessensüberschreitung oder Ermessensunterschreitung geltend gemacht[117]. Das Bundesgericht ist an die Sachverhaltsfeststellung der Vorinstanz gebunden[118], der Sachverhalt kann lediglich korrigiert werden, wenn er offensichtlich unrichtig ist[119], oder wenn die Sachverhaltsfeststellung auf einer Rechtsverletzung beruht (zum Beispiel die Verletzung des rechtlichen Gehörs, des Grundsatzes in dubio pro reo etc.)[120].

Vorsorgliche Massnahmen (Vor- und Zwischenentscheide) können nur wegen der Verletzung verfassungsmässiger Rechte angegriffen werden. So kann man sich gegen Zwangsmassnahmen unter Berufung auf die persönliche Freiheit, gegen die Verweigerung von Verteidigungsrechten durch Anrufung des rechtlichen Gehörs verteidigen. Die volle rechtliche Prüfung soll demgegenüber im Endurteil erfolgen[121].

---

116 Sehr krit. Riedo/Philipp 2014, 126 ff., Bemerkungen zu BGer 1C_585/2013 vom 29.4.2015.

117 Schmid Handbuch 2013, 755; ders. 2006a, 188; BSK BGG-Schott 2011, Art. 95 N 34; BGE 122 IV 241.

118 Art. 105 Abs. 1 BGG; BGE 129 IV 246 = Pra 2004, Nr. 71.

119 Riedo/Fiolka/Niggli 2011, 472; Schmid Handbuch 2013, 761 f.

120 Art. 97 Abs. 1 BGG; Botschaft des Bundesrates, BBl 2001 4202 (4338); Schmid Handbuch 2013, 760 ff.; ders. 2006a, 193 f.

121 Art. 98 BGG; Botschaft des Bundesrates, BBl 2001 4202 (4336 f.); BGE 130 I 234; Riklin StPO Kommentar 2014, Vorbem. Art. 379–392; Schmid Handbuch 2013, 762 f.; ders. 2006a, 194.

(3) Legitimation

Nach der generellen Regel von Art. 81 Abs. 1 BGG sind zur Legitimation zwei Voraussetzungen notwendig:

- Der Beschwerdeführer muss vor der Vorinstanz am Verfahren teilgenommen haben oder keine Möglichkeit zur Teilnahme erhalten haben;
- und zudem muss er ein rechtlich geschütztes Interesse an der Aufhebung oder Änderung des Entscheids haben.

Das zweite Kriterium greift das Element der «**Beschwer**» auf, das auch in Art. 382 Abs. 1 zum Ausdruck kommt[122]. Das erste Element wirft mehr Probleme auf: Entweder es wird ganz nüchtern verstanden (war der Beschwerdeführer im Verfahren präsent?), oder es werden qualifizierte **Mitwirkungshandlungen** (Anträge) oder gar ein inneres Engagement vorausgesetzt[123]. Zudem fragt sich, ob das BGG dem im Abwesenheitsverfahren verurteilten Beschuldigten die Strafrechtsbeschwerde ganz versagen möchte[124].

Differenzen zwischen dem System des Bundesgerichtsgesetzes und der neuen Strafprozessordnung wurden insbesondere bezüglich der Legitimation der **geschädigten Partei** zur Ergreifung der Strafrechtsbeschwerde ausgemacht. Das BGG unterschied zwischen Privatstrafklägern und Privatklägern. Nunmehr ist durch die Anpassung von Art. 81 Abs. 1 lit. b BGG Klarheit geschaffen worden. Die Privatstrafklage ist in der Strafprozessordnung abgeschafft, damit konnte Ziff. 4 gestrichen werden. Demgegenüber ist Ziff. 5 im Anhang 1 zur neuen StPO über das «Opfer» nach OHG hinaus auf Privatkläger überhaupt, soweit sie nach StPO zur Ergreifung von Rechtsmitteln legitimiert sind, erweitert worden[125].

Art. 81 BGG regelt auch die Legitimation der **Staatsanwaltschaft**, der Bundesanwaltschaft und weiterer Behörden[126]. Gegenüber dem früheren Zustand hat die Staatsanwaltschaft eine Erweiterung ihrer Legitimation erfahren, da sie nunmehr auch im Bereich der ehemaligen «staatsrechtlichen Beschwerde» zuständig ist. Zu Ungereimtheiten kann dies deshalb führen, weil die verfassungsmässigen Rechte dem Bürger und nicht dem Staat zustehen[127].

---

122 Siehe oben S. 296 f.

123 Problematisch Schmid 2006a, 178 f.; BGE 127 IV 185; pragmatisch: BSK BGG-Thommen 2011, Art. 81 N 3; krit. Schubarth 2002, 66.

124 Zu Recht krit. Schmid Handbuch 2013, 745 ff.; ders. 2006a, 178 f.

125 Riedo/Fiolka/Niggli 2011, 469; Schmid 2010a, 98; problematisch aber BGE 136 IV 41 sowie 136 IV 29; krit. zu BGE 137 IV 246: Bommer/Kaufmann 2015, 922 f.

126 BGer 6B_949/2013 vom 3.2.2014.

127 Krit. Oberholzer 2011, 43 f. und Schubarth 2002, 73 ff.; vgl. aber oben S. 300 zu BGE 134 IV 36 (FN 35).

dd) Verfahrensfragen

(1) Die Beschwerde

Die Beschwerde ist innert 30 Tagen ab *«Eröffnung der vollständigen Ausfertigung»* beim Bundesgericht schriftlich begründet einzureichen[128]. Abweichungen bestehen bezüglich der Rechtsverweigerungsbeschwerde, die nicht an eine Frist gebunden ist. Es ist zu beachten, dass gemäss Art. 106 Abs. 2 BGG eine strikte Rügepflicht bei der Geltendmachung der Verletzung von Grundrechten und von kantonalem und interkantonalem Recht besteht. Das BGG sieht sodann in Art. 62 f. eine Vorschusspflicht vor, wobei Unvermögenden die unentgeltliche Rechtspflege gewährt wird (Art. 64 BGG).

(2) Der Verfahrensverlauf

Das BGG sieht üblicherweise keine aufschiebende Wirkung vor. Die Strafrechtsbeschwerde hat allerdings gemäss Art. 103 Abs. 2 lit. b BGG **aufschiebende Wirkung**, wenn sie sich gegen einen Entscheid richtet, der eine unbedingte Freiheitsstrafe oder eine freiheitsentziehende Massnahme ausspricht.

Neue Begehren kann der Beschwerdeführer keine stellen (Art. 99 Abs. 2 BGG), neue Tatsachen und Beweismittel werden nur unter den ganz einschränkenden Bedingungen von Art. 99 Abs. 1 BGG gehört. Es folgt im ordentlichen Verfahren ein einfacher Schriftenwechsel. Das Verfahren ist in der Regel schriftlich, allerdings ist die Verhandlung neuerdings (Ausnahmen vorbehalten) publikumsöffentlich[129]. Ausnahmsweise ist ein vereinfachtes Verfahren zulässig (Art. 108 f.). Wie bemerkt, ist das Gericht an die Sachverhaltsfeststellungen der Vorinstanz im Prinzip gebunden (Art. 105 BGG), es hat sich auch an den Begehren der Parteien zu orientieren (Art. 107 Abs. 1 BGG), aber es wendet das Recht prinzipiell von Amtes wegen an (Art. 106 Abs. 1 BGG).

(3) Der Entscheid

Der Entscheid ist entweder kassatorisch oder (ausnahmsweise) reformatorisch (Art. 107 Abs. 2 BGG).

b) Die subsidiäre Verfassungsbeschwerde an das Bundesgericht

Die subsidiäre Verfassungsbeschwerde gemäss Art. 113 ff. BGG ist zulässig gegen letztinstanzliche kantonale Entscheide, soweit keine Beschwerde nach den Art. 72–89 BGG zulässig ist. Nicht erlaubt ist sie gegen Entscheide von Bundesinstanzen. Mit der subsidiären Verfassungsbeschwerde kann die Verletzung von verfassungsmässigen Rechten gerügt werden (Art. 116 BGG).

128 Art. 42 und Art. 100 Abs. 1 BGG; krit. Thommen/Wiprächtiger 2006, 656 f.

129 Art. 59 Abs. 1 BGG; krit. Thommen/Wiprächtiger 2006, 658 f.

Verunsicherung bereitet hat die Tatsache, dass Art. 114 BGG lediglich auf die Vorinstanz der zivilrechtlichen und der öffentlich-rechtlichen Beschwerde Bezug nimmt, implizit wohl davon ausgeht, dass für strafrechtliche Entscheide die Verfassungsbeschwerde nicht notwendig ist[130]. Trotzdem ist ihre Anwendung nicht völlig ausgeschlossen[131].

4. Die Beschwerde an den Europäischen Gerichtshof für Menschenrechte

Nicht mehr zum Schweizerischen Prozessrecht gehört schliesslich die Möglichkeit, mit Individualbeschwerde an den Europäischen Gerichtshof für Menschenrechte (EGMR) zu gelangen. Gemäss Art. 34 EMRK können in der Schweiz domizilierte natürliche oder juristische Personen, die sich in ihren, von der EMRK garantierten Grundrechten verletzt fühlen, Beschwerde erheben. Allerdings müssen sie vorgängig den nationalen Instanzenzug erschöpfen (Art. 35 EMRK). Die Beschwerde ist innert sechs Monaten ab Eröffnung der letztinstanzlichen Schweizer Entscheidung beim «*iudex ad quem*», beim EGMR in Strassburg, zu erheben. Die Beschwerde kann in den Amtssprachen des Gerichts (Englisch/Französisch) oder in einer weiteren Amtssprache der Vertragsparteien (Deutsch/Italienisch) abgefasst werden. Die Beschwerde hat keine aufschiebende Wirkung.

Wird die Beschwerde nicht sofort für unzulässig erklärt, prüft ein Ausschuss ihre Zulässigkeit. Wird sie für zulässig erklärt, befindet eine Kleine Kammer (sieben Richter) oder ganz ausnahmsweise, wenn es um präjudizielle Auslegungsfragen geht, eine Grosse Kammer von 17 Richtern über die Beschwerde. Das Urteil kann den nationalen Entscheid nicht aufheben. Es stellt lediglich den Rechtsverstoss fest und verurteilt den Mitgliedsstaat allenfalls zu einer Entschädigungsleistung (Art. 41 EMRK)[132].

130 BGer 6B_478/2007 vom 21.9.2007.

131 Vgl. etwa Schmid 2007, 513; Thommen/Wiprächtiger 2006, 658; Zweifel melden aber Riedo/Fiolka/Niggli 2011, 475 und Schmid Handbuch 2013, 773 f. an.

132 Breitenmoser/Weyeneth 2014, 361 ff.; Gless 2015, 15 f.; Peters/Altwicker 2012, 259 ff.

Fragen zu Kapitel XIV

- Erläutern Sie folgende Rechtsmittelcharakterisierungen: ordentliche, vollkommene, suspensive, devolutive, reformatorische, kassatorische, subsidiäre Rechtsmittel.
- Wer ist zur Ergreifung eines Rechtsmittels gemäss StPO legitimiert?
- Gilt im Strafprozessrecht das Verbot der «*reformatio in peius*»?
- Charakterisieren Sie die
  - Beschwerde
  - Berufung
  - Revision
- Welche Anfechtungsobjekte sind nach StPO Beschwerdegegenstand? Ist eine Beschwerde gegen Vor- und Zwischenentscheide zulässig?
- Welche Anfechtungsgründe können mit Berufung geltend gemacht werden? Welches sind die Anforderungen an die Berufungserklärung?
- Nennen Sie die Revisionsgründe nach StPO.
- Charakterisieren Sie die Strafrechtsbeschwerde an das Bundesgericht.
- Sind Zwischenentscheide mit Strafrechtsbeschwerde anfechtbar?
- Diskutieren Sie die Anfechtungsgründe der Strafrechtsbeschwerde.
- Unter welchen Umständen sind Geschädigte legitimiert, Strafrechtsbeschwerde an das Bundesgericht zu ergreifen?
- Ist die subsidiäre Verfassungsbeschwerde an das Bundesgericht in Strafsachen anwendbar?
- Welche Anfechtungsgründe können vor EGMR geltend gemacht werden? Welche Frist ist bei der EMRK-Beschwerde zu beachten?

Die Auflösung der Fragen ergibt sich jeweils aus dem vorangegangenen Kapitel.

Sachregister

C

D

E

F

G

H

S

T

U

V